GROSSE NOVENE

9-jährige

geistige Vorbereitung zum christlichen Abschluß des 2. Jahrtausends

und zum christlichen Beginn des 3. Jahrtausends

durch das

TÄGLICHE GEMEINSAME GEBET

mit der BETRACHTUNG des WORTES GOTTES

in FAMILIEN,

in Gebetsgruppen und überall dort,

wo Menschen den Willen Gottes erfahren und leben wollen

1. Band für die Jahre: 1991 / 94 / 97
2. Band für die Jahre: 1992 / 95 / 98
3. Band für die Jahre: 1993 / 96 / 99

Imprimatur: Macerata, 18.Oktober 1994
S. E. Francesco Tarcisio Carboni, Diözesanbischof von Macerata

----

Herausgeber: Samaritanische Bewegung Mariens-EINHEIT-FLUHM
Verfasser: Gründer, P. General Andrzej Michalek Sam. FLUHM
Korrektur: Sr. Maria Petra W. Zacher Sam. FLUHM

3. Auflage – 15.000   ISBN 83-905829-4-5   **EURODRUK – KRAKÓW**

INHALTSVERZEICHNIS

----

1. Band (1991/94/97):		3. Band (1993/96/99):	
Januar:	Der Wille des Himmlischen Vaters	Januar:	Die Berufung
Februar:	Glaube und Vertrauen	Februar:	Das Gute und das Böse
März:	Die Hoffnung	März:	Das Gute und das Böse
April:	Die Liebe	April:	Die Gerechtigkeit
Mai:	Maria, die Mutter Jesu	Mai:	Die Gerechtigkeit
Juni:	Die Barmherzigkeit	Juni:	Die Gerechtigkeit
Juli:	Freude und Glück	Juli:	Umkehr und Bekehrung
August:	Die Geduld	August:	Umkehr und Bekehrung
September:	Die Brüderlichkeit	September:	Die Demut
Oktober:	Das Gebet	Oktober:	Die Vergebung
November:	Das Gebet	November:	Die Wahrheit
Dezember:	Das Gebet	Dezember:	Das Gericht Gottes

Die GROSSE NOVENE nach dem Jahr 2000

Oft kommen Anfragen, **ob die Große Novene auch nach dem Jahr 2000 gelten wird. - Selbstverständlich JA!**, weil das WORT GOTTES unveränderlich ist!
Der heilige Apostel Johannes schreibt: **"...... da war ein weißes Pferd, und der, der auf ihm saß, heißt «Der TREUE und WAHRHAFTIGE».**.. sein Name heißt **«DAS WORT GOTTES»"** (Offb 19,11-13) - und der Völkerapostel Paulus ergänzt: **"JESUS CHRISTUS ist derselbe, gestern, heute und in Ewigkeit. Laßt euch nicht durch mancherlei fremde Lehren irreführen"** (Hebr 13,8-9). Und JESUS selbst sagt: **"Himmel und Erde werden vergehen, aber MEINE WORTE werden nicht vergehen"** (Mt 24,35).
Die Prinzipien des Evangeliums Jesu haben sich niemals geändert und werden sich auch niemals ändern!
Das WORT GOTTES gilt also nicht nur bis zum JAHR 2000, sondern uneingeschränkt für immer, und deshalb ist es gut und segensreich zu unserer und anderer Menschen Heiligung, das WORT GOTTES in der Form dieser GROSSEN NOVENE auch nach dem Jahr 2000 wiederholend weiter zu beten.

Ende 1999 können Sie bei uns die verbesserte und ergänzte 3 bändige JUBILÄUMSAUSGABE - 2000 erhalten.

Bestellungen für fehlende Bände der Großen Novene richten Sie bitte an:
SBM-EINHEIT-FLUHM (Frau Anni Hüger), D - 89202 Neu-Ulm, Postfach 1272
Die Große Novene hat keinen festen Preis. - Sie ist gegen eine freiwillige Spende erhältlich. Die Selbstkosten pro Band betragen ca. 11 DM (77 ÖS / 10 SFr) + Versandkosten.

Wir rechnen weiter mit der Großzügigkeit der Spender, die uns bisher sehr geholfen haben, die Neu-Evangelisierung mit dem Wort Gottes fruchtbar zu machen. Der Spendenüberschuß ist für die Ausgabe der Großen Novene in den Ostländern bestimmt. - **"Der Mensch lebt nicht nur vom Brot, sondern von jedem Wort, das aus dem Munde Gottes kommt"**(Mt 4,4). - Durch Ihre Spende haben auch Sie Anteil an diesem Apostolat. - Gott möge Sie dafür reichlich segnen! - **Die Große Novene ist schon in Polnisch und Italienisch gedruckt, die Übersetzungen ins Russische und Rumänische gehen voran, aber mit Schwierigkeiten. - Wir bitten herzlich um das Gebet!**

Spenden für die GROSSE NOVENE werden erbeten auf:
Samaritanische Bewegung Mariens-EINHEIT-FLUHM
Volksbank Ulm, BLZ 630 901 00, Konto-Nr. 1 0 7 7 0 0 0 3
Sparkasse Neu-Ulm, BLZ 730 500 00, Konto-Nr. 4 3 0 3 0 1 6 2 2

Spendenkonten zur Unterstützung unseres Apostolates S. 463

3

ÖFFNET DIE TÜRE DEM ERLÖSER

IM NAMEN DES VATERS UND DES SOHNES UND DES HEILIGEN GEISTES. AMEN.

"DAS HAT DER HERR VOLLBRACHT, VOR UNSEREN AUGEN GESCHAH DIESES WUNDER."

(Ps 118,23)

11-jähriges Programm
der SAMARITANISCHEN BEWEGUNG MARIENS
EINHEIT
der Flamme der Liebe des Unbefleckten Herzens Mariens

für die geistige Vorbereitung
zum Abschluß des 2. Jahrtausends und zum Beginn des 3. Jahrtausends

**als besondere Gnadenzeit durch Einführung und Vervollkommnung
des TÄGLICHEN GEMEINSAMEN GEBETS
mit der BETRACHTUNG des WORTES GOTTES
vor allem in den FAMILIEN**

I

GROSSE NOVENE
(1991 -.1999)

ERSTE 3-JÄHRIGE REIHE (1991 - 1993)
- GOTT DEM **VATER** ZUR EHRE

ZWEITE 3-JÄHRIGE REIHE (1994 - 1996)
- GOTT DEM **SOHN** ZUR EHRE

DRITTE 3-JÄHRIGE REIHE (1997 - 1999)
- GOTT DEM **HEILIGEN GEIST** ZUR EHRE

II

JUBILÄUMSJAHR 2000

TE DEUM LAUDAMUS
- GOTT DEM **DREIEINIGEN** ZUR EHRE
VATER - SOHN - HEILIGER GEIST

III

FÜRBITTJAHR 2001

TE ROGAMUS AUDI NOS
- DER **HEILIGEN FAMILIE** ZUR EHRE
JESUS - MARIA - JOSEF

****

- Der Himmlische Vater hat ALLES geschaffen -
- Der Sohn Gottes hat die gefallene Schöpfung erlöst -
- Der Heilige Geist heiligt die Erlösten -

****

DIE SAMARITANISCHE BEWEGUNG MARIENS - E I N H E I T - FLUHM
WILL DEN WEG DES EVANGELIUMS
ALS DEN SAMARITANISCHEN WEG ZUR EINHEIT UND IN DEN HIMMEL GEHEN.

Dies heißt:

R Ü C K K E H R

zum Himmlischen Vater

durch Jesus Christus

in der Flamme der Liebe des Heiligen Geistes

bei Petrus mit Maria

„Du zeigst mir den Pfad zum Leben.

Vor deinem Angesicht herrscht Freude in Fülle!"

(Ps. 16,11)

Alle, die diesen Weg täglich in TREUE gehen, werden JESUS sicher finden - und in IHM FREUDE, FRIEDE, LIEBE und alles GUTE, was sie brauchen und suchen.

Allen, die sich nach diesem Programm für den Übergang in das DRITTE JAHRTAUSEND geistig vorbereiten wollen, spende ich für die ERFÜLLUNG dessen, wozu Gott uns ruft und Jesus uns belehrt und verpflichtet, gerne meinen priesterlichen Segen in der Flamme der Liebe des Unbefleckten Herzens Mariens.

P. General Andrzej Michalek Sam. FLUHM

P. General. Andrzej Michalek Sam. FLUHM
Gründer der SBM-EINHEIT-FLUHM

****

„SOLLTE GOTT SEINEN AUSERWÄHLTEN, DIE TAG UND NACHT ZU IHM SCHREIEN, NICHT ZU IHREM RECHT VERHELFEN, SONDERN ZÖGERN? - ICH SAGE EUCH: ER WIRD IHNEN UNVERZÜGLICH IHR RECHT VERSCHAFFEN."
(Lk 18,7-8a)

„WIRD JEDOCH DER MENSCHENSOHN, WENN ER KOMMT, AUF DER ERDE (NOCH) GLAUBEN VORFINDEN?" (Lk 18,8b)

CONGREGATIO
PRO. GENTIUM EVANGELIZATIONE
SEU DE PROPAGANDA FIDE

PROT. 294/89

Roma, 27 febbraio 1989

Reverendissimo Padre,

Mi pregio accusare ricevimento della Sua stimata lettera del 1°
gennaio u.s., con la quale mi informa circa il "Progetto di evangelizzazione dei paesi cristiani e per la continuazione dell'evangelizzazione
del mondo", che il Movimento Samaritano di Maria (MSM), da Lei
fondato, intende realizzare in 11 anni come preparazione per terminare
il secondo millennio della cristianità e iniziare il terzo millennio.

Questa Congregazione ha preso attenta visione del suddetto
programma ed augura vivamente che esso porti molti frutti spirituali
alla Chiesa e al mondo.

Invocando ben volentieri abbondanza di benedizioni divine
sulla Sua persona e sul Suo apostolato, profitto della circostanza per
confermarmi con sensi di distinto ossequio

della Paternità Vostra Reverendissima
devotissimo nel Signore

Jozef Card. Tomko

Al Reverendissimo Padre
P. ANDRZEJ MICHALEK, SAM FACIM
Fondatore e Moderatore Generale del MSM
SUBIACO - ROMA

6

des Schreibens von S. Em. Josef Kardinal Tomko

KONGREGATION
FÜR DIE EVANGELISIERUNG DER VÖLKER
ODER PROPAGANDA FIDE

Rom, den 27. Februar 1989

Hochwürdigster Pater,

Es ehrt mich, den Empfang Ihres geschätzten Briefes vom 1. Januar des vergangenen Monats zu bestätigen, mit dem Sie über das "Projekt der Neu-Evangelisierung der christlichen Länder und der Fortsetzung der Evangelisierung der Welt informieren", das die von Ihnen gegründete Samaritanische Bewegung Mariens (SBM) in 11 Jahren zu verwirklichen beabsichtigt, als Vorbereitung, um das zweite Jahrtausend der Christenheit zu beenden und das dritte Jahrtausend zu beginnen.

Diese Kongregation hat das oben genannte Programm aufmerksam durchgeschaut und wünscht herzlichst, daß es viele geistliche Früchte für die Kirche und die Welt bringt.

Sehr gerne den Reichtum der göttlichen Segnungen auf Ihre Person und auf Ihr Apostolat anrufend nütze ich die Gelegenheit, um meine Gefühle besonderer Ehrerbietung zu bestätigen

für Ihre Hochwürdigste Vaterschaft

ergebenst im Herrn

Jozef Card. Tomko

An Hochwürdigsten Pater
P. ANDRZEJ MICHALEK, SAM FLUHM
Gründer und Generalober der SBM
SUBIACO - ROMA

Subiaco 25 Dicembre 1990
Solennità del S. Natale

Benedico l'iniziativa di insegnare a pregare e fare pregare le famiglie insieme.

La preghiera è certamente uno dei modi migliori per prepararsi a celebrare il terzo millennio del Cristianesimo.

La Vergine Santissima, la Madre di Gesù, ci aiuti ad accogliere ed essere fedeli al Suo Figlio e Nostro Salvatore, con quella disponibilità e amore, con cui Lei Lo accolse ed amò.

+ D. Stanislao Andreotti
o.s.b.
Abate - Vescovo di Subiaco

Übersetzung:
Subiaco, 25. Dezember 1990
Am Heiligen Weihnachtsfest

Ich segne die Initiative, die Familien im Beten anzuleiten und sie zum gemeinsamen Gebet zu bewegen.

Das Gebet ist sicherlich eine der besten Weisen, um sich auf die Feier des dritten Jahrtausends der Christenheit vorzubereiten.

Die Heiligste Jungfrau, die Mutter Jesu, helfe uns, Ihren Sohn und unseren Erlöser aufzunehmen und Ihm treu zu sein, und zwar mit dieser Bereitschaft und Liebe, mit der Sie IHN aufnahm und liebte.

+ D. Stanislao Andreotti
o.s.b.
Abt-Bischof von Subiaco

8

Francesco Eurcisio Carboni
Vescovo

CURIA Macerata 22 agosto 1992
Tel. (0733) 40557

Care Famiglie
e tutti voi che partecipate alla Grande Novena,

seguo da vicino e con grande interesse la prima parte del programma in 11 anni,per la conclusione del 2° e l'inizio del 3° Millennio della Redenzione,progettato dal Rev.mo P.Andrzej Michalek Sam FACIM,Fondatore del Movimento Samaritano di Maria-UNITA'.

Confortato nell'apprendere che tante famiglie attingono da questa forma della quotidiana comunitaria Preghiera con la meditazione della Parola di Dio,tanta forza nella conversione e nel cammino per il Cielo,formulo ogni benefico augurio che,per l'intercessione di Maria SS. il progredire di questa iniziativa possa contribuire alla santificazione vostra ed a quella di molti uomini e donne di oggi e,Dio lo voglia,al germogliare di nuove,sante Vocazioni per tutta la Chiesa.

Consapevole della innegabile presenza della Forza Divina,celata in ogni Parola di Dio,volentieri è di cuore imparto la mia benedizione pastorale su voi che quotidianamente La meditate in questo modo della Grande Novena.

Macerata,22.08.1992 Festa della Beata Vergine Maria Regina

[firma] Francesco Carboni
Vescovo

Übersetzung:

Liebe Familien und alle Teilnehmer an der Großen Novene,

ich verfolge genau und mit großem Interesse den ersten Teil des 11-jährigen Programms zum Abschluß des 2.und zur Eröffnung des 3. Jahrtausends der Erlösung, das vom Hochwürdigsten P.Andrzej Michalek, dem Gründer der Samaritanischen Bewegung Mariens-EINHEIT entworfen wurde.

Ich bin ermutigt, weil ich erfahren habe, daß so viele Familien aus dieser Form des täglichen, gemeinsamen Gebets mit der Betrachtung des Wortes Gottes so viel Kraft zur Bekehrung und auf dem Weg in den Himmel schöpfen; ich spreche den ganz wohlwollenden Wunsch aus, daß der Fortschritt dieser Initiative, auf die Fürsprache der Heiligsten (Gottesmutter) Maria, zu Eurer Heiligung und vieler Männer und Frauen von heute beitragen kann, und Gott möge es geben, zur Erweckung von neuen, heiligen Berufungen für die ganze Kirche.

Wohlwissend um die unleugbare Gegenwart der Kraft Gottes, die in jedem Wort Gottes verborgen ist, spende ich Euch gerne und von Herzen meinen pastoralen Segen, die Ihr es (das Wort Gottes) täglich in dieser Art der Großen Novene betrachtet.

Macerata, 22.08.1992, am Fest Maria Königin

+ Francesco Carboni

Bischof

9

```
PL  1992 MAR 27  11  21

ZCZC MCZ142 RMZ5717 VSA713 3385
CITTADELVATICANO 65/61 27 1130

ECCMO MONS FRANCESCO TARCISIO CARBONI
VESCOVO
62100MACERATA  330

OCCASIONE INGRESSO NELLA PARROCCHIA SANT UBALDO AT PASSO
DI TREIA
SUORE SAMARITANE SOMMO PONTEFICE CORRISPONDENDO AT DEVOTA
RICHIESTA
ESPRIME FERVIDI VOTI AFFINCHE COMUNITA RELILGIOSA CONTRIBUISCA
VIVAMENTE INSIEME CON SACERDOTE ET LAICI AT INCREMENTO
VITA
PASTORALE AT DIFFUSIONE CATECHESI AT FORMAZIONE GIOVANI
SECONDO
PRINCIPI DEL VANGELO MENTRE IMPARTE AT INTERA POPOLAZIONE
IMPLORATA
BENEDIZIONE APOSTOLICA
CARDINALE ANGELO SODANO SEGRETARIO DI STATO DI SUA SANTITA
```

Übersetzung: *Vatikanstadt, 27.3.92*

Hochwürdigster Mons. Francesco Tarcisio Carboni,
Bischof von Macerata

Anläßlich des Empfangs der Schwestern Samariterinnen in der Pfarrei
St.Ubaldo in Passo di Treia drückt der Papst in Antwort auf die demütige
Bitte herzlichste Wünsche aus, damit diese religiöse Gemeinschaft
zusammen mit den Priestern und Laien lebhaft beiträgt,
- zum Wachstum des pastoralen Lebens;
- zur Verbreitung der Katechese;
- zur Erziehung der Jugend gemäß den Prinzipien des Evangeliums;
gleichzeitig spendet er der ganzen Bevölkerung den erflehten Apostolischen
Segen.

Kardinal Angelo Sodano, Staatssekretär Seiner Heiligkeit
(Seiner Heiligkeit Papst **Johannes Paul II.**, S.Em. Kardinal **Angelo Sodano** und S.E.
Bischof **Tarcisio Carboni** sagen wir dafür ein ewiges VERGELT'S GOTT! - Dabei
wollen wir unsere größte Dankbarkeit der **Vorsehung Gottes** und der **mächtigsten**
Fürsprache Mariens gegenüber zum Ausdruck bringen! - Dieses Telegramm ist eine
Anerkennung, nicht nur für die Schwestern Samariterinnen, sondern auch für all diese,
die sich um die Erfüllung der in ihm gestellten drei Aufgaben, die im Rahmen der Neu-
Evangelisierung der Kirche große Bedeutung haben, von Herzen bemühen, d.h. auch
für die Brüder Samariter, für die Laien und v.a. für den Gründer, H.H. P.General Andrzej
Michalek, der die Samaritanische Bewegung Mariens-EINHEIT, dank der Gnade Gottes
und Hilfe Mariens vor 10 Jahren ins Leben rief.)

DIE PRESSE SPRICHT DEUTLICH UND KLAR

Augsburger Allgemeine, 06.07.1993, S. 2

100 Millionen auf der Flucht

Weltbevölkerung wächst bis zum Jahr 2050 auf zehn Milliarden.

Bonn/Washington (ap/dpa)
Über 100 Millionen Menschen sind nach dem Jahresbericht 1993 des Bevölkerungsfonds der UNO auf Wanderschaft oder Flucht. Als Ursachen nennt der in Bonn veröffentlichte Bericht das Wirtschaftsgefälle zwischen reichen und armen Ländern, Kriege, Dürre und Naturkatastrophen.

Augsburger Allgemeine, 07.07.1993, S. 1

"Ganze Völkerwanderungen werden ausgelöst, wenn wir es nicht schaffen, den Abstand zwischen Reichen und Armen der Welt einzuebnen. Wenn die Bombe des Hungers explodieren wird, werden ihre Folgen hinter einer Atombomben-Explosion nicht zurückbleiben."

(Arbeitsminister Blüm)

Andrang der Asylanten In Westeuropa Asyl Suchende 1989 in 1000

Zielländer — Herkunft

Schweden 30
Norwegen 4
Großbritannien 14
Niederlande 5
Dänemark
Belgien 14
121
Frankreich 61
Südamerika 4
Bundesrepublik Deutschland
Schweiz 24
Italien 8
Ostauropa 71
Asien 45
Griechenland 3
Afrika 52
übriges Europa 53
Naher Osten 36
unbestimmt 26
überwieg. Türkei

Regensburger Bistumsblatt 06.01.1991 S.17

Bundesrepublik - wichtigstes Zielland

Ist dies schon der Ansturm auf die Wohlstandsfestung Europa? Gehen die Armen der Welt dorthin, wo der Wohlstand herrscht, weil der Wohlstand nicht zu ihnen kommt? Davon kann wohl noch kaum die Rede sein, wenn man bedenkt, daß es Milliarden arme Menschen gibt, aber „nur" 28700 Menschen, die im Jahr 1989 in den Ländern Westeuropas um Asyl baten - der Form nach wegen politischer oder religiöser Verfolgung in ihren Heimatländern, tatsächlich aber überwiegend aus wirtschaftlicher Not. Die meisten (12100) klopften in der (Alt-)Bundesrepublik an. Die Asylbewerber verschärften hier die Unterbringungsprobleme, weil gleichzeitig deutschstämmige Aussiedler aus Osteuropa und Übersiedler aus der ehemaligen DDR ins Land drängten. An zweiter Stelle als

Zielland stand Frankreich mit 61000 Asylbewerbern - das Größte Kontingent der Asylsuchenden des Jahres 1989 kam aus Osteuropa. Osteuropäer werden künftig aber wohl weniger Aussicht haben, Gehör für ihre Asylgesuche zu finden. Denn je mehr sich Osteuropa demo-kratisiert, desto weniger können sie Verfolgung glaubhaft machen. Der Wanderungsdruck aus dem Osten wird dennoch wachsen, insbesondere, wenn die Bewohner der Sowjetunion ab 1991 ins Ausland reisen dürfen.

Statistische Angaben: ECRE, EG, eigene Berechnungen

Autoren dieser Ausgabe: Alfons Bungert, Wilhelm Bunz, Markus Detter, Robert Eberle, Tily Enterfels, Karl Fichtinger, Hans Gerl, Peter de Groot, Stephan Mohr, Fritz Morgenschweis, Johannes Schidelko, Josef Strack, Gregor Tautz, Heinrich Wurstbauer.

Achtung!!!

Unser Gründer Pater Andrzej Michalek bereitete uns schon seit Jahren geistig darauf vor, was ich anläßlich meines Besuchs in Polen Anfang Juli 93 mit eigenen Augen sehen konnte, wovon auch Sie sich anhand der Fotos (s. 1. Band der Großen Novene Seite 18-23) überzeugen konnten. Es besteht die Gefahr einer unvorstellbar großen Auswanderungswelle von Millionen von Menschen (vgl. nebenan), die ihre Länder verlassen, da sie nicht mehr imstande sind, ihre Not und ihr Elend dort länger zu ertragen!
-
P. General Michalek ist der Meinung: Man könnte das Schlimmste noch verhindern!

ABER WIE ?
siehe Seiten 12 -15.

. . . .

Wer mit uns den Familien in den Ostblockländern helfen will, kann die Spende auf folgendes Konto überweisen:

„HILFE FÜR OSTBLOCKLÄNDER" - Konto-Nr. 430 301 119

Kreissparkasse Neu-Ulm, BLZ 730 500 00   **Vergelt's Gott!**

. . . .

Der Zusammenbruch des Kommunismus befreite die Welt von vielen
schlimmen Dingen, brachte aber neue Gefahren. Um die Welt von vielem Bösen
bald zu befreien, müssen ALLE noch viel tun.

Deswegen:

S O S - Vorschlag

der Samaritanischen Bewegung Mariens - EINHEIT

- F Ü R   A L L E -

eine echt BRÜDERLICHE PARTNERSCHAFT:
- Familie für Familie -
- Pfarrei für Pfarrei - Diözese für Diözese -
- Dorf für Dorf - Stadt für Stadt -

Eine SOFORT-HILFE der reichen Wohlstandsländer
für die armen Länder des früheren Ostblocks und der Entwicklungsländer
könnte viele Probleme der Menschheit lösen. So müssen sich die Reichen mit den
Armen in Liebe treffen, aber nicht nur im Sinn der Kultur, sondern v. a. im Sinn
einer echt christlichen, konkreten Nächstenliebe.

"Alles, was ihr also von anderen erwartet, DAS tut auch ihnen!"
- a l s o :   (Mt 7,12)
Sei ein GUTER SAMARITER für a l l e, die in Not sind
"G E H U N D H A N D L E G E N A U S O !" (Lk 10,27)

Wenn die Reichen entsprechend dem Willen Gottes den Armen helfen,
dann werden die Armen dafür sehr dankbar sein.
Sie werden aus ihren Ländern NICHT AUSWANDERN
und so wird der FRIEDE IN DER WELT sicherer werden.

Wer nach den PRINZIPIEN DES EVANGELIUMS JESU CHRISTI
seine christliche B E R U F U N G erfüllt, wird sicher
zur Errettung der Welt beitragen!

So siegt die WAHRHEIT u. GERECHTIGKEIT des Evangeliums JESU!
So vollendet sich der WILLE GOTTES und SEINE EHRE!
So erfüllt sich die Botschaft der Engel von Betlehem! (vgl. Lk 2,14)
Und dann schenkt GOTT den Menschen auf der Erde den FRIEDEN!
Geschieht ALL DIES nicht,
dann wird alles ganz anders kommen, als die Menschen es sich wünschen!

Aus Presse, Rundfunk und Fernsehen erfahren wir so oft, wieviele Gefahren die Welt und die Menschen heute bedrohen. Wir wissen wirklich nicht, mit was uns der morgige Tag überraschen wird. - **Die bevorstehende Völkerwanderung kann ganz Europa, sogar der ganzen Welt ein großes Durcheinander und große Drangsale bringen.** Viele haben die trügerische Hoffnung, daß es nicht so weit kommen wird! - **Aber ist das, was heute in Ex-Jugoslawien, im Libanon und in vielen anderen Ländern passiert, nicht eine schockierende Warnung für uns alle?! -** In der AZ/Nr.275 vom 29.11.92 lesen wir: WELTHUNGERHILFE PROPHEZEIT 60 MILLIONEN EINWANDERER - Köln (dpa). Mit einer Einwanderungswelle von 60 Millionen Menschen nach Europa muß nach Ansicht der deutschen Welthungerhilfe in den nächsten 15 Jahren gerechnet werden. Auch eine Änderung des Asylrechts können kaum etwas daran ändern, sagte die Vorsitzende der Organisation, Henselder-Barzel, dem Kölner Express. "Es ist vergebliche Liebesmühe, durch eine Änderung des Asylrechts den Strom der Zuwanderer bremsen zu wollen, sofern die Menschen in den Entwicklungsländern keine Zukunft haben". - Manche schlagen zur Lösung dieses Problems leider falsche Wege vor. - **Wir dagegen behaupten, daß man das Schlimmste noch verhindern könnte, aber NUR, wenn die Menschen sich zur WAHRHEIT, GERECHTIGKEIT und LIEBE entsprechend den Prinzipien des Evangeliums Jesu Christi bekehren und diese im Alltag wirklich leben würden. Wir müssen also unseren Glauben an Gott, unsere Liebe und Treue zu Gott und unser Vertrauen auf Gott und auf die mächtigste Fürsprache Mariens, der Gottes Mutter erneuern! -**

- Jesus sagt: "ICH BIN DER WEG und die WAHRHEIT und das LEBEN." (Joh 14,6) - Der Vater vom Himmel fordert uns auf: "Dieser (Jesus) **ist mein geliebter Sohn; auf IHN sollt ihr hören!**" (Mk 9,7b)
- Die himmlische Mutter Maria sagt in Kana zu Galiläa all denen, die ein Wunder erwarten: "Was ER (Jesus) **euch sagt, DAS tut!**" (Joh 2,5)
- Und Jesus klagt die Ungehorsamen an: "Was sagt ihr zu mir: Herr!, Herr!, und **TUT NICHT, was ich sage?!**" (Lk 6,46)
- Und was verlangt Jesus von allen?: "**Liebt einander!** - WIE ICH euch geliebt habe, SO SOLLT AUCH IHR einander lieben." (Joh 13,34) und:
- "A L L E S , WAS IHR ALSO VON ANDEREN ERWARTET, D A S TUT AUCH IHNEN !" (Mt 7,12)
- Und der hl.Apostel Paulus ermahnt alle eindringlich: "Vergeßt nicht, wohlzutun und mit anderen zu TEILEN, denn an solchen OPFERN hat GOTT Gefallen!" (Hebr 13,16)
- Ein Wort Gottes aus dem Alten Testament belehrt uns dazu: "Der GERECHTE aber gibt ohne zu geizen." (Spr 21,26)
- Deswegen bitten wir Sie, **den SOS-Vorschlag** nochmals **aufmerksam** zu lesen, zu betrachten und **um das Licht des Heiligen Geistes zu bitten,** damit alle daraus richtige Schlüsse ziehen, - SOLANGE ES NOCH NICHT ZU SPÄT IST ! -

"Eine Stimme ruft in der Wüste: Bereitet dem Herrn den Weg! ebnet ihm die Straßen" (Mt 3,3); - "Die Zeit ist erfüllt, das Reich Gottes ist nahe, KEHRT UM UND GLAUBT AN DAS EVANGELIUM!" (Mk 1,15); - "Geht hinaus in die ganze Welt, und verkündet das EVANGELIUM allen Geschöpfen!" (Mk 16,15) - "Und lehrt sie a l l e s halten was ich euch aufgetragen habe!" (Mt 28,20)

S O S - Aufruf

Der Samaritanischen Bewegung Mariens - EINHEIT

an A L L E :

GLAUBT JESUS CHRISTUS, DEM HERRN!

und

RETTET DIE FAMILIE

"damit ihr am Leben bleibt!" (Ez 18,32)

Der sichere und unfehlbare Weg
zur ERNEUERUNG und HEILIGUNG der FAMILIE
entsprechend den PRINZIPIEN des EVANGELIUMS JESU CHRISTI
ist

das TÄGLICHE, GEMEINSAME GEBET
mit der BETRACHTUNG des WORTES GOTTES

Hiermit wenden wir uns mit einer dringenden Bitte an ALLE MENSCHEN des GUTEN WILLENS, die die Not der Kirche und der Welt richtig sehen und einzuschätzen wissen und denen der Friede in der Welt und das Glück aller Menschen sehr am Herzen liegt:

**TUT ALLES, WAS EUCH MÖGLICH IST, DAMIT
JEDE FAMILIE ZU EINEM TEMPEL WIRD,
IN DEM GOTT WOHNT UND WIRKT.**

Mit diesem S O S Aufruf wenden wir uns vor allem an alle christlichen Familien, damit sie im **täglichen, gemeinsamen Gebet mit der Betrachtung des Wortes Gottes** ihren Glaube und ihre Hoffnung und Liebe so entflammen, wie es dem Willen des Himmlischen Vaters entspricht und so auch die anderen dafür gewinnen, weil **nur in der christlichen Erneuerung der Familie die Rettung und die Zukunft der ganzen Welt liegt.**

In diesem S O S Aufruf bitten wir auch alle Erzieher, Katecheten, Ordensleute, Diakone, Priester, Bischöfe und den Papst als den Nachfolger Petri und Stellvertreter Christi auf der Erde:

**HELFT bitte, dieses Programm g e m e i n s a m zu verwirklichen,
dann werden wir auch gemeinsam die gewünschten Früchte ernten!**

Trotz aller technischen und wissenschaftlichen Fortschritte wächst die Not der Menschen immer mehr und die Weltlage wird immer kritischer, und gefährlicher! Deswegen fragen die Menschen besorgt: "WER ODER WAS KANN UNS NOCH HELFEN?!" - Wir antworten: ALLEIN GOTT!; Nur JESUS CHRISTUS! - Er selber sagt doch: "GETRENNT VON MIR KÖNNT IHR NICHTS VOLLBRINGEN"! (Joh 15,5)

- JESUS hat uns in SEINEM EVANGELIUM eine GÖTTLICH-MENSCHLICHE PHILOSOPHIE hinterlassen, die allein fähig ist ALLEN Menschen bei der Lösung ihrer Probleme unfehlbar zu helfen!

- Wenn wir also von Gott Wunder erwarten, müssen wir SEINEN WORTEN g l a u b e n und g e h o r c h e n , wie die Diener bei der Hochzeit von Kana zu Galiläa.

Die Erfahrung der Geschichte zeigt uns, daß alle möglichen, rein menschlichen Philosophien und Ideologien die Menschen in eine Sackgasse führen, aus der oft kein oder nur schwer ein Ausweg zu finden ist. Sie bringen früher oder später nur große Enttäuschungen.

- Darum sagt JESUS:

- **"Kommt a l l e zu mir, die ihr euch plagt und schwere Lasten zu tragen habt, ich werde euch Ruhe verschaffen"** (Mt 11,28)

- **"Lasst die K i n d e r zu mir kommen; hindert sie nicht daran! Denn Menschen wie ihnen gehört das Reich Gottes"** (Mk 10,14)

- **"Alles, was zwei von euch auf Erden G E M E I N S A M erbitten, werden sie von meinem Himmlischen Vater erhalten. Denn wo zwei oder drei in meinem Namen v e r s a m m e l t sind, da bin ich mitten unter ihnen"** (Mt 18,19-20)

- **"Sollte Gott seinen Auserwählten, die Tag und Nacht zu ihm schreien, nicht zu ihrem Recht verhelfen, sondern zögern? Ich sage euch: Er wird ihnen unverzüglich ihr Recht verschaffen.**

- **WIRD JEDOCH DER MENSCHENSOHN, WENN ER KOMMT, AUF DER ERDE (NOCH) GLAUBEN VORFINDEN?"** (Lk 18,7-8)

Die folgende Aussage Jesu kann uns dabei sehr behilflich sein: "Gebt acht, daß euch niemand irreführt! - Denn viele werden unter meinem Namen auftreten und sagen: Ich bin der Messias!, und sie werden viele irreführen. Ihr werdet von Kriegen hören, und Nachrichten über Kriege werden euch beunruhigen. Gebt acht, laßt euch nicht erschrecken! Das muß geschehen. Es ist aber noch nicht das Ende. Denn ein Volk wird sich gegen das andere erheben und ein Reich gegen das andere, und an vielen Orten wird es Hungersnöte und Erdbeben geben. Doch das alles ist erst der Anfang der Wehen. ...Viele falsche Propheten werden auftreten, und sie werden viele irreführen. Und weil die Mißachtung von Gottes Gesetz überhandnimmt, wird die Liebe bei vielen erkalten. Wer jedoch bis zum Ende standhaft bleibt, der wird gerettet. Aber dieses Evangelium vom Reich wird auf der ganzen Welt verkündet werden, damit alle Völker es hören; dann erst kommt das Ende." (Mt 24,4-8/11-14)

CONGREGAZIONE
PER GLI ISTITUTI DI VITA CONSACRATA
E LE SOCIETÀ DI VITA APOSTOLICA

UFFICIO RICONOSCIMENTI GIURIDICI
RG.010/M.

Questo Dicastero attesta che il Rev.mo Padre
Andrzej Michalek,nato il 26.03.1939 a Grabie/Kraków/Po-
lonia e residente a Subiaco (Rm),Contrada Vignola,6 in
Italia, è canonicamente riconosciuto dalla Chiesa come
Fondatore e Superiore Generale dei Fratelli Samaritani
FACIM e delle Suore Samaritane FACIM (Movimento Samari-
tano di Maria),attraverso Sua Eccellenza il Vescovo-Abate
di Subiaco,Dr.Stanislao Andreotti osb dall'8 dicembre 1989,
ed esercita la sua funzione secondo le norme canoniche del
Codice di Diritto Canonico della Chiesa Cattolica Romana.

Si rilascia la presente dichiarazione per tutti
gli usi previsti dalle leggi ecclesiastiche e civili.

Roma, 28 marzo 1990.

IL SOTTOSEGRETARIO

L'AIUTANTE DI STUDIO

KONGREGATION   *Übersetzung*

FÜR DIE INSTITUTE DES GEWEIHTEN LEBENS
UND DIE GESELLSCHAFTEN APOSTOLISCHEN LEBENS

AMT DER RECHTLICHEN ANERKENNUNGEN
RG.010/M.

*Dieses Dikasterium bestätigt, daß der Hochwürdigste Pater
Andrzej Michalek; geb. 26.03.1939 in Grabie/Kraków/Polen und wohnhaft
in Subiaco (RM), Contrada Vignola 6, in Italien, von der Kirche als
Gründer und Generaloberer der Brüder Samariter FLUHM und der
Schwestern Samariterinnen FLUHM (Samaritanische Bewegung Mariens)
durch Seine Exzellenz, den Abt-Bischof von Subiaco, Dr. Stanislao Andreotti
osb seit dem 8. Dezember 1989 kirchenrechtlich anerkannt ist und seine
Funktion gemäß den kirchenrechtlichen Normen des Kodex des
Kanonischen Rechts der Römisch-Katholischen Kirche ausübt.*

*Die obige Erklärung wird für alle von den kirchlichen und zivilen
Gesetzen vorgesehenen Zwecke ausgestellt.*

16   *Rom, 28. März 1990*

Der Heilige Vater Johannes Paul II erteilt von ganzem Herzen seinen Apostolischen Segen Pater Andrzej Michalek Sam. FLUHM Gründer und Generaloberer der Samaritanischen Bewegung Mariens Einheit – und allen Mitgliedern, die sich zum gemeinsamen Gebet versammeln, in den Kreisen der Erneuerung des Lebens in Heiligkeit, im Namen des Vaters und des Sohnes und des Heiligen Geistes, Amen.

Ex Aedibus Vaticanis die 21.1.1991

+ Oscar Rizzato
Archiepiscopus
Eleemosynarius Summi Pontificis

Dieser Segen des Heiligen Vaters wirkt **jedesmal** dort,
wo Menschen **gemeinsam** beten

17

FATIMAZENTRUM IN GRABIE BEI KRAKAU / POLEN

Die Statue der Gottesmutter in der Kapelle des Fatimazentrums. - Schon viele Leute berichteten uns, daß ihre Bitten gerade hier von Gott erhört wurden. - Es ist erstaunlich, daß die Buchstaben im Zentrum der Kreuze der GROSSEN NOVENE in drei Sprachen den Namen **NOE** ergeben, zu dem Gott sprach: **„Meinen Bogen setze ich in die Wolken; er soll das Bundeszeichen sein zwischen mir und der Erde."** (Gen 9,13)

```
                    L               W
                    A         N     I
       GRANDE  GROSSE NOWENNA
                    O         V     L
                    V         E     K
                    E         N     A
                    N         E
                    A
```

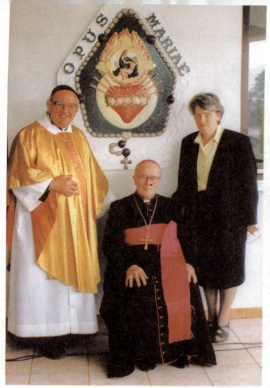

Das FATIMAZENTRUM wurde am 15.09.95, am Fest der Schmerzen Mariens, von Diözesanbischof Francesco Tarcisio Carboni aus Macerata / Italien, feierlich eingeweiht.

Auf dem Bild in der Mitte, unter dem Emblem der Samaritanischen Bewegung Mariens-EINHEIT - der Flamme der Liebe des Unbefleckten Herzens Mariens sitzt Seine Excellenz Bischof Francesco Tarcisio Carboni. - Rechts von ihm, Bruder Gründer, P. General Andrzej Michalek Sam FLUHM. - Links steht die Mitgründerin der SBM-EINHEIT-FLUHM, Frau Anni Hüger aus Neu-Ulm (jetzige 1. Vorsitzende der Bewegung).

Die Hauskapelle im Fatimazentrum mit dem neuen Herz-Jesu-Tabernakel

Diese und die folgenden Bilder sprechen für sich selbst und bezeugen, wie wir gewissenhaft und mit großer Verantwortung vor Gott alle uns anvertrauten Spenden verwenden, und zwar zur größten Verherrlichung Gottes und zur immer größeren Ehre Mariens. - Dies möge zu unser aller und vieler anderer Menschen Heiligung dienen, a l l e n , die auf das Wort Gottes hören und es treu mit Liebe als den Willen des Himmlischen Vaters erfüllen.

All unseren lieben Helfern und Spendern sagen wir ein
HERZLICHES EWIGES VERGELT'S GOTT!
Wir bitten weiter um opferbereite Liebe und Hilfe all derer, die uns helfen können.
Der gütige Gott wird sicher alle reichlich belohnen und
die Gottesmutter, die Unbefleckte Jungfrau Maria, wird alle in jeder Not beschützen.
Bitte lesen Sie auch die Seiten: 45 / 46, 195, 441 und 463

25. März 1997 - Bruder Gründer, P. General Andrzej Michalek Sam FLUHM nimmt die Gelübde von 4 deutschen u. 2 polnischen Schwestern ab, die sie zum zweitenmal in der Hauskapelle des Fatimazentrums erneuern. Zwei Schwestern (Mitte) arbeiten jetzt in Dereczyn (Weißrußland). - Daneben knien zwei polnische Schwestern, die mit dem Noviziat begonnen haben.

Alle Schwestern unterschreiben nach Ablegen ihrer Ordensgelübde in Anwesenheit des Gründers und der Oberin ihre Gelübdetexte auf dem Altar.

Hier unterschreibt gerade Schwester Ingrid Lenzen Sam FLUHM, ehemalige Architektin in Bonn.

Mit großer Liebe verteilt Frau Irene Lenzen, Mutter von Sr. Ingrid, an die S c h w e s t e r n „Glückwunsch-Rosen". Neben Bruder Gründer Pfarrer Wasilewski und ganz links Br. Gabriel Hüger Sam FLUHM.

Aufnahme ins Postulat   Aufnahme ins Noviziat

Sr. Bronislawa, die erste Postulatin **aus Rumänien,** bei den Schwestern Samariterinnen: - **Bild mitte -** in der Kapelle und **links mitte** - beim Ausladen eines Hilfstransports aus Hamburg.

Sr. Elisso, die erste Novizin **aus Georgien** bei den Schwestern Samariterinnen. **- Bild rechts unten -** in der Kapelle und **links unten** - beim Ausladen dieses Hilfstransports.

Hauskapelle des Fatimazentrums - 31. Mai 1997 - Einzug der Brüder: (zum Noviziatsbeginn) Tomasz Wilk (1.) und (zur Feier der ersten Gelübde) Raphael Peterle (2.) und Zbigniew Gladysz (3.)

Br. Gründer, P.Gen. Andrzej Michalek Sam FLUHM segnet unseren neuen Novizen Br. Tomasz Wilk nach der Einkleidung in die Soutane. Daneben Br. Gabriel Hüger.

Bruder Gründer segnet Bruder Raphael Peterle und Bruder Zbigniew Gladisz nach Ablegung ihrer ersten Ordensgelübde.

So wie wir hier sehen, ist Bruder Gründer nicht „arbeitslos". Bei dieser Gelegenheit bittet er alle um Verständnis, denen er noch irgendeine schriftliche Antwort schuldet und segnet alle von Herzen!

Kurz vor Abgabe in die Druckerei kam von Bruder Josef Failer aus Weißrußland dieses Bild mit einer „Fatimaprozession", die jetzt dort viele Pfarreien machen. - Br. Josef dankt allen für die bisherige Hilfe, bittet um weitere Unterstützung und das Gebet. Er grüßt alle sehr herzlich und spendet allen seinen priesterlichen Segen.

Bericht über die Pfarrei Dereczyn und das Wirken Br. Josefs, siehe S. 30-31

Konzelebration bei der Gelübdefeier der Brüder. - **Von links:** Bruder Gabriel Hüger Sam FLUHM, P. Henryk Klimaj-CSsR aus Krakau, Dekan Jozef Rzadkosz aus Niepolomice, Bruder Gründer, P. General Andrzej Michalek Sam FLUHM, Ortspfarrer Andrzej Pietrusa aus Grabie und Pfarrer Stanislaw Kolarski aus Krakau.

Nach der Feier - Gruppenfoto vor dem Haupteingang des Fatimazentrums

Manchmal ein Spaziergang im Wald erfrischt, macht Freude und gibt neue Kraft.

Ins Fatimazentrum kommen immer öfter verschiedene Gruppen von Kindern, Jugendlichen, Erwachsenen, Gesunden und Kranken, meistens aus Polen, Deutschland und Österreich wie auch aus anderen Ländern des Westens und Ostens, um hier mit uns gemeinsam zu beten, zu singen, zu spielen und das Wort Gottes zu betrachten. - Danach kehren alle mit Gottes Segen immer glücklich nach Hause zurück und beten gerne für alle Spender, die uns diese gastliche Aufnahme ermöglichen.

Eine Gruppe Franziskanerinnen aus Przemysl (Südostpolen) mit Novizinnen und Kindern in der Kapelle des Fatimazentrums

Eine Gruppe von Behinderten und MS-Kranken aus Krakau, mit ihren Betreuern im Fatimazentrum

Eine Kindergruppe aus Weißrußland, die unser Oblate Bruder Albin Kessler von der Pfarrei Dereczyn ins Fatimazentrum begleitet hat. Diese Pfarrei leitet unser Bruder Pfr. Josef Failer Sam FLUHM.

Manchmal ist das Fatima-
zentrum überfüllt. **So viele
Beter gewinnen diese, die uns
mit ihren Spenden helfen,
Gäste aufzunehmen - g r a t i s
oder gegen eine nur symbolische Spende.**

Auf die Bitte der Caritas von
Szczecin (Stettin) haben wir
zwei Gruppen - je 40 Kinder -
zu zweiwöchigen Ferien im
Fatimazentrum aufgenommen,
die aus sehr armen, kinder-
reichen und oft schwierigen
Familienverhältnissen kamen. -
Dies ermöglicht uns auch Ihre
Spende! - Allen Spendern ein
EWIGES VERGELT'S GOTT!

Besuch einer Pilgergruppe aus
Rumänien im Fatimazentrum.
- Dank der Spenden unserer
Helfer aus dem Westen konnten
wir ihnen k o s t e n l o s sogar
für mehrere Tage Übernachtung
und Verpflegung anbieten.
Sie waren darüber sehr glücklich
und baten uns, bei Gelegenheit
ihre Dankbarkeit den Spendern
gegenüber zum Ausdruck zu
bringen, die sie gerne im Gebet
erweisen.

25

Eine von vielen pol-
nischen Pilgergrup-
pen. Diese finden hier
eine ruhige Atmo-
sphäre zum Gebet,
zum geistigen
Gespräch und zur
kurzen Erholung.

So herzlich
verabschieden wir
alle Pilgergruppen

Eine von vielen
Pilgergruppen aus
Österreich, die das
Fatimazentrum
gerne besuchen, weil
sie hier offene
Herzen und Ohren
für ihre Nöte finden.

Bild unten: Pilger-
gruppe aus Deutsch-
land, die im Fatima-
zentrum die Feier des
80. Jahrestages der
Erscheinungen von
Fatima miterlebte.
Rechts vom Gründer
der ehemalige erste
Vorsitzende und jetzi-
ge Ehrenvorsitzende
unserer Bewegung,
Dipl. Ing. Georg
Fackler aus Ichen-
hausen.

26

Wie durch ein Wunder blieb das Fatimazentrum verschont!

Bei der letzten großen Überschwemmung in Polen stieg das Wasser immer höher und bedrohte auch das Fatimazentrum, auf das unser Gründer hier zeigt.

Mit Angst und großer Sorge beobachteten wir, wie das Wasser immer höher stieg und drohte, den Damm zu überfluten oder zu brechen.

In der Nähe des Fatimazentrums eine gefährliche Stelle, wo der Damm zu brechen drohte

An vielen Stellen mußte der Damm mit Sandsäcken verstärkt und abgedichtet werden.

Ununterbrochen, Tag und Nacht, waren auch Soldaten und Feuerwehr mit den Pumpen im Einsatz

Der Neffe unseres Gründers Jaroslaw Michalek, wie auch unser Gründer mit Brüdern und Schwestern voll im Einsatz. - Die Schwestern Samariterinnen sorgten um eine Stärkung für alle! - Es ist zu staunen, daß auf der anderen Seite des Flusses, wo die Menschen sich sicher fühlten, der Damm brach und viel Schaden anrichtete. - Wir haben viel gearbeitet und demütig Gott um Hilfe angefleht. - Die Gottesmutter hat uns geholfen! Gott hat uns vor großem Schaden bewahrt! DANK UND EHRE SEI DEM GÜTIGEN GOTT UND DER LIEBSTEN GOTTESMUTTER MARIA!

Die große Überschwemmung hat unsere Bauarbeiten Gott sei Dank nicht behindert!

Sr. Maria Petra mit dem Dipl. Ing. Georg Fackler, Ehrenvorsitzender unserer Bewegung, bei den Fundamenten zum Noviziatshaus. Daneben Verbreiterung der Straße zum Fatimazentrum.

Unsere Schwestern freuen sich auf das neue Noviziatshaus und beten dankbar für die lieben Spender.

Auch die Brüder Samariter freuen sich, wenn sie sehen, wie auch ihr Noviziatshaus wächst. Ebenso wie die Schwestern beten sie gerne und dankbar für alle Spender und die Priesterbrüder spenden ihren Segen, besonders beim Abendsegen

Die Spendenkonten S. 463

Hinter dem Fatimazentrum bauen wir für die Gäste ein kleines Rekreationshaus. Dort werden alle, die hierher kommen, eine schöne Überraschung finden.

Wir sagen ein besonders herzliches **Vergelt's Gott** einem Spender, der anonym bleiben will. Diese Spende war für die Fundamente des Behindertenhauses bestimmt, die wir hier schon fertig sehen. Im Bild darüber - der Bau des neuen Magazins. - **Für jede Hilfe, ein ewiges Vergelt's Gott!** - Weitere Erkärungen dazu, s.S. 45-46, 195, 441 u. 463

Nicht nur unser Gärtner, Bruder Michael Benedikt Hüger, freut sich über die große Apfelernte im Garten, den er selber mit der Hilfe der Brüder angebaut hat und mit ihnen in großer Liebe pflegt. Über diese Ernte freuen sich auch alle Brüder und Schwestern und wir hoffen auch alle Gäste, die ins Fatimazentrum kommen werden. - **Wir wünschen allen einen guten Appetit!**

Br. Raphael schüttelt die letzten Äpfel von den alten Bäumen in der Nähe des Fatimazentrums, die die Schwestern mit Freude sammeln. Dies macht allen viel Spaß und schenkt Erholung.

Segen, Aussendung vom Fatimazentrum, Abschied und Abfahrt
von Sr. Alexandra und Sr. Urszula
mit Br. Josef Failer nach Dereczyn

Schon in Dereczyn

WEISSRUSSLAND
Pfarrei Dereczyn

Neben der **sehr segensreichen Direkthilfe**
„Familie für Familie" hat unser Br. Josef
Failer, Pfarrer in Dereczyn, dank der Spenden
aus dem Westen auch das Pfarrhaus renoviert,
das obige Magazin und sogar diese
neue Kirche gebaut.

Die neue Kirche trägt den Namen der Heiligen Familie und steht in einer Filiale von Dereczyn. Sie
wurde am 20. Juni 1997 vom Bischof von Grodno S.E. Alexander Kaszkiewicz eingeweiht.
Rechts vom Bischof steht unser Gründer und Bruder Josef zwischen dem Bischof und Sr. Maria
Petra. Daneben Sr. Urszula und Sr. Alexandra, die in Dereczyn wohnen und fleißig mithelfen.
In der grauen Soutane steht der orthodoxe Ortspfarrer, der mit Bruder Josef sehr befreundet ist.

Unser Br. Albin brachte mit Hilfe von Müttern die Jugend aus der Pfarrei Dereczyn zum Eucharistischen Kongreß nach Breslau

Trotz Armut Freude!

Herr Schulenburg aus Halstenbeck bei Hamburg mit seinem Sohn und mit der Hilfe von Herrn Mohren aus Mönchengladbach brachten ins Fatimazentrum einige Tonnen gebrauchte Kleider und ca. 1000 kg Würstchen für die Überschwemmungsopfer, für 3 Waisenhäuser, ein Behindertenhaus u. andere arme Leute. Sie haben selbst beim Ausladen fleißig mitgeholfen.

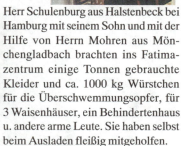

Die Direktorin eines Waisenhauses freut sich sehr über die Schuhe für ihre 38 Kinder und sagt den Spendern ein herzliches Vergelt's Gott.

„Da stand er auf, drohte dem Wind und sagte zu dem See: Schweig, sei still! Und der Wind legte sich, und es trat völlige Stille ein. Er sagte zu ihnen: Warum habt ihr solche Angst? Habt ihr noch keinen Glauben? Da ergriff sie große Furcht, und sie sagten zueinander: Was ist das für ein Mensch, daß ihm sogar der Wind und der See gehorchen?" (Mk 4,39-41)

In jedem Gewitter des Lebens, besonders aber im Gewitter der menschlichen Gedanken, die das Leben überfluten und bedrohen, kann NUR JESUS Rettung bringen.

- Die stille Anbetung Gottes und die Vereinigung in der Liebe mit dem Himmlischen Vater im Gebet ist das, was jeder Mensch zu jeder Zeit braucht, um innere Ruhe und die Glückseligkeit der Seele zu finden. Jesus gibt uns ein lebendiges Beispiel dafür: **„Er ging auf einen Berg, um zu beten. Und Er verbrachte die ganze Nacht im Gebet zu Gott."** (Lk 6,12)

„Jesus sagte: Komm! Da stieg Petrus aus dem Boot und ging über das Wasser auf Jesus zu. Als er aber sah, wie heftig der Wind war, bekam er Angst und begann unter-zugehen. Er schrie: HERR, RETTE MICH! Jesus streckte sofort die Hand aus, ergriff ihn und sagte zu ihm: Du Kleingläubiger, warum hast du gezweifelt?" (Mt 14,29-31)

Wer in jeder Gefahr m i t G l a u b e n ohne Zweifel zu Jesus um Hilfe ruft, wird sie bekommen!

EINFÜHRUNG

Meine Lieben, Ihr alle, die Ihr an der täglichen Betrachtung des Wortes Gottes dieser Großen Novene teilnehmt, liebe Freunde, Förderer und Spender der Samaritanischen Bewegung Mariens-EINHEIT der Flamme der Liebe des Unbefleckten Herzen Mariens! - **"Die Gnade JESU CHRISTI, des Herrn, die Liebe Gottes und die Gemeinschaft des HEILIGEN GEISTES sei mit Euch allen!"** (2 Kor 13,13).

Mit diesem Gruß und Segenswunsch des heiligen Paulus grüßen wir alle ganz herzlich und wünschen, daß alle, besonders in diesem Jahr, das dem Heiligen Geist gewidmet ist, durch die tägliche Betrachtung des Wortes Gottes die Gnadenfülle des Heiligen Geistes erlangen.

Das Jahr 1998 gehört zu den drei Jahren des **HEILIGEN TRIDUUMS,** dessen **Hauptziel** die unmittelbare geistige Vorbereitung auf die Verabschiedung des zweiten Jahrtausends im christlichen Geist ist und zugleich Vorbereitung auf die Begrüßung und Eröffnung des dritten Jahrtausends der Christenheit. Dieses Heilige Triduum hat der Stellvertreter Christi auf Erden, Seine Heiligkeit Papst Johannes Paul II., gewünscht. Deswegen sollen alle Gläubigen diesen seinen Wunsch als Stimme und Willen Gottes verstehen.

Jesus selbst sagt: **"M e i n e   S c h a f e   h ö r e n   a u f   m e i n e   S t i m m e ; ich kenne sie, und   s i e   f o l g e n   m i r . Ich gebe ihnen ewiges Leben. S i e w e r d e n   n i e m a l s   z u g r u n d e   g e h e n , und niemand wird sie meiner Hand entreißen"** (Joh 10,27-28). - **"DANN WIRD ES NUR EINE HERDE GEBEN UND EINEN HIRTEN"** (Joh 10,16).

"Jesus Christus ist derselbe gestern, heute und in Ewigkeit" (Hebr 13,8), so ist **auch Seine Lehre d i e s e l b e   g e s t e r n ,   h e u t e   u n d   i n   E w i g k e i t !**

Dieser Ewige Jesus hat über Petrus und seine Nachfolger f ü r   i m m e r   folgendes entschieden: **"Ich sage dir: Du bist Petrus, und auf diesen Felsen werde ich meine Kirche bauen, und die Mächte der Unterwelt werden sie nicht überwältigen. Ich werde dir die Schlüssel des Himmelreichs geben; w a s   d u   a u f E r d e n   b i n d e n   w i r s t ,   d a s   w i r d   a u c h   i m   H i m m e l g e b u n d e n   s e i n , und was du auf Erden lösen wirst, das wird auch im Himmel gelöst sein"** (Mt 16,18-19).

Diese Aussagen Jesu erklären uns, daß u.a. auch dieser Wille des Papstes betreffend das HEILIGE TRIDUUM vor dem Jahr 2000 wirklich **der Wille Gottes ist,** dessen treue Erfüllung sicher **"zur Verherrlichung Gottes"** (1 Kor 10,31b) führt! Im Nachwort dieses 2. Bandes lesen wir: **"Die Wahrheit wird euch befreien!"** (Joh 8,32). - Und eben darum geht es: **sich von dieser Wahrheit befreien zu lassen, die unser Herr Jesus Christus ist!** - Durch das **Heilige Evangelium** spricht Er selber täglich zu uns und weiter **durch die unfehlbare Lehre des Heiligen Geistes, vor allem durch die Stimme des Papstes,** in all dem, was den Glauben und die Moral betrifft.

Entsprechend dem Wunsch des Papstes, als dem geistigen Leiter ALLER CHRISTEN - **die an JESUS CHRISTUS, den EWIGEN SOHN GOTTES,** glauben und auf SEINE Stimme hören und IHM folgen, unabhängig davon, welcher Konfession sie angehören - *im Sinne der von JESUS gewünschten EINHEIT ALLER CHRISTEN, ist das Jahr 1998 dem HEILIGEN GEIST gewidmet. Das heißt, daß alle Christen in dieser Zeit auf besondere Weise zum Heiligen Geist beten sollen und mit Wort und Beispiel untereinander die Einheit im Heiligen Geist suchen, erneuern, aufbauen und sie dort stiften, wo sie noch unbekannt ist!*

Dabei soll niemand vergessen, daß Jesus nur EINE EINZIGE Kirche gegründet hat. Deswegen, wenn jemand über die Christen redet, soll er sie nicht als verschiedene, getrennte Kirchen sehen, sondern vielmehr als untereinander streitende Gruppen in derselben einen einzigen Kirche, die eben nur Jesus gegründet hat. - Wenn wir so denken, so ist der Weg zur Einheit aller Christen kürzer, einfacher und leichter.

Jetzt ist die große Aufgabe aller Christen, die belehrende und mahnende Stimme Jesu erneut zu hören und zu tun, was Er sagt: **"Liebt einander, s o w i e ich euch geliebt habe"** (Joh 15,12). - Eben nur die Liebe ist fähig, die Versöhnung unter allen Christen zu vollenden. Der Apostel Paulus belehrt uns im Heiligen Geist: **"Alles kommt von Gott, der uns durch Christus mit sich versöhnt und uns den Dienst der Versöhnung aufgetragen hat. Ja, Gott war es, der in Christus die Welt mit sich versöhnt hat, indem er den Menschen ihre Verfehlungen nicht anrechnete und uns das Wort von der Versöhnung (zur Verkündigung) anvertraute. Wir sind also Gesandte an Christi Statt, und Gott ist es, der durch uns mahnt. Wir bitten an Christi Statt: LASST EUCH MIT GOTT VERSÖHNEN!"** (2 Kor 5,18-20).

Eben gerade diese Worte zeigen uns die große Bedeutung und den großen Sinn der Widmung des zweiten Jahres des Heiligen Triduums dem Heiligen Geist. Diese Worte zeigen uns auch zugleich die große Bedeutung der täglichen Betrachtungen des Wortes Gottes, was wir gemeinsam in dieser Großen Novene tun, beinahe schon in zweihunderttausend Familien, bis jetzt in deutsch, polnisch und italienisch. - (Die Übersetzung in russisch und in rumänisch ist in Bearbeitung).

Seine Heiligkeit Papst Johannes Paul II. hat schon am 18.Mai 1986 eine Enzyklika über den Heiligen Geist im Leben der Kirche und der Welt unter dem Titel "DOMINUM ET VIVIFICANTEM" geschrieben. Dort finden wir wunderbare Belehrungen über den Heiligen Geist und Seine Wirkung in der Kirche und durch die Kirche. - Es wäre sehr wünschenswert, daß jeder Christ diese Enzyklika mindestens einmal a u f m e r k s a m liest.

Als Beispiel dieser wunderschönen Belehrungen des Papstes lesen wir (II. Teil, Punkt 4) über den "Geist, der das Leiden in heilbringende Liebe wandelt". unter anderem: (41) "Wenn die Sünde das Leiden hervorgebracht hat, so hat der Schmerz Gottes nun im gekreuzigten Christus durch den Heiligen Geist seinen vollen menschlichen Ausdruck gewonnen. Wir haben hier ein paradoxes Geheimnis der Liebe: In Christus leidet Gott, der von seiner eigenen Schöpfung zurückgewiesen wird: 'Sie glauben nicht an mich!'; zugleich aber holt der Geist *aus der Tiefe dieses Leidens* - und indirekt aus der Tiefe eben dieser Sünde, nämlich 'nicht geglaubt zu haben' - *ein neues Maß für das Gnadengeschenk, das dem Menschen und der Schöpfung* von Anfang an gemacht worden ist. In der Tiefe des Geheimnisses des Kreuzes ist die Liebe am Werk, die den Menschen erneut zur Teilnahme am Leben bringt, das in Gott selbst ist.

Der Heilige Geist als Liebe und Gnadengeschenk *versenkt sich gewissermaßen in die Herzmitte jenes Opfers*, das am Kreuz dargeboten wird. Mit Bezug auf die biblische Tradition können wir sagen: *Er verzehrt dieses Opfer mit dem Feuer der Liebe* die den Sohn mit dem Vater in der trinitarischen Gemeinschaft vereint. Und weil das Kreuzesopfer ein eigener Akt Christi ist, *'empfängt'* auch er *den Heiligen Geist*. Er empfängt ihn auf solche Weise, daß er ihn dann - und nur er allein mit dem Vater - *den Aposteln, der Kirche der Menschheit 'geben'* kann. Er allein 'sendet' ihn vom Vater. Er allein zeigt sich den im Abendmahlssaal versammelten Aposteln, 'haucht sie an' und sagt: 'Empfangt den Heiligen Geist! Wem ihr die Sünden vergebt, dem sind die vergeben', wie es bereits Johannes der Täufer angekündigt hatte: 'Er wird euch mit Heiligem Geist und mit Feuer taufen.' Mit diesen Worten Jesu wird der Heilige Geist *offenbart und zugleich gegenwärtig gesetzt* als Liebe, die in der Tiefe des österlichen Geheimnisses als Quelle der heilbringenden Kraft des Kreuzes Christi, als Gnadengeschenk des neuen und ewigen Lebens am Werk ist.

Diese Wahrheit über den Heiligen Geist findet ihren täglichen *Ausdruck in der römischen Meßliturgie*, wenn der Priester vor der heiligen Kommunion jene bedeutungsvollen Worte spricht: 'Herr Jesus Christus, Sohn des lebendigen Gottes, dem Willen des Vaters gehorsam, hast du *im Heiligen Geist* durch deinen Tod der Welt das Leben geschenkt.' Im Dritten Eucharistischen Hochgebet bezieht sich der Priester auf dieselbe Heilsordnung und bittet Gott: *'Er (der Heilige Geist) mache uns auf immer zu einer Gabe, die dir wohlgefällt."*

Zur Vorbereitung auf das Jahr 2000 schrieb (10.11.94) Papst Johannes Paul II. in seinem Apostolischen Schreiben "TERTIO MILLENNIO ADVENIENTE" an alle Bischöfe, Priester und Gläubigen (44), **"1998, das *zweite Jahr* der Vorbereitungsphase, wird in besonderer Weise *dem Heiligen Geist* und seiner heiligmachenden Anwesenheit in der Gemeinschaft der Jünger Christi gewidmet sein. -** 'Das große Jubiläum am Ende des zweiten Jahrtausends - so schrieb ich in der Enzyklika *Dominum et vivificantem* - (...) hat eine *pneumatologische Ausrichtung*; denn das Geheimnis der Menschwerdung vollzog sich ‚durch das Wirken des Heiligen Geistes'. Es wurde 'gewirkt' durch jenen Geist, der- eines Wesens mit dem Vater und dem Sohn - im absoluten Geheimnis des dreieinigen Gottes die 'Liebe in Person' ist, das ungeschaffene Geschenk, das die ewige Quelle allen Schenkens Gottes in der Schöpfungsordnung ist sowie unmittelbarer Ursprung und gewissermaßen Subjekt der Selbstmitteilung Gottes in der Gnadenordnung. *Das Geheimnis der Menschwerdung ist der Höhepunkt* dieses Schenkens und dieser Selbstmitteilung'. Die Kirche kann sich auf das zweitausendjährige Jubiläum 'in keiner anderen Weise als im Heiligen Geist vorbereiten. Was , in der Fülle der Zeit' durch das Wirken des Heiligen Geistes geschah, kann heute nur durch sein Wirken im Gedächtnis der Kirche neu erwachen".

Es ist in der Tat der Geist, der die von Christus den Menschen gebrachte einzige Offenbarung in der Kirche aller Zeiten und aller Orte aktualisiert, indem er sie im Herzen eines jeden lebendig und wirksam werden läßt: 'Der Beistand aber, der Heilige Geist, den der Vater in meinem Namen senden wird, der wird euch alles lehren und euch an alles erinnern, was ich euch gesagt habe" (Joh 14,26).

(45). Zu den wichtigsten Aufgaben der Vorbereitung auf das Jubeljahr gehört daher die *Wiederentdeckung der Anwesenheit und Wirksamkeit des Geistes*, der in der Kirche wirkt, sei es in sakramentaler Gestalt, vor allem durch die *Firmung*, sei es ver-

mittels vielfältiger Gnadengaben, Aufgaben und Dienste, die von Ihm zu ihrem Wohl geweckt worden sind: 'Der eine Geist ist es, der seine vielfältigen Gaben gemäß seinem Reichtum und den Erfordernissen der Dienste zum Nutzen der Kirche austeilt (vgl.1Kor12,1-11). Unter diesen Gaben ragt die Gnade der Apostel heraus, deren Autorität der Geist selbst auch die Charismatiker unterstellt (vgl. 1 Kor 14). Derselbe Geist eint durch sich und durch seine Kraft wie durch die innere Verbindung der Glieder den Leib; er bringt die Liebe der Gläubigen untereinander hervor und treibt sie an''.
Der Geist ist auch für unsere Zeit die *Hauptkraft der Neuevangelisierung*. Es wird also darauf ankommen, den Geist als den wiederzuentdecken, der im Laufe der Geschichte das Reich Gottes aufbaut und seine volle Offenbarwerdung in Jesus Christus dadurch vorbereitet, daß er die Menschen innerlich anregt und im menschlichen Erleben die Keime der endgültigen Rettung, die am Ende der Zeiten eintreten wird, aufgehen läßt.
(46). In diesem *eschatologischen Ausblick* sollen die Gläubigen dazu aufgerufen werden, die theologische Tugend der *Hoffnung* wiederzuentdecken, von der sie 'schon früher gehört haben durch das wahre Wort des Evangeliums' (Kol 1,5). Die Grundhaltung der Hoffnung spornt einerseits den Christen dazu an, das Endziel, das seinem ganzen Dasein Sinn und Wert gibt, nicht aus dem Auge zu verlieren, und andererseits bietet sie ihm solide und tiefgehende Beweggründe für den täglichen Einsatz bei der Umgestaltung der Wirklichkeit, die dem Plan Gottes entsprechen soll. Wie der Apostel Paulus schreibt: 'Denn wir wissen, daß die gesamte Schöpfung bis zum heutigen Tag seufzt und in Geburtswehen liegt. Aber auch wir, obwohl wir als Erstlingsgabe den Geist haben, seufzen in unserem Herzen und warten darauf, daß wir mit der Erlösung unseres Leibes als Söhne offenbar werden. Denn wir sind gerettet, doch in der Hoffnung' (Röm 8,22-24). Die Christen sind aufgerufen, sich auf das Große Jubiläum zu Beginn des dritten Jahrtausends vorzubereiten *durch Erneuerung ihrer Hoffnung auf die endgültige Ankunft des Reiches Gottes*, die sie Tag für Tag in ihrem Herzen, in der christlichen Gemeinschaft, der sie angehören, in dem sozialen Umfeld, in das sie hineingestellt sind, und so auch in der Weltgeschichte vorbereiten.
Außerdem müssen die *Anzeichen von Hoffnung* hervorgehoben und vertieft werden, die trotz der Schatten, die sie oft vor unseren Augen verbergen, *in diesem letzten Abschnitt des Jahrhunderts vorhanden sind: auf weltlichem Gebiet* die von der Wissenschaft, der Technik und vor allem von der Medizin im Dienst am menschlichen Leben erzielten Fortschritte, das lebhaftere Verantwortungsgefühl gegenüber der Umwelt, die Anstrengungen zur Wiederherstellung des Friedens und der Gerechtigkeit überall, wo sie verletzt wurden, der Wille zu Versöhnung und Solidarität zwischen den verschiedenen Völkern, besonders in den umfassenden Beziehungen zwischen dem Norden und dem Süden der Erde usw.; *auf kirchlichem Gebiet* das aufmerksamere Hören auf die Stimme des Geistes durch die Annahme der Charismen und die Förderung der Laien, die intensive Hingabe an das Anliegen der Einheit aller Christen, der dem Dialog mit den Religionen und mit der modernen Kultur gewährte Raum usw.
(47). Das Nachdenken der Gläubigen im zweiten Vorbereitungsjahr wird sich mit besonderem Eifer auf den *Wert der Einheit* innerhalb der Kirche richten müssen, nach der die wahren Gaben und Charismen streben, die der Geist in ihr geweckt hat.

In diesem Zusammenhang wird man die vor allem in der dogmatischen Konstitution *Lumen Gentium* enthaltene Lehre des II. Vatikanischen Konzils über die Kirche in passender Weise vertiefen können. Dieses wichtige Dokument hat ausdrücklich unterstrichen, daß die Einheit des Leibes Christi *auf der Wirkung des Geistes beruht*, vom apostolischen Dienst gewährleistet und von der gegenseitigen Liebe beseelt wird (vgl. 1 Kor 13,1-8). Auf jeden Fall sollen durch diese katechetische Vertiefung des Glaubens die Glieder des Volkes Gottes zu einem reiferen Bewußtsein ihrer Verantwortlichkeiten wie auch zu einem lebendigeren Sinn für den Wert des kirchlichen Gehorsams geführt werden können.

(48). *Maria*, die das durch das Wirken des Heiligen Geistes fleischgewordene Wort empfing und sich dann in ihrem ganzen Leben von seiner inneren Wirkung leiten ließ, wird während dieses Jahres betrachtet und nachgeahmt insbesondere als Frau, die der Stimme des Geistes gehorsam ist, als Frau der Stille und des Zuhörens, als Frau der Hoffnung, die wie Abraham den Willen Gottes anzunehmen wußte 'voll Hoffnung gegen alle Hoffnung' (Röm 4,18). Sie bringt die Sehnsucht der Armen Jahwes voll zum Ausdruck und leuchtet als Vorbild für alle, die sich mit ganzem Herzen den Verheißungen Gottes anvertrauen."

Der Heilige Geist, der Geist der Liebe Gottes ist der GEIST der WAHRHEIT. - Jesus sagt: **"Wenn jener kommt, der GEIST der WAHRHEIT, wird er euch in die ganze Wahrheit führen. Denn ER wird nicht aus sich selbst heraus reden, sondern ER wird sagen, was ER hört, und euch verkünden, was kommen wird"** (Joh 16,13).

. Der HEILIGE GEIST wird uns also unterweisen und an alles erinnern, was Jesus während Seines Erdenlebens eben im Heiligen Geist gelehrt hat. Dieser Geist, **der Geist der Wahrheit Gottes** wirkt und kommt auch heute auf diese Menschen herab, besonders aber auf jene, die für das **WORT GOTTES** offen sind, IHM glauben und ES treu, im Gehorsam erfüllen. - In der Apostelgeschichte finden wir diese wertvolle Belehrung: **"Zeugen dieser Ereignisse sind wir und der HEILIGE GEIST, DEN Gott a l l e n verliehen hat, die IHM g e h o r c h e n."** (Apg 5,32) Dabei sollen wir auch die folgende Belehrung nicht vergessen: **"Bemühen wir uns also, ... damit niemand aufgrund des Ungehorsams zu Fall kommt. Denn lebendig ist das WORT GOTTES, kraftvoll und schärfer als jedes zweischneidige Schwert; es dringt durch bis zur Scheidung von Seele und Geist, von Gelenk und Mark; es richtet über die Regungen und Gedanken des Herzens;"** (Hebr 4,11-12)

Das WIRKEN des HEILIGEN GEISTES erfahren wir auf besondere Weise immer dort, wo die Liebe zu Gott und zum Nächsten lebendig ist ! - Daran erinnert der hl. Apostel Paulus, wenn er schreibt: **"Die LIEBE GOTTES ist ausgegossen in unsere Herzen durch den HEILIGEN GEIST, der uns gegeben ist"** (Röm 5,5). - Weiter sagt der Apostel: **"Die FRUCHT DES GEISTES ist Liebe, Freude, Friede, Langmut, Freundlichkeit, Güte, Treue, Sanftmut und Selbstbeherrschung ..."** (Gal 5,22-23) und: **"Wenn wir aus dem Geist leben, dann wollen wir dem Geist auch folgen. Wir wollen nicht prahlen, NICHT MITEINANDER STREITEN und einander nichts nachtragen"** (Gal 5,25-26).

Mit der Aussendung des **Heiligen Geistes** verband Jesus auch Seinen *Missionsauftrag* an die Apostel und an alle Getauften der ganzen Kirche. Als Christen müssen wir also diesen Auftrag Jesu ernst nehmen und mit Wort und Tat dazu beitragen, ihn zu erfüllen:**"Geht hinaus in die ganze Welt und verkündet das EVANGELIUM allen Geschöpfen!"** (Mk 16,15) und: **"... lehrt sie alles halten, was ich euch aufgetragen habe!"** (Mt 28,20) Eben dies steht auf dem Umschlag der GROSSEN NOVENE, die schon in vielen Familien in Deutschland, Österreich, Schweiz, Italien, Polen und anderen Ostländern eifrig, mit Liebe, gebetet wird. **Mit großer Freude hören wir, daß viele die Große Novene nicht nur beten, sondern auch e i f r i g mithelfen, den Missionsauftrag Jesu zu erfüllen, indem sie die GROSSE NOVENE an Verwandte und Bekannte weitergeben und empfehlen und bei der Finanzierung der Ausgabe für die Ostländer großherzig helfen!**

Wie notwendig das **tägliche, gemeinsame Gebet mit der Betrachtung des Wortes Gottes** in den Familien ist, muß uns immer mehr bewußt und klar werden, wenn wir sehen, wie viele Menschen heute sich zwar um ihr leibliches und irdisches Wohlergehen sorgen, aber oft viel zu wenig, kaum oder gar nicht um das ewige Heil ihrer Seele. Wie viele vergessen überhaupt, was Jesus uns so sehr ans Herz gelegt hat: **"Euch muß es zuerst um sein Reich und um seine Gerechtigkeit gehen; dann wird euch alles andere dazugegeben"** (Mt 6,33).

So bitten wir Euch, liebe Freunde, a l l e , die den Geist des guten Samariters haben und helfen wollen, wozu Jesus ausdrücklich in Seinem Gleichnis vom Barmherzigen Samariter auffordert: **"GEH UND HANDLE GENAUSO!"** (Lk 10,37). - Helft mit, **durch die Kraft des Wortes Gottes die unsterblichen Seelen zu retten!** - Unterstützt bitte unser **Apostolat des täglichen Gebets mit der Betrachtung des WORTES GOTTES**, damit die GROSSE NOVENE mit Eurer Hilfe überall dorthin kommt, **wo die Menschen Hilfe, Kraft und Licht des Wortes Gottes brauchen.**

Möge der HEILIGE GEIST auf die mächtigste Fürsprache der Unbefleckten Jungfrau Maria allen so dabei helfen und die Fülle Seiner Gnaden und Gaben schenken, daß alle den Willen Gottes, des Himmlischen Vaters, den Jesus, Sein Ewiger Sohn, geoffenbart hat, möglichst gut erkennen und möglichst treu erfüllen, alles zur größten "Verherrlichung Gottes" (1 Kor 10,31b).

Die ganze Heilsgeschichte der Menschen weist immer wieder darauf hin, daß die Rettung der Menschen in ihrer Umkehr zu Gott liegt, die den Gehorsam zur Ordnung Gottes verlangt. - Die Apostelgeschichte spricht klar: **"Man muß Gott mehr gehorchen als den Menschen. Der Gott unserer Väter hat Jesus auferweckt, den ihr ans Holz gehängt und ermordet habt. Ihn hat Gott als Herrscher und Retter an seine rechte Seite erhoben, um Israel die Umkehr und Vergebung der Sünden zu schenken. Zeugen dieser Ereignisse sind wir und DER HEILIGE GEIST, DEN GOTT ALLEN VERLIEHEN HAT, DIE IHM GEHORCHEN."** (Apg 5,29-32)

Das gleiche betrifft auch die Bekehrung Israels, über die der hl. Paulus eindeutig schreibt: **"Damit ihr euch nicht auf eigene Einsicht verlaßt, Brüder, sollt ihr dieses Geheimnis wissen: VERSTOCKUNG LIEGT AUF EINEM TEIL ISRAELS, BIS DIE HEIDEN IN VOLLER ZAHL DAS HEIL ERLANGT HABEN; DANN WIRD GANZ ISRAEL GERETTET WERDEN."** (Röm 11,25-26)

Die Große Novene ist grundsätzlich für die Familien gedacht. Wir laden aber auch alle Einzelpersonen, Gebetsgruppen, Pfarreien und Ordensgemeinschaften ganz herzlich dazu ein. Alle, die schon ein eigenes Gebetsprogramm haben, aber die **TÄGLICHE GEMEINSAME BETRACHTUNG DES WORTES GOTTES** bisher noch nicht praktizieren, finden in der Großen Novene die nach Monatsthemen geordneten WORTE GOTTES mit einer Betrachtungshilfe für jeden Tag.

Nach dem Zweiten Vatikanischen Konzil geschah leider vieles, im Namen dieses Konzils, was viel Durcheinander brachte und tief gläubige Menschen mit Recht sehr beunruhigte! - Jetzt haben wir Gott sei Dank wieder etwas in der Hand, was uns Klarheit und neue Hoffnung schenkt, - der neue "KATECHISMUS DER KATHOLISCHEN KIRCHE". - HIER WIRD DIE SÜNDE WIEDER SÜNDE, UND TUGEND WIEDER TUGEND GENANNT! - Hier wird Gott wieder klar als Schöpfer und Herr gesehen und der Mensch als Sein Geschöpf, Sein Kind und Diener, - wodurch die Ordnung Gottes wiederhergestellt wird! - Damit beginnt etwas, was wir als RÜCKKEHR ZUM HEILIGEN LEBEN NACH DEN PRINZIPIEN DES EVANGELIUMS JESU CHRISTI bezeichnen können! - Es wird sicher jeder Familie viel Gutes bringen, wenn sie diesen Katechismus aufmerksam, wenn möglich sogar täglich, liest und betrachtet!

Unser APOSTOLAT des TÄGLICHEN GEMEINSAMEN GEBETS MIT DER BETRACHTUNG DES WORTES GOTTES IN DER FAMILIE hat die Kirche im neuen Katechismus offiziell bestätigt und auch dessen große Bedeutung betont. -

Im Kapitel **"Christliche Familie"** lesen wir: (2204) "Die christliche Familie ist eine spezifische Darstellung und Verwirklichung der kirchlichen Gemeinschaft. Sie kann und muß deshalb auch 'Hauskirche' genannt werden. Sie ist eine Gemeinschaft des Glaubens, der Hoffnung und der Liebe; wie im Neuen Testament angedeutet wird, kommt ihr in der Kirche eine einzigartige Bedeutung zu." -

(2205) "Die christliche **FAMILIE ist eine GEMEINSCHAFT VON PERSONEN,** ein Zeichen und Abbild der **Gemeinschaft des VATERS und des SOHNES im HEILIGEN GEIST.** In der Zeugung und Erziehung von Kindern spiegelt sich das Schöpfungswerk des Vaters wider. Die Familie ist berufen, am Gebet und am Opfer Christi teilzunehmen. Das **TÄGLICHE GEBET** und die **LESUNG DES WORTES GOTTES stärken in ihr die Liebe.** Die christliche Familie wirkt evangelisierend und missionarisch."

Das II. VATIKANISCHE KONZIL

ist sicher das **WERK des HEILIGEN GEISTES**, der die Mission Jesu Christi bei der Erfüllung des Willens des Himmlischen Vaters auf der Erde fortsetzt. - Es ist zugleich ein Geschenk der Dreifaltigkeit Gottes für die Menschen unserer Zeit, die durch vielerlei Philosophien und Ideologien verwirrt sind.

Es passiert aber leider oft, daß sogar gute, sehr gläubige Menschen das Zweite Vatikanische Konzil zu unrecht kritisieren, ja es sogar ablehnen. Dies geschieht immer dann, wenn die Texte des Zweiten Vatikanums überhaupt nicht oder nur ungenau gelesen werden. - Wer also irgendeine Äußerung über dieses wunderbare Werk und Geschenk des Heiligen Geistes machen will, der soll zuerst zumindest einmal **alle** Texte aufmerksam lesen. - Dann, so bin ich überzeugt, wird er der gleichen Meinung sein wie ich.

Jetzt wollen wir aufmerksam zuhören, was der Heilige Geist uns im folgenden Text über die **FAMILIE** sagt und was ER dadurch bei uns bewegen und erreichen will:

"Der Schöpfer aller Dinge hat die eheliche Gemeinschaft zum Ursprung und Fundament der menschlichen Gesellschaft bestimmt und durch seine Gnade zu einem großen Geheimnis in Christus und seiner Kirche (vgl. Eph 5,32) gemacht. Darum hat das Apostolat der Eheleute und Familien eine einzigartige Bedeutung für die Kirche wie für die menschliche Gesellschaft. Die christlichen Eheleute sind füreinander, für ihre Kinder und die übrigen Familienangehörigen Mitarbeiter der Gnade und Zeugen des Glaubens. Ihren Kindern sind sie die ersten Künder und Erzieher des Glaubens. Durch Wort und Beispiel bilden sie diese zu einem christlichen und apostolischen Leben heran, helfen ihnen klug in der Wahl ihres Berufes und pflegen mit aller Sorgfalt eine vielleicht in ihnen sich zeigende Berufung zum Priester- und Ordensstand.

Schon immer war es Pflicht der Gatten, heute aber ist es ein hochbedeutsamer Teil ihres Apostolates geworden: die Unauflöslichkeit und Heiligkeit des ehelichen Bandes durch ihr Leben sichtbar zu machen und zu erweisen, Recht und Pflicht der Eltern und Vormünder zur christlichen Erziehung ihrer Kinder entschlossen zu vertreten sowie die Würde und das rechtmäßige Eigenleben der Familie zu verteidigen...

Die **FAMILIE** selbst empfing von Gott die Sendung, Grund- und Lebenszelle der Gesellschaft zu sein. Diese Sendung wird sie erfüllen: wenn sie sich in der gegenseitigen Liebe ihrer Glieder und im **GEMEINSAMEN GEBET** vor Gott als häusliches Heiligtum der Kirche erweist. (Laienapostolat, Kap.III/11)

Das Emblem der **Wallfahrtskirche "Maria Feldblume"** bzw "Maria Blume des Feldes." Der Grundstein wurde am **26. Juni 1684** "feierlichst, unter Beifall, unter Absingen von Marienliedern in großer Freude" gelegt.

Weitere wichtige Beschreibungen (S. 72) in der Broschüre "Öffnet die Türe dem Erlöser" erhältlich bei SBM-EINHEIT-FLUHM - Adresse s.S. 463

Diese Wallfahrt war bis zur Säkularisationszeit die bedeutendste im Bayrisch-Württembergischen Raum.

Bevor wir mit den Betrachtungen des WORTES GOTTES beginnen
wollen wir die folgenden Schriftworte aufmerksam lesen, denn es geht ja darum, daß wir noch mehr davon überzeugt sind, daß die Betrachtung des WORTES GOTTES uns geistig mit Jesus verbindet, da das WORT GOTTES wirklich ER selbst ist! - Damit wir also ohne Zweifel daran glauben, daß das WORT GOTTES Jesus Christus selbst ist, der Sohn Gottes von Ewigkeit her, betrachten wir die folgenden Heiligen Texte, durch die Gott sich uns offenbart:

"Im Anfang war das WORT, und das WORT war bei GOTT, und das WORT war GOTT. Im Anfang war es bei GOTT. Alles ist durch das WORT geworden und ohne das WORT wurde nichts, was geworden ist. In ihm war das Leben, und das Leben war das Licht der Menschen. Und das Licht leuchtete in der Finsternis, und die Finsternis hat es nicht erfaßt.- Es trat ein Mensch auf, der von GOTT gesandt war; sein Name war Johannes. Er kam als Zeuge, um Zeugnis abzulegen für das Licht, damit alle durch ihn zum Glauben kommen. Er war nicht selbst das Licht, er sollte nur Zeugnis abgeben für das Licht. Das wahre Licht, das jeden Menschen erleuchtet, kam in die Welt. Er war in der Welt, und die Welt ist durch ihn geworden, aber die Welt erkannte ihn nicht. Er kam in sein Eigentum, aber die Seinen nahmen ihn nicht auf. Allen aber, die ihn aufnahmen, gab er Macht, KINDER GOTTES zu werden, allen, die an seinen Namen glauben, die nicht aus dem Blut, nicht aus dem Willen des Fleisches, nicht aus dem Willen des Mannes, sondern aus GOTT geboren sind. Und das WORT ist Fleisch geworden und hat unter uns gewohnt, und wir haben seine Herrlichkeit gesehen, die Herrlichkeit des einzigen Sohnes vom Vater, voll Gnade und Wahrheit. - Johannes legte Zeugnis für ihn ab und rief: Dieser war es, über den ich gesagt habe: Er, der nach mir kommt, ist mir voraus, weil er vor mir war. Aus seiner Fülle haben wir alle empfangen, Gnade über Gnade. Denn das Gesetz wurde durch Mose gegeben, die Gnade und die Wahrheit kamen durch JESUS CHRISTUS. Niemand hat GOTT je gesehen. Der einzige, der GOTT ist und am Herzen des Vaters ruht, er hat Kunde gebracht" (Joh 1,1-18).

"Da sah ich (Johannes), den Himmel offen, und siehe, da war ein weißes Pferd, und der, der auf ihm saß, heißt 'der TREUE und WAHRHAFTIGE'; gerecht richtet er und führt er Krieg. Seine Augen waren wie Feuerflammen und auf dem Haupt trug er viele Diademe; und auf ihm stand ein Name, den er allein kennt. Bekleidet war er mit einem blutgetränkten Gewand; und sein Name heißt 'das WORT GOTTES'. Die Heere des Himmels folgten ihm auf weißen Pferden; sie waren in reines, weißes Leinen gekleidet" (Offb 19,11-14). - Dieser Text der Offenbarung Gottes beschreibt uns JESUS CHRISTUS, der hier klar und eindeutig WORT GOTTES genannt wird.

Wie oft begegnen wir Menschen, die die Heilige Schrift nach eigenem Gutdünken auslegen und davon überzeugt sind, daß ihre Auslegungen richtig sind und vom Heiligen Geist stammen. Diesen muß man sagen, daß sie sich in einer großen Gefahr des Irrtums befinden! - Der Prüfstein für die Wahrheit, d.h. für das Wirken des Heiligen Geistes ist immer die EINHEIT, trotz aller Unterschiede in den Formulierungen. - **Der Heilige Geist stiftet n i e Verwirrung!**

Bei der Auslegung der Heiligen Schrift sollen wir an die Belehrung des ersten Papstes, des heiligen Apostels Petrus, denken, der schreibt: **"Bedenkt vor allem dies: Keine Weissagung der Schrift darf eigenmächtig ausgelegt werden; denn niemals wurde eine Weissagung ausgesprochen, weil ein Mensch es wollte, sondern vom Heiligen Geist getrieben, haben Menschen im Auftrag Gottes geredet"** (2 Petr 1,20-21).

Einige gute Ratschläge und wichtige Hinweise

zur täglichen, möglichst fruchtbaren Betrachtung des WORTES GOTTES: Am besten ist es, das WORT GOTTES schon zu Beginn des Tages zu lesen, sich einen bestimmten Kernsatz zu merken und sich davon während des Tages begleiten und führen zu lassen. - Am Abend soll man dann das WORT GOTTES im gemeinsamen Gebet mit der Familie oder Gebetsgruppe gründlich betrachten. - So wird sicher jeder im geistlichen Leben große Fortschritte machen. - Bei der täglichen Betrachtung des WORTES GOTTES sollen wir nicht vergessen, daß es in der Seele eine ähnliche Wirkung hat wie das Wachstum in der Natur, das kaum bemerkbar ist. - Dazu lesen wir im Buch Jesaja: **"Wie der Regen und Schnee vom Himmel fällt und nicht dorthin zurückkehrt, sondern die Erde tränkt und sie zum Keimen und Sprossen bringt, wie er dem Sämann Samen gibt und Brot zum Essen, so ist es auch mit dem WORT (GOTTES), das meinen Mund verläßt: Es kehrt nicht leer zu mir zurück, sondern bewirkt, was ich will, und erreicht all das, wozu ich es ausgesandt habe"** (Jes 55,10-11).

Wer bei der Betrachtung des WORTES GOTTES eine sofortige Wirkung oder gar Wunder erwartet, kann bald auch große Enttäuschungen erleben. Mit Geduld und Ausdauer werden wir dagegen sicher mehr Gnade bei Gott erreichen. - Die großen, geistigen Wunder aber werden vor allem diese erleben, die **täglich, über Jahre hinweg**, das WORT GOTTES treu und aufmerksam betrachten!

Was die **Betrachtungshilfen** betrifft, so ist zu bemerken, daß diese meistens nur auf den einen oder anderen Aspekt eines WORTES GOTTES eingehen können. - Fast jedes WORT GOTTES enthält ja sehr viele, verschiedene Aspekte, so daß man oft ganze Bücher darüber schreiben könnte. Das ist aber nicht unser Ziel. -

Diese Betrachtungen schließen also nicht aus, daß jeder sich nach seinem persönlichen Bedarf den einen oder anderen Aspekt aus dem zitierten WORT GOTTES auswählt und darüber nachdenkt. Dabei ist es gut, **zum Heiligen Geist zu beten und zu flehen**, damit ER all unsere Gedanken lenken und führen möge. So werden wir zu wunderbaren Ergebnissen kommen, vor allem aber zur EINHEIT, denn der Heilige Geist bewirkt dort, wo ER am Werk ist, immer das gleiche, wenn auch auf verschiedenen Wegen.

Predigt gehalten von

Seiner Exzellenz, Bischof Francesco Tarcisio Carboni,

während der Heiligen Eucharistiefeier, anläßlich der Einweihung des FATIMAZENTRUMS in Grabie bei Kraków, am 15. September 1995

Ich begrüße Euch alle, Brüder und Schwestern, die Ihr heute hier anwesend seid, an dem Tag, an dem wir der Schmerzen Mariens gedenken. Hier in Grabie, wo das neue Fatimazentrum seine Strukturen vollendet.

Herzlich begrüße ich Euch Polen, Landsleute dieses Papstes, der ein Sämann der Hoffnung ist und großer Missionar in der ganzen Welt. Herzlich begrüße ich Euch aus Deutschland und Österreich, die ihr die Keime dieses Charismas des Gebetes, die sogenannte "Große Novene", in Euren Familien aufgenommen habt. Herzlich begrüße ich Euch aus Italien, die ihr den fruchtbaren Boden angeboten habt, damit dieses Werk seine ersten Früchte hervorbringen kann. Herzlich begrüße ich Euch aus Weißrußland, aus der Ukraine und aus Georgien, die ihr das Wachstum dieser Neuen Evangelisation begleitet, auch mit neuen Berufungen. Das Fatimazentrum baut keine Kirchen, aber stellt sich als Ziel, bei der Wiederherstellung der Kirche mitzuhelfen. Die große Kapelle ist noch nicht beendet, aber die Statue der Muttergottes von Fatima steht bereits dort.

Maria ist die Mutter der Kirche: die Wurzel, aus der die Kirche ihren Ursprung hat, der Same, der in Schmerzen stirbt, aber das Wachstum des Senfbaumes begleitet, die Figur des Reiches. Der 15.September, Gedenktag der Sieben Schmerzen Mariens, führt und begleitet die Geburt, das Wachstum und die Entwicklung dieses Werkes Mariens. Wie Maria sucht es nichts anderes als das Wort Gottes und Seinen Willen; so wird diese neue Samaritanische Familie im Hören auf das Wort Gottes und in der Erfüllung des Willens Gottes wachsen. "Der Wille Gottes, mein Paradies" sagten die Heiligen und besonders der hl. Philipp Neri.

Euch, liebe Brüder und Schwestern der Samaritanischen Bewegung Mariens - EINHEIT gelte dieser Wunsch: Seid treue Hörer des Wortes Gottes und werdet so "Brüder, Schwestern und Mütter" Jesu und "tut immer - wie Maria - im Leben in Kana - alles was Er euch sagt" (vgl. Joh 2,5).

Der Papst - in diesen Tagen als Pilger in Afrika - lud uns am vergangenen Sonntag in Loreto ein, Maria in unsere Häuser aufzunehmen: "Nehmt Maria mit euch" wie Josef, wie Jesus, wie der Apostel Johannes, wie die ganze Kirche. - Brüder, Mut! In Loreto, wie in Denver, in Tschenstochau wie in Manila, offenbart uns der Papst ein anderes Gesicht von unserer Jugend. Viele Jugendliche brennen im Glauben, glauben an das Leben, singen von der Hoffnung, atmen das Gebet und zeigen ein leuchtendes und reines Gesicht. - Dieses Haus von Grabie ist für sie bestimmt und für alle, die das Licht suchen und "Kinder des Lichtes" sein wollen. Dieses Haus wird unseren Diözesen dienen, unseren Pfarreien und unseren Familien, um uns allen in der

Nachfolge Christi zu helfen. Ihr könnt mir sagen: "Aber es ist noch nicht fertig!
Sicher - antworte ich euch - aber der Weg der Kirche ist ebenso: Auch die Höhle von
Betlehem war nicht fertiggestellt und vollständig: Jesus selbst war es, der sie
beendete; ebenso das Häuschen von Nazareth, genauso das Haus von Betanien, auch
jenes von Zachäus, oder jenes von Petrus: immer war es Jesus allein, der die
Vollendung schuf. Aber gebt acht: auch der Zönakel vollendet sich mit der Kirche;
das gegenwärtige Leben mit dem zukünftigen. Auch das Kreuz ist im Plan Christi
noch nicht beendet: es ist noch eine Seite zu vollenden. An einer Seite des Holzes ist
Jesus angehängt (und es gibt unter dem Himmel keinen anderen Namen, in dem wir
unser Heil finden können); die andere Seite jedoch ist frei gelassen für all diese, die -
angefangen von der Schmerzhaften Gottesmutter und Miterlöserin - an ihren
Gliedern das ergänzen, was an den Leiden Christi fehlt.

"Mein Sohn, wenn du dem Herrn dienen willst, dann mach dich auf Prüfung gefaßt!"
(Sir 2,1). So lehren uns Abraham und die Patriarchen, so zeigen uns Maria und alle
Heiligen: dies ist die Schule Jesu. "Wer mein Jünger sein will, verleugne sich selbst,
nehme sein Kreuz auf sich und folge mir nach." Es gibt keine Alternativen, es
existiert kein anderer Weg. - Mut! Er ist die Kraft, Maria ist die Ikone, die Kirche ist
die Führerin. Laßt uns das nicht vergessen, die drei Symbole der Kirche, die Jesus
uns vorstellt und die vom Reich sprechen: es ist das Salz - die Fackel - der Sauerteig
(vgl. Mt 13). Alle drei realisieren ihre Aufgabe, indem sie sich verschenken: es salzt,
sie erleuchtet, er fermentiert die Welt, wobei sie sich in der Liebe verbrauchen, wie
das Getreide, wie Jesus. Amen.

*Bitte beachten Sie in diesem Zusammenhang den ausführlichen, farbigen Bildteil zur
Einweihung des FATIMAZENTRUMS im Band 3. - Weitere Informationen über das
Fatimazentrum finden Sie auch im Band 1 der Großen Novene!*

Liebe Familien und Freunde!

Bitte versuchen Sie, die **GROSSE NOVENE** in Ihrer
Umgebung bekannt zu machen. Auf diese Weise tragen auch Sie
bei zur **VERKÜNDIGUNG des WORTES GOTTES** !

*Nützen Sie dieses Buch als sinnvolles, gnadenreiches Geschenk zum
Weitergeben, z. B. zum Namenstag, Geburtstag, Hochzeit, Weihnachten,
Ostern, Jubiläumstage usw.*

**Allen, die sich für die Verbreitung der Großen Novene von Herzen einsetzen,
erteilt der Gründer mit allen Priestern der Brüder Samariter einen besonderen Segen in der Flamme der Liebe des Unbefleckten Herzens Mariens.**

DAS FATIMAZENTRUM

funktioniert schon sehr gut DANK dem gütigen Segen Gottes, DANK der mächtigsten Hilfe der Gottesmutter, der Unbefleckten Jungfrau Maria und auch DANK der opferbereiten Liebe vieler Gläubiger, unserer lieben Helfer, die Gott am besten kennt! - DAFÜR SAGEN WIR ALL UNSEREN LIEBEN SPENDERN UND HELFERN EIN HERZLICHES EWIGES VERGELT'S GOTT!

Inzwischen haben wir hier schon viele liebe Freunde, Förderer und Spender wie auch andere Gäste aus Deutschland, Österreich, Schweiz, Italien und aus ganz Polen begrüßt. Zu unserer großen Freude fühlten sich hier alle sehr wohl und kehrten glücklich nach Hause zurück, mit dem Wunsch, bald wieder ins Fatimazentrum kommen zu können.

Die lieben Spenden der Gäste von westlichen Ländern haben uns ermöglicht, Gruppen und Einzelpersonen vor allem aus Weißrußland wie auch aus Rumänien, Ukraine und Litauen im Fatimazentrum als Gäste zu begrüßen und ihnen mit Liebe einen kostenlosen Aufenthalt anzubieten. - Allen, die uns dies ermöglicht haben, sagen wir noch einmal ein herzliches ewiges Vergelt's Gott!

Dank der großzügigen Spenden auch im Jahr 1997 war es uns möglich, ein großes Magazin zur Zwischenlagerung, Sortierung und Weitergabe von Gebrauchtkleidung, Möbeln und anderen Hilfsgütern zu bauen. - Diese Spenden haben uns ermöglicht, auch den Bau eines Noviziatshauses für die Schwestern Samariterinnen FLUHM, eines Noviziatshauses für die Brüder Samariter FLUHM wie auch eines kleinen Rekreationspavillons zu beginnen. - Wie weit diese Baustellen vorangekommen sind, erfahren Sie aus dem Fototeil (siehe Seite. 17-32).

ALLE, die uns weiter helfen, damit wir im FATIMAZENTRUM treu, opferbereit und fruchtbar, zur größten Verherrlichung Gottes, zur immer größeren Ehre der Gottesmutter wie auch zur eigenen und anderer Menschen Heiligung wirken können, werden an allen Früchten unseres Apostolats Anteil haben.

Wir bitten alle herzlich um weitere Hilfe für unsere Bauarbeiten und für unser ganzes Apostolat, wie zum Beispiel dafür, daß wir hier im Fatimazentrum:

- **Exerzitien für arme Menschen, besonders aber kinderreiche Familien aus den Ostländern GRATIS anbieten**
- **und ihnen die GROSSE NOVENE kostenlos geben können** (In Polen geben wir sie kostenlos kinderreichen Familien, anderen aber gegen eine kleine, mehr symbolische Spende).

Spendenkonten zur Unterstützung unserer Arbeiten und unseres Apostolates - siehe Seite 463

Liebe Freunde und Helfer, nachdem wir die Pfarrei in Avenale aufgegeben haben, widmen wir uns nach wie vor ganz und gar der NEU-EVANGELISIERUNG, jetzt jedoch ohne irgendein Monatseinkommen, allein um Gottes Lohn, im vollen Vertrauen auf die GÖTTLICHE VORSEHUNG und auf die mächtigste Fürsprache Mariens, die wir immer wieder durch Spenden und andere Hilfe guter, lieber Menschen erfahren!

- Die Anliegen unserer Helfer und Spender sind täglich in die Gebete der Brüder Samariter und Schwestern Samariterinnen herzlich eingeschlossen;

- Jeden Monat werden von unseren Priester-Brüdern mehrere Heilige Messen in den Anliegen unserer Freunde, Helfer und Spender gefeiert;

- Wir stehen Ihnen mit unseren Gebeten gerne bei! Wenn Sie Probleme haben, schreiben Sie uns, dann werden wir in Ihren Anliegen besonders gerne beten.

- Der Bruder Gründer und die anderen Priester-Brüder spenden allen in jeder Heiligen Messe und beim täglichen Abendsegen den priesterlichen Segen in der Flamme der Liebe des Unbefleckten Herzens Mariens.

DIE LIEBE, DIE RETTUNG UND FRIEDEN BRINGT (s.S. 441)

Et inclinato capite tradidit spiritum. Joann. 19, 30.

J.N.°R.J.

Ipse vulneratus est propter iniquitates nostras, attritus est propter scelera nostra. Is. 53, 5.

HERR, ERBARME DICH UNSER!

"Heiliger Vater,
bewahre sie in Deinem Namen,
den Du mir gegeben hast,
damit sie EINS sind
WIE WIR"
(Joh 17,11b).

"ALLE HABEN GESÜNDIGT
UND DIE HERRLICHKEIT GOTTES VERLOREN"
(Röm 3,23).

"VATER, VERGIB IHNEN,
DENN SIE WISSEN NICHT, WAS SIE TUN"
(Lk 23,34).

**DIE DEMUT IST DER ANFANG DES WEGES DER EINHEIT MIT GOTT
UND ZWISCHEN DEN MENSCHEN**

Der Gründer der Samaritanischen Bewegung Mariens-EINHEIT-
der Flamme der Liebe des Unbefleckten Herzens Mariens
P. General Andrzej Michalek Sam. FLUHM
mit allen Brüdern Samaritern FLUHM
und allen Schwestern Samariterinnen FLUHM

bittet demütigst

A L L E

denen die EINHEIT der CHRISTEN sehr am Herzen liegt

um ihr BESTÄNDIGES und EINDRINGLICHES GEBET

zum HEILIGEN GEIST

damit

sobald wie möglich

das III. VATIKANISCHE KONZIL

als Konzil der EINHEIT ALLER CHRISTEN einberufen wird,

entsprechend dem WILLEN JESU, des SOHNES GOTTES:
"DAMIT ALLE EINS SIND"(Joh 17,21).
**"Er (Gott) hat beschlossen, die Fülle der Zeiten heraufzuführen, IN CHRISTUS
ALLES ZU VEREINEN, alles, was im Himmel und auf Erden ist"** (Eph 1,10),
"DENN FÜR GOTT IST NICHTS UNMÖGLICH" (Lk 1,37).

* * *

Betet und opfert die Geduld in vielen Leiden auf für gesunde Reformen
der Kirche, vor allem in der Heiligen Liturgie und für die richtige Einheit
der Übersetzungen der Heiligen Schrift,
damit der Weg zur EINHEIT ALLER CHRISTEN erleichtert wird
und das WUNDER der EINHEIT in der VIELFALT bald geschieht!
Möge uns dabei die Gottesmutter, die Unbefleckte Jungfrau Maria,
helfen!

"Sollte Gott seinen Auserwählten, die Tag und Nacht zu ihm schreien, nicht zu ihrem Recht verhelfen, sondern zögern? Ich sage euch: Er wird ihnen unverzüglich ihr Recht verschaffen" (Lk 18,7-8a).

Jetzt beginnen wir das tägliche, gemeinsame Treffen mit Jesus, in Seinem Wort, eine wahre Heilige Kommunion im Glauben mit Ihm, unserem Herrn und Gott.

"Wird jedoch der Menschensohn, wenn er kommt, auf der Erde (noch) Glauben vorfinden?" (Lk 18,8b)

Januar 1992 / 1995 / 1998

DIE EINHEIT
bei der Erfüllung des Willens
des Himmlischen Vaters

VORWORT:

Wenn wir wollen, daß unsere Betrachtungen über die Einheit wirklich fruchtbar sind, müssen wir sie als Christen mit dem demütigen Schuldbekenntnis beginnen: "ALLE HABEN GESÜNDIGT UND DIE HERRLICHKEIT GOTTES VERLOREN" (Röm 3,23).

Die Fürbitte Jesu um die Einheit:

"In der Welt seid ihr in Bedrängnis; a b e r h a b t M u t : Ich habe die Welt besiegt. - Dies sagte Jesus. Und er erhob seine Augen zum Himmel und sprach: Vater, die Stunde ist da. Verherrliche deinen Sohn, damit der Sohn dich verherrlicht. Denn du hast ihm M a c h t ü b e r a l l e M e n s c h e n gegeben, damit er allen, die du ihm gegeben hast, e w i g e s L e b e n schenkt. Das ist das ewige Leben: DICH, DEN EINZIGEN WAHREN GOTT, ZU ERKENNEN UND JESUS CHRISTUS, den du gesandt hast. Ich habe deinen Namen den Menschen offenbart, für sie bitte ich Heiliger Vater, bewahre sie in deinem Namen, den du mir gegeben hast, DAMIT SIE EINS SIND wie wir. Jetzt gehe ich zu dir. Doch dies rede ich noch in der Welt, DAMIT SIE MEINE FREUDE IN FÜLLE IN SICH HABEN. Ich habe ihnen dein Wort gegeben, und die Welt hat sie gehaßt, weil sie nicht von der Welt sind, wie auch ich nicht von der Welt bin. Ich bitte nicht, daß du sie aus der Welt nimmst, SONDERN DAß DU SIE VOR DEM BÖSEN BEWAHRST. Sie sind nicht von der Welt, wie auch ich nicht von der Welt bin. HEILIGE SIE IN DER WAHRHEIT; D E I N W O R T I S T W A H R H E I T . Wie du mich in die Welt gesandt hast, so habe auch ich sie in die Welt gesandt. Und ICH HEILIGE MICH FÜR SIE, damit auch sie in der W A H R H E I T g e h e i l i g t sind. - Aber ich bitte nicht nur für diese hier, sondern auch für a l l e , die durch ihr Wort an mich glauben. A L L E S O L L E N E I N S S E I N : Wie du, Vater, in mir bist und ich in dir bin, sollen auch sie in uns sein, d a m i t d i e W e l t g l a u b t , daß du mich gesandt hast. SIE SOLLEN EINS SEIN, WIE WIR EINS SIND, ich in ihnen und du in mir. SO SOLLEN SIE VOLLENDET SEIN IN DER EINHEIT" (Joh 16,33b;17,1-23a).

Soweit Jesu Worte über die Einheit, die sich unter den Menschen, aber auch zwischen den Menschen und Gott verwirklichen soll, bei all denen, die einmal Bewohner des Himmels werden wollen!

Hören wir jetzt, was dazu der Heilige Geist durch die Worte des II.Vatikanischen Konzils sagt, das sich als ökumenisches Konzil verstanden hat: "Die E I N H E I T a l l e r CHRISTEN wiederherstellen zu helfen, ist eine der H a u p t a u f g a - b e n des Heiligen Ökumenischen Zweiten Vatikanischen Konzils. Denn Christus, der Herr, hat e i n e e i n i g e u n d e i n z i g e Kirche gegründet, und doch erheben mehrere christliche Gemeinschaften vor den Menschen den

51

Anspruch, das wahre Erbe Jesu Christi darzustellen; sie alle bekennen sich als Jünger des Herrn, aber sie weichen in ihrem Denken voneinander ab und gehen verschiedene Wege, als ob Christus selber geteilt wäre (vgl. 1 Kor 1,13). - Eine solche Spaltung widerspricht aber ganz offenbar dem Willen Christi, sie ist ein Ärgernis für die Welt und ein Schaden für die heilige Sache der VERKÜNDIGUNG des EVANGELIUMS vor allen Geschöpfen.

Der Herr der Geschichte aber, der seinen Gnadenplan mit uns Sündern in Weisheit und Langmut verfolgt, hat in jüngster Zeit begonnen, über die gespaltene Christenheit ernste Reue und Sehnsucht nach E I N H E I T reichlicher auszugießen. Von dieser Gnade sind heute überall sehr viele Menschen ergriffen, und auch unter unseren getrennten Brüdern ist unter der Einwirkung der Gnade des Heiligen Geistes eine sich von Tag zu Tag ausbreitende Bewegung zur Wiederherstellung der EINHEIT aller Christen entstanden. Diese Einheitsbewegung, die man als ökumenische Bewegung bezeichnet, wird von Menschen getragen, die den Dreieinigen Gott anrufen und Jesus als Herrn und Erlöser bekennen, damit sich die Welt zum EVANGELIUM b e k e h r e und so ihr Heil finde zur EHRE GOTTES." (Dekret über den Ökumenismus, Vorwort)

In diesem Sinn betet der Priester während der Heiligen Messe mit der ganzen Kirche das Friedensgebet, gerade vor der Heiligen Kommunion, - vor der **Vereinigung** mit Gott durch Jesus Christus: **"Herr Jesus Christus, schau nicht auf unsere Sünden, sondern auf den GLAUBEN deiner Kirche und schenke ihr nach deinem Willen E I N H E I T und FRIEDEN."** - Den Weg zu diesem GLAUBEN beschreibt uns der heilige Apostel Paulus: **"Seid demütig, friedfertig und geduldig, ertragt einander in Liebe, und bemüht euch, die EINHEIT des GEISTES zu wahren durch den Frieden, der euch zusammenhält. EIN LEIB und EIN GEIST, wie euch durch eure Berufung auch EINE GEMEINSAME HOFFNUNG gegeben ist; EIN HERR, EIN GLAUBE, EINE TAUFE, EIN GOTT und VATER ALLER, der über allem und durch alle und in allem ist"**(Eph 4,2-6). - Weiter schreibt er dazu: **"Darum, liebe Brüder, m e i d e t den G ö t z e n d i e n s t! - Ich rede doch zu verständigen Menschen; urteilt selbst über das, was ich sage. Ist der KELCH des SEGENS, über den wir den Segen sprechen, nicht Teilhabe am BLUT CHRISTI? - Ist das BROT, das wir brechen, nicht Teilhabe am LEIB CHRISTI? - E I N B R O T I S T E S! - Darum sind wir viele E I N L E I B; denn wir a l l e haben teil an dem einen Brot"** (1 Kor 10,14-17).

Dies alles zeigt uns klar, daß es so lange zu keiner EINHEIT unter den CHRISTEN kommen wird, so lange sich nicht die EINHEIT ALLER in der EUCHARISTIE verwirklicht!

Der heilige Paulus beschreibt uns in seinem Brief an Timotheus einige der wichtigsten Ursachen für Spaltungen unter den Menschen, d.h. auch unter den Christen, und auch den Weg, der uns zu der vom Himmlischen Vater, von Jesus und vom Heiligen Geist gewünschten Einheit führt: "So sollst du lehren, dazu sollst du ermahnen. **Wer aber etwas anderes lehrt und sich nicht an die GESUNDEN WORTE JESU CHRISTI, UNSERES HERRN, und an die Lehre unseres Glaubens hält, der ist verblendet; er versteht nichts, sondern ist k r a n k vor lauter A u s e i n a n d e r s e t z u n g e n und W o r t g e f e c h t e n.** Diese führen zu Neid, Streit,

Verleumdungen, üblen Verdächtigungen und Gezänk unter den Menschen, deren Denken verdorben ist; **diese Leute sind von der WAHRHEIT abgekommen und meinen, die Frömmigkeit sei ein Mittel, um irdischen Gewinn zu erzielen.** Die Frömmigkeit bringt in der Tat reichen Gewinn, wenn man nur genügsam ist. Denn wir haben nichts in die Welt mitgebracht, und wir können auch nichts aus ihr mitnehmen. - Wenn wir Nahrung und Kleidung haben, soll uns das genügen. Wer aber reich werden will, gerät in Versuchungen und Schlingen, er verfällt vielen sinnlosen und schädlichen Begierden, die den Menschen ins Verderben und in den Untergang stürzen. Denn **die Wurzel aller Übel ist die Habsucht.** Nicht wenige, die ihr verfielen, sind **vom Glauben abgeirrt** und haben sich viele Qualen bereitet. - Du aber, ein Mann Gottes, flieh vor all dem. Strebe u n e r m ü d l i c h nach Gerechtigkeit, Frömmigkeit, Glauben, Liebe, Standhaftigkeit und Sanftmut. **Kämpfe den guten Kampf des Glaubens**, ergreife das ewige Leben, zu dem du berufen worden bist und für das du vor vielen Zeugen das gute Bekenntnis abgelegt hast. Ich gebiete dir bei Gott, von dem alles Leben kommt, und bei Christus Jesus, der vor Pontius Pilatus das gute Bekenntnis abgelegt hat und als Zeuge dafür eingetreten ist: Erfülle deinen Auftrag rein und ohne Tadel, bis zum Erscheinen Jesu Christi, unseres Herrn, das zur vorherbestimmten Zeit herbeiführen wird der selige und einzige Herrscher, der König der Könige und Herr der Herren, IHM gebührt Ehre und ewige Macht. Amen. - Ermahne die, die in dieser Welt reich sind, nicht überheblich zu werden und ihre Hoffnung nicht auf den unsicheren Reichtum zu setzen, sondern auf Gott, der uns alles reichlich gibt, was wir brauchen. Sie sollen wohltätig sein, reich werden an guten Werken, freigebig sein und, was sie haben, mit anderen teilen. So sammeln sie sich einen Schatz als sichere Grundlage für die Zukunft, um das wahre Leben zu erlangen" (1 Tim 6,2b-19).

Später schreibt der heilige Paulus an Timotheus über die Pflichten und Aufgaben eines Bischofs bzw. Priesters und Erziehers, die ja auch die Pflichten aller Eltern sind, wenn sie ihre Kinder christlich erziehen wollen: **"Ich beschwöre dich bei Gott und bei Christus Jesus, dem kommenden Richter der Lebenden und der Toten, bei seinem Erscheinen und bei seinem Reich: VERKÜNDE DAS WORT, tritt dafür ein, ob man es hören will oder nicht; weise zurecht, tadle, ermahne, in unermüdlicher und geduldiger Belehrung. Denn es wird eine Zeit kommen, in der man die gesunde Lehre nicht erträgt, sondern sich nach eigenen Wünschen immer neue Lehrer sucht, die den Ohren schmeicheln; und man wird der W A H R H E I T nicht mehr Gehör schenken, sondern sich Fabeleien zuwenden. Du aber sei in allem nüchtern, ertrage das Leiden, verkünde das EVANGELIUM, erfülle treu deinen Dienst!"** (2 Tim 4,1-5).

Wenn alle Christen diese und viele andere Belehrungen des Herrn Jesus Christus, Seiner Apostel und der H e i l i g e n Tradition der Kirche wirklich ernst genommen und befolgt hätten, wäre es niemals zu Spaltungen oder Trennungen gekommen. - Wenn wir also wirklich die von Gott so sehr gewünschte E I N H E I T erreichen wollen, bleibt uns nichts anderes übrig, als **zur VOLLEN WAHRHEIT des EVANGELIUMS zurückzukehren!**

Und diese, die meinen, daß sie allein, auf menschliche Weise, die Einheit schaffen können, soll man an die folgenden Worte Jesu erinnern, die sie vielleicht schon vergessen haben: " <u>Getrennt von mir</u> könnt ihr nichts vollbringen" (Joh 15,5). - Und was " getrennt von mir " bedeutet, erklärt uns Jesus selbst mit anderen Worten: "Was sagt ihr zu mir: Herr! Herr! und tut nicht, was ich sage?" (Lk 6,46). Diese dagegen, die daran zweifeln, daß es je zu einer EINHEIT unter den Christen kommen wird, sollte man an die Worte des Erzengels Gabriel erinnern, der bei der Verkündigung des Herrn im Namen des Himmlischen Vaters zu Maria sagte: "FÜR GOTT IST NICHTS UNMÖGLICH!" (Lk 1,37), - und an die folgenden Worte Jesu: "Amen, das sage ich euch: <u>Wenn ihr Glauben habt und nicht zweifelt</u>, dann werdet ihr nicht nur das vollbringen, was ich mit dem Feigenbaum getan habe; selbst wenn ihr zu diesem Berg sagt: Heb dich empor und stürz dich ins Meer!, wird es geschehen. Und alles, was ihr im Gebet erbittet, werdet ihr erhalten, wenn ihr glaubt" (Mt 21,21-22). - Was dabei das Versetzen von Bergen betrifft, so können wir diese Stelle vielleicht besser verstehen, wenn wir an die Berge der Probleme in unserem Leben denken, die wir mit Gottes Hilfe, durch die Kraft des Glaubens und des Gebets versetzen bzw. lösen können.

Im Licht all dessen sehen wir, daß die EINHEIT unter den Christen der Wille des Himmlischen Vaters, des Sohnes und des Heiligen Geistes ist und, so wie es uns die Geschichte zeigt, keinesfalls allein mit menschlich-irdischen Mitteln zu erreichen ist.

Die Christen werden schließlich nur dann zur EINHEIT gelangen, wenn sie sich mit GOTT im <u>selben Glauben</u>, in <u>derselben Hoffnung</u> (auf den Himmel) und in <u>derselben Liebe</u> zu IHM und zum Nächsten, entsprechend der Lehre Jesu Christi und Seiner Apostel vereinigen, was uns so schön der Völkerapostel, der heilige Paulus erläutert: "Jesus Christus ist <u>derselbe</u>, gestern, heute und in Ewigkeit. Laßt euch nicht durch mancherlei fremde Lehren irreführen" (Hebr 13,8-9). - So ist auch die Lehre Jesu und Seiner Apostel <u>dieselbe</u> wie gestern, so heute und in Ewigkeit! - Deswegen sagt die wahre Lehre der Kirche n i e m a l s etwas anderes als das, was dem EVANGELIUM entspricht.

Jedes Jahr feiert die Kirche im Monat Januar eine WOCHE, in der sie um die EINHEIT der CHRISTEN betet. - Die EINHEIT ist, wie schon gesagt, der große Wunsch des Himmlischen Vaters, Seines ewigen Sohnes Jesus Christus und des Heiligen Geistes und selbstverständlich auch der Gottesmutter, der Unbefleckten Jungfrau Maria. - Was der Heilige Geist besonders ins Herz des großen Dieners Gottes, des <u>Papstes Johannes XXIII.</u>, des PAPSTES der EINHEIT, eingepflanzt hatte, begann sichtbar zu werden im **Ökumenischen Zweiten Vatikanischen Konzil und in der Lehre der letzten Päpste. - Dabei müssen wir aber selbstverständlich sehr aufpassen, um das, was der Heilige Geist in und durch das Zweite Vatikanische Konzil begonnen hat, richtig von dem zu unterscheiden, was man mehr als nachkonziliäres Durcheinander bezeichnen müßte.**

Wir wollen daher in diesem Monat mit besonderem Eifer das Wort Gottes betrachten, das dem Thema der <u>EINHEIT</u> gewidmet ist und inständig dafür beten, daß unsere Liebe zur Einheit die Herzen aller anderen Menschen erwärme und helfen möge, **die Spaltung unter den Christen zu überwinden.** So wird **das EVANGELIUM JESU CHRISTI für die Welt glaubwürdiger werden** und den Weg zur Umkehr und Rettung erleichtern. - Und welch entscheidende Bedeutung das WORT GOTTES für unser ewiges Leben hat, erfahren wir von Jesus selbst: **"Amen, amen,** ich sage euch: Wer MEIN WORT hört und dem glaubt, der mich gesandt hat, hat das ewige Leben; er kommt nicht ins Gericht, sondern ist aus dem Tod ins Leben hinübergegangen" (Joh 5,24).

Gute Bemerkungen dazu finden wir im Büchlein von Luigi Gaspari "Ein Testament - eine Gnadenverheißung Pater Pios", Band 1, S.41: "Gottes Liebe sandte Pater Pio, um die Menschen guten Willens zu lehren, die wahre Kenntnis des göttlichen Willens zu lieben, wie er ihn in der Heiligen Schrift niedergelegt hat. - Die Heilige Schrift, sagt Pater Pio, wird von Menschen nicht genügend geliebt, und so kann er aus Mangel an Liebe zum GÖTTLICHEN WORT, die vom WORT GOTTES enthüllten Wahrheiten weder verstehen noch schätzen. - Der Mangel an Liebe zum WORT GOTTES bedeutet eine Minderung der Gnade und getrübte Erkenntnis, was zur Herrschaft der höllischen Geister führt, welche die Gesinnung des Menschen erobern und die Menschen s p a l t e n !"

1. Januar

Wort Gottes: Joh 17,11

"Ich (Jesus) bin nicht mehr in der Welt, aber sie sind in der Welt, und ich gehe zu dir. Heiliger Vater, bewahre sie in deinem Namen, den du mir gegeben hast, damit sie E I N S SIND WIE WIR."

Vorbeter (V): Wort des lebendigen Gottes! - Alle (A): Dank sei Gott, dem Herrn!

Betrachtungshilfe:

Mit dieser Fürbitte, die Jesus für Seine Jünger an den Himmlischen Vater richtete, hat ER Seinen Willen wie auch den Willen des Himmlischen Vaters und des Heiligen Geistes zusammengefaßt und klar zum Ausdruck gebracht. Diese Worte können wir auch als Sein Testament bezeichnen, das ER uns zum Abschluß Seiner öffentlichen Tätigkeit hinterlassen hat, denn bald danach erfolgte Seine Verhaftung, die Judas durch seinen Verrat mit den Pharisäern vorbereitet hatte. - **Aber wieviel Verrat an der Lehre des Evangeliums und somit am Herrn Jesus selbst begegnet uns auch heute bei jeder Form der Spaltung unter den Christen!**

Mit diesem Wort Gottes will uns Jesus sagen, daß die **wahre EINHEIT** nicht in irgendeiner rein menschlichen, politischen oder wirtschaftlichen Einheit besteht, sondern in dieser, die zwischen IHM und dem Vater herrscht.

Heute feiert die Kirche nicht nur den Beginn eines neuen Jahres, sondern zugleich und vor allem das Hochfest der Gottesmutter Maria wie auch den Weltfriedenstag. - Beides ist mit dem Namen Mariens untrennbar verbunden: der Friede in der Welt und das kommende Jahr; beides wollen wir heute ganz besonders dem mütterlichen Schutz Mariens empfehlen!

Diese unsere Bitte um Frieden kann aber nur dann in Erfüllung gehen, wenn wir auch selbst dazu beitragen. Darum sagte Jesus einmal: **"Euer Himmlischer Vater weiß, daß ihr das alles braucht. Euch aber muß es zuerst um SEIN REICH und um seine GERECHTIGKEIT gehen; dann wird euch alles andere dazugegeben"** (Mt 6,32b-33).

Ebenso ist auch die EINHEIT unter den Christen unvorstellbar, wenn MARIA, der Mutter des Herrn, die **gerechte** Anerkennung, Verehrung und Liebe verweigert wird. - Gott, der Schöpfer und Herr des Weltalls und der Ewigkeit, hat Maria so sehr geliebt, daß ER sie zur Mutter Seines ewigen Sohnes auserwählt hat. Niemand soll sich also falschen Träumen hingeben und denken, daß er von Gott geliebt wird, wenn seine Haltung gegenüber Maria ungerecht ist, - wenn er ihr die gebührende Ehre und Liebe verweigert, oder SIE gar mißachtet, was noch schlimmer ist.

Wir müssen also ganz klar erkennen, daß EINHEIT und Frieden unter den Menschen und in der Welt ohne G e r e c h t i g k e i t und ohne demütige, aufrichtige Versöhnung der Menschen mit Gott einfach nicht möglich sind. Darauf haben uns schon die Engel bei der Geburt des Herrn hingewiesen: **Gott wird den Menschen** *dann* **den Frieden schenken, wenn sie nach Seinem Gefallen handeln und IHM die gebührende Ehre erweisen.**

- Was tue ich in meiner Familie, in meiner Umgebung oder an meinem Arbeitsplatz dafür, damit die Menschen, so wie Jesus es verlangt, wirklich EINS sind und untereinander wie auch mit Gott im Frieden leben?
- Welchen Vorsatz fasse ich im Licht des heutigen Wortes Gottes?

Tagesgebet:

Lasset uns beten: O Himmlischer Vater, barmherziger Gott, heute am ersten Tag des neuen Jahres und zugleich am Hochfest der Allerseligsten Jungfrau Maria, der Mutter Deines ewigen, menschgewordenen Sohnes, unseres Herrn Jesus Christus, wendet sich unsere ganze Familie zusammen mit der ganzen Kirche an Dich und bittet Dich demütig um Deinen Schutz und Segen.

Durch die Geburt Deines Sohnes aus der Jungfrau Maria hast Du der Menschheit das ewige Heil geschenkt. Laß uns auch im neuen Jahr immer und überall die Fürbitte der gnadenvollen Mutter erfahren, die uns den Urheber des Lebens geboren hat, Jesus Christus, Deinen Sohn, unseren Herrn und Gott, der in der Einheit des Heiligen Geistes mit Dir lebt und herrscht in alle Ewigkeit. Amen. (vgl. Laudes vom Hochfest der Gottesmutter Maria)

2. Januar

Wort Gottes: Joh 17,20-21

"Aber ich bitte nicht nur für diese (Jünger) hier, sondern auch für alle, die durch ihr Wort an mich glauben. ALLE SOLLEN EINS SEIN: Wie du, Vater, in mir bist und ich in dir bin, sollen auch sie in uns sein, damit die Welt glaubt, daß du mich gesandt hast."

V: Wort des lebendigen Gottes! - A: Dank sei Gott, dem Herrn!

Betrachtungshilfe:

Dieses Wort Gottes wiederholt den Herzenswunsch Jesu, daß die von IHM, vom Vater und vom Heiligen Geist gewünschte EINHEIT nicht nur bei Seinen auserwählten Jüngern herrschen möge, sondern bei **allen Menschen!** - Dabei betont ER noch einmal, daß diese Einheit ähnlich der sein soll, die zwischen IHM und Seinem Vater besteht.

- Habe ich mir schon einmal Gedanken darüber gemacht, wie wichtig im Leben der Menschen d i e s e Einheit sein muß, von der Jesus spricht, und die der Einheit der Dreifaltigkeit Gottes ähnlich werden soll, wenn Jesus dafür so eindringlich zu Seinem Himmlischen Vater im Heiligen Geist gefleht hat?
- Welchen Vorsatz fasse ich im Licht des heutigen Wortes Gottes?

Tagesgebet: *siehe entsprechender Tag Seite 457*

3. Januar

Wort Gottes: Joh 10,14-16

"Ich bin der gute Hirte; ich kenne die Meinen, und die Meinen kennen mich, wie mich der Vater kennt und ich den Vater kenne; und ich gebe mein Leben hin für die Schafe. Ich habe noch andere Schafe, die nicht aus diesem Stall sind; auch sie muß ich führen, und sie werden auf meine Stimme hören; DANN WIRD ES NUR EINE HERDE GEBEN UND EINEN HIRTEN."

V: Wort des lebendigen Gottes! - A: Dank sei Gott, dem Herrn!

Betrachtungshilfe:

Hier spricht Jesus über die Spaltung, die heute eine sehr schmerzliche Tatsache unter den Christen ist. Jesus betont dabei die Notwendigkeit unserer Opferbereitschaft für die Wiederherstellung der EINHEIT, für die ER selbst sogar Sein Leben dahingegeben hat. - Diese Wahrheit bringt der heilige Apostel Johannes sehr schön zum Ausdruck: **"Daran haben wir die Liebe erkannt, daß er** (Jesus) **sein Leben für uns hingegeben hat. So müssen auch wir für die Brüder das Leben hingeben"** (1 Joh 3,16).

Weiter erfahren wir von Jesus, welch wichtige Bedingung ansonsten erfüllt werden muß, damit die Einheit unter allen Christen verwirklicht werden kann: **A l l e Christen** müssen auf die Stimme des Herrn Jesus hören, "dann wird es nur **eine Herde** geben und **einen Hirten"**. - Dies stimmt mit dem überein, was wir vom Himmlischen Vater selbst hören: **"Das ist mein geliebter Sohn; auf ihn sollt ihr hören!"** (Mk 9,7) - und auch von Maria, der Mutter Jesu, in Kana zu Galiläa: **"Was er euch sagt, das tut!"** (Joh 2,5).

- Habe ich mich bisher wirklich bemüht, diesen Stimmen treu zu folgen, um so einen guten Beitrag zur Einheit der Christen zu leisten?
- Welchen Vorsatz fasse ich im Licht des heutigen Wortes Gottes?

Tagesgebet: *siehe entsprechender Tag Seite 457*

57

4. Januar

Wort Gottes: Joh 10,25b-30

"Die Werke, die ich im Namen meines Vaters vollbringe, legen Zeugnis für mich ab; ihr aber glaubt nicht, weil ihr nicht zu meinen Schafen gehört. Meine Schafe hören auf meine Stimme; ich kenne sie, und sie folgen mir. Ich gebe ihnen ewiges Leben. Sie werden niemals zugrunde gehen, und niemand wird sie meiner Hand entreißen. Mein Vater, der sie mir gab, ist größer als alle, und niemand kann sie der Hand meines Vaters entreißen. ICH UND DER VATER SIND EINS."

V: Wort des lebendigen Gottes! - A: Dank sei Gott, dem Herrn!

Betrachtungshilfe:

Hier betont Jesus erneut Seine vollkommene EINHEIT mit dem Vater, die wir als Beispiel nachahmen sollen. ER spricht ganz klar darüber, daß diese, die mit IHM in Einheit leben, auf Seine Stimme hören und IHM folgen. Eben diese rechnet ER zur Herde der echten Christen, über die der heilige Lukas so schön schreibt: **"Die Gemeinde der Gläubigen war ein Herz und eine Seele"** (Apg 4,32a). - Und ihnen gelten Seine tröstlichen Worte: **"Ich gebe ihnen ewiges Leben. Sie werden niemals zugrunde gehen."**

* Wie höre ich in meinem Alltag auf die Stimme des Herrn und wie folge ich ihr in den verschiedenen Situationen des Lebens, um die Liebe zu Gott und zum Nächsten zu bewahren und so zur Einheit beizutragen?
* Welchen Vorsatz fasse ich im Licht des heutigen Wortes Gottes?

Tagesgebet: *siehe entsprechender Tag Seite 457*

5. Januar

Wort Gottes: Mt 19,3-6

"Da kamen Pharisäer zu Jesus, die ihm eine Falle stellen wollten und fragten: Darf man seine Frau aus jedem beliebigen Grund aus der Ehe entlassen? - Er antwortete: Habt ihr nicht gelesen, daß der Schöpfer die Menschen am Anfang als Mann und Frau geschaffen hat und daß er gesagt hat: Darum wird der Mann Vater und Mutter verlassen und sich an seine Frau binden, und die zwei werden ein Fleisch sein? SIE SIND ALSO NICHT MEHR ZWEI, SONDERN EINS. Was aber Gott verbunden hat, das darf der Mensch nicht trennen."

V: Wort des lebendigen Gottes! - A: Dank sei Gott, dem Herrn!

Betrachtungshilfe:

Als Gott den ersten Menschen, Adam, erschaffen und ihm die Herrschaft über die ganze Erde anvertraut hatte, sprach ER: **"Es ist nicht gut, daß der Mensch allein bleibt. Ich will ihm eine Hilfe machen, die ihm entspricht"** (Gen 2,18). - Dann formte ER alle Tiere und alle Vögel **"aber eine Hilfe, die dem Menschen ent-**

sprach, fand er (der Mensch) **nicht"** (Gen 2,20b). - Da formte Gott die Frau, die sich nach Seiner Ordnung mit dem Mann so verbinden soll, daß sie **"werden ein Fleisch sein".** - So hat Gott die Familie gestiftet. Sie entstammt also nicht dem menschlichen, sondern einzig und allein dem göttlichen Willen. Deshalb soll die Familie treu ihren Auftrag erfüllen, der den Plänen Gottes, ihres Schöpfers, entspricht. - Im Buch Sirach finden wir dazu schöne, ergänzende Worte, die uns als Abbild der GÖTTLICHEN EINHEIT die EINHEIT der Familie vorstellen: **"Drei Dinge gefallen mir, sie sind Gott und den Menschen angenehm: Eintracht unter Brüdern, Liebe zwischen Freunden, Mann und Frau, die einander verstehen"** (Sir 25,1).

Wie schön wäre das Leben in der Welt, wenn unsere Familien nach EINTRACHT streben und wirklich christlich leben würden, damit die kommenden Generationen einer friedlichen Zukunft entgegengehen könnten. - Sorgen wir also für eine gesunde, heilige Erziehung unserer Kinder, dann werden wir mit ihnen zusammen die Krone aller Schönheit und Freude erreichen, den Himmel, d.h. ein gemeinsames Leben in der Liebe Gottes, ein Leben in völliger EINHEIT mit IHM!

• Bemühe ich mich um eine gesunde, heilige Erziehung der mir von Gott anvertrauten Kinder, um sie dadurch zur Einheit mit IHM zu führen?

• Welchen Vorsatz fasse ich im Licht des heutigen Wortes Gottes?

Tagesgebet: *siehe entsprechender Tag Seite 457*

6. Januar

Wort Gottes: Joh 17,22-24

"Ich habe ihnen (den Jüngern) **die Herrlichkeit gegeben, die du mir gegeben hast; denn SIE SOLLEN EINS SEIN, WIE WIR EINS SIND, ICH IN IHNEN UND DU IN MIR. So sollen sie vollendet sein in der Einheit, damit die Welt erkennt, daß du mich gesandt hast und die Meinen ebenso geliebt hast wie mich. Vater, ich will, daß alle, die du mir gegeben hast, dort bei mir sind, wo ich bin. Sie sollen meine Herrlichkeit sehen, die du mir gegeben hast, weil du mich schon geliebt hast vor der Erschaffung der Welt."**

V: Wort des lebendigen Gottes! - A: Dank sei Gott, dem Herrn!

Betrachtungshilfe:

Am heutigen Hochfest der Erscheinung des Herrn betrachten wir das Wort Gottes, das über die Herrlichkeit spricht, die Jesus vom Vater bekommen und an Seine folgsamen Jünger weitergegeben hat. - Sie leben heute in vollendeter EINHEIT dort, wo Jesus schon vor der Erschaffung der Welt in EINHEIT mit dem Vater und dem Heiligen Geist gelebt hat, und dürfen für alle Ewigkeit Seine Herrlichkeit schauen. - Als Fundament dieser Einheit und Herrlichkeit nennt uns Jesus die LIEBE, die von Gott kommt und zu Gott führt.

Diese göttliche Liebe vereinigte auch die Heiligen drei Könige und führte sie aus fernen Ländern nach Betlehem, wo sie gemeinsam die Herrlichkeit des Herrn schauen durften und IHM ihre Schätze von Gold, Weihrauch und Myrrhe als Gaben zu Füßen legten.

Bemerkenswert ist, daß nur der heilige Apostel **Johannes** so ausführlich über diese Lehre Jesu Christi, die Zusammenhänge zwischen EINHEIT und Liebe, spricht, und daß der Papst der EINHEIT, **Johannes XXIII.**, den gleichen Namen trägt! - Möge Gott alle reichlich segnen, die für seine baldige Selig- und Heiligsprechung von Herzen beten!

- Wie sehr ersehne ich diese Vollendung in der Einheit, die mich zur Anschauung der göttlichen Herrlichkeit führt und für die Ewigkeit glücklich macht? - Bemühe ich mich mit allen Kräften, Gott und meine Mitmenschen zu lieben, weil nur diese Liebe mich zur Vereinigung mit Gott führen kann? - Was werde ich heute als meine persönliche Gabe dem Herrn der Herrlichkeit, der Liebe und der Einheit, zu Füßen legen?
- Welchen Vorsatz fasse ich im Licht des heutigen Wortes Gottes?

Tagesgebet:

Lasset uns beten: Allherrschender Gott und Vater, durch den Stern, dem die Weisen gefolgt sind, hast Du am heutigen Tag den Heidenvölkern Deinen Sohn geoffenbart. Auch wir haben Dich schon im Glauben erkannt. Führe uns vom Glauben zur unverhüllten Anschauung Deiner Herrlichkeit. Darum bitten wir Dich, durch unseren Herrn Jesus Christus, der in der EINHEIT des Heiligen Geistes mit Dir lebt und herrscht in alle Ewigkeit. Amen. (vgl. Laudes vom Hochfest Erscheinung des Herrn)

7. Januar

Wort Gottes: Joh 11,49-52

"Kajaphas, der Hohepriester jenes Jahres, sagte zu ihnen (zum Hohen Rat): Ihr versteht überhaupt nichts. Ihr bedenkt nicht, daß es besser für euch ist, wenn ein einziger Mensch für das Volk stirbt, als wenn das ganze Volk zugrunde geht. Das sagte er nicht aus sich selbst; sondern weil er der Hohepriester jenes Jahres war, sagte er aus prophetischer Eingebung, daß Jesus für das Volk sterben werde. Aber er sollte nicht nur für das Volk sterben, sondern auch, um die versprengten Kinder Gottes wieder zu sammeln."

V: Wort des lebendigen Gottes! - A: Dank sei Gott, dem Herrn!

Betrachtungshilfe:

Dieses Wort Gottes macht uns klar, welch hohen Preis - nicht mit Geld oder Gold, sondern mit Seinen Leiden, mit Seinem Blut und Tod - Jesus der Hölle für unsere Befreiung von der Erbsünde und anderen Sünden als Ausgleich bezahlen mußte, "um die versprengten Kinder Gottes wieder zu sammeln" und ihnen den Weg zur EINHEIT mit dem Himmlischen Vater zu öffnen.

Kajaphas, der in diesem Jahr das Amt des Hohenpriesters innehatte, sprach, vom Heiligen Geist erleuchtet, die prophetischen Worte aus, daß Jesus für das Volk sterben werde. Er selbst verstand aber nicht den tieferen Sinn seiner Worte, den uns schließlich der Evangelist im nachhinein erklärt: **Jesus sollte nicht nur für das**

Volk sterben, sondern auch, um die versprengten Kinder Gottes zu sammeln und zur EINHEIT zu führen.

• Inwieweit bin ich selbst bereit, geduldig Opfer und Leiden auf mich zu nehmen, wenn Streit, Spaltung und Spannungen die Einheit und den Frieden in der Familie, in der Verwandtschaft, am Arbeitsplatz usw. gefährden und bedrohen?
• Welchen Vorsatz fasse ich im Licht des heutigen Wortes Gottes?

Tagesgebet: *siehe entsprechender Tag Seite 458*

8. Januar

Wort Gottes: Apg 1,13a-14

"Als sie in die Stadt (Jerusalem) kamen, gingen sie in das Obergemach hinauf, wo sie (Apostel) nun ständig blieben. ... Sie alle verharrten dort EINMÜTIG im Gebet, zusammen mit den Frauen und mit Maria, der Mutter Jesu, und mit seinen Brüdern."

V: Wort des lebendigen Gottes! - A: Dank sei Gott, dem Herrn!

Betrachtungshilfe:

Dieses Wort Gottes zeigt uns den konkreten Weg zur EINHEIT, den Jesus Seiner Mutter Maria, Seinen Aposteln, Seinen Brüdern und den Frauen, die zum gemeinsamen Gebet im Abendmahlsaal versammelt waren, gezeigt hat und den auch wir gehen müssen, wenn wir wirklich die Einheit wünschen. - Dieser Weg muß sich selbstverständlich auszeichnen durch große Ausdauer im **täglichen, gemeinsamen Gebet**.

Das eben tut jede Familie, jeder Gebetskreis, jede Gemeinschaft, jede Gruppe, die täglich gemeinsam das Wort Gottes in dieser Großen Novene liest und betrachtet. - So können wir durch die Gnade Gottes in der EINHEIT wachsen, die uns, der Kirche und der ganzen Welt den Frieden und andere geistige Früchte schenken wird.

• Suche ich gerne Eintracht mit den anderen und bete gemeinsam mit ihnen, weil ich davon überzeugt bin, daß die Worte des Herrn auch heute erstrangige Bedeutung für unser Familien- und Gesellschaftsleben haben: **"Wo zwei oder drei in meinem Namen versammelt sind, da bin ich mitten unter ihnen"** (Mt 18,20) - ?
• Welchen Vorsatz fasse ich im Licht des heutigen Wortes Gottes?

Tagesgebet: *siehe entsprechender Tag Seite 458*

9. Januar

Wort Gottes: Apg 2,43-47

"Alle wurden von Furcht ergriffen; denn durch die Apostel geschahen viele Wunder und Zeichen. Und alle, die gläubig geworden waren, bildeten eine Gemeinschaft und hatten alles gemeinsam. Sie verkauften Hab und Gut und gaben davon allen, jedem so viel, wie er nötig hatte. Tag für Tag verharrten sie einmütig im Tempel, brachen in ihren Häusern das Brot und hielten miteinander Mahl in Freude und Einfalt des Herzens. Sie lobten Gott und waren beim ganzen Volk beliebt. Und der Herr fügte täglich ihrer Gemeinschaft die hinzu, die gerettet werden sollten."

V: Wort des lebendigen Gottes! - A: Dank sei Gott, dem Herrn!

Betrachtungshilfe:

Dieses Wort Gottes zeigt uns, zu welch wunderbaren Früchten damals die EINHEIT unter den Christen führte. Diese großen Gnaden würde Gott auch uns heute schenken, wenn alle Christen in dieser lebendigen Einheit miteinander verbunden wären. - Damals bildeten die Gläubigen **e i n e** Gemeinschaft und hatten **a l l e s g e m e i n s a m**. - Aber, - sie waren wirklich gläubig! - Sie unterstützten sich gegenseitig mit ihrem Hab und Gut, beteten Tag für Tag einmütig im Tempel, lobten Gott und feierten voll Freude und in Herzenseinfalt die Heilige Eucharistie in ihren Häusern. Diese hilfsbereite, frohe, und aufrichtige Gläubigkeit überzeugte die Menschen ihrer Umgebung und machte die Christen beim ganzen Volk beliebt.

- Wäre dies nicht auch bei uns heute möglich? - Wie trage ich dazu bei, damit auch meine Familie, Gebetsgruppe, Pfarrei usw. Zeugnis ablegen kann für ein einmütiges, einträchtiges gläubiges Gemeinschaftsleben?
- Welchen Vorsatz fasse ich im Licht des heutigen Wortes Gottes?

Tagesgebet: *siehe entsprechender Tag Seite 458*

10. Januar

Wort Gottes: Apg 5,12-14

"Durch die Hände der Apostel geschahen viele Zeichen und Wunder im Volk. Alle kamen einmütig in der Halle Salomos zusammen. Von den übrigen wagte niemand, sich ihnen anzuschließen; aber das Volk schätzte sie hoch. Immer mehr wurden im Glauben zum Herrn geführt, Scharen von Männern und Frauen."

V: Wort des lebendigen Gottes! - A: Dank sei Gott, dem Herrn!

Betrachtungshilfe:

Aus diesem Wort Gottes erfahren wir, welch großen Beitrag zur EINHEIT auch eine kleine Gruppe von Gläubigen leisten kann, die das **gemeinsame Gebet** pflegt. - Die Einheit der ersten Christen hatte eine überzeugende und anziehende Kraft für die anderen. - Eine solche Einheit würde auch heute Scharen von Männern und Frauen anziehen und zum Glauben führen, zum Herrn, der die Macht hat, alle zu retten, die sich um IHN scharen. Wie viele würden auch heute ihre falschen Wege verlassen und zum Himmlischen Vater zurückkehren, wenn sie die EINHEIT unter uns Christen sähen!

- Glaube ich daran, daß das gemeinsame, tägliche Gebet in den Familien und die Betrachtung des Wortes Gottes reichliche Gnaden vermittelt und einen wichtigen

Beitrag zur Wiederbelebung der meist durch Hochmut zerstörten Einheit der Christenheit leistet?

- Welchen Vorsatz fasse ich im Licht des heutigen Wortes Gottes?

Tagesgebet: *siehe entsprechender Tag Seite 458*

11. Januar

Wort Gottes: Apg 4,32-35

"Die Gemeinde der Gläubigen war ein Herz und eine Seele. Keiner nannte etwas von dem, was er hatte, sein Eigentum, sondern sie hatten alles gemeinsam. Mit großer Kraft legten die Apostel Zeugnis ab von der Auferstehung Jesu, des Herrn, und reiche Gnade ruhte auf ihnen allen. Es gab auch keinen unter ihnen, der Not litt. Denn alle, die Grundstücke oder Häuser besaßen, verkauften ihren Besitz, brachten den Erlös und legten ihn den Aposteln zu Füßen. Jedem wurde davon so viel zugeteilt, wie er nötig hatte."

V: Wort des lebendigen Gottes! - A: Dank sei Gott, dem Herrn!

Betrachtungshilfe:

Wer von uns möchte nicht gerne glücklich sein, keine Not leiden und das haben, was er wirklich zum Leben braucht? - Das Wort Gottes zeigt uns heute am Beispiel der ersten Christen, was dazu notwendig ist: **Glaube und Liebe!** - Wenn eine Familie oder sonst eine Gemeinschaft ein friedvolles, glückliches Leben führen will, muß sie danach trachten, wirklich **ein Herz und eine Seele** zu sein. Sie muß jede Form des Egoismus entschieden ablehnen und aus dem Glauben und der Verkündigung der Auferstehung Jesu Christi heraus die nötigen Kräfte dazu schöpfen.

Sicher würde es ganz anders in der Welt aussehen, wenn die Menschen ein Leben führen würden, das vom christlichen Glauben, von christlicher Hoffnung und von der Liebe zu Gott und zum Nächsten geprägt ist. - Die höchste Form eines gemeinsamen, glücklichen Lebens können wir daher bei den Ordensgemeinschaften finden, dort, wo das Evangelium Jesu Christi wirklich im Alltag gelebt wird! - Im gewissen Maß sollte aber auch jede Familie eine Ordensgemeinschaft bilden, in der die von Liebe umstrahlte Ordnung Gottes herrscht.

- Zu welcher Lebensform fühle ich mich mehr hingezogen? - Ruft mich Gott dazu auf, eine heilige Familie zu gründen, die aber oft unter großen Schwierigkeiten und Mühen und mit viel Geduld um die EINHEIT ringen muß? - Oder will Gott mich vielleicht in einer Ordensgemeinschaft, in der ich mehr Stütze und Halt für mein Streben nach einem heiligen Leben finde?
- Welchen Vorsatz fasse ich im Licht des heutigen Wortes Gottes?

Tagesgebet: *siehe entsprechender Tag Seite 458*

12. Januar

Wort Gottes: Apg 8,4-6

"Die Gläubigen, die zerstreut worden waren, zogen umher und verkündeten das Wort. Philippus aber kam in die Hauptstadt Samariens hinab und verkündigte dort Christus. Und die Menge achtete einmütig auf die Worte des Philippus; sie hörten zu und sahen die Wunder, die er tat."

V: Wort des lebendigen Gottes! - A: Dank sei Gott, dem Herrn!

Betrachtungshilfe:

Heute erfahren wir, daß die Verfolgung der ersten Christen zwar viele Leiden mit sich brachte, aber auch die Evangelisierung förderte. - Da die Gläubigen häufig Schutz vor ihren Verfolgern suchten, mußten sie oft in andere Städte und Dörfer flüchten, wo sie dann mit der Missionierung ihrer neuen Umgebung begannen. So konnte sich der Glaube an Jesus Christus ziemlich rasch ausbreiten.

Die Apostelgeschichte berichtet uns heute auch davon, welch große, einigende Kraft von der mutigen Verkündigung des Wortes Gottes ausging, denn es heißt, daß die Menge **einmütig** auf die Worte des Philippus achtete.

* Inwieweit bin ich bereit, auf gleiche Weise wie die ersten Christen und wie Philippus mutig für die Verbreitung des Wort Gottes einzutreten und so zur EINHEIT unter den Menschen beizutragen? - Sorge ich in meiner Familie um die Einheit, indem ich selbst Zeugnis ablege für meinen christlichen Glauben, für meine Liebe und meine Hoffnung auf ein ewiges Leben im Himmel?
* Welchen Vorsatz fasse ich im Licht des heutigen Wortes Gottes?

Tagesgebet: *siehe entsprechender Tag Seite 458*

13. Januar

Wort Gottes: Röm 12,3-5

"Aufgrund der Gnade, die mir gegeben ist, sage ich einem jeden von euch: Strebt nicht über das hinaus, was euch zukommt, sondern strebt danach, besonnen zu sein, jeder nach dem Maß des Glaubens, das Gott ihm zugeteilt hat. Denn wie wir an dem einen Leib viele Glieder haben, aber nicht alle Glieder denselben Dienst leisten, so sind wir, die vielen, EIN LEIB IN CHRISTUS, als einzelne aber sind wir Glieder, die zueinander gehören."

V: Wort des lebendigen Gottes! - A: Dank sei Gott, dem Herrn!

Betrachtungshilfe:

Dieses Wort Gottes gibt uns eine wunderbare Erklärung zu der vom Ökumenischen Zweiten Vatikanischen Konzil hervorgehobenen Regel der EINHEIT, nämlich: **Einheit in der Vielfalt und Vielfalt in der Einheit!** - Dort, wo Jesus Christus Anfang und Ende eines jeden Vorhabens ist, wird es zur Einheit kommen, auch wenn dabei ganz verschiedene Menschen mitwirken. Die Vielfalt der Charaktere, Temperamente, Begabungen, Berufe, Aufgaben und Stände ist dabei kein Hindernis, sondern vielmehr eine wunderbare Bereicherung, vorausgesetzt, daß alle zur Ehre Gottes arbeiten und ein heiliges Leben suchen. Dann bilden alle Glieder *e i n e n* **Leib in Christus.**

Eine schöne Erklärung zu dieser Lehre finden wir beim heiligen Völkerapostel Paulus: "**Es gibt verschiedene Gnadengaben, aber nur den einen Geist. Es gibt verschiedene Dienste, aber nur den einen Herrn. Es gibt verschiedene Kräfte, die wirken, aber nur den einen Gott:** Er bewirkt alles in allen. Jedem aber wird die Offenbarung des Geistes geschenkt, damit sie anderen nützt. Dem einen wird vom Geist die Gabe geschenkt, Weisheit mitzuteilen, dem andern durch den gleichen Geist die Gabe, Erkenntnis zu vermitteln, dem dritten im gleichen Geist Glaubenskraft, einem andern - immer in dem einen Geist - die Gabe, Krankheiten zu heilen, einem andern Wunderkräfte, einem andern prophetisches Reden, einem andern die Fähigkeit, die Geister zu unterscheiden, wieder einem andern verschiedene Arten von Zungenrede, einem andern schließlich die Gabe, sie zu deuten. **Das alles bewirkt ein und derselbe Geist; einem jeden teilt er seine besondere Gabe zu, wie er will.** Denn wie der Leib eine Einheit ist, doch viele Glieder hat, alle Glieder des Leibes aber, obgleich es viele sind, einen einzigen Leib bilden: so ist es auch mit Christus. **Durch den einen Geist wurden wir in der Taufe alle in einen einzigen Leib aufgenommen,** Juden und Griechen, Sklaven und Freie; und alle wurden wir mit dem einen Geist getränkt. Auch der Leib besteht nicht nur aus einem Glied, sondern aus vielen Gliedern" (1 Kor 12,4-14).

• Beginne und beende ich in meinem Leben, in meinem Alltag, wirklich alle Werke mit Christus? - Überlasse ich neidlos anderen die Führung bei Aufgaben, zu denen ich keine Begabung habe? - Anerkenne ich mit Freude die Gaben anderer und bekenne in Demut die Grenzen meiner eigenen Fähigkeiten? - Bitte ich Gott immer wieder um Kraft und Geduld, um mit allen Menschen in Einheit und Frieden leben zu können? - Bete ich vor allem auch für diese, die wegen ihres Charakters oder Temperaments das Zusammenleben oder gemeinsame Arbeiten erschweren? - Denke ich daran, daß der heutige Tag der Gottesmutter geweiht ist, die kleinen Kindern in **Fatima** erschienen ist? - Kenne ich die Bedingungen, die sie uns dort als liebende Mutter zur Erlangung von Einheit und Frieden gestellt hat?

• Welchen Vorsatz fasse ich im Licht des heutigen Wortes Gottes?

Tagesgebet: *siehe entsprechender Tag Seite 459*

14. Januar

Wort Gottes: Röm 12,16-18

"**SEID UNTEREINANDER EINES SINNES; strebt nicht hoch hinaus, sondern bleibt demütig! Haltet euch nicht selbst für weise! Vergeltet niemand Böses mit Bösem! Seid allen Menschen gegenüber auf Gutes bedacht! Soweit es euch möglich ist, haltet mit allen Menschen Frieden!**"

V: Wort des lebendigen Gottes! - A: Dank sei Gott, dem Herrn!

Dieses Wort Gottes beschreibt heilende, stärkende und heiligende Mittel, die uns entscheidend helfen können auf dem Weg zu der von Jesus gewünschten EINHEIT unter den Christen und unter allen Menschen. Wer diesen Regeln folgt, wird sicher den Frieden mit Gott und den Menschen finden und echtes, dauerndes Glück. Zu diesen mächtigen Mitteln, die die Ordnung des Königreiches Gottes auf der Erde wiederherstellen, der Hölle und dem Satan die Macht abnehmen und jegliche Sünde vernichten, die die Einheit unter den Menschen zerstört, gehören unter anderem diese, die uns heute das Wort Gottes zur Überlegung stellt, nämlich: Einmütigkeit im gegenseitigen Fühlen und Wollen, - Vermeidung des Jagens nach Größe und Macht, - stattdessen Streben nach Demut, Vermeidung von Neid und Mißgunst, - stattdessen Güte und Wohlwollen für alle und wo möglich Eintracht mit allen.

- Bin ich mir dessen bewußt, daß die Demut die Einheit unter den Menschen aufbaut und der Hochmut sie zerstört? - In welchem Maß erfülle ich die oben angegebenen Bedingungen zur Einheit und zum Frieden?
- Welchen Vorsatz fasse ich im Licht des heutigen Wortes Gottes?

Tagesgebet: *siehe entsprechender Tag Seite 459*

15. Januar

Wort Gottes: Röm 15,4-7

"Alles, was einst geschrieben worden ist, ist zu unserer Belehrung geschrieben, damit wir durch Geduld und durch den Trost der Schrift Hoffnung haben. Der Gott der Geduld und des Trostes schenke euch die EINMÜTIGKEIT, die Christus Jesus entspricht, damit ihr Gott, den Vater unseres Herrn Jesus Christus, einträchtig und mit einem Munde preist. Darum nehmt einander an, wie auch Christus uns angenommen hat, zur Ehre Gottes."

V: Wort des lebendigen Gottes! - A: Dank sei Gott, dem Herrn!

Betrachtungshilfe:

Hier betont der heilige Paulus die belehrende Kraft des Wortes Gottes, das uns erleichtert, die richtigen Mittel zu finden, die uns zum heiligen Leben in Christus und zur EINHEIT mit IHM und in IHM mit dem Himmlischen Vater und mit den Menschen führen.

Weiter erfahren wir auch, um was wir Gott besonders bitten müssen, wenn wir die Einheit lieben und erreichen wollen: - um **die Tugenden der Geduld und der Hoffnung**, die wir aus der täglichen Schriftlesung schöpfen können, - um diese Liebe, die fähig macht, sich gegenseitig anzunehmen und zu ertragen, so wie Jesus es uns beispielhaft vorgelebt hat.

- Betrachte ich gerne das Lebensbeispiel Jesu Christi, das mir hilft, mein eigenes Leben besser zu heiligen, um dadurch zur Einheit in meiner Familie oder Gemeinschaft beitragen zu können?
- Welchen Vorsatz fasse ich im Licht des heutigen Wortes Gottes?

16. Januar

Wort Gottes: Röm 16,17-18

"Ich ermahne euch, meine Brüder, auf die achtzugeben, die im Widerspruch zu der Lehre, die ihr gelernt habt, Spaltung und Verwirrung verursachen: Haltet euch von ihnen fern! Denn diese Leute dienen nicht Christus, unserem Herrn, sondern ihrem Bauch, und sie verführen durch ihre schönen und gewandten Reden das Herz der Arglosen."

V: Wort des lebendigen Gottes! - A: Dank sei Gott, dem Herrn!

Betrachtungshilfe:

Der heilige Paulus warnt heute eindringlich vor diesen Menschen, die Spaltung und Verwirrung verursachen. Es geht ihm dabei vor allem um diese, die der Lehre des Evangeliums widersprechen und durch gewandte und wohlklingende Reden gutgläubige, arglose Menschen in die Irre führen. - Von ihnen sollen wir uns fernhalten und prüfen, welche Früchte sie bringen: Sie dienen nicht Christus, sondern ihrem Bauch, d.h. ihren eigenen Interessen und Vorteilen.

Diese Menschen sollten wir aber auch an das immer noch geltende Wort Gottes aus dem Alten Testament erinnern: **"Seht doch, wie gut und schön ist es, wenn Brüder miteinander in Eintracht wohnen. Denn dort spendet der Herr Segen und Leben in Ewigkeit"** (Ps 133,1/3b).

- Ist mir klar, daß dort niemals der Heilige Geist am Werk ist, wo Widerspruch zur christlichen Lehre herrscht und Eigeninteresse und Eigenwille zu Verwirrung, Streit und Spaltung führen? - Vermeide ich nach Kräften Rechthaberei und Widerspruch und gebe bei Meinungsverschiedenheiten und Streitfällen um der EINHEIT und des Friedens willen lieber nach?

- Welchen Vorsatz fasse ich im Licht des heutigen Wortes Gottes?

17. Januar

Wort Gottes: 1 Kor 1,10-13

"Ich (Paulus) ermahne euch aber, Brüder, im Namen Jesu Christi, unseres Herrn: Seid alle einmütig und duldet keine Spaltungen unter euch; SEID GANZ EINES SINNES UND EINER MEINUNG. Es wurde mir nämlich berichtet, daß es Zank und Streit unter euch gibt. Ich meine damit, daß jeder von euch etwas andres sagt: Ich halte zu Paulus - ich zu Apollos - ich zu Kephas - ich zu Christus. Ist denn Christus zerteilt? Wurde etwa Paulus für euch gekreuzigt? Oder seid ihr auf den Namen des Paulus getauft worden?"

V: Wort des lebendigen Gottes! - A: Dank sei Gott, dem Herrn!

67

Betrachtungshilfe:

Wie wir heute hören, mußte Paulus die Korinther zum Frieden und zur EINHEIT aufrufen, da der Satan am Werk war und versuchte, durch Zank und Streit die Gemeinde zu spalten.

Auch heute wirkt er sehr gerne auf diese Weise. Wir sollen daher vom heiligen Paulus lernen und diese, die eigensinnig auf ihrer falschen Glaubensmeinung beharren, im Namen Jesu Christi ermahnen, im wahren Glauben **"ganz eines Sinnes und einer Meinung"** zu sein.

Wenn wir die wahre EINHEIT mit Gott erreichen wollen, sind wir verpflichtet, "ganz eines Sinnes und einer Meinung" in diesem Glauben zu sein, den Jesus uns gelehrt hat und der uns ganz klar zeigt, wie wir nach dem Willen des Himmlischen Vaters mit den anderen in Liebe und Eintracht leben sollen.

- Habe ich Mut, die wahre Lehre Jesu Christi zu verteidigen und andere auf ihre Glaubensirrtümer aufmerksam zu machen? - Lebt in mir das Wort Gottes schon so weit, daß ich jederzeit anderen in Glaubensfragen und Glaubenszweifeln beistehen kann?
- Welchen Vorsatz fasse ich im Licht des heutigen Wortes Gottes?

Tagesgebet: *siehe entsprechender Tag Seite 459*

18. Januar

Wort Gottes: 1 Kor 10,14-17

"Darum, liebe Brüder, meidet den Götzendienst! Ich rede doch zu verständigen Menschen; urteilt selbst über das, was ich sage. Ist der Kelch des Segens, über den wir den Segen sprechen, nicht Teilhabe am Blut Christi? Ist das Brot, das wir brechen, nicht Teilhabe am Leib Christi? Ein Brot ist es. Darum sind wir viele ein Leib; denn WIR ALLE HABEN TEIL AN DEM EINEN BROT."

V: Wort des lebendigen Gottes! - A: Dank sei Gott, dem Herrn!

Betrachtungshilfe:

Hier warnt uns der heilige Paulus vor jeder Art des Götzendienstes. Dazu gehört auch der Dienst am Mammon, die falsche Verehrung von Bildern und Gegenständen (z.B. Auto, technische Geräte). Dazu gehört auch jede Leidenschaft und Sucht, jede übertriebene Pflege von Liebhabereien (Hobbys), die sinnlose und oft sogar sehr schädliche Zeitverschwendung durch Fernsehen, die abgöttische Liebe und Verehrung von Menschen oder Tieren usw. - Dies alles richtet großen Schaden in der Seele an, trennt den Menschen von Gott und Seiner Ordnung und führt nicht zur Gemeinschaft und Einheit, sondern zu Abspaltung und Isolation.

Paulus warnt in der Folge vor den dämonischen Auswirkungen des Götzendienstes und ruft zur EINHEIT in der gemeinsamen Teilhabe an der Eucharistie auf. Er spricht über die heilende Kraft und Wirkung der Eucharistie, die ein wahres, göttliches Zeichen für die von Gott gewollte Einheit unter den Christen ist.

68

Zur Einheit unter den Christen wird es erst dann kommen, wenn alle Christen die gesamte Wahrheit der Offenbarung Gottes anerkennen. - Wenn Jesus z.B. sagt, daß durch die Wandlungsworte des Priesters Brot und Wein zu Seinem Leib und zu Seinem Blut werden, dann kann es keine Diskussion darüber geben, ob dies wirklich geschieht oder nicht. **Wenn Jesus so gesprochen hat, müssen wir IHM glauben!** - ER ist nicht nur wahrer Mensch, sondern vor allem auch wahrer Gott, mit dem der Mensch nicht zu diskutieren hat, sondern dessen Wort er hören und befolgen soll. - Dies gilt auch für jedes andere Wort Jesu Christi!

• Glaube ich daran, daß Jesus Christus unter den Gestalten des Brotes und Weines im Allerheiligsten Sakrament der Eucharistie anwesend ist? - Was wird eines Tages mit diesen Menschen geschehen, die sich dieser von Gott geoffenbarten Wahrheit hartnäckig widersetzen, weil sie diese Wahrheit nicht begreifen können oder auch nicht glauben wollen?

• Welchen Vorsatz fasse ich im Licht des heutigen Wortes Gottes?

Tagesgebet: *siehe entsprechender Tag Seite 459*

19. Januar

Wort Gottes: 1 Kor 11,17-29

"Wenn ich schon Anweisungen gebe: Das kann ich nicht loben, daß ihr nicht mehr zu eurem Nutzen, sondern zu eurem Schaden zusammenkommt. Zunächst höre ich, daß es Spaltungen unter euch gibt, wenn ihr als Gemeinde zusammenkommt; zum Teil glaube ich das auch. Denn es muß Parteiungen geben unter euch; nur so wird sichtbar, wer unter euch treu und zuverlässig ist. Was ihr bei euren Zusammenkünften tut, ist Feier des Herrenmahls mehr; denn jeder verzehrt sogleich seine eigenen Speisen, und dann hungert der eine, während der andere schon betrunken ist. Könnt ihr denn nicht zu Hause essen und trinken? Oder verachtet ihr die Kirche Gottes? Wollt ihr jene demütigen, die nichts haben? Was soll ich dazu sagen? Soll ich euch etwa loben? In diesem Fall kann ich euch nicht loben. Denn ich habe vom Herrn empfangen, was ich euch dann überliefert habe: Jesus, der Herr, nahm in der Nacht, in der er ausgeliefert wurde, Brot, sprach das Dankgebet, brach das Brot und sagte: DAS IST MEIN LEIB für euch. Tut dies zu meinem Gedächtnis! - Ebenso nahm er nach dem Mahl den Kelch und sprach: Dieser Kelch ist der Neue Bund in MEINEM BLUT. Tut dies, so oft ihr daraus trinkt, zu meinem Gedächtnis! - Denn sooft ihr von diesem Brot eßt und aus dem Kelch trinkt, verkündet ihr den Tod des Herrn, bis er kommt. Wer also unwürdig von dem Brot ißt und aus dem Kelch des Herrn trinkt, macht sich schuldig am LEIB und am BLUT des Herrn. Jeder soll sich selbst prüfen; erst dann soll er von dem Brot essen und aus dem Kelch trinken. Denn wer davon ißt und trinkt, ohne zu bedenken, daß es der Leib des Herrn ist, der zieht sich das Gericht zu, indem er ißt und trinkt."

V: Wort des lebendigen Gottes! - A: Dank sei Gott, dem Herrn!

Betrachtungshilfe:

Auch das heutige Wort Gottes legt Zeugnis ab für das zerstörerische Wirken des Satans, dem es vor allem darum geht, bei den Gläubigen Verwirrung und Spaltung zu stiften. Nicht nur damals bei den Christen in Korinth, sondern auch heute verführt er, wo nur möglich, zur Ehrfurchtslosigkeit und zum Mißbrauch der Eucharistiefeier und der Heiligen Kommunion, um dadurch die von Jesus gewünschte EINHEIT zu stören, oder gar zu zerstören. - **Nur der treue und demütige Glaube an das Wort Gottes kann uns davor bewahren!**

- Wie bereite ich mich auf die Vereinigung mit dem Herrn in der Heiligen Eucharistie vor? - Empfange ich IHN ehrfürchtig und würdig, weil ich an Seine Gegenwart g l a u b e oder **nehme ich IHN auf, ohne zu Bedenken, daß es der Leib des Herrn ist?** - Komme ich zum Herrn als ein "Heiliger", der sich seiner guten Taten rühmt, oder als ein armer Sünder, der Hilfe und Heilung von IHM erwartet?

- Welchen Vorsatz fasse ich im Licht des heutigen Wortes Gottes?

Tagesgebet: *siehe entsprechender Tag Seite 460*

20. Januar

Wort Gottes: 1 Kor 12,4-7

"Es gibt verschiedene Gnadengaben, aber nur den EINEN GEIST. Es gibt verschiedene Dienste, aber nur den EINEN HERRN. Es gibt verschiedene Kräfte, die wirken, aber nur den EINEN GOTT: Er bewirkt alles in allen. Jedem aber wird die Offenbarung des Geistes geschenkt, damit sie anderen nützt."

V: Wort des lebendigen Gottes! - A: Dank sei Gott, dem Herrn!

Betrachtungshilfe:

Wiederum hören wir heute über die Vielfalt in der Einheit und die Einheit in der Vielfalt. - Die EINHEIT und Dreifaltigkeit gehört grundsätzlich zum Wesen und zur Natur Gottes. Darum kann Gott die Einheit unter den Christen nur dann schaffen, wenn **a l l e** auf Seine Stimme hören und ihr genau folgen.

Gott verteilt Seine Gnadengaben unter den Menschen so, wie es IHM gefällt, und so, wie es der Erfüllung Seines Willens am besten dient. - Wir sollen also aufpassen, damit wir nicht durch Neid auf die Gnadengaben anderer den Geist Gottes beleidigen. Neid kommt einem Vorwurf gleich, und bedeutet soviel wie: Gott hat mir gegenüber ungerecht gehandelt. Dies ist eine Sünde gegen den Heiligen Geist, die nach den Worten Jesu Christi **"nicht vergeben wird, weder in dieser noch in der zukünftigen Welt"** (Mt 12,32b).

- Bin ich Gott dankbar für diese Gnadengaben, die ER mir anvertraut hat? - Ist mir zugleich bewußt, daß ich dafür Verantwortung trage und eines Tages vor Gott Rechenschaft dafür ablegen muß? - Freue ich mich über die Vielfalt der

Gnadengaben, die Gott nach Seinem Gefallen und Seinen Plänen zuteilt und die, wenn sie im christlichen Sinn genützt werden, immer zur Einheit führen?
• Welchen Vorsatz fasse ich im Licht des heutigen Wortes Gottes?

Tagesgebet: *siehe entsprechender Tag Seite 460*

21. Januar

Wort Gottes: 1 Kor 12,12-13

"Wie der Leib eine EINHEIT ist, doch viele Glieder hat, alle Glieder des Leibes aber, obgleich es viele sind, einen einzigen Leib bilden: so ist es auch mit Christus. DURCH DEN EINEN GEIST WURDEN WIR IN DER TAUFE ALLE IN EINEN EINZIGEN LEIB AUFGENOMMEN, Juden und Griechen, Sklaven und Freie; und alle wurden wir mit dem einen Geist getränkt."

V: Wort des lebendigen Gottes! - A: Dank sei Gott, dem Herrn!

Betrachtungshilfe:

Dieses Wort Gottes zeigt uns erneut, daß die EINHEIT in der Vielfalt möglich ist. Dies kann aber nur der Heilige Geist bewirken. Darum sollen wir öfters zu IHM beten und IHN anrufen, damit ER der zerrissenen und gespaltenen Christenheit zu Hilfe kommt. - Zugleich erfahren wir auch, welch große Bedeutung für die Einheit der Christen die Heilige Taufe hat, die den Mystischen Leib Jesu Christi, die e i n e e i n z i g e K i r c h e aufbaut.

In Wirklichkeit gibt es nicht mehrere Kirchen, sondern nach wie vor nur eine einzige, die Jesus Christus gegründet und auf das Fundament der heiligen Apostel gebaut hat. Leider aber ist diese Kirche heute unter ihren Gliedern innerlich zerrissen und zerspalten. Darum sollten wir weniger von Vereinigung verschiedener Kirchen sprechen, sondern vielmehr über die Beseitigung aller möglicher alter und neuer Streitigkeiten unter den Christen, die ein Skandal vor der Welt sind. - Die wahre E I N H E I T der Christen fordert von a l l e n D e m u t, vor allem gegenüber dem WORT GOTTES !

• Denke ich auch so wie viele andere Menschen, daß es viele christliche Kirchen gibt, obwohl Jesus doch nur **eine einzige** gegründet hat?
• Welchen Vorsatz fasse ich im Licht des heutigen Wortes Gottes?

Tagesgebet: *siehe entsprechender Tag Seite 460*

22. Januar

Wort Gottes: 1 Kor 12,24b-28a

"Gott hat den Leib so zusammengefügt, daß er dem geringsten Glied mehr Ehre zukommen ließ, damit im Leib kein Zwiespalt entstehe, sondern alle Glieder einträchtig füreinander sorgen. Wenn darum ein Glied leidet, leiden alle Glieder mit; wenn ein Glied geehrt wird, freuen sich alle anderen mit ihm. Ihr aber seid der Leib Christi, und jeder einzelne ist ein Glied an ihm. - So hat

Gott in der Kirche die einen als Apostel eingesetzt, die anderen als Propheten, die dritten als Lehrer; ferner verlieh er die Kraft, Wunder zu tun, sodann die Gaben, Krankheiten zu heilen, zu helfen, zu leiten."

V: Wort des lebendigen Gottes! - A: Dank sei Gott, dem Herrn!

Betrachtungshilfe:

Dieses Wort Gottes zeigt uns, wie Gott als Quelle der EINHEIT durch die Verteilung verschiedener Gnadengaben unter den Menschen eine wunderbare Vielfalt bewirkt. Bei dieser Vielfalt duldet ER aber keinen Zwiespalt, sondern verlangt, daß alle gemeinsam und einträchtig zusammenwirken und füreinander sorgen. Daher widerspricht jede Spaltung unter den Christen der Ehre Gottes und bedeutet eine große Verantwortung für all diese, die Spaltungen verursachen und dadurch viele Gläubige verwirren und verführen.

- Trägt mein Verhalten mehr zur Einheit oder mehr zum Streit und zur Spaltung meiner Umgebung bei? - Bin ich mir bewußt, welch große Verantwortung ich vor Gott für jedes Verhalten, für jedes Wort und jede Tat trage?
- Welchen Vorsatz fasse ich im Licht des heutigen Wortes Gottes?

Tagesgebet: *siehe entsprechender Tag Seite 460*

23. Januar

Wort Gottes: 2 Kor 5,14-16/17

"Die Liebe Christi drängt uns, da wir erkannt haben: EINER IST FÜR ALLE GESTORBEN, also sind alle gestorben. Er ist aber für alle gestorben, damit die Lebenden nicht mehr für sich leben, sondern für den, der für sie starb und auferweckt wurde. Wenn also jemand in Christus ist, dann ist er eine neue Schöpfung: Das Alte ist vergangen, Neues ist geworden."

V: Wort des lebendigen Gottes! - A: Dank sei Gott, dem Herrn!

Betrachtungshilfe:

Dieses Wort Gottes macht offenkundig, was der Tod Jesu Christi für all diese bewirkt hat, die an Seinen Tod und an Seine Auferstehung glauben. Sie leben nicht mehr für sich selbst, sondern für den Herrn. Das heißt, wenn wir mit Christus wirklich im Glauben, in der Hoffnung und Liebe **eins** sind, sind wir eine neue Schöpfung, dann leben wir in der EINHEIT mit IHM und mit unseren Mitmenschen. Dies verlangt von uns jedoch eine andere Art und Weise des Lebens als diese, die wir in der Welt finden, die nicht von Gott kommt und nicht zu Gott führt und daher auch kein echtes, dauerndes Glück garantieren kann.

- Welche Schlüsse ziehe ich für meinen Alltag und für mein Zusammenleben mit den anderen aus der Tatsache, daß ich durch die Heilige Taufe in Christus geistig neu geboren bin?
- Welchen Vorsatz fasse ich im Licht des heutigen Wortes Gottes?

Tagesgebet: *siehe entsprechender Tag Seite 460*

24. Januar

Wort Gottes: 2 Kor 13,9b-11

"Das ist es, was wir erflehen: Eure vollständige Erneuerung. Deswegen schreibe ich das alles aus der Ferne, um nicht, wenn ich zu euch komme, Strenge gebrauchen zu müssen kraft der Vollmacht, die der Herr mir zum Aufbauen, nicht zum Niederreißen gegeben hat. Im übrigen, liebe Brüder, freut euch, kehrt zur Ordnung zurück, laßt euch ermahnen, SEID EINES SINNES, und lebt in Frieden! Dann wird der Gott der Liebe und des Friedens mit euch sein."

V: Wort des lebendigen Gottes! - A: Dank sei Gott, dem Herrn!

Betrachtungshilfe:

In diesem Wort Gottes finden wir die Antwort auf die Frage, wann der Gott der Liebe und des Friedens mit uns ist. - ER ist dann mit uns, wenn wir unsere vollständige Erneuerung suchen. Sie beginnt damit, daß wir mit allen Kräften den Frieden untereinander suchen! - Wenn wir unsere Zugehörigkeit zum Herrn nicht nur als leere Formel, sondern als Auftrag Gottes verstehen und im Alltag leben, wenn wir diese Zugehörigkeit zum Herrn schätzen und uns über sie als einzigartiges Gnadengeschenk Gottes freuen, wenn wir immer wieder gründlich Gewissenserforschung halten, unsere eigenen Schwächen, Nachlässigkeiten und Verfehlungen dabei bemerken und sofort wieder zur Ordnung Gottes zurückkehren, wenn wir bereit sind, Ermahnungen, Zurechtweisungen, Vorwürfe und Tadel schweigend, in Demut, hinzunehmen, dann wird der Gott der Liebe und des Friedens mit uns sein, und wir werden **e i n e s** Sinnes sein.

- Folge ich bereitwillig diesen Forderungen, die allein Frieden und Einheit mit Gott und den Menschen verleihen können?
- Welchen Vorsatz fasse ich im Licht des heutigen Wortes Gottes?

Tagesgebet: *siehe entsprechender Tag Seite 460*

25. Januar

Wort Gottes: Eph 2,13-16

"Jetzt seid ihr, die ihr einst in der Ferne wart, durch Christus Jesus, nämlich durch sein Blut, in die Nähe gekommen. Denn er ist unser Friede. Er VEREINIGTE die beiden Teile (Juden und Heiden) und riß durch sein Sterben die trennende Wand der Feindschaft nieder. Er (Jesus) hob das Gesetz samt seinen Geboten und Forderungen auf, um die zwei in seiner Person zu dem einen neuen Menschen zu machen. Er stiftete Frieden und versöhnte die beiden durch das Kreuz mit Gott in einem einzigen Leib. Er hat in seiner Person die Feindschaft getötet."

V: Wort des lebendigen Gottes! - A: Dank sei Gott, dem Herrn!

In JESUS hat sich die vollkommenste EINHEIT des Menschen mit Gott verwirklicht! In IHM sind die zwei Naturen, die göttliche und die menschliche, so vereinigt, daß sie eine einzige Person bilden. So hat JESUS in sich den Menschen wiederum mit Gott versöhnt und vereinigt. ER hat die Wand der Feindschaft zwischen den Juden und Heiden niedergerissen und so ein neues Volk Gottes in Seiner einen, einzigen Kirche geschaffen. Diesen Sieg über den Satan und die Hölle hat ER durch das geduldige Ertragen aller Leiden und durch Seinen Tod am Kreuz errungen und sollte auch an uns heute sichtbar werden, wenn wir uns zu Recht als Christen bezeichnen wollen. - Dann sollte gerade bei uns Christen für Streit und Feindschaft kein Platz mehr sein!

Heute, am Fest der Bekehrung des heiligen Apostels Paulus, wollen wir darüber nachdenken, wie er, der einst als Saulus die Christen verfolgte, durch die Gnade des Herrn verwandelt, zu einem neuen Menschen wurde, der dem Beispiel und der Lehre des Herrn bis zu seinem Lebensende treu blieb. Er blieb **e i n s** mit IHM trotz größter Schwierigkeiten und Leiden und starb für IHN sogar den Märtyrertod, um so zur Vollendung zu gelangen, zur ersehnten, glückseligen Einheit mit seinem Herrn!

- Wie verhalte ich mich in Sorgen, Leiden und Schwierigkeiten, - entfernen und trennen sie mich von Gott, oder führen sie mich näher zu IHM hin? - Bemühe ich mich, jeden Streit möglichst schnell zu beenden und mich mit dem anderen ehrlich zu versöhnen? - Suche ich auch regelmäßig die Versöhnung mit Gott in der Heiligen Beichte, wenn ich IHN durch meine Sünden und Verfehlungen gekränkt habe?
- Welchen Vorsatz fasse ich im Licht des heutigen Wortes Gottes?

Tagesgebet:

Lasset uns beten: Heiliger Gott und Vater, Du Heil aller Völker, Du hast den Apostel Paulus auserwählt, den Heiden die Frohe Botschaft zu verkünden. Gib uns, die wir das Fest seiner Bekehrung feiern, die Gnade, uns Deinem Anruf zu stellen und vor der Welt Deine Wahrheit zu bezeugen. Darum bitten wir Dich, durch unseren Herrn Jesus Christus, der in der EINHEIT des Heiligen Geistes mit Dir lebt und herrscht in alle Ewigkeit. Amen. (vgl. Laudes vom Fest Bekehrung des heiligen Apostels Paulus)

26. Januar

Wort Gottes: Eph 2,17-21

"Er (Jesus) kam und verkündete den Frieden; euch, den Fernen, und uns, den Nahen. Durch ihn haben wir beide in dem einen Geist Zugang zum Vater. Ihr seid also jetzt nicht mehr Fremde ohne Bürgerrecht, sondern Mitbürger der Heiligen und Hausgenossen Gottes. Ihr seid auf das Fundament der Apostel und Propheten gebaut; der Schlußstein ist Christus Jesus selbst. Durch ihn wird der ganze Bau zusammengehalten und wächst zu einem heiligen Tempel im Herrn."

V: Wort des lebendigen Gottes! - A: Dank sei Gott, dem Herrn!

Dieses Wort Gottes belehrt uns, daß unsere EINHEIT mit dem Himmlischen Vater nur im Glauben an Jesus Christus möglich ist und beweist uns erneut, daß es nur e i n e   e i n z i g e   K i r c h e   gibt, e i n e n   heiligen Tempel im Herrn, der auf dem Fundament der Apostel und Propheten gebaut und dessen Schlußstein Jesus Christus selbst ist. Dabei sollen wir die Mahnung des heiligen Paulus nicht vergessen: **"Wißt ihr nicht, daß ihr Gottes Tempel seid und der Geist Gottes in euch wohnt? Wer den Tempel Gottes verdirbt, den wird Gott verderben. Denn Gottes Tempel ist heilig und der seid ihr"** (1 Kor 3,16-17).

- Verstehe ich mich wirklich als Hausgenosse Gottes und als Mitbürger der Heiligen, der durch sein christliches Beispiel und Verhalten zum Aufbau und zur Einheit dieses Tempels Gottes, der einen einzigen, apostolischen und heiligen Kirche, beiträgt?
- Welchen Vorsatz fasse ich im Licht des heutigen Wortes Gottes?

Tagesgebet: *siehe entsprechender Tag Seite 461*

27. Januar

Wort Gottes: Eph 4,1-6

"Ich, der ich um des Herrn willen im Gefängnis bin, ermahne euch, ein Leben zu führen, das des Rufes würdig ist, der an euch erging. Seid demütig, friedfertig und geduldig, ertragt einander in Liebe, und BEMÜHT EUCH, DIE EINHEIT DES GEISTES ZU WAHREN durch den Frieden, der euch zusammenhält. Ein Leib und ein Geist, wie euch durch eure Berufung auch eine gemeinsame Hoffnung gegeben ist; ein Herr, ein Glaube, eine Taufe, ein Gott und Vater aller, der über allem und durch alle und in allem ist."

V: Wort des lebendigen Gottes! - A: Dank sei Gott, dem Herrn!

Betrachtungshilfe:

Der heilige Paulus, der um Seiner Berufung willen erneut im Gefängnis sitzt, ermahnt die Gemeinde der Epheser, ein christliches Leben zu führen, das dem Ruf des Herrn würdig ist. - Diese eindringlichen Worte gelten aber auch uns Christen heute und sollten uns noch mehr bewußt machen, - welch große Gnade wir durch die Berufung des Herrn empfangen haben, was es bedeutet, Christ sein zu dürfen, aber auch, - welche Konsequenzen dies für unsere Lebensführung haben muß.

Der heilige Paulus sagt uns heute ganz klar, was wir tun müssen, damit wir uns dieser Berufung als würdig erweisen! - Glaubwürdig wird sie schließlich erst dort, wo Friede und EINHEIT herrschen, weil es doch nur **einen** Gott und Vater aller, **eine** Taufe, **einen** Glauben, **einen** Herrn und **eine** Hoffnung gibt!

- Bin ich Gott dankbar für meine Berufung, Christ sein zu dürfen? - Versuche ich alles zu tun, um mich dieser Berufung und dieses Namens wirklich vor Gott und vor der Welt als würdig zu erweisen?
- Welchen Vorsatz fasse ich im Licht des heutigen Wortes Gottes?

Tagesgebet: *siehe entsprechender Tag Seite 461*

28. Januar

Wort Gottes: Phil 1,27-29

"Lebt als Gemeinde so, wie es dem Evangelium Christi entspricht. Ob ich komme und euch sehe oder ob ich fern bin, ich möchte hören, daß ihr in dem einen Geist feststeht, EINMÜTIG FÜR DEN GLAUBEN AN DAS EVANGE-LIUM kämpft und euch in keinem Fall von euren Gegnern einschüchtern laßt. Das wird für sie ein Zeichen dafür sein, daß sie verloren sind und ihr gerettet werdet, ein Zeichen, das von Gott kommt. Denn euch wurde die Gnade zuteil, für Christus dazusein, also nicht nur an ihn zu glauben, sondern auch seinetwegen zu leiden."

V: Wort des lebendigen Gottes! - A: Dank sei Gott, dem Herrn!

Betrachtungshilfe:

Heute ermuntert uns der heilige Paulus, einmütig für den Glauben an das Evangelium zu kämpfen und sich nicht einschüchtern zu lassen, auch nicht durch die Leiden. Die Bereitschaft des Christen, für den Herrn zu leiden, ist ein sichtbarer Beweis für die Echtheit seines Glaubens.

Wer an Christus glaubt und IHM als Jünger angehören will, der muß mit Kreuz und Leiden rechnen, so wie es Jesus selbst angekündigt hat: **"Wer mein Jünger sein will, der verleugne sich selbst, nehme sein Kreuz auf sich und folge mir nach"** (Mt 16, 24).

Wer als Christ so lebt, wie es dem Evangelium entspricht, wozu heute Paulus die Gemeinde der Philipper ausdrücklich auffordert, der muß mit Widerspruch, mit Gegnerschaft, mit Kreuz und Leiden rechnen, der soll sich aber auch nicht einschüchtern und entmutigen lassen, sondern an dem e i n e n Geist, dem Geist der Wahrheit, festhalten, der allein Kraft, Standhaftigkeit und Ausdauer im Kampf verleiht und zur EINHEIT im Glauben führt.

Die Einmütigkeit im Glauben an das Evangelium ist schließlich der einzige Weg zur Rettung und ein klares Zeichen für die Gegner, - ein Zeichen Gottes für diese, die gerettet werden wollen und für diese, die verloren gehen!

- Nehme ich die Leiden um des Glaubens willen an, als Zeichen und Beweis für die Echtheit meines Glaubens? Welchen von diesen beiden Wegen gehe ich in meinem Leben?
- Welchen Vorsatz fasse ich im Licht des heutigen Wortes Gottes?

Tagesgebet: *siehe entsprechender Tag Seite 461*

29. Januar

Wort Gottes: Eph 4,10-13

"Derselbe, der herabstieg, ist auch hinaufgestiegen bis zum höchsten Himmel, um das All zu beherrschen. Und er gab den einen das Apostelamt, andere setzte er als Propheten ein, andere als Evangelisten, andere als Hirten und Lehrer, um die Heiligen für die Erfüllung ihres Dienstes zu rüsten, für den Aufbau des Leibes Christi. SO SOLLEN WIR ALLE ZUR EINHEIT IM GLAUBEN UND IN DER ERKENNTNIS DES SOHNES GOTTES GELANGEN, damit wir zum vollkommenen Menschen werden und Christus in seiner vollendeten Gestalt darstellen."

V: Wort des lebendigen Gottes! - A: Dank sei Gott, dem Herrn!

Betrachtungshilfe:

Dieses Wort Gottes zeigt uns, daß wir in der Vielfalt der verschiedenen Gnadengaben durch den Aufbau der EINHEIT im Glauben und in der Erkenntnis des Sohnes Gottes zu vollkommenen Menschen werden können und dadurch sogar Christus in Seiner vollendeten Gestalt darstellen. Dies entspricht der Wahrheit, daß der Mensch zwar nie Gott gleich werden, aber dank Seiner Gnade in Jesus Christus IHM ähnlich werden kann. - Das heißt in der Konsequenz auch dies: Wenn wir mit Christus für die Sünde gestorben sind, dann werden wir auch mit IHM auferstehen und mit IHM dort sein, wo ER zur Rechten Seines Vaters im Himmel thront (vgl. Joh 17,24; 14,1-3).

Diese Wahrheit erklärt uns auch schön der heilige Apostel Johannes: "**Seht, wie groß die Liebe ist, die der Vater uns geschenkt hat: Wir heißen Kinder Gottes, und wir sind es. Die Welt erkennt uns nicht, weil sie ihn nicht erkannt hat. Liebe Brüder, jetzt sind wir Kinder Gottes. Aber was wir sein werden, ist noch nicht offenbar geworden. Wir wissen, daß wir ihm _ähnlich_ sein werden, wenn er offenbar wird; denn wir werden ihn sehen, wie er ist**" (1 Joh 3,1-2).

- Denke ich manchmal darüber nach, welch wunderbares Leben all diese Menschen nach der Auferstehung erwartet, die sich mit allen Kräften darum bemüht haben, die Sünde zu meiden und ein heiliges, Gott wohlgefälliges Leben zu führen? - Setze ich gerne und bereitwillig meine freie Zeit und meine Fähigkeiten zum Aufbau des Mystischen Leibes Christi, der Kirche, ein, z. B. durch meine opferbereite, zuverlässige Mitarbeit in der Pfarrei oder in einer gesunden religiösen Bewegung?
- Welchen Vorsatz fasse ich im Licht des heutigen Wortes Gottes?

Tagesgebet: *siehe entsprechender Tag Seite 461*

30. Januar

Wort Gottes: Eph 4,14-16

"Wir sollen nicht mehr unmündige Kinder sein, ein Spiel der Wellen, hin und her getrieben von jedem Widerstreit der Meinungen, dem Betrug der Menschen ausgeliefert, der Verschlagenheit, die in die Irre führt. Wir wollen uns von der Liebe geleitet, an die Wahrheit halten und in allem wachsen, bis wir ihn erreicht haben. Er, Christus, ist das Haupt. Durch ihn wird der ganze Leib zusammengefügt und gefestigt in jedem einzelnen Gelenk. Jedes trägt mit der Kraft, die ihm zugemessen ist. So wächst der Leib und wird in Liebe aufgebaut."

V: Wort des lebendigen Gottes! - A: Dank sei Gott, dem Herrn!

Betrachtungshilfe:

Auch heute zeigt uns der heilige Paulus ganz klar den Weg zur EINHEIT auf: Wir sollen uns von der Liebe leiten lassen und uns an die Wahrheit halten, - an Jesus Christus. Auf IHN gründet sich unser geistiges Wachstum und die Einheit im Glauben. ER ist das Haupt. Durch IHN wird der ganze Leib, die Kirche, zusammengehalten und gefestigt. - Als Glieder Seines Leibes ist es unsere Pflicht, mit Liebe und entsprechend den Fähigkeiten und Begabungen, die Gott uns geschenkt hat, zum Aufbau dieses Leibes, der Kirche, beizutragen.

Niemand kann also behaupten, daß er der Kirche Jesu Christi angehört und zu deren Einheit beiträgt, wenn er die Wahrheit des Evangeliums leugnet, oder sich von jedem Meinungsstreit, von allen möglichen Irrlehren wie eine Welle im Meer hin und her treiben und in Glaubenszweifel stürzen läßt.

* Wie setze ich mich in meiner Familie, an meinem Arbeitsplatz, in meinem Bekanntenkreis usw. für die Wahrheit des Evangeliums ein? - Gebe ich feige und schweigend dem Widerstreit der Meinungen nach oder verteidige ich die Wahrheit, wenn sie geleugnet, attackiert oder verdreht wird?

* Welchen Vorsatz fasse ich im Licht des heutigen Wortes Gottes?

Tagesgebet: *siehe entsprechender Tag Seite 461*

31. Januar

Wort Gottes: Phil 2,1-4

"Wenn es also Ermahnung in Christus gibt, Zuspruch aus Liebe, eine Gemeinschaft des Geistes, herzliche Zuneigung und Erbarmen, dann MACHT MEINE FREUDE DADURCH VOLLKOMMEN, DASS IHR EINES SINNES SEID, einander in Liebe verbunden, einmütig und einträchtig, daß ihr nichts aus Ehrgeiz und nichts aus Prahlerei tut. Sondern in Demut schätze einer den andern höher ein als sich selbst. Jeder achte nicht nur auf das eigene Wohl, sondern auch auf das der anderen."

V: Wort des lebendigen Gottes! - A: Dank sei Gott, dem Herrn!

Betrachtungshilfe:

Wie sehr es dem heiligen Paulus um die EINHEIT der christlichen Gemeinden ging, wird in seinem herzlichen und bewegenden Aufruf deutlich: **Macht meine Freude dadurch vollkommen, daß ihr eines Sinnes seid!** - Nehmen wir die Worte des heiligen Paulus ernst und lernen wir davon?! - Ehrgeiz, Prahlerei, falsche Selbsteinschätzung, Hochmut und Egoismus erschweren und verhindern die EINHEIT. Liebe, herzliche Zuneigung, Erbarmen und Demut dagegen verbinden und führen zur Gemeinschaft des Geistes.

Auch an die Kolosser richtet Paulus einen leidenschaftlichen Aufruf zur EINHEIT: **"Ertragt euch gegenseitig und vergebt einander, wenn einer dem andern etwas vorzuwerfen hat. Wie der Herr euch vergeben hat, so vergebt auch ihr! - Vor allem aber liebt einander, denn die Liebe ist das Band, das alles zusammenhält und vollkommen macht. In eurem Herzen herrsche der Friede Christi; dazu seid ihr berufen als Glieder des einen Leibes. Seid dankbar! - Das Wort Christi wohne mit seinem ganzen Reichtum bei euch"** (Kol 3,13-16a).

Diese Ermahnungen und Belehrungen, die uns den Weg zur Einheit der Christen weisen, wollen wir mit den Worten des ersten Papstes, des heiligen Petrus, abschließen: **"Seid alle eines Sinnes, voll Mitgefühl und brüderlicher Liebe, seid barmherzig und demütig! Vergeltet nicht Böses mit Bösem noch Kränkung mit Kränkung! Statt dessen segnet; denn ihr seid dazu berufen, Segen zu erlangen"** (1 Petr 3,8-9).

* Will ich gerne diesen Weg der Einheit gehen, zusammen mit dem Herrn, mit Seiner Mutter Maria und Seinen Aposteln, auch wenn dies manchmal nicht leicht fällt und bisweilen Verzicht und Opfer von mir verlangt?

* Welchen Vorsatz fasse ich im Licht des heutigen Wortes Gottes?

Tagesgebet:

Gebet um EINHEIT

O Gott, allmächtiger Schöpfer und barmherziger Vater, segne alle Familien, damit sie durch die treue Verwirklichung Deiner Pläne diese EINHEIT erreichen, die ihnen wahre Freude, beständigen Frieden, Deine beglückende Liebe und alles andere Gute schenkt, was sie suchen und nirgendwo sonst finden können als allein in Dir.

O Herr Jesus, Sohn Gottes von Ewigkeit her, Du hast durch Deine Menschwerdung den Menschen zur Einheit mit dem Himmlischen Vater geführt und die Familie, in der Du auf Erden lebtest, geheiligt. Du bist als Kind das vollkommenste Vorbild und der Patron aller Kinder.

O liebste Gottesmutter, Unbefleckte Jungfrau Maria, vollkommenstes Vorbild und Patronin aller Mütter; o heiliger Josef, vollkommenstes Vorbild aller treuen Diener der Ordnung Gottes und Patron aller Väter, - kommt allen Familien zu Hilfe, damit sie so heilig leben, wie ihr heilig gelebt habt!

O Heiliger Geist, der Du in vollkommenster Einheit, in unaussprechlicher Liebe zusammen mit dem Vater und dem Sohn lebst, schenke allen Familien, Christen, Völkern und Nationen die Einheit! Amen.

Februar 1992 / 1995 / 1998

DER FRIEDE
bei der Erfüllung des Willens
des Himmlischen Vaters

VORWORT:

Aus den folgenden Texten des Zweiten Vatikanischen Konzils erfahren wir unter anderem, wo wir die wahre Quelle des irdischen Friedens finden können:

"Der irdische F r i e d e , der seinen Ursprung in der Liebe zum Nächsten hat, ist aber auch Abbild und Wirkung des FRIEDENS, den Christus gebracht hat und der von Gott, dem Vater, ausgeht. Dieser menschgewordene Sohn, der F r i e d e n s f ü r s t , hat nämlich durch sein Kreuz alle Menschen mit Gott versöhnt und die Einheit aller in einem Volk (Gottes) und in einem Leib wiederhergestellt. Er hat den Haß an seinem eigenen Leib getötet, und durch seine Auferstehung erhöht, hat er den Geist der Liebe in die Herzen der Menschen ausgegossen." (Pastoralkonstitution über die Kirche in der Welt von heute "Gaudium et spes" 78)

"In der Tat war das Evangelium in der Geschichte, auch der profanen, den Menschen ein Ferment der Freiheit und des Fortschritts und bietet sich immerfort als Ferment der Brüderlichkeit, der Einheit und des FRIEDENS dar." (Dekret über die Missionstätigkeit der Kirche "Ad gentes" 8)

"Die Staatsgewalt muß durch gerechte Gesetze und durch andere geeignete Mittel den Schutz der religiösen Freiheit aller Bürger wirksam und tatkräftig übernehmen, damit der Gesellschaft selber die Werte der Gerechtigkeit und des FRIEDENS zugute kommen, die aus der Treue der Menschen gegenüber GOTT UND SEINEM HEILIGEN WILLEN hervorgehen." (Erklärung über die Religionsfreiheit "Dignitatis humanae" 6)

"Kraft ihrer göttlichen Sendung verkündet die Kirche allen Menschen das Evangelium und spendet ihnen Schätze der Gnade. Dadurch leistet sie überall einen wichtigen Beitrag zur Festigung des FRIEDENS und zur Schaffung einer soliden Grundlage der brüderlichen Gemeinschaft unter den Menschen und Völkern, nämlich die Kenntnis des göttlichen und natürlichen Sittengesetzes. Darum muß die Kirche in der Völkergemeinschaft präsent sein, um die Zusammenarbeit unter den Menschen zu fördern und anzuregen." (Pastoralkonstitution über die Kirche in der Welt von heute "Gaudium et spes" 89)

SUCHEN WIR ALSO DIE ERFÜLLUNG DES WILLENS GOTTES, UND DER FRIEDE GOTTES WIRD SICH AUF DIE MENSCHHEIT UND AUF DIE ERDE ERGIESSEN !

1. Februar

Wort Gottes: Lk 1,78-79

"Durch die barmherzige Liebe unseres Gottes wird uns besuchen das auf-
strahlende Licht aus der Höhe, um allen zu leuchten, die in Finsternis sitzen
und im Schatten des Todes, und unsere Schritte zu lenken auf den Weg des
FRIEDENS."

V: Wort des lebendigen Gottes! - A: Dank sei Gott, dem Herrn!

Betrachtungshilfe:

Der FRIEDE in den Familien, unter den Völkern und in der ganzen Welt hängt immer vom Frieden des einzelnen Menschen mit Gott ab! - **Gott selber ist der Friede!**
- Was uns aber von diesem Frieden Gottes trennt, ist die Sünde. Unser Widerstand
gegenüber dem Willen des Himmlischen Vaters zerstört unsere Einheit mit IHM. -
Die barmherzige Liebe Gottes sandte uns das rettende Licht, Seinen Sohn, der uns
aus der Finsternis der Sünde und des Todes auf den Weg des Friedens mit Gott
führte, und der heute in Seiner Kirche der ganzen Christenheit durch Sein Wort und
Sein Sakrament lebt und wirkt.

Bei der Geburt Jesu **"war plötzlich bei dem Engel ein großes himmlisches Heer,
das Gott lobte und sprach: VERHERRLICHT ist Gott in der Höhe, und auf
Erden ist FRIEDE bei den Menschen seiner Gnade"** (Lk 2,13-14). - Damit
offenbaren uns die Engel, daß der Friede unter den Menschen davon abhängt, *w i e*
die Menschen Gott verherrlichen und IHM die gebührende Ehre erweisen.

Heute sind wir Zeugen eines traurigen und bestürzenden Phänomens in der Welt:
**Immer weniger Menschen geben Gott die Ehre! - Dementsprechend schwindet
immer mehr der FRIEDE unter den Menschen! - Die Folge davon sind immer
mehr Streit, Haß und kriegerische Auseinandersetzungen in der ganzen Welt!**

- Bemühe ich mich, Gott in und durch mein Leben zu verherrlichen und auch andere dazu zu bewegen, damit ER uns mit Seinem Frieden beschenkt?

- Welchen Vorsatz fasse ich im Licht des heutigen Wortes Gottes?

Tagesgebet: *siehe entsprechender Tag Seite 457*

2. Februar

Wort Gottes: Lk 2,28-32

"Simeon nahm das Kind (Jesus) in seine Arme und pries Gott mit den Worten:
Nun läßt du, Herr, deinen Knecht, wie du gesagt hast, in FRIEDEN scheiden.
Denn meine Augen haben das Heil gesehen, das du vor allen Völkern bereitet
hast, ein Licht, das die Heiden erleuchtet, und Herrlichkeit für dein Volk
Israel."

V: Wort des lebendigen Gottes! - A: Dank sei Gott, dem Herrn!

81

Betrachtungshilfe:

Dieses Wort Gottes ist der beste Beweis für das, was wir gestern in der Betrachtungshilfe erkannt haben: - **Nur die Einheit mit Gott kann dem Menschen einen dauerhaften, inneren FRIEDEN schenken!** - Simeon verlangte nach Gott und als er Jesus schauen durfte, wurde er von einem tiefen, inneren Frieden erfüllt. - Den gleichen Frieden versprach Jesus später Seinen Jüngern, d.h. allen, die IHM nachfolgen: **"Frieden hinterlasse ich euch, meinen Frieden gebe ich euch; nicht einen Frieden, wie die Welt ihn gibt, gebe ich euch"** (Joh 14,27).

- Lebt in mir dieser wahre, dauernde und beglückende Frieden, der von Gott stammt und den niemand und nichts zerstören kann, weil Gott unzerstörbar ist?
- Welchen Vorsatz fasse ich im Licht des heutigen Wortes Gottes?

Tagesgebet:

Lasset uns beten: Allmächtiger, ewiger Gott und Vater, Dein eingeborener Sohn hat unsere menschliche Natur angenommen und wurde am heutigen Tag im Tempel dargestellt. Läutere unser Leben und Denken, damit wir mit reinem Herzen vor Dein Antlitz treten. Darum bitten wir Dich, durch unseren Herrn Jesus Christus, der in der Einheit des Heiligen Geistes mit Dir lebt und herrscht in alle Ewigkeit. Amen. (vgl. Laudes vom Fest Darstellung des Herrn)

3. Februar

Wort Gottes: Mt 5,9

"Selig, die FRIEDEN stiften; denn sie werden Söhne Gottes genannt werden."

V: Wort des lebendigen Gottes! - A: Dank sei Gott, dem Herrn!

Betrachtungshilfe:

Dieses Wort Gottes betont noch einmal das, was wir schon am 1. Februar betrachtet haben, nämlich, daß Gott der FRIEDE ist und daß nur die Einheit mit Gott uns den Frieden vermittelt. - Heute fügt Jesus hinzu, daß diese, die Frieden unter den Menschen stiften, so sehr mit Gott vereint sind, daß ER sie sogar als Söhne Gottes bezeichnet.

Das folgende Gleichnis Jesu ruft zu gegenseitiger Versöhnung auf und belehrt uns, was nach dem Letzten Gericht mit denen geschehen wird, die sich während ihres irdischen Lebens nicht mit Gott und ihren Mitmenschen versöhnen wollten: **"Schließ ohne Zögern FRIEDEN mit deinem Gegner, solange du mit ihm noch auf dem Weg zum Gericht bist. Sonst wird dich dein Gegner vor den Richter bringen, und der Richter wird dich dem Gerichtsdiener übergeben, und du wirst ins Gefängnis geworfen. Amen, das sage ich dir: Du kommst von dort nicht heraus, bis du den letzten Pfennig bezahlt hast"** (Mt 5,25-26). - Durch diese und viele andere Belehrungen zeigt uns Jesus immer wieder, wie sehr Gott die Menschen liebt und sich um deren irdischen und ewigen Frieden sorgt.

- Stifte ich durch mein Verhalten wirklich Frieden unter den Menschen, um der unzählbaren Schar der Kinder Gottes anzugehören?

- Welchen Vorsatz fasse ich im Licht des heutigen Wortes Gottes?

Tagesgebet: *siehe entsprechender Tag Seite 457*

4. Februar

Wort Gottes: Mt 10,12-15

"Wenn ihr in ein Haus kommt, dann wünscht ihm FRIEDEN. Wenn das Haus es wert ist, soll der Friede, den ihr ihm wünscht, bei ihm einkehren. Ist das Haus es aber nicht wert, dann soll der Friede zu euch zurückkehren. Wenn man euch aber in einem Haus oder in einer Stadt nicht aufnimmt und eure Worte nicht hören will, dann geht weg und schüttelt den Staub von euren Füßen. Amen, das sage ich euch: Dem Gebiet von Sodom und Gomorra wird es am Tag des Gerichts nicht so schlimm ergehen wie dieser Stadt."

V: Wort des lebendigen Gottes! - A: Dank sei Gott, dem Herrn!

Betrachtungshilfe:

In diesem Wort Gottes belehrt uns Jesus, wie wichtig es ist, den anderen Menschen den FRIEDEN zu wünschen. - Aus diesem Grund wird in der Liturgie der Kirche so oft der Friedensgruß gegeben bzw. zum gegenseitigen Friedensgruß aufgefordert: **Friede sei mit euch! - Gebt einander ein Zeichen des Friedens und der Versöhnung!** - Die heutige Aufforderung Jesu zum Friedensgruß läßt keinen Zweifel daran, daß der Friede Gottes n u r bei diesen Menschen wohnen wird, die IHN selbst - im WORT GOTTES und im SAKRAMENT - bereitwillig aufnehmen. - Und schließlich macht uns Jesus heute noch einmal deutlich, wie es diesen Menschen am Tag des Gerichts ergehen wird, die eben nicht bereit sind, das Wort Gottes aufzunehmen, das den wahren Frieden mit Gott und den Menschen vermittelt.

- Was tue ich zur Verbreitung des Friedens in der Welt, damit ich am Ende meines Lebens nicht zu denen gehöre, denen es schlimmer ergehen wird als den Bewohnern von Sodom und Gomorra?
- Welchen Vorsatz fasse ich im Licht des heutigen Wortes Gottes?

Tagesgebet: *siehe entsprechender Tag Seite 457*

5. Februar

Wort Gottes: Mt 10,34-36

"Denkt nicht, ich sei gekommen, um Frieden auf die Erde zu bringen. ICH BIN NICHT GEKOMMEN, UM FRIEDEN ZU BRINGEN, SONDERN DAS SCHWERT. Denn ich bin gekommen, um den Sohn mit seinem Vater zu entzweien und die Tochter mit ihrer Mutter und die Schwiegertochter mit ihrer Schwiegermutter; und die Hausgenossen eines Menschen werden seine Feinde sein."

V: Wort des lebendigen Gottes! - A: Dank sei Gott, dem Herrn!

Betrachtungshilfe:

Die Kirche bezeichnet Jesus Christus immer wieder als den Friedensfürsten. Und heute steht ER plötzlich vor uns und sagt, daß er auf die Erde gekommen ist, nicht um FRIEDEN zu bringen, sondern das Schwert! - Um diesen scheinbaren Widerspruch richtig zu verstehen, sollen wir daran denken, wie es zur Zeit Jesu in der Welt aussah: Sogar in der alttestamentarischen Religion der Juden galten noch solche Regeln wie, "Auge um Auge, Zahn um Zahn". Haß, Gewalt, List, Lüge, Neid und alle möglichen Formen des Egoismus beherrschten die Menschen. Und plötzlich kommt **einer, der zur Liebe, zum Verzeihen und Erbarmen, zur Versöhnung, zur Wahrheit und Gerechtigkeit aufruft, einer, der von allen die Bekehrung verlangt, die Wandlung ihres Denkens und Tuns.**
Welche Reaktionen sind dann von den Menschen zu erwarten? - Die einen werden sich bekehren, die anderen aber werden sich noch mehr im Bösen verhärten und so kommt es zu Spaltung und Unfrieden. - Und das eben geschah damals, als Jesus begann, die Liebe und den Frieden den Menschen zu lehren, die nach ihren Leidenschaften und Begierden lebten. Und dies geschieht bis heute, weil Gott den Menschen die volle Freiheit gelassen hat, zwischen Gut und Böse zu wählen.

So erfüllt sich auch heute, was Jesus damals angekündigt hat: Seine Anwesenheit in der Welt durch die Kirche, Sein Wort und Seine Wirkung auf die Menschen, die nicht bereit sind, mit dem Bösen, mit der Sünde zu brechen, führen leider immer wieder zu Unfrieden und Spaltung unter den Menschen, in den Familien und zwischen den Völkern, überall dort, wo der Mensch Sklave der Sünde ist und nicht zur Einheit und zum Frieden mit Gott zurückkehren will. - Deshalb müssen auch heute diese, die das Evangelium verkünden, damit rechnen, daß sie von verdorbenen Menschen als Unruhestifter bezeichnet werden. - Es hat aber keinen Sinn, mit der Hölle und dem Satan Frieden zu schließen, weil dieser Friede in Wirklichkeit nur ein Friedhofsfrieden wäre!

Daß Jesus wirklich der Fürst des Friedens ist, des dauernden Friedens, weil es der göttliche Frieden ist, bestätigt uns Seine folgende Aussage: **"Frieden hinterlasse ich euch, meinen Frieden gebe ich euch; nicht einen Frieden, wie die Welt ihn gibt, gebe ich euch. Euer Herz beunruhige sich nicht und verzage nicht"** (Joh 14,27). - Damit erklärt uns Jesus selbst, daß Sein Friede nicht dem Frieden gleicht, den die Welt geben kann. Und eben dies ist die Ursache für Unfrieden, Verwirrung, Streit und Krieg unter den Menschen. Schuld daran sind all diese, die nicht der Ordnung Gottes folgen wollen, der Ordnung der Wahrheit und Gerechtigkeit.

* Welchen Frieden suche ich in meinem Leben, den Frieden mit Gott, wobei ich von der Welt oft große Schwierigkeiten zu erwarten habe, oder den Frieden mit der Welt, durch die Freundschaft mit der Sünde, - ein Friede, der sehr zerbrechlich ist und oft nur ein Friedhofsfriede ist?
* Welchen Vorsatz fasse ich im Licht des heutigen Wortes Gottes?

Tagesgebet: *siehe entsprechender Tag Seite 457*

6. Februar

Wort Gottes: Lk 8,46-48

"Jesus erwiderte: Es hat mich jemand berührt; denn ich fühlte, wie eine Kraft von mir ausströmt. Als die Frau merkte, daß sie es nicht verheimlichen konnte, kam sie zitternd zu ihm, fiel vor ihm nieder und erzählte vor allen Leuten, warum sie ihn berührt hatte und wie sie durch die Berührung sofort gesund geworden war. Da sagte er zu ihr: Meine Tochter, DEIN GLAUBE HAT DIR GEHOLFEN. GEH IN FRIEDEN!"

V: Wort des lebendigen Gottes! - A: Dank sei Gott, dem Herrn!

Betrachtungshilfe:

Der letzte Satz dieses Wortes Gottes ist eine tröstliche und ermutigende Wahrheit für all jene, die in seelischer oder leiblicher Not sind: Jesus schenkt diesen, **die an IHN glauben,** die Gnade der inneren und äußeren Heilung und den Seelenfrieden! - Als die Frau, die aufgrund ihres starken Glaubens auf wunderbare Weise geheilt worden war, sah, daß Jesus dies bemerkt hatte, zitterte sie vor Angst wie ein Dieb, der plötzlich auf frischer Tat ertappt worden ist. Da sie aber doch nichts Böses getan hatte, beruhigte Jesus sie und sprach voll Liebe mit ihr. ER lobte ihren Glauben und sagte zu ihr: **"Geh in FRIEDEN!"** - Wieviel leichter wäre unser Leben, wenn auch wir einen solchen Glauben hätten!

- Bewahre ich auch in schwierigen und scheinbar ausweglosen Situationen Ruhe und Frieden, weil ich voll darauf vertraue und fest daran glaube, daß Gott mich niemals im Stich läßt?
- Welchen Vorsatz fasse ich im Licht des heutigen Wortes Gottes?

Tagesgebet: *siehe entsprechender Tag Seite 457*

7. Februar

Wort Gottes: Lk 19,41-44

"Als er (Jesus) näher kam und die Stadt (Jerusalem) sah, weinte er über sie und sagte: WENN DOCH AUCH DU AN DIESEM TAG ERKANNT HÄTTEST, WAS DIR FRIEDEN BRINGT. Jetzt aber bleibt es vor deinen Augen verborgen. Es wird eine Zeit für dich kommen, in der deine Feinde rings um dich einen Wall aufwerfen, dich einschließen und von allen Seiten bedrängen. Sie werden dich und deine Kinder zerschmettern und keinen Stein auf dem andern lassen; denn du hast die Zeit der Gnade nicht erkannt."

V: Wort des lebendigen Gottes! - A: Dank sei Gott, dem Herrn!

Betrachtungshilfe:

Dieser Vorwurf Jesu galt nicht nur damals der Stadt Jerusalem, sondern gilt auch für unsere heutige Zeit. - **Werden die Menschen wirklich erkennen, was heute der Welt den FRIEDEN bringt?** - Jerusalem hat damals die Zeit der Gnade nicht erkannt und mußte deshalb ein schlimmes Schicksal erleiden. - Jetzt steht z.B. auch ganz Europa, vor allem aber die Wohlstandsländer, vor einer schweren Prüfung. Werden sie diese Prüfung in der Treue zu Christus und zum Evangelium bestehen? - Im Rundbrief vom 13. Oktober 91 schrieb ich an alle Freunde und Förderer der Samaritanischen Bewegung Mariens-EINHEIT: **"Wie viele Menschen werden die Bedeutung der großen Gefahr, die mit einer neuen *Völkerwanderung* die Länder Westeuropas bedroht, zur richtigen Zeit richtig e r k e n n e n , einschätzen und entsprechend auch mithelfen, um viel Schlimmes zu verhindern?"** - Gerade da wird sich die Wahrheit und Richtigkeit des Wortes Gottes - Jesu Christi - erweisen: **Wer sein Leben retten will, wird es verlieren; wer aber sein Leben um meinetwillen und um des Evangeliums willen verliert, wird es retten** (Mk 8,35). - Das heißt, **wenn wir jetzt den bedürftigen Menschen aus dem früheren Ostblock wirklich von Herzen helfen, diesen, die heute oft nicht einmal das Notwendigste zum Leben haben, dann werden sie sicher in ihrer Heimat bleiben und nicht in die Fremde, in eine unbekannte und ungewisse Zukunft, auswandern wollen."**

Wenn sich heute genug Menschen finden, die dem Evangelium Jesu Christi glauben, danach handeln und den Bedürftigen wirklich spürbar helfen, **dann brauchen wir keine Angst und Sorge um den Frieden in der Welt und um die Zukunft haben!**

• Gehöre ich zu denen, die den Notleidenden gerne, und zwar im Namen Jesu und allein zur Ehre Gottes helfen und auf diese Weise zum Frieden in der Welt beitragen? - Wie viele Menschen werden heute diese ungewöhnliche Zeit der Gnade erkennen und entsprechend richtig handeln?

• Welchen Vorsatz fasse ich im Licht des heutigen Wortes Gottes?

Tagesgebet: *siehe entsprechender Tag Seite 458*

8. Februar

Wort Gottes: Joh 14,25-27

"Der Beistand, der Heilige Geist, den der Vater in meinem Namen senden wird, der wird euch alles lehren und euch an alles erinnern, was ich euch gesagt habe. Frieden hinterlasse ich euch, meinen Frieden gebe ich euch; nicht einen Frieden, wie die Welt ihn gibt, gebe ich euch. Euer Herz beunruhige sich nicht und verzage nicht."

V: Wort des lebendigen Gottes! - A: Dank sei Gott, dem Herrn!

Betrachtungshilfe:

Mit diesen Worten versprach Jesus der Kirche den Beistand des Heiligen Geistes, der seitdem die Kirche führt und leitet. ER ist der Meister der heiligen Tradition der Kirche, - ich betone der h e i l i g e n Tradition, weil es immer wieder Menschen gab und auch weiter gibt, die in dieser Tradition der Kirche auch viel Unheiliges unterbringen wollten, was oft sogar im Namen Gottes geschah und doch mit Gott und Seiner Liebe und Wahrheit nichts zu tun hatte. Dazu gehören z.B. die Grausamkeiten der sog. heiligen Inquisition und vieles andere, was mit dem Frieden Christi, über den wir heute im Wort Gottes gehört haben, nicht vereinbar ist. **Der**

FRIEDE Christi läßt den Menschen vor allem die große Liebe Gottes spüren. Und wo die Liebe Gottes nicht zu finden ist, dort gibt es auch keinen Frieden Christi. Zur heiligen Tradition der Kirche gehört all das, was mit der Liebe Gottes und mit der Wahrheit des Evangeliums übereinstimmt, und diese Tradition ist unfehlbar, weil sie vom unfehlbaren Gott, dem Heiligen Geist, gelenkt ist. - Wenn wir in diesem Zusammenhang auch von der Unfehlbarkeit des Papstes sprechen, so handelt es sich dabei nicht um die Unfehlbarkeit eines Menschen, sondern um die **Unfehlbarkeit des Heiligen Geistes**, der durch den Papst das Heilswerk Jesu Christi weiterführt, das heißt die Kirche lenkt und unfehlbar belehrt.

* Suche ich den Frieden Christi in der Erfüllung der unfehlbaren Lehre des Heiligen Geistes in der Kirche, d.h. der Lehre des Evangeliums?
* Welchen Vorsatz fasse ich im Licht des heutigen Wortes Gottes?

Tagesgebet: *siehe entsprechender Tag Seite 458*

9. Februar

Wort Gottes: Joh 16,32-33

"Die Stunde kommt, und sie ist schon da, in der ihr versprengt werdet, jeder in sein Haus, und mich werdet ihr allein lassen. Aber ich bin nicht allein, denn der Vater ist bei mir. Dies habe ich zu euch gesagt, damit ihr in mir FRIEDEN habt. In der Welt seid ihr in Bedrängnis; aber habt Mut: Ich habe die Welt besiegt."

V: Wort des lebendigen Gottes! - A: Dank sei Gott, dem Herrn!

Betrachtungshilfe:

Diese Worte schenken uns viel Trost. Vor allem in den schweren Stunden unseres Lebens sollen sie uns daran erinnern, daß wir nicht allein sind, weil Jesus selbst uns versprochen hat: **"Seid gewiß: Ich bin bei euch alle Tage, bis zum Ende der Welt"** (Mt 28,20b). - Diese Worte geben uns Kraft und Mut, damit wir in den Bedrängnissen der Welt den FRIEDEN Christi nicht verlieren. - Wenn der Vater bei Jesus ist und Jesus mit uns, dann ist auch der Vater bei uns, zusammen mit dem Heiligen Geist! - Das ist unser Trost und unsere Freude. Dies schenkt uns die hoffnungsvolle Zuversicht und Überzeugung, daß wir zusammen mit Jesus alle Schwierigkeiten des Lebens siegreich durchstehen können.

* Wie verhalte ich mich in Bedrängnissen und Schwierigkeiten? - Suche ich Kraft, Trost und Mut bei Gott, oder lasse mich leicht von Angst und Mutlosigkeit besiegen?
* Welchen Vorsatz fasse ich im Licht des heutigen Wortes Gottes?

Tagesgebet: *siehe entsprechender Tag Seite 458*

10. Februar

Wort Gottes: Lk 24,33-38

"Noch in derselben Stunde brachen sie auf und kehrten nach Jerusalem zurück, und sie fanden die Elf und die anderen Jünger versammelt. Diese sagten: Der Herr ist wirklich auferstanden und ist dem Simon erschienen. Da erzählten auch sie, was sie unterwegs erlebt und wie sie ihn erkannt hatten, als er das Brot brach. Während sie noch darüber redeten, trat er (Jesus) selbst in ihre Mitte und sagte zu ihnen: FRIEDE SEI MIT EUCH! - Sie erschraken und hatten große Angst, denn sie meinten, einen Geist zu sehen. Da sagte er zu ihnen: Was seid ihr so bestürzt? Warum laßt ihr in eurem Herzen solche Zweifel aufkommen?"

V: Wort des lebendigen Gottes! - A: Dank sei Gott, dem Herrn!

Betrachtungshilfe:

In diesem Bericht überstürzen sich geradezu die Ereignisse. - Zwei Jünger haben Jesus unterwegs nach Emmaus beim Brotbrechen erkannt, einige andere Jünger bestätigen ebenfalls die Auferstehung Jesu, der inzwischen auch dem Simon Petrus erschienen war. - Während die Jünger noch über diese wunderbaren Ereignisse sprechen, steht Jesus plötzlich mitten unter ihnen und beruhigt die aufgeregte Jüngerschar mit den Worten: **FRIEDE SEI MIT EUCH!**

Unterwegs nach Emmaus hatte ER zwei von Seinen Jüngern erklärt: "Begreift ihr denn nicht? **Wie schwer fällt es euch, alles zu glauben**, was die Propheten gesagt haben. Mußte nicht der Messias all das erleiden, um so in seine Herrlichkeit zu gelangen?" (Lk 24,25-26) - Noch am gleichen Abend muß Jesus sie erneut an ihren Glauben erinnern, denn die bestürzten und erschreckten Jünger zittern vor Angst, als ER so unerwartet vor ihnen steht. Fast vorwurfsvoll fragt ER sie: **Warum laßt ihr in eurem Herzen solche Zweifel aufkommen?** - ER möchte damit ihnen, und auch uns heute sagen: Solange ihr nicht allen Zweifel ablegt und w i r k l i c h an all das g l a u b t , was ich euch gesagt habe, werdet ihr keinen FRIEDEN in euren Herzen finden!

• Ist mir durch das Verhalten der Jünger klar geworden, daß Zweifel und Unglauben den Frieden im Herzen stören, gefährden, ja sogar zerstören können? Bekenne ich mich zu dieser Glaubenswahrheit, daß Jesus auferstanden ist, weil ansonsten jede Verkündigung des Wortes Gottes leer und unser Glaube sinnlos wäre (vgl. 1 Kor 15,15) - ?

• Welchen Vorsatz fasse ich im Licht des heutigen Wortes Gottes?

Tagesgebet: *siehe entsprechender Tag Seite 458*

11. Februar

Wort Gottes: Röm 5,1-2

"Gerecht gemacht aus Glauben, haben wir FRIEDEN mit Gott durch Jesus Christus, unseren Herrn. Durch ihn haben wir auch den Zugang zu der Gnade erhalten, in der wir stehen, und rühmen uns unserer Hoffnung auf die Herrlichkeit Gottes."

V: Wort des lebendigen Gottes! - A: Dank sei Gott, dem Herrn!

Betrachtungshilfe:

Heute feiert die Kirche das Fest der Gottesmutter von Lourdes. - Viele Menschen pilgern nach Lourdes, um mit Hilfe der Gottesmutter den FRIEDEN mit Gott, in Jesus Christus, zu finden. Sie kommen in der großen Hoffnung, die Gnade der Gesundheit des Leibes oder der Seele zu erhalten. - Durch ihren Glauben werden sie gerecht gemacht und dieser Glaube, wenn er frei von Zweifeln ist, bewirkt oft sogar große Wunder der Gnade. - Maria ist uns dabei das beste Vorbild des Glaubens, des Friedens, der Hoffnung, der Treue und aller anderen Tugenden. Deshalb wurde sie von Gott zur Königin der Erde und des Himmels, d.h. zur Königin des ganzen Weltalls gekrönt und nimmt jetzt im Himmel - für alle Ewigkeit - den ersten Platz nach der Dreifaltigkeit Gottes ein.

* Begreife ich, daß meine Schwächen, Versagen und Sünden mir niemals den Frieden mit Gott rauben können, solange ich sie demütig vor Gott bekenne und durch die Tugenden des Glaubens, der Hoffnung und der Liebe bekämpfe?
* Welchen Vorsatz fasse ich im Licht des heutigen Wortes Gottes?

Tagesgebet:

Lasset uns beten: Barmherziger Gott und Vater, in unserer Schwachheit suchen wir bei Dir Hilfe und Schutz. Höre auf die Fürsprache der jungfräulichen Gottesmutter Maria, die Du vor der Erbschuld bewahrt hast, und heile uns von aller Krankheit des Leibes und der Seele. Darum bitten wir Dich, durch unseren Herrn Jesus Christus, der in der Einheit des Heiligen Geistes mit Dir lebt und herrscht in alle Ewigkeit. Amen. (vgl. Laudes vom Gedenktag Unserer Lieben Frau in Lourdes)

12. Februar

Wort Gottes: Apg 9,31

"Die Kirche in ganz Judäa, Galiläa und Samarien hatte nun FRIEDEN, sie wurde gefestigt und lebte in der Furcht vor dem Herrn. Und sie wuchs durch die Hilfe des Heiligen Geistes."

V: Wort des lebendigen Gottes! - A: Dank sei Gott, dem Herrn!

Betrachtungshilfe:

Erst nachdem die Gnade Gottes den Saulus zum Paulus gewandelt hatte, den fanatischen Verfolger der ersten Christen zum leidenschaftlichen Verkünder des Evangeliums, begann als Folge dieser wunderbaren Bekehrung für die ersten christlichen Gemeinden eine gewisse Zeit der Ruhe, des FRIEDENS und des Wachstums.

Die Apostelgeschichte berichtet uns heute, daß zu dieser Zeit die Kirche in Einheit lebte und durch die Hilfe des Heiligen Geistes im Glauben gefestigt wurde und wuchs, weil der Friede Christi und die Furcht vor dem Herrn unter ihnen herrschte.

So werden auch heute die Familien, die ganze Christenheit, die Völker und Nationen erst dann zur Einheit und zum Frieden gelangen, wenn sie sich für das Wirken des Heiligen Geistes öffnen und zum wahren Glauben an die Prinzipien des Evangeliums Jesu Christi zurückkehren.

- Bete ich regelmäßig zum Heiligen Geist, damit die Familien, die ganze Christenheit und die ganze Welt zum Frieden und zur Einheit mit Gott findet?
- Welchen Vorsatz fasse ich im Licht des heutigen Wortes Gottes?

Tagesgebet: *siehe entsprechender Tag Seite 458*

13. Februar

Wort Gottes: Apg 10,34-36

"Da begann Petrus zu reden und sagte: Wahrhaftig, jetzt begreife ich, daß Gott nicht auf die Person sieht, sondern daß ihm in jedem Volk willkommen ist, wer ihn fürchtet und tut, was recht ist. Er hat das Wort den Israeliten gesandt, indem er den FRIEDEN verkündete durch Jesus Christus; dieser ist der Herr aller."

V: Wort des lebendigen Gottes! - A: Dank sei Gott, dem Herrn!

Betrachtungshilfe:

Dieses Wort Gottes erinnert uns an die mahnenden Worte Jesu: **"Nicht jeder, der zu mir sagt: Herr! Herr!, wird in das Himmelreich kommen, sondern nur, wer den Willen meines Vaters im Himmel erfüllt"** (Mt 7,21). - Gott hat Seinen FRIEDEN a l l e n Menschen verkündet, eben durch Jesus Christus, der nach dem Willen des Himmlischen Vaters der HERR aller ist. Gott schaut nicht auf die Person, nicht darauf, welchem Volk oder welcher Rasse jemand angehört. Gott schaut auf das Herz des Menschen, darauf, wer IHN fürchtet, wer IHN liebt, wer IHN als Schöpfer ehrt und Gerechtigkeit übt. - Wer das WORT GOTTES mit Glauben aufnimmt und treu befolgt, dem schenkt Gott Seinen wahren und unzerstörbaren FRIEDEN !

- Bejahe ich gerne die gesamte Wahrheit des WORTES GOTTES als Zeichen meiner Unterwerfung unter die Herrschaft Jesu Christi und des Heiligen Geistes, damit ich in meinem Leben so treu wie möglich den Willen des Himmlischen Vaters erfüllen kann und so den Frieden Gottes erlange? - Kenne ich den Aufruf der Gottesmutter von **Fatima** zum Gebet und zur Buße, das heißt zum Bruch mit der Sünde und zur Rückkehr zur Treue gegenüber Gott und Seiner Ordnung, wodurch ich Gottes Barmherzigkeit und Vergebung und den Frieden für mich und für die Welt erflehen kann?

• Welchen Vorsatz fasse ich im Licht des heutigen Wortes Gottes?

Tagesgebet: *siehe entsprechender Tag Seite 459*

14. Februar

Wort Gottes: Röm 2,6-11

"Er (Gott) wird jedem vergelten, wie es seine Taten verdienen: denen, die beharrlich Gutes tun und Herrlichkeit, Ehre und Unvergänglichkeit erstreben, gibt er ewiges Leben, denen aber, die selbstsüchtig nicht der Wahrheit, sondern der Ungerechtigkeit gehorchen, widerfährt Zorn und Grimm. Not und Bedrängnis wird jeden Menschen treffen, der das Böse tut, HERRLICHKEIT, EHRE UND FRIEDE WERDEN JEDEM ZUTEIL, DER DAS GUTE TUT, denn Gott richtet ohne Ansehen der Person."

V: Wort des lebendigen Gottes! - A: Dank sei Gott, dem Herrn!

Betrachtungshilfe:

Dieses Wort Gottes sagt uns ganz klar, wie wir den FRIEDEN Gottes erreichen können. - Je mehr wir uns von den Untugenden der Selbstsucht, des Egoismus und der Ungerechtigkeit befreien und die Kraft der Tugenden in unserem Leben suchen, um so mehr wird der Friede Gottes in unseren Herzen wohnen und uns zum ewigen Leben im Himmel führen.

Heute wollen wir das Beispiel des tugendhaften Lebens der Patrone Europas, des Heiligen Cyrill und Methodius, betrachten und sie zugleich eindringlich bitten: O ihr heiligen Patrone Europas, rettet das christliche Abendland und laßt nicht zu, daß das Evangelium aus dem Leben von Millionen Menschen verschwindet und viele dadurch verlorengehen!

• Sorge ich um die Entfaltung der Tugenden in meinem Leben, um immer näher zu Gott zu kommen und so in immer größerem Frieden mit IHM zu leben? - Was für eine Zukunft kann der Mensch, die Familie, ein Land oder Kontinent haben, wenn der Kontakt mit Gott nach und nach verlorengeht?

• Welchen Vorsatz fasse ich im Licht des heutigen Wortes Gottes?

Tagesgebet:

Lasset uns beten: Barmherziger Gott und Vater, Du Heil aller Menschen, Du hast durch die Brüder Cyrill und Methodius den slawischen Völkern das Licht Deiner Wahrheit geschenkt. Gib, daß wir Deine Lehre mit bereitem Herzen aufnehmen und zu einem Volk werden, das im wahren Glauben und im rechten Bekenntnis geeint ist. Darum bitten wir Dich, durch unseren Herrn Jesus Christus, der in der Einheit des Heiligen Geistes mit Dir lebt und herrscht in alle Ewigkeit. Amen. (vgl. Laudes vom Fest der heiligen Schutzpatrone Europas, Cyrill und Methodius)

15. Februar

Wort Gottes: Röm 8,5-8

"Alle, die vom Fleisch bestimmt sind, trachten nach dem, was dem Fleisch entspricht, alle, die vom Geist bestimmt sind, nach dem, was dem Geist entspricht. Das Trachten des Fleisches führt zum Tod, das Trachten des Geistes aber zu Leben und FRIEDEN. Denn das Trachten des Fleisches ist Feindschaft gegen Gott; es unterwirft sich nicht dem Gesetz Gottes und kann es auch nicht. Wer vom Fleisch bestimmt ist, kann Gott nicht gefallen."

V: Wort des lebendigen Gottes! - A: Dank sei Gott, dem Herrn!

Betrachtungshilfe:

Dieses Wort Gottes sagt ganz klar, daß der FRIEDE des Menschen nicht von leiblichen und irdischen Genüssen abhängt, sondern von den Tugenden, die uns mit Gott verbinden. - Deshalb mahnt uns der Heilige Geist durch den Mund des heiligen Apostels Paulus: **"Ihr seid zur Freiheit berufen, Brüder. Nur nehmt die Freiheit nicht zum Vorwand für das Fleisch, sondern dient einander in Liebe! Denn das ganze Gesetz ist in dem einen Wort zusammengefaßt: Du sollst deinen Nächsten lieben wie dich selbst! - Wenn ihr einander beißt und verschlingt, dann gebt acht, daß ihr euch nicht gegenseitig umbringt. Darum sage ich: Laßt euch vom Geist leiten, dann werdet ihr das Begehren des Fleisches nicht erfüllen"** (Gal 5,13-16).

Diesen Geist, der uns von allem Bösen befreien kann, finden wir im Evangelium Jesu Christi, in jedem Wort Gottes. Darum ist auch das tägliche, gemeinsame Gebet in der Familie mit der Betrachtung des Wortes Gottes so wichtig.

- Was tue ich dafür, damit möglichst viele Familien das tägliche, gemeinsame Gebet mit der Betrachtung des Wortes Gottes ernst nehmen und dadurch zum inneren und äußeren Frieden gelangen?
- Welchen Vorsatz fasse ich im Licht des heutigen Wortes Gottes?

Tagesgebet: *siehe entsprechender Tag Seite 459*

16. Februar

Wort Gottes: Röm 12,16-18

"Seid untereinander eines Sinnes; strebt nicht hoch hinaus, sondern bleibt demütig! Haltet euch nicht selbst für weise! Vergeltet niemand Böses mit Bösem! Seid allen Menschen gegenüber auf Gutes bedacht! Soweit es euch möglich ist, HALTET MIT ALLEN MENSCHEN FRIEDEN!"

V: Wort des lebendigen Gottes! - A: Dank sei Gott, dem Herrn!

Betrachtungshilfe:

Auch heute erfahren wir, wie die Tugenden mit der Einheit und mit dem FRIEDEN zusammenwirken. - Der Katechismus der Kirche belehrt uns darüber klar und eindeutig. Aber vielleicht haben wir diese Ermahnungen des Katechismus schon lange vergessen oder vielleicht auch nie kennengelernt. - Wie viele Menschen finden schließlich für alles Zeit, aber leider wenig oder gar keine Zeit für ihre unsterbliche Seele.

- Wieviel Zeit verwende ich täglich für die Pflege und Sorge meines Leibes, der schließlich einmal zu Staub zerfallen wird, und wieviel Zeit für meine unsterbliche Seele?
- Welchen Vorsatz fasse ich im Licht des heutigen Wortes Gottes?

Tagesgebet: *siehe entsprechender Tag Seite 459*

17. Februar

Wort Gottes:
Röm 14,13-18

"Wir wollen uns nicht mehr gegenseitig richten. Achtet vielmehr darauf, dem Bruder keinen Anstoß zu geben und ihn nicht zu Fall zu bringen. Auf Jesus, unseren Herrn, gründet sich meine feste Überzeugung, daß an sich nichts unrein ist; unrein ist es nur für den, der es als unrein betrachtet. Wenn wegen einer Speise, die du ißt, dein Bruder verwirrt und betrübt wird, dann handelst du nicht mehr nach dem Gebot der Liebe. Richte durch deine Speise nicht den zugrunde, für den Christus gestorben ist. Es darf doch euer wahres Gut nicht der Lästerung preisgegeben werden, denn DAS REICH GOTTES IST NICHT ESSEN UND TRINKEN, ES IST GERECHTIGKEIT, FRIEDE UND FREUDE IM HEILIGEN GEIST. Und wer Christus so dient, wird von Gott anerkannt und ist bei den Menschen geachtet."

V: Wort des lebendigen Gottes! - A: Dank sei Gott, dem Herrn!

Betrachtungshilfe:

Dieses Wort Gottes berichtet uns über Schwierigkeiten bei den ersten Christen wegen bestimmter Speisevorschriften, die zu Unfrieden und Lieblosigkeiten führten. Zugleich ermahnt es auch die Menschen von heute, die oft wegen unwesentlicher Dinge miteinander streiten und dadurch eben das Wesentliche aus den Augen verlieren, nämlich die Liebe zueinander, die Wahrheit, den FRIEDEN und die Freude im Heiligen Geist.

Die Mahnung, das wahre Gut nicht preiszugeben, gilt heute vor allem auch diesen Menschen, die im Überfluß leben und denken, daß das Reich Gottes mit den Reichtümern der Erde vergleichbar ist. Das Reich Gottes ist nicht dort zu finden, wo materieller Wohlstand ist und auf übertriebene Weise für den Leib gesorgt wird, sondern dort, wo Gerechtigkeit, Friede und Freude im Heiligen Geist herrschen. Deshalb belehrt uns der Herr Jesus klar darüber: **"Euer himmlischer Vater weiß, daß ihr das alles braucht. Euch aber muß es zuerst um sein Reich und um seine Gerechtigkeit gehen; dann wird euch alles andere dazugegeben"** (Mt 6,32b-33) - und **"Was nützt es einem Menschen, wenn er die ganze Welt gewinnt, dabei aber sein Leben einbüßt? Um welchen Preis kann ein Mensch sein Leben zurückkaufen?"** (Mt 16,26).

- Denke ich daran, daß die Tugend der Mäßigkeit in allen Lebensbereichen und gelegentlich auch ein gewisser Verzicht nicht nur meine Seele heiligt und für den Himmel vorbereitet, sondern auch der Gesundheit meines Leibes dient?
- Welchen Vorsatz fasse ich im Licht des heutigen Wortes Gottes?

Tagesgebet: *siehe entsprechender Tag Seite 459*

18. Februar

Wort Gottes: Röm 16,19-20

"Euer Gehorsam ist allen bekannt; daher freue ich mich über euch und wünsche nur, daß ihr verständig bleibt, offen für das Gute, unzugänglich für das Böse. Der GOTT DES FRIEDENS wird den Satan bald zertreten und unter eure Füße legen. Die Gnade Jesu, unseres Herrn, sei mit euch!"

V: Wort des lebendigen Gottes! - A: Dank sei Gott, dem Herrn!

Betrachtungshilfe:

Dort, wo die Tugend des Gehorsams wirkt, wo die Menschen für das Gute offen sind und unzugänglich für das Böse, dort eilt der GOTT DES FRIEDENS zu Hilfe. - Der heilige Paulus belehrt uns an anderer Stelle, wie wir uns gegenüber den Attacken des Satans verhalten sollen: "Und schließlich: werdet stark durch die Kraft und Macht des Herrn! - Zieht die Rüstung Gottes an, damit ihr den *listigen* Anschlägen des Teufels widerstehen könnt. Denn wir haben nicht gegen Menschen aus Fleisch und Blut zu kämpfen, sondern gegen die Fürsten und Gewalten, gegen die Beherrscher dieser finsteren Welt, gegen die bösen Geister des himmlischen Bereichs. Darum legt die Rüstung Gottes an, damit ihr am Tag des Unheils standhalten, alles vollbringen und den Kampf bestehen könnt. - Seid also standhaft: Gürtet euch mit Wahrheit, zieht als Panzer die Gerechtigkeit an und als Schuhe die Bereitschaft, **für das Evangelium vom FRIEDEN zu kämpfen.** Vor allem greift zum Schild des Glaubens! - Mit ihm könnt ihr alle feurigen Geschosse des Bösen auslöschen. Nehmt den Helm des Heils und das Schwert des Geistes, das ist das WORT GOTTES. Hört nicht auf, zu beten und zu flehen! - Betet jederzeit im Geist; seid wachsam, harrt aus und bittet für alle Heiligen, auch für mich: Daß Gott mir das rechte Wort schenkt, wenn es darauf ankommt, mit Freimut das Geheimnis des Evangeliums zu verkünden" (Eph 6,10-19).

- Glaube ich, daß der Satan existiert und mit furchtbarer, zerstörender Macht in der Welt wirkt? - Nütze ich im Kampf gegen den Satan all diese Tugenden, über die der heilige Paulus so klar schreibt?
- Welchen Vorsatz fasse ich im Licht des heutigen Wortes Gottes?

Tagesgebet: *siehe entsprechender Tag Seite 459*

19. Februar

Wort Gottes: 2 Kor 13,9b-11

"Das ist es, was wir erflehen: Eure vollständige Erneuerung. Deswegen schreibe ich das alles aus der Ferne, um nicht, wenn ich zu euch komme, Strenge gebrauchen zu müssen kraft der Vollmacht, die der Herr mir zum Aufbauen, nicht zum Niederreißen gegeben hat. Im übrigen, liebe Brüder, freut euch, kehrt zur Ordnung zurück, laßt euch ermahnen, SEID EINES SINNES, UND LEBT IN FRIEDEN! Dann wird der Gott der Liebe und des Friedens mit euch sein."

V: Wort des lebendigen Gottes! - A: Dank sei Gott, dem Herrn!

Betrachtungshilfe:

Auch diese Schriftstelle gibt uns eine klare Antwort auf die Frage, was wir tun müssen, damit der Gott der Liebe und des FRIEDENS bei uns wohnt. - ER ist mit Sicherheit im Leben dieser Menschen anzutreffen, die nach Seiner Göttlichen Ordnung leben! - Der Gott der Liebe und des Friedens ist aber auch mit all denen, die zwar in ihrer Schwäche sündigen, aber dann doch ihr Unrecht einsehen, ihre schlechten Gedanken, Worte und Taten bereuen, und sich mit Gott und dem Nächsten versöhnen.

- Wie reagiere ich auf Ermahnungen des Wortes Gottes oder auf Ermahnungen von Menschen, die mich in Liebe und in der Sorge um das Heil meiner Seele auf meine Fehler und Versagen aufmerksam machen?
- Welchen Vorsatz fasse ich im Licht des heutigen Wortes Gottes?

Tagesgebet: *siehe entsprechender Tag Seite 460*

20. Februar

Wort Gottes: Gal 5,19-24a

"Die Werke des Fleisches sind deutlich erkennbar: Unzucht, Unsittlichkeit, ausschweifendes Leben, Götzendienst, Zauberei, Feindschaften, Streit, Eifersucht, Jähzorn, Eigennutz, Spaltungen, Parteiungen, Neid und Mißgunst, Trink- und Eßgelage und ähnliches mehr. Ich wiederhole, was ich euch schon früher gesagt habe: Wer so etwas tut, wird das Reich Gottes nicht erben. Die Frucht des Geistes aber ist Liebe, Freude, FRIEDE, Langmut, Freundlichkeit, Güte, Treue, Sanftmut und Selbstbeherrschung;"

V: Wort des lebendigen Gottes! - A: Dank sei Gott, dem Herrn!

Betrachtungshilfe:

Wie wir aus diesem Wort Gottes erfahren, gehört der FRIEDE zu diesen Früchten, die der Geist Gottes bei all denen bewirkt, die sich von IHM leiten lassen. Der heilige Paulus stellt uns heute ein genaues Rezept für die Gesundheit unseres Geistes aus, und sagt uns, vor was wir uns hüten sollen, damit wir nicht verlorengehen.

- Überwiegen in meinem Leben die Früchte des Geistes, die mich auf die Erbschaft des Reiches Gottes vorbereiten, oder vielleicht die Werke des Fleisches, die mir leider den Weg in den Himmel versperren?
- Welchen Vorsatz fasse ich im Licht des heutigen Wortes Gottes?

Tagesgebet: *siehe entsprechender Tag Seite 460*

21. Februar

Wort Gottes: Phil 4,4-7

"Freut euch im Herrn zu jeder Zeit! Noch einmal sage ich: Freut euch! Eure Güte werde allen Menschen bekannt. Der Herr ist nahe. Sorgt euch um nichts, sondern bringt in jeder Lage betend und flehend eure Bitten mit Dank vor Gott! Und der FRIEDE Gottes, der alles Verstehen übersteigt, wird eure Herzen und eure Gedanken in der Gemeinschaft mit Christus Jesus bewahren."

V: Wort des lebendigen Gottes! - A: Dank sei Gott, dem Herrn!

Betrachtungshilfe:

Auch diese wunderbaren Belehrungen sollen uns helfen, den FRIEDEN im Alltag zu bewahren. Zweimal fordert der heilige Paulus uns heute auf, daß wir uns freuen sollen, sogar zu jeder Zeit. - Ein Christ, der mit Gott und den Menschen in Frieden lebt, hat in Wirklichkeit keinen Anlaß, traurig zu sein. Nur über die Sünde sollte er traurig sein, weil sie den Frieden mit Gott und den Menschen zerstört! - Wir sollen uns auch keine unnötigen Sorgen machen, sondern Gott alle unsere Probleme, Anliegen und Schwierigkeiten im vollen Vertrauen auf Seine Allmacht vortragen. - Dabei sollten wir aber auch das Danken nicht vergessen! - Man kann ruhig sagen, daß ein dankbares Gebet bei Gott viel mehr erreicht, als ständiges Bitten und Flehen. Das gleiche gilt ja auch für unseren Alltag. Kinder, die ihren Eltern gegenüber dankbar sind, erreichen bei ihnen viel mehr als diese, die ständig nur bitten: Mama gib, Papa gib!

- Weiß ich, daß auch die größten Widerwärtigkeiten des Lebens mir nicht den inneren Frieden und die innere Freude nehmen können, wenn ich treu an der Gemeinschaft mit Jesus Christus festhalte?
- Welchen Vorsatz fasse ich im Licht des heutigen Wortes Gottes?

Tagesgebet: *siehe entsprechender Tag Seite 460*

22. Februar

Wort Gottes: Eph 4,2-6

"Seid demütig, friedfertig und geduldig, ertragt einander in Liebe, und bemüht euch, die Einheit des Geistes zu wahren durch den FRIEDEN, der euch zusammenhält. Ein Leib und ein Geist, wie euch durch eure Berufung auch eine gemeinsame Hoffnung gegeben ist; ein Herr, ein Glaube, eine Taufe, ein Gott und Vater aller, der über allem und durch alle und in allem ist."

V: Wort des lebendigen Gottes! - A: Dank sei Gott, dem Herrn!

Betrachtungshilfe:

Auch heute weist uns der heilige Paulus auf diese Tugenden hin, die zur Einheit und zum FRIEDEN in der Gemeinschaft führen. Dazu gehört vor allem die Tugend der Demut, die heute leider bei vielen in Vergessenheit geraten ist oder als überholt, rückständig, altmodisch und unzeitgemäß gilt. Im gleichen Maß aber wie die Demut verlorengeht, wächst der Hochmut und die Selbstüberschätzung bei den Menschen! - Der heilige Paulus weist uns so oft auf den großen Wert der Demut hin, die so notwendig ist für unsere Berufung zur Heiligkeit. Wahre Demut sucht immer den Frieden und die Versöhnung!

Heute, am Fest der Kathedra Petri, wollen wir in unseren Gebeten an den Nachfolger des heiligen Petrus denken. Als Papst trägt er die schwere Last der Verantwortung für die ganze Kirche, die besonders heute unter schrecklichen Verwirrungen, Spaltungen und Streitigkeiten leidet. - Wenn wir Jesus wirklich lieben, werden wir Seinen Stellvertreter auf Erden sicher nicht im Stich lassen und nicht nur heute, sondern bei jeder Gelegenheit, sogar täglich, im Gebet an ihn denken.

- Bin ich bereit, um der Einheit und des Friedens willen, geduldig und schweigend Demütigungen, Mißachtung und Spott hinzunehmen? - Wie oft denke ich im Gebet an den Papst, als den Stellvertreter Christi und Nachfolger Petri, der auch auf meine Gebetshilfe wartet?
- Welchen Vorsatz fasse ich im Licht des heutigen Wortes Gottes?

Tagesgebet:

Lasset uns beten: Allmächtiger Gott und Vater, das gläubige Bekenntnis des Apostels Petrus ist der Felsen, auf den Du Deine Kirche gegründet hast. Laß nicht zu, daß Verwirrung und Stürme unseren Glauben erschüttern. Darum bitten wir Dich, durch unseren Herrn Jesus Christus, der in der Einheit des Heiligen Geistes mit Dir lebt und herrscht in alle Ewigkeit. Amen. (vgl. Laudes vom Fest Kathedra Petri)

23. Februar

Wort Gottes: Phil 4,8-9

"Brüder, was immer wahrhaft, edel, recht, was lauter, liebenswert, ansprechend ist, was Tugend heißt und lobenswert ist, darauf seid bedacht! Was ihr gelernt und angenommen, gehört und an mir gesehen habt, das tut! - Und der GOTT DES FRIEDENS wird mit euch sein."

V: Wort des lebendigen Gottes! - A: Dank sei Gott, dem Herrn!

Betrachtungshilfe:

Heute lesen wir erneut, worauf wir besonders bedacht sein sollen, wenn wir Ruhe, Sicherheit und FRIEDEN für unsere Familien und Völker wünschen. - Es sind schließlich die T u g e n d e n , die ein friedliches Zusammenleben der Familien, der Gemeinschaften, der Völker und Nationen ermöglichen und sichern. - FRIEDE ist nur dort möglich, wo Liebe, Wahrhaftigkeit, Gerechtigkeit und Brüderlichkeit herrschen. - Ungerechtigkeiten, große Unterschiede in wirtschaftlicher und sozialer Hinsicht, Neid, Mißtrauen und Stolz, das Streben nach Macht und Einfluß bedrohen und zerstören den Frieden und die Einheit.

Unsere friedliche Existenz und Zukunft hängt also davon ab, ob wir, unsere Familien, unser Völker und Nationen, **jeder einzelne von uns**, zum Gott des Friedens, der Liebe, der Wahrheit und der Gerechtigkeit zurückfinden oder bewußt und freiwillig den Weg des Unfriedens, des Hasses und der Selbstzerstörung gehen wollen.

Die Überlieferung der Kirche zählt zwölf Früchte des Geistes auf: Liebe, Freude, FRIEDE, Geduld, Freundlichkeit, Güte, Langmut, Sanftmut, Treue, Bescheidenheit, Enthaltsamkeit, Keuschheit (vgl. *Gal 5,22-23, s. neuer Katechismus Nr.1832*).

* Strebe ich nach diesen Früchten des Heiligen Geistes, und leiste dadurch einen konkreten Beitrag zum Frieden in der Welt?
* Welchen Vorsatz fasse ich im Licht des heutigen Wortes Gottes?

Tagesgebet: *siehe entsprechender Tag Seite 460*

24. Februar

Wort Gottes: Kol 3,13-16a

"Ertragt euch gegenseitig, und vergebt einander, wenn einer dem andern etwas vorzuwerfen hat. Wie der Herr euch vergeben hat, so vergebt auch ihr! Vor allem aber liebt einander, denn die Liebe ist das Band, das alles zusammenhält und vollkommen macht. IN EUREM HERZEN HERRSCHE DER FRIEDE CHRISTI; dazu seid ihr berufen als Glieder des einen Leibes. Seid dankbar! - Das Wort Christi wohne mit seinem ganzen Reichtum bei euch."

V: Wort des lebendigen Gottes! - A: Dank sei Gott, dem Herrn!

Betrachtungshilfe:

Hier erteilt uns der heilige Paulus erneut Ratschläge, die uns zum FRIEDEN Christi führen sollen. - Der Friede Christi in unseren Herzen, in unseren Familien, in den Gemeinschaften und Völkern hängt also in erster Linie davon ab, wie wir uns gegenseitig ertragen, wie wir einander vergeben, schließlich, wie wir einander lieben. - Weiter betont Paulus, daß im WORT CHRISTI, d.h. im Evangelium, der ganze Reichtum Gottes zu finden ist. Aus diesem Reichtum können wir unendlich viel schöpfen, wenn wir das Wort Gottes bereiten Herzens und im Gehorsam aufnehmen und uns im Alltag von ihm leiten lassen.

* Welchen Einfluß hat das Wort Gottes in meinem Leben?
* Welchen Vorsatz fasse ich im Licht des heutigen Wortes Gottes?

Tagesgebet:

Lasset uns beten: Gott und Vater, Du kennst die Herzen aller Menschen; Du hast es gefügt, daß der heilige Matthias zum Kollegium der Apostel hinzu gewählt wurde. Deine Liebe lenke auch unseren Weg und reihe uns ein in die Schar Deiner Auserwählten. Darum bitten wir durch Jesus Christus, unseren Herrn. Amen. (vgl. Laudes vom Fest des heiligen Apostels Matthias)

25. Februar

Wort Gottes: Hebr 12,12-15

"Macht die erschlafften Hände wieder stark und die wankenden Knie wieder fest und ebnet die Wege für eure Füße, damit die lahmen Glieder nicht ausgerenkt, sondern geheilt werden. STREBT VOLL EIFER NACH FRIEDEN MIT ALLEN und nach der Heilung, ohne die keiner den Herrn sehen wird. Seht zu, daß niemand die Gnade Gottes verscherzt, daß keine bittere Wurzel wächst und Schaden stiftet und durch sie alle vergiftet werden."

V: Wort des lebendigen Gottes! - A: Dank sei Gott, dem Herrn!

Betrachtungshilfe:

Diese aufmunternden Worte des heiligen Paulus gelten offensichtlich kranken Menschen, die auf ihre Heilung warten. - Sicher aber wollte Paulus damit weniger die körperlich Kranken als vielmehr die geistig und seelisch Kranken ansprechen, diese, die in ihrem Glaubens- und Tugendleben schwach, wankelmütig, halt - und kraftlos geworden sind, die der Sünde nachgegeben haben und darum der inneren Heilung bedürfen. - Er ist in Sorge um diese, die in der Sünde, d.h. im Unfrieden mit Gott leben, in der Sünde verharren und verhärten und dadurch nicht nur Gottes Gnade verscherzen, sondern auch großen geistigen Schaden unter ihren Mitmenschen anrichten können.

Nehmen wir also die Sorge des Paulus ernst und streben wir voll Eifer nach dem FRIEDEN mit Gott und mit den Menschen, damit unsere Seele geheilt und geheiligt wird. Dazu gehört auch, daß wir alle Gelegenheiten meiden, die unserem Geist schaden oder ihn gar vergiften könnten und dadurch auch unseren inneren Friede gefährden und zerstören würden.

- Setze ich wirklich alle meine Kräfte dafür ein, um durch ein heiliges Leben den Frieden mit Gott, mit meinem Ehemann, meiner Ehefrau, meinen Kindern, meinen Geschwistern, Verwandten, Mitarbeitern usw. zu bewahren?
- Welchen Vorsatz fasse ich im Licht des heutigen Wortes Gottes?

Tagesgebet: *siehe entsprechender Tag Seite 461*

26. Februar

Wort Gottes: 1 Thess 5,2-6

"Ihr selbst wißt genau, daß der Tag des Herrn kommt wie ein Dieb in der Nacht. WÄHREND DIE MENSCHEN SAGEN: FRIEDE UND SICHERHEIT, KOMMT PLÖTZLICH VERDERBEN ÜBER SIE wie die Wehen über eine schwangere Frau, und es gibt kein Entrinnen. Ihr aber, Brüder, lebt nicht im Finstern, so daß euch der Tag nicht wie ein Dieb überraschen kann. Ihr alle seid Söhne des Lichts und Söhne des Tages. Wir gehören nicht der Nacht und nicht der Finsternis. Darum wollen wir nicht schlafen wie die anderen, sondern wach und nüchtern sein."

V: Wort des lebendigen Gottes! - A: Dank sei Gott, dem Herrn!

Betrachtungshilfe:

Ist dieses Wort ein prophetisches Wort für unsere Zeiten? - Die Menschen wünschen sich zwar sehnsüchtig den FRIEDEN in der Welt, aber sie erwarten ihn meistens von den anderen, während sie sich selbst oft sehr unfreundlich und unfriedlich gegenüber anderen verhalten! - Für den Frieden werden Konferenzen, Meetings und Friedensmärsche veranstaltet, aber dies bringt der Welt meistens nur noch mehr Lärm und Unfrieden, weil das Fundament für den Frieden fehlt: **Der Glaube an Gott, die Liebe zu Gott und ein tugendhaftes Leben.** - Um den Frieden in der Welt zu retten, muß man zuerst den FRIEDEN und die Einheit der Menschen mit Gott wiederherstellen, sonst ist jede Mühe um den Frieden umsonst.

- Mache ich mir und den anderen bewußt, daß der Friede in der Welt, unter den Völkern und Nationen, in den Familien und in jeder anderen Gemeinschaft, zuerst im Herzen jedes einzelnen beginnen muß, - im Frieden mit Gottes Ordnung?
- Welchen Vorsatz fasse ich im Licht des heutigen Wortes Gottes?

Tagesgebet: *siehe entsprechender Tag Seite 461*

27. Februar

Wort Gottes: 1 Thess 5,23-24

"Der GOTT DES FRIEDENS heilige euch ganz und gar und bewahre euren Geist, eure Seele und euren Leib unversehrt, damit ihr ohne Tadel seid, wenn Jesus Christus, unser Herr, kommt. Gott, der euch beruft, ist treu; er wird es tun."

V: Wort des lebendigen Gottes! - A: Dank sei Gott, dem Herrn!

Betrachtungshilfe:

Auch in diesem Wort Gottes begegnet uns die brennende Sorge des heiligen Apostels Paulus um die Errettung und Heiligung der Menschen. Er weiß, daß nur Gott uns diese Gnade schenken kann, aber zu jedem Gnadenangebot Gottes muß unser eigener guter Wille und unsere persönliche Anstrengung hinzukommen. - Wenn wir mit Gott und untereinander im FRIEDEN leben wollen, müssen wir uns um die Reinheit unseres Geistes, unserer Seele und unseres Leibes bemühen. - Unsere Gedanken, Worte und Werke müssen ohne Tadel sein. Dies entspricht dem Willen Gottes, den wir in jedem Wort Gottes finden.

- Brennt auch in mir die Sorge um die Heiligung meines Lebens und das der anderen, damit wir ohne Tadel sind, wenn Jesus Christus, unser Herr, kommt? - Wie sieht dies in der Praxis meines Alltags aus?
- Welchen Vorsatz fasse ich im Licht des heutigen Wortes Gottes?

Tagesgebet: *siehe entsprechender Tag Seite 461*

28. Februar

Wort Gottes: 2 Petr 3,10-12a.13-14

"Der Tag des Herrn wird kommen wie ein Dieb. Dann wird der Himmel prasselnd vergehen, die Elemente werden verbrannt und aufgelöst, die Erde und alles, was auf ihr ist, werden (nicht mehr) gefunden. Wenn sich das alles in dieser Weise auflöst: wie heilig und fromm müßt ihr dann leben, den Tag Gottes erwarten und seine Ankunft beschleunigen! Dann erwarten wir, seiner Verheißung gemäß, einen neuen Himmel und eine neue Erde, in denen die Gerechtigkeit wohnt. Weil ihr das erwartet, liebe Brüder, bemüht euch darum, von ihm ohne Makel und Fehler und in FRIEDEN angetroffen zu werden."

V: Wort des lebendigen Gottes! - A: Dank sei Gott, dem Herrn!

Betrachtungshilfe:

Hier belehrt uns der heilige Petrus, wie wir uns auf den Tag des Herrn vorbereiten sollen, der unerwartet wie ein Dieb kommen wird. - Dabei wäre es gut, öfters über dieses Gebet nachzudenken, ja es sogar auswendig zu lernen und oft zu wiederholen, dieses Gebet, das wir jedesmal mit der ganzen Kirche beten, wenn wir das Heilige Meßopfer, die Eucharistie, feiern, und zwar gerade nach dem Vaterunser: "**Erlöse uns, Herr, allmächtiger Vater, von allem Bösen und GIB FRIEDEN IN UNSEREN TAGEN. Komm uns zu Hilfe mit deinem Erbarmen und BEWAHRE UNS VOR VERWIRRUNG UND SÜNDE, damit wir voll Zuversicht das Kommen unseres Erlösers, Jesus Christus, erwarten.**"

Wie wichtig in unserem Leben die Eucharistiefeier ist, erfahren wir schon allein aus den Gebeten, die jede Heilige Messe begleiten. Zum Beispiel beim Schlußgebet der Votivmesse zur Ehre Mariens am Samstag beten wir: "**Gütiger Gott, hilf uns, nach dem Beispiel ihres (Mariens) Glaubens und ihrer Liebe so zu leben, daß auch wir dem Werk der Erlösung dienen.**"

In diesen beiden Gebeten finden wir eine wunderbare Zusammenfassung all dessen, was wir einen Monat lang betrachtet haben, in dem Bemühen, mit Gott und den Menschen in FRIEDEN und Eintracht zu leben und daraus alle notwendigen Kräfte zu schöpfen, um schließlich zur vollkommenen Einheit mit Gott und zur Freude des Himmels zu gelangen.

- Nehme ich gerne an der Eucharistiefeier teil, auch öfters unter der Woche, oder nur an den von der Kirche vorgeschriebenen Sonn- und Feiertagen?
- Welchen Vorsatz fasse ich im Licht des heutigen Wortes Gottes?

Tagesgebet: *siehe entsprechender Tag Seite 461*

März 1992 / 1995 / 1998

KREUZ UND LEIDEN
bei der Erfüllung des Willens
des Himmlischen Vaters

VORWORT:

Was sagt dazu das Zweite Vatikanische Konzil? - Unter anderem dies:

"In den verschiedenen Verhältnissen und Aufgaben des Lebens wird die eine Heiligkeit von allen entfaltet, die sich vom Geiste Gottes leiten lassen und, der Stimme des Vaters gehorsam, Gott den Vater im Geist und in der Wahrheit anbeten und dem armen, demütigen, das KREUZ tragenden Christus folgen und so der Teilnahme an seiner Herrlichkeit würdig werden." (Dogmatische Konstitution über die Kirche "Lumen Gentium" 41)

"Durch sein LEIDEN für uns hat er (Christus) uns nicht nur das Beispiel gegeben, daß wir seinen Spuren folgen, sondern er hat uns auch den Weg gebahnt, dem wir folgen müssen, damit Leben und Tod geheiligt werden und neue Bedeutung erhalten. Durch Christus und in Christus wird das Rätsel von Schmerz und Tod hell, das außerhalb seines Evangeliums uns überwältigt." (Pastoralkonstitution über die Kirche in der Welt von heute "Gaudium et spes" 22)

"Derselbe Geist eint durch sich und durch seine Kraft wie durch die innere Verbindung der Glieder den Leib; er bringt die Liebe der Gläubigen untereinander hervor, und treibt sie an. Folglich l e i d e n , wenn ein Glied l e i d e t , alle Glieder mit, und wenn ein Glied Ehre empfängt, freuen sich alle Glieder mit (vgl. 1 Kor 12,26).

Christus wurde vom Vater gesandt, 'den Armen die Frohe Botschaft zu bringen, zu heilen, die bedrückten Herzens sind' (Lk 4,18), 'zu suchen und zu retten, was verloren war' (Lk 19,10). In ähnlicher Weise umgibt die Kirche alle mit ihrer Liebe, die von menschlicher Schwachheit angefochten sind, ja in den Armen und L e i d e n d e n erkennt sie das Bild dessen, der sie gegründet hat und selbst ein Armer und L e i d e n d e r war." (Dogmatische Konstitution über die Kirche "Lumen Gentium" 7/8)

"Im Wissen um ihre überaus ernste Pflicht, die Gottesherrschaft überall auszubreiten, grüßen die Konzilsväter, gemeinsam mit dem römischen Oberhirten, aus ganzem Herzen alle Boten des Evangeliums, b e s o n d e r s j e n e , die um des Namens Christi willen Verfolgung l e i d e n , und machen sich zu Gefährten ihres L e i d e n s . - Von derselben Liebe, von der Christus zu den Menschen entflammt war, erglühen auch sie. Eingedenk jedoch, daß Gott es ist, der den Anbruch seiner Herrschaft auf Erden bewirkt, beten sie inständig mit allen Christgläubigen, daß auf die Fürbitte der Jungfrau Maria, der Königin der Apostel, die Völker baldmöglichst zur Erkenntnis der Wahrheit geführt werden (vgl. 1 Tim 2,4) und die Herrlichkeit Gottes, die im Antlitz Christi erstrahlt, durch den Heiligen Geist allen aufleuchte (vgl. 2 Kor 4,6)."

(Dekret über die Missionstätigkeit der Kirche "Ad gentes" 42)

Die folgenden WORTE GOTTES halten sich nicht an den historischen Ablauf der Geschehnisse aus dem Leben Jesu Christi, sondern sind so ausgewählt, daß sie das Thema "Kreuz und Leiden" klarer hervorheben.

1. März

Wort Gottes: Mk 8,34-36

"Jesus rief die Volksmenge und seine Jünger zu sich und sagte: WER MEIN JÜNGER SEIN WILL, DER VERLEUGNE SICH SELBST, NEHME SEIN KREUZ AUF SICH UND FOLGE MIR NACH. Denn wer sein Leben retten will, wird es verlieren; wer aber sein Leben um meinetwillen und um des Evangeliums willen verliert, wird es retten. Was nützt es einem Menschen, wenn er die ganze Welt gewinnt, dabei aber sein (ewiges) Leben verliert?"

V: Wort des lebendigen Gottes! - A: Dank sei Gott, dem Herrn!

Betrachtungshilfe:

Jesus ruft alle Menschen auf den geheimnisvollen Weg der Rettung, den wir in den folgenden Betrachtungen, soweit dies uns dank der Gnade Gottes möglich sein wird, versuchen zu begreifen, vor allem aber gläubig aufzunehmen, zu beherzigen und bei der Erfüllung des Willens Gottes zu befolgen.

Das Kreuz und die Leiden sind ein Geheimnis der Liebe Gottes, das nicht zu verstehen ist ohne das beharrliche Gebet, ohne tiefe Vereinigung und inneres Leben mit Gott, ohne bewußte Vereinigung mit Gott in Jesus Christus, dem Gekreuzigten, der uns schließlich aber zur Auferstehung und in den Himmel führt. Wenn jedoch der Mensch weit entfernt von Gott lebt, verwandeln die Leiden das Leben in eine Hölle. Wo der Mensch dagegen tief vereinigt mit Gott lebt, die Leiden bejaht und mit Jesus und wie Jesus geduldig und in der Liebe zum Vater und zu den Menschen trägt, dort eröffnen sie dem Menschen den ganzen Reichtum des Himmels.

Deswegen lädt uns Jesus auch nicht zum Tanzen oder zu einem Bankett oder sonst zu einem angenehmen, bequemen und genußreichen Leben ein, sondern zur Selbstverleugnung, d.h. zur Verleugnung all dessen, was die Erbsünde in unserem Geist zerstört hat. Dies heißt für uns, das Kreuz in Seiner Nachfolge zu tragen, was ohne den Glauben und mit rationalistischer Einstellung kaum oder überhaupt nicht möglich ist. - Dies bekräftigt Jesus mit folgenden Worten: **"Wer sein Kreuz nicht auf sich nimmt und mir nachfolgt, ist meiner nicht würdig"** (Mt 10,38).

* Bin ich gerne bereit, dieser Einladung Jesu Christi zu folgen, und zwar bei der Erfüllung meiner Berufung entsprechend dem Willen des Himmlischen Vaters, als ledige, verheiratete oder als gottgeweihte Person?
* Welchen Vorsatz fasse ich im Licht des heutigen Wortes Gottes?

Tagesgebet: *siehe entsprechender Tag Seite 457*

2. März

Wort Gottes:

"Pilatus rief die Hohenpriester und die anderen, führenden Männer und das Volk zusammen und sagte zu ihnen: Ihr habt mir diesen Menschen hergebracht und behauptet, er wiegle das Volk auf. Ich selbst habe ihn in eurer Gegenwart verhört und habe keine der Anklagen, die ihr gegen diesen Menschen vorgebracht habt, bestätigt gefunden, auch Herodes nicht, denn er hat ihn zu uns zurückgeschickt. Ihr seht also: Er hat nichts getan, worauf die Todesstrafe steht. Daher will ich ihn nur auspeitschen lassen und dann werde ich ihn freilassen. Da schrien sie alle miteinander: Weg mit ihm; laß den Barabbas frei! - Dieser Mann war wegen eines Aufruhrs in der Stadt und wegen Mordes ins Gefängnis geworfen worden. Pilatus redete wieder auf sie ein, denn er wollte Jesus freilassen. Doch sie schrien: Kreuzige ihn, kreuzige ihn! - Zum drittenmal sagte er zu ihnen: Was für ein Verbrechen hat er denn begangen? Ich habe nichts feststellen können, wofür er den Tod verdient. Daher will ich ihn auspeitschen lassen und dann werde ich ihn freilassen. Sie aber schrien und forderten immer lauter, er solle Jesus kreuzigen lassen, und mit ihrem Geschrei setzten sie sich durch."

V: Wort des lebendigen Gottes! - A: Dank sei Gott, dem Herrn!

Betrachtungshilfe:

Dieses Wort Gottes führt uns den harten Kampf der Bosheit gegen die Wahrheit und Gerechtigkeit vor Augen: Ein Heide versucht gerecht zu sein und der Wahrheit zu huldigen, was schon zu staunen ist. Dagegen sehen wir eine unbegreifliche Blindheit, Bosheit und Gehässigkeit bei den Hohenpriestern und Schriftgelehrten, bei denen, die im Namen Gottes dazu berufen waren, Verteidiger der Wahrheit und Gerechtigkeit zu sein.

- Wie verhalte ich mich, wenn es darum geht, als gläubiger Christ Zeuge der Wahrheit und Gerechtigkeit, d.h. Zeuge der Liebe zu sein? - Handle ich in der Liebe zur Wahrheit und Gerechtigkeit oder bin ich mit Blindheit geschlagen, wie diese Hohenpriester?
- Welchen Vorsatz fasse ich im Licht des heutigen Wortes Gottes?

Tagesgebet: *siehe entsprechender Tag Seite 457*

3. März

Wort Gottes:

"Als sie Jesus hinausführten, ergriffen sie einen Mann aus Zyrene, namens Simon, der gerade vom Feld kam. IHM LUDEN SIE DAS KREUZ AUF, DAMIT ER ES HINTER JESUS HERTRAGE. Es folgte eine große Menschenmenge, darunter auch Frauen, die um ihn klagten und weinten. Jesus wandte sich zu ihnen um und sagte: Ihr Frauen von Jerusalem, weint nicht über mich; weint über euch und eure Kinder! Denn es kommen Tage, da wird man sagen: Wohl den Frauen, die unfruchtbar sind, die nicht geboren und nicht gestillt haben. Dann wird man zu den Bergen sagen: Fallt auf uns! Und zu den Hügeln: Deckt uns zu! Denn wenn das mit dem grünen Holz geschieht, was wird dann erst mit dem dürren werden?"

V: Wort des lebendigen Gottes! - A: Dank sei Gott, dem Herrn!

Betrachtungshilfe:

Dieses Wort Gottes stellt uns eine Situation dar, in der auch wir uns oft befinden, nämlich, daß die anderen uns ein Kreuz aufladen. - Bei Simon von Zyrene siegte das Mitleid. Als er den völlig entkräfteten Herrn sah, ließ er sich das Kreuz aufladen, um Jesus zu helfen. - Wie anders würde das Leben vieler Menschen aussehen, wenn sie dem Beispiel des Simon von Zyrene folgen würden!

Die Mahnung Jesu an die Frauen von Jerusalem gilt vielleicht für unsere heutige Zeit noch mehr als für die damalige: **Weint nicht über mich; weint über euch und eure Kinder!** - Seine prophetischen Worte haben sich bis heute nur zum Teil erfüllt. Werden sie vielleicht in unserer Zeit voll in Erfüllung gehen? - Das grüne Holz ist vergleichbar mit Menschen, die in der Gnade Gottes leben und gute Früchte hervorbringen, das dürre Holz dagegen mit diesen Menschen, die das Leben der Gnade Gottes durch die Sünde verloren haben und nicht diese Früchte bringen können, auf die der Himmlische Vater wartet.

- Bin ich bereit, wie Simon das Kreuz der anderen auf mich zu nehmen, um so das Gebot der Nächstenliebe zu erfüllen? - Verstehe ich gut die mahnenden Worte Jesu, die ER an die Frauen richtet, damit ich zur Einsicht und Besinnung komme, bevor es zu spät ist? - Bemühe ich mich ernsthaft darum, vor Gott wie ein grüner Baum zu sein, der gute Früchte bringt, oder gehöre ich vielleicht schon seit längerer Zeit zu diesem dürren Holz?
- Welchen Vorsatz fasse ich im Licht des heutigen Wortes Gottes?

Tagesgebet: *siehe entsprechender Tag Seite 457*

4. März

Wort Gottes: Joh 19,25-27

"Bei dem KREUZ Jesu standen seine Mutter und die Schwester seiner Mutter Maria, die Frau des Klopas, und Maria von Magdala. Als Jesus seine Mutter sah und bei ihr den Jünger, den er liebte, sagte er zu seiner Mutter: Frau, siehe, dein Sohn! Dann sagte er zu dem Jünger: Siehe, deine Mutter! - Und von jener Stunde an nahm sie der Jünger zu sich."

V: Wort des lebendigen Gottes! - A: Dank sei Gott, dem Herrn!

Betrachtungshilfe:

Dieses Wort Gottes offenbart uns die unermeßlich große Liebe Jesu zu uns Menschen, die nicht mit menschlichen Worten zu beschreiben ist. Es ist die ewige, unergründliche Liebe Gottes. - Selbst in den schlimmsten Leiden und Qualen hört

Jesus nicht auf, an die anderen zu denken. ER sorgt um Seine Mutter. ER will, daß Johannes ihr nach Seinem Tod diese Liebe erweist, die sie früher von IHM erfahren hatte. Jesus sorgt auch für Johannes, den ER besonders liebte, und der auch IHN sehr liebte, so sehr, daß er in dieser schweren Stunde des Leidens und Sterbens Jesu, als alle anderen Apostel und Jünger aus Angst davongelaufen waren, doch seine Angst überwunden hatte und zum Kreuz zurückgekehrt war.

Diese unerschrockene, tapfere Liebe hat Jesus reich belohnt, indem ER ihm Seine Mutter als eigene Mutter anvertraute.

• Lebt in mir schon eine solche Kraft der Liebe, daß ich in all meinen Bedrängnissen und Leiden auch noch an die Not der anderen denke und für sie sorge?

• Welchen Vorsatz fasse ich im Licht des heutigen Wortes Gottes?

Tagesgebet: *siehe entsprechender Tag Seite 457*

5. März

Wort Gottes: Lk 23,32-43

"Zusammen mit Jesus wurden auch zwei Verbrecher zur Hinrichtung geführt. Sie kamen zur Schädelhöhe; dort kreuzigten sie ihn und die Verbrecher, den einen rechts von ihm, den anderen links. Jesus aber betete: Vater, vergib ihnen, denn sie wissen nicht, was sie tun. Dann warfen sie das Los und verteilten seine Kleider unter sich. Die Leute standen dabei und schauten zu; auch die führenden Männer des Volkes verlachten ihn und sagten: Anderen hat er geholfen, nun soll er sich selbst helfen, wenn er der erwählte Messias Gottes ist. Auch die Soldaten verspotteten ihn, sie traten vor ihn hin, reichten ihm Essig und sagten: Wenn du der König der Juden bist, dann hilf dir selbst! Einer der Verbrecher, die neben ihm hingen, verhöhnte ihn: Bist du denn nicht der Messias? Dann hilf dir selbst und auch uns! - Der andere aber wies ihn zurecht und sagte: Nicht einmal du fürchtest Gott? Dich hat doch das gleiche Urteil getroffen. Uns geschieht recht, wir erhalten den Lohn für unsere Taten; dieser aber hat nichts Unrechtes getan. Dann sagte er: Jesus, denk an mich, wenn du in dein Reich kommst. Jesus antwortete ihm: Amen, ich sage dir: Heute wirst du mit mir im Paradies sein."

V: Wort des lebendigen Gottes! - A: Dank sei Gott, dem Herrn!

Betrachtungshilfe:

Die Kreuzigung unseres Herrn Jesus Christus führt uns die ganze Bosheit der Hölle und die Blindheit und Schwäche der Menschen vor Augen. Die Menschen, die Jesus geißelten und kreuzigten, waren eher nur Werkzeuge in den grausamen Krallen der Hölle, denen wir Jesus durch unsere Sünden auslieferten. Schließlich kann man sagen, daß Jesus durch die Hölle von den Sünden der ganzen Menschheit, also auch von unseren Sünden gequält und gekreuzigt wurde! Wer also sagt, daß er Jesus liebt, muß um jeden Preis jede bewußte und freiwillige Sünde vermeiden! - Wie sehr Jesus alle Menschen liebt und nach der Rettung aller verlangt, bezeugt Sein Gebet am

Kreuz für diese, die in ihrer Blindheit als Werkzeuge der höllischen Bosheit wirkten: **"Vater, vergib ihnen, denn sie wissen nicht, was sie tun!"** Diese Worte Jesu bestätigen die Echtheit Seiner Verkündigung und Seiner Liebe zu a l l e n Menschen, besonders zu allen Sündern, da ER ja nicht für die Gerechten, sondern eben für die Sünder gelitten hat, damit sie sich bekehren und gerettet werden. Jesus selbst betonte dies, als ER sagte: **"Nicht die Gesunden brauchen den Arzt, sondern die Kranken. Darum lernt, was es heißt: Barmherzigkeit will ich, nicht Opfer. Denn ich bin gekommen, um die Sünder zu rufen, nicht die Gerechten"** (Mt 9,12-13).

Das Verhalten der Soldaten, die durch das Los die Kleider Jesu verteilten, erinnert uns an ähnlich schlimme Situationen, wenn Angehörige schon am Sterbebett eines Todkranken um dessen Erbe streiten. - Dies ist nur eines von vielen Beispielen, wie Menschen unbarmherzig sein können, wenn sie durch irgendeine Leidenschaft mit Blindheit geschlagen sind.

Die spöttische Aufforderung, Jesus solle, wenn ER anderen geholfen habe, sich doch selbst helfen, beweist weiter die Blindheit der Menschen, die nicht verstehen, daß Jesus eben durch Sein geduldiges, liebevolles Ertragen der Leiden den größten Sieg über die Sünde und die Macht Satans errungen hat! - Es ging IHM nicht um die Befreiung von den Leiden des Leibes, sondern um die Befreiung der Seele und des ganzen Menschen von der zerstörenden Macht der Sünde und des Satans.

Aber mit dieser Blindheit waren nicht nur einfache Leute geschlagen, wie diese Zuschauer bei der Kreuzigung, sondern auch die gut geschulten Soldaten und die führenden, gebildeten Männer des Volkes, wie z.B. die Hohenpriester und Schriftgelehrten. - Hier wird die ganze Macht und Bosheit Satans deutlich, aber auch die göttliche Liebe Jesu, die den Satan und seine Bosheit und Falschheit besiegte! - So werden auch all diese siegen, die sich auf dem Kreuzweg ihres Lebens mit dem leidenden Jesus vereinigen und IHM immer ähnlicher werden, indem sie alles so wie ER, geduldig und mit verzeihender Liebe, ertragen.

Von den zwei Verbrechern schließt sich einer den Spöttern an. **Der andere aber öffnet sich der Gnade Gottes. Er erkennt Jesus als Messias an, bereut und bekennt vor der ganzen Welt seine Sünden und bittet um Vergebung.** So werden wir Zeugen der ersten, öffentlichen, sehr ehrlichen Beichte eines Sünders. - **Aber was brachte ihm diese Beichte?** - Das Versprechen Jesu: **Heute wirst du mit mir im Paradies sein!** - Hier haben wir den besten Beweis für die UNSTERB-LICHKEIT der SEELE des Menschen: Denn, wenn der Leichnam Jesu und des bekehrten Verbrechers nach dem Sterben am Kreuz hing und nachher ins Grab gelegt wurde, wer ging dann ins Paradies? - Doch die unsterbliche Seele, die sich nach dem Sterben vom Leib getrennt hatte!

- Gelingt es mir, in schweren Stunden, wenn ich von anderen zu Unrecht verurteilt und "gekreuzigt" werde, wie Jesus zu vergeben, damit mein Gebet **"Vaterunser ... vergib uns unsere Sünden, wie auch wir vergeben unseren Schuldigern"** glaubwürdig, wirksam und fruchtbar wird, das heißt mir von Gott die Vergebung meiner Sünden erfleht?

- Welchen Vorsatz fasse ich im Licht des heutigen Wortes Gottes?

Tagesgebet: *siehe entsprechender Tag Seite 457*

6. März

Wort Gottes: Mk 16,1/5-7

"Maria aus Magdala, Maria, die Mutter des Jakobus und Salome, gingen in das Grab hinein und sahen auf der rechten Seite einen jungen Mann sitzen, der mit einem weißen Gewand bekleidet war; da erschraken sie sehr. Er aber sagte zu ihnen: Erschreckt nicht, ihr sucht Jesus von Nazaret, den gekreuzigten. ER IST AUFERSTANDEN, er ist nicht hier. Seht, da ist die Stelle, wo man ihn hingelegt hatte. Nun aber geht und sagt seinen Jüngern, vor allem Petrus: Er geht euch voraus nach Galiläa; dort werdet ihr ihn sehen, wie er es euch gesagt hatte."

V: Wort des lebendigen Gottes! - A: Dank sei Gott, dem Herrn!

Betrachtungshilfe:

Dieses Wort Gottes zeigt uns die tröstliche Wahrheit des Erlösungswerkes Jesu Christi, die uns mit großer Hoffnung und Freude erfüllen soll, JESUS IST AUFERSTANDEN ! Das heißt jeder Mensch ist von Gott zur Auferstehung und zum ewigen Leben bestimmt und der Tod des Leibes bedeutet nicht das Ende für den Menschen, sondern nur Durchgang zu einem neuen, glücklichen Leben. - Diesen Glauben und diese Hoffnung sollen auch wir, gemäß dem Auftrag des Engels weitergeben. Auch wir sind aufgerufen - wie damals die Frauen am Grab - zu den anderen zu gehen und ihnen die Wahrheit über die Leiden, den Kreuzestod und die Auferstehung Jesu Christi zu verkünden!

- Welche Gedanken bewegen mein Denken, wenn ich vielleicht gerade das Sterben eines Menschen begleite oder darüber nachdenke? - Bin ich schon so weit, daß ich diesen Auftrag des Engels gerne erfülle?
- Welchen Vorsatz fasse ich im Licht des heutigen Wortes Gottes?

Tagesgebet: *siehe entsprechender Tag Seite 457*

7. März

Wort Gottes: Mt 4,23

"Jesus zog in ganz Galiläa umher, lehrte in den Synagogen, verkündete das Evangelium vom Reich und heilte im Volk alle Krankheiten und Leiden."

V: Wort des lebendigen Gottes! - A: Dank sei Gott, dem Herrn!

Dieses Wort Gottes bezeugt uns wiederum die unermeßlich große, göttliche Liebe des Herrn, die uns nicht nur mit Bewunderung und Staunen erfüllen, sondern vor allem zur Nachfolge aufrufen soll. Diese Liebe verwirklichte schließlich am Kreuz auf vollkommenste Weise, was Jesus zeit Seines Lebens gelehrt hatte: **"Liebt einander, so wie ich euch geliebt habe!"** (Joh 15,12).

Aus Liebe zu den Menschen verkündete ER die Frohe Botschaft von der Rettung und vom Heil der Menschen und die Befreiung von der Macht der Sünde. ER heilte alle Krankheiten und brachte Linderung und Befreiung für die Leiden der Seele und des Leibes. Dies tat ER aus Liebe zu den Menschen, aber auch, um Seine göttliche Macht zu offenbaren und bei den Menschen den Glauben an Seine Botschaft und Mission zu stärken. - Ein wunderbares Beispiel dafür ist die Heilung eines Gelähmten: Zuerst vergibt Jesus ihm seine Sünden und dann heilt ER ihn, damit die Menschen glauben, daß ER göttliche Macht hat, Sünden zu erlassen (vgl. Mk 2,1-12).

• Bin ich gerne bereit, Kranken und Leidenden in ihrer Not mit meiner Hilfe beizustehen?

• Welchen Vorsatz fasse ich im Licht des heutigen Wortes Gottes?

Tagesgebet: *siehe entsprechender Tag Seite 458*

8. März

Wort Gottes: Mt 8,16-17

"Am Abend brachte man viele Besessene zu ihm. Er trieb mit seinem Wort die Geister aus und heilte alle Kranken. Dadurch sollte sich erfüllen, was durch den Propheten Jesaja gesagt worden ist: ER HAT UNSERE LEIDEN AUF SICH GENOMMEN UND UNSERE KRANKHEITEN GETRAGEN."

V: Wort des lebendigen Gottes! - A: Dank sei Gott, dem Herrn!

Betrachtungshilfe:

Hier erfahren wir über die Macht des Wortes Jesu Christi, das die Macht des Wortes Gottes besitzt. - So hat auch heute jedes Wort Gottes nach wie vor diese göttliche Macht und Gewalt, aus der wir ebensoviel Kraft, Linderung, Trost und Hilfe in Kreuz und Leiden erfahren können wie die Menschen zur Zeit Jesu. Bedingung dafür ist, daß wir einen lebendigen Glauben haben und ohne Zweifel das beherzigen, was Jesus uns sagte: **"Amen, das sage ich euch: Wenn jemand zu diesem Berg sagt: Hebe dich empor, und stürz dich ins Meer!, und wenn er in seinem Herzen n i c h t z w e i f e l t, sondern glaubt, daß geschieht, was er sagt, dann wird es geschehen. Darum sage ich euch: A l l e s, worum ihr betet und bittet - g l a u b t nur, daß ihr es schon erhalten habt, dann wird es euch zuteil"** (Mk 11,23-24).

• Besitze ich schon einen solchen Glauben, daß ich in den schweren Stunden meines Lebens aus dem Wort Gottes so viel Kraft schöpfe, daß ich alles Leid, alle Schmerzen und alle Angriffe des Bösen geduldig trage und tapfer überwinde? -

Bin ich mir dessen bewußt, welch schädliche und zerstörerische Macht der Glaubenszweifel in sich trägt?
- Welchen Vorsatz fasse ich im Licht des heutigen Wortes Gottes?

Tagesgebet: *siehe entsprechender Tag Seite 458*

9. März

Wort Gottes: Mk 1,32-34

"Am Abend, als die Sonne untergegangen war, brachte man alle Kranken und Besessenen zu Jesus. Die ganze Stadt war vor der Haustür versammelt, und er heilte viele, die an allen möglichen Krankheiten litten, und trieb viele Dämonen aus. Und er verbot den Dämonen zu reden; denn sie wußten, wer er war."
V: Wort des lebendigen Gottes! - A: Dank sei Gott, dem Herrn!

Betrachtungshilfe:

Dieses Wort Gottes erbringt uns einen weiteren Beweis dafür, mit welch großer Liebe und Hilfsbereitschaft Jesus allen Menschen entgegenkam, die Linderung in ihren Leiden suchten. Oft befreite ER sie nicht nur von leiblichen, sondern auch von seelischen Leiden, die besonders schlimm sind, wenn Menschen von Dämonen besessen sind. Dabei erfahren wir auch, wie demütig Jesus war, denn ER verbot den Dämonen über die Heilungen zu sprechen und darüber, wer ER in Wirklichkeit sei, "denn sie wußten, wer ER war".

- Übe ich diese Demut Jesu, die oft auch mit Kreuz, Leiden, Verkennung und Verachtung verbunden ist? - Wie verhalte *i c h* mich, wenn ich Gutes tue? - Übe ich dabei diese Demut, über die Jesus sprach: **"Wenn du Almosen gibst, soll deine linke Hand nicht wissen, was deine rechte tut. Dein Almosen soll verborgen bleiben, und dein Vater, der auch das Verborgene sieht, wird es dir vergelten"** (Mt 6,3-4) - ?
- Welchen Vorsatz fasse ich im Licht des heutigen Wortes Gottes?

Tagesgebet: *siehe entsprechender Tag Seite 458*

10. März

Wort Gottes: Mk 3,10-12

"Er heilte viele, so daß alle, die ein Leiden hatten, sich an ihn herandrängten, um ihn zu berühren. Wenn die von unreinen Geistern Besessenen ihn sahen, fielen sie vor ihm nieder und schrien: Du bist der Sohn Gottes! - Er aber verbot ihnen streng, bekannt zu machen, wer er sei."
V: Wort des lebendigen Gottes! - A: Dank sei Gott, dem Herrn!

Betrachtungshilfe:

Wie demütig verhielten sich die Kranken und Besessenen, als sie Jesus um Linderung, Heilung und Befreiung baten! - Sie fielen vor IHM nieder und empfingen dafür

Gnaden! - Heute gibt es immer mehr Menschen, die sich in ihrem Hochmut und Stolz nicht mehr vor Gott beugen und hinknien wollen. Diese sind wahrscheinlich ebenso wie die Hohenpriester von Blindheit geschlagen und wissen nicht, was sie tun und was sie durch ihre falsche hochmütige Haltung bei Gott verlieren! Damals knieten sich sogar die Besessenen vor Jesus nieder! - Was ist denn heute mit diesen Menschen los, die diese Form der Huldigung vor Gott total abschaffen möchten? - Der erste Papst, der heilige Petrus, ermahnt uns alle: "**Begegnet einander in Demut! Denn Gott tritt den Stolzen entgegen, den Demütigen aber schenkt er seine Gnade. Beugt euch also in Demut unter die mächtige Hand Gottes, damit er euch erhöht, wenn die Zeit gekommen ist**" (1 Petr 5,5b-6). - Wenn der heilige Petrus von uns verlangt, daß wir einander in Demut begegnen, um wieviel mehr müssen wir dann vor Gott Demut haben!

• Beuge ich gerne im Gebet die Knie vor Gott, besonders aber dort, wo ER in der Heiligen Eucharistie real anwesend ist, im Tabernakel oder während der Heiligen Eucharistiefeier, beim Empfang der Heiligen Eucharistie und überall dort, wo die gesunde Logik dies als notwendig erachtet, um Gott mit Würde und Liebe die IHM gebührende Ehre zu geben?

• Welchen Vorsatz fasse ich im Licht des heutigen Wortes Gottes?

Tagesgebet: *siehe entsprechender Tag Seite 458*

11. März

Wort Gottes:
Mk 5,24b-29

"**Viele Menschen folgten ihm und drängten sich um ihn. Darunter war eine Frau, die schon zwölf Jahre an Blutungen litt. Sie war von vielen Ärzten behandelt worden und hatte dabei sehr zu leiden; ihr ganzes Vermögen hatte sie ausgegeben, aber es hatte ihr nichts genutzt, sondern ihr Zustand war immer schlimmer geworden. Sie hatte von Jesus gehört. Nun drängte sie sich in der Menge von hinten an ihn heran und berührte sein Gewand. Denn sie sagte sich: Wenn ich auch nur sein Gewand berühre, werde ich geheilt. Sofort hörte die Blutung auf, und sie spürte deutlich, daß sie von ihrem Leiden geheilt war.**"

V: Wort des lebendigen Gottes! - A: Dank sei Gott, dem Herrn!

Betrachtungshilfe:
Dieser Heilungsbericht ist mit einer der schönsten Beweise für die Wahrheit des Wortes Gottes. Diese Heilung zeigt uns, welche Kraft der Glaube hat, wenn er frei von Zweifeln ist (vgl. Mk 11,23-24). - Vergessen wir dabei aber nicht, daß der Glaube nicht etwas ist, was man sich um irgendeinen Preis erkaufen kann, sondern reine Gnade Gottes, die man bei Gott im demütigen und g e d u l d i g e n Gebet erflehen muß.

• Wie oft bitte ich Gott um die Stärkung oder Vermehrung meines Glaubens, wie die Apostel, die den Herrn baten: "**Stärke unseren Glauben!**" (Lk 17,5) - ?

111

- Welchen Vorsatz fasse ich im Licht des heutigen Wortes Gottes?

Tagesgebet: *siehe entsprechender Tag Seite 458*

12. März

Wort Gottes: Mt 16,21-23

"Von da an begann Jesus, seinen Jüngern zu erklären, er müsse nach Jerusalem gehen und von den Ältesten, den Hohenpriestern und den Schriftgelehrten vieles erleiden; er werde getötet werden, aber am dritten Tag werde er auferstehen. Da nahm ihn Petrus beiseite und machte ihm Vorwürfe; er sagte: Das soll Gott verhüten, Herr! Das darf nicht mit dir geschehen! - Jesus aber wandte sich um und sagte zu Petrus: Weg mit dir, Satan, geh mir aus den Augen! Du willst mich zu Fall bringen; denn du hast nicht das im Sinn, was Gott will, sondern, was die Menschen wollen."

V: Wort des lebendigen Gottes! - A: Dank sei Gott, dem Herrn!

Betrachtungshilfe:

Jesus kündigt in diesem Wort Gottes an, daß ER viel leiden müsse. Jesus wußte, daß der Satan gegen IHN - in Seinem Kampf um die Befreiung des Menschen von der Macht der Sünde - seine stärkste Waffe einsetzen wird, nämlich Leiden und Qualen, vor denen jeder Mensch zurückschreckt. - Der Mensch neigt von seiner Natur aus dazu, den Leiden zu entfliehen, und das zu tun, wozu der Satan verführt, zur Sünde, die immer ein Verstoß gegen die Ordnung Gottes ist.

Heute geht es um eine Tatsache und Wahrheit, die leider viele Menschen nicht mehr wahrhaben wollen oder auch einfach übergehen, nämlich um die Existenz und das Wirken des Satans. - Petrus und die anderen Jünger konnten den Satan nicht sehen, weil die Augen des Menschen infolge der Erbsünde diese Fähigkeit leider verloren haben. Die Augen Jesu aber waren davon nicht betroffen, daher sah ER, daß der Satan bei Petrus stand. - Satan kleidete seine Worte in das Licht des Engels (vgl. 2 Kor 11,14), und flüsterte sie dem Petrus so ins Ohr, daß dieser nicht wahrnahm, daß sie von ihm kamen. So sagte Petrus zu Jesus das, was dem Herrn mißfiel, überzeugt, daß er doch nur das Beste für IHN gewollt hatte, was wir heute als sehr *humanitär* bezeichnen würden. - Jesus wandte sich mit Seinen Worten also nicht an Petrus, sondern direkt an den Satan, den ER bei Petrus stehen sah, und sagte: **"Weg mit dir, Satan, geh mir aus den Augen!"** - und dann zu Petrus gewandt: **"Du willst mich (unbewußt, ungewollt) zu Fall bringen, denn du hast nicht das im Sinn, was Gott will,** (nämlich, daß ich die Leiden mit Geduld ertrage und so den Satan besiege), **sondern was die Menschen wollen"** (nämlich möglichst wenig oder überhaupt nicht leiden).

Im oben zitierten Wort Gottes lesen wir zwar, daß Jesus all diese Worte an Petrus gerichtet hatte, aber der heilige Apostel Matthäus hat dies eben so beschrieben, wie er es mit eigenen Augen gesehen hatte, weil auch er den bei Petrus stehenden Satan nicht sehen konnte.

Vielleicht warnt uns gerade deswegen später einmal der heilige Petrus so eindringlich: **"Seid nüchtern und wachsam!** - **Euer Widersacher, der Teufel, geht wie ein brüllender Löwe umher und sucht, wen er verschlingen kann. Leistet ihm Widerstand in der Kraft des Glaubens!** - Wißt, daß eure Brüder in der ganzen Welt die gleichen Leiden ertragen müssen! - Der Gott aller Gnade aber, der euch in Christus zu seiner ewigen Herrlichkeit berufen hat, wird euch, die ihr kurze Zeit leiden müßt, wieder aufrichten, stärken, kräftigen und auf festen Grund stellen. Sein ist die Macht in Ewigkeit. Amen" (1 Petr 5,8-11).

- Bin ich mir darüber im klaren, daß der bewußte Kampf gegen die Sünde und den Satan viele Leiden mit sich bringt? - Glaube ich daran, daß der Satan wirklich existiert und bin ich mir dessen bewußt, welch furchtbar listige und gefährliche Methoden er nützt im Kampf gegen Gott und auch gegen mich, weil er mich ebenso unglücklich sehen möchte wie er selbst es ist?!
- Welchen Vorsatz fasse ich im Licht des heutigen Wortes Gottes?

Tagesgebet: *siehe entsprechender Tag Seite 458*

13. März

Wort Gottes: Mk 9,31b-32

"Jesus sagte zu den Jüngern: Der Menschensohn wird den Menschen ausgeliefert, und sie werden ihn töten; doch drei Tage nach seinem Tod wird er auferstehen. Aber sie verstanden den Sinn seiner Worte nicht, scheuten sich jedoch, ihn zu fragen."

V: Wort des lebendigen Gottes! - A: Dank sei Gott, dem Herrn!

Betrachtungshilfe:

Diese Worte machen deutlich, wie bewußt und beherrscht Jesus Seinem Leidensweg und Seinem schrecklichen Tod entgegenging. ER sprach dabei auch ganz bewußt über Seine bevorstehende Auferstehung, um dadurch schon im voraus den Glauben der Apostel und der anderen Gläubigen zu stärken. - Damals konnten die Apostel viele Seiner Worte noch nicht verstehen, weil sie noch nicht den Heiligen Geist empfangen hatten. Manchmal scheuten sie sich auch, Jesus um weitere Erklärungen zu bitten, weil sie nicht genug Mut hatten, sich zu ihrer menschlichen Begrenztheit und Unwissenheit zu bekennen, zuzugeben, daß sie manches nicht verstanden. - Auch heute begegnen wir solchen Menschen, die ungern zugeben, daß sie etwas nicht verstehen, die lieber Fehler riskieren, anstatt andere um eine Erklärung zu bitten!

- Wie verhalte ich mich, wenn ich etwas nicht verstehe? - Habe ich so viel Demut, um schlicht und einfach zu bekennen, daß ich etwas nicht verstehe? - Bitten wir also heute am **Fatimatag** die Gottesmutter vor allem um diese Demut, die sie in vollkommener Weise geübt hat!
- Welchen Vorsatz fasse ich im Licht des heutigen Wortes Gottes?

Tagesgebet: *siehe entsprechender Tag Seite 459*

14. März

Wort Gottes: Mk 10,33-34

"Jesus sagte: Wir gehen jetzt nach Jerusalem hinauf; dort wird der Menschensohn den Hohenpriestern und den Schriftgelehrten ausgeliefert, sie werden ihn zum Tod verurteilen und den Heiden übergeben; sie werden ihn verspotten, anspucken, geißeln und töten. Aber nach drei Tagen wird er auferstehen."

V: Wort des lebendigen Gottes! - A: Dank sei Gott, dem Herrn!

Betrachtungshilfe:

Auch diese Worte Jesu bestätigen uns, daß ER genau wußte, was IHM bevorstand, wie viele Leiden ER vor Seinem Tod würde durchstehen und ertragen müssen. ER sprach darüber sehr beherrscht und ruhig, weil die Liebe zum Himmlischen Vater und zu den Menschen wie auch die Gewißheit Seiner Auferstehung IHM eine außerordentliche Kraft zum Leiden gab. - Wieviel Lebens- und Leidenskraft verlieren also die Menschen, wenn sie die Liebe Gottes und den Glauben an die Auferstehung verlieren!

- Wie verhalte ich mich, wenn mir immer mehr klar wird, daß mir irgendeine Krankheit, eine schwere Zeit oder sogar der baldige Tod bevorsteht? - Ist mir bewußt, daß ich alles um so leichter annehmen und ertragen kann, je mehr ich in Liebe mit Gott verbunden bin und je stärker mein Glaube an die Auferstehung ist?
- Welchen Vorsatz fasse ich im Licht des heutigen Wortes Gottes?

Tagesgebet: *siehe entsprechender Tag Seite 459*

15. März

Wort Gottes: Lk 16,19-31

"Es war einmal ein reicher Mann, der sich in Purpur und feines Leinen kleidete und Tag für Tag herrlich und in Freuden lebte. Vor der Tür des Reichen aber lag ein armer Mann namens Lazarus, dessen Leib voller Geschwüre war. Er hätte gern seinen Hunger mit dem gestillt, was vom Tisch des Reichen herunterfiel. Stattdessen kamen die Hunde und leckten an seinen Geschwüren. Als nun der Arme starb, wurde er von den Engeln in Abrahams Schoß getragen. Auch der Reiche starb und wurde begraben. In der Unterwelt, wo er qualvolle Schmerzen litt, blickte er auf und sah von weitem Abraham und Lazarus in seinem Schoß. Da rief er: Vater Abraham, hab Erbarmen mit mir und schick Lazarus zu mir; er soll wenigstens die Spitze seines Fingers ins Wasser tauchen und mir die Zunge kühlen, denn ich leide große Qual in diesem Feuer! - Abraham erwiderte: Mein Kind, denk daran, daß du schon zu Lebzeiten deinen Anteil am Guten erhalten hast, Lazarus aber nur Schlechtes. Jetzt wird er dafür getröstet, du aber mußt leiden. Außerdem ist zwischen uns und euch ein tiefer, unüberwindlicher Abgrund, so daß niemand von hier zu euch oder von dort zu uns kommen kann, selbst wenn er wollte. Da sagte der Reiche: Dann bitte ich dich, Vater, schick ihn in das Haus meines Vaters! Denn ich habe noch fünf Brüder. Er soll sie warnen, damit nicht auch sie an diesen Ort der Qual kommen. Abraham aber sagte: Sie haben Mose und die Propheten, auf die sollen sie hören. Er erwiderte: Nein, Vater Abraham, nur wenn einer von den Toten kommt, werden sie umkehren. Darauf sagte Abraham: Wenn sie auf Mose und die Propheten nicht hören, werden sie sich auch nicht überzeugen lassen, wenn einer von den Toten aufersteht."

V: Wort des lebendigen Gottes! - A: Dank sei Gott, dem Herrn!

Betrachtungshilfe:

Wie oft sind wir selbst Zeugen ähnlicher Geschichten, wie sie Jesus über das Leben des reichen Prassers und des armen Lazarus erzählt hat! - Leider aber können wir nicht Zeugen dessen sein, was nach dem Tod mit den Menschen geschieht. Jesus berichtet uns heute darüber. Er spricht über die qualvollen Schmerzen, die die Verdammten in der Hölle erleiden müssen!

Die Hölle existiert! - Sie ist aber von Gott weder geschaffen noch gewollt! - Ebenso wenig hat Gott die Leiden für die Menschen gewollt oder gar vorbereitet, sondern ausschließlich der Satan! - Vielmehr hat Gott, der Himmlische Vater, in Seiner unaussprechlichen Liebe zu uns Menschen sogar Seinen eigenen, geliebten Sohn in die Welt geschickt, damit ER durch Sein Leiden und Sterben uns von den Schrecken der Hölle befreie! - Jesus selbst belehrte uns unermüdlich über das, was wir tun sollen, damit unser Lebensweg nicht in die Hölle führt, sondern in die ewige Glückseligkeit.

Das Gespräch zwischen Abraham und dem verdammten Reichen zeigt uns, daß es keine Möglichkeit gibt, den Verdammten Rettung oder irgendeine Erleichterung zu bringen. - Der Schluß dieses Gesprächs erinnert uns an das, was man manchmal hören kann: Ja, wenn ein Toter zu mir käme, dann würde ich an das ewige Leben oder an die Existenz der Hölle glauben. - Diesen können wir genauso wie Abraham antworten: Wenn sie nicht daran glauben, was Jesus und Seine Apostel in jedem Wort Gottes lehren, dann werden sie auch nicht glauben, wenn Tote kommen würden.

- Glaube ich daran, daß es eine Hölle gibt, worüber wir vor allem aus dem offenbarten Wort Gottes erfahren? - Versuche ich täglich so zu leben, wie Jesus uns belehrt hat, damit ich nicht am Ende dorthin komme, wo ich wie der reiche Prasser ewige Höllenqualen erdulden muß?

- Welchen Vorsatz fasse ich im Licht des heutigen Wortes Gottes?

Tagesgebet: *siehe entsprechender Tag Seite 459*

16. März

Wort Gottes: Lk 24,13a/15-21a/25-32

"Am gleichen Tag waren zwei von den Jüngern auf dem Weg in ein Dorf namens Emmaus. - Während sie redeten und ihre Gedanken austauschten, kam Jesus hinzu und ging mit ihnen. Doch sie waren wie mit Blindheit geschlagen, so daß sie ihn nicht erkannten. Er fragte sie: Was sind das für Dinge, über die ihr auf eurem Weg miteinander redet? Da blieben sie traurig stehen, und der eine von ihnen - er hieß Kleopas - antwortete ihm: Bist du so fremd in Jerusalem, daß du als einziger nicht weißt, was in diesen Tagen dort geschehen ist? Er fragte sie: Was denn? Sie antworteten ihm: Das mit Jesus aus Nazaret. Er war ein Prophet, mächtig in Wort und Tat vor Gott und dem ganzen Volk. Doch unsere Hohenpriester und Führer haben ihn zum Tod verurteilt und ans Kreuz schlagen lassen. Wir aber hatten gehofft, daß er der sei, der Israel erlösen werde. - Da sagte er zu ihnen: Begreift ihr denn nicht? Wie schwer fällt es euch, alles zu glauben, was die Propheten gesagt haben. MUßTE NICHT DER MESSIAS ALL DAS ERLEIDEN, UM SO IN SEINE HERRLICHKEIT ZU GELANGEN? Und er legte ihnen dar, ausgehend von Mose und allen Propheten, was in der gesamten Schrift über ihn geschrieben steht. So erreichten sie das Dorf, zu dem sie unterwegs waren. Jesus tat, als wolle er weitergehen, aber sie drängten ihn und sagten: Bleib doch bei uns; denn es wird bald Abend, der Tag hat sich schon geneigt. Da ging er mit hinein, um bei ihnen zu bleiben. Und als er mit ihnen bei Tisch war, nahm er das Brot, sprach den Lobpreis, brach das Brot und gab es ihnen. DA GINGEN IHNEN DIE AUGEN AUF UND SIE ERKANNTEN IHN; dann sahen sie ihn nicht mehr. Und sie sagten zueinander: Brannte uns nicht das Herz in der Brust, als er unterwegs mit uns redete und uns den Sinn der Schrift erschloß?"

V: Wort des lebendigen Gottes! - A: Dank sei Gott, dem Herrn!

Betrachtungshilfe:

Wie oft befinden auch wir uns in einer solchen Situation! - Wir hören die Worte der Heiligen Schrift, das Herz brennt uns in der Brust und doch sind wir, wie die Jünger unterwegs nach Emmaus, von Blindheit geschlagen! - Den Jüngern gingen erst dann die Augen auf, das heißt sie erkannten Jesus erst dann, als ER das Brot nahm, den Lobpreis sprach, es brach und ihnen zu essen gab, also, - während der Eucharistiefeier, beim Empfang der Heiligen Kommunion!

Beten wir dafür, daß auch den getrennten Christen möglichst bald die Augen aufgehen und sie gemeinsam bei der Eucharistiefeier Jesus erkennen und IHN gemeinsam in der Heiligen Kommunion in brüderlicher Freude aufnehmen!

Im obigen Wort Gottes betont Jesus noch einmal, daß ER diesen Weg der Leiden gehen mußte, um so in Seine Herrlichkeit zu gelangen. - Wann werden wir begreifen, daß es auf der Erde keinen anderen Weg in den Himmel gibt, als diesen, den ER gegangen ist?! - Aber auch die Jünger und Apostel verstanden schließlich bis

Pfingsten nur wenig von dem, wovon Jesus ständig sprach und was ER tat. Sie waren immer noch beherrscht von der Idee des politischen Messianismus. Sie dachten wie Judas, daß Jesus König der Juden sein werde und Israel von der Macht der Römer befreie. Erst später begriffen sie, daß die Mission Jesu eine andere war: ER sollte die Menschheit aus der Macht der Sünde, des Satans und der Hölle befreien! - Auch heute gibt es leider viele Menschen, die diese Mission Jesu Christi nicht begreifen können oder auch nicht begreifen wollen.

- Wenn bisweilen bei der Betrachtung der Worte Gottes mein Herz brennt, bin ich dann auch so blind wie die Jünger von Emmaus oder verstehe ich richtig, wozu Gott mich berufen hat und was ER von mir erwartet und verlangt? - Erkenne ich in der Eucharistiefeier und in der Heiligen Kommunion die Realpräsenz Jesu Christi unter uns Menschen an?
- Welchen Vorsatz fasse ich im Licht des heutigen Wortes Gottes?

Tagesgebet: *siehe entsprechender Tag Seite 459*

17. März

Wort Gottes: Apg 1,1-12/14

"Im ersten Buch, lieber Theophilus, habe ich über alles berichtet, was Jesus getan und gelehrt hat, bis zu dem Tag, an dem er in den Himmel aufgenommen wurde. Vorher hat er durch den Heiligen Geist den Aposteln, die er sich erwählt hatte, Anweisungen gegeben. IHNEN HAT ER NACH SEINEM LEIDEN DURCH VIELE BEWEISE GEZEIGT, DAß ER LEBT; vierzig Tage hindurch ist er ihnen erschienen und hat vom Reich Gottes gesprochen. Beim gemeinsamen Mahl gebot er ihnen: Geht nicht weg von Jerusalem, sondern wartet auf die Verheißung des Vaters, die ihr von mir vernommen habt. Johannes hat mit Wasser getauft, ihr aber werdet schon in wenigen Tagen mit dem Heiligen Geist getauft. Als sie nun beisammen waren, fragten sie ihn: Herr, stellst du in dieser Zeit das Reich für Israel wieder her? Er sagte zu ihnen: Euch steht es nicht zu, Zeiten und Fristen zu erfahren, die der Vater in seiner Macht festgesetzt hat, aber ihr werdet die Kraft des Heiligen Geistes empfangen, der auf euch herabkommen wird; und ihr werdet meine Zeugen sein in Jerusalem und in ganz Judäa und Samarien und bis an die Grenzen der Erde. Als er das gesagt hatte, wurde er vor ihren Augen emporgehoben, und eine Wolke nahm ihn auf und entzog ihn ihren Blicken. Während sie unverwandt ihm nach zum Himmel emporschauten, standen plötzlich zwei Männer in weißen Gewändern bei ihnen und sagten: Ihr Männer von Galiläa, was steht ihr da und schaut zum Himmel empor? Dieser Jesus, der von euch ging und in den Himmel aufgenommen wurde, wird ebenso wiederkommen, wie ihr ihn habt zum Himmel hingehen sehen. Dann kehrten sie vom Ölberg nach Jerusalem zurück. - Sie alle verharrten dort einmütig im Gebet, zusammen mit den Frauen und mit Maria, der Mutter Jesu und mit seinen Brüdern."

V: Wort des lebendigen Gottes! - A: Dank sei Gott, dem Herrn!

Betrachtungshilfe:

Die heutige Frage der Jünger: **"Herr, stellst du in dieser Zeit das Reich für Israel wieder her?"** bestätigt uns, was wir gestern gehört haben: Die Jünger waren auch nach der Auferstehung Jesu noch davon überzeugt, daß Jesus Israel im politischen Sinn befreien und das Reich neu herstellen würde. Jesus ging aber nicht auf ihre Frage ein, sondern erklärte nur, daß es ihnen nicht zustehe, Zeiten und Fristen zu erfahren, die der Vater in Seiner Macht festgesetzt hat. ER versprach ihnen aber, daß sie die Kraft des Heiligen Geistes empfangen würden, damit sie, bis an die Grenzen der Erde, Zeugen Seiner Lehre, Seiner Taten, Seiner Leiden, Seines Todes wie auch Seiner Auferstehung und späteren Himmelfahrt seien. - Weiter berichtet die Apostelgeschichte, daß Jesus nach Seinen letzten Trostesworten und Anweisungen in den Himmel auffuhr und danach alle nach Jerusalem zurückkehrten und dort einmütig im Gebet verharrten.

Das Wichtigste bei all diesen Geschehnissen ist, daß der Leidensweg Jesu Christi auf der Erde zwar mit Seinem Tod endete, aber sich nach Seinem Tod in die Auferstehung verwandelte und schließlich mit Seiner Himmelfahrt endete. - Wenn wir in unserem Leben versuchen, so treu wie möglich in Seine Fußstapfen zu treten, dann können wir fest davon überzeugt sein, daß auch wir nach unserem Tod auferstehen werden zu einem Leben ohne Ende, - in unaussprechlicher Glückseligkeit!

Wir wissen aus der Apostelgeschichte, wie der Heilige Geist die Jünger des Herrn später verwandelte: Aus verzagten, unmündigen und ängstlichen Menschen wurden mutige, klar denkende, glaubensfeste und überzeugte Verkünder des Wortes Gottes. - Das gleiche geschieht auch heute mit allen denen, die sich dem Heiligen Geist öffnen und würdig die Heiligen Sakramente der Kirche empfangen.

- Habe ich schon gelernt, in Kreuz und Leiden nur eine Prüfung meiner Treue zum Glauben, zur Hoffnung und zur Liebe zu sehen, eine Zeit der inneren Läuterung und des Durchgangs zur Herrlichkeit des Himmels, wie es auch der heilige Paulus beschreibt: **"Ich bin überzeugt, daß die Leiden der gegenwärtigen Zeit nichts bedeuten im Vergleich zu der Herrlichkeit, die an uns offenbar werden soll"** (Röm 8,18) - ?
- Welchen Vorsatz fasse ich im Licht des heutigen Wortes Gottes?

Tagesgebet: *siehe entsprechender Tag Seite 459*

18. März

Wort Gottes: Apg 5,38-42

"Darum rate ich euch (dem Hohen Rat) **jetzt: Laßt von diesen Männern** (Apostel) **ab, und gebt sie frei; denn wenn dieses Vorhaben oder dieses Werk von Menschen stammt, wird es zerstört werden; stammt es aber von Gott, so könnt ihr sie nicht vernichten; sonst werdet ihr noch als Kämpfer gegen Gott dastehen. Sie stimmten ihm** (Gamaliel) **zu, riefen die Apostel herein und ließen**

118

sie auspeitschen; dann verboten sie ihnen, im Namen Jesu zu predigen, und ließen sie frei. Sie aber gingen weg vom Hohen Rat und FREUTEN SICH, DASS SIE GEWÜRDIGT WORDEN WAREN, FÜR SEINEN NAMEN SCHMACH ZU ERLEIDEN. Und Tag für Tag lehrten sie unermüdlich im Tempel und in den Häusern und verkündeten das Evangelium von Jesus, dem Christus."

V: Wort des lebendigen Gottes! - A: Dank sei Gott, dem Herrn!

Betrachtungshilfe:

Dieses Wort Gottes berichtet uns über den weisen Ratschlag des Gamaliel, der damals den Aposteln in ihrer Not geholfen hat. - Wie viele sind auch heute mit so großer Blindheit geschlagen, daß sie von dieser Warnung Gamaliels nichts gelernt haben oder auch nichts lernen wollen, was noch schlimmer ist!

Weiter erfahren wir, daß die Apostel sich sogar darüber freuten, als sie für den Namen Jesu Schmach und Leiden ertragen durften, weil sie wußten, was Jesus darüber gesagt hatte: **"Selig seid ihr, wenn ihr um meinetwillen beschimpft und verfolgt und auf alle mögliche Weise verleumdet werdet. Freut euch und jubelt: Euer Lohn im Himmel wird groß sein"** (Mt 5,11-12a).

- Lerne ich von der Klugheit Gamaliels, um später nicht als Gegner Gottes zu gelten? - Wie verhalte ich mich, wenn ich wegen meines Glaubens an Jesus Christus verspottet oder sogar verfolgt werde?
- Welchen Vorsatz fasse ich im Licht des heutigen Wortes Gottes?

Tagesgebet: *siehe entsprechender Tag Seite 459*

19. März

Wort Gottes: Apg 9,10-18

"In Damaskus lebte ein Jünger namens Hananias. Zu ihm sagte der Herr in einer Vision: Hananias! - Er antwortete: Hier bin ich, Herr. Der Herr sagte zu ihm: Steh auf und geh zur sogenannten Geraden Straße, und frag im Haus des Judas nach einem Mann namens Saulus aus Tarsus. Er betet gerade und hat in einer Vision gesehen, wie ein Mann namens Hananias hereinkommt und ihm die Hände auflegt, damit er wieder sieht. Hananias antwortete: Herr, ich habe von vielen gehört, wieviel Böses dieser Mann deinen Heiligen in Jerusalem angetan hat. Auch hier hat er Vollmacht von den Hohenpriestern, alle zu verhaften, die deinen Namen anrufen. Der Herr aber sprach zu ihm: Geh nur! Denn dieser Mann ist mein auserwähltes Werkzeug: Er soll meinen Namen vor Völker und Könige und die Söhne Israels tragen. ICH WERDE IHM AUCH ZEIGEN, WIEVIEL ER FÜR MEINEN NAMEN LEIDEN MUß. Da ging Hananias hin und trat in das Haus ein; er legte Saulus die Hände auf und sagte: Bruder Saul, der Herr hat mich gesandt, Jesus, der dir auf dem Weg hierher erschienen ist; du sollst wieder sehen und mit dem Heiligen Geist erfüllt werden. **Sofort fiel es wie Schuppen von seinen Augen und er sah wieder; er stand auf und ließ sich taufen."**

V: Wort des lebendigen Gottes! - A: Dank sei Gott, dem Herrn!

Betrachtungshilfe:

Dieser Bericht über die wunderbare Bekehrung des Paulus zeigt uns, wie Gott den Menschen ganz und gar verwandeln kann, auch wenn dieser sogar sehr falsch handelt, aber alles im guten Glauben und aus unerschütterlicher Liebe zu Gott tut. - Der heilige Paulus drückte es später so aus: **"Wir wissen, daß Gott bei denen, die ihn lieben, alles zum Guten führt, bei denen, die nach seinem ewigen Plan berufen sind"** (Röm 8,28) und fügte weiter hinzu: **"Was ergibt sich nun, wenn wir das alles bedenken? Ist Gott für uns, wer ist dann gegen uns?"** (Röm 8,31). - Und das Geheimnis des Gelingens der Missionen des Paulus in der Welt, trotz verschiedenster Schwierigkeiten von Seiten der Hölle, erkennen wir aus anderen Worten von ihm: **"Ich weiß Entbehrungen zu ertragen, ich kann im Überfluß leben. In jedes und alles bin ich eingeweiht: in Sattsein und Hungern, Überfluß und Entbehrung. Alles vermag ich durch ihn, der mir Kraft gibt"** (Phil 4,12-13), - selbstverständlich nur in Christus, in der Vereinigung mit IHM !.

Eine so wunderbare Bekehrung geschah nicht nur mit Saulus, sondern auch mit dem Zöllner Levi, aus dem später der heilige Apostel und Evangelist Matthäus wurde. Ähnliche Bekehrungen kennen wir unter anderem von der heiligen Magdalena und von vielen anderen Heiligen, die Jesus mit S e i n e r   L i e b e verwandelt hat. Und diese wunderbaren Wandlungen erleben wir in der ganzen Geschichte der Kirche bis heute. - Selig sind diese, die sich vom Herrn und Seiner Gnade wandeln lassen!

Bemerkenswert ist heute, was der Herr zu Hananias über Saulus sagte: **"Ich werde ihm auch zeigen, wieviel er für meinen Namen leiden muß!"** - Es ist leider eine traurige Tatsache in dieser Welt, daß jeder, der sich mutig und von Herzen für die Verkündigung des Evangeliums einsetzt, mit Verfolgung und Leiden rechnen muß. - Darüber können wir schon im Alten Testament lesen: **"Mein Sohn, wenn du dem Herrn dienen willst, dann mach dich auf Prüfung gefaßt! Sei tapfer und stark, zur Zeit der Heimsuchung überstürze nichts! Hänge am Herrn, und weiche nicht ab, damit du am Ende erhöht wirst. Nimm alles an, was über dich kommen mag, halte aus in vielfacher Bedrängnis! Denn im Feuer wird das Gold geprüft, und jeder, der Gott gefällt, im Schmelzofen der Bedrängnis. Vertrau auf Gott, er wird dir helfen, hoffe auf ihn, er wird deine Wege ebnen. Ihr, die ihr den Herrn fürchtet, hofft auf sein Erbarmen, weicht nicht ab, damit ihr nicht zu Fall kommt"** (Sir 2,1-7).

Heute, am Festtag des heiligen Josef, steht vor unseren Augen ein Mann, der von Gott zu der erstrangigen Aufgabe auserwählt wurde, Pflegevater des Sohnes Gottes zu sein. Durch diese Auserwählung wurde aber sein Leben nicht leichter, sondern, im Gegenteil, viel schwerer. Gott gab Josef aber so viel Kraft, daß er alles bis zum Ende siegreich durchstehen konnte. - Viele Väter, die allzu schnell klagen und jammern, sollten sich an seinem Leben ein Beispiel nehmen und davon lernen, wie man trotz vieler Schwierigkeiten ein zufriedener, glücklicher Betreuer und Erzieher seiner Kinder sein kann.

- Sollte ich vor den Leiden Angst haben, wenn sie doch nur ein Feuer der Prüfungen sind, in denen sich zeigt, ob ich in den Augen Gottes Spreu bin, das im Feuer verbrannt wird, oder Gold, das aushält? - Wäre es also nicht heilsamer, sich von der Gnade Gottes wandeln zu lassen, solange es noch nicht zu spät ist?
- Welchen Vorsatz fasse ich im Licht des heutigen Wortes Gottes?

Tagesgebet:

Lasset uns beten: Allmächtiger Gott und Vater, Du hast Jesus, unseren Heiland, und Seine Mutter Maria der treuen Sorge des heiligen Josef anvertraut. Höre auf seine Fürsprache und hilf Deiner Kirche, die Geheimnisse der Erlösung treu zu verwalten, bis das Werk des Heiles vollendet ist. Darum bitten wir Dich, durch unseren Herrn Jesus Christus, der in der Einheit des Heiligen Geistes mit Dir lebt und herrscht in alle Ewigkeit. Amen. (vgl. Laudes vom Hochfest des heiligen Josef, Bräutigam der Gottesmutter Maria)

20. März

Wort Gottes: Röm 8,16-17

"So bezeugt der Geist (Gottes) selber unserem Geist, daß wir Kinder Gottes sind. Sind wir aber Kinder, dann auch Erben; wir sind Erben Gottes und sind Miterben Christi, wenn wir mit ihm leiden, um mit ihm auch verherrlicht zu werden."

V: Wort des lebendigen Gottes! - A: Dank sei Gott, dem Herrn!

Betrachtungshilfe:

Dieses Wort Gottes vermittelt uns die beglückende Botschaft, daß wir Kinder Gottes sind und dadurch Miterben Christi, das heißt auch Miterben des Himmels! - Wir können aber dieser Erbschaft nur dann teilhaftig werden, wenn wir die Leiden, die auf uns zukommen, gemeinsam mit Christus tragen, das heißt sie so tragen, wie Jesus sie getragen hat. - Wenn wir also klug sind und diese Erbschaft nicht verlieren wollen, werden wir sehr aufmerksam und intensiv das Leben Jesu Christi betrachten, um von Seinem Beispiel und von Seinem Wort zu lernen, wie wir uns in den Leiden verhalten sollen. Eine weitere, große Hilfe sind uns dabei auch die Schriften und Erklärungen der heiligen Apostel, die Jesus persönlich oder durch Offenbarungen, wie z.B. der heilige Paulus, kennengelernt haben und uns daher die reine, unverfälschte Wahrheit im Heiligen Geist vermitteln können.

- Sicher möchte ich gerne Erbe des Himmels sein, d.h. in den Himmel kommen, will ich aber auch gerne das tun, was mich in den Himmel führt und worüber uns Jesus und Seine Apostel so klar und eindeutig belehrt haben?
- Welchen Vorsatz fasse ich im Licht des heutigen Wortes Gottes?

Tagesgebet: *siehe entsprechender Tag Seite 460*

21. März

Wort Gottes: Röm 8,18

"Ich bin überzeugt, daß die Leiden der gegenwärtigen Zeit nichts bedeuten im Vergleich zu der Herrlichkeit, die an uns offenbar werden soll."

V: Wort des lebendigen Gottes! - A: Dank sei Gott, dem Herrn!

Betrachtungshilfe:

Ein so kurzes Wort Gottes, aber welch große und wunderbar tröstliche Kraft birgt es in sich, besonders für diese, die in diesem irdischen Leben viel leiden müssen! - Liebe leidende Brüder und Schwestern, laßt euch nicht vom Geist der Verzagtheit und Verzweiflung besiegen! - Das ist nicht wahr, daß ihr von Gott verlassen seid! Im Gegenteil! - Gott ist euch so nahe! Gott ist mit euch! - Gott lebt um so mehr in euch, je bewußter ihr alle Leiden mit dem leidenden Jesus trägt und euch IHM hinopfert!

Jesus leidet auch heute viel in Seinem Mystischen Leib, der Kirche! - Er sucht diese Menschen, die zusammen mit IHM gerne für das Reich Gottes leiden wollen, im Kampf gegen die Sünde, gegen den Satan und die Hölle. Und diese, die mit IHM leiden, werden, so wie wir gestern erfahren haben, auch Seine Miterben im Himmel sein. - Denkt oft darüber nach, was der heilige Paulus uns sagt: **"Jetzt freue ich mich in den Leiden, die ich für euch ertrage. Für den Leib Christi, die Kirche, ergänze ich in meinem irdischen Leben das, was an den Leiden Christi noch fehlt"** (Kol 1,24).

• Denke ich in den Leiden daran, daß ich dabei viel verlieren aber auch viel gewinnen kann, und zwar für die Ewigkeit, je nach dem, *ob* und *wie* ich zusammen mit Jesus leide? - Wenn mich die Leiden überfallen und mir mein Leben unerträglich zu sein scheint, denke ich dann an jenes wunderbare Leben, das mich im Himmel für alle Ewigkeit erwartet, wenn ich jetzt die Leiden richtig durchstehe und so zum letzten Sieg des Himmels über die Hölle beitrage?

• Welchen Vorsatz fasse ich im Licht des heutigen Wortes Gottes?

Tagesgebet: *siehe entsprechender Tag Seite 460*

22. März

Wort Gottes: 2 Kor 1,3-7

"Gepriesen sei der Gott und Vater Jesu Christi, unseres Herrn, der Vater des Erbarmens und der Gott allen Trostes. Er tröstet uns in all unserer Not, damit auch wir die Kraft haben, alle zu trösten, die in Not sind, durch den Trost, mit dem auch wir von Gott getröstet werden. Wie uns nämlich die Leiden Christi überreich zuteil geworden sind, so wird uns durch Christus auch überreicher Trost zuteil. Sind wir aber in Not, so ist es zu eurem Trost und Heil, und werden wir getröstet, so geschieht auch das zu eurem Trost, er wird wirksam, wenn ihr geduldig die gleichen Leiden ertragt, die auch wir ertragen. Unsere

Hoffnung für euch ist unerschütterlich; wir sind sicher, daß ihr mit uns nicht nur an den Leiden teilhabt, sondern auch am Trost."

V: Wort des lebendigen Gottes! - A: Dank sei Gott, dem Herrn!

Betrachtungshilfe:

In diesen Worten des heiligen Paulus kommt seine große Dankbarkeit gegenüber Gott zum Ausdruck. Er preist Gott für all Sein Erbarmen und für allen Trost, den ER nicht nur ihm selbst, sondern auch allen anderen in der Not zuteil werden läßt.

Das heißt für uns, je mehr wir uns wie Paulus mit Christus verbinden und uns mit IHM in Kreuz und Leiden vereinigen, um so mehr Trost und Gnade werden auch wir vom Himmel erfahren. - Das Gebot der Nächstenliebe verpflichtet uns aber auch, daß wir diese Gnaden nicht egoistisch für uns behalten, sondern sie mit anderen teilen. Wir dürfen also nicht in unserem Leid die Augen vor der Not der anderen verschließen, sondern sollen, gestärkt durch himmlischen Trost, auch den anderen in ihrer Not Trost und Kraft spenden. Dieser Trost ist dann besonders wirksam und hilfreich für die anderen, wenn wir g e d u l d i g die gleichen Leiden ertragen wie Jesus Christus und Seine Apostel sie ertragen haben.

• Bin ich geduldig in meinen Leiden? - Kann ich geduldig auch die Leiden der anderen ertragen? - Schöpfe ich in jedem Leid Trost und Kraft aus dem Wort Gottes?

• Welchen Vorsatz fasse ich im Licht des heutigen Wortes Gottes?

Tagesgebet: *siehe entsprechender Tag Seite 460*

23. März

Wort Gottes: 1 Kor 12,24b-27

"Gott hat den Leib so zusammengefügt, daß er dem geringsten Glied mehr Ehre zukommen ließ, damit im Leib kein Zwiespalt entsteht, sondern alle Glieder einträchtig füreinander sorgen. WENN DARUM EIN GLIED LEIDET, LEIDEN ALLE GLIEDER MIT; wenn ein Glied geehrt wird, freuen sich alle anderen mit ihm. Ihr aber seid der Leib Christi, und jeder einzelne ist ein Glied an ihm."

V: Wort des lebendigen Gottes! - A: Dank sei Gott, dem Herrn!

Betrachtungshilfe:

Aus diesem Wort Gottes geht ganz eindeutig hervor, daß die Einheit der Kirche, die Jesus als eine einzige Kirche auf das Fundament der Apostel gegründet hat, der Wille Gottes ist. Und so wie es in der Urkirche gepflegt wurde, sollten alle Glieder einträchtig füreinander sorgen. Jede Spaltung bringt dagegen Leiden mit sich. So leidet der einzelne Mensch, wenn er innerlich gespalten ist, leiden Kinder, wenn die Eltern miteinander streiten oder gar geschieden sind, und es leidet die ganze Familie, wenn Geschwister miteinander streiten usw. Das gleiche gilt auch für die zerrissene Kirche der Christenheit. - Wenn wir aber unsere Leiden und unseren Schmerz darüber geduldig ertragen und uns mit dem gekreuzigten Herrn vereinigen, wird ER eines Tages unter der Christenheit die Einheit wiederherstellen.

- Habe ich schon einmal darüber nachgedacht, wieviel ich bei Gott für mein Heil, für das der anderen, für die ganze Kirche der Christenheit, ja sogar für die ganze Welt erreichen kann, wenn ich meine Leiden geduldig aufopfere?
- Welchen Vorsatz fasse ich im Licht des heutigen Wortes Gottes?

Tagesgebet: *siehe entsprechender Tag Seite 460*

24. März

Wort Gottes: 2 Kor 4,8-12

"Von allen Seiten werden wir in die Enge getrieben und finden doch noch Raum; wir wissen weder aus noch ein und verzweifeln dennoch nicht, wir werden gehetzt und sind doch nicht verlassen; wir werden niedergestreckt und doch nicht vernichtet. Wohin wir auch kommen, immer tragen wir das Todesleiden Jesu an unserem Leib, damit auch das Leben Jesu an unserem Leib sichtbar wird. Denn immer werden wir, obgleich wir leben, um Jesu willen dem Tod ausgeliefert, damit auch das Leben Jesu an unserem sterblichen Fleisch offenbar wird."

Betrachtungshilfe:

Dieses Wort Gottes zeigt uns die Wirklichkeit des Alltags. Wie oft werden wir mit allen möglichen Problemen, Sorgen und Leiden belastet und gequält, werden von allen Seiten in die Enge getrieben, und finden doch immer wieder mit Gottes Hilfe einen guten Ausgang, eine oft sogar ganz unerwartet gute Lösung und Hilfe. Dies geschieht oft um so schneller, je mehr wir unser Kreuz und Leiden akzeptieren und es in Vereinigung mit dem Herrn tragen, das heißt wirklich zusammen mit IHM, in Seiner Anwesenheit, leben.

- Wenn ich mit anderen zum gemeinsamen Gebet und zur Betrachtung des Wortes Gottes zusammenkomme, spreche ich dann auch über meine persönlichen Erfahrungen in den Leiden und über mein gemeinsames Leben mit Jesus?
- Welchen Vorsatz fasse ich im Licht des heutigen Wortes Gottes?

Tagesgebet: *siehe entsprechender Tag Seite 460*

Liebe Familien und Freunde!
Bitte versuchen Sie, die **GROSSE NOVENE** in Ihrer Umgebung bekannt zu machen. Auf diese Weise tragen auch Sie bei zur **VERKÜNDIGUNG des WORTES GOTTES** !

Nützen Sie dieses Buch als sinnvolles, gnadenreiches Geschenk zum Weitergeben, z. B. zum Namenstag, Geburtstag, Hochzeit, Weihnachten, Ostern, Jubiläumstage usw.

"Fürchte dich nicht, Maria; denn du hast bei Gott Gnade gefunden. Du wirst ein Kind empfangen, einen Sohn wirst du gebären: dem sollst du den Namen Jesus geben. Er wird groß sein und Sohn des Höchsten genannt werden. Gott, der Herr, wird ihm den Thron seines Vaters David geben. Er wird über das Haus Jakob in Ewigkeit herrschen, und seine Herrschaft wird kein Ende haben." (Lk 1,30-33).

"Der Heilige Geist wird über dich kommen, und die Kraft des Höchsten wird dich überschatten. Deshalb wird auch das Kind heilig und Sohn Gottes genannt werden, ... denn

FÜR GOTT IST NICHTS UNMÖGLICH"
(Lk 1,35-37)

25. März

Wort Gottes: Lk 2,33-35

"Sein Vater und seine Mutter staunten über die Worte, die über Jesus gesagt wurden. Und Simeon segnete sie und sagte zu Maria, der Mutter Jesu: Dieser ist dazu bestimmt, daß in Israel viele durch ihn zu Fall kommen und viele aufgerichtet werden, und er wird ein Zeichen sein, dem widersprochen wird. Dadurch sollen die Gedanken vieler Menschen offenbar werden. DIR SELBST ABER WIRD EIN SCHWERT DURCH DIE SEELE DRINGEN."

V: Wort des lebendigen Gottes! - A: Dank sei Gott, dem Herrn!

Betrachtungshilfe:

Heute, am Hochfest der Verkündigung des Herrn, betrachten wir dieses Wort Gottes, das uns den besten Beweis dafür gibt, daß die Auserwählung Gottes keineswegs von den Leiden befreit. - Gott hat Maria zur Mutter Seines ewigen Sohnes auserwählt. Jemand könnte nun denken: Wenn Gott so allmächtig und gütig ist und Maria so sehr liebt, dann hätte ER doch dafür sorgen können, daß sie von allen Leiden verschont bleibt und es ihr besser geht als jedem anderen Menschen auf der Erde. - Die Wirklichkeit des Lebens von Maria zeigt uns aber, daß das Gegenteil der Fall war, und Maria sogar sehr viel leiden mußte.

Als Josef, ihr Bräutigam, merkte, daß Maria gesegneten Leibes ist, wollte er sie heimlich verlassen. Maria sah, daß Josef sehr darunter litt, und dies bereitete ihr großen seelischen Schmerz. Aber sie hat diese Leiden ruhig und geduldig getragen, bis Gott eingriff und Josef im Traum die Wahrheit über die Schwangerschaft Mariens wissen ließ. - Später sehen wir, wie sie beide heldenmütig und gottergeben die Leiden tragen: Die Suche nach einer Unterkunft in Betlehem, die Geburt Jesu in einem Stall, den Mord der unschuldigen Kinder, die Flucht nach Ägypten, das Leben in der Fremde, die Rückkehr nach Nazaret und viele andere Probleme und Schwierigkeiten, die das damalige Leben mit sich brachte.

Gott der Allmächtige und gütige Vater hat sie von all diesen Problemen nicht befreit, aber ER gab ihnen so viel Kraft, daß sie alles Leid und allen Schmerz schweigend und freudig, in größter Liebe zu Gott und zu den Menschen hinnahmen und aufopferten. - Das ist einer der entscheidenden Gründe für die menschliche Größe Mariens und Josefs, die ihnen für alle Ewigkeit einen unvergleichlich hohen himmlischen Rang verlieh. - Maria nimmt heute nach der Dreifaltigkeit Gottes den ersten Platz ein als Königin der Erde und des Himmels, das heißt als Königin des ganzen Weltalls.

So muß auch jeder andere, wenn er einmal im Himmel Großes erreichen will, schwere Prüfungen bestehen, die seine Liebe zu Gott, seine Treue zur Ordnung Gottes, und seinen Glauben und sein Gottvertrauen auf die Probe stellen.

- Bin ich mir dessen bewußt, daß die Echtheit meiner Hingabe an Gott und die Beständigkeit meiner Tugenden wie Gold im Feuer der Leiden geprüft werden müssen, wenn ich einmal die ewigen Freuden des Himmels genießen will?
- Welchen Vorsatz fasse ich im Licht des heutigen Wortes Gottes?

Tagesgebet:

Lasset uns beten: Gott und Vater, Du bist groß und unbegreiflich. Nach Deinem Willen ist Dein ewiges Wort im Schoß der Jungfrau Maria Mensch geworden. Gläubig bekennen wir, daß unser Erlöser wahrer Gott und wahrer Mensch ist. Mache uns würdig, Anteil zu erhalten an Seinem göttlichen Leben. Darum bitten wir Dich, durch unseren Herrn Jesus Christus, der in der Einheit des Heiligen Geistes mit Dir lebt und herrscht in alle Ewigkeit. Amen. (vgl. Laudes vom Hochfest der Verkündigung des Herrn)

26. März

Wort Gottes: 1 Kor 1,18-26/29/31

"DAS WORT VOM KREUZ IST DENEN, DIE VERLOREN GEHEN, TOR- HEIT; UNS ABER, DIE GERETTET WERDEN, IST ES GOTTES KRAFT. Es heißt nämlich in der Schrift: Ich lasse die Weisheit der Weisen vergehen und die Klugheit der Klugen verschwinden. Wo ist ein Weiser? Wo ein Schriftgelehrter? Wo ein Wortführer in dieser Welt? Hat Gott nicht die Weis- heit der Welt als Torheit entlarvt? Denn da die Welt angesichts der Weisheit Gottes auf dem Weg ihrer Weisheit Gott nicht erkannte, beschloß Gott, alle, die glauben, durch die Torheit der Verkündigung zu retten. Die Juden fordern Zeichen, die Griechen suchen Weisheit. Wir dagegen verkündigen Christus als den Gekreuzigten: Für Juden ein empörendes Ärgernis, für Heiden eine Torheit, für die Berufenen aber, Juden wie Griechen, Christus, Gottes Kraft und Gottes Weisheit. Denn das Törichte an Gott ist weiser als die Menschen, und das Schwache an Gott ist stärker als die Menschen. Seht doch auf eure Berufung, Brüder! - Da sind nicht viele Weise im irdischen Sinn, nicht viele Mächtige, nicht viele Vornehme, damit kein Mensch sich rühmen kann vor Gott. Wer sich also rühmen will, der rühme sich des Herrn."

V: Wort des lebendigen Gottes! - A: Dank sei Gott, dem Herrn!

Betrachtungshilfe:

Der Alltag bestätigt uns fast ständig, welch große Wahrheit und Weisheit uns dieses Wort Gottes offenbart. Die unzählbare Schar der Heiligen der Kirche beweist uns einerseits die Wahrheit, daß das Wort vom Kreuz in sich eine seltsame, geheimnisvolle Macht birgt, das heißt wenn wir Kreuz und Leiden wie Jesus tragen, reinigt die Gnade Gottes unsere Seele und vermehrt in uns die Kraft der Liebe zu Gott und zu den Menschen, was uns letztlich vor der ewigen Verlorenheit bewahrt! - Andererseits beweist uns die Wahrheit dieses Wortes Gottes die unzählbare Schar der Menschen, die gerne in der Verdorbenheit dieser Welt leben, die das Wort vom Kreuz, das heißt das stille, geduldige Tragen von Leiden, Schwierigkeiten und Widrigkeiten als Torheit erachten.

Jesus, der selbst während Seines ganzen Erdenlebens das schwere Kreuz Seiner Mission und Pflichten getragen hat und am Ende schreckliche Leiden, die sich mit dem Tragen des Holzkreuzes beendeten, an dem ER ermordet wurde, lädt uns jetzt dazu ein, das Kreuz zusammen mit IHM in Seinem Mystischen Leib der Kirche zu tragen. **Jesus ruft uns nicht dazu auf, Leiden für sich oder für andere zu suchen oder gar zu produzieren, sondern ER ruft alle Leidenden zur Geduld und Ruhe auf.** Jesus verbietet den Leidenden nicht, Hilfe beim Arzt oder bei einem anderen Menschen zu suchen, aber ER bittet darum, dies ruhig zu tun, ohne Übertreibung, ohne Hysterie, ohne das Leben der anderen unnötig zu erschweren und zu vergiften. Wenn wir aber andere in Leiden oder in irgendeiner Notlage sehen, sollen wir ihnen zu Hilfe kommen, mit Freude, da wir die Belohnung dafür im Himmel, für alle Ewigkeit, erhalten!

Wer daran nicht glaubt und das nicht tut, ist ein sehr armer Mensch, auch wenn er die größten Reichtümer auf der Erde besäße.

In diesem Sinn soll man die heilsame Lehre vom Kreuz und diese außergewöhnliche Berufung zur Nachfolge Jesu verstehen. - Wer treu, ausdauernd und bis zum Ende dieser Berufung folgt, der wird Kind Gottes und Miterbe Christi, der wird teilhaben an den unaussprechlichen Schönheiten des Himmels, auf ewig!

• Was tue ich dafür, um meine irdische Zeit und die mir für kurze Zeit anvertrauten irdischen Güter wie auch diesen geheimnisvollen "Schatz meiner Leiden" klug gegen die ewigen Güter einzutauschen?

• Welchen Vorsatz fasse ich im Licht des heutigen Wortes Gottes?

Tagesgebet: *siehe entsprechender Tag Seite 461*

Der Hochwürdigste P.General Andrzej Michalek, Gründer der Samaritanischen Bewegung Mariens-EINHEIT und Verfasser der Großen Novene, feiert heute seinen Geburtstag (geb. 26.März 1939). - Wir bitten Sie daher ganz herzlich um Ihr Gebet für seine Gesundheit, vor allem aber in seinen Anliegen. Es geht ihm besonders um die Heiligung all derer, die diese Große Novene mitbeten und dadurch auch zur größten Ehre Gottes und Mariens beitragen.
Seine Mitarbeiter: Brüder Samariter FLUHM und Schwestern Samariterinnen FLUHM

Liebe Familien und Freunde!

Bitte versuchen Sie, die **GROSSE NOVENE** in Ihrer Umgebung bekannt zu machen. - Auf diese Weise tragen auch Sie bei zur **VERKÜNDIGUNG des WORTES GOTTES** !

Nützen Sie dieses Buch als sinnvolles, gnadenreiches Geschenk zum Weitergeben, z. B. zum Namenstag, Geburtstag, Hochzeit, Weihnachten, Ostern, Jubiläumstage usw.

Allen, die sich für die Verbreitung der Großen Novene von Herzen einsetzen, erteilt der Gründer mit allen Priestern der Brüder Samariter einen besonderen Segen in der Flamme der Liebe des Unbefleckten Herzens Mariens.

27. März

Wort Gottes: 2 Kor 6,1-8a

"Als Mitarbeiter Gottes ermahnen wir euch, daß ihr seine Gnade nicht vergebens empfangt. Denn es heißt: Zur Zeit der Gnade erhöre ich dich, am Tag der Rettung helfe ich dir. Jetzt ist sie da, die Zeit der Gnade; jetzt ist er da, der Tag der Rettung. Niemand geben wir auch nur den geringsten Anstoß, damit unser Dienst nicht getadelt werden kann. IN ALLEM ERWEISEN WIR UNS ALS GOTTES DIENER: durch große Standhaftigkeit in Bedrängnis, in Not, in Angst, unter Schlägen, in Gefängnissen, in Zeiten der Unruhe, unter der Last der Arbeit, in durchwachten Nächten, durch Fasten, durch lautere Gesinnung, durch Erkenntnis, durch Langmut, durch Güte, durch den Heiligen Geist, durch ungeheuchelte Liebe, durch das Wort der Wahrheit, in der Kraft Gottes, mit den Waffen der Gerechtigkeit in der Rechten und in der Linken, bei Ehrung und Schmähung, bei übler Nachrede und bei Lob."

V: Wort des lebendigen Gottes! - A: Dank sei Gott, dem Herrn!

Betrachtungshilfe:

Wahrscheinlich haben wir mit Beschämung gelesen, wie wunderbar der heilige Paulus all diese zahlreichen Leiden, Bedrängnisse und Schwierigkeiten überwunden hat!

Nehmen wir uns ein gutes Beispiel daran, wie wir die tägliche Mühsal des Lebens, alle Widrigkeiten, seelischen und leiblichen Nöte, Krankheiten, Kummer, Ängste, Nöte und Sorgen als gute und tüchtige Diener Gottes überwinden und für höhere, geistige Ziele aufopfern können. So möge jeder sich selbst prüfen und gründlich Gewissenserforschung halten, ob und wie er sich bemüht, die vom heiligen Paulus erwähnten und geübten Tugenden in seinem Leben zu verwirklichen.

- Muß ich mich nicht schämen, wenn ich manchmal schon bei der kleinsten Unpäßlichkeit jammere und klage, so als ob die ganze Welt davon erfahren müßte! - Oder habe ich schon gelernt, Leiden und Kreuz schweigend und geduldig zu tragen, weil ich weiß, daß ich dadurch große Schätze im Himmel sammle und sogar für andere das ewige Heil erwirken kann, wenn ich es stellvertretend aufopfere?
- Welchen Vorsatz fasse ich im Licht des heutigen Wortes Gottes?

Tagesgebet: *siehe entsprechender Tag Seite 461*

28. März

Wort Gottes: 2 Kor 6,8b-10

"Wir gelten als Betrüger und sind doch wahrhaftig; wir werden verkannt und doch anerkannt; wir sind wie Sterbende, und seht: wir leben; wir werden gezüchtigt und doch nicht getötet; UNS WIRD LEID ZUGEFÜGT, UND DOCH SIND WIR JEDERZEIT FRÖHLICH; wir sind arm und machen doch viele reich; wir haben nichts und haben doch alles."

V: Wort des lebendigen Gottes! - A: Dank sei Gott, dem Herrn!

Betrachtungshilfe:

Hier nennt uns der heilige Paulus einige scheinbare Widersprüche, die in der Christenheit geheimnisvolle Tatsachen sind, wie z.B. bei Jesus, der unsterblicher Gott ist, und doch als Mensch am Kreuz starb und durch eigene Kraft auferstanden ist; oder daß Jesus, der Schöpfer des Weltalls, als Ärmster unter allen Menschen geboren wurde, als Ärmster lebte und als Ärmster starb, usw.

Ein Widerspruch scheint es auch zu sein, daß jemand leidet und trotzdem fröhlich ist! - Aber wenn wir daran denken, was der heilige Paulus immer wieder betont, und dies auch wirklich g l a u b e n , daß die Leiden n i c h t s sind im Vergleich zu der **HERRLICHKEIT**, die uns erwartet, - wenn wir alle Prüfungen tapfer und geduldig durchstehen, dann haben wir doch wahrlich genug Anlaß, um schon in der Leidenszeit fröhlich zu sein!

- Bete ich wirklich beharrlich, das heißt täglich, damit ich in jeder Bedrängnis geduldig aushalte und dabei sogar noch fröhlich sein kann, in der Hoffnung auf ein glückliches Jenseits? - Verstehe ich jetzt besser, was der heilige Paulus damit sagen wollte: **"Seid fröhlich in der Hoffnung, geduldig in der Bedrängnis, beharrlich im Gebet!"** (Röm 12,12) -?
- Welchen Vorsatz fasse ich im Licht des heutigen Wortes Gottes?

Tagesgebet: *siehe entsprechender Tag Seite 461*

29. März

Wort Gottes: 2 Kor 11,23b-31

"Ich ertrug mehr Mühsal, war häufiger im Gefängnis, wurde mehr geschlagen, war oft in Todesgefahr. Fünfmal erhielt ich von Juden die neununddreißig Hiebe; dreimal wurde ich ausgepeitscht, einmal gesteinigt, dreimal erlitt ich Schiffbruch, eine Nacht und einen Tag trieb ich auf hoher See. Ich war oft auf Reisen, gefährdet durch Flüsse, gefährdet durch Räuber, gefährdet durch das eigene Volk, gefährdet durch Heiden, gefährdet in der Stadt, gefährdet in der Wüste, gefährdet auf dem Meer, gefährdet durch falsche Brüder. Ich erduldete Mühsal und Plage, durchwachte viele Nächte, ertrug Hunger und Durst, häufiges Fasten, Kälte und Blöße. Um von allem andern zu schweigen, weise ich noch auf den täglichen Andrang zu mir und die Sorge für alle Gemeinden hin. Wer leidet unter seiner Schwachheit, ohne daß ich mit ihm leide? Wer kommt zu Fall, ohne daß ich von Sorge verzehrt werde? Wenn schon geprahlt sein muß, will ich mit meiner Schwachheit prahlen. Gott, der Vater Jesu, des Herrn, er, der gepriesen ist in Ewigkeit, weiß, daß ich nicht lüge."

V: Wort des lebendigen Gottes! - A: Dank sei Gott, dem Herrn!

Betrachtungshilfe:

Welch große Kraft mußte im heiligen Paulus wohnen, daß er all diese schrecklichen Leiden so ruhig, geduldig und sogar mit Freude tragen konnte, und dabei noch die Gläubigen mit so wunderbaren Worten aufrichten und trösten konnte.

Wie oft wendet er sich an die Leidenden und ermuntert sie mit den Worten: Freut euch! Freut euch zu jeder Zeit! Freut euch im Herrn! - Und wie freudig er selbst den Willen des Himmlischen Vaters erfüllte, auch wenn dies mit den größten Leiden verbunden war, beweisen die folgenden Worte: **"Jetzt freue ich mich in den Leiden, die ich für euch ertrage. Für den Leib Christi, die Kirche, ergänze ich in meinem irdischen Leben das, was an den Leiden Christi noch fehlt. Ich diene der Kirche durch das Amt, das Gott mir übertragen hat, damit ich euch das Wort Gottes in seiner Fülle verkündige, jenes Geheimnis, das seit ewigen Zeiten und Generationen verborgen war"** (Kol 1,24-26a).

Paulus ist sich dabei sehr wohl bewußt, daß ein Mensch dies niemals aus eigener Kraft bewältigen und ertragen könnte, ja er bekennt sich ganz offen zu seiner eigenen menschlichen Schwachheit und weist dadurch auf das Wirken der Gnade Gottes und den Beistand des Heiligen Geistes hin!

• Bin ich bereit, das Kreuz mit Freude zu tragen, so wie es der heilige Paulus getan hat, um dadurch zu ergänzen, **"was an den Leiden Christi noch fehlt"** und was Jesus auch durch mich in Seinem Mystischen Leib, der Kirche, vollenden will?

• Welchen Vorsatz fasse ich im Licht des heutigen Wortes Gottes?

Tagesgebet: *siehe entsprechender Tag Seite 461*

30. März

Wort Gottes: 2 Kor 12,7-10

"Damit ich mich wegen der einzigartigen Offenbarung nicht überhebe, wurde mir ein Stachel ins Fleisch gestoßen: ein Bote Satans, der mich mit Fäusten schlagen soll, damit ich mich nicht überhebe. Dreimal habe ich den Herrn angefleht, daß dieser Bote Satans von mir ablasse. Er aber antwortete mir: Meine Gnade genügt dir, denn sie erweist ihre Kraft in der Schwachheit. Viel lieber also will ich mich meiner Schwachheit rühmen, damit die Kraft Christi auf mich herabkommt. Deswegen bejahe ich meine Ohnmacht, alle Mißhandlungen und Nöte, Verfolgungen und Ängste, die ich für Christus ertrage; denn wenn ich schwach bin, dann bin ich stark."

V: Wort des lebendigen Gottes! - A: Dank sei Gott, dem Herrn!

Heute spricht der heilige Paulus von einem geheimnisvollen Stachel des Fleisches, den er als "Boten Satans" bezeichnet und der ihn mit Fäusten schlägt. Obwohl ihm bewußt war, daß dies eine Zulassung Gottes ist, damit er sich wegen der einzigartigen Offenbarung, deren er vom Herrn gewürdigt worden war, nicht erhebe, das heißt nicht hochmütig werde, flehte er dreimal zum Herrn, daß dieser Bote Satans von ihm ablasse. - Und was bekam er zur Antwort: **"Meine Gnade genügt dir, denn sie erweist ihre Kraft in der Schwachheit"** des Menschen.

• Vielleicht quält auch mich ein Bote Satans, der mich mit seinen Fäusten schlägt und mir viele Leiden bereitet? - Genügt mir dabei diese Antwort, die der Herr dem heiligen Paulus gab?

• Welchen Vorsatz fasse ich im Licht des heutigen Wortes Gottes?

Tagesgebet: *siehe entsprechender Tag Seite 461*

31. März

Wort Gottes: Phil 1,29-30

"Euch wurde die Gnade zuteil, für Christus dazusein, also nicht nur an ihn zu glauben, sondern auch seinetwegen zu leiden. Denn ihr habt den gleichen Kampf zu bestehen, den ihr früher an mir gesehen habt und von dem ihr auch jetzt hört."

V: Wort des lebendigen Gottes! - A: Dank sei Gott, dem Herrn!

Betrachtungshilfe:

Jesus sagte einmal: **"Ihr seid meine Freunde, wenn ihr tut, was ich euch auftrage"** (Joh 15,14). - Aus der Praxis des Lebens aber wissen wir, daß die Hölle gegen uns losgeht und uns manchmal sogar große Leiden bereitet, wenn wir das tun, wozu Jesus uns auffordert. Darum erklärt uns der heilige Paulus, "für Christus dazusein" heißt nicht nur, an IHN zu glauben, sondern auch Seinetwegen zu leiden. Er selbst hat uns dies beispielhaft vorgelebt und uns nicht nur mit Worten, sondern vor allem durch seine Taten bewiesen, was ein Mensch mit der Gnade Gottes erreichen kann. Er war davon überzeugt: **"Alles vermag ich durch ihn, der mir Kraft gibt"** (Phil 4,13) - das heißt, durch Jesus Christus, mit dem er in den Leiden EINS war!

• Bin ich in meinen Leiden *eins* mit dem Gekreuzigten, damit ich mit dem heiligen Paulus wiederholen kann: **"Alles vermag ich durch ihn, der mir Kraft gibt"**

• Welchen Vorsatz fasse ich im Licht des heutigen Wortes Gottes?

Tagesgebet:

KREUZ UND LEIDEN
bei der Erfüllung des Willens
des Himmlischen Vaters

VORWORT:

Was sagt uns dazu der neue Katechismus der katholischen Kirche?

"Daß Gott das physische und das moralische Böse zuläßt, ist ein Mysterium, das ER durch Seinen Sohn Jesus Christus erhellt, der gestorben und auferstanden ist, um das Böse zu besiegen. Der Glaube gibt uns die Gewißheit, daß Gott das Böse nicht zuließe, wenn ER nicht auf Wegen, die wir erst im ewigen Leben vollständig erkennen werden, sogar aus dem Bösen Gutes hervorgehen ließe." (324)

"Die Engel und die Menschen, intelligente und freie Geschöpfe, müssen ihrer letzten Bestimmung aus freier Wahl entgegengehen und ihr aus Liebe den Vorzug geben. Sie können darum auch vom Weg abirren und sie haben auch tatsächlich gesündigt. So ist das moralische Übel in die Welt gekommen, das unvergleichlich schlimmer ist als das physische Übel. **Gott ist auf keine Weise, weder direkt noch indirekt, die Ursache des moralischen Übels.** Er läßt es jedoch zu, da er die Freiheit Seines Geschöpfes achtet, und er weiß auf geheimnisvolle Weise Gutes daraus zu ziehen." (311)

"So kann man mit der Zeit entdecken, daß Gott in Seiner allmächtigen Vorsehung sogar aus den Folgen eines durch Seine Geschöpfe verursachten moralischen Übels etwas Gutes zu ziehen vermag. Aus dem schlimmsten moralischen Übel, das je begangen worden ist, aus der durch die Sünden aller Menschen verschuldeten Verwerfung und Ermordung des Sohnes Gottes, hat Gott im Übermaß Seiner Gnade das größte aller Güter gemacht: **die Verherrlichung Christi und unsere Erlösung.** Freilich wird deswegen das Böse nicht zu etwas Gutem." (312)

"Wir wissen, daß Gott bei denen, die IHN lieben, alles zum Guten führt!" (Röm 8,28). Das bezeugen die Heiligen immer wieder (313):

Die hl.Katharina von Siena sagt deshalb zu denen, die an dem, was ihnen zustößt, Ärgernis nehmen und sich dagegen auflehnen: "Alles geht aus Liebe hervor, alles ist auf das Heil des Menschen hingeordnet. Gott tut nichts außer mit diesem Ziel." (dial.4,138)

Der hl.Thomas Morus tröstet kurz vor seinem Martyrium seine Tochter: "Es kann nichts geschehen, was Gott nicht will. Was immer er aber will, so schlimm es auch scheinen mag, es ist für uns dennoch wahrhaft das Beste."

"Die Vereinigung mit dem Leiden Christi: Durch die Gnade dieses Sakramentes erhält der Kranke die Kraft und die Gabe, sich mit dem Leiden des Herrn noch inniger zu vereinen. Er wird gewissermaßen dazu **geweiht,** durch die **Gleichgestaltung** mit dem **erlösenden Leiden** des Heilands Frucht zu tragen. **Das Leiden, Folge der Erbsünde, erhält einen neuen Sinn; es wird zur Teilnahme am Heilswerk Jesu."** (1521)

"Der Glaube läßt uns schon im voraus die Freude und das Licht der beseligenden Gottesschau genießen, die das Ziel unseres irdischen Weges ist. Wir werden dann

Gott 'von Angesicht zu Angesicht' (1 Kor 13,12), 'wie er ist' (1 Joh 3,2) sehen. Der Glaube ist somit schon der Beginn des ewigen Lebens." (163)

"Jetzt aber gehen wir 'als Glaubende unseren Weg, nicht als Schauende' (2 Kor 5,7), und erkennen Gott wie in einem Spiegel, rätselhaft und unvollkommen. Der Glaube wird von Gott, auf den er sich richtet, erhellt; dennoch wird er oft im Dunkel gelebt. Der Glaube kann auf eine harte Probe gestellt werden. Die Welt, in der wir leben, scheint von dem, was der Glaube uns versichert, oft sehr weit entfernt. Die Erfahrungen des Bösen und des L e i d e n s, der Ungerechtigkeiten und des Todes scheinen der Frohbotschaft zu widersprechen. Sie können den Glauben erschüttern und für ihn zur Versuchung werden." (164)

"Dann müssen wir uns den Glaubenszeugen zuwenden. Abraham, der 'gegen alle Hoffnung voll Hoffnung' glaubte (Röm 4,18); der Jungfrau Maria, die auf dem 'Pilgerweg des Glaubens' (Lumen Gentium 58) sogar in die 'Nacht des Glaubens' (Johannes Paul II., Enz. Redemptoris Mater 18) hineinging, indem sie am LEIDEN ihres Sohnes und der Nacht Seines Grabes Anteil nahm; und vielen weiteren Zeugen des Glaubens: 'Da uns eine solche Wolke von Zeugen umgibt, wollen auch wir alle Last und die Fesseln der Sünde abwerfen. Laßt uns mit Ausdauer in dem Wettkampf laufen, der uns aufgetragen ist, und dabei auf Jesus blicken, den Urheber und Vollender des Glaubens; er hat angesichts der vor ihm liegenden Freude das K R E U Z auf sich genommen, ohne auf die Schande zu achten, und sich zur Rechten von Gottes Thron gesetzt.' (Hebr 12,1-2)

"Buße kann bestehen im Gebet, in einer Gabe, in Werken der Barmherzigkeit, im Dienst am Nächsten, im freiwilligen Verzicht, im Opfer bringen und vor allem in der geduldigen Annahme des K r e u z e s, das wir zu tragen haben.. Solche Bußwerke sind behilflich, uns Christus anzugleichen, der allein für unsere Sünden ein für allemal Sühne geleistet hat. Sie lassen uns zu Miterben des auferstandenen Christus werden, 'wenn wir mit ihm leiden' (Röm 8,17)" - (1460)

1. April

Wort Gottes: 1 Kor 2,1-5/9

"Als ich zu euch kam, Brüder, kam ich nicht um glänzende Reden oder gelehrte Weisheit vorzutragen, sondern um euch das Zeugnis Gottes zu verkündigen, denn ich hatte mich entschlossen, bei euch nichts zu wissen, außer Jesus Christus, und zwar als den GEKREUZIGTEN. Zudem kam ich in Schwäche und Furcht, zitternd und bebend zu euch, meine Botschaft und Verkündigung war nicht Überredung durch gewandte und kluge Worte, sondern war mit dem Erweis von Geist und Kraft verbunden, damit sich euer Glaube nicht auf Menschenweisheit stützte, sondern auf die Kraft Gottes. Wir verkündigen, was kein Auge gesehen und kein Ohr gehört hat, was keinem Menschen in den Sinn gekommen ist: das Große, das Gott denen bereitet hat, die ihn lieben."

V: Wort des lebendigen Gottes! - A: Dank sei Gott, dem Herrn!

Betrachtungshilfe:

Dieses Wort Gottes zeigt uns die vollkommene Zugehörigkeit des heiligen Paulus zum gekreuzigten Jesus Christus. Sein größter Wunsch ist es, alle Menschen zum Herrn der ewigen Herrlichkeit zu führen und sie mit IHM ganz und gar zu vereinigen. Dabei macht uns das schwere Leben des heiligen Paulus erneut deutlich, daß diese Herrlichkeit nicht ohne vorherigen Kreuzweg zu erreichen ist.

Bei der Verkündigung der Botschaft Jesu geht es ihm nicht um gewandte Worte, auch nicht um menschliche Weisheit, sondern er redet aus der Kraft Gottes, um den Glauben der Zuhörer zu stärken. Seine Worte, "was kein Auge gesehen und kein Ohr gehört hat, was keinem Menschen in den Sinn gekommen ist: **Das Große, das Gott denen bereitet hat, die ihn lieben**", zeigen uns, wie wichtig die Liebe zu Gott ist und dies bekräftigt er an anderer Stelle mit den Worten: **"Wir wissen, daß Gott bei denen, die ihn lieben, alles zum Guten führt"** (Röm 8,28a).

- Ist es mir wirklich ein Herzensanliegen, ganz und gar Jesus Christus, dem Gekreuzigten, anzugehören? - Suche ich diese Liebe zu Gott, durch die ER alles bei mir zum Guten führen kann?
- Welchen Vorsatz fasse ich im Licht des heutigen Wortes Gottes?

Tagesgebet: *siehe entsprechender Tag Seite 457*

2. April

Wort Gottes: Gal 2,19b-20

"ICH BIN MIT CHRISTUS GEKREUZIGT WORDEN; nicht mehr ich lebe, sondern Christus lebt in mir. Soweit ich aber jetzt noch in dieser Welt lebe, lebe ich im Glauben an den Sohn Gottes, der mich geliebt und sich für mich hingegeben hat."

V: Wort des lebendigen Gottes! - A: Dank sei Gott, dem Herrn!

Betrachtungshilfe:

Dieses Wort Gottes zeigt uns, zu welch wunderbarer Einheit zwischen Gott und den Menschen die Liebe und das geduldige Kreuztragen führen kann. Dieser Austausch der Liebe zwischen Gott und dem Mensch führt zu einer ähnlichen Einheit, wie sie sich zwischen Gott und Jesus Christus offenbarte. - Einheit in der Liebe, Einheit in den Leiden und unter dem Kreuz, aber dann später auch Einheit in der Herrlichkeit und Freude des Himmels! - Welch wunderbare Pläne Gottes! - Aber auch welch schreckliche Blindheit vieler Menschen, die dies nicht begreifen können oder wollen!

- Begreife ich diesen wunderbaren Liebesaustausch, den Gott auch an mir vollziehen will? - Begreife ich die Pläne Gottes, die den Menschen oft auf sehr ungewöhnlichen Wegen zu dieser herrlichen, innerlich beglückenden Einheit mit IHM führen?
- Welchen Vorsatz fasse ich im Licht des heutigen Wortes Gottes?

Tagesgebet: *siehe entsprechender Tag Seite 457*

3. April

"Seid untereinander so gesinnt, wie es dem Leben in Christus entspricht: Er war Gott gleich, hielt aber nicht daran fest, wie Gott zu sein, sondern er entäußerte sich und wurde wie ein Sklave und den Menschen gleich. Sein Leben war das eines Menschen; ER ERNIEDRIGTE SICH UND WAR GEHORSAM BIS ZUM TOD, BIS ZUM TOD AM KREUZ. Darum hat ihn Gott über alle erhöht und ihm den Namen verliehen, der größer ist als alle Namen, damit alle im Himmel, auf der Erde und unter der Erde ihre Knie beugen vor dem Namen Jesu und jeder Mund bekennt: Jesus Christus ist der Herr - zur Ehre Gottes, des Vaters. Darum, liebe Brüder, - ihr wart ja immer gehorsam, nicht nur in meiner Gegenwart, sondern noch viel mehr jetzt in meiner Abwesenheit: Müht euch mit Furcht und Zittern um euer Heil!"

V: Wort des lebendigen Gottes! - A: Dank sei Gott, dem Herrn!

Betrachtungshilfe:

Dieses Wort Gottes zeigt uns, wie sehr Jesus Christus dem Willen des Himmlischen Vaters gehorsam war, in allen Leiden, bis hin zum Tod am Kreuz! - Für unsere sündhafte, menschliche Natur bedeutet der Gehorsam gegenüber dem Willen des Himmlischen Vaters immer das Kreuz. - Dieses Wort Gottes weist uns zugleich hin auf die große Demut Jesu Christi: Obwohl ER Gott war, erniedrigte ER sich vor den Menschen und lebte wie ein Sklave. - Aber welche Ehre wird Seinem Namen zuteil werden: Alle im Himmel, auf der Erde und unter der Erde werden i h r e K n i e b e u g e n vor dem Namen JESU !

- Bin ich gerne bereit, dem Willen des Himmlischen Vaters zu folgen, auch wenn ich manchmal viel dafür leiden muß? - Ist es richtig, daß die Menschen nicht mehr ihre Knie vor Jesus beugen wollen, wenn sie IHN in der Heiligen Kommunion empfangen, wenn Gott doch von allen im Himmel, auf der Erde und unter der Erde verlangt, daß sie schon allein vor dem Namen Jesu ihre Knie beugen sollen?

- Welchen Vorsatz fasse ich im Licht des heutigen Wortes Gottes?

Tagesgebet: *siehe entsprechender Tag Seite 457*

4. April

"Ahmt auch ihr mich nach, Brüder, und achtet auf jene, die nach dem Vorbild leben, das ihr an uns habt. Denn viele - von denen ich oft zu euch gesprochen habe, doch jetzt unter Tränen spreche - leben als Feinde des KREUZES Christi. Ihr Ende ist das Verderben, ihr Gott der Bauch; ihr Ruhm besteht in ihrer Schande; Irdisches haben sie im Sinn. Unsere Heimat aber ist im Himmel. Von dort her erwarten wir auch Jesus Christus, den Herrn, als Retter, der unseren armseligen Leib verwandeln wird in die Gestalt seines verherrlichten Leibes, in der Kraft, mit der er sich alles unterwerfen kann."

V: Wort des lebendigen Gottes! - A: Dank sei Gott, dem Herrn!

Betrachtungshilfe:

Welche Glaubensüberzeugung und Kraft des Heiligen Geistes spricht aus diesen Worten des heiligen Paulus! - Das gleiche treffen wir bei Maria, als sie, erfüllt vom Heiligen Geist, im Magnifikat ausrief: **"Meine Seele preist die Größe des Herrn und mein Geist jubelt über Gott meinen Retter. Denn auf die Niedrigkeit seiner Magd hat er geschaut. Siehe, von nun an preisen mich selig alle Geschlechter. Denn der Mächtige hat Großes an mir getan"** (Lk 1,46-49).

Der heilige Paulus warnt uns eindringlich vor denen, die als Feinde des Kreuzes Christi leben, denen der Bauch zum Gott geworden ist, das heißt vor denen, die nur das Leben genießen wollen und im Wohlergehen, im guten Essen und Trinken das höchste Gut des Lebens sehen, die, anstatt Gott zu huldigen, nur ihrem Leib dienen, obwohl der heilige Paulus doch ganz klar sagt: **"Das Reich Gottes ist nicht Essen und Trinken, es ist Gerechtigkeit, Friede und Freude im Heiligen Geist"** (Röm 14,17).

Schließlich erinnert uns dieses Wort Gottes an eine große Wahrheit, über die kaum jemand heute nachdenkt: **"Unsere Heimat ist im Himmel!"** - Wenn alle Menschen daran glauben und so denken würden, dann gäbe es keine Streitigkeiten und Kriege um irdische Heimatländer! - Also, nur der Glaube an das Wort Gottes kann uns schließlich auf den Weg zum Frieden unter den Völkern führen!

• Was sagt mir mein Gewissen, wenn ich es richtig vor Gott erforsche? - Wem folge ich gerne, dem Herrn Jesus und Seinen Aposteln, oder denen, deren Gott der Bauch ist, die dem Genuß des Essens und Trinkens huldigen? - Denke ich wirklich wie der heilige Paulus, daß unsere Heimat diese echte, ewige Heimat im Himmel ist?

• Welchen Vorsatz fasse ich im Licht des heutigen Wortes Gottes?

Tagesgebet: *siehe entsprechender Tag Seite 457*

5. April

Wort Gottes: Phil 3,10-11

"Christus will ich erkennen und die Macht seiner Auferstehung und die GEMEINSCHAFT MIT SEINEN LEIDEN; sein Tod soll mich prägen. So hoffe ich, auch zur Auferstehung von den Toten zu gelangen."

V: Wort des lebendigen Gottes! - A: Dank sei Gott, dem Herrn!

Betrachtungshilfe:

Viele Menschen sorgen und mühen sich um menschliche Weisheiten, sie lernen viel, so viel, daß sie manchmal sogar ganz verwirrt sind. Der heilige Paulus dagegen bemühte sich darum, Jesus Christus und die Macht Seiner Auferstehung zu erkennen. Er war bereit zusammen mit IHM und für IHN zu leiden. - Müßte man ihn deswegen nicht vielleicht sogar für verrückt erklären? - Was hat er dadurch in seinem irdischen Leben erreicht? - Aber dann sollen wir auch fragen, was werden diese für die Ewigkeit erreichen, die ihr ganzes Leben menschlichen Wissenschaften und Weisheiten widmen und keine Zeit dafür haben, das kennenzulernen, was zur Einheit mit Jesus Christus, zur Auferstehung mit IHM und zur ewigen Heimat im Himmel führt. - Selbstverständlich wäre es das Beste, Zeit für beides zu finden, aber den ersten Platz in unserem Leben sollte doch vor allem Gott einnehmen!

* Mit wem will ich weiter mein Leben bewältigen? - In Einheit mit Jesus Christus oder mit denen, die nur um Menschliches und Irdisches sorgen? - Oder finde ich doch genug Kraft, beidem gerecht zu werden und beides in Einklang zu bringen?
* Welchen Vorsatz fasse ich im Licht des heutigen Wortes Gottes?

Tagesgebet: *siehe entsprechender Tag Seite 457*

6. April

Wort Gottes: Kol 1,24-26a

"JETZT FREUE ICH MICH IN DEN LEIDEN, die ich für euch ertrage. Für den Leib Christi, die Kirche, ergänze ich in meinem irdischen Leben das, was an den Leiden Christi noch fehlt. Ich diene der Kirche durch das Amt, das Gott mir übertragen hat, damit ich euch das Wort Gottes in seiner Fülle verkündige, jenes Geheimnis, das seit ewigen Zeiten und Generationen verborgen war."

V: Wort des lebendigen Gottes! - A: Dank sei Gott, dem Herrn!

Betrachtungshilfe:

Für uns ist es wahrscheinlich nur schwer zu begreifen, wie der heilige Paulus sich in den Leiden noch freuen konnte. Aber dieses Wort Gottes beweist uns, daß er tatsächlich glücklich war, wenn er im Dienst für die anderen und bei der Ausübung seines Amtes in der Kirche, d.h. bei der Verkündigung des Wortes Gottes, leiden mußte. Er berichtet mit Freude darüber, daß er für den Leib Christi, die Kirche, in seinem irdischen Leben das ergänzen darf, was an den Leiden Christi noch fehlt. - Wer diese Worte wirklich zusammen mit dem heiligen Paulus wiederholen kann, mit Freude, der kann sich wirklich glücklich preisen.

* Habe ich Freude dabei, wenn ich im Gespräch mit anderen Menschen immer passende Gelegenheiten finde, um anderen in ihrem Leid mit dem Wort Gottes Licht, Trost und Freude zu vermitteln?
* Welchen Vorsatz fasse ich im Licht des heutigen Wortes Gottes?

Tagesgebet: *siehe entsprechender Tag Seite 457*

7. April

Wort Gottes: 1 Thess 2,2-4

"Wir hatten in Philippi viel zu leiden und wurden mißhandelt, wie ihr wißt; dennoch haben wir im Vertrauen auf unseren Gott das Evangelium Gottes trotz harter Kämpfe freimütig und furchtlos bei euch verkündet. Denn wir predigen nicht, um euch irrezuführen, in schmutziger Weise auszunutzen oder zu betrügen, sondern wir tun es, weil Gott uns geprüft und uns das Evangelium anvertraut hat, nicht also um den Menschen, sondern um Gott zu gefallen, der unsere Herzen prüft."

V: Wort des lebendigen Gottes! - A: Dank sei Gott, dem Herrn!

Betrachtungshilfe:

Wieder hören wir, daß der heilige Paulus bei der Verkündigung des Wortes Gottes viel leiden mußte. Dies konnte ihn aber nicht davon abhalten, sich Jesus ganz und gar zur Verfügung zu stellen. Im Brief an die Römer erklärt er uns das Geheimnis seiner Kraft: **"Ich schäme mich des Evangeliums nicht: es ist eine Kraft Gottes, die jeden rettet, der glaubt, denn im Evangelium wird die Gerechtigkeit Gottes offenbart aus Glauben zum Glauben, wie es in der Schrift heißt: Der aus Glauben Gerechte wird leben"** (Röm 1,16-17). - Paulus verkündet also das Wort Gottes nicht, um für sich einen Vorteil daraus zu ziehen, auch nicht, um den Menschen zu gefallen, sondern allein, um Gott zu gefallen.

- Bin ich gerne bereit, dem Wort Gottes und der Verkündigung des Evangeliums zu dienen, allein deswegen, um Gott zu gefallen? - Kann ich sagen, daß ich mich freimütig und furchtlos zur Wahrheit bekenne, auch wenn ich dafür verlacht und verspottet werde?
- Welchen Vorsatz fasse ich im Licht des heutigen Wortes Gottes?

Tagesgebet: *siehe entsprechender Tag Seite 458*

8. April

Wort Gottes: 1 Thess 2,13-15

"Darum danken wir Gott unablässig dafür, daß ihr das Wort Gottes, das ihr durch unsere Verkündigung empfangen habt, nicht als Menschenwort, sondern - was es in Wahrheit ist - als Gottes Wort angenommen habt; und jetzt ist es in euch, den Gläubigen, wirksam. Denn, Brüder, ihr seid den Gemeinden Gottes in Judäa gleich geworden, die sich zu Christus Jesus bekennen. Ihr habt von euren Mitbürgern das gleiche erlitten wie jene von den Juden. Diese haben sogar Jesus, den Herrn, und die Propheten getötet; auch uns haben sie verfolgt. Sie mißfallen Gott und sind Feinde aller Menschen."

V: Wort des lebendigen Gottes! - A: Dank sei Gott, dem Herrn!

Dieses Wort Gottes berichtet uns, daß die Gläubigen in den ersten christlichen Gemeinden wegen ihres Bekenntnisses zu Jesus Christus viel zu erdulden hatten. Aber selbst Jesus, der doch gerecht und ohne Sünde war, mußte viel leiden und wurde sogar getötet! Ebenso erging es Seinen Propheten, die vor IHM das Kommen des Reiches Gottes verkündet hatten. - Aber wehe denen, die diese Leiden verursachen und dadurch Gott mißfallen! - Paulus bezeichnet sie als Feinde Gottes und als Feinde aller Menschen. - Damit spricht Paulus eine große Wahrheit aus, denn in Wirklichkeit erweisen sich die Feinde Gottes immer auch als Feinde der Menschen.

- Wenn ich wegen meines Glaubens und Bekenntnisses zu Jesus Christus ungerecht behandelt werde, freue ich mich darüber, ertrage ich dies mit Liebe und bin ich bereit, zu verzeihen, weil dies notwendig ist, damit wir Söhne des Himmlischen Vaters genannt werden können (vgl. Mt 5,44-45a) - ?
- Welchen Vorsatz fasse ich im Licht des heutigen Wortes Gottes?

Tagesgebet: *siehe entsprechender Tag Seite 458*

9. April

Wort Gottes: 2 Tim 1,7-8

"Gott hat uns nicht einen Geist der Verzagtheit gegeben, sondern den Geist der Kraft, der Liebe und der Besonnenheit. Schäme dich also nicht, dich zu unserem Herrn zu bekennen; schäme dich auch meiner nicht, der ich seinetwegen im Gefängnis bin, sondern LEIDE MIT MIR FÜR DAS EVANGELIUM. Gott gibt dazu die Kraft."

V: Wort des lebendigen Gottes! - A: Dank sei Gott, dem Herrn!

Betrachtungshilfe:

Dieses Wort Gottes bestätigt uns die Wahrheit, daß Gott jedem Menschen die entsprechenden Gnadengaben schenkt, wenn er bereit ist, zusammen mit Gott am Werk der Erlösung mitzuwirken. - Der heilige Paulus lädt in seinem Brief nicht nur Timotheus, sondern auch uns ein, mit ihm für das Evangelium zu leiden, und bestärkt uns darin mit den Worten: **"Gott gibt dazu die Kraft"**. - So werden wir, wenn wir uns mit Jesus in den Leiden vereinigen, mit IHM zusammen auch die Herrlichkeit des Himmels für alle Ewigkeit genießen.

- Bin ich gerne bereit, für das Evangelium zu leiden, damit das Wort Gottes auch durch mich verkündet wird? - Ist mir bewußt, welch große Rolle die von mir geduldig ertragenen Leiden und Schwierigkeiten für die Neu-Evangelisierung spielen und wie sehr sie dazu beitragen können, daß das Erlösungswerk Jesu bei möglichst vielen Menschen Frucht bringt?
- Welchen Vorsatz fasse ich im Licht des heutigen Wortes Gottes?

Tagesgebet: *siehe entsprechender Tag Seite 458*

10. April ·

Wort Gottes: 2 Tim 2,1-3

"Du, mein Sohn, sei stark in der Gnade, die dir in Christus Jesus geschenkt ist. Was du vor vielen Zeugen von mir gehört hast, das vertrau zuverlässigen Menschen an, die fähig sind, auch andere zu lehren. LEIDE MIT MIR ALS GUTER SOLDAT CHRISTI JESU."

V: Wort des lebendigen Gottes! - A: Dank sei Gott, dem Herrn!

Betrachtungshilfe:

Erneut fordert uns der heilige Paulus auf, mit ihm für das Erlösungswerk Jesu Christi zu leiden. So wie ein guter Soldat im Kampf gegen den Feind mit Verwundungen und Leiden rechnen muß, so müssen all diese um so mehr mit Verwundungen rechnen, die gegen die Sünde und gegen die Hölle kämpfen.

Der heilige Paulus ermunterte Timotheus, der noch sehr jung war, sein Leben mit Eifer und aus der Gnade Jesu Christi für die Verbreitung des Evangeliums zu opfern. - Wie viele junge Menschen mißachten heute den Ruf des Herrn, Diener des Evangeliums zu werden, und gehen lieber in die Welt, um dem Mammon zu dienen!

- Höre ich in mir den Ruf des Herrn, dem Evangelium in der Welt zu dienen, - vielleicht als Priester, als Ordensmann oder Ordensfrau, vielleicht als Vater oder Mutter in der Familie, oder einfach als junger Mann oder junge Frau - überall dort, wo Menschen auf die rettende Kraft des Wortes Gottes warten?

- Welchen Vorsatz fasse ich im Licht des heutigen Wortes Gottes?

Tagesgebet: *siehe entsprechender Tag Seite 458*

"Das Wort vom Kreuz ist denen, die verlorengehen, Torheit; uns aber, die gerettet werden, ist es Gottes Kraft." (1 Kor 1,18)

Dabei wollen wir nie vergessen, daß Gott nicht die Leiden der Menschen braucht, sondern unser g e d u l d i g e s Ertragen der Leiden, unsere Barmherzigkeit, Güte und opferbereite Liebe gegenüber den anderen, besonders in deren Not!

·11. April

Wort Gottes: 1 Petr 1,5-7

"Gottes Macht behütet euch durch den Glauben, damit ihr das Heil erlangt, das am Ende der Zeit offenbart werden soll. DESHALB SEID IHR VOLL FREUDE, OBWOHL IHR JETZT VIELLEICHT KURZE ZEIT UNTER MANCHERLEI PRÜFUNGEN LEIDEN MÜSST. Dadurch soll sich euer Glaube bewähren, und es wird sich zeigen, daß er wertvoller ist als Gold, das im Feuer geprüft wurde und doch vergänglich ist. So wird eurem Glauben Lob, Herrlichkeit und Ehre zuteil bei der Offenbarung Jesu Christi."

V: Wort des lebendigen Gottes! - A: Dank sei Gott, dem Herrn!

Betrachtungshilfe:

Welch großen Trost vermitteln uns diese Worte des heiligen Petrus, die er im Heiligen Geist zu uns spricht! - Auch wenn wir unter vielen Prüfungen leiden müssen, so haben wir doch die Gewißheit, daß dies nur kurze Zeit dauern wird. Gott will, daß wir das ewige Heil erlangen und deshalb prüft ER unseren Glauben, unsere Treue und Liebe zu IHM. Aber im Vertrauen auf Seine Macht können wir uns schon jetzt freuen, denn ER behütet uns in allen Schwierigkeiten und wenn sich unser Glaube in den Leiden bewährt, werden wir beim Kommen Jesu Christi am Jüngsten Tag mit unaussprechlicher Freude Lob, Herrlichkeit und Ehre ernten.

- Habe ich schon gelernt, gestärkt und ermutigt durch den Glauben an das Wort Gottes, mich auch in Prüfungen und Leiden zu freuen?
- Welchen Vorsatz fasse ich im Licht des heutigen Wortes Gottes?

Tagesgebet: *siehe entsprechender Tag Seite 458*

12. April

Wort Gottes: 2 Tim 2,8-13

"Denk daran, daß Jesus Christus, der Nachkomme Davids, von den Toten auferstanden ist; so lautet mein Evangelium, für das ich zu leiden habe und sogar wie ein Verbrecher gefesselt bin; aber das Wort Gottes ist nicht gefesselt. Das alles erdulde ich um der Auserwählten willen, damit auch sie das Heil in Christus Jesus und die ewige Herrlichkeit erlangen. Das Wort ist glaubwürdig: WENN WIR MIT CHRISTUS GESTORBEN SIND, WERDEN WIR AUCH MIT IHM LEBEN; wenn wir standhaft bleiben, werden wir auch mit ihm herrschen; wenn wir ihn verleugnen, wird auch er uns verleugnen. Wenn wir untreu sind, bleibt er doch treu, denn er kann sich selbst nicht verleugnen."

V: Wort des lebendigen Gottes! - A: Dank sei Gott, dem Herrn!

Betrachtungshilfe:

Nach vielen Leiden Jesu feiert die Kirche ihren größten Sieg, den Sieg über den Tod, den Sieg über die Sünde und über die Macht des Satans: Den Sieg der Auferstehung.

Darin gründet auch unser aller Hoffnung. Wenn wir mit Jesus leiden, werden wir auch mit IHM zur Herrlichkeit Gottes auferstehen. Deshalb wollen wir immer wieder mit der ganzen Kirche und mit dem ganzen Himmel voller Freude zu Ehre der Dreifaltigkeit Gottes das ALLELUJA singen. - Jesus Christus ist wahrhaft von den Toten auferstanden!

- Ist mir klar, daß der Tag der Auferstehung um so größere Freuden bringen wird, je größere Leiden ihm vorausgegangen sind?
- Welchen Vorsatz fasse ich im Licht des heutigen Wortes Gottes?

Tagesgebet: *siehe entsprechender Tag Seite 459*

"... so stehe ich da als Zeuge für groß und klein und sage nichts anderes als das, was nach dem Wort der Propheten und des Mose geschehen soll: daß der Christus leiden müsse und daß er, als erster von den Toten auferstanden, dem Volk und den Heiden ein Licht verkünden werde."
(Apg 26,21-23)

"Er ist nicht hier; denn er ist auferstanden, wie er gesagt hat. Kommt her und seht euch die Stelle an, wo er lag. Dann geht schnell zu seinen Jüngern und sagt ihnen: Er ist von den Toten auferstanden. Er geht euch voraus nach Galiläa, dort werdet ihr ihn sehen. Ich habe es euch gesagt. Sogleich verließen sie das Grab und eilten voll Furcht und großer Freude zu seinen Jüngern, um ihnen die Botschaft zu verkünden."
(Mt 28,6-8)

13. April

"Als er (Jesus) auf Erden lebte, hat er mit lautem Schreien und unter Tränen Gebete und Bitten vor den gebracht, der ihn aus dem Tod retten konnte, und er ist erhört und aus seiner Angst befreit worden. OBWOHL ER DER SOHN WAR, HAT ER DURCH LEIDEN DEN GEHORSAM GELERNT; zur Vollendung gelangt, ist er für alle, die ihm gehorchen, der Urheber des ewigen Heils geworden."

V: Wort des lebendigen Gottes! - A: Dank sei Gott, dem Herrn!

Betrachtungshilfe:

Wenn selbst Jesus durch die Leiden den Gehorsam lernen mußte, was können wir dann schließlich von unserer menschlichen und durch die Erbsünde gefallenen, schwachen Natur erwarten?!

Jesus bat Seinen Vater um Befreiung vom Tod und Gott hat IHN von der Angst vor dem Tod befreit! - Wir sehen also, daß jedes gläubige Gebet von Gott erhört wird, aber oft eben nicht so, wie *w i r* es uns vorstellen, sondern so, wie es Gottes Vorsehung entspricht.

Das heutige Wort Gottes will uns sagen, daß auch wir, wie Jesus, den Gehorsam in den Leiden lernen müssen, was uns sicher nicht leicht fällt. Aber so wie auch Jesus in Seiner Todesangst Seinen Vater um Hilfe anflehte und sie erhielt, so müssen auch wir in den Leiden im Namen Jesu zu Gott schreien, dann wird ER uns nach Seinem Ratschluß diese Hilfe schicken, die für uns am besten ist.

- Bin ich bereit, wie Jesus durch die Leiden den Gehorsam zum Willen des Himmlischen Vaters zu lernen, damit ich zur Vollendung und zum ewigen Heil gelange? - Denke ich heute am **Fatimatag** daran, daß die Gottesmutter uns zum täglichen Rosenkranzgebet aufgefordert hat?
- Welchen Vorsatz fasse ich im Licht des heutigen Wortes Gottes?

Tagesgebet: *siehe entsprechender Tag Seite 459*

14. April

Wort Gottes: Hebr 2,9-10

"Den, der nur für kurze Zeit unter die Engel erniedrigt war, Jesus, ihn sehen wir um seines Todesleidens willen mit Herrlichkeit und Ehre gekrönt; es war nämlich Gottes gnädiger Wille, daß er für alle den Tod erlitt. Denn es war angemessen, daß Gott für den und durch den das All ist und der viele Söhne zur Herrlichkeit führen wollte, den Urheber ihres Heils durch Leiden vollendete."

V: Wort des lebendigen Gottes! - A: Dank sei Gott, dem Herrn!

Dieses Wort Gottes macht uns ganz klar, daß Jesus erst nach vielen Erniedrigungen, Demütigungen und Leiden zur Vollendung gelangte. Erst nachdem ER den Tod erlitten hatte, wurde ER von Seinem Vater mit Herrlichkeit und Ehre gekrönt. Indem ER die Sünde und den Satan besiegte, wurde ER zum Urheber unseres Heiles. Vielleicht verstehen wir jetzt besser, daß es auch für uns keinen anderen, leichteren Weg zum Sieg über die Sünde und zur Vollendung in der ewigen Herrlichkeit geben kann als diesen, den Jesus, Seine Apostel und viele Heilige vor uns gegangen sind!

- Verstehe ich jetzt besser diese ungewöhnliche Mission Jesu Christi in der Welt? Bin ich bereit, mich Seiner Mission anzuschließen, um anderen zu helfen, zum ewigen Heil zu gelangen, - auch dann, wenn mich dies persönlich viel Verzicht und Opfer, ja sogar Kreuz und Leiden kostet?
- Welchen Vorsatz fasse ich im Licht des heutigen Wortes Gottes?

Tagesgebet: *siehe entsprechender Tag Seite 459*

15. April

Wort Gottes: Hebr 13,11-14

"Die Körper der Tiere, deren Blut vom Hohenpriester zur Sühnung der Sünde in das Heiligtum gebracht wird, werden außerhalb des Lagers verbrannt. Deshalb hat auch Jesus, um durch sein eigenes Blut das Volk zu heiligen, außerhalb des Tores gelitten. Laßt uns also zu ihm vor das Lager hinausziehen und seine Schmach auf uns nehmen. Denn wir haben hier keine Stadt, die bestehen bleibt, sondern wir suchen die künftige."

V: Wort des lebendigen Gottes! - A: Dank sei Gott, dem Herrn!

Betrachtungshilfe:

Aus diesem Wort Gottes erfahren wir, welch unvorstellbar große Schmach Jesus für uns gelitten hat, um uns zu erretten und uns das Tor des Himmels zu öffnen. - ER ist nach draußen gegangen, außerhalb des Tores von Jerusalem, um dort zu leiden, damit wir dadurch in das Innere der Himmlischen Stadt Jerusalem gelangen können, in die künftige, die wir nur in der Ewigkeit finden können.

- Bin ich bereit, für Jesus Schmach zu erleiden, für den, der so viel Schmach für meine Rettung gelitten hat, um einst in die Tore der Himmlischen Stadt Jerusalem eingehen zu können?
- Welchen Vorsatz fasse ich im Licht des heutigen Wortes Gottes?

Tagesgebet: *siehe entsprechender Tag Seite 459*

16. April

Wort Gottes: 2 Tim 3,10-12

"Du aber bist mir gefolgt in der Lehre, im Leben und Streben, im Glauben, in der Langmut, der Liebe und der Ausdauer, in den Verfolgungen und Leiden, denen ich in Antiochia, Ikonion und Lystra ausgesetzt war. Welche Verfolgungen habe ich erduldet! - Und aus allen hat der Herr mich errettet. SO WERDEN ALLE, DIE IN DER GEMEINSCHAFT MIT CHRISTUS JESUS EIN FROMMES LEBEN FÜHREN WOLLEN, VERFOLGT WERDEN."

V: Wort des lebendigen Gottes! - A: Dank sei Gott, dem Herrn!

Betrachtungshilfe:

Dieses Wort Gottes bestätigt noch einmal und macht deutlich, was wir schon öfters gehört und betrachtet und vielleicht auch schon am eigenen Leib erfahren haben: - Diese, die in der Gemeinschaft mit Jesus Christus ein frommes und Gott wohlgefälliges Leben führen wollen, müssen damit rechnen, daß sie - durch andere Menschen - von der Hölle verfolgt werden. Zugleich aber ermutigt und bestärkt uns der heilige Paulus erneut, alle Widerwärtigkeiten, Schwierigkeiten und Nöte geduldig zu ertragen und tröstet uns mit der Gewißheit, daß der Herr uns aus allem erretten wird, wenn wir im Glauben, in der Langmut und in der Liebe bis zum Ende ausharren.

- Inwieweit bestärken und trösten mich diese Belehrungen und Ermahnungen des heiligen Paulus in meinen Schwierigkeiten und Leiden?
- Welchen Vorsatz fasse ich im Licht des heutigen Wortes Gottes?

Tagesgebet: *siehe entsprechender Tag Seite 458*

17. April

Wort Gottes: 2 Tim 4,1-5

"Ich beschwöre dich bei Gott und bei Christus Jesus, dem kommenden Richter der Lebenden und der Toten, bei seinem Erscheinen und bei seinem Reich: Verkünde das Wort, tritt dafür ein, ob man es hören will oder nicht; weise zurecht, tadle, ermahne, in unermüdlicher und geduldiger Belehrung. Denn es wird eine Zeit kommen, in der man die gesunde Lehre nicht erträgt, sondern sich nach eigenen Wünschen immer neue Lehrer sucht, die den Ohren schmeicheln; und man wird der Wahrheit nicht mehr Gehör schenken, sondern sich Fabeleien zuwenden. Du aber sei in allem nüchtern, ERTRAGE DAS LEIDEN, VERKÜNDE DAS EVANGELIUM, erfülle treu deinen Dienst!"

V: Wort des lebendigen Gottes! - A: Dank sei Gott, dem Herrn!

Betrachtungshilfe:

Diese Belehrungen, die der heilige Apostel Paulus mit beschwörenden Worten an Timotheus richtet, klingen so, als ob sie gerade für unsere Zeit geschrieben wären. - Wie oft hören wir heute, daß die Menschen sich beklagen, jammern und unzufrieden sind! - Aber anstatt zu klagen und anderen Vorwürfe zu machen, wäre es sicher viel hilfreicher, dem Aufruf des heiligen Paulus zu folgen. **Wir müssen uns einfach mehr für die Verkündigung des Evangeliums einsetzen**, - in unserer Familie, an der Arbeitsstelle, in unserer Umgebung, überall dort, wo wir Menschen begegnen! - Vor allem aber müssen wir zuerst selbst das Evangelium kennenlernen, es leben und durch das Beispiel unseres Lebens den anderen verkündigen!

- Bin ich wirklich bereit, mich für die Verkündigung des Wortes Gottes in Wort und Tat, vor allem aber durch das gute Beispiel meines Lebens, einzusetzen?

- Welchen Vorsatz fasse ich im Licht des heutigen Wortes Gottes?

Tagesgebet: *siehe entsprechender Tag Seite 459*

18. April

Wort Gottes: Hebr 10,32-36

"Erinnert euch an die früheren Tage, als ihr nach eurer Erleuchtung manchen harten Leidenskampf bestanden habt: Ihr seid vor aller Welt beschimpft und gequält worden, oder ihr seid mitbetroffen gewesen vom Geschick derer, denen es so erging; denn ihr habt mit den Gefangenen gelitten und auch den Raub eures Vermögens freudig hingenommen, da ihr wußtet, daß ihr einen besseren Besitz habt, der euch bleibt. Werft also eure Zuversicht nicht weg, die großen Lohn mit sich bringt. Was ihr braucht, ist Ausdauer, damit ihr den Willen Gottes erfüllen könnt und so das verheißene Gut erlangt."

V: Wort des lebendigen Gottes! - A: Dank sei Gott, dem Herrn!

Betrachtungshilfe:

In diesem Wort Gottes ruft der heilige Paulus den damaligen Gläubigen ihre vielen Leiden in Erinnerung, die sie mit Freude getragen haben. Sie nahmen sogar freudig den Raub ihres Vermögens hin, in der festen Hoffnung auf einen besseren, unvergänglichen Besitz. - Auch diesbezüglich war Paulus seinen Gläubigen ein echtes Vorbild: **"Uns wird Leid zugefügt, und doch sind wir jederzeit fröhlich; wir sind arm und machen doch viele reich; wir haben nichts und haben doch alles"** (2 Kor 6,10).

Mögen diese ermutigenden Worte des heiligen Paulus auch uns in unserem Kreuz und Leiden aufrichten und unsere Zuversicht und unser Vertrauen in Gott und somit auch auf den großen Lohn im Himmel stärken. Bitten wir also Gott immer wieder um Geduld und Ausdauer in unseren Leiden, damit wir Seinen Willen so erfüllen, wie es IHM gefällt, und am Ende das verheißene Gut erlangen.

- Trage ich meine Leiden geduldig und gottergeben, in der festen Zuversicht, daß ich einst als Lohn dafür das von Gott verheißene Gut des Himmels erlange?

- Welchen Vorsatz fasse ich im Licht des heutigen Wortes Gottes?

Tagesgebet: *siehe entsprechender Tag Seite 459*

19. April

Wort Gottes: Jak 5,10-11

"Brüder, im Leiden und in der Geduld nehmt euch die Propheten zum Vorbild, die im Namen des Herrn gesprochen haben. WER GEDULDIG ALLES ERTRAGEN HAT, DEN PREISEN WIR GLÜCKLICH. Ihr habt von der Ausdauer des Ijob gehört und das Ende gesehen, das der Herr herbeigeführt hat. Denn der Herr ist voll Erbarmen und Mitleid."

V: Wort des lebendigen Gottes! - A: Dank sei Gott, dem Herrn!

Betrachtungshilfe:

Heute ist es der heilige Apostel Jakobus, der uns aufruft, in den Leiden Geduld zu üben und dabei das Vorbild der Propheten nachzuahmen, die im Namen des Herrn gesprochen haben und deswegen in Verfolgungen viel zu leiden hatten. Auch das Beispiel des Ijob soll uns im Leid stärken, der durch viele Drangsale gehen mußte, aber in großer Geduld alle Schicksalsschläge, Krankheiten und Schmerzen ertrug, bis ihn der Herr in Seinem großen Erbarmen und Mitleid davon befreite. - Und so kann der heilige Jakobus schließlich allen Leidenden zum Trost sagen: **Wer geduldig alles ertragen hat, den preisen wir glücklich.**

- Bin ich mir dessen bewußt, daß ich die Leiden mit Geduld ertragen muß, wenn ich danach glücklich gepriesen werden will?
- Welchen Vorsatz fasse ich im Licht des heutigen Wortes Gottes?

Tagesgebet: *siehe entsprechender Tag Seite 460*

20. April

Wort Gottes: 1 Petr 2,19-21

"Es ist eine Gnade, wenn jemand deswegen Kränkungen erträgt und zu Unrecht leidet, weil er sich in seinem Gewissen nach Gott richtet. Ist es vielleicht etwas Besonderes, wenn ihr wegen einer Verfehlung Schläge erduldet? WENN IHR ABER RECHT HANDELT UND TROTZDEM LEIDEN ERDULDET, DAS IST EINE GNADE IN DEN AUGEN GOTTES. Dazu seid ihr berufen worden; denn auch Christus hat für euch gelitten und euch ein Beispiel gegeben, damit ihr seinen Spuren folgt."

V: Wort des lebendigen Gottes! - A: Dank sei Gott, dem Herrn!

Betrachtungshilfe:

Heute hören wir die Stimme des ersten Papstes, des heiligen Petrus. Er erklärt uns, daß es eine Gnade Gottes ist, wenn sich unser Gewissen nach der Ordnung Gottes richtet und wir deshalb Kränkungen und Ungerechtigkeiten hinnehmen müssen. Denn schließlich ist es ja nichts Außergewöhnliches, wenn wir für begangenes Unrecht bestraft werden. Aber wenn wir recht gehandelt haben und trotzdem geschlagen werden, ja sogar dabei noch geduldig bleiben, dann finden wir Gefallen in den

Augen Gottes. Erst wenn wir Seinen Spuren auch im Kreuz und Leiden folgen, erweisen wir uns als wahre, glaubwürdige Jünger in der Nachfolge Christi.

- Gehöre ich schon zur Schar derer, die ernst machen mit der Nachfolge Christi, wozu vor allem auch die Breitschaft gehört, still, geduldig und ruhig alle Kränkungen und Ungerechtigkeiten hinzunehmen?
- Welchen Vorsatz fasse ich im Licht des heutigen Wortes Gottes?

Tagesgebet: *siehe entsprechender Tag Seite 460*

21. April

Wort Gottes: 1 Petr 3,12-15

"Die Augen des Herrn blicken auf die Gerechten, und seine Ohren hören ihr Flehen; aber das Antlitz des Herrn richtet sich gegen die Bösen. Und wer wird euch Böses zufügen, wenn ihr euch voll Eifer um das Gute bemüht? - Aber auch WENN IHR UM DER GERECHTIGKEIT WILLEN LEIDEN MÜSST, SEID IHR SELIGZUPREISEN. Fürchtet euch nicht vor ihnen, und laßt euch nicht erschrecken, sondern haltet in eurem Herzen Christus, den Herrn, heilig! - Seid stets bereit, jedem Rede und Antwort zu stehen, der nach der Hoffnung fragt, die euch erfüllt."

V: Wort des lebendigen Gottes! - A: Dank sei Gott, dem Herrn!

Betrachtungshilfe:

Das heutige Wort Gottes macht uns noch mehr die Wahrheit bewußt, daß diese, die sich für die Gerechtigkeit unter den Menschen einsetzen, und deshalb von der Welt oft Ungerechtigkeiten hinnehmen müssen, in den Augen des Herrn großes Gefallen finden. Zugleich vermittelt es allen Leidenden den sicheren Trost, daß Gott sie in ihren Leiden nicht verläßt: Die Augen des Herrn blicken auf die GERECHTEN, und seine Ohren hören ihr Flehen! - Und der heilige Paulus fügt hinzu: "Die aber, die er vorausbestimmt hat, hat er auch berufen, und die er berufen hat, hat er auch g e r e c h t gemacht; die er aber gerecht gemacht hat, die hat er auch verherrlicht. Was ergibt sich nun, wenn wir das alles bedenken? - Ist Gott für uns, wer ist dann gegen uns?" (Röm 8,30-31).

- Mache ich mir in meinem Leid immer mehr bewußt, daß die Ohren des Herrn für das Flehen der Leidenden besonders offen sind?
- Welchen Vorsatz fasse ich im Licht des heutigen Wortes Gottes?

Tagesgebet: *siehe entsprechender Tag Seite 460*

22. April

Wort Gottes: 1 Petr 3,17-18

"ES IST BESSER, FÜR GUTE TATEN ZU LEIDEN, WENN ES GOTTES WILLE IST, ALS FÜR BÖSE. Denn auch Christus ist der Sünden wegen ein einziges Mal gestorben, er, der Gerechte, für die Ungerechten, um euch zu Gott hinzuführen; dem Fleisch nach wurde er getötet, dem Geist nach lebendig gemacht."

V: Wort des lebendigen Gottes! - A: Dank sei Gott, dem Herrn!

Betrachtungshilfe:

Wenn wir dieses Wort Gottes betrachten, sollen wir unser Gewissen vor Gott genau prüfen und uns fragen, ob wir für gute und gerechte Taten leiden oder gerechterweise für eine böse Tat, für irgendeine Untreue gegenüber dem Herrn, wegen einer falschen Haltung oder Sünde.

*   Halte ich zumindest einmal am Tag Gewissenserforschung, damit ich besser erkenne, wohin überhaupt mein Leben führt? - Forsche ich dabei auch aufrichtig nach, ob ich nicht oft durch eigene Schuld leide?
*   Welchen Vorsatz fasse ich im Licht des heutigen Wortes Gottes?

Tagesgebet: *siehe entsprechender Tag Seite 460*

23. April

Wort Gottes: 1 Petr 4,12-14

"Liebe Brüder, laßt euch durch die Feuersglut, die zu eurer Prüfung über euch gekommen ist, nicht verwirren, als ob euch etwas Ungewöhnliches zustoße. Statt dessen FREUT EUCH, DASS IHR ANTEIL AN DEN LEIDEN CHRISTI HABT; denn so könnt ihr auch bei der Offenbarung seiner Herrlichkeit voll Freude jubeln. Wenn ihr wegen des Namens Christi beschimpft werdet, seid ihr seligzupreisen; denn der Geist der Herrlichkeit, der Geist Gottes, ruht auf euch." - *V: Wort des lebendigen Gottes! - A: Dank sei Gott, dem Herrn!*

Betrachtungshilfe:

Auch heute tröstet uns der heilige Petrus in unseren Leiden und fordert uns auf, sich im Feuer der Prüfungen nicht verwirren zu lassen, das heißt nicht den richtigen Wertmaßstab und das klare Urteilsvermögen für das zu verlieren, was mit uns oder um uns herum geschieht. Petrus belehrt uns kraft der unfehlbaren Vollmacht der Lehre des Heiligen Geistes, daß wir uns freuen sollen, wenn wir Anteil an den Leiden Christi haben, weil wir so auch an der Herrlichkeit und Freude des Herrn teilhaben werden, wenn ER einst wiederkommt. Wichtig ist hier, sich an das zu erinnern, was Jesus gesagt hat: **"Selig seid ihr, wenn ihr um meinetwillen beschimpft und verfolgt und auf alle mögliche Weise verleumdet werdet. Freut euch und jubelt: Euer Lohn im Himmel wird groß sein. Denn so wurden schon vor euch die Propheten verfolgt"** (Mt 5,11-12).

*   Versuche ich die anderen mit der Wahrheit des Wortes Gottes zu trösten, zu ermuntern, zu erfreuen und zu stärken, so wie wir dies am Beispiel des heiligen Petrus, des heiligen Paulus und anderer Heiliger lernen können?
*   Welchen Vorsatz fasse ich im Licht des heutigen Wortes Gottes?

Tagesgebet: *siehe entsprechender Tag Seite 460*

24. April

Wort Gottes: 1 Petr 4,15-16

"Wenn einer von euch leiden muß, soll es nicht deswegen sein, weil er ein Mörder oder ein Dieb ist, weil er Böses tut oder sich in fremde Angelegenheiten einmischt. Wenn er aber leidet, weil er Christ ist, dann soll er sich nicht schämen, sondern Gott verherrlichen, indem er sich zu diesem Namen bekennt."

V: Wort des lebendigen Gottes! - A: Dank sei Gott, dem Herrn!

Betrachtungshilfe:

Schon zum drittenmal weist uns das Wort Gottes darauf hin, daß es an uns liegt, das Böse zu meiden, damit wir nicht zu Recht leiden, d.h. schließlich, daß wir dafür sorgen sollen, unser Leben durch das Gnadenangebot der Heiligen Sakramente zu heiligen und ohne Sünde Gott darzubringen. - Auch wenn wir für unser christliches Zeugnis und Bekenntnis leiden, das heißt oft Unverständnis, Spott, Verleumdung, Anfeindung, vielleicht sogar Nachteile hinnehmen müssen, dann sollen wir uns um so mehr zu unserem Christsein bekennen und dadurch Gott verherrlichen.

* Sorge ich gewissenhaft und ernsthaft dafür, all das zu vermeiden, was in den Augen Gottes als Sünde gilt? - Bekenne ich mich mutig zum christlichen Glaubensbekenntnis und zu einem heiligen Leben nach den Geboten Gottes, auch wenn ich dafür bei den Mitmenschen an Ansehen verliere?
* Welchen Vorsatz fasse ich im Licht des heutigen Wortes Gottes?

Tagesgebet: *siehe entsprechender Tag Seite 460*

25. April

Wort Gottes: 1 Petr 4,17-19

"Jetzt ist die Zeit, in der das Gericht beim Haus Gottes beginnt; wenn es aber bei uns anfängt, wie wird dann das Ende derer sein, die dem Evangelium Gottes nicht gehorchen? Und wenn der Gerechte kaum gerettet wird, wo wird man dann die Frevler und Sünder finden? Darum sollen alle, die nach dem Willen Gottes leiden müssen, Gutes tun und dadurch ihr Leben dem treuen Schöpfer anbefehlen."

V: Wort des lebendigen Gottes! - A: Dank sei Gott, dem Herrn!

Betrachtungshilfe:

Dieses Wort Gottes warnt all diese, die sich zu sicher sind, daß ihnen keine Gefahr der Verdammnis droht und daß sie sowieso in den Himmel kommen, weil Gott doch alles vergeben muß, wenn ER die Liebe und Barmherzigkeit ist. Diese, die so überheblich und selbstsicher über ihr Anrecht auf den Himmel denken, sollen nicht vergessen, daß sie vielleicht damit sogar die Sünde gegen den Heiligen Geist begehen, die niemals, weder in dieser noch in der zukünftigen Welt vergeben wird, worauf Jesus selbst uns aufmerksam gemacht hat (vgl. Mt 12,32).

- Kenne ich überhaupt die Sünden gegen den Heiligen Geist, über die uns der Katechismus der Kirche ganz klar und eindeutig belehrt? - Mache ich die anderen bei passender Gelegenheit darauf aufmerksam?:
  1. Die Verzweiflung am Heil
  2. Die vermessentliche Heilsgewißheit
  3. Widerstand gegen die erkannte Wahrheit
  4. Neid auf die Gnadengaben anderer
  5. Verstocktheit in der Sünde
  6. Unbußfertigkeit in der Stunde des Todes
- Welchen Vorsatz fasse ich im Licht des heutigen Wortes Gottes?

Tagesgebet:

Lasset uns beten: Herr, unser Gott und Vater, Du hast den heiligen Markus auserwählt, durch das Wort des Evangeliums Dein Heil zu verkünden. Gib, daß wir gläubig auf die Botschaft hören und unserem Herrn Jesus Christus in Treue nachfolgen. Darum bitten wir Dich, durch unseren Herrn Jesus Christus, der in der Einheit des Heiligen Geistes mit Dir lebt und herrscht in alle Ewigkeit. Amen. (vgl. Laudes vom Fest des heiligen Markus, Evangelist)

26. April

Wort Gottes: 1 Petr 5,7-11

"Werft alle eure Sorge auf ihn (Gott), denn er kümmert sich um euch. Seid nüchtern und wachsam! - Euer Widersacher, der Teufel, geht wie ein brüllender Löwe umher und sucht, wen er verschlingen kann. Leistet ihm Widerstand in der Kraft des Glaubens! - Wißt, daß eure Brüder in der ganzen Welt die gleichen Leiden ertragen müssen! - Der Gott aller Gnade aber, der euch in Christus zu seiner ewigen Herrlichkeit berufen hat, wird euch, DIE IHR KURZE ZEIT LEIDEN MÜSST, wiederaufrichten, stärken, kräftigen und auf festen Grund stellen. Sein ist die Macht in Ewigkeit. Amen."

V: Wort des lebendigen Gottes! - A: Dank sei Gott, dem Herrn!

Betrachtungshilfe:

Im Licht dieser Wahrheit, daß der Teufel als unser Widersacher und Feind jede Gelegenheit nützt, um unseren unsterblichen Seelen zu schaden und sie durch Leiden zu quälen, fordert uns der heilige Petrus auf, dem bösen Geist in der Kraft des Glaubens Widerstand zu leisten. Zugleich ermahnt er uns, all unsere Sorgen auf den Herrn zu werfen, weil ER als der allmächtige Gott uns trösten, stärken und wiederaufrichten kann, wenn wir IHN darum bitten.

- Setze ich bewußt und überzeugt diese Waffen im Kampf gegen den Teufel ein, über die uns Jesus und Seine Apostel so offen und klar im Wort Gottes belehren?
- Welchen Vorsatz fasse ich im Licht des heutigen Wortes Gottes?

Tagesgebet: *siehe entsprechender Tag Seite 461*

27. April

Wort Gottes: 2 Mak 7,32-33

"WIR LEIDEN NUR, WEIL WIR GESÜNDIGT HABEN. Wenn auch der lebendige Herr eine kurze Zeitlang zornig auf uns ist, um uns durch Strafen zu erziehen, so wird er sich doch mit seinem Diener wieder versöhnen."

V: Wort des lebendigen Gottes! - A: Dank sei Gott, dem Herrn!

Betrachtungshilfe:

In diesem Wort Gottes aus dem Alten Testament finden wir eine sehr ehrliche und demütige Haltung dieses jungen Makkabäers, der vor Gott und vor anderen offen bekennt, daß er gesündigt hat und deshalb leiden muß. Er sieht ein, daß der Zorn Gottes gerecht ist und daß Gott in Seiner Liebe den Menschen für seine Sünden bestrafen muß, um ihn zu bekehren, zu bessern und zu erziehen. Er weiß aber auch, daß der Zorn Gottes nur von kurzer Dauer ist, und auf die gerechte Strafe dann die Versöhnung folgt.

- Hätte ich wie dieser Makkabäer Mut, vor Gott und den Menschen offen und ehrlich zu bekennen, daß ich gerecht leide, weil ich gesündigt habe?
- Welchen Vorsatz fasse ich im Licht des heutigen Wortes Gottes?

Tagesgebet: *siehe entsprechender Tag Seite 461*

28. April

Wort Gottes: Ps 34,20-21

"Der Gerechte muß viel leiden, doch allem wird der Herr ihn entreißen. Er behütet all seine Glieder, nicht eines von ihnen wird zerbrochen."

V: Wort des lebendigen Gottes! - A: Dank sei Gott, dem Herrn!

Betrachtungshilfe:

Dieses Wort Gottes ist eine Prophezeiung, die sich in erster Linie auf Jesus Christus, den Gerechten Gottes, bezieht. Sie scheint im Widerspruch zum Inhalt des Wortes Gottes von gestern zu stehen. In Wirklichkeit aber gibt es hier keinen Widerspruch, weil es **verschiedene Ursachen für die Leiden** gibt.

Gestern haben wir erfahren, daß die Menschen leiden, weil sie sündigen; also sind die Leiden **eine Konsequenz der Sünde.** Und wenn der Mensch diese Leiden als gerechte Strafe akzeptiert und sie geduldig erträgt, wird er dadurch gerettet.

Weiter haben wir erfahren, daß Gott manchmal die Leiden zuläßt, **um uns zu züchtigen und dadurch zu bekehren und zu retten.** - In beiden Fällen ist es immer die väterliche Liebe Gottes, die dafür sorgt, daß wir gerettet werden.

Heute erfahren wir, daß auch der Gerechte viel leiden muß. - Der Gerechte leidet jedoch nicht, weil er gesündigt hat oder weil er gezüchtigt werden muß, um gerettet zu werden, sondern er leidet, weil er freiwillig die Leiden akzeptiert, **als eine der stärksten Waffen, um den Satan und die Sünde zu besiegen.** - Dies hat auf vollkommenste Weise Jesus Christus getan. - Alle, die IHM darin nachfolgen und für die Sünden der anderen Sühne leisten, können sich selig preisen.

- Zu welcher Gruppe muß ich mich rechnen, wenn ich in einer gründlichen Gewissenserforschung ehrlich über die Ursachen meiner Leiden nachdenke? - Werde ich dabei nicht doch zu dem Schluß kommen müssen, daß ich wegen meiner Sünden gerecht leide?
- Welchen Vorsatz fasse ich im Licht des heutigen Wortes Gottes?

Tagesgebet: *siehe entsprechender Tag Seite 461*

29. April

Wort Gottes: Jer 15,15b-18a

"Raff mich nicht hinweg, sondern schieb deinen Zorn hinaus! - Bedenke, daß ich deinetwillen Schmach erleide. Kamen Worte von dir, so verschlang ich sie; dein Wort war mir Glück und Herzensfreude; denn dein Name ist über mir ausgerufen, Herr, Gott der Heere. Ich sitze nicht heiter im Kreis der Fröhlichen; von deiner Hand gepackt, sitze ich einsam; denn du hast mich mit Groll angefüllt. WARUM DAUERT MEIN LEIDEN EWIG und ist meine Wunde so bösartig, daß sie nicht heilen will?"

V: Wort des lebendigen Gottes! - A: Dank sei Gott, dem Herrn!

Betrachtungshilfe:

In diesem Wort Gottes hören wir die Klage des Propheten Jeremia. Er erinnert sich daran, wieviel Glück und Herzensfreude ihm die Worte Gottes früher schenkten. Aber jetzt, da er für den Herrn Schmach erleidet, kann er sich nicht mehr freuen. Er zieht sich in seinem Groll in die Einsamkeit zurück und kann nicht verstehen, warum seine Leiden sich so lange hinziehen. - In diesem Wort Gottes wird in kurzer Form das Leben vieler Menschen beschrieben, die so oft aus den Worten Gottes Trost, Freude und Hoffnung schöpfen, aber dann, wenn die Stunde der Leiden kommt, verwirrt sind und plötzlich nichts mehr verstehen.

- Ist in diesem Wort Gottes vielleicht auch meine Lebensbeschreibung enthalten? - Und wenn ich leide, verstehe ich, warum? - Suche ich im Wort Gottes und im ehrlichen Gespräch mit dem Herrn eine gerechte Erklärung dafür?
- Welchen Vorsatz fasse ich im Licht des heutigen Wortes Gottes?

Tagesgebet: *siehe entsprechender Tag Seite 461*

30. April

Wort Gottes: Mt 5,43-48

"Ihr habt gehört, daß gesagt worden ist: Du sollst deinen Nächsten lieben und deinen Feind hassen. Ich aber sage euch: LIEBT EURE FEINDE UND BETET FÜR DIE, DIE EUCH VERFOLGEN, damit ihr Söhne eures Vaters im Himmel werdet; denn er läßt seine Sonne aufgehen über Bösen und Guten, und er läßt regnen über Gerechte und Ungerechte. Wenn ihr nämlich nur die liebt, die euch lieben, welchen Lohn könnt ihr davon erwarten? - Tun das nicht auch die Zöllner? - Und wenn ihr nur eure Brüder grüßt, was tut ihr damit Besonderes? - Tun das nicht auch die Heiden? - Ihr sollt also vollkommen sein, wie es auch euer Himmlischer Vater ist."

V: Wort des lebendigen Gottes! - A: Dank sei Gott, dem Herrn!

Betrachtungshilfe:

Dieses Wort Gottes schenkt uns zum Abschluß der zweimonatlichen Betrachtungen über das Kreuz und die Leiden eine wunderbare Zusammenfassung all dessen, was wir in dieser Zeit erkannt haben und zeigt uns als Höhepunkt und höchste Form der Liebe das, was Jesus in die Tat umgesetzt hat und auch von uns verlangt: **Die Liebe sogar zu denen, die uns hassen, die uns Leiden zufügen, die uns ans Kreuz schlagen.** - Es ist gerade die **Liebe zu den Feinden,** die Jesus hier betont und zur Bedingung macht, wenn wir uns als Söhne des Himmlischen Vaters bezeichnen wollen! - **Das ist nicht leicht! - Das ist sogar sehr schwer!** - Und doch, wenn wir in den Himmel kommen wollen, sind wir verpflichtet, der g a n z e n Lehre Jesu Christi zu folgen und sie treu zu erfüllen, d.h. wir müssen vor allem das tun, was wir täglich im Vaterunser, vielleicht sogar mehrmals am Tag, wiederholen: **Vater, vergib u n s unsere Schuld, wie auch w i r vergeben unseren Schuldigern.**

Das schönste Beispiel für die Feindesliebe gab uns Jesus in Seinen letzten Stunden am Kreuz, als ER trotz schrecklichster Leiden niemanden verfluchte oder beschimpfte, sondern zu Seinem Vater für Seine Peiniger betete: **"Vater, vergib ihnen, denn sie wissen nicht, was sie tun!"** (Lk 23,34). - Dieser Weg der Nachfolge Jesu Christi führt zu etwas Wunderbarem, - **zur Vergöttlichung des Menschen!** Das heißt nicht, daß wir jemals Gott *gleich* werden, aber mit Sicherheit, daß wir Gott *ähnlich* werden, was uns der heilige Apostel Johannes bestätigt: **"Seht, wie groß die Liebe ist, die der Vater uns geschenkt hat: Wir heißen Kinder Gottes und wir sind es. Die Welt erkennt uns nicht, weil sie ihn nicht erkannt hat. Liebe Brüder, jetzt sind wir Kinder Gottes. Aber was wir sein werden, ist noch nicht offenbar geworden. Wir wissen, daß wir ihm** *ähnlich* **sein werden, wenn er offenbar wird; denn wir werden ihn sehen, wie er ist. Jeder, der dies von ihm erhofft, heiligt sich, so wie er heilig ist"** (1 Joh 3,1-3). - Um das einst für alle Ewigkeit erleben zu dürfen, lohnt es sich also, alle Leiden und jedes Kreuz mit Jesus, mit Maria und mit allen Heiligen der Kirche zu tragen.

- Bete ich das "Vaterunser" im Bewußtsein dessen, was ich in diesem Gebet zu Gott spreche, und handle ich entsprechend den Worten dieses wunderbaren Gebetes, das uns der Herr selbst gelehrt hat? - Bin ich mir darüber im klaren, daß es keine Möglichkeit gibt, der Schar der Kinder des Himmlischen Vaters anzugehören, wenn ich nicht so lieben und vergeben kann, wie Christus geliebt und vergeben hat?

- Welchen Vorsatz fasse ich im Licht des heutigen Wortes Gottes?

Tagesgebet: *siehe entsprechender Tag Seite 461*

DAS WORT GOTTES
bei der Erfüllung des Willens
des Himmlischen Vaters

VORWORT:

Wie schon im allgemeinen Vorwort erwähnt, soll uns das Wort Gottes immer mehr mit Jesus verbinden, und durch IHN im Heiligen Geist mit dem Himmlischen Vater. Dabei sollten wir nie vergessen, daß das WORT GOTTES wirklich JESUS selbst ist. Darüber sprechen auch die folgenden Texte aus dem neuen Katechismus. Hier gebe ich nur einige der wichtigsten Texte zu diesem Thema an:

- "Das WORT GOTTES ist Fleisch geworden, um uns mit Gott zu versöhnen und uns so zu retten." (457)

- "Das WORT ist Fleisch geworden, **damit wir so die Liebe Gottes erkennen.**" (458)

- "Das WORT ist Fleisch geworden, **um für uns Vorbild der Heiligkeit zu sein:** 'Nehmt mein Joch auf euch und lernt von mir' (Mt 11,29). 'Ich bin der Weg und die Wahrheit und das Leben; niemand kommt zum Vater außer durch mich' (Joh 14,6). Und auf dem Berg der Verklärung gebietet der Vater 'Hört auf ihn!' (Mk 9,7) Jesus ist ja das Inbild der Seligpreisungen und die Norm des neuen Gesetzes: 'Liebt einander, so wie ich euch geliebt habe!' (Joh 15,12) Diese Liebe verlangt, in seiner Nachfolge sich selbst hinzugeben." (459)

- "Das WORT ist Fleisch geworden, **um uns 'Anteil an der göttlichen Natur' zu geben** (2 Petr 1,4): 'Dazu ist das Wort Gottes Mensch geworden und der Sohn Gottes zum Menschensohn, damit der Mensch das Wort in sich aufnehme und, an Kindes statt angenommen, zum Sohn Gottes werde' (Irenäus). Das Wort Gottes 'wurde Mensch, damit wir vergöttlicht würden' (Athanasius). 'Weil uns der eingeborene Sohn Gottes Anteil an seiner Gottheit geben wollte, nahm er unsere Natur an, wurde Mensch, um die Menschen göttlich zu machen' (Thomas v. Aquin) - (460)

- " 'Dem WORT GOTTES wohnt eine so große Macht und Kraft inne, daß es für die Kirche Stütze und Leben und für die Kinder der Kirche Glaubensstärke, Seelenspeise und reiner, unversiegbarer Quell des geistlichen Lebens ist' (Dei Verbum 21) 'Der Zugang zur Heiligen Schrift muß für die Christgläubigen weit offenstehen' (Dei Verbum 22)." - (131)

- "Die Kirche 'ermahnt alle Christgläubigen besonders eindringlich, durch häufige Lesung der Göttlichen Schriften, die 'überragende Erkenntnis Jesu Christi' (Phil 3,8) zu erlangen. 'Unkenntnis der Schriften ist nämlich Unkenntnis Christi' (Hieronymus)." - (133)

- " 'Die Heiligen Schriften enthalten das WORT GOTTES, und weil inspiriert, sind sie wahrhaft Wort Gottes'(Dei Verbum 24)." - (135)

- "Gott ist der Urheber der Heiligen Schrift: er hat ihre menschlichen Verfasser inspiriert; er handelt in ihnen und durch sie. Er verbürgt somit, daß ihre Schriften die Heilswahrheit irrtumsfrei lehren." (136)
- " 'Die Kirche hat die Göttlichen Schriften wie auch den Herrenleib selbst immer verehrt' (Dei Verbum 21) Beide nähren und bestimmen das ganze christliche Leben. 'Dein Wort ist meinem Fuß eine Leuchte, ein Licht für meine Pfade' (Ps 119,105)" - (141)

Damit wir die WORTE GOTTES fruchtbar betrachten können, müssen wir uns also immer wieder klar machen, **was eigentlich das WORT GOTTES ist** und wo es seinen Ursprung hat. - Jesus sagte einmal: **"Wer mich verachtet und meine Worte nicht annimmt, der hat schon seinen Richter: DAS WORT, das ich gesprochen habe, wird ihn richten am Letzten Tag. Denn was ich gesagt habe, habe ich nicht aus mir selbst, sondern der Vater, der mich gesandt hat, hat mir aufgetragen, was ich sagen und reden soll. Und ich weiß, daß sein Auftrag ewiges Leben ist. WAS ICH ALSO SAGE, SAGE ICH SO, WIE ES MIR DER V A T E R GESAGT HAT"** (Joh 12,48-50). - Mit diesen Worten erklärte Jesus das, was ER auch schon früher gesagt hatte: **"Wer an mich glaubt, glaubt nicht an mich, sondern an den** (Vater)**, der mich gesandt hat, und wer mich sieht, sieht den, der mich gesandt hat"** (Joh 12,44-45). Diese Erklärungen zeigen uns eindeutig, daß **JEDES WORT GOTTES**, das **Jesus** wie auch Seine Apostel ausgesprochen haben, **in der Kraft des Heiligen Geistes direkt vom Himmlischen Vater kommt!** - Deswegen ist das WORT GOTTES kein menschliches Wort, sondern in Wirklichkeit GOTTES WORT! - **Wer also die Wahrheit des WORTES GOTTES mißachtet, mißachtet G O T T selbst!**

Im Monat Mai, der auf besondere Weise der Verehrung der Gottesmutter geweiht ist, wollen wir die Worte Gottes zusammen mit IHR betrachten. Sie hat von allen Menschen den Willen Gottes am besten erfüllt, und so auch das Schönste erreicht, was je ein Mensch - mit der Hilfe Gottes - erreicht hat oder überhaupt erreichen kann! - Dieses einfache, wissenschaftlich unausgebildete Mädchen aus Israel hat das WORT GOTTES angenommen und IHM Wohnung gegeben, zuerst in ihrem Herzen und dann in ihrem Schoß. Durch den Heiligen Geist ist das Wort in ihr Fleisch geworden. Als der Sohn Gottes hat es unter uns gewohnt und uns den Willen des Himmlischen Vaters geoffenbart. ER verkündete uns dieses WORT GOTTES, das wir täglich lesen und betrachten!

MARIA ist heute unter allen Geschöpfen die Erste nach Gott, die Mächtigste vor Gott, die Königin des Weltalls! - Wer IHR sein Leben anvertraut und sich von IHR lenken läßt, wird sicher JESUS finden und durch IHN, mit der Gnade des HEILIGEN GEISTES zum HIMMLISCHEN VATER zurückkehren und so das ewige Glück des Himmels erreichen, das *n u r   d e n e n* vorbereitet ist, die IHN lieben (vgl. 1 Kor 2,9).

So wünschen wir von Herzen, daß jeder, wie die Gottesmutter bei der Verkündigung des Erzengels Gabriel, in demütiger Bereitschaft sein Herz für die Wirkung des **WORTES GOTTES** öffnen und IHM dienen möge.

1. Mai

Wort Gottes: Mt 4,1-4

"Dann wurde Jesus vom Geist in die Wüste geführt; dort sollte er vom Teufel in Versuchung geführt werden. Als er vierzig Tage und vierzig Nächte gefastet hatte, bekam er Hunger. Da trat der Versucher an ihn heran und sagte: Wenn du Gottes Sohn bist, so befiel, daß aus diesen Steinen Brot wird. Er aber antwortete: In der Schrift heißt es: DER MENSCH LEBT NICHT NUR VOM BROT, SONDERN VON JEDEM WORT, DAS AUS GOTTES MUND KOMMT."

V: Wort des lebendigen Gottes! - A: Dank sei Gott, dem Herrn!

Betrachtungshilfe:

Diese Antwort Jesu Christi, die ER dem Versucher gab, weist uns auf die große Bedeutung des Wortes Gottes für unser Leben hin: - Je nach dem, mit welchem Glauben wir das WORT GOTTES aufnehmen und befolgen, wird es unser Leben auf der Erde, vor allem aber unser ewiges Leben bestimmen.

In der heutigen Zeit bemühen sich viele falsche Philosophien und Ideologien, besonders der praktische Materialismus und der Konsumismus mit allen Kräften darum, den Menschen davon zu überzeugen, daß der irdische Wohlstand das Wichtigste und Wertvollste ist, was er sich wünschen und als Lebensziel anstreben soll. - Gerade deshalb ist es so wichtig, daß wir diese heutige, so bedeutsame Aussage Jesu Christi oft überdenken und davon richtige Schlüsse für unser irdisches Leben ziehen.

Eine der größten Gefahren für die ganze Menschheit besteht darin, daß leider heute so viele Menschen verblendet sind und deshalb mehr den Verlockungen des Versuchers glauben, als den Verheißungen des Herrn Jesus Christus. Viele denken, daß der von Gott für den Himmel versprochene Wohlstand schon auf der Erde, mit technischen Mitteln, - ohne Gott - erreichbar ist. Es gibt heute viele, die gerne mit wissenschaftlichen Mitteln eben diese Steine in Brot verwandeln würden, um so allen beweisen zu können, daß man keinen Gott braucht, um glücklich zu sein. - Aber solche Wünsche können den Menschen nur noch mehr ins Unglück stürzen, aus dem es dann vielleicht auch kein Entrinnen mehr gibt! - Erinnern wir uns dabei auch an die Worte des heiligen Paulus: **"Das Reich Gottes ist nicht Essen und Trinken, es ist Gerechtigkeit, Friede und Freude im Heiligen Geist"** (Röm 14,17).

Heute feiern wir mit der ganzen Kirche das Fest des heiligen Josef, der ein einfacher Arbeiter war, ein Zimmermann. - Diesen Tag feiert sogar die ungläubige Welt als Tag der Arbeiter. - So wollen wir gerade heute auch über den Sinn, den Wert und die Würde jeder menschlichen Arbeit nachdenken.

- Welche Bedeutung hat das Wort Gottes für die Bewältigung und Gestaltung meines Alltags? - Nach welchen Gesichtspunkten bewerte ich die Arbeit der Menschen? - Schätze ich die Menschen nur danach ein, *was* sie tun, oder mehr nach dem, *wie* sie es tun? - Bin ich mir dessen bewußt, daß jede Arbeit, die

158

zusammen mit Gott und zu Seiner Ehre getan wird, Segen bringt und das ewige Leben des Menschen bereichert?

- Welchen Vorsatz fasse ich im Licht des heutigen Wortes Gottes?

Tagesgebet:

Lasset uns beten: Gott und Vater, Du Schöpfer der Welt, Du hast den Menschen zum Schaffen und Wirken bestimmt. Auf die Fürsprache unseres Schutzpatrons, des heiligen Josef, der mit seiner Hände Arbeit die Heilige Familie ernährte, gib uns Kraft und Ausdauer, damit wir Deinen Auftrag auf Erden erfüllen und so den verheißenen Lohn empfangen. Darum bitten wir Dich, durch unseren Herrn Jesus Christus, der in der Einheit des Heiligen Geistes mit Dir lebt und herrscht in alle Ewigkeit. Amen. (vgl. Laudes vom Fest des heiligen Josef, des Arbeiters)

2. Mai

Wort Gottes: Lk 1,28/31-32a/34-38

"Der Engel trat bei ihr (Maria) ein und sagte: Sei gegrüßt, du Begnadete, der Herr ist mit dir. Du wirst ein Kind empfangen, einen Sohn wirst du gebären: Dem sollst du den Namen Jesus geben. Er wird groß sein und Sohn des Höchsten genannt werden. Maria sagte zu dem Engel: Wie soll das geschehen, da ich keinen Mann erkenne? - Der Engel antwortete ihr: Der Heilige Geist wird über dich kommen und die Kraft des Höchsten wird dich überschatten. Deshalb wird auch das Kind heilig und Sohn Gottes genannt werden. Auch Elisabet, deine Verwandte, hat noch in ihrem Alter einen Sohn empfangen; obwohl sie als unfruchtbar galt, ist sie jetzt schon im sechsten Monat. Denn FÜR GOTT IST NICHTS UNMÖGLICH! - Da sagte Maria: ICH BIN DIE MAGD DES HERRN; MIR GESCHEHE, WIE DU ES GESAGT HAST!"

V: Wort des lebendigen Gottes! - A: Dank sei Gott, dem Herrn!

Betrachtungshilfe:

Dieses Wort Gottes beweist uns erneut, wie wunderbar Gott unter den Menschen wirkt, besonders aber d o r t, wo ER einen LEBENDIGEN GLAUBEN vorfindet, so wie bei Maria, die uns darin das größte Vorbild ist. - Nach der Verkündigung fragte Maria zwar den Engel: **Wie soll das geschehen?** - Als sie aber hörte, daß Gott wirken wird, war sie sofort zur Ganzhingabe bereit. Sie folgte dem Willen Gottes, auch wenn sie dabei nicht viel oder gar nichts verstehen konnte. **Sie g l a u b t e wirklich daran, daß GOTT a l l e s kann!** - **Sie glaubte einfach j e d e m WORT, "das aus GOTTES MUND kommt"** (vgl. das Wort Gottes von gestern!).

- Besitze ich schon einen ähnlich festen und unerschütterlichen Glauben an das Wort Gottes wie Maria? - Weiß ich, daß auch ich nach dem Maß meines Glaubens viel bei Gott erreichen kann?
- Welchen Vorsatz fasse ich im Licht des heutigen Wortes Gottes?

Tagesgebet: *siehe entsprechender Tag Seite 457*

3. Mai

Wort Gottes: Lk 2,11-19

"Heute ist euch in der Stadt Davids der Retter geboren; er ist der Messias, der Herr. Und das soll euch als Zeichen dienen: Ihr werdet ein Kind finden, das, in Windeln gewickelt, in einer Krippe liegt. Und plötzlich war bei dem Engel ein großes, himmlisches Heer, das Gott lobte und sprach: Verherrlicht ist Gott in der Höhe, und auf Erden ist Friede bei den Menschen seiner Gnade. - Als die Engel sie verlassen hatten und in den Himmel zurückgekehrt waren, sagten die Hirten zueinander: Kommt, wir gehen nach Betlehem, um das Ereignis zu sehen, das uns der Herr verkünden ließ. So eilten sie hin und fanden Maria und Josef und das Kind, das in der Krippe lag. Als sie es sahen, erzählten sie, was ihnen über dieses Kind gesagt worden war. Und alle, die es hörten, staunten über die Worte der Hirten. MARIA ABER BEWAHRTE ALLES, WAS GESCHEHEN WAR, IN IHREM HERZEN, UND DACHTE DARÜBER NACH!"

V: Wort des lebendigen Gottes! - A: Dank sei Gott, dem Herrn!

Betrachtungshilfe:

Dieses Wort Gottes zeigt uns Maria wiederum als Beispiel für alle Glaubenden, unabhängig davon, welcher christlichen Konfession sie angehören. - Hier sehen wir eine nachdenkliche Frau, bei der es nicht so ist wie bei vielen anderen Menschen, wo oft Worte zum einen Ohr hineingehen und zum anderen Ohr sofort wieder hinaus. - Als die Hirten damals Ungewöhnliches über das Kind in der Krippe berichteten, hörte Maria aufmerksam zu und suchte darin das Wirken Gottes zu erkennen, um IHM noch besser und treuer dienen zu können.

- Versuche ich dem klaren und treuen Glauben Mariens zu folgen? - Höre ich aufmerksam zu, was mir Gott durch Seine Worte oder durch Menschen sagen will? - Bewahre ich alles in meinem Herzen und denke wie Maria darüber nach, um den Willen Gottes besser erkennen und erfüllen zu können?

- Welchen Vorsatz fasse ich im Licht des heutigen Wortes Gottes?

Tagesgebet:

Lasset uns beten: Gütiger Gott und Vater, wir feiern heute das Fest Deiner Apostel Philippus und Jakobus, die für Christus ihr Blut vergossen haben. Schenke auch uns Gemeinschaft mit Deinem Sohn in Seinem Leiden und Seiner Auferstehung, damit wir in ewiger Freude Dein Angesicht schauen dürfen. Darum bitten wir Dich, durch unseren Herrn Jesus Christus, der in der Einheit des Heiligen Geistes mit Dir lebt und herrscht in alle Ewigkeit. Amen. (vgl. Laudes vom Fest der heiligen Apostel Philippus und Jakobus)

4. Mai

Wort Gottes: Lk 3,2b-3

"Da erging in der Wüste das WORT GOTTES an Johannes, den Sohn des Zacharias. Und er zog in die Gegend am Jordan und verkündete dort überall Umkehr und Taufe zur Vergebung der Sünden.**"**

V: Wort des lebendigen Gottes! - A: Dank sei Gott, dem Herrn!

Betrachtungshilfe:

Dieses Wort Gottes beweist ganz klar, daß Gott so wie damals durch Johannes den Täufer, auch heute von den Menschen die Umkehr und die Taufe (von denen, die noch nicht getauft sind) zur Vergebung der Sünden verlangt. - Die echte Umkehr des Menschen, das heißt seine Rückkehr zur Ordnung Gottes, bewirkt also die Vergebung der Sünden. - Wenn Erwachsene, die noch nicht getauft sind, auch die schlimmsten Sünden hätten, aber sich bekehren und taufen lassen: Im Namen des Vaters und des Sohnes und des Heiligen Geistes - so schenkt ihnen die Heilige Taufe die Vergebung a l l e r Sünden.

- Wenn ich sehe, daß so viele Menschen in meiner Umgebung die Gnade der Heiligen Taufe noch nicht empfangen haben, was tue ich dafür, damit sie sich zu Gott bekehren und sich taufen lassen?
- Welchen Vorsatz fasse ich im Licht des heutigen Wortes Gottes?

Tagesgebet: *siehe entsprechender Tag Seite 457*

5. Mai

Wort Gottes: Lk 8,19-21

"Eines Tages kamen seine (Jesu) Mutter und seine Brüder zu ihm; sie konnten aber wegen der vielen Leute nicht zu ihm gelangen. Da sagte man ihm: Deine Mutter und deine Brüder stehen draußen und möchten dich sehen. Er erwiderte: Meine Mutter und meine Brüder sind die, die das WORT GOTTES HÖREN und DANACH HANDELN."

Betrachtungshilfe:

Wir wissen, welch große Liebe Jesus zu Seiner Mutter Maria hatte, wenn ER in Kana zu Galiläa auf *i h r e* Bitte hin sogar Seinen Willen und Seine Pläne änderte, weil sie IHN darum gebeten hatte, den Menschen in ihrer Not zu helfen. - Und wenn uns Jesus im heutigen Wort Gottes sagt, daß diese, die das Wort Gottes hören und danach handeln, IHM so viel bedeuten wie Seine Brüder, ja sogar wie Seine eigene Mutter, dann können wir erst richtig ermessen, wie wichtig das WORT GOTTES in unserem Leben sein muß.

Wenn wir also das Wort Gottes hören und danach handeln, dann erfüllen wir den Willen des Himmlischen Vaters und erreichen so die durch die Erbsünde verlorene Bürgerschaft des Himmels und können später, wenn die Zeit erfüllt ist, als Kinder Gottes in den Himmel aufgenommen werden! - Deswegen sagte Jesus auch: **"Nicht** jeder, der zu mir sagt: Herr!, Herr!, wird in das Himmelreich kommen, sondern *n u r*, wer den Willen meines Vaters im Himmel erfüllt" (Mt 7,21).

- Höre ich gerne das Wort Gottes, damit ich dadurch besser den Willen Gottes kennenlernen und erfüllen kann und so den Himmel erlange?
- Welchen Vorsatz fasse ich im Licht des heutigen Wortes Gottes?

Tagesgebet: *siehe entsprechender Tag Seite 457*

6. Mai

Wort Gottes: Lk 11,27-28

"Eine Frau rief aus der Menge ihm zu: Selig die Frau, deren Leib dich getragen und deren Brust dich genährt hat. Er aber erwiderte: SELIG SIND VIELMEHR DIESE, DIE DAS WORT GOTTES HÖREN UND ES BEFOLGEN!"

V: Wort des lebendigen Gottes! - A: Dank sei Gott, dem Herrn!

Betrachtungshilfe:

Dieses Wort Gottes wiederholt und bekräftigt das, was wir schon gestern gehört haben. - Jesus war ständig darum bemüht, uns Menschen klar zu machen, daß n u r die Erfüllung des Willens des Himmlischen Vaters wahres Glück, echten Frieden und den Himmel schenken kann. - Wenn wir dabei bedenken, wie Jesus Seine Mutter Maria aus tiefstem Herzen liebte, und was ER dieser Frau aus der Menge zur Antwort gab, dann führt uns dies noch einmal sehr eindringlich vor Augen, welch große Bedeutung für unser ganzes Leben und für unsere Ewigkeit j e d e s WORT GOTTES hat, das uns unfehlbar den Willen Gottes erkennen läßt.

- Will ich wirklich eines Tages zu denen gehören, die Jesus heute als Selige bezeichnet hat? - Bin ich also bereit, d a s zu tun, was ER verlangt?
- Welchen Vorsatz fasse ich im Licht des heutigen Wortes Gottes?

Tagesgebet: *siehe entsprechender Tag Seite 457*

7. Mai

Wort Gottes: Lk 8,11b-15

"Der Samen ist das WORT GOTTES. - Auf den Weg ist der Samen bei denen gefallen, die das Wort zwar hören, denen es aber der Teufel dann aus dem Herzen reißt, damit sie nicht glauben und nicht gerettet werden. - Auf den Felsen ist der Samen bei denen gefallen, die das Wort freudig aufnehmen, wenn sie es hören; aber sie haben keine Wurzeln. Eine Zeitlang glauben sie, doch in der Zeit der Prüfung werden sie abtrünnig. - Unter die Dornen ist der Samen bei denen gefallen, die das Wort zwar hören, dann aber weggehen und in den Sorgen, dem Reichtum und den Genüssen des Lebens ersticken, deren Frucht also nicht reift. - Auf guten Boden ist der Samen bei denen gefallen, die das

Wort mit gutem und aufrichtigem Herzen hören, daran festhalten und durch ihre Ausdauer Frucht bringen."

V: Wort des lebendigen Gottes! - A: Dank sei Gott, dem Herrn!

Betrachtungshilfe:

Hier verdeutlicht uns Jesus, wie unterschiedlich das WORT GOTTES bei den Menschen wirkt, je nach dem, welche Aufnahme und Atmosphäre es im Herzen und in der Seele des Menschen findet. - Dies zeigt uns auch, wie dringend notwendig es ist, daß Kinder in der Familie und Schule eine **gute, christliche Erziehung** erhalten; ebenso wichtig ist auch eine **richtige, gründliche Unterweisung** (Katechese, Evangelisierung), **die alle Menschen im Glauben stärkt,** unabhängig davon, wer sie sind und was sie tun. - Ganz besonders wichtig ist dabei das Gebet zum Heiligen Geist und die demütige Bitte um Sein Licht, sowie das **gemeinsame Gebet** und die **Betrachtung des Wortes Gottes.**

- Was tue ich in dieser Hinsicht, damit die Kinder in der Familie und Schule eine gute, christliche Erziehung erhalten? - Bete ich zum Heiligen Geist um Sein Licht und Seine Gaben für alle Erzieher?

- Welchen Vorsatz fasse ich im Licht des heutigen Wortes Gottes?

Tagesgebet: *siehe entsprechender Tag Seite 458*

8. Mai

Wort Gottes: Lk 5,1

"Als Jesus am Ufer des Sees Genesaret stand, drängte sich das Volk um ihn und wollte das WORT GOTTES hören."

V: Wort des lebendigen Gottes! - A: Dank sei Gott, dem Herrn!

Betrachtungshilfe:

Die Menschen, die Jesus als Zeitgenossen persönlich hören und erleben durften, konnten sich wirklich glücklich schätzen. - Aber auch wenn wir Jesus nicht persönlich erleben können, so spricht doch der gleiche Jesus auch zu uns heute, zu jedem einzelnen von uns, - durch das Evangelium. ER lebt wahrhaftig auch heute unter uns. ER lebt in Seiner einen, einzigen Kirche, die ER auf das Fundament der Apostel gegründet hat, und die ER durch den Heiligen Geist bis zur Vollendung der Zeiten begleiten und führen wird. ER lebt in jedem Seiner Worte und spricht mit jedem Wort Gottes jede Seele persönlich an.

- Dränge ich mich zu IHM, wie die Menschen von damals, um Sein Wort, das Wort Gottes, zu hören, durch das ER mich im Heiligen Geist über das belehrt, was der Himmlische Vater von mir verlangt?

- Welchen Vorsatz fasse ich im Licht des heutigen Wortes Gottes?

Tagesgebet: *siehe entsprechender Tag Seite 458*

9. Mai

Wort Gottes: Lk 5,2b-6

"Die Fischer waren ausgestiegen und wuschen ihre Netze. Jesus stieg in das Boot, das dem Simon gehörte, und bat ihn, ein Stück vom Land wegzufahren. Dann setzte er sich und lehrte das Volk vom Boot aus. - Als er seine Rede beendet hatte, sagte er zu Simon: Fahr hinaus auf den See! Dort werft eure Netze zum Fang aus! - Simon antwortete ihm: Meister, wir haben die ganze Nacht gearbeitet und nichts gefangen. DOCH WENN DU ES SAGST, werde ich die Netze auswerfen. Das taten sie, und sie fingen eine so große Menge Fische, daß ihre Netze zu reißen drohten."

V: Wort des lebendigen Gottes! - A: Dank sei Gott, dem Herrn!

Betrachtungshilfe:

Petrus wie auch die anderen Apostel, die Jesus begleitet und das Wunder von Kana zu Galiläa und viele andere Wunder erlebt hatten, wußten genau, daß das WORT JESU kein gewöhnliches, menschliches Wort ist. Sie wußten, daß das Wort Jesu eine außerordentliche, wundertätige Kraft enthält, weil es das WORT GOTTES ist. - Deswegen reagierte Petrus so, wie uns das oben zitierte Wort Gottes berichtet.

Wie viele Wunder könnten auch wir heute erleben, wenn wir wie Petrus im Glauben und Vertrauen auf das Wort Gottes handeln würden? - Petrus sagte zu Jesus: **"Meister, wir haben die ganze Nacht gearbeitet und nichts gefangen, doch wenn du es sagst, werde ich die Netze auswerfen."** - Und das Wunder geschah!

Wie viele Menschen arbeiten auch heute ganze Tage und Nächte hindurch, organisieren Veranstaltungen, Konferenzen und Diskussionen, um etwas Gutes zu erreichen, um die Menschen und die Welt zu bessern und zum Frieden zu führen! - UND NICHTS, oder kaum etwas ändert sich! - WARUM ??? !!! - Weil sie alles **allein**, ohne GOTT, machen wollen; weil sie vergessen haben, was Jesus gesagt hat: **"Getrennt von mir könnt ihr nichts vollbringen"** (Joh 15,5c). - Aber auch wenn die Menschen mit Gott oder im Namen Gottes etwas tun, dann tun sie es oft NICHT ALLEIN ZUR EHRE GOTTES! - Und deswegen bleiben all ihre Bemühungen fruchtlos und es wird so lange keinen FRIEDEN in der Welt und keine EINHEIT unter den Christen geben, wie die Menschen nur ihre eigene Ehre und Geltung vor der Welt suchen. - **In Wirklichkeit kann also nur das Beispiel des heiligen Petrus, der dem WORT Jesu g e g l a u b t hat, der Welt und der Menschheit helfen!**

- Wie verhalte ich mich, wenn ich die Belehrungen und Ermahnungen Jesu in Seinen Worten höre?

- Welchen Vorsatz fasse ich im Licht des heutigen Wortes Gottes?

Tagesgebet: *siehe entsprechender Tag Seite 458*

164

10. Mai

Wort Gottes: Lk 10,38b-42

"Eine Frau namens Marta nahm ihn (Jesus) freundlich auf. Sie hatte eine Schwester, die Maria hieß. Maria setzte sich dem Herrn zu Füßen und hörte seinen WORTEN zu. Marta aber war ganz davon in Anspruch genommen, für ihn zu sorgen. Sie kam zu ihm und sagte: Herr, kümmert es dich nicht, daß meine Schwester die ganze Arbeit mir allein überläßt? Sag ihr doch, sie soll mir helfen! - Der Herr antwortete: Marta, Marta, du machst dir viele Sorgen und Mühen. Aber nur eines ist notwendig. Maria hat das Bessere gewählt, das soll ihr nicht genommen werden."

V: Wort des lebendigen Gottes! - A: Dank sei Gott, dem Herrn!

Betrachtungshilfe:

Dieses Wort Gottes spiegelt die Wirklichkeit des heutigen Lebens wider. Wie viele Menschen behaupten auch heute, wie damals Marta, daß sie wegen ihrer vielen Aufgaben und Pflichten keine Zeit für das Gebet, für ein Gespräch mit Gott, finden! - Diese Menschen sollten wir an die mahnenden Worte Jesu erinnern: **"Was nützt es einem Menschen, wenn er die ganze Welt gewinnt, dabei aber sich selbst verliert und Schaden nimmt?"** (Lk 9,25). - **"Euer himmlischer Vater weiß, daß ihr das alles braucht. Euch aber muß es zuerst um sein Reich und um seine Gerechtigkeit gehen; dann wird euch alles andere dazugegeben!"** (Mt 6,32-33). - Maria, die Schwester von Marta, hat diese Worte Jesu besser verstanden. Sie hat sicher auch alle Hausarbeiten erledigt und wie jede andere Frau gearbeitet, aber als sie Jesus zuhören durfte, ließ sie alle Hausarbeit liegen, um das WORT GOTTES von IHM zu hören. - Als Marta sich bei Jesus über ihre Schwester Maria beklagte, belehrte Jesus sie, daß Maria das Bessere gewählt hat, das, was **ewigen** Wert besitzt und ihr nie weggenommen werden kann. - Das Wort Gottes birgt in sich das ewige Leben und führt alle, die es im Glauben aufnehmen und befolgen, zum ewigen Leben, und zwar deshalb, **weil durch das WORT GOTTES auf für uns unbegreifliche Weise JESUS bei uns <u>anwesend</u> ist.**

- Verhalte ich mich in meinem Leben mehr wie Marta oder mehr wie Maria? - Vielleicht gelingt es mir doch, die Haltung von beiden so zu vereinigen, daß ich genug Zeit finde für das Gebet und für die Betrachtung des Wortes Gottes, aber auch genug Zeit für alle notwendigen Arbeiten und für gute Werke, - alles - in der Kraft der Liebe des Heiligen Geistes, im Namen Jesu, zur Ehre Gottes - als Erfüllung des Willens des Himmlischen Vaters?

- Welchen Vorsatz fasse ich im Licht des heutigen Wortes Gottes?

Tagesgebet: *siehe entsprechender Tag Seite 458*

11. Mai

Wort Gottes: Mt 8,5-8

"Als Jesus nach Kafarnaum kam, trat ein Hauptmann an ihn heran und bat ihn: Herr, mein Diener liegt gelähmt zu Hause und hat große Schmerzen. Jesus sagte zu ihm: Ich will kommen und ihn gesund machen. Da antwortete der Hauptmann: Herr, ich bin es nicht wert, daß du mein Haus betrittst; SPRICH NUR EIN WORT, dann wird mein Diener gesund."

V: Wort des lebendigen Gottes! - A: Dank sei Gott, dem Herrn!

Betrachtungshilfe:

Die weitere Erzählung berichtet uns, daß Jesus erstaunt war, als er den Hauptmann so sprechen hörte. Deshalb sagte ER zu denen, die IHM nachfolgten: **Einen solchen Glauben habe ich in Israel noch bei niemand gefunden** (vgl. Mt 8,10). "**Und zum Hauptmann sagte Jesus: Geh! Es soll geschehen, wie du geglaubt hast. Und in derselben Stunde wurde der Diener gesund**" (Mt 8,13). - Dieses Geschehnis beweist uns, welch große Wunder geschehen können, wenn der Mensch an das WORT Jesu Christi, als dem Wort Gottes, **g l a u b t** ! - Solche oder sogar noch größere Wunder kann der lebendige und tiefe Glaube des Menschen auch heute bewirken. - Das sehen wir in Lourdes, aber auch an vielen anderen Gnadenstätten, wo Gott auf die besondere Fürsprache Mariens große Wunder wirkt, besonders dort, wo ER einen kindlichen Glauben vorfindet. - Aufgrund seines Glaubens an das WORT Jesu ging Petrus auf dem Wasser. Als er aber anfing zu zweifeln, begann er zugleich unterzugehen und in seiner Angst schrie er: "**Herr, rette mich! - Da streckte Jesus sofort Seine Hand aus, ergriff ihn und sagte zu ihm: Du Kleingläubiger, warum hast zu gezweifelt?**" (Mt 14,30b-31).

- Habe ich mir schon einmal ernsthaft Gedanken darüber gemacht, wem ich mehr glaube: Gott oder den Menschen, das heißt dem WORT GOTTES oder den Worten der Menschen?
- Welchen Vorsatz fasse ich im Licht des heutigen Wortes Gottes?

Tagesgebet: *siehe entsprechender Tag Seite 458*

12. Mai

Wort Gottes: Mt 8,16-17

"Am Abend brachte man viele Besessene zu Jesus. Er trieb mit seinem WORT die Geister aus und heilte alle Kranken. Dadurch sollte sich erfüllen, was durch den Propheten Jesaja gesagt worden ist: Er hat unsere Leiden auf sich genommen und unsere Krankheiten getragen."

V: Wort des lebendigen Gottes! - A: Dank sei Gott, dem Herrn!

Betrachtungshilfe:

Der erste Teil dieses Wortes Gottes führt uns erneut vor Augen, welch große Kraft das WORT Jesu besaß, daß ER sogar die Besessenen von bösen Geistern befreien und die Menschen von allen Krankheiten heilen konnte. - Hier haben wir auch einen klaren Beweis dafür, daß Krankheiten und Leiden nicht von Gott, sondern von den bösen Geistern stammen, die infolge der Erbsünde Kraft und Einfluß auf die Seele und den Leib der Menschen gewonnen haben.

Der zweite Teil des Wortes Gottes offenbart uns erneut die unaussprechliche Liebe Jesu zu uns Menschen, besonders zu allen Kranken und Leidenden: Aus Liebe zu uns nahm ER alle Leiden und Krankheiten auf sich, um uns dadurch von allem Schrecklichen zu erlösen, das die Hölle für die Menschen vorbereitet hat. - Welch große Liebe und Dankbarkeit schulden wir IHM dafür!

- Mache ich mir überhaupt die Mühe, darüber nachzudenken, was Jesus durch Sein Wort und Seine Taten, vor allem aber durch Seine Leiden, für alle Menschen, das heißt auch für mich, getan hat?
- Welchen Vorsatz fasse ich im Licht des heutigen Wortes Gottes?

Tagesgebet: *siehe entsprechender Tag Seite 458*

13. Mai

Wort Gottes: Mt 12,34b-36

"Wovon das Herz voll ist, davon spricht der Mund. Ein guter Mensch bringt Gutes hervor, weil er Gutes in sich hat, und ein böser Mensch bringt Böses hervor, weil er Böses in sich hat. - Ich sage euch: ÜBER JEDES UNNÜTZE WORT, DAS DIE MENSCHEN REDEN, WERDEN SIE AM TAG DES GERICHTS RECHENSCHAFT ABLEGEN MÜSSEN."

V: Wort des lebendigen Gottes! - A: Dank sei Gott, dem Herrn!

Betrachtungshilfe:

Heute wird, wie jeden Monat, in der ganzen Kirche der **Fatimatag** gefeiert. - Wenn wir die Gestalt Mariens im Evangelium betrachten, dann müssen wir darüber staunen, wie MARIA uns mit so wenigen Worten s o v i e l vermittelt hat! - Maria erweist sich dabei als eine wirklich kluge, überlegte und immer bewußt handelnde Frau, die wenig spricht und doch so viel zu uns sagt! - Daran erkennen wir auch die Wirkung des Heiligen Geistes, der durch die Gottesmutter spricht, - auch heute. - Maria wußte, welch große Verantwortung der Mensch für jedes gesprochene, ja sogar nur gedachte Wort trägt! - Was sie in Fatima von allen Gläubigen verlangt, ist nichts anderes, als eine wunderbare, vielleicht die kürzeste, Zusammenfassung der Lehre Jesu Christi. Sie erinnert uns an die Notwendigkeit der **BEKEHRUNG**, der **BUSSE** und des **GEBETS**, damit wir aus allen Gefahren, die die Hölle uns ständig vorbereitet, errettet werden können!

Auch die Belehrungen Jesu Christi sind kurz und eindeutig. Nicht wie unsere oft so langweiligen Konferenzen, wo viel geredet wird und kaum jemand zuhört oder die unzähligen Bücher, die kaum jemand liest. - **Die Worte Jesu sind sehr k l a r und einleuchtend für all diese, die in Demut ihren Verstand vor dem Licht des Heiligen Geistes beugen und sich von IHM führen lassen.**

Wir Menschen machen oft so viele, unnötige Worte, reden lange und unüberlegt, was wir vielleicht schon bald danach bedauern und was manchmal auch großen Schaden anrichtet! - Vergessen wir dabei nicht, von welcher Seite oft viele unserer Ideen und Worte kommen! - und wie Jesus einmal Petrus für seine Worte tadelte, obwohl dieser wirklich nichts Böses wollte, aber doch unter dem Einfluß des Satans gestanden hatte (vgl. Mt 16,23).

- Wäre es nicht besser, sich schon vorher gut zu überlegen, was und wie ich etwas sage, besonders dann, wenn sich die scheinbar besten Ideen in meinen Kopf drängen?
- Welchen Vorsatz fasse ich im Licht des heutigen Wortes Gottes?

Tagesgebet: *siehe entsprechender Tag Seite 459*

Maria Feldblume

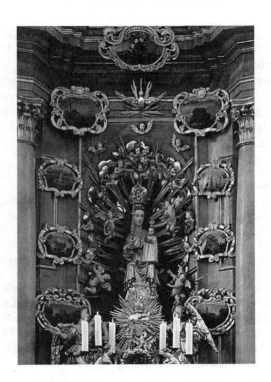

**Maria, Blume des Feldes, Maria, unsere Mutter,
ich bin bei Dir, denke an Dich,
ich bin bei Dir, denke an Dich, wache.**

Unser Hymnus. – Siehe Gebetsbuch WORT GOTTES - WILLE GOTTES - (Seite 27).

Erhältlich beim Sekretariat SBM - EINHEIT - FLUHM s. Adressen S. 463

14. Mai

Wort Gottes: Mk 4,35-41

"Am Abend dieses Tages sagte Jesus zu ihnen (seinen Jüngern): Wir wollen ans andere Ufer hinüberfahren. - Sie schickten die Leute fort und fuhren mit ihm in dem Boot, in dem er saß, weg; einige andere Boote begleiteten ihn. Plötzlich erhob sich ein heftiger Wirbelsturm und die Wellen schlugen in das Boot, so daß es sich mit Wasser zu füllen begann. Er aber lag hinten im Boot auf einem Kissen und schlief. Sie weckten ihn und riefen: Meister, kümmert es dich nicht, daß wir zugrundegehen? - Da stand er auf, drohte dem Wind und sagte zu dem See: Schweig, sei still! - Und der Wind legte sich, und es trat völlige Stille ein. Er sagte zu ihnen: Warum habt ihr solche Angst? - Habt ihr noch keinen Glauben? - Da ergriff sie große Furcht, und sie sagten zueinander: Was ist das für ein Mensch, daß ihm sogar der Wind und der See gehorchen?"

V: Wort des lebendigen Gottes! - A: Dank sei Gott, dem Herrn!

Betrachtungshilfe:

Heute kann man manchmal den gleichen Eindruck gewinnen, wie damals die Apostel auf dem See, wenn man sieht, wie um das Boot der Kirche heftige Wirbelstürme toben und die Wellen unterschiedlichster Ideologien und verwirrender Ansichten und Meinungen an ihm hochschlagen. Manchmal scheint es so, als ob Jesus wiederum in tiefen Schlaf gesunken wäre. - Aber ER schläft nicht! - Nein, ER schaut allem sehr aufmerksam zu. Bei IHM ist - wie wir gestern gehört haben - sogar jedes menschliche Wort aufgezeichnet, für das ER einmal am Tag des Gerichts JEDEN EINZELNEN zur Rechenschaft ziehen wird. - Und jetzt müssen wir nur geduldig und voll Vertrauen warten, bis ER Sein MÄCHTIGES WORT ausspricht und alles plötzlich zur Ruhe kommt.

Was wir z.B. in letzter Zeit in der fast unblutigen Umwandlung des Ostblocks erlebt haben! - Was wir z.B. heute in der Kirche und in der ganzen Welt erleben! - Welche Verwirrung in den Gedanken der Menschen herrscht! - ER läßt dies alles nur zu, - damit die Menschen erkennen, wie sie ohne Seine Hilfe ratlos sind, sich doch noch bekehren und sich, wie die Apostel, mit einem Hilfeschrei an den Herrn wenden! - Dann, wenn ER ein WORT des Friedens und der Einheit sprechen wird, wird sich der Sturm legen. Dann wird Frieden sein und Einheit! - Und die Menschen werden erkennen, daß ER der Herr und Gott ist und darüber staunen, **welche Kraft Sein WORT besitzt**, woran heute leider so viele nicht mehr glauben wollen oder können!

- Gehöre ich zu denen, die ohne Zweifel an die Kraft des Wortes Gottes glauben und dadurch sogar ganze Berge von Problemen versetzen und lösen können?
- Welchen Vorsatz fasse ich im Licht des heutigen Wortes Gottes?

Tagesgebet: *siehe entsprechender Tag Seite 459*

15. Mai

Wort Gottes: Mk 7,6b-13

"Dieses Volk ehrt mich mit den Lippen, sein Herz aber ist weit weg von mir. Es ist sinnlos, wie sie mich verehren; was sie lehren, sind Satzungen von Menschen. Ihr gebt Gottes Gebot preis und haltet euch an die Überlieferung der Menschen. Und weiter sagte Jesus: Sehr geschickt setzt ihr Gottes Gebot außer Kraft und haltet euch an eure eigene Überlieferung. Mose hat zum Beispiel gesagt: Ehre deinen Vater und deine Mutter! - und: Wer Vater oder Mutter verflucht, soll mit dem Tod bestraft werden. Ihr aber lehrt: Es ist erlaubt, daß einer zu seinem Vater oder zu seiner Mutter sagt: Was ich dir schulde, ist Korbán: das heißt eine Opfergabe. Damit hindert ihr ihn daran, noch etwas für Vater oder Mutter zu tun. So setzt ihr durch eure eigene Überlieferung das GOTTES WORT außer Kraft. Und ähnlich handelt ihr in vielen Fällen."

V: Wort des lebendigen Gottes! - A: Dank sei Gott, dem Herrn!

Betrachtungshilfe:

Diese vorwurfsvollen Worte Jesu machen deutlich, wie die Menschen damals wie auch heute mit ihren eigenen Gesetzen die Ordnung Gottes verwirren, ja sogar außer Kraft setzen. - Auch heute können wir immer wieder beobachten, daß die Gesetze des Staates oder irgendwelche Vereinsstatuten viel mehr respektiert werden als die Gebote Gottes, die ER uns in Seinem WORT geoffenbart hat! - Nicht selten erleben wir heute sogar eine totale Mißachtung der Gesetze Gottes! - Und das kann sicher nichts Gutes für die Menschheit bringen, sondern wird mit Sicherheit zu einer totalen Zerstörung der moralischen und sittlichen Ordnung führen. - Dies können wir heute oft schon in den Familien beobachten: Die Kinder haben keinen oder kaum mehr Respekt vor den Eltern; den Eltern fehlt die echte Liebe zu ihren Kindern. Die Folge ist: Statt Frieden, Freude und Eintracht herrschen Egoismus, Eifersucht, Neid, ja sogar oft Haß in den Familien. - Wie sehr mangelt es an einer richtigen, gesunden, christlichen Erziehung der Kinder in den Familien, Schulen, usw.! - Aber es hilft jetzt niemand, wenn ·wir uns gegenseitig Vorwürfe machen und mit dem Finger aufeinander zeigen. Vielmehr müssen wir **handeln**, das heißt unsere Fehler erkennen, sie bereuen und zur Ordnung Gottes, d.h. zur Wahrheit, zur Gerechtigkeit und zur gegenseitigen Achtung zurückkehren. Dann wird unter den Menschen echter Friede, wahre Liebe und Freude einkehren.

- Was tue ich dafür, damit ich zuerst mich selbst bekehre und dann meine Familie, meine Bekannten, meine Arbeitskollegen, meine Umgebung und dadurch wenigstens einen kleinen Teil der Welt? - Ist in meinen täglichen Gebeten diese Intention lebendig, das Wort Gottes im Alltag wieder vollständig in Kraft zu setzen? - Sorge ich dafür, daß das WORT GOTTES endlich den IHM gebührenden, **e r s t e n** Platz vor allen anderen, menschlichen Worten einnimmt?

- Welchen Vorsatz fasse ich im Licht des heutigen Wortes Gottes?

Tagesgebet: *siehe entsprechender Tag Seite 459*

16. Mai

Wort Gottes: Mk 8,34-38

"Jesus rief die Volksmenge und seine Jünger zu sich und sagte: Wer mein Jünger sein will, der verleugne sich selbst, nehme sein Kreuz auf sich und folge mir nach. Denn wer sein Leben retten will, wird es verlieren; wer aber sein Leben um meinetwillen und um des Evangeliums willen verliert, wird es retten. Was nützt es einem Menschen, wenn er die ganze Welt gewinnt, dabei aber sein Leben einbüßt? - Um welchen Preis könnte ein Mensch sein Leben zurückkaufen? - Denn wer sich vor dieser treulosen und sündigen Generation meiner und meiner WORTE schämt, dessen wird sich auch der Menschensohn schämen, wenn er mit den Heiligen Engeln in der Hoheit seines Vaters kommt."

V: Wort des lebendigen Gottes! - A: Dank sei Gott, dem Herrn!

Betrachtungshilfe:

Dieses Wort Gottes weist uns klar den Weg der Rettung aus dieser durch die Sünde des Ungehorsams verdorbenen Welt. - Jesus sprach wiederholt ganz klar davon, daß diese Welt verlorengehen wird und muß; aber nicht, weil Gott es so will, sondern als eine natürliche Konsequenz der Sündenlast, die auf der ganzen Menschheit liegt und immer schwerer wird. Dabei werden leider all diese zugrundegehen, die sich mit der Welt der Sünde untrennbar verbunden und somit von Gott getrennt haben. - Gott, in Seiner unendlichen Liebe, möchte so gerne auch diese Menschen retten, aber leider wollen viele auf Sein WORT nicht mehr hören und gehen deswegen den Weg in die **e w i g e Verdammnis! - Aber Gott läßt jedem Menschen die Freiheit der persönlichen Wahl, die Freiheit der persönlichen Entscheidung!**

Dann wird Gott eine neue Erde schaffen, - ER KANN es in Seiner ALLMACHT ! - Dort werden die Bürger des neuen Himmels wohnen und ein glückliches Leben für alle Ewigkeit genießen, all jene, die die Prüfungen der Erdenzeit bis zum Ende in Treue und Liebe zu Gott und zu Seiner Ordnung bestanden haben.

- Bekenne ich mich vor den Menschen mutig zum Glauben und zur Liebe zu Jesus Christus und zu Seinem WORT, oder ist dies mir gelegentlich auch peinlich? - Verleugne ich vielleicht sogar vor den anderen meinen Glauben? - Bin ich mir bewußt, mit welchen Konsequenzen ich rechnen muß, wenn ich mich des WORTES GOTTES, das heißt des HERRN JESUS vor den Menschen schäme?

- Welchen Vorsatz fasse ich im Licht des heutigen Wortes Gottes?

Tagesgebet: *siehe entsprechender Tag Seite 459*

17. Mai

Wort Gottes: Mk 9,2-3/7-10

"Sechs Tage danach nahm Jesus Johannes, Petrus und Jakobus beiseite und führte sie auf einen hohen Berg, aber nur sie allein. Und er wurde vor ihren

Augen verwandelt; seine Kleider wurden strahlend weiß, so weiß, wie sie auf Erden kein Bleicher machen kann. Da kam eine Wolke und warf ihren Schatten auf sie, und aus der Wolke rief eine Stimme: Das ist mein geliebter Sohn; AUF IHN SOLLT IHR HÖREN ! - Als sie dann um sich blickten, sahen sie auf einmal niemand mehr bei sich, außer Jesus. - Während sie den Berg hinabstiegen, verbot er ihnen, irgend jemand zu erzählen, was sie gesehen hatten, bis der Menschensohn von den Toten auferstanden sei. Dieses WORT beschäftigte sie, und sie fragten einander, was das sei: - Von den Toten auferstehen."

V: Wort des lebendigen Gottes! - A: Dank sei Gott, dem Herrn!

Betrachtungshilfe:

Wir wissen nicht, warum Jesus nur so wenige Jünger zu Seiner Verklärung mitgenommen hat. - Aber: So hat es IHM gefallen und so wollte ER es. - Und das soll uns schließlich genügen.

Das Wort Jesu über Seine Auferstehung, das auch Seine Jünger zunächst nicht verstehen konnten, und das bis heute viele Menschen nicht verstehen können, läßt uns erahnen, welche Gestalt und welches Aussehen der Mensch eines Tages nach seiner Auferstehung haben wird. - So hat schließlich jedes WORT GOTTES das gleiche zum Ziel: Zuerst die Gott gebührende Ehre und dann die Vorbereitung des Menschen auf ein unbeschreiblich schönes und glückliches Leben, das die Erlösten nach der Auferstehung im Himmel erwartet.

Immer wieder wird die Frage gestellt: Wie ist eine Auferstehung des menschlichen Leibes überhaupt vorstellbar, wenn z.B. ein Mensch im Meer ertrunken ist und das Wasser seinen Leib aufgelöst hat? - Oder wie kann man sich die Auferstehung eines Menschen vorstellen, dessen Körper von wilden Tieren gefressen wurde, usw.? - Vergessen wir dabei aber nie, daß das, was den Menschen unmöglich zu sein scheint, bei Gott möglich und ganz einfach ist! - Wir könnten auch fragen: Ist es einem Menschen möglich, eine Handvoll Eisenstaub, der im Gras verstreut liegt, in ein paar Minuten bis zum letzten Stäubchen einzusammeln? - Wenn ich da und dort diese Frage stellte, bekam ich meistens zur Antwort: Das ist überhaupt nicht möglich! - Nur selten hörte ich: Das ist möglich, - einfach, mit der Kraft eines großen Elektromagneten. - Ja, und dazu brauchen wir nicht einmal Minuten, dies ist in einem einzigen Augenblick möglich, wenn die Kraft des Elektromagneten groß genug ist, um alle Eisenstäubchen zu erfassen! - Und wenn der Mensch durch sogenannte technische Wunder schon so weit gekommen ist, d.h. wenn Gott den Menschen schon so viele, verborgene Kräfte der Natur ENTDECKEN ließ, dann können wir doch überzeugt sein, daß Gott noch VIEL MEHR kann, als alle Menschen zusammen mit ihren ganzen wissenschaftlichen Erkenntnissen! - Aber gerade deshalb ist der GLAUBE an das WORT GOTTES so wichtig, das heißt der Glaube an all das, was uns Jesus selbst bzw. Seine Apostel in der Gnade des Heiligen Geistes aus dem Schatz der Weisheit des Himmlischen Vaters geoffenbart haben, und was für uns oft so unbegreiflich und unverständlich scheint, weil eben unsere menschliche Erkenntnis sehr begrenzt ist.

- Glaube ich an die Auferstehung der Toten am Tag des Letzten Gerichts, dessen Zeitpunkt auch den Engeln im Himmel verborgen ist?

Wenn manche "Prophezeiungen" es wagen, einen genauen Zeitpunkt dieses Tages anzugeben, so müssen wir wissen, daß es sich dabei sicher um einen Betrug der Hölle handelt und nicht um eine himmlische Offenbarung. - Jesus hat uns nur die Zeichen vorausgesagt, die uns zeigen sollen, daß dieser Tag schon nahe ist. ER selber aber nannte nie einen genauen Zeitpunkt, weil auch IHM, als dem Menschen, obwohl Sohn Gottes, dies in Seiner irdischen Zeit verborgen blieb: **"Jenen Tag und jene Stunde kennt niemand, auch nicht die Engel im Himmel, nicht einmal der Sohn, sondern nur der Vater"** (Mk 13,32).

- Welchen Vorsatz fasse ich im Licht des heutigen Wortes Gottes?

Tagesgebet: *siehe entsprechender Tag Seite 459*

18. Mai

Wort Gottes: Mk 10,17-27

"Als sich Jesus wieder auf den Weg machte, lief ein Mann auf ihn zu, fiel vor ihm auf die Knie und fragte ihn: Guter Meister, was muß ich tun, um das ewige Leben zu gewinnen? - Jesus antwortete: Warum nennst du mich gut? Niemand ist gut außer Gott, dem Einen. - Du kennst doch die Gebote: Du sollst nicht töten, du sollst nicht die Ehe brechen, du sollst nicht stehlen, du sollst nicht falsch aussagen, du sollst keinen Raub begehen; ehre deinen Vater und deine Mutter! - Er erwiderte ihm: Meister, alle diese Gebote habe ich von Jugend an befolgt. - Da sah ihn Jesus an, und weil er ihn liebte, sagte er: Eines fehlt dir noch: Geh, verkaufe, was du hast, gib das Geld den Armen, und du wirst einen bleibenden Schatz im Himmel haben; dann komm und folge mir nach! - Der Mann aber war betrübt, als er das hörte, und ging traurig weg, denn er hatte ein großes Vermögen. - Da sah Jesus seine Jünger an und sagte zu ihnen: Wie schwer ist es für Menschen, die viel besitzen, in das Reich Gottes zu kommen! - DIE JÜNGER WAREN ÜBER SEINE WORTE BESTÜRZT. Jesus aber sagte noch einmal zu ihnen: Meine Kinder, wie schwer ist es, in das Reich Gottes zu kommen! - Eher geht ein Kamel durch ein Nadelöhr, als daß ein Reicher in das Reich Gottes gelangt. Sie aber erschraken noch mehr und sagten zueinander: Wer kann dann noch gerettet werden? - Jesus sah sie an und sagte: Für Menschen ist das unmöglich, aber nicht für Gott; denn FÜR GOTT IST ALLES MÖGLICH !"

V: Wort des lebendigen Gottes! - A: Dank sei Gott, dem Herrn!

Betrachtungshilfe:

Diese Geschichte mit dem reichen Mann zeigt uns, daß das WORT GOTTES nicht immer leicht zu verstehen und zu befolgen ist, und - welch großes Hindernis, ja sogar große Gefahr der Reichtum auf dem Weg zum Himmel sein kann! - Die letzten Worte Jesu sollen auch für uns ein heilsames Erschrecken bewirken und uns zu tiefem Nachdenken bewegen, - wie sehr unsere Rettung von Gott abhängig ist und wie wichtig deshalb unser GLAUBE an das von Jesus gegebene WORT ist: **FÜR GOTT IST ALLES MÖGLICH.** Und wo der Mensch gar nichts mehr kann, da KANN GOTT ALLES! - Heute hören wir auch, daß all jene, die die Gebote Gottes treu befolgen, das ewige Leben gewinnen. - Wer freilich etwas Besseres im Himmel erreichen will, muß dementsprechend auch auf mehr in dieser irdischen Zeit verzichten und größere Liebe und Treue zu Gott beweisen.

Das heutige Wort Gottes hat schon vielen Menschen geholfen, die Gnade der Berufung zum Ordensstand zu entdecken. - Selbstverständlich können diese, die eine Familie gegründet haben, jetzt nicht alles verkaufen und an die Armen verschenken, da sie ja eine ganz andere Aufgabe haben als die Ordensleute. - Jeder aber, der in den Himmel kommen will, unabhängig davon, welcher Berufung er folgt, muß sich von allen sündhaften Begierden befreien!

- Ruft manchmal auch bei mir dieses oder jenes Wort Gottes eine gewisse Bestürzung hervor? - Versuche ich dann dem lebendigen Beispiel Mariens zu folgen, die wirklich von ganzem Herzen daran glaubte, **"daß für Gott nichts unmöglich ist"** (Lk 1,37) - ?
- Welchen Vorsatz fasse ich im Licht des heutigen Wortes Gottes?

Tagesgebet: *siehe entsprechender Tag Seite 459*

19. Mai

Wort Gottes: Mk 9,30-32

"Sie (die Apostel) gingen von dort weg und zogen durch Galiläa. Er (Jesus) wollte aber nicht, daß jemand davon erfuhr; denn er wollte seine Jünger über etwas belehren. Er sagte zu ihnen: Der Menschensohn wird den Menschen ausgeliefert, und sie werden ihn töten; doch drei Tage nach seinem Tod wird er auferstehen. - Aber sie verstanden den Sinn seiner WORTE nicht, scheuten sich jedoch, ihn zu fragen."

V: Wort des lebendigen Gottes! - A: Dank sei Gott, dem Herrn!

Betrachtungshilfe:

Dieses Wort Gottes beweist uns erneut, daß anfangs auch die Jünger viele WORTE JESU nicht verstehen konnten. - Sie verstanden IHN zum Beispiel nicht, als ER davon sprach, daß ER leiden und sogar getötet werden muß, da sie immer noch einen politischen Messianismus im Sinn hatten, d.h. die Befreiung Israels von der Macht der Römer. So konnten sie auch nicht verstehen, daß Jesus nach Seinem Tod auferstehen wird. - Sie scheuten sich, vor dem Herrn offen zu bekennen, daß sie all dies nicht verstehen können; und sie wagten es nur selten, IHN um nähere Erklärungen zu bitten.

Wie oft sind auch wir in einer ähnlichen Situation, daß wir nichts oder kaum etwas von dem verstehen, was in dem einen oder anderen WORT GOTTES steht! - Wie oft scheuen wir uns, vor den Menschen zu bekennen, daß wir vieles einfach nicht verstehen können! - Und wie oft schämen wir uns, so wie die Apostel damals, zu fragen und um eine Erklärung zu bitten! - Erst das Wunder an Pfingsten verwandelte

174

die Apostel in mutige, furchtlose Bekenner, die, vom Heiligen Geist entflammt, andere mit Überzeugung und Kraft das WORT GOTTES lehrten!

- Gehöre ich auch zu diesen, die sich oft scheuen, etwas zu fragen? - Habe ich soviel Demut, um zu bekennen, daß ich vieles noch nicht weiß und nicht verstehen kann? - Bitte ich den Heiligen Geist um die Gabe der Demut?
- Welchen Vorsatz fasse ich im Licht des heutigen Wortes Gottes?

Tagesgebet: *siehe entsprechender Tag Seite 460*

20. Mai

Wort Gottes: Mk 13,21-33

"Wenn jemand zu euch sagt: Seht, hier ist der Messias! - oder: Seht, dort ist er! - so glaubt es nicht! Denn es wird mancher falsche Messias und mancher falsche Prophet auftreten, und sie werden Zeichen und Wunder tun, um, wenn möglich, die Auserwählten irrezuführen. Ihr aber, seht euch vor! - Ich habe euch alles vorausgesagt. - Aber in jenen Tagen, nach der großen Not, wird sich die Sonne verfinstern, und der Mond wird nicht mehr scheinen; die Sterne werden vom Himmel fallen, und die Kräfte des Himmels werden erschüttert werden. Dann wird man den Menschensohn mit großer Macht und Herrlichkeit auf den Wolken kommen sehen. Und er wird die Engel aussenden und die von ihm Auserwählten aus allen vier Windrichtungen zusammenführen, vom Ende der Erde bis zum Ende des Himmels. Lernt etwas aus dem Vergleich mit dem Feigenbaum! - Sobald seine Zweige saftig werden und Blätter treiben, wißt ihr, daß der Sommer nahe ist. Genauso sollt ihr erkennen, wenn ihr all das geschehen seht, daß das Ende vor der Tür steht. Amen, ich sage euch: Diese Generation wird nicht vergehen, bis das alles eintritt. - HIMMEL UND ERDE WERDEN VERGEHEN, ABER MEINE WORTE WERDEN NICHT VERGEHEN. - Doch jenen Tag und jene Stunde kennt niemand, auch nicht die Engel im Himmel, nicht einmal der Sohn, sondern nur der Vater. Seht euch also vor, und bleibt wach! Denn ihr wißt nicht, wann die Zeit da ist."

V: Wort des lebendigen Gottes! - A: Dank sei Gott, dem Herrn!

Betrachtungshilfe:

Diese Worte Jesu sind für solche Menschen, die sich in dieser Welt gut eingelebt und ein schönes, bequemes und ruhiges Nest für sich gebaut haben, sicher nicht leicht zu hören und können Angst und Schrecken einjagen. - Aber dies sind unwiderrufliche WORTE, denen leider niemand entgehen kann. - Das oben erwähnte Wort "Generation" bezeichnet nicht nur eine Generation von ungefähr zwanzig bis dreißig Jahren, sondern die Generation der Menschen aller Zeiten. - Daß beim Herrn eine andere Zeitrechnung gilt, darauf weist uns der heilige Petrus hin: **"Das eine aber, liebe Brüder, dürft ihr nicht übersehen: Daß beim Herrn ein Tag wie tausend Jahre und tausend** (irdische) **Jahre wie ein Tag sind"** (2 Petr 3,8). - Und was das Ende der irdischen Zeit betrifft, so schreibt er: "Der Herr zögert nicht mit der Erfüllung der Verheißung, wie einige meinen, die von Verzögerung reden; er ist nur geduldig mit euch, **weil er nicht will, daß jemand zugrunde geht,** sondern daß alle sich bekehren. Der Tag des Herrn wird aber kommen wie ein Dieb. Dann wird der Himmel prasselnd vergehen, die Elemente werden verbrannt und aufgelöst, die Erde und alles, was auf ihr ist, werden nicht mehr gefunden. - Wenn sich das alles in dieser Weise auflöst: **Wie h e i l i g und fromm müßt ihr dann leben,** den Tag Gottes erwarten und seine Ankunft **beschleunigen!** - An jenem Tag wird sich der Himmel im Feuer auflösen und die Elemente werden im Brand zerschmelzen. - Dann erwarten wir, seiner Verheißung gemäß, einen neuen Himmel und eine neue Erde, in denen die Gerechtigkeit wohnt" (2 Petr 3,9-13).

Wie kann sich dies alles erfüllen? - Vielleicht durch eine Kettenreaktion, ausgelöst durch eine Atombombenexplosion? - Vielleicht auch auf eine ganz andere, uns heute noch völlig unbekannte und unvorstellbare Weise! - Auf jeden Fall wird es eines Tages geschehen und darauf müssen wir uns, so wie auch auf unser eigenes Sterben, zu jeder Zeit g u t, durch ein heiliges Leben, vorbereiten!

"Himmel und Erde werden vergehen, aber meine WORTE werden nicht vergehen." - Diese Worte Jesu trösten und stärken uns, zeigen aber zugleich auch, wie wichtig j e d e s WORT JESU als WORT GOTTES für unser g a n z e s Leben ist, für dieses auf der Erde und für dieses in der Ewigkeit!

- Wie oft denke ich daran, daß es neben diesem Ende der Welt auch ein persönliches Ende der Welt für jeden einzelnen Menschen gibt, wenn sich seine Augen für immer auf dieser Welt schließen und am Sarg "Requiem aeternam" gesungen wird? - Bin ich auf dieses, **mein** Ende der Welt immer gut vorbereitet?

- Welchen Vorsatz fasse ich im Licht des heutigen Wortes Gottes?

Tagesgebet: *siehe entsprechender Tag Seite 460*

Liebe Familien und Freunde,

versuchen Sie bitte, die **GROSSE NOVENE** in Ihrer Umgebung bekannt zu machen. Auf diese Weise tragen auch Sie zur **Verkündigung des WORTES GOTTES** bei! Nützen Sie dieses Buch auch als sinnvolles, gnadenreiches Geschenk zum Weitergeben.

"Ihr werdet die KRAFT des HEILIGEN GEISTES empfangen, der auf euch herabkommen wird; und ihr werdet MEINE ZEUGEN sein in Jerusalem und in ganz Judäa und Samarien und bis an die Grenzen der Erde. Als er das gesagt hatte, wurde er vor ihren Augen emporgehoben, und eine Wolke nahm ihn auf und entzog ihn ihren Blicken." (Apg 1,8-9)

"Mir ist alle Macht gegeben im Himmel und auf der Erde. Darum geht zu allen Völkern, und macht alle Menschen zu meinen Jüngern; tauft sie auf den Namen des Vaters und des Sohnes und des Heiligen Geistes, und lehrt sie, alles zu befolgen, was ich euch geboten habe." (Mt 28,18-20)

21. Mai

Wort Gottes: Lk 1,10-11a/13-15a/18-20

"Während er (Zacharias) nun zur festgelegten Zeit das Opfer darbrachte, stand das ganze Volk draußen und betete. - Da erschien dem Zacharias ein Engel des Herrn; Der Engel aber sagte zu ihm: Fürchte dich nicht, Zacharias! - Dein Gebet ist erhört worden. Deine Frau Elisabet wird dir einen Sohn gebären: Dem sollst du den Namen Johannes geben. Große Freude wird dich erfüllen, und auch viele andere werden sich über seine Geburt freuen. Denn er wird groß sein vor dem Herrn. Zacharias sagte zu dem Engel: Woran soll ich erkennen, daß das wahr ist! - Ich bin ein alter Mann, und auch meine Frau ist im vorgerückten Alter. - Der Engel erwiderte ihm: Ich bin Gabriel, der vor Gott steht, und ich bin gesandt worden, um mit dir zu reden und dir diese frohe Botschaft zu bringen. Aber weil du meinen WORTEN nicht geglaubt hast, die in Erfüllung gehen, wenn die Zeit dafür da ist, sollst du stumm sein und nicht mehr reden können, bis zu dem Tag, an dem all das eintrifft."

V: Wort des lebendigen Gottes! - A: Dank sei Gott, dem Herrn!

Betrachtungshilfe:

Die Bestrafung des Zacharias für seinen Unglauben zeigt uns, daß Gott manchmal einen Menschen sofort bestraft, wenn er Seinem WORT nicht glauben will. - Dieses Wort Gottes ist uns aber nicht nur eine große Mahnung und Warnung, sondern stärkt auch unser Vertrauen in die Kraft des Gebets und schenkt uns den sicheren Trost, daß unsere Gebete bei Gott n i e vergebens sind und sicher von Gott erhört werden, so wie ER die Gebete des Zacharias erhört hat, als die Zeit dafür gekommen war! - Die heilige Monika betete fast zwanzig Jahre lang um die Bekehrung ihres Sohnes Augustinus. Und was geschah? - Augustinus bekehrte sich, führte ein vorbildliches, christliches Leben und entschied sich dann sogar für die Priesterweihe. Er lebte so heilig, daß die Gläubigen sogar seine Bischofsweihe verlangten; und heute verehrt ihn die Kirche als einen ihrer größten Kirchenlehrer!

Nach dem heutigen Wort Gottes könnte jemand die Frage stellen: Warum erhielt Maria auf ihre Frage: "Wie soll das geschehen?" - ohne weiteres eine Antwort vom Engel - und Zacharias, der dem Engel scheinbar die gleiche Frage wie Maria gestellt hatte, wurde mit Stummheit bestraft? - Ist Gott also ungerecht? - Wir können und müssen mit ganzer Entschiedenheit sagen: N E I N ! - Gott ist in Seinen Entscheidungen i m m e r gerecht! - ER schaut auf das Herz des Menschen und kennt all seine Gedanken, inneren Zweifel und seinen Unglauben, wovon der Mensch meist kaum eine Ahnung hat.

Diese scheinbar ungerechte und doch ganz gerechte Entscheidung Gottes können wir so erklären: Weil Zacharias die WAHRHEIT des WORTES Gottes bezweifelte, wurde er bestraft. Er hatte nämlich dem Engel geantwortet: "Woran soll ich erkennen, daß das W A H R ist? - Der Engel erklärte ihm danach auch den Grund der Strafe: "Weil du meinen WORTEN nicht GEGLAUBT hast." - Maria dagegen zweifelte keinen Augenblick an der W A H R H E I T des WORTES GOTTES, das ihr der Engel verkündet hatte, sondern bat nur um eine Erklärung: "W i e soll das geschehen?" - Und als sie zur Antwort bekam, daß Gott mit Seiner Kraft wirken wird, da war sie sofort bereit, den Willen Gottes zu erfüllen und ihr JA-WORT zu geben: "**Ich bin die Magd des Herrn; mir geschehe, wie du es gesagt hast.**"

- Bin ich bereit, die Wahrheit jedes Wortes Gottes zu bejahen, auch wenn ich oft nichts davon verstehe? - Denke ich bei jedem Geschehnis in meinem Leben, daß ohne den Willen oder zumindest ohne die Zustimmung Gottes n i c h t s geschieht, weil Gott alles so unter Seiner Kontrolle hat, daß IHM sogar die Anzahl der Haare auf dem Kopf eines jeden Menschen bekannt ist (vgl Mt 10,30) - ?
- Welchen Vorsatz fasse ich im Licht des heutigen Wortes Gottes?

Tagesgebet: *siehe entsprechender Tag Seite 460*

22. Mai

Wort Gottes: Lk 21,9-17

"**Wenn ihr von Kriegen und Unruhen hört, laßt euch dadurch nicht erschrecken! Denn das muß als erstes geschehen; aber das Ende kommt noch nicht sofort! - Dann sagte er zu ihnen: Ein Volk wird sich gegen das andere erheben und ein Reich gegen das andere. Es wird gewaltige Erdbeben und an vielen Orten Seuchen und Hungersnöte geben; schreckliche Dinge werden geschehen und am Himmel wird man gewaltige Zeichen sehen. - Aber bevor das alles geschieht, wird man euch festnehmen und euch verfolgen. Man wird euch um meines Namens willen den Gerichten der Synagogen übergeben, ins Gefängnis werfen und vor Könige und Statthalter bringen. Dann werdet ihr Zeugnis ablegen können. Nehmt euch fest vor, NICHT IM VORAUS FÜR EURE VERTEIDIGUNG ZU SORGEN; denn ich werde euch die W O R T E und die WEISHEIT eingeben, so daß alle eure Gegner nicht dagegen ankommen und nichts dagegen sagen können. Sogar eure Eltern und Geschwister, eure Verwandten und Freunde werden euch ausliefern, und manche von euch wird man töten. Und ihr werdet um meines Namens willen von allen gehaßt werden.**"

V: Wort des lebendigen Gottes! - A: Dank sei Gott, dem Herrn!

Betrachtungshilfe:

Viele dieser Zeichen, über die Jesus sprach, geschahen bereits oder geschehen heute vor unseren Augen. - Wie viele Gläubige mußten z.B. während der Hitler- und Nazi-Zeit oder unter dem Kommunismus Lenins und Stalins um ihres christlichen Glaubens willen leiden und sterben und wie viele leiden bis heute unter vielen anderen totalitären Systemen der Erde! - Wie oft erfahren wir durch Fernsehen und Presse von Kriegen und Unruhen, von gewaltigen Erdbeben und anderen Naturkatastrophen, von Epidemien und Seuchen, von großen Hungersnöten und vielen anderen schrecklichen Ereignissen und auch von gewaltigen Zeichen am Himmel!

- Habe ich Angst vor der Zukunft? - Bemühe ich mich, durch meinen Glauben an das Wort Gottes und mein Vertrauen in die Vorsehung Gottes wie auch durch meine volle Hingabe an Gott - am besten durch die Hände Mariens - innere Ruhe, Frieden und Freude wiederzugewinnen?
- Welchen Vorsatz fasse ich im Licht des heutigen Wortes Gottes?

Tagesgebet: *siehe entsprechender Tag Seite 460*

23. Mai

Wort Gottes: Joh 3,31-36

"Er, der von oben kommt, steht über allem; wer von der Erde stammt, ist irdisch und redet irdisch. Er, der aus dem Himmel kommt, steht über allem. Was er gesehen und gehört hat, bezeugt er, doch niemand nimmt sein Zeugnis an. Wer sein Zeugnis annimmt, beglaubigt, daß Gott wahrhaftig ist. Denn der, den Gott gesandt hat, verkündet die WORTE GOTTES; denn er gibt den Geist unbegrenzt. Der Vater liebt den Sohn und hat alles in seine Hand gegeben. Wer an den Sohn glaubt, hat das ewige Leben; wer aber dem Sohn nicht gehorcht, wird das Leben nicht sehen, sondern Gottes Zorn bleibt auf ihm."

V: Wort des lebendigen Gottes! - A: Dank sei Gott, dem Herrn!

Betrachtungshilfe:

Aus diesem Wort Gottes erfahren wir, daß diese, die das WORT GOTTES verkünden, von Gott gesandt sind. Diese Wahrheit bekräftigt Jesus selbst mit folgender Aussage: **"Wie du (Vater) mich in die Welt gesandt hast, so habe auch ich sie in die Welt gesandt. Und ich heilige mich für sie, damit auch sie in der Wahrheit geheiligt sind"** (Joh 17,18-19). - Und diese Wahrheit sieht so aus: **"Wer an den Sohn (Jesus) glaubt, hat das ewige Leben; - wer aber dem Sohn nicht gehorcht, wird das Leben nicht sehen, sondern Gottes Zorn bleibt auf ihm."**

Diese also, die an Jesus Christus glauben, Seinen WORTEN gehorchen und mit Seinen WORTEN helfen, die Welt zu evangelisieren, sollen sich freuen und jubeln, weil im Himmel als Lohn unvorstellbar Schönes auf sie wartet, das, was kein Auge gesehen und kein Ohr gehört hat, was keinem Menschen in den Sinn gekommen ist: das Große, das Gott denen vorbereitet hat, - aber n u r d e n e n -, die IHN lieben (vgl. 1 Kor 2,9).

- Mache ich mir öfters Gedanken darüber, was es heißt, Gott zu lieben? - Kenne ich die Antwort Jesu dazu: **"Wenn ihr mich liebt, werdet ihr meine Gebote halten!"** (Joh 14,15) - ?
- Welchen Vorsatz fasse ich im Licht des heutigen Wortes Gottes?

Tagesgebet: *siehe entsprechender Tag Seite 460*

24. Mai

Wort Gottes: Joh 4,39-42

"Viele Samariter aus jenem Ort kamen zum Glauben an Jesus auf das WORT der Frau hin, die bezeugt hatte: Er hat mir alles gesagt, was ich getan habe. - Als die Samariter zu ihm kamen, baten sie ihn, bei ihnen zu bleiben; und er blieb dort zwei Tage. Und noch viel mehr Leute kamen zum Glauben an ihn aufgrund seiner eigenen WORTE. - Und zu der Frau sagten sie: Nicht mehr aufgrund deiner Aussage glauben wir, sondern weil wir ihn selbst gehört haben und nun wissen: Er ist wirklich der Retter der Welt."

V: Wort des lebendigen Gottes! - A: Dank sei Gott, dem Herrn!

Betrachtungshilfe:

Dieses Wort Gottes zeigt uns, wie wichtig unser Einsatz und unser Zeugnis für die Evangelisierung der Welt und Neu-Evangelisierung der Christen ist, die vielfach den Glauben verloren haben. - Weiter erfahren wir heute auch, wie wichtig der direkte Kontakt mit Jesus selbst ist, das heißt mit Seinem eigenen WORT, wie uns das Beispiel dieser Samariter zeigt. Jetzt werden wir auch besser verstehen, warum gerade heute die tägliche, gemeinsame Betrachtung des WORTES GOTTES für die Familie, für jede Gemeinschaft, für jeden einzelnen, der die Wahrheit liebt, sucht und finden will, so notwendig ist! - Dieses Wort Gottes bezeugt uns, durch den Mund dieser Samariter, daß JESUS der wirkliche RETTER der WELT ist, - eine WAHRHEIT, von der die heutige Welt leider nicht mehr viel hören und wissen will und deswegen droht ihr, wenn sie sich nicht bekehrt, der Untergang!

• Glaube ich fest daran, daß Jesus wirklich der **e i n z i g e** Retter ist, der die Welt und die Menschheit retten will und kann, wenn die Menschen auf IHN hören wollen und Seine Worte befolgen? - Was tue ich dafür, damit auch andere an diese Wahrheit glauben und sich von Jesus retten lassen?

• Welchen Vorsatz fasse ich im Licht des heutigen Wortes Gottes?

Tagesgebet: *siehe entsprechender Tag Seite 460*

25. Mai

Wort Gottes: Joh 4,46-53

"Jesus kam wieder nach Kana in Galiläa, wo er das Wasser in Wein verwandelt hatte. - In Kafarnaum lebte ein königlicher Beamter; dessen Sohn war krank. Als er hörte, daß Jesus von Judäa nach Galiläa gekommen war, suchte er ihn auf und bat ihn, herabzukommen und seinen Sohn zu heilen; denn er lag im Sterben. Da sagte Jesus zu ihm: Wenn ihr nicht Zeichen und Wunder seht, glaubt ihr nicht. Der Beamte bat ihn: Herr, komm herab, ehe mein Kind stirbt. Jesus erwiderte ihm: Geh, dein Sohn lebt! - DER MANN GLAUBTE DEM WORT, DAS JESUS ZU IHM GESAGT HATTE, und machte sich auf den Weg. Noch während er unterwegs war, kamen ihm seine Diener entgegen und sagten: Dein Junge lebt! - Da fragte er sie genau nach der Stunde, in der die Besserung eingetreten war. Sie antworteten: Gestern in der siebten Stunde ist das Fieber von ihm gewichen. Da erkannte der Vater, daß es genau zu der Stunde war, als Jesus zu ihm gesagt hatte: Dein Sohn lebt. - Und er wurde gläubig mit seinem ganzen Haus."

V: Wort des lebendigen Gottes! - A: Dank sei Gott, dem Herrn!

Betrachtungshilfe:

Dieses Wunder war das zweite, das Jesus nach dem Wunder in Kana zu Galiläa wirkte. - Das heutige Wort Gottes weist wiederum hin auf die Bedeutung und Notwendigkeit des GLAUBENS, besonders dann, wenn die Menschen ein Wunder von Gott erwarten. - Der feste und unerschütterliche GLAUBE des königlichen Beamten an die Macht des WORTES JESU bewirkte das Wunder der Heilung seines Sohnes! - Jesus belehrt uns aber zugleich, daß es nicht darum geht, Zeichen und Wunder zu sehen und aufgrund dessen zu glauben, sondern zu glauben und dann werden die Wunder geschehen.

• Besitze ich schon einen so festen und unerschütterlichen Glauben an das Wort Gottes wie dieser Vater?

• Welchen Vorsatz fasse ich im Licht des heutigen Wortes Gottes?

Tagesgebet: *siehe entsprechender Tag Seite 461*

26. Mai

Wort Gottes: Mt 26,26-29

"Während des Mahles nahm Jesus das Brot und sprach die WORTE des Lobpreises; dann brach er das Brot, reichte es den Jüngern und sagte: Nehmt und eßt; das ist mein Leib. Dann nahm er den Kelch, sprach das Dankgebet und reichte ihn den Jüngern mit den WORTEN: Trinkt alle daraus; das ist mein Blut, das Blut des Bundes, das für viele vergossen wird, zur Vergebung der Sünden. Ich sage euch: Von jetzt an werde ich nicht mehr von der Frucht des Weinstocks trinken, bis zu dem Tag, an dem ich mit euch von neuem davon trinke im Reich meines Vaters."

V: Wort des lebendigen Gottes! - A: Dank sei Gott, dem Herrn!

Betrachtungshilfe:

Leider reagieren die Leute heute oft nicht anders als damals die Juden, die sich empörten, als Jesus sagte, daß ER ihnen Sein Fleisch zu essen und Sein Blut zu trinken geben werde: "Da stritten sich die Juden und sagten: Wie kann er uns sein Fleisch zu essen geben? - Jesus sagte zu ihnen: Amen, amen, das sage ich euch: Wenn ihr das Fleisch des Menschensohnes nicht eßt und sein Blut nicht trinkt, habt ihr das Leben nicht in euch. Wer mein Fleisch ißt und mein Blut trinkt, hat das ewige Leben, und ich werde ihn auferwecken am Letzten Tag. Denn mein Fleisch ist wirklich eine Speise und mein Blut ist wirklich ein Trank. Wer mein Fleisch ißt und mein Blut trinkt, der bleibt in mir und ich bleibe in ihm." (Joh 6,52-56)

Dieses Wort Gottes beweist uns auch, daß der Himmel keine Fata Morgana ist, sondern etwas sehr Reales, wo man z.B. auch Wein trinken wird, nur sicher einen viel besseren als alle jetzt auf der Erde mit goldenen Medaillen prämiierten, edelsten Weinsorten. - Dieser Wein im Reich Gottes wird wirklich himmlisch schmecken, aber Gott sei Dank weder unseren Kopf verwirren noch unserer Leber schaden, denn nach der Auferstehung wird alles neu sein und nichts mehr von der Sünde verdorben. - Das sind keine Märchen! - Das sind Wahrheiten, an die viele Menschen heute leider nicht mehr glauben wollen!

- Wer wagt es, das in Zweifel zu ziehen oder zu ändern, was Jesus selbst so klar und eindeutig über die Eucharistie gesagt hat? - Was wird mit diesen Menschen geschehen, die **entgegen** dem Willen des Herrn Sein Fleisch **nicht** essen und Sein Blut **nicht** trinken?

- Welchen Vorsatz fasse ich im Licht des heutigen Wortes Gottes?

Tagesgebet: *siehe entsprechender Tag Seite 461*

27. Mai

Wort Gottes: Joh 6,60/66-69

"Viele seiner Jünger, die ihm zuhörten, sagten: Was er sagt, ist unerträglich. Wer kann das anhören? - Daraufhin zogen sich viele Jünger zurück und wanderten nicht mehr mit ihm umher. - Da fragte Jesus die Zwölf: Wollt auch ihr weggehen? - Simon Petrus antwortete ihm: HERR, ZU WEM SOLLEN WIR GEHEN? - DU HAST WORTE DES EWIGEN LEBENS! - Wir sind zum Glauben gekommen und haben erkannt: Du bist der Heilige Gottes."

V: Wort des lebendigen Gottes! - A: Dank sei Gott, dem Herrn!

Betrachtungshilfe:

Nachdem Jesus angekündigt hatte, daß ER unter den eucharistischen Gestalten des Brotes und Weines, die in Seinen Leib und Sein Blut verwandelt sind, anwesend sein werde, haben IHN leider viele damalige Rationalisten verlassen. - Es ist schon zu staunen, daß so viele Jünger den Herrn verlassen haben, obwohl sie doch so viele Wunder mit eigenen Augen bei IHM gesehen hatten, Wunder, die allein auf Sein WORT hin geschahen und für die Menschen einfach unbegreiflich und unfaßbar waren! - Aber dann müssen wir auch die Frage stellen: **Wo** sind heute all diese, die Jesus damals verlassen haben, die Seinen WORTEN nicht **glaubten**, weil sie IHN nicht **verstehen** konnten?

Der heilige Petrus dagegen, ein einfacher Fischer, legt ein wunderbares Bekenntnis für seinen GLAUBEN an das WORT GOTTES ab, sein zweites wunderbares Bekenntnis, aus dem die Wirkung des Heiligen Geistes spricht: **"HERR, ZU WEM SOLLEN WIR GEHEN? - DU HAST WORTE DES EWIGEN LEBENS!"** - Heute laufen die Menschen hin und her und suchen etwas, was ihnen in ihren seelischen Nöten helfen soll und wissen oft nicht was. - Aber n u r bei Jesus werden sie schließlich Hilfe und Rettung finden, denn nur ER hat WORTE DES EWIGEN LEBENS!

183

- Laufe auch ich noch immer hin und her und suche mein Heil bei allen möglichen Menschen und Philosophien, anstatt bei Jesus, der mir ALLEIN durch Sein WORT und SAKRAMENT das ewige Leben schenken kann?
- Welchen Vorsatz fasse ich im Licht des heutigen Wortes Gottes?

Tagesgebet: *siehe entsprechender Tag Seite 461*

28. Mai

Wort Gottes: Joh 8,28b-32

"Ihr werdet erkennen, daß ich nichts im eigenen Namen tue, sondern nur das sage, was mich der Vater gelehrt hat. Und er, der mich gesandt hat, ist bei mir; er hat mich nicht allein gelassen, WEIL ICH IMMER DAS TUE, WAS IHM GEFÄLLT. - Als Jesus das sagte, kamen viele zum Glauben an ihn. Da sagte er zu den Juden, die an ihn glaubten: WENN IHR IN MEINEM W O R T BLEIBT, SEID IHR WIRKLICH MEINE JÜNGER. Dann werdet ihr die WAHRHEIT erkennen, und die Wahrheit wird euch befreien."**

V: Wort des lebendigen Gottes! - A: Dank sei Gott, dem Herrn!

Betrachtungshilfe:

Man hört heute so viele Neuigkeiten, auch aus dem Bereich der Theologie, wie z.B. über die Theologie der Befreiung, die in Wirklichkeit nicht viel mit der echten Theologie zu tun hat und mehr eine politische Bewegung ist, die behauptet, im Namen Gottes zu wirken, aber unglaubwürdig bleibt, solange sie diese Befreiung durch Haß und Blutvergießen realisiert.

Die w a h r e Theologie der Befreiung finden wir allein in der WAHRHEIT des EVANGELIUMS, in der Befreiung von der Macht der Sünde, in der Befreiung von der Macht des Satans und der Hölle. - Im heutigen Wort Gottes betont Jesus, daß ER, obwohl doch Sohn Gottes, nichts nach Seinem eigenen Gefallen tut, sondern n u r das, was Seinem Vater im Himmel gefällt. Und ER sagt weiter: Mein Vater hat mich nicht allein gelassen, WEIL ICH IMMER DAS TUE, WAS IHM GEFÄLLT. - Diese Worte überzeugten damals die Menschen, und deshalb kamen viele zum GLAUBEN an Jesus!

Auch wir sollen und müssen daran glauben, daß Jesus nicht menschliche Worte sprach, sondern nur das wiederholte und lehrte, was ER selbst von Seinem Himmlischen Vater gehört und gelernt hatte. - Und dies bezeugt der Himmlische Vater selbst bei der Verklärung Jesu: **"Das ist mein geliebter Sohn; AUF I H N SOLLT IHR H Ö R E N ! "** (Mk 9,7).

- Höre und befolge ich bereitwillig und gläubig jedes Wort, das aus dem Munde Gottes kommt, das Jesus uns im Heiligen Geist, im Namen Seines Himmlischen Vaters vermittelt hat?
- Welchen Vorsatz fasse ich im Licht des heutigen Wortes Gottes?

Tagesgebet: *siehe entsprechender Tag Seite 461*

29. Mai

Wort Gottes: Joh 12,47-49

"Wer meine WORTE nur hört und sie nicht befolgt, den richte nicht ich, denn ich bin nicht gekommen, um die Welt zu richten, sondern, um sie zu retten. Wer mich verachtet und meine Worte nicht annimmt, der hat schon seinen Richter: Das W O R T, das ich gesprochen habe, wird ihn richten am Letzten Tag. Denn was ich gesagt habe, habe ich nicht aus mir selbst gesagt, sondern der Vater, der mich gesandt hat, hat mir aufgetragen, was ich sagen und reden soll."

V: Wort des lebendigen Gottes! - A: Dank sei Gott, dem Herrn!

Betrachtungshilfe:

Noch einmal hören wir von Jesus selbst, daß ER nicht als Mensch, mit menschlichen Worten zu uns spricht, sondern das verkündet, wozu IHN der Himmlische Vater beauftragt hat. - Diesen Auftrag hat Jesus vor Seiner Himmelfahrt an Seine Apostel, das heißt an Seine ganze Kirche weitergegeben, und dies gilt bis heute als Auftrag zur EVANGELISIERUNG der Welt. - Jesus sagte: "Mir ist alle Macht gegeben im Himmel und auf Erden: Darum geht zu allen Völkern, und macht alle Menschen zu meinen Jüngern; tauft sie auf den Namen des Vaters und des Sohnes und des Heiligen Geistes, und l e h r t sie, alles zu befolgen, was ich euch geboten habe. Seid gewiß: ich bin bei euch alle Tage bis zum Ende der Welt!" (Mt 28,18b-20).

- Trage ich gerne bei zur Erfüllung dieses Willens des Himmlischen Vaters, nämlich das Evangelium zu den Menschen zu bringen? - Was tue ich konkret dafür? - Was könnte ich noch tun, um die Wirksamkeit und Fruchtbarkeit dieser Evangelisierung zu vermehren?

- Welchen Vorsatz fasse ich im Licht des heutigen Wortes Gottes?

Tagesgebet: *siehe entsprechender Tag Seite 461*

30. Mai

Wort Gottes: Joh 15,1-4a/10-12

"Ich bin der wahre Weinstock, und mein Vater ist der Winzer. Jede Rebe an mir, die keine Frucht bringt, schneidet er ab, und jede Rebe, die Frucht bringt, reinigt er, damit sie mehr Frucht bringt. IHR SEID SCHON R E I N DURCH DAS W O R T, das ich zu euch gesagt habe! - Bleibt in mir, dann bleibe ich in euch. Bleibt in meiner Liebe! - Wenn ihr meine Gebote haltet, werdet ihr in meiner Liebe bleiben, so wie ich die Gebote meines Vater gehalten habe und in seiner Liebe bleibe. - Dies habe ich euch gesagt, damit meine Freude in euch ist und damit eure Freude vollkommen wird. Das ist mein Gebot: Liebt einander, so wie ich euch geliebt habe!"

V: Wort des lebendigen Gottes! - A: Dank sei Gott, dem Herrn!

Betrachtungshilfe:

Heute erfahren wir, daß das WORT GOTTES eine **r e i n i g e n d e** Kraft hat. Aber darüber sollten wir nicht staunen, denn wir wissen doch, daß das WORT GOTTES - JESUS CHRISTUS selbst ist!

Mit den Worten: BLEIBT IN MEINER LIEBE! - ruft uns Jesus zur opferbereiten Liebe auf, für die ER selbst das überzeugendste und schönste Beispiel mit Seinem eigenen Leben, Leiden und Sterben gegeben hat. - Wenn wir in dieser Liebe bleiben, werden wir mit Sicherheit diese Freude finden, die in IHM wohnt, und die in uns immer schöner und vollkommener wird, je mehr wir Seinem WORT und Beispiel folgen. - Wer anders handelt, wird früher oder später einmal weinen und jammern, sich ärgern und sogar toben - aber n i e diese göttliche Freude erleben!

Welch reinigende Kraft das WORT GOTTES in sich birgt, erfahren wir durch den Heiligen Geist mit anderen Worten vom heiligen Petrus: **"Das Ende aller Dinge ist nahe. Seid also besonnen und nüchtern und betet! Vor allem haltet fest an der LIEBE zueinander; denn DIE LIEBE DECKT VIELE SÜNDEN ZU. Wer redet, der rede mit den WORTEN, die Gott ihm gibt!"** (1 Petr 4,7-8/11a).

- Versuche ich wirklich bei jeder Gelegenheit Botschafter des Evangeliums und Verkünder des Wortes Gottes zu sein, um dabei diese innere Freude zu finden, die nur Gott mir schenken kann, und die ich auf diese Weise dann auch den anderen vermitteln kann?
- Welchen Vorsatz fasse ich im Licht des heutigen Wortes Gottes?

Tagesgebet: *siehe entsprechender Tag Seite 461*

Pfingstsequenz

Komm, o Geist der Heiligkeit,
aus des Himmels Herrlichkeit,
   sende Deines Lichtes Strahl!
   Vater aller Armen Du,
aller Herzen Licht und Ruh!
Komm mit Deiner Gaben Zahl!
   Tröster in Verlassenheit,
   Labsal voll der Lieblichkeit!
Komm, Du süßer Seelenfreund!
In Ermüdung schenke Ruh!
   In der Glut hauch Kühlung zu!
   Tröste den, der trostlos weint!
O Du Licht der Seligkeit,
mach Dir unser Herz bereit!

Dring in unsere Seelen ein!
Ohne Dein lebendig Wehn
   nichts im Menschen kann bestehn,
   nichts ohn' Fehl und Makel sein!
Tränke, was da dürre steht!
Beuge, was verhärtet ist!
   Wärme, was erkaltet ist!
   Lenke, was da irregeht!
Heiliger Geist, wir bitten Dich,
gib uns allen gnädiglich
   Deiner Gaben Siebenzahl!
   Spende uns der Tugend Lohn!
Laß uns stehn an Deinem Thron!
Uns erfreun im Himmelssaal! Amen.

Aus der schon in der Einführung zitierten Enzyklika "DOMINUM ET VIVIFICANTEM" wollen wir heute als weiteres Beispiel für diese wunderbaren Belehrungen über den Heiligen Geist und Seine Wirkung in der Kirche und durch die Kirche den Schluß (67) dieser Enzyklika lesen, der Bezug nimmt auf die Pfingstsequenz:

"Wir wollen diese Überlegungen beschließen im Herzen der Kirche und im Herzen des Menschen. Der Weg der Kirche geht durch das Herz des Menschen; denn hier ist der verborgene *Ort der heilbringenden Begegnung mit dem Heiligen Geist*, mit dem verborgenen Gott. Genau hier wird der Heilige Geist zur 'sprudelnden Quelle, deren Wasser ewiges Leben schenkt' (vgl. Joh 4,14). Hierher kommt er als Geist der Wahrheit, als Paraklet, wie er von Christus verheißen worden ist. Von hieraus wirkt er als *Tröster, Fürsprecher, Beistand* - besonders, wenn der Mensch und die Menschheit vor dem Verdammungsurteil jenes 'Anklägers' stehen, von dem die Offenbarung des Johannes sagt, daß er die Brüder 'bei Tag und bei Nacht vor unserem Gott verklagt' (vgl.Offb 12,10). Der Heilige Geist hört nicht auf, *Hüter der Hoffnung* im Herzen des Menschen zu sein: der Hoffnung aller menschlichen Geschöpfe und besonders derjenigen, die 'als Erstlingsgabe den Geist haben und auf die Erlösung ihres Leibes warten' (vgl. Röm 8,23).
Der Heilige Geist setzt in seiner geheimnisvollen göttlichen Gemeinschaft mit dem Erlöser des Menschen dessen Werk kontinuierlich fort: Er nimmt von Christus und vermittelt es allen, indem er durch das Herz des Menschen fortwährend in die Geschichte der Welt eintritt. Hier wird er - wie die Sequenz der Pfingstliturgie sagt - wahrhaft zum *'Vater der Armen, Spender der Gaben, Licht der Herzen';* er wird zum *'süßen Seelengast'*, den die Kirche an der Schwelle zum Herzen eines jeden Menschen beständig grüßt. Er bringt inmitten der Mühen, der Arbeit der Arme und des Verstandes des Menschen 'Ruh und Geborgenheit'; er bringt 'Ruhe' und 'Erquickung' inmitten der Hitze des Tages, inmitten der Unruhen, der Auseinandersetzungen und Gefahren jeder Epoche; er bringt schließlich 'Trost', wenn das menschliche Herz weint und zu verzweifeln versucht ist.
Deshalb ruft dieselbe Sequenz aus: 'Ohne dein lebendig Wehn *kann im Menschen nichts bestehn*, kann nichts heil sein noch gesund.' Nur der Heilige Geist 'überführt der Sünde', des Bösen, mit dem Ziel, im Menschen und in der menschlichen Welt das Gute wiederherzustellen: um 'das Angesicht der Erde zu erneuern'. Deswegen wirkt er die Reinigung von allem, was den Menschen 'verunstaltet', von 'dem, was ihn befleckt'; er heilt auch die tiefsten Wunden der menschlichen Existenz; er verwandelt die innere Dürre der Seelen in fruchtbare Felder der Gnade und Heiligkeit. Was 'verhärtet' ist, 'beugt er'; was 'erkaltet' ist, 'wärmt er'; was 'irre geht', 'lenkt er' auf die Wege des Heils zurück.
Indem die Kirche so betet, bekennt sie ununterbrochen ihren Glauben: *Es gibt in unserer geschaffenen Welt einen Geist, der ein ungeschaffenes Geschenk ist.* Es ist

der Geist des Vaters und des Sohnes: Wie der Vater und der Sohn ist er nicht geschaffen, unermeßlich, ewig, allmächtig, Gott und Herr. Dieser Geist Gottes 'erfüllt das Universum', und alles, was geschaffen ist, erkennt in ihm die Quelle seiner Identität, findet in ihm seinen transzendenten Ausdruck, *wendet sich an ihn und erwartet ihn, ruft ihn an mit seinem eigenen Sein.* Zu ihm als Beistand, als Geist der Wahrheit und der Liebe wendet sich *der Mensch, der von Wahrheit und Liebe lebt und der ohne die Quelle der Wahrheit und der Liebe nicht leben kann.*

Zu ihm wendet sich die Kirche, die das Herz der Menschheit ist, um für alle jene Gaben der *Liebe*, die durch ihn 'in unsere Herzen ausgegossen ist' (vgl. Röm 5,5), zu erbitten und sie an alle auszuteilen. An ihn wendet sich die Kirche auf den mühsamen Wegen der Pilgerschaft des Menschen auf Erden: Sie bittet und bittet ununterbrochen, daß die *Taten der Menschen rechtschaffen* seien aufgrund seines Wirkens; sie bittet um die *Freude* und den *Trost*, den nur er, der wahre Tröster, spenden kann, indem er in die Tiefe des menschlichen Herzens hinabsteigt; sie bittet um die *Gnade der Tugenden*, die die himmlische Herrlichkeit verdienen; sie bittet um das *ewige Heil* in der vollen Gemeinschaft des göttlichen Lebens, zu dem der Vater die Menschen, die aus Liebe als Bild und Gleichnis der heiligsten Dreifaltigkeit erschaffen worden sind, von Ewigkeit 'vorherbestimmt' hat.

Die Kirche bittet mit ihrem Herzen, das alle menschlichen Herzen in sich faßt, den Heiligen Geist um das Glück, das allein in Gott seine volle Verwirklichung findet: die Freude, *'die niemand nehmen kann'* (vgl. Joh 16,22), die Freude, die *Frucht der Liebe* und somit die Frucht Gottes ist, der die Liebe ist; sie bittet um 'Gerechtigkeit, Friede und Freude im Heiligen Geist', worin nach dem heiligen Paulus das Reich Gottes besteht (vgl. Röm 14,17;Gal 5,22).

Auch der *Friede ist Frucht der Liebe*: jener innere Friede, den der gehetzte Mensch in der Tiefe seines Wesens sucht; jener Friede, der von der Menschheit, von der Menschheitsfamilie, von den Völkern, von den Nationen, von den Kontinenten gefordert wird mit der bangen Hoffnung, ihn im Blick auf den Übergang vom zweiten zum dritten christlichen Jahrtausend wirklich zu erlangen. Da *der Weg zum Frieden letztlich über die Liebe führt* und darauf abzielt, eine Zivilisation der Liebe zu schaffen, heftet die Kirche ihren Blick auf den, der die Liebe des Vaters und des Sohnes ist; sie hört trotz der wachsenden Bedrohungen nicht auf zu vertrauen, sie hört nicht auf, *den Frieden für den Menschen auf Erden zu fordern und ihm zu dienen.* Ihr Vertrauen gründet sich auf denjenigen, der als Geist der Liebe auch der Geist des Friedens ist und nicht aufhört, in der menschlichen Welt, am Horizont der menschlichen Gewissen und Herzen gegenwärtig zu sein, um mit Liebe und Frieden 'den Erdkreis zu erfüllen'.

Vor ihm knie ich mich am Ende dieser Überlegungen nieder und flehe darum, daß er als Geist des Vaters und des Sohnes uns allen *den Segen und die Gnade* gewähre, die ich im Namen der Heiligsten Dreifaltigkeit den Söhnen und Töchtern der Kirche und der ganzen Menschheitsfamilie übermitteln möchte.

31. Mai

Wort Gottes: Joh 1,1-14

"Im Anfang war das WORT und das WORT war bei Gott und das WORT war
Gott. Im Anfang war es bei Gott. Alles ist durch das WORT geworden, und
ohne das WORT wurde nichts, was geworden ist. In ihm war das Leben, und
das Leben war das Licht der Menschen. Und das Licht leuchtet in der
Finsternis, und die Finsternis hat es nicht erfaßt. - Es trat ein Mensch auf, der
von Gott gesandt war; sein Name war Johannes. Er kam als Zeuge, um Zeugnis
abzulegen für das Licht, damit alle durch ihn zum Glauben kommen. Er war
nicht selbst das Licht, er sollte nur Zeugnis ablegen für das Licht. - Das wahre
Licht, das jeden Menschen erleuchtet, kam in die Welt. Er war in der Welt, und
die Welt ist durch ihn geworden, aber die Welt erkannte ihn nicht. Er kam in
sein Eigentum, aber die Seinen nahmen ihn nicht auf. Allen aber, die ihn
aufnahmen, gab er Macht, Kinder Gottes zu werden, allen, die an seinen
Namen glauben, die nicht aus dem Blut, nicht aus dem Willen des Fleisches,
nicht aus dem Willen des Mannes, sondern aus Gott geboren sind. UND DAS
WORT IST FLEISCH GEWORDEN und hat unter uns gewohnt, und wir
haben seine Herrlichkeit gesehen, die Herrlichkeit des einzigen Sohnes vom
Vater, voll Gnade und Wahrheit."

V: Wort des lebendigen Gottes! - A: Dank sei Gott, dem Herrn!

Betrachtungshilfe:

Eigentlich sollten wir dieses Wort Gottes am Anfang des Monats betrachten, aber ich
nehme es heute lieber zum Abschluß unserer Betrachtungen über das WORT
GOTTES.

Heute beenden wir den Monat Mai, der Maria, der Mutter des Herrn, auf besondere
Weise gewidmet ist, dieser Mutter, in der das WORT GOTTES Fleisch geworden
und zu uns als JESUS, in menschlicher Gestalt, gekommen ist. - So hat Gott, der
Himmlische Vater, entschieden und im Heiligen Geist vollendet.- Und wehe all
denen, die sich auf irgendeine Weise dieser WAHRHEIT widersetzen und sie
leugnen!

Damit wir überhaupt keinen Zweifel daran haben, daß das WORT GOTTES Jesus
Christus selbst ist, hat uns Gott durch den heiligen Apostel Johannes folgendes
geoffenbart: "Dann sah ich den Himmel offen, und siehe, da war ein weißes Pferd,
und der, der auf ihm saß, heißt, 'DER TREUE UND WAHRHAFTIGE', gerecht
richtet er und führt er Krieg. Seine Augen waren wie Feuerflammen, und auf dem
Haupt trug er viele Diademe; und auf ihm stand ein Name, den er allein kennt. Bekleidet war er mit einem blutgetränkten Gewand; und sein Name heißt 'DAS WORT
GOTTES'. Auf seinem Gewand und auf seiner Hüfte trägt er den Namen: 'KÖNIG
der KÖNIGE und HERR der HERREN'" (Off 19,11-13/16).

Aus all diesen WORTEN GOTTES, die wir in diesem Monat betrachtet haben,
durften wir viel Trost und Hoffnung schöpfen und die Kräfte unseres Glaubens
erneuern. - Wir können uns schon jetzt darüber freuen, was wir eines Tages im

Himmel dafür empfangen werden, wenn wir jetzt die Worte Gottes aufmerksam hören und treu befolgen. - Wir wollen uns dabei zutiefst und demütigst bei der Dreifaltigkeit Gottes für jede Gnade bedanken wie auch bei der Gottesmutter Maria, weil schließlich das Erlösungswerk Jesu Christi - so hat es Gott gefallen - auf ihr JA-WORT hin seinen Anfang genommen hat. Deswegen nennt die Kirche Maria mit Recht die Mittlerin aller Gnaden. - So können sich schon jetzt all jene glücklich und selig preisen, die die Rückkehr zum Himmlischen Vater, durch Jesus, in der Flamme der Liebe des Heiligen Geistes suchen, und einst im Himmel mit der mächtigsten Hilfe und Fürsprache Mariens ihre Vollendung finden.

Schließen wir in unsere Gebete auch die getrennten Christen ein, damit sie wirklich eines Tages begreifen - das einfache Volk Gottes wie auch seine Hirten - **daß ohne Anerkennung und Annahme der vollen WAHRHEIT des EVANGELIUMS, was u.a. auch die volle WAHRHEIT der EUCHARISTIE wie auch eine GERECHTE HALTUNG gegenüber der MUTTER JESU, MARIA, einschließt, die EINHEIT unter den Christen einfach nicht möglich ist!**

O MARIA HILF !!! - damit alle, Kleine und Große, wiederum vor Gott auf die Knie fallen und untereinander E I N S im gleichen Glauben werden, in der gleichen Hoffnung und Liebe, weil es wirklich nur **EINEN GOTT und HERRN** im Himmel gibt, der der Schöpfer a l l e r Dinge ist.

O MARIA HILF !!! - damit das Wunder der Wandlung des Denkens und Wollens in allen Menschen bald geschehen kann, **damit A L L E wirklich E I N S sind!** - E I N E HERDE und E I N HIRTE !

- Bete und opfere ich dafür, damit die zerrissene Christenheit bald zu der von Gott gewünschten Einheit zurückkehrt und so die Glaubwürdigkeit des Evangeliums Jesu Christi in der Welt wiederhergestellt und dadurch allen Menschen der Weg zum ewigen Heil erleichtert wird?

- Welchen Vorsatz fasse ich im Licht des heutigen Wortes Gottes?

Tagesgebet: *siehe entsprechender Tag Seite 461*

Liebe Familien und Freunde,

versuchen Sie bitte, die **GROSSE NOVENE** in Ihrer Umgebung bekannt zu machen. Auf diese Weise tragen auch Sie zur **Verkündigung des WORTES GOTTES** bei! Nützen Sie dieses Buch auch als sinnvolles, gnadenreiches Geschenk zum Weitergeben.

"Als der Pfingsttag gekommen war, befanden sich alle am gleichen Ort. Da kam plötzlich vom Himmel her ein Brausen, wie wenn ein heftiger Sturm daherfährt, und erfüllte das ganze Haus, in dem sie waren. Und es erschienen ihnen Zungen wie von Feuer, die sich verteilten; auf jeden von ihnen ließ sich eine nieder. Alle wurden mit dem HEILIGEN GEIST erfüllt und begannen, in fremden Sprachen zu reden, wie es der Geist ihnen eingab." (Apg 2,1-4)

Der HEILIGE GEIST kommt i m m e r auf alle herab,
die sich zum gemeinsamen Gebet mit der Betrachtung des Wortes Gottes
wie Maria und die Apostel im Zönakel versammeln.

"O lieber Gott, Heiliger Geist, Geist der Liebe, beschenke uns mit Deinen Gaben und Gnaden und gib uns genug Kraft, das Kreuz mit Freude zu tragen, so wie Du alle Menschen durch unseren Herrn Jesus Christus und die Heiligen der Kirche mit Wort und Beispiel belehrt hast. Amen." (Br. Gründer A. Michalek)

(Gebetsbuch WORT GOTTES - WILLE GOTTES S. 28 - erhältlich bei SBM-EINHEIT-FLUHM - s.S. 463)

DAS HERZ
bei der Erfüllung des Willens
des Himmlischen Vaters

VORWORT:

Wenn wir in diesem Monat, der dem heiligsten HERZEN JESU geweiht ist, die Bedeutung des HERZENS bei der Erfüllung des Willens des Himmlischen Vaters betrachten, so wollen wir selbstverständlich nicht über die Anatomie eines der wichtigsten Organe des menschlichen Körpers reden, sondern über die LIEBE, die von Gott stammt, die in uns wohnt, die uns zum Guten bewegt und zu Gott in den Himmel führt.

Der Heilige Geist erinnert uns in der dogmatischen Konstitution über die Kirche (Lumen Gentium) an die größte Wahrheit des Evangeliums, an die Botschaft Jesu Christi von der Liebe: "Der Herr Jesus, göttlicher Lehrer und Urbild jeder Vollkommenheit, hat die Heiligkeit des Lebens, deren Urheber und Vollender er selbst ist, allen und jedem einzelnen seiner Jünger in jedweden Lebensverhältnissen gepredigt: **'Seid ihr also vollkommen, wie auch euer Vater im Himmel vollkommen ist'** (Mt 5,48). Allen hat er den Heiligen Geist gesandt, daß er sie innerlich bewege, **Gott aus ganzem HERZEN, aus ganzer Seele, aus ganzem Gemüt und aus ganzer Kraft zu lieben** (vgl. Mk 12,30)**, und einander zu lieben, wie Christus sie geliebt hat** (vgl. Joh 13,34; 15,12).

Vom Apostel (Paulus) werden sie (die Gläubigen) gemahnt, zu leben, **'wie es Heiligen geziemt'** (Eph 5,3), und **'als von Gott erwählte Heilige und Geliebte herzliches Erbarmen, Güte, Demut, Milde, Geduld'** anzuziehen (Kol 3,12), und **die Früchte des Geistes zur Heiligung zu zeitigen** (vgl. Gal 5,22; Röm 6,22). **Da wir alle aber in vielem fehlen** (vgl. Jak 3,2), bedürfen wir auch ständig der Barmherzigkeit Gottes und müssen täglich beten: **'Und vergib uns unsere Schuld** (wie auch wir vergeben unseren Schuldigern). Jedem ist also klar, daß alle Christgläubigen jeglichen Standes oder Ranges zur Fülle des christlichen Lebens und zur vollkommenen Liebe berufen sind." (Lumen Gentium - 40)

"Die **Kleriker**, die, vom Herrn gerufen und in Seinen Besitz abgesondert, sich unter der Aufsicht der Hirten auf die Aufgaben ihres Amtes vorbereiten, müssen **Geist und H E R Z** entsprechend der so erhabenen Erwählung bilden, eifrig im Gebet, glühend in Liebe, denkend, was wahr, gerecht und guten Rufes ist. **A l l e s sollen sie zur VERHERRLICHUNG und EHRE GOTTES tun.** Die christlichen **Eheleute und Eltern** müssen auf ihrem eigenen Weg in treuer Liebe das ganze Leben hindurch einander in der Gnade Halt und Stütze sein und die von Gott gerne empfangenen Kinder mit den christlichen Lehren und den Tugenden des Evangeliums erfüllen. So geben sie allen das Beispiel einer unermüdlichen und großmütigen Liebe, sie bauen die Bruderschaft der Liebe auf, sind Zeugen und Mitarbeiter der fruchtbaren Mutter Kirche, zum Zeichen und in Teilnahme jener Liebe, in der Christus Seine Braut geliebt und sich für sie hingegeben hat. - Ein ähnliches Beispiel wird auf andere Weise von den **Witwen und Unverheirateten** gegeben; auch sie können nicht wenig zur Heiligkeit und Wirksamkeit in der Kirche beitragen. - **Jene aber, die - oft so schwer - arbeiten,** müssen durch die menschliche Arbeit sich selbst vollenden, das Wohl der Mitbürger fördern und die ganze Gesellschaft und Schöpfung höher führen. Sie sollen aber Christus auch in täglicher Liebe nachahmen, der handwerklich gearbeitet hat und immer mit dem Vater zum Heil aller wirkt. Die **Armen, Schwachen, Kranken und von verschiedener Mühseligkeit Bedrückten oder die um der Gerechtigkeit willen Verfolgten** sollen sich in besonderer Weise mit Christus in Seinem Leiden für das Heil der Welt zu v e r e i n i g e n wissen. Sie hat der Herr im Evangelium selig gepriesen, und **'der Gott aller Gnade, der uns in Christus Jesus zu seiner ewigen Herrlichkeit berufen hat, wird** (sie) **nach kurzer Zeit des Leidens selber vollenden, stärken, kräftigen und festigen'** (1 Petr 5,10).

A L L E Christgläubigen also werden in ihrer Lebenslage, in ihren Pflichten und Verhältnissen und durch dies alles von Tag zu Tag mehr geheiligt, wenn sie alles aus der Hand des Himmlischen Vaters im GLAUBEN entgegennehmen und mit Gottes Willen zusammenwirken und so die Liebe, mit der Gott die Welt geliebt hat, im zeitlichen Dienst selbst allen kundmachen." (Lumen Gentium - 41)

" **'Gott ist die Liebe, und wer in der Liebe bleibt, der bleibt in Gott und Gott in ihm'** (1 Joh 4,16). **Gott aber gießt Seine Liebe in unsere Herzen aus durch den Heiligen Geist, der uns gegeben ist** (vgl. Röm 5,5). Daher ist die erste und notwendigste Gabe die Liebe, durch die wir Gott über alles und den Nächsten um Gottes willen lieben. Damit aber die Liebe wie ein guter Same in der Seele wachse und Frucht bringe, **muß jeder Gläubige das W O R T   G O T T E S bereitwillig hören und Seinen Willen mit Hilfe Seiner Gnade in der Tat erfüllen, an den Sakramenten, vor allem der EUCHARISTIE, und an den gottesdienstlichen Handlungen häufig teilnehmen und sich standhaft dem Gebet, der Selbstverleugnung, dem tatkräftigen Bruderdienst und der Übung aller Tugenden widmen. Denn die Liebe als Band der Vollkommenheit und Fülle des Gesetzes** (vgl. Kol 3,14; Röm 13,10) **leitet und beseelt alle Mittel der Heiligung und führt sie zum Ziel. Daher ist die LIEBE ZU GOTT wie zum Nächsten das Siegel des w a h r e n Jüngers Christi."** (Lumen Gentium - 42)

Im neuen Kathechismus lesen wir (478): "Jesus hat während seines Lebens, seiner Todesangst am Ölberg und seines Leidens uns alle und jeden einzelnen gekannt und geliebt und sich für jeden von uns hingegeben: Der **Sohn Gottes hat mich geliebt und sich für mich hingegeben** (vgl. Gal 2,20). Er hat uns alle mit einem menschlichen Herzen geliebt. Aus diesem Grund wird das heiligste Herz Jesu, das durch unsere Sünden und um unseres Heiles willen durchbohrt wurde, **'als vorzügliches Kennzeichen und Symbol für jene Liebe angesehen, mit der der göttliche Erlöser den ewigen Vater und alle Menschen beständig liebt'** (Pius XII., Enz. Haurietis aquas)"

Meine Lieben! - Aus diesen Texten erfahren wir wirklich das gesunde Wehen des Heiligen Geistes, denselben, dem wir im Evangelium Jesu Christi begegnen und der ständig dieselbe Gnade des Himmlischen Vaters in die Welt ausstrahlt und mit Freude und Frieden all jene erfüllt, die sich IHM öffnen und jedes WORT, das aus dem Munde GOTTES kommt, gläubig aufnehmen. - Jesus selbst sagte: **"Der Mensch lebt nicht nur vom Brot, sondern von jedem WORT, das aus Gottes Mund kommt"** (Mt 4,4).

So wünsche ich allen diese reiche, innere Freude, die aus dem Heiligen Geist kommt, die das Herz zu einem immer besseren, vollkommeneren, heiligeren Leben bewegt und zur Verwirklichung dessen beiträgt, was die EINHEIT aufbaut und FRIEDEN unter den Menschen stiftet. Darüber hören wir aus der Apostelgeschichte, die über die ersten Christen berichtet: **"Die Gemeinde der Gläubigen war EIN HERZ und EINE SEELE"** (Apg 4,32).

Was den Menschen in der heutigen Zeit besonders fehlt und sie krank und unglücklich macht, ist vor allem die Tatsache, daß viele kein H E R Z mehr für Gott und die Menschen haben, d.h. die wahre, reine LIEBE mehr oder weniger verloren haben. Die Heilung und Errettung der Menschheit, unserer Familien und jedes einzelnen hängt grundsätzlich davon ab, ob wir uns von Gott heilen und lenken lassen, - oder nicht! - das heißt, ob unser Herz sich so wandeln läßt, daß es immer mehr dem HERZEN JESU ähnlich wird.

Vor allem unsere KINDER brauchen mehr eine herzliche, gesunde, zum HEILIGEN LEBEN führende ERZIEHUNG durch ihre ELTERN und ERZIEHER, dann werden sie lernen, mehr HERZ zu haben für ihre Eltern und Erzieher, für ältere und kranke Menschen wie auch für die Umwelt und Natur!

Das schönste VORBILD für die WAHRE LIEBE finden wir im ALLER-HEILIGSTEN HERZEN JESU. Das Herz Jesu, das Herz des mensch-gewordenen Gottes, ist die reinste Quelle der Erziehung für Kinder und Jugendliche, für Erwachsene und alte Menschen, für Kranke und Gesunde, für Reiche und Arme, für Gelehrte und Ungelehrte, - für alle, die in den Himmel kommen wollen, wo dieses Herz Jesu im geheimnisvollen Leben der Dreifaltigkeit Gottes lebt und wirkt.

Liebe Familien und Freunde,

versuchen Sie bitte, die **GROSSE NOVENE** in Ihrer Umgebung bekannt zu machen. Auf diese Weise tragen auch Sie zur **Verkündigung des WORTES GOTTES** bei! Nützen Sie dieses Buch auch als sinnvolles, gnadenreiches Geschenk zum Weitergeben.

"Selig die Barmherzigen; denn sie werden Erbarmen finden.
Selig, die ein reines Herz haben; denn sie werden Gott schauen."
(Mt 5,7-8)
"Der Mensch sieht, was vor den Augen ist, der Herr aber sieht das Herz"
(1 Sam 16,7)

"GEH UND HANDLE GENAUSO"
(Lk 10,37)

Mit diesem Ruf lädt Jesus alle zur Nachfolge der barmherzigen Liebe ein!
Viele gehen herzlos an der Not der anderen vorüber.

(Siehe dazu Seite 45 / 46 und sehr Wichtiges auf Seite 441)

Jesus ist der barmherzige Samariter, der allen vom Himmel Hilfe bringt,
vor allem denen, die auf Ihn hören und Ihm treu folgen.

Zu den Gott treuen Menschen, die wir Heilige nennen, gehören nicht diese, die keine
Sünde haben, weil es solche nicht gibt! - Zu ihnen gehören jedoch alle Sünder, die
sich vor Gott als Sünder bekennen, ihre Versagen bereuen und Gott demütig um
Vergebung all ihrer Verfehlungen bitten. Dies erklärte uns Jesus selbst im Gleichnis
vom Pharisäer und vom Zöllner: "Einigen, die von ihrer eigenen Gerechtigkeit überzeugt waren und die anderen verachteten, erzählte Jesus dieses Beispiel: Zwei Männer
gingen zum Tempel hinauf, um zu beten; der eine war ein Pharisäer, der andere ein
Zöllner. Der Pharisäer stellte sich hin und sprach leise dieses Gebet: Gott, ich danke dir,
daß ich nicht wie die anderen Menschen bin, die Räuber, Betrüger, Ehebrecher oder
auch wie dieser Zöllner dort. Ich faste zweimal in der Woche und gebe dem Tempel den
zehnten Teil meines ganzen Einkommens. Der Zöllner aber blieb ganz hinten stehen und
wagte nicht einmal, seine Augen zum Himmel zu erheben, sondern schlug sich an die
Brust und betete: Gott, sei mir Sünder gnädig! Ich sage euch: Dieser kehrte als Gerechter nach Hause zurück, der andere nicht. Denn wer sich selbst erhöht, wird
erniedrigt, wer sich aber selbst erniedrigt, wird erhöht werden." (Lk 18,9-14)

1. Juni

Wort Gottes: Mt 5,1-12

"Als Jesus die vielen Menschen sah, stieg er auf einen Berg. Er setzte sich und seine Jünger traten zu ihm. Dann begann er zu reden und lehrte sie. Er sagte: - Selig, die arm sind vor Gott; denn ihnen gehört das Himmelreich. - Selig, die Trauernden; denn sie werden getröstet werden. - Selig, die keine Gewalt anwenden; denn sie werden das Land erben. - Selig, die hungern und dürsten nach der Gerechtigkeit; denn sie werden satt werden. - Selig, die Barmherzigen; denn sie werden Erbarmen finden. - SELIG, DIE EIN REINES HERZ HABEN; DENN SIE WERDEN GOTT SCHAUEN. - Selig, die Frieden stiften; denn sie werden Söhne Gottes genannt werden. - Selig, die um der Gerechtigkeit willen verfolgt werden; denn ihnen gehört das Himmelreich. - Selig seid ihr, wenn ihr um meinetwillen beschimpft und verfolgt und auf alle mögliche Weise verleumdet werdet. Freut euch und jubelt: Euer Lohn im Himmel wird groß sein. Denn so wurden schon vor euch die Propheten verfolgt."

V: Wort des lebendigen Gottes! - A: Dank sei Gott, dem Herrn!

Betrachtungshilfe:

Wer von uns möchte nicht von Gott selig genannt werden? - In diesem Wort Gottes belehrt uns Jesus klar, was dazu n o t w e n d i g ist. - Viele Menschen denken heute, daß sie sowieso in den Himmel kommen, unabhängig davon, wie sie leben und was sie tun. - Dies ist eine gefährliche Illusion, die sich am Tag des Gerichts in ewige Traurigkeit und Leiden verwandeln kann, wenn der Mensch sich nicht vorher von dieser Illusion befreit. - Wenn jemand in den Himmel kommen und dort die ewigen Freuden der Anschauung Gottes genießen will, muß er, so wie Jesus es zur Bedingung stellt: **"EIN REINES HERZ HABEN!"**

Die Reinheit des menschlichen Herzens fängt dort an, wo der Mensch den Willen und die Ordnung Gottes bejaht und mit allen Kräften zu erfüllen sucht, was Gott von ihm entsprechend seiner Berufung und seinem Stand verlangt. - **Das Herz ist dann r e i n , wenn es frei ist von Sünden, von allen bösen Gedanken, Absichten und Werken.** - Die Reinheit des Herzens besitzen also nicht nur diese Menschen, die frei sind von Sünden gegen das sechste und neunte Gebot Gottes, sondern all jene, die frei sind von jeder Art des Widerstands gegen die Ordnung Gottes!

* Habe ich schon einmal darüber nachgedacht, welch große Glückseligkeit das Herz des Menschen erfüllen wird, wenn er eines Tages Gott von Angesicht zu Angesicht schauen kann, wenn manchmal schon allein der Anblick einer Blume oder eine andere Kleinigkeit so sehr das Herz erfreut? - Bemühe ich mich ernsthaft und nach Kräften darum, ein reines und gutes Herz zu haben, vor allem durch Reue und Demut vor Gott, wie auch durch mein Bestreben, Gott und den Nächsten immer mehr zu lieben? - Habe ich wirklich ein Herz für die anderen,

für meine Eltern, Kinder, Freunde, Nachbarn, Mitarbeiter, für alte und kranke Menschen?

• Welchen Vorsatz fasse ich im Licht des heutigen Wortes Gottes?

Tagesgebet: *siehe entsprechender Tag Seite 457*

2. Juni

Wort Gottes:
Mt 5,27-30

"Ihr habt gehört, daß gesagt worden ist: Du sollst nicht die Ehe brechen. - Ich aber sage euch: Wer eine Frau auch nur lüstern ansieht, hat in seinem HERZEN schon Ehebruch mit ihr begangen. - Wenn dich dein rechtes Auge zum Bösen verführt, dann reiß es aus und wirf es weg! Denn es ist besser für dich, daß eines deiner Glieder verlorengeht, als daß dein ganzer Leib in die Hölle geworfen wird. Und wenn dich deine rechte Hand zum Bösen verführt, dann hau sie ab und wirf sie weg; denn es ist besser für dich, daß eines deiner Glieder verlorengeht, als daß dein ganzer Leib in die Hölle kommt."

V: Wort des lebendigen Gottes! - A: Dank sei Gott, dem Herrn!

Betrachtungshilfe:

Gestern hörten wir in den Seligpreisungen Jesu Christi, daß diese Menschen, die eines Tages Gott schauen wollen, ein reines Herz haben müssen. - Das HERZ galt immer und vor allem als Sitz der Gefühle des Menschen. Deswegen soll jeder, der sich um die Reinheit des Herzens bemüht, vor allem seine Gefühle unter die Kontrolle des gesunden Verstandes und des klaren Willens stellen.

Heute belehrt uns Jesus, daß die Sünde des Ehebruchs ihren Anfang schon in der Lüsternheit des Herzens nimmt. - Dies betrifft selbstverständlich nicht nur die Männer, sondern auch die Frauen. - Deswegen ist es so wichtig, die Augen vor den verführerischen Verlockungen der Welt zu schützen, die uns heute täglich von allen Seiten durch Fernsehen, Filme, Presse, Plakate usw. bedrängen. Um diesen geistigen Schutz haben sich die Heiligen sehr bemüht und wenn es ihnen auch manchmal schwer fiel, so haben sie doch mit allen Kräften darum gerungen, Versuchungen zu vermeiden, zu überwinden und zu besiegen.

Wie sehr wir um die Reinheit des Herzens kämpfen müssen, erklärt uns Jesus heute mit Hilfe eines Vergleichs: das heißt also nicht, daß wir uns wirklich die Augen ausreißen und Hände, Füße oder sonst ein Glied, das uns Anlaß zur Sünde sein könnte, abschneiden sollen, sondern Jesus wollte damit betonen, wie gefährlich die Sünde für die ewige Glückseligkeit des Menschen ist und wie sehr wir alles meiden müssen, was uns zur Sünde verführt.

Heute erwähnt Jesus zweimal die Hölle. Damit bestätigt ER uns selbst, daß sie wirklich existiert, unabhängig davon, ob jemand daran glaubt oder nicht! - Jesus wie auch später die Künstler haben oft die Hölle als Feuer beschrieben bzw. dargestellt, weil dies für die menschliche Vorstellung eine der schrecklichsten Formen der Leiden ist. - In der Ewigkeit kann die Seele ihr Glück n u r aus Gott schöpfen, und wenn ihr dies versagt ist, leidet sie schreckliche Qualen, einen unbeschreiblichen, unstillbaren Hunger und Durst nach dieser Glückseligkeit. Der Mensch ist so geschaffen, daß seine Seele, sobald sie sich beim Sterben vom Körper trennt, kein Glück mehr aus der Materie schöpfen kann, sondern nur noch aus Gott. Und wenn sie von Gott getrennt ist, leidet sie unsägliche Qualen, entweder zur Läuterung im Fegefeuer (wenn der Mensch sich vor seinem Sterben noch zu Gott bekehrt hat), oder für alle Ewigkeit in der Hölle.

- Halte ich wenigstens einmal am Tag, z.B. abends, eine ernsthafte Gewissenserforschung, um aus Liebe zu Gott mein Herz von allen begangenen Unreinheiten durch eine demütige Reue zu reinigen?
- Welchen Vorsatz fasse ich im Licht des heutigen Wortes Gottes?

Tagesgebet: *siehe entsprechender Tag Seite 457*

3. Juni

Wort Gottes:
Mt 6,19-24

"Sammelt euch nicht Schätze hier auf der Erde, wo Motte und Wurm sie zerstören und wo Diebe einbrechen und sie stehlen, sondern sammelt euch Schätze im Himmel, wo weder Motte noch Wurm sie zerstören und keine Diebe einbrechen und sie stehlen. DENN WO DEIN SCHATZ IST, DA IST AUCH DEIN HERZ. - Das Auge gibt dem Körper Licht. Wenn dein Auge gesund ist, dann wird dein ganzer Körper hell sein. Wenn aber dein Auge krank ist, dann wird dein ganzer Körper finster sein. Wenn nun das Licht in dir Finsternis ist, wie groß muß dann die Finsternis sein! - Niemand kann zwei Herren dienen; Ihr könnt nicht beiden dienen, Gott und dem Mammon."

V: Wort des lebendigen Gottes! - A: Dank sei Gott, dem Herrn!

Betrachtungshilfe:
Viele Menschen denken heute, beiden Herren dienen zu können, - dem Mammon und Gott. Die Praxis zeigt aber, daß diese, die dem Mammon dienen, leider keine oder kaum mehr Zeit finden für irgendeinen Kontakt mit Gott. Und wir wissen doch, daß Gott immer den e r s t e n P l a t z in unserem HERZEN, in unserem ganzen Leben, einnehmen sollte! - Darüber spricht Jesus ganz klar im heutigen Wort Gottes: Wir sollen unser irdisches Leben, unser Sehnen und Trachten mehr auf den Himmel ausrichten und uns nicht so sehr in irdische Probleme verstricken lassen. - Wenn wir diese Belehrung unseres Herrn Jesus wirklich g e n a u befolgen würden, dann wäre unser Leben um vieles einfacher und freier von unnötigen Sorgen und Belastungen. - Aber leider sorgen die Menschen heute viel mehr um den irdischen "Himmel", das heißt vor allem um den materiellen Wohlstand und nehmen sich keine oder kaum mehr Zeit für das Gebet, für die Meditation, für eine liebevolle Zuwendung zu Gott und zum Mitmenschen.

Darin liegt auch der Grund für die Zerstörung vieler Ehen und Familien. - Viele Ehepaare haben zwar aus Liebe und im Namen Gottes ihr gemeinsames Leben begonnen, aber dann ihr Herz aus übertriebener Sorge um einen immer höheren Lebensstandard so sehr in Geld, Geschäfte, Karrieredenken usw. verwickelt, daß das, was in der Ordnung Gottes gut, schön und Quelle vieler gesunder und heiliger Freuden sein könnte, das Leben vieler Familien oft unerträglich macht, ja manchmal fast in eine Hölle auf der Erde verwandelt. - So wirkt der Wohlstand heute leider meistens wie ein trojanisches Pferd!

Man kann den Wohlstand mit der Atomkraft vergleichen, mit der man eine gefährliche, zerstörende Bombe produzieren oder eine ganze Stadt beleuchten kann. - Der Wohlstand kann eine zerstörende, aber auch eine aufbauende und heiligende Kraft im Leben sein, je nach dem, ob er in den Händen herzloser Menschen ist oder in den Händen derer, die Gott lieben und ein gutes, mitfühlendes Herz für die Not der anderen haben.

- Um die Wahrheit über mich selbst zu erfahren, wo mein Herz wirklich ist, sollte ich mir öfters ganz ehrlich die Gewissensfrage stellen: - Wieviel Zeit widme ich meiner Seele, dem Kontakt mit Gott oder der Nächstenliebe und wieviel Zeit verwende ich für mich selbst, für meinen Leib und für irdische Dinge? - Wo ist also wirklich mein Herz: mehr bei Gott, oder schon mehr lebendig in der Erde vergraben? - Bin ich mir dessen bewußt, welche Konsequenzen es für den Menschen hat, wenn er nur dem Mammon dient, anstatt Gott? - Was tue ich dafür, um solche Menschen auf den rechten Weg zu bringen? - Wie setze ich mich ein für die Evangelisierung der Welt durch die Verbreitung des Wortes Gottes, z.B. auch durch die Verbreitung der Großen Novene?

- Welchen Vorsatz fasse ich im Licht des heutigen Wortes Gottes?

Tagesgebet: *siehe entsprechender Tag Seite 457*

4. Juni

Wort Gottes: Mt 9,1-8

"Jesus stieg in das Boot, fuhr über den See und kam in seine Stadt. Da brachte man auf einer Tragbahre einen Gelähmten zu ihm. Als Jesus ihren Glauben sah, sagte er zu dem Gelähmten: Hab Vertrauen, mein Sohn, deine Sünden sind dir vergeben! - Da dachten einige Schriftgelehrten: Er lästert Gott! - Jesus wußte, was sie dachten, und sagte: WARUM HABT IHR SO BÖSE GEDANKEN IM HERZEN? - Was ist leichter, zu sagen: Deine Sünden sind dir vergeben! - oder zu sagen: Steh auf und geh umher? - Ihr sollt aber erkennen, daß der Menschensohn die Vollmacht hat, hier auf Erden Sünden zu vergeben. - Darauf sagte er zu dem Gelähmten: Steh auf, nimm deine Tragbahre, und geh nach Hause! - Und der Mann stand auf und ging heim. Als die Leute das sahen, erschraken sie und priesen Gott, der den Menschen solche Vollmacht gegeben hat."

V: Wort des lebendigen Gottes! - A: Dank sei Gott, dem Herrn!

Betrachtungshilfe:

Dieses Wort Gottes zeigt uns, daß Jesus den Kranken zuerst von der Sünde befreite, die immer und in erster Linie schuld ist für die Krankheit der Seele und des Leibes.

Dann erst heilte ER auf wunderbare Weise die Krankheit des Leibes, um zu betonen, daß ER die göttliche Vollmacht besitzt, Sünden zu vergeben, von Sünden zu befreien, das heißt den Menschen zur Ordnung Gottes zurückzuführen.

Die Menschen machen es heute meistens umgekehrt. Sie beschäftigen sich zuerst und vor allem mit ihrem Körper, mit ihren Krankheiten und vielen anderen, irdischen Dingen und achten oft überhaupt nicht darauf, welchen Schaden die Sünde der Seele und dem Körper zufügt und welches Gift sie dem HERZEN einflößt.

Gott ist der Allwissende. ER kennt auch die geheimsten und tiefsten Gedanken unseres Herzens. Vor IHM läßt sich nichts verbergen! - Um wieviel leichter wäre das Leben auf der Erde, wenn der Mensch nach der Ordnung Gottes leben und die Einheit zwischen Herz und Verstand suchen würde! - Wenn der Mensch auch die höchsten Stufen wissenschaftlicher Erkenntnisse erreichen würde, aber dabei herzlos ist, wird er dem anderen das Leben zur Hölle machen. Das gleiche gilt auch, wenn der Mensch die Gefühle des Herzens nicht mehr mit dem gesunden Verstand kontrolliert.

Wir müssen also lernen, mit dem Herzen zu denken und mit dem Verstand zu fühlen, und dies auch andere lehren. - Wenn unser Denken und Fühlen von den göttlichen Regeln des Evangeliums gelenkt ist, dann werden wir uns gegenseitig ertragen, achten, helfen und lieben; dann werden wir ein gutes Herz füreinander haben und a l l e n wird es besser gehen! - Und nur so können wir zum Aufbau des Reiches Gottes auf der Erde beitragen. Darum ist es so wichtig, das Wort Gottes täglich zu hören, es im Herzen zu bewahren, zu verwirklichen und unter den anderen Menschen zu verbreiten.

- Lasse ich mich mehr von den unkontrollierten Gefühlen meines Herzens oder vom kalten, lieblosen Verstand lenken? - Bemühe ich mich um einen Ausgleich, um das richtige Maß zwischen meinem Fühlen und Denken, und zwar nach den Regeln des Evangeliums, damit ich mein Leben leichter in Einklang mit der Ordnung Gottes bringe und inneren Frieden und echte Freude im Herzen finde?

- Welchen Vorsatz fasse ich im Licht des heutigen Wortes Gottes?

Tagesgebet: *siehe entsprechender Tag Seite 457*

5. Juni

Wort Gottes: Mt 11,28-30

"Kommt alle zu mir, die ihr euch plagt und schwere Lasten zu tragen habt. Ich werde euch Ruhe verschaffen. Nehmt mein Joch auf euch und lernt von mir; denn ICH BIN GÜTIG UND VON HERZEN DEMÜTIG; so werdet ihr Ruhe finden für eure Seele. Denn mein Joch drückt nicht, und meine Last ist leicht."

V: Wort des lebendigen Gottes! - A: Dank sei Gott, dem Herrn!

Betrachtungshilfe:

Jesus lügt nicht, ER sagt uns immer die Wahrheit, die wir aber leider oft nicht verstehen können, weil wir viele Seiner Worte nicht genug beachten, nicht richtig darüber nachdenken oder sie oft sogar aus dem inneren Zusammenhang reißen. -

Meistens suchen sich die Menschen das aus, was ihnen paßt und angenehm ist und erleben dann oft Enttäuschungen. Dann stöhnen und jammern sie und suchen verzweifelt Ruhe, Frieden und Freude im HERZEN, und finden sie nicht, weil sie nicht d o r t suchen, wo sie wirklich zu finden sind. Jesus sagt heute ganz klar: Lernt von mir, seid von Herzen gütig und demütig, dann werdet ihr Ruhe finden für eure Seele. - **Aber, solange die Menschen diese Herzensgüte und Demut nicht leben, kann auch kein Friede in die Familien, in die Gemeinschaften und Völker einkehren!**

Jesus ruft a l l e zu sich, die es schwer im Leben haben. ER, der allmächtige Gott, will uns helfen und ER verlangt nicht viel: <u>Wir müssen nur zu IHM kommen, an IHN und Sein Wort glauben und es erfüllen</u>, dann erfüllt sich ganz von selbst, was oben geschrieben steht: **"Mein Joch drückt nicht, und meine Last ist leicht."** - Zwar behaupten viele Menschen, daß die Gebote Gottes eine schwere Last seien und manchmal fast unerträglich, aber dies entspricht nur dann der Wahrheit, wenn der Mensch ein hochmütiges Herz hat und denkt, allein, ohne Jesus, die Probleme des Lebens bewältigen zu können. Aber gerade diese mahnt Jesus sehr eindringlich: **"GETRENNT von mir könnt ihr NICHTS vollbringen!"** (Joh 15,5b).

Der heilige Paulus bestätigt diese Wahrheit mit folgenden Worten: **"Alles vermag ich durch ihn** (Jesus)**, der mir Kraft gibt"** (Phil 4,13). - Um wieviel leichter könnte also unser Leben sein, wenn wir anstatt allein, **zusammen** mit Jesus die Lasten und Probleme unseres Lebens tragen und lösen würden!

• Begehe ich nicht oft den gleichen Fehler wie viele andere Menschen, die in ihren Nöten und Sorgen immer zuerst bei den Menschen oder irgendwo sonst Hilfe suchen, anstatt sich mit demütigem Herzen an Gott zu wenden?

• Welchen Vorsatz fasse ich im Licht des heutigen Wortes Gottes?

Tagesgebet: *siehe entsprechender Tag Seite 457*

6. Juni

Wort Gottes: Lk 6,43-46

"Es gibt keinen guten Baum, der schlechte Früchte hervorbringt, noch einen schlechten Baum, der gute Früchte hervorbringt. Jeden Baum erkennt man an seinen Früchten: Von den Disteln pflückt man keine Feigen und vom Dornstrauch erntet man keine Trauben. Ein guter Mensch bringt Gutes hervor, weil in seinem Herzen Gutes ist; und ein böser Mensch bringt Böses hervor, weil in seinem Herzen Böses ist. WOVON DAS HERZ VOLL IST, DAVON SPRICHT DER MUND. - Was sagt ihr zu mir: Herr! Herr!, und tut nicht, was ich sage?"

V: Wort des lebendigen Gottes! - A: Dank sei Gott, dem Herrn!

Betrachtungshilfe:

Dieses Wort Gottes offenbart uns eine tiefe Wahrheit, die uns im Alltag vor vielen Irrtümern bewahrt, wenn wir sie mit gläubigem HERZEN aufnehmen. - Jesus weist uns heute darauf hin, daß der Wert eines Menschen von seinem Herzen, das heißt von seinem inneren Leben abhängt. Die Worte eines Menschen decken also das Innere seines Herzens auf und zeigen, ob in seinem Herzen mehr das Gute oder mehr das Schlechte lebt, vorausgesetzt, es sind ehrliche Worte, die frei von allen hinterlistigen Gedanken sind.

Und am Ende dieser Schriftstelle lesen wir den traurigen Vorwurf des Herrn, der all denen gilt, die Seine Worte zwar hören, IHM oft sogar mit schönen Worten schmeicheln, aber nicht t u n , was ER verlangt: **"Was sagt ihr zu mir: Herr! Herr!, und tut nicht, was ich sage?"** - Diese Mahnung des Herrn sollten wir uns sehr zu Herzen nehmen und nicht vergessen! - Jesus spricht damit eine tiefgreifende Wahrheit aus, mit der wir fast täglich konfrontiert werden, wenn wir geistig nicht schon blind geworden sind. In diesem Vorwurf Jesu finden wir den Schlüssel zum Geheimnis allen menschlichen Mißlingens.

- Tue ich wirklich alles, damit mein Herz vom Guten voll wird und für das Böse kein Platz mehr bleibt? - Bemühe ich mich darum, daß meine Worte mit meinen Taten übereinstimmen?
- Welchen Vorsatz fasse ich im Licht des heutigen Wortes Gottes?

Tagesgebet: *siehe entsprechender Tag Seite 457*

7. Juni

Wort Gottes: Mt 13,15

"Das HERZ dieses Volkes ist hart geworden, und mit ihren Ohren hören sie nur schwer, und ihre Augen halten sie geschlossen, damit sie mit ihren Augen nicht sehen und mit ihren Ohren nicht hören, damit sie mit ihrem HERZEN nicht zur Einsicht kommen, damit sie sich nicht bekehren und ich sie nicht heile."

V: Wort des lebendigen Gottes! - A: Dank sei Gott, dem Herrn!

Betrachtungshilfe:

Heute beklagt Jesus den bösen Willen und die Härte des Herzens der Israeliten und zeigt uns, wie geistige Taubheit und Blindheit das HERZ des Menschen verhärten können. - Dies ist eine der schwersten Krankheiten der Seele und bringt den Menschen in große Gefahr, das ewige Leben im Himmel zu verlieren, wenn er sich in seinem Herzen nicht bekehrt. - Die Verhärtung des Herzens kann schließlich zu dieser Taubheit und Blindheit der Seele führen, die wir als Verstocktheit im Bösen bezeichnen. Diese macht den Menschen so unwillig und unfähig zum Guten, daß er es sogar ablehnt, überhaupt vom Guten zu hören.

- Sind die Ohren und Augen meiner Seele und meines Herzens durch den Glauben schon geöffnet für die Wahrheit des Wortes Gottes? - Bitte ich täglich den Heiligen Geist um die Öffnung meiner Seele und meines Herzens für das Licht Seiner Gnadengaben? - Habe ich ein gutes Herz für meine Mitmenschen ent-

202

sprechend der GOLDENEN REGEL Jesu: **"Alles, was ihr also von anderen erwartet, das tut auch ihnen!"** (Mt 7,12a) - ?

- Welchen Vorsatz fasse ich im Licht des heutigen Wortes Gottes?

Tagesgebet: *siehe entsprechender Tag Seite 458*

8. Juni

Wort Gottes: Mt 13,18-23

"Hört also, was das Gleichnis vom Sämann bedeutet. Immer wenn ein Mensch das Wort vom Reich hört und es nicht versteht, kommt der Böse und nimmt alles weg, was diesem Menschen ins HERZ gesät wurde; hier ist der Samen auf den Weg gefallen. - Auf felsigen Boden ist der Samen bei dem gefallen, der das Wort hört und sofort freudig aufnimmt, aber keine Wurzeln hat, sondern unbeständig ist; sobald er um des Wortes willen bedrängt oder verfolgt wird, kommt er zu Fall. - In die Dornen ist der Samen bei dem gefallen, der das Wort zwar hört, aber dann ersticken es die Sorgen dieser Welt und der trügerische Reichtum, und es bringt keine Frucht. - Auf guten Boden ist der Samen bei dem gesät, der das Wort hört und es auch versteht; er bringt dann Frucht, hundertfach oder sechzigfach oder dreißigfach."

V: Wort des lebendigen Gottes! - A: Dank sei Gott, dem Herrn!

Betrachtungshilfe:

Wenn der Mensch über Gedanken oder Worte spricht, dann denkt er dabei an die Wirkung des Verstandes. - Auffallend ist, daß Jesus dagegen oft, wenn ER über Gedanken und Worte spricht, diese mit der Wirkung des HERZENS in Zusammenhang bringt und dies entspricht der von Gott geschaffenen Ordnung. - Der Mensch muß also ständig mit dem Verstand die Gefühle seines Herzens kontrollieren und sich davor hüten, in seinem Denken herzlos zu sein. Er muß sehr aufpassen, damit es dem Satan nicht gelingt, das Herz vom Verstand zu trennen oder den Verstand vom Herzen.

Jesus stellt uns heute sehr anschaulich dar, wie unterschiedlich das Wort Gottes wirkt, je nach dem, ob es im Herzen des Menschen auf fruchtbaren oder unfruchtbaren Boden fällt. - Deswegen ist die christliche, gläubige Erziehung der K I N D E R in der Familie, in der Schule und Kirche so wichtig für das ganze irdische und ewige Leben des Menschen, weil das kindliche, unverdorbene Herz der fruchtbarste Boden für den Samen des Wortes Gottes ist!

Die Worte Gottes zeigen uns immer deutlicher, welch große Rolle das HERZ des Menschen im Leben und bei der Evangelisierung der Welt spielt. - Die Welt hat ohne das gute Herz der Menschen eine schlechte Zukunft vor sich. Deswegen ist die ERNEUERUNG DER HERZEN NACH DEM VORBILD DES HERZENS JESU, das heißt die lebendige Liebe zu Gott und die Liebe untereinander, der einzige Weg zur Rettung der Menschheit!

- Gebe ich mir genug Mühe, einen guten Boden für die Aufnahme des Wortes Gottes in meinem Herzen vorzubereiten, durch mein beharrliches Beten und mein bewußtes Leben in der Anwesenheit Gottes? - Bete ich vor allem zum Heiligen Geist um die Gnade der Erleuchtung, damit ich die Worte Gottes immer besser verstehen kann? - Sorge ich um eine gute Herzensbildung meiner Kinder dadurch, daß sie eine gute, christliche Erziehung erhalten und in einer vorbildlichen, religiösen Atmosphäre aufwachsen? - Bin ich überzeugt, daß davon nicht nur das Glück jeder Familie abhängt, sondern auch der Friede in der Welt? - Bin ich mir dessen bewußt, welch große Aufgabe und Verantwortung damit für jede Familie verbunden ist?
- Welchen Vorsatz fasse ich im Licht des heutigen Wortes Gottes?

Tagesgebet: *siehe entsprechender Tag Seite 458*

9. Juni

Wort Gottes: Mt 15,17-20

"Begreift ihr nicht, daß alles, was durch den Mund hineinkommt, in den Magen gelangt und dann wieder ausgeschieden wird? - WAS ABER AUS DEM MUND HERAUSKOMMT, DAS KOMMT AUS DEM HERZEN, und das macht den Menschen unrein. Denn aus dem Herzen kommen böse Gedanken, Mord, Ehebruch, Unzucht, Diebstahl, falsche Zeugenaussagen und Verleumdungen. Das ist es, was den Menschen unrein macht; aber mit ungewaschenen Händen essen macht ihn nicht unrein."

V: Wort des lebendigen Gottes! - A: Dank sei Gott, dem Herrn!

Betrachtungshilfe:

Hier erklärt Jesus nicht nur den Pharisäern und Schriftgelehrten, sondern auch uns, was das HERZ des Menschen wirklich unrein macht: Nicht äußerer Schmutz, sondern vielmehr jede Form der Bosheit, die in bösen Gedanken und Absichten, in Worten und Taten zum Ausdruck kommt. - Wer ungerecht handelt, wer lügt, stiehlt, betrügt, verleumdet usw., kann, solange er seine Sünden nicht bereut und sich nicht bekehrt, leider nicht erwarten, daß er einmal das ewige Glück erreichen und Gott im Himmel schauen wird.

Viele Menschen achten heute, wie damals die Pharisäer, viel mehr auf den äußeren, hygienischen Zustand ihres Leibes als auf die Reinheit ihrer Seele und ihres Herzens. - Das heißt jedoch nicht, daß der Mensch, wenn er ein heiliges Leben führen will, auf die äußere Hygiene seines Körpers, seiner Kleidung, seiner Wohnung, seines Arbeitsplatzes usw. verzichten muß.

Gott will, daß der Mensch *ganz und gar* rein ist, - innerlich und äußerlich - aber viel wichtiger ist dabei die <u>innere Reinheit</u> des Menschen als die äußere.

Es kommt immer wieder vor, daß der Mensch zwar in seinem Herzen nicht böse ist, aber doch Böses tut. Dies passiert, wenn der Mensch psychisch krank ist oder irgendeine andere, heimtückische Krankheit hat. Dann soll er aber die Hilfe beim Arzt und vor allem im Gebet bei Gott suchen. Dabei ist wichtig zu wissen, daß jede

Krankheit ihre Wurzeln in der Erbsünde hat und jede weitere Sünde diesen Zustand verschlimmert. - Die Ursache für alle Krankheiten und Leiden ist schließlich der Satan, der die Erbsünde verursacht hat, aber **niemals** GOTT ! - Deswegen irren diese Menschen sehr, die Gott Vorwürfe machen oder IHN gar beschimpfen, wenn sie leiden müssen. - Anstatt zu schimpfen, sollten sie lieber das beherzigen, was Jesus sagt: **"Kommt alle zu mir, die ihr euch plagt und schwere Lasten zu tragen habt. Ich werde euch Ruhe verschaffen"** (Mt 11,28), - **"denn getrennt von mir könnt ihr nichts vollbringen!"** (Joh 15,5b).

- Sorge ich um Harmonie in meinem Leben durch die Reinheit meines Herzens, meines Körpers und meiner Umgebung? - Schütze ich mich mit allen Kräften vor jeder Art der Unordnung, besonders aber vor dieser, die zur Sünde führt und Ursache aller Leiden ist?
- Welchen Vorsatz fasse ich im Licht des heutigen Wortes Gottes?

Tagesgebet: *siehe entsprechender Tag Seite 458*

10. Juni

Wort Gottes: Mt 18,32b-35

"Du elender Diener! Deine ganze Schuld habe ich dir erlassen, weil du mich so angefleht hast. Hättest nicht auch du mit jenem, der gemeinsam mit dir in meinem Dienst steht, Erbarmen haben müssen, so wie ich mit dir Erbarmen hatte? - Und in seinem Zorn übergab ihn der Herr den Folterknechten, bis er die ganze Schuld bezahlt habe. Ebenso wird mein himmlischer Vater jeden von euch behandeln, der seinem Bruder nicht von ganzem HERZEN vergibt."

V: Wort des lebendigen Gottes! - A: Dank sei Gott, dem Herrn!

Betrachtungshilfe:

So wie wir schon betrachtet haben, ist der Verursacher aller Leiden der Satan mit seinem Haß gegen Gott und Seine Ordnung; aber die unmittelbare Ursache der Leiden liegt in der Sünde selbst, vor allem im Hochmut, Machtstreben, Ehrgeiz, Egoismus und Ungehorsam, die die Welt immer mehr in eine Hölle verwandeln. Wie oft arbeiten die Menschen dabei, meistens unbewußt, gegen sich selbst und ihr eigenes Glück! - Bevor das HERZ JESU am Kreuz mit einer Lanze durchbohrt wurde - von der Bosheit des Satans - sprach aus Seinem Herzen die Liebe des ewigen Sohnes Gottes: **"Vater, vergib ihnen, denn sie wissen nicht, was sie tun"** (Lk 23,34a). - Diese Fürbitte Jesu bei Seinem Vater ist auch heute für alle Menschen wirksam, die vor Gott schuldig geworden sind, IHN aber doch lieben und auf IHN ihr Vertrauen setzen.

Herz, Herzlichkeit, Verzeihung oder Vergebung sind nur verschiedene Ausdrücke für das, was wir Liebe nennen und was schließlich von Gott kommt und zu Gott führt. - Jesus sagt uns heute ganz klar: Wenn wir nicht bereit sind, unseren Schuldnern zu vergeben, wird der Himmlische Vater auch uns nicht vergeben. - Wir sollen also diese Worte, **"Vater unser, im Himmel, vergib uns unsere Schuld,** *wie* *auch wir* vergeben unseren Schuldigern", aufrichtigen Herzens sprechen und nicht nur plappern!

• Wird uns überhaupt noch bewußt, um was wir so oft den Himmlischen Vater bitten? - Sind wir wirklich bereit, allen von Herzen zu vergeben, die uns gekränkt, beleidigt, ungerecht behandelt, belogen, verleumdet haben? - Denke ich daran, daß Gott keine Scherze macht, und eines Tages von jedem einzelnen Rechenschaft für das fordern wird, was ER uns so oft durch Sein Wort gelehrt hat? - Wenn ich meinen Schuldnern nicht von Herzen vergebe, wie kann ich dann beim Letzten Gericht für mich die Barmherzigkeit Gottes erwarten?

• Welchen Vorsatz fasse ich im Licht des heutigen Wortes Gottes?

Tagesgebet: *siehe entsprechender Tag Seite 458*

11. Juni

Wort Gottes: Mk 3,1-6

"Als er (Jesus) ein andermal in eine Synagoge ging, saß dort ein Mann, dessen Hand verdorrt war. Und sie gaben acht, ob Jesus ihn am Sabbat heilen werde, sie suchten nämlich einen Grund zur Anklage gegen ihn. Da sagte er zu dem Mann mit der verdorrten Hand: Steh auf und stell dich in die Mitte! - Und zu den anderen sagte er: Was ist am Sabbat erlaubt: Gutes zu tun oder Böses, ein Leben zu retten oder es zu vernichten? Sie aber schwiegen. Und er sah sie der Reihe nach an, voll Zorn und Trauer über ihr VERSTOCKTES HERZ, und sagte zu dem Mann: Streck deine Hand aus! - Er streckte sie aus, und seine Hand war wieder gesund. Da gingen die Pharisäer hinaus und faßten zusammen mit den Anhängern des Herodes den Beschluß, Jesus umzubringen."

V: Wort des lebendigen Gottes! - A: Dank sei Gott, dem Herrn!

Betrachtungshilfe:

Dieses Wort Gottes ist ein trauriges Beispiel dafür, wie sehr ein verstocktes HERZ den Menschen in die Irre führen kann. Die Pharisäer haben in ihrer Verstocktheit sogar die Gebote Gottes verdreht und ihre eigenen über die Gebote Gottes - über das Hauptgebot der Liebe - gestellt. Das Gesetz, das dem Menschen helfen soll, Gott richtig zu dienen, wurde von den Pharisäern ins Gegenteil verkehrt und deshalb mußte Jesus sie belehren, daß das Gesetz dem Menschen dienen soll und nicht der Mensch dem Gesetz.

Gott verlangt von uns die Liebe zu IHM und zum Nächsten. Deshalb widerspricht der Dienst am Nächsten nicht der Liebe zu Gott. Darauf weist uns heute Jesus durch Sein Beispiel der Nächstenliebe hin, als ER am Sabbat einen Kranken heilte, womit die Pharisäer aber aus verschiedenen Gründen nicht einverstanden waren. Jesus tat dies aber nicht, um Geld damit zu verdienen. - ER tat es aus r e i n e r   L i e b e, um dem Kranken zu helfen, um ihn zu heilen und von seinem Leiden zu befreien.

Auch heute widerspricht der Dienst der Nächstenliebe an Sonn- und Feiertagen nicht der Liebe zu Gott, wenn dabei nicht irgendein Profit, besonders aber der

Geldverdienst, eine Rolle spielt. Dieser Dienst darf freilich auch nicht die Liebe zu Gott verletzen. Wer z.B. im Krankenhaus oder sonstwo an Sonn- u. Feiertagen dem Nächsten dient, kann sich deswegen nicht von der Teilnahme an der Eucharistiefeier dispensieren. - Man muß beide Liebes-Dienste, den für GOTT und den für die MENSCHEN, in Einklang bringen. - Nur schwere Krankheit kann uns von der Teilnahme an der Eucharistiefeier an Sonn- u. Feiertagen entschuldigen, aber auf keinen Fall irgendeine Beschäftigung oder Form der Erholung (Bergwanderung, Fußball usw.).

• Werden die Menschen in ihrer Liebe zu Gott und zum Nächsten einmal so großherzig sein, daß sie an Sonn- u. Feiertagen keine Bezahlung mehr für ihre Dienste am Nächsten annehmen, um so Gott die größere Ehre zu geben und von IHM dafür mit innerem Frieden und großer Freude beschenkt zu werden?

• Könnte man nicht in jedem Land ein Bankkonto eröffnen, auf das die Menschen ihre Sonn- und Feiertags-Verdienste freiwillig überweisen? - Dieses Konto könnte z.B. auf den Namen des Papstes laufen und ihm zur Verfügung gestellt werden, damit er dadurch hilfsbedürftige Menschen und die Evangelisierung der Welt unterstützen kann.

• Welchen Vorsatz fasse ich im Licht des heutigen Wortes Gottes?

Tagesgebet: *siehe entsprechender Tag Seite 458*

12. Juni

Wort Gottes: Mk 11,22-25

"Jesus sagte zu ihnen (seinen Jüngern): **Ihr müßt Glauben an Gott haben. Amen, ich sage euch: Wenn jemand zu diesem Berg sagt: Hebe dich empor und stürz dich ins Meer!, und wenn er in seinem HERZEN nicht zweifelt, sondern glaubt, daß geschieht, was er sagt, dann wird es geschehen. Darum sage ich euch: Alles, worum ihr betet und bittet - glaubt nur, daß ihr es schon erhalten habt, dann wird es euch zuteil. Und wenn ihr beten wollt und ihr habt einem anderen etwas vorzuwerfen, dann vergebt ihm, damit auch euer Vater im Himmel euch eure Verfehlungen vergibt."**

V: Wort des lebendigen Gottes! - A: Dank sei Gott, dem Herrn!

Betrachtungshilfe:

Dieses Wort Gottes zeigt uns wie viele andere, daß das Wort "HERZ" in den Heiligen Texten ein symbolischer Begriff für die LIEBE ist, diese Liebe, die von Gott stammt, die uns in der irdischen Zeit begleitet und zum Himmlischen Vater zurückführt. Dies geschieht selbstverständlich nur dann, wenn der Mensch sein Herz bewußt und freiwillig Gott und Seiner Liebe öffnet.

Heute erfahren wir, daß ein unerschütterlicher Glaube und ein Herz voller Liebe sogar Berge versetzen, das heißt große Wunder bewirken kann. Die besten Beweise dafür liefern uns die Lebensbeschreibungen der Heiligen. - Gleichzeitig läßt uns dieses Wort Gottes aber auch erahnen, welch große Katastrophe der **Unglaube** in den Herzen der Menschen anrichtet, wenn allein schon der **Glaubenszweifel** so viele

Gnaden verhindern und so großen Schaden bewirken kann. - Eben deswegen sind wir heute Zeugen einer großen Verwirrung in der Welt, ja sogar in der Kirche, weil viele Menschen den richtigen Glauben und die echte Liebe verloren oder zumindest sehr vernachlässigt haben. Eine wirkliche Erneuerung der Menschheit wie auch jedes einzelnen Menschen kann daher nur durch die Umkehr zu den unveränderlichen Wahrheiten des Evangeliums erfolgen.

• Wenn mich Glaubenszweifel überfallen, suche ich dann Klarheit im Licht des Wortes Gottes, um meinen Glauben und meine Liebe zu vermehren und zu vertiefen?

• Welchen Vorsatz fasse ich im Licht des heutigen Wortes Gottes?

Tagesgebet: *siehe entsprechender Tag Seite 458*

13. Juni

Wort Gottes: Lk 1,46-55

"Meine Seele preist die Größe des Herrn, und mein Geist jubelt über Gott, meinen Retter. Denn auf die Niedrigkeit seiner Magd hat er geschaut, siehe, von nun an preisen mich selig alle Geschlechter. - Denn der Mächtige hat Großes an mir getan, und sein Name ist heilig. - Er erbarmt sich von Geschlecht zu Geschlecht über alle, die ihn fürchten. - Er vollbringt mit seinem Arm machtvolle Taten: ER ZERSTREUT, DIE IM HERZEN VOLL HOCHMUT SIND; er stürzt die Mächtigen vom Thron und erhöht die Niedrigen. - Die Hungernden beschenkt er mit seinen Gaben und läßt die Reichen leer ausgehen. - Er nimmt sich seines Knechtes Israel an und denkt an sein Erbarmen, das er unseren Vätern verheißen hat, Abraham und seinen Nachkommen auf ewig."

V: Wort des lebendigen Gottes! - A: Dank sei Gott, dem Herrn!

Betrachtungshilfe:

Heute am **Fatimatag** erinnert uns das Magnifikat Mariens daran, was Gott durch einen Menschen vollbringen kann, wenn er voll Demut an Gott glaubt, sich ganz und gar auf Gott verläßt, IHM vertraut und sich von Seiner Liebe durchdringen läßt. Deshalb begrüßte der Erzengel Gabriel Maria mit den Worten: **"Du bist voll der Gnade."** - Gott hat durch Maria wie durch keinen anderen Menschen gewirkt, und zwar so, daß ER für Seinen ewigen Sohn unter ihrem HERZEN die würdigste Wohnung auf Erden gefunden hat. - Maria war sich dessen bewußt, was Gott Großes an ihr getan hat, und deshalb wagte sie, obwohl sie weder gelehrt, noch reich, noch mächtig war, diese große Prophezeiung auszusprechen, die heute voll in Erfüllung geht: **"Siehe, von nun an preisen mich selig alle Geschlechter."** - Diese Worte sprach Maria nicht von sich aus, sondern der Heilige Geist, von dem sie erfüllt war, sprach durch ihren Mund und ER bewirkt, daß diese Prophezeiung in Erfüllung geht.

Heute sind wir fast täglich Zeugen dafür, wie die Wahrheiten des Magnifikats in Erfüllung gehen: **"ER zerstreut, die im HERZEN voll Hochmut sind."** - Dies begann schon damals, als der Herr das jüdische Volk in alle Welt zerstreute, weil es

Jesus nicht als den verheißenen Messias, als seinen König, Herrn und Gott anerkennen wollte. - Dies geschah in allen folgenden Jahrhunderten und geschieht bis heute mit allen Menschen, die wegen ihres Hochmutes in ihrem Herzen keinen Platz mehr für ihren Schöpfer haben.

"ER stürzt die Mächtigen vom Thron". - In letzter Zeit konnten wir selbst erleben, wie Gott ohne blutige Kriege die Mächtigen vom Thron stürzte und ER kann noch mehr, wenn wir wie Maria glauben und das tun, was Gott durch Maria von uns verlangt. - Bei der Hochzeit in Kana zu Galiläa sagte Maria zu den Dienern: **"Was er (Jesus) euch sagt, das tut!"** (Joh 2,5) - In Fatima sprach Maria zu Kindern und erinnerte an die wichtigsten Punkte der Lehre Jesu: **an das Gebet, an Opfer, Reue, Buße, Bekehrung und Liebe zu Gott.** - Maria will also nichts anderes, als daß wir Jesus folgen, IHN finden und in IHM Freude, Friede, Liebe und alles Gute, was wir brauchen und suchen.

Wahrscheinlich hat Gott in der Welt genug gerechte und betende Menschen gefunden, die auf die Stimme Mariens gläubig und demütig wie die Diener in Kana gehört und ihre Bitten erfüllt haben, wenn Gott die Versprechungen Mariens von Fatima in Erfüllung gehen ließ. - Jeder, der dazu beigetragen hat, kann sich in seinem Herzen sehr darüber freuen. - **Wir müssen aber diesen Weg des Gebetes und der Buße weiter in Treue gehen und dazu beitragen, daß das Unbefleckte Herz Mariens am Ende des Kampfes über die Hölle triumphieren kann.**

Die Sowjetunion existiert zwar nicht mehr, aber die Früchte der früheren atheistischen Ideologie und Erziehung leben noch und sind für den Frieden in der Welt nicht weniger gefährlich als vorher. - Wenn der Westen dem Osten jetzt nicht entscheidend bei der Bewältigung seiner wirtschaftlichen Probleme hilft, könnte es ohne weiteres passieren, daß der Osten, um aus der wirtschaftlichen Notlage herauszukommen, sogar Atomwaffen auf dem freien Markt anbietet, die dann auch in die Hände unverantwortlicher Menschen kommen könnten!

Darum müssen wir weiter fest beten, damit das, was so wunderbar in Fatima begonnen hat, zu einem siegreichen Ende kommt. Dabei sollen wir uns aber nicht nur auf das Gebet für Rußland beschränken, sondern vor allem auch für die Bekehrung des Westens, das heißt für die Menschen in den Wohlstandsländern beten, die durch ihren Hochmut, Egoismus, Materialismus, Konsumismus und Atheismus einen Krieg gegen Gott und Seine Ordnung führen und so den Frieden in der Welt gefährden. - Vergessen wir nicht, daß dort, wo Krieg gegen Gott und Seine Ordnung geführt wird, der Unfriede unter den Menschen wächst und damit auch die Gefahr, daß sich die Menschen in schrecklichen Kriegen gegenseitig umbringen werden.

Wer Jesus und Maria die Treue hält, wird, auch wenn er manchmal in seiner Schwäche sündigt, aber dann bereut und sich bekehrt, nicht in die Irre gehen! - Der beste Beweis dafür sind diese Christen, die aus Liebe zu Jesus und Maria ein offenes Herz für das Wort Gottes haben, an die Anwesenheit Christi in der Eucharistie glauben und treu zum Nachfolger Petri stehen.

- Folge ich gerne dem Beispiel Mariens, dem Beispiel ihres Glaubens und Vertrauens, ihrer Demut, Liebe und Treue zu Gott?
- Welchen Vorsatz fasse ich im Licht des heutigen Wortes Gottes?

Tagesgebet: *siehe entsprechender Tag Seite 459*

14. Juni

Wort Gottes: Lk 16,13-15

"Kein Sklave kann zwei Herren dienen: Er wird entweder den einen hassen und den anderen lieben, oder er wird zu dem einen halten und den anderen verachten. Ihr könnt nicht beiden dienen, Gott und dem Mammon. Das alles hörten auch die Pharisäer, die sehr am Geld hingen, und sie lachten über ihn. Da sagte er zu ihnen: Ihr redet den Leuten ein, daß ihr gerecht seid; aber GOTT KENNT EUER HERZ. Denn was die Menschen für großartig halten, das ist in den Augen Gottes ein Greuel."

V: Wort des lebendigen Gottes! - A: Dank sei Gott, dem Herrn!

Betrachtungshilfe:

Schon im Alten Testament hat Gott die Menschen verpflichtet, IHN "mit GANZEM HERZEN, mit ganzer Seele und mit ganzer Kraft" zu lieben: "Diese Worte, auf die ich dich heute **verpflichte**, sollen auf deinem HERZEN geschrieben stehen. Du sollst sie deinen Söhnen wiederholen. Du sollst von ihnen reden, wenn du zu Hause sitzt und wenn du auf der Straße gehst, wenn du dich schlafen legst und wenn du aufstehst" (Dtn 6,6-7). - Aber wie viele Menschen denken heute noch an dieses Wort Gottes! - Meistens sind sie so sehr in weltliche Dinge verstrickt, daß sie Gott überhaupt vergessen haben und nur noch weltlichen Interessen und dem Mammon nachjagen. Davor sollte sich jede Familie wie vor der Pest hüten, all diese, die wirklich noch an Gott und Seine Liebe glauben und in den Himmel kommen wollen.

Unsere Familien müssen wieder zu echten, lebendigen Hauskirchen werden, in denen GOTT den **ersten Platz** in den HERZEN einnimmt, nicht Geld, Fernsehen, Streben nach Wohlstand und Genuß! - Nur so werden wieder Glück und Segen, Freude, Frieden und Herzlichkeit in die Familien einkehren und viele, heilige Berufungen daraus hervorgehen.

- Freue ich mich darüber, wenn ich bei meinen Kindern, Geschwistern oder Enkeln erste Anzeichen einer geistlichen Berufung entdecke? - Unterstütze ich mit dem Gebet die Berufenen, damit sie für diese große Gnade der Erwählung Gottes offen sind und ihr treu bleiben? - Oder gehöre ich vielleicht zu denen, die zwar von Herzen für Berufungen beten, aber dann rufen: Gott behüte, daß dies meine Kinder bzw. jemanden von meiner Familie betreffen könnte?!
- Welchen Vorsatz fasse ich im Licht des heutigen Wortes Gottes?

Tagesgebet: *siehe entsprechender Tag Seite 459*

15. Juni

Wort Gottes: Lk 24,15-16/25-32

"**Während sie** (die Jünger unterwegs nach Emmaus) **redeten und ihre Gedanken austauschten, kam Jesus hinzu und ging mit ihnen.** DOCH SIE WAREN WIE MIT BLINDHEIT GESCHLAGEN, **so daß sie ihn nicht erkannten. Da sagte er zu ihnen: Begreift ihr denn nicht?** - **Wie schwer fällt es euch, alles zu glauben, was die Propheten gesagt haben. Mußte nicht der Messias all das erleiden, um so in seine Herrlichkeit zu gelangen?** - **Und er legte ihnen dar, ausgehend von Mose und allen Propheten, was in der gesamten Schrift über ihn geschrieben steht.** - **So erreichten sie das Dorf, zu dem sie unterwegs waren. Jesus tat, als wolle er weitergehen, aber sie drängten ihn und sagten: Bleib doch bei uns, denn es wird bald Abend, der Tag hat sich schon geneigt. Da ging er mit hinein, um bei ihnen zu bleiben. Und als er mit ihnen bei Tisch war, nahm er das Brot, sprach den Lobpreis, brach das Brot und gab es ihnen.** - **Da gingen ihnen die Augen auf, und sie erkannten ihn; dann sahen sie ihn nicht mehr. Und sie sagten zueinander:** BRANNTE UNS NICHT DAS HERZ IN DER BRUST, ALS ER UNTERWEGS MIT UNS REDETE UND UNS DEN SINN DER SCHRIFT ERSCHLOSS ?"

V: Wort des lebendigen Gottes! - A: Dank sei Gott, dem Herrn!

Betrachtungshilfe:

Wie oft können wir ähnliches auch bei uns erleben, wenn wir die Heilige Schrift lesen, das heißt Jesus Christus in Seinem Wort begegnen: Das HERZ brennt uns zwar in der Brust, aber wir sind doch von irgendeiner seltsamen Blindheit geschlagen, die uns eben diesen Jesus nicht erkennen läßt, dessen wunderbare Worte die Jünger unterwegs nach Emmaus gehört haben. - Erstaunlich ist dabei, daß den Jüngern die Augen erst dann aufgingen, als Jesus das Brot nahm, den Lobpreis sprach, das Brot brach und es ihnen zu essen gab, das heißt schließlich bei der Feier der EUCHARISTIE. - Wieviel verlieren also diese Menschen, die die Teilnahme an der Eucharistiefeier vernachlässigen oder überhaupt unterlassen!

- Glaube ich fest daran, daß Jesus auch heute bei jedem eucharistischen Brotbrechen genauso real anwesend ist wie damals in Emmaus?

- Welchen Vorsatz fasse ich im Licht des heutigen Wortes Gottes?

Tagesgebet: *siehe entsprechender Tag Seite 459*

Liebe Familien und Freunde,

versuchen Sie bitte, die **GROSSE NOVENE** in Ihrer Umgebung bekannt zu machen. Auf diese Weise tragen auch Sie zur **Verkündigung des WORTES GOTTES** bei! Nützen Sie dieses Buch auch als sinnvolles, gnadenreiches Geschenk zum Weitergeben.

16. Juni

Wort Gottes: Lk 24,36-43

"Während sie (die Jünger) noch darüber redeten, trat er selbst (Jesus) in ihre Mitte und sagte zu ihnen: Friede sei mit euch! - Sie erschraken und hatten große Angst, denn sie meinten, einen Geist zu sehen. Da sagte er zu ihnen: Was seid ihr so bestürzt? - WARUM LASST IHR IN EUREM HERZEN SOLCHE ZWEIFEL AUFKOMMEN? - Seht meine Hände und meine Füße an: Ich bin es selbst. Faßt mich doch an und begreift: Kein Geist hat Fleisch und Knochen, wie ihr es bei mir seht. Bei diesen Worten zeigte er ihnen seine Hände und Füße. Sie staunten, konnten es aber vor Freude immer noch nicht glauben. Da sagte er zu ihnen: Habt ihr etwas zu essen hier? Sie gaben ihm ein Stück gebratenen Fisch; er nahm es und aß es vor ihren Augen."

V: Wort des lebendigen Gottes! - A: Dank sei Gott, dem Herrn!

Betrachtungshilfe:

Mit der Frage, warum laßt ihr in eurem HERZEN solche Zweifel aufkommen, verbindet Jesus den stillen Vorwurf an Seine Jünger, aber auch an uns heute: Warum wankt eure Liebe? - Warum schwankt euer Glaube? - Warum zweifelt ihr an meiner Auferstehung? - Um den Glauben der Jünger zu stärken, fordert Jesus sie auf, IHN anzufassen, aber selbst als sie Seine Hände und Füße sehen, können sie es vor Freude noch nicht recht glauben. Und schließlich bittet Jesus, um ihnen weiter zu beweisen, daß ER kein Geist ist, IHM etwas zu essen zu geben. - Dies alles zeigt uns, wie schwer es den Jüngern fiel, an die Auferstehung Jesu zu glauben.

Dies änderte sich erst an Pfingsten, als der Heilige Geist die Herzen der Jünger ganz und gar verwandelte; so sehr, daß sie plötzlich mit unerschütterlichem Starkmut und mit überzeugtem Glauben das Wort Gottes verkündigten und später, im festen Glauben an die Auferstehung, sogar unerschrocken den Märtyrertod hinnahmen.

Auch wir bekennen jedesmal, wenn wir das Credo beten, unseren Glauben an die eigene Auferstehung. Aber dabei stellt sich die ernste Frage, ob wir wirklich **im HERZEN g l a u b e n**, was wir mit dem Mund bekennen, so wie der heilige Paulus bekennt: **"Gott hat den Herrn auferweckt; er wird durch seine Macht auch uns auferwecken"** (1 Kor 6,14) und **"Unsere Heimat ist im Himmel. Von dorther erwarten wir auch Jesus Christus, den Herrn, als Retter, der unseren armseligen Leib verwandeln wird in die Gestalt seines verherrlichten Leibes, in der Kraft, mit der er sich alles unterwerfen kann"** (Phil 3,20-21).

- Denke ich daran, daß wir diese Heimat im Himmel nur dann erreichen werden, wenn wir im irdischen Leben die Ordnung Gottes im Herzen bejahen und uns mit allen Kräften darum bemühen, sie zu erfüllen?

- Welchen Vorsatz fasse ich im Licht des heutigen Wortes Gottes?

Tagesgebet: *siehe entsprechender Tag Seite 459*

17. Juni

Wort Gottes: Joh 12,3-6

"Da nahm Maria ein Pfund echtes, kostbares Nardenöl, salbte Jesus die Füße und trocknete sie mit ihrem Haar. Das Haus wurde vom Duft des Öls erfüllt. Doch einer von seinen Jüngern, Judas Iskariot, der ihn später verriet, sagte: Warum hat man dieses Öl nicht für dreihundert Denare verkauft und den Erlös den Armen gegeben? Das sagte er aber nicht, weil er ein HERZ für die Armen gehabt hätte, sondern weil er ein Dieb war; er hatte nämlich die Kasse und veruntreute die Einkünfte."

V: Wort des lebendigen Gottes! - A: Dank sei Gott, dem Herrn!

Betrachtungshilfe:

Dieses Wort Gottes macht uns heute noch einmal deutlich, wie sehr Geld das HERZ des Menschen vergiften und das ewige Leben gefährden kann. Die Gefahr beginnt dann, wenn der Mensch in seinem Herzen mehr Geld und Gold liebt anstatt Gott. - Judas könnte heute ebenfalls zu den heiligen Aposteln gehören und die ewige Herrlichkeit des Himmels genießen. Aber leider hing sein Herz mehr am Geld als am Herrn. Als er merkte, daß bei Jesus keine irdischen Vorteile für ihn zu erwarten sind, verkaufte er IHN (und damit sein eigenes, ewiges Heil!) für ganze dreißig Silberstücke! - Damit nahm nicht nur sein irdisches Leben ein schreckliches Ende, sondern, was viel, viel schlimmer ist, er ist für alle Ewigkeit verdammt und leidet schreckliche Qualen - **ohne Ende** - in der Hölle!

Man kann sagen, daß fast alles Böse in der Welt mehr oder weniger mit Geld zu tun hat. - Wenn wir aber das Geld als Mittel zum Lebensunterhalt und für gute Werke betrachten, dann werden wir damit zur Ehre Gottes beitragen, dem Nächsten in der Not helfen und unser eigenes Leben heiligen. - Viele Menschen bezahlen heute viel Geld für Lebensversicherungen und vergessen dabei oft völlig, ihr ewiges Leben bei Gott richtig zu versichern, entsprechend der ewigen Wahrheit des Wortes Gottes: **"Was nützt es einem Menschen, wenn er die ganze Welt gewinnt, dabei aber sein Leben einbüßt"** (Mt 16,26a) und seine Seele verliert?

- Erforsche ich wenigstens einmal am Tag in Ruhe mein Gewissen, um den Stand meines "Lebenskontos" zu überprüfen, d.h. um klar zu sehen, wieviel ich täglich für mein irdisches Leben tue und wieviel für mein ewiges Leben?

- Welchen Vorsatz fasse ich im Licht des heutigen Wortes Gottes?

Tagesgebet: *siehe entsprechender Tag Seite 459*

Liebe Freunde! Betet eifrig um zahlreiche, heilige **Priester und Ordensberufungen**, denn auch Ihr erwartet sie! So viele alte und kranke Leute, Jugendliche, Kinder und viele andere, warten auf den heiligen Dienst in der Liebe Christi!
Liebe Jugendliche! - Jungen und Mädchen! - Jesus ruft auch heute, vielleicht auch Dich: **"Komm und folge mir nach!"** (Lk 18,22) Die Heiligen Apostel haben sofort alles verlassen und sind Jesus nachgefolgt (vgl. Mt 4,18-22) - Wenn Du den Ruf des Herrn hörst, hast dann auch Du so viel Mut, Vertrauen und Liebe wie die Apostel, um zu Seinem Ruf **"JA"** zu sagen und IHM treu nachzufolgen wie sie? **Die Kirche braucht Dich dringend!** Komm, sprich, bete, arbeite mit uns und entscheide!

18. Juni

Wort Gottes: Joh 13,1-5

"Es war vor dem Paschafest. Jesus wußte, daß seine Stunde gekommen war, um aus dieser Welt zum Vater hinüberzugehen. Da er die Seinen, die in der Welt waren, liebte, erwies er ihnen seine Liebe bis zur Vollendung. - Es fand ein Mahl statt, und der Teufel hatte Judas, dem Sohn des Simon Iskariot, schon ins HERZ gegeben, ihn zu verraten und auszuliefern. Jesus, der wußte, daß ihm der Vater alles in die Hand gegeben hatte und daß er von Gott gekommen war und zu Gott zurückkehrte, stand vom Mahl auf, legte sein Gewand ab und umgürtete sich mit einem Leinentuch. Dann goß er Wasser in eine Schüssel und begann, den Jüngern die Füße zu waschen und mit dem Leinentuch abzutrocknen, mit dem er umgürtet war."

V: Wort des lebendigen Gottes! - A: Dank sei Gott, dem Herrn!

Betrachtungshilfe:

Dieses Wort Gottes beweist uns erneut, daß Jesus nicht nur über die Liebe sprach, sondern in Seinem irdischen Leben viele, lebendige Beispiele der Liebe gab, bis hin zu Seinem schrecklichen Sterben am Kreuz. - Der Dienst am Nächsten verlangt ein liebevolles HERZ, Demut, Selbstverleugnung, Selbstbeherrschung und Opferbereitschaft. - Es ist schon etwas Eigenartiges in der menschlichen Natur, daß alle gern dort dabei sein wollen, wo es um Ehre, Ansehen, Selbstverwirklichung und Genuß geht, dort aber, wo die Liebe zu Gott und zum Nächsten Demut und Opfer verlangt und keine irdischen Gewinne zu erwarten sind, da sind nur wenige zu finden und wenn ja, dann nur diese, die vor Gott wirklich heilig leben. - Wir sollen bei all dem nicht vergessen, was Jesus einmal betonte: **"Amen, ich sage euch: Was ihr für einen meiner geringsten Brüder getan habt, das habt ihr mir getan"** (Mt 25,40) und **"Ich sage euch: Was ihr für einen dieser Geringsten nicht getan habt, das habt ihr auch mir nicht getan"** (Mt 25,45).

* Wie groß ist meine Bereitschaft, im Dienst an den Kranken, Armen, Schwachen, Behinderten usw. dem Beispiel des Herrn zu folgen, um dadurch Zeugnis abzulegen für die Echtheit meiner Liebe zu Gott und zum Mitmenschen?
* Welchen Vorsatz fasse ich im Licht des heutigen Wortes Gottes?

Tagesgebet: *siehe entsprechender Tag Seite 459*

19. Juni

Wort Gottes: Joh 14,1-3

"EUER HERZ LASSE SICH NICHT VERWIRREN! - Glaubt an Gott und glaubt an mich! - Im Haus meines Vaters gibt es viele Wohnungen. Wenn es nicht so wäre, hätte ich euch dann gesagt: Ich gehe, um einen Platz für euch vorzubereiten? - Wenn ich gegangen bin und einen Platz für euch vorbereitet habe, komme ich wieder und werde euch zu mir holen, damit auch ihr dort seid, wo ich bin."

V: Wort des lebendigen Gottes! - A: Dank sei Gott, dem Herrn!

Betrachtungshilfe:

Heute spricht Jesus über die vielen Wohnungen, die sich im Hause Seines Vaters, - im Himmel - befinden. Die Menschen unserer Zeit reden kaum mehr vom Himmel, dafür um so mehr über soziale Probleme und über die Möglichkeiten, das Paradies auf der Erde zu errichten. Und so wird viel auf den Kopf gestellt. Aber Jesus selbst sagt uns, daß der Himmel oben keine Phantasie, sondern Realität ist. - All die Sterne und Planeten, die Gott einmal geschaffen hat, gehören dazu. Dort sind diese Wohnungen, über die Jesus öfters spricht, wo alles rein und schön ist, wo Ordnung, Wahrheit, Gerechtigkeit, Friede, Freude, mit einem Wort, die LIEBE herrscht.- Zu diesem Himmel kann man keine Flugkarte kaufen und auch nicht mit der Kraft eines Raumschiffes kommen. Dort herrschen ganz andere Dimensionen, für die unsere irdischen Sinnesorgane nicht vorbereitet sind. - Dorthin können wir nur mit der Kraft der Tugenden gelangen. Dort werden wir um so glücklicher sein, je mehr wir uns in diesem irdischen Leben im Glauben, in der Hoffnung und Liebe zu Gott und zum Nächsten bewährt haben.

- Schütze ich mein Herz vor den zahlreichen, verwirrenden und irreführenden Ideologien, privaten Lehrmeinungen usw. und suche meine Rettung im festen und sicheren Glauben an Gott, an Jesus und Sein Wort?

- Welchen Vorsatz fasse ich im Licht des heutigen Wortes Gottes?

Tagesgebet: *siehe entsprechender Tag Seite 460*

20. Juni

Wort Gottes: Joh 14,25-28

"Das habe ich zu euch gesagt, während ich noch bei euch bin. Der Beistand aber, der Heilige Geist, den der Vater in meinem Namen senden wird, der wird euch alles lehren und euch an alles erinnern, was ich euch gesagt habe. Frieden hinterlasse ich euch, meinen Frieden gebe ich euch; nicht einen Frieden, wie die Welt ihn gibt, gebe ich euch. EUER HERZ BEUNRUHIGE SICH NICHT UND VERZAGE NICHT. Ihr habt gehört, daß ich zu euch sagte: Ich gehe fort und komme wieder zu euch zurück. Wenn ihr mich lieb hättet, würdet ihr euch freuen, daß ich zum Vater gehe."

V: Wort des lebendigen Gottes! - A: Dank sei Gott, dem Herrn!

Betrachtungshilfe:

Mit diesen Worten versprach Jesus Seinen Jüngern und damit zugleich auch der Kirche den Beistand des Heiligen Geistes, der sie trotz aller Schwächen und Versagen der Menschen unfehlbar durch die Zeiten zur Vollendung führen wird. Dieser Heilige Geist ist der Autor der heiligen Tradition der Kirche. Man soll selbstverständlich mit dem gesunden Verstand und im Licht der Wahrheit des

Wortes Gottes klar unterscheiden, was wirklich heilig ist, von all dem, was bisweilen das Bild der Heiligkeit der Kirche verdunkelt.

Es ist schon ergreifend, mit welcher Liebe Jesus Seine Jünger getröstet und ermutigt hat. Auch heute will ER unser HERZ mit diesen Worten beruhigen, damit wir nicht verzagen, wenn schwere Zeiten kommen werden. Der Heilige Geist sorgt durch die Verkündigung der Wahrheit des Wortes Gottes dafür, daß wir unseren inneren Frieden nicht verlieren. Und so können wir getrost und ruhig weiter beten und arbeiten und dadurch unser Leben immer mehr heiligen, in der Erwartung auf den Tag der Ankunft des Herrn.

- Wenn ich bei mir selbst und bei anderen Verwirrung, innere Unruhe und Unfrieden erlebe, was tue ich dann? - Suche ich im Gebet Hilfe beim Heiligen Geist, um selbst Trost und Frieden zu finden, damit ich die Herzen der anderen trösten und beruhigen kann?
- Welchen Vorsatz fasse ich im Licht des heutigen Wortes Gottes?

Tagesgebet: *siehe entsprechender Tag Seite 460*

21. Juni

Wort Gottes: Joh 16,4b-13a

"Das habe ich euch nicht gleich zu Anfang gesagt; denn ich war ja bei euch. Jetzt aber gehe ich zu dem, der mich gesandt hat, und keiner von euch fragt mich: Wohin gehst du? Vielmehr ist euer HERZ von Trauer erfüllt, weil ich euch das gesagt habe. Doch ich sage euch die Wahrheit: Es ist gut für euch, daß ich fortgehe. Denn wenn ich nicht fortgehe, wird der Beistand nicht zu euch kommen; gehe ich aber, so werde ich ihn zu euch senden. Und wenn er kommt, wird er die Welt überführen (und aufdecken), **was Sünde, Gerechtigkeit und Gericht ist; Sünde: daß sie nicht an mich glauben; Gerechtigkeit: daß ich zum Vater gehe und ihr mich nicht mehr seht; Gericht: daß der Herrscher dieser Welt gerichtet ist. Noch vieles habe ich euch zu sagen, aber ihr könnt es jetzt nicht tragen. Wenn aber jener kommt, der Geist der Wahrheit, wird er euch in die ganze Wahrheit führen."**

V: Wort des lebendigen Gottes! - A: Dank sei Gott, dem Herrn!

Betrachtungshilfe:

Aus diesem Wort Gottes erfahren wir, wie damals die Liebe der Jünger noch unvollkommen war. Als Jesus ihnen ankündigte, daß ER zum Vater gehen werde, löste dies große Trauer in ihren HERZEN aus. Sie konnten sich darüber nicht freuen, weil sie noch sehr irdisch und egoistisch dachten. Sie wünschten, daß Jesus bei ihnen auf der Erde bleiben möge. - Ihr Herz war aber auch deshalb von Trauer erfüllt, weil sie sich damals noch nicht vorstellen konnten, welch große Freude sie einmal nach ihrem Heimgang beim Vater im Himmel erwarten würde. - Es fiel ihnen auch schwer, zu verstehen, wer der Beistand, der Heilige Geist sei, und welch große Bedeutung Sein Kommen für sie, für die Geschichte der ganzen Christenheit und

Menschheit und schließlich für die Erfüllung des Willens des Himmlischen Vaters in der Welt haben würde.

Heute lesen wir, daß Jesus Seine Jünger ausdrücklich darauf hinwies, daß ER ihnen noch vieles zu sagen gehabt hätte, aber da ER wußte, daß sie es jetzt noch nicht ertragen könnten, unterließ ER es. - Jesus kündigte ihnen aber an, daß der Heilige Geist sie verwandeln, stärken und heiligen und sie in die ganze Wahrheit einführen würde.

Vom Heiligen Geist haben also die Apostel schließlich erfahren, was sie und ihre Nachfolger tun müssen, damit das Erlösungswerk Jesu Christi entsprechend dem Willen des Himmlischen Vaters in vollkommenster Weise in Erfüllung geht. - Aus dieser und anderen, ähnlichen Aussagen Jesu Christi können wir entnehmen, daß der Urheber und unfehlbare Konstrukteur der heiligen Tradition der Kirche, der Heilige Geist selbst ist. ER tut, was dem Himmlischen Vater gefällt, und auch wenn wir heute vieles davon nicht verstehen können, so sollen wir doch gläubig Seine Wirkung und unfehlbare Führung, besonders durch den Nachfolger Petri, dort, wo es um die Reinheit des Glaubens und der christlichen Moral geht, anerkennen und ihr treu folgen, so wie damals die Apostel.

- Habe ich genug Demut im Herzen, um das mir manchmal unverständliche Wirken des Heiligen Geistes in der Kirche und durch die Kirche als den Willen des Himmlischen Vaters anzuerkennen?
- Welchen Vorsatz fasse ich im Licht des heutigen Wortes Gottes?

Tagesgebet: *siehe entsprechender Tag Seite 460*

22. Juni

Wort Gottes: Joh 16,17b/20/22

"Noch kurze Zeit, dann seht ihr mich nicht mehr, und wieder eine kurze Zeit, dann werdet ihr mich sehen. Amen, amen, ich sage euch: Ihr werdet weinen und klagen, aber die Welt wird sich freuen; ihr werdet bekümmert sein, aber euer Kummer wird sich in Freude verwandeln. So seid auch ihr jetzt bekümmert, aber ich werde euch wiedersehen. DANN WIRD EUER HERZ SICH FREUEN, UND NIEMAND NIMMT EUCH EURE FREUDE."

V: Wort des lebendigen Gottes! - A: Dank sei Gott, dem Herrn!

Betrachtungshilfe:

Die heutigen Worte Jesu bestätigen das, worüber der Heilige Geist schon in den Psalmen sprach: **"Die mit Tränen säen, werden mit Jubel ernten. Sie gehen hin unter Tränen und tragen den Samen zur Aussaat. Sie kommen wieder mit Jubel und bringen ihre Garben ein"** (Ps 126,56).

Diese Worte beschreiben u.a. auch die schwere Arbeit bei der Aussaat des Wortes Gottes, - die Evangelisierung der Welt und die Neu-Evangelisierung der Christenheit, die zuerst bei uns selbst und in unseren eigenen Familien beginnen muß. Und wer schon damit begonnen hat, weiß, wie mühselig und beschwerlich diese Aussaat oft ist und mit wieviel Tränen und Kummer verbunden. Aber gleichzeitig wissen wir zu unserem Trost, wenn wir bis zum Ende standhaft bleiben, wird sich unser Kummer in ewige Freude verwandeln. - Es lohnt sich also, aus Liebe zum Nächsten, für die Zukunft der Kirche und für den Frieden in der Welt zu leiden, zu arbeiten und sich zu mühen. - Jesus wiederholt noch einmal: Am Ende werden sich die Herzen dieser freuen, die treu für das Reich Gottes gearbeitet haben und niemand wird ihnen diese Freude nehmen können.

- Habe ich schon begonnen, das Wort Gottes in meiner Familie, bei meinen Verwandten und Bekannten auszusäen? - Helfe ich mit beim Apostolat des täglichen, gemeinsamen Gebetes mit der Betrachtung des Wortes Gottes in den Familien?
- Welchen Vorsatz fasse ich im Licht des heutigen Wortes Gottes?

Tagesgebet: *siehe entsprechender Tag Seite 460*

23. Juni

Wort Gottes: Apg 1,21-26

"Einer von den Männern, die die ganze Zeit mit uns zusammen waren, als Jesus, der Herr, bei uns ein und ausging, angefangen von der Taufe durch Johannes, bis zu dem Tag, an dem er von uns ging, und (in den Himmel) aufgenommen wurde, - einer von diesen muß nun zusammen mit uns Zeuge seiner Auferstehung sein. Und sie stellten zwei Männer auf: Josef, genannt Barsabbas, mit dem Beinamen Justus, und Matthias. Dann beteten sie: HERR, DU KENNST DIE HERZEN ALLER; zeige, wen von diesen beiden du erwählt hast, diesen Dienst und dieses Apostelamt zu übernehmen. Denn Judas hat es verlassen und ist an den Ort gegangen, der ihm bestimmt war. Dann gaben sie ihnen Lose; das Los fiel auf Matthias, und er wurde den elf Aposteln zugerechnet."

V: Wort des lebendigen Gottes! - A: Dank sei Gott, dem Herrn!

Betrachtungshilfe:

Dieses Wort, **"Herr, Du kennst die HERZEN aller"**, weist uns auf eine große Wahrheit hin, die heutzutage viele Menschen einfach vergessen haben und deswegen auch nicht mehr darüber nachdenken. An diese Wahrheit sollten wir uns aber ständig gegenseitig erinnern und miteinander darüber sprechen, besonders dann, wenn die ganze Familie bzw. Gebetsgruppe zusammen ist. - Gott kennt auch die innigsten Gedanken des Menschen, jede auch kleinste Berührung der Gefühle des Herzens und alles, was sich in der Seele des Menschen abspielt.

Manchmal fragen die Menschen: Ist es überhaupt möglich, daß Gott alle Gedanken, Gefühle und Worte von Milliarden von Menschen, in den verschiedensten Sprachen so unter Kontrolle haben kann, das nichts davon verlorengeht? - Der heutige Stand der Wissenschaft und Technik kommt dabei unserem Glauben entgegen. Der Mensch ist heute schon so weit, daß er ohne weiteres jedem einzelnen Menschen einen Apparat umhängen könnte, der nicht nur all seine Worte und Gehirnströme, sondern auch die kleinsten Bewegungen des Herzens registrieren und aufzeichnen kann.

Wenn der Mensch heute schon so mächtig ist, wie sollte dann DER, der diese Menschen geschaffen hat, nicht viel, viel mehr können! - Wir können also ruhig daran glauben, daß Gott **allmächtig** ist und daß alles, was ER sagt, der Wahrheit entspricht. Deshalb sollten wir Seine Worte ernst und mit Verantwortung betrachten, aber auch unsere eigenen Worte mehr kontrollieren und mit Verantwortung gebrauchen. - Jesus selbst erinnert uns daran: **"Über jedes u n n ü t z e Wort, das die Menschen reden, werden sie am Tag des Gerichts RECHENSCHAFT ablegen müssen"** (Mt 12,36).

- Denke ich daran, für alle meine Gedanken, Worte und Taten vor Gott **am Ende eines jeden Tages** Rechenschaft abzulegen? - Bin ich gerne bereit, meinen oder anderen Kindern bei ihrer täglichen Gewissenserforschung behilflich zu sein?
- Welchen Vorsatz fasse ich im Licht des heutigen Wortes Gottes?

Tagesgebet: *siehe entsprechender Tag Seite 460*

24. Juni

Wort Gottes: Eph 4, 17-24

"Ich sage es euch und beschwöre euch im Herrn: Lebt nicht mehr wie die Heiden in ihrem nichtigen Denken! - Ihr Sinn ist verfinstert. Sie sind dem Leben, das Gott schenkt, entfremdet durch die Unwissenheit, in der sie befangen sind, und durch die Verhärtung ihres HERZENS. Haltlos wie sie sind, geben sie sich der Ausschweifung hin, um voll Gier jede Art von Gemeinheit zu begehen. Das aber entspricht nicht dem, was ihr von Christus gelernt habt. Ihr habt doch von ihm gehört und seid unterrichtet worden in der Wahrheit, die Jesus ist. Legt den alten Menschen ab, der in Verblendung und Begierde zugrunde geht, ändert euer früheres Leben und erneuert euren Geist und Sinn! Zieht den neuen Menschen an, der nach dem Bild Gottes geschaffen ist in wahrer Gerechtigkeit und Heiligkeit."

V: Wort des lebendigen Gottes! - A: Dank sei Gott, dem Herrn!

Betrachtungshilfe:

Dieses Wort Gottes erinnert uns an das, was der heilige Johannes der Täufer verkündigt und in seinem Leben verwirklicht hat, um dem Herrn den Weg vorzubereiten. - "So trat Johannes der Täufer in der Wüste auf und verkündete UMKEHR und Taufe zur Vergebung der Sünden. Ganz Judäa und alle Einwohner Jerusalems zogen zu ihm hinaus; sie bekannten ihre Sünden und ließen sich im Jordan von ihm taufen. Johannes trug ein Gewand aus Kamelhaaren und einen ledernen Gürtel um seine Hüften, und er lebte von Heuschrecken und wildem Honig. Er verkündete: Nach mir kommt einer, der ist stärker als ich; ich bin es nicht wert, mich zu bücken, um ihm die Schuhe aufzuschnüren. Ich habe euch nur mit Wasser getauft, er aber wird euch mit dem Heiligen Geist taufen" (Mk 1,4-8).

Johannes lebte sehr arm und führte ein Büßerleben für die Bekehrung der Menschen! - Sein Leben wie auch seine Worte zeigen uns, wie rein und demütig sein HERZ war. Er gab schließlich sein Leben für die Bekehrung der Menschen. Von seiner Mission wollte er nicht, wie später Judas, profitieren und irdischen Vorteil ziehen. Er wollte allein dem Willen des Himmlischen Vaters dienen und Seinem Sohn den Weg auf der Erde vorbereiten. Deswegen verdiente er diese wunderbare Aussage des Herrn Jesus: **"Amen, das sage ich euch: Unter allen Menschen hat es keinen größeren gegeben als Johannes den Täufer; doch der Kleinste im Himmelreich ist größer als er"** (Mt 11,11), - das heißt der Kleinste in der hierarchischen Ordnung des Himmels ist mehr als der Größte auf der Erde. - So große Dinge erwarten uns also im Himmel, wenn wir bereit sind, unser Leben zu ändern, unseren Geist und Sinn zu erneuern und aufgrund der Worte Jesu und Seiner Apostel neue Menschen zu werden.

- Bin ich täglich bereit zur Umkehr zu Gott? - Sorge ich wie Johannes der Täufer um die Lauterkeit und Demut meines Herzens, damit die Gnade Gottes in mir wirken kann?
- Welchen Vorsatz fasse ich im Licht des heutigen Wortes Gottes?

Tagesgebet:

Lasset uns beten: Gott und Vater, Du hast den heiligen Johannes den Täufer berufen, das Volk des Alten Bundes Christus, Seinem Erlöser, entgegen zu führen. Schenke Deiner Kirche die Freude im Heiligen Geist und führe alle, die an Dich glauben, auf dem Weg des Heiles und des Friedens. Darum bitten wir Dich, durch unseren Herrn Jesus Christus, der in der Einheit des Heiligen Geistes mit Dir lebt und herrscht in alle Ewigkeit. Amen. (vgl. Laudes vom Hochfest Geburt des heiligen Johannes des Täufers)

25. Juni

Wort Gottes: Apg 2,25-28

"Ich habe den Herrn beständig vor Augen. Er steht mir zur Rechten, ich wanke nicht. DARUM FREUT SICH MEIN HERZ und frohlockt meine Zunge, und auch mein Leib wird in sicherer Hoffnung ruhen; denn du gibst mich nicht der Unterwelt preis, noch läßt du deinen Frommen die Verwesung schauen. Du zeigst mir die Wege zum Leben, du erfüllst mich mit Freude vor deinem Angesicht."

V: Wort des lebendigen Gottes! - A: Dank sei Gott, dem Herrn!

Betrachtungshilfe:

Dieses Wort Gottes stammt aus den Psalmen Davids, die den versprochenen Messias ankündigten und manche Beschreibungen gaben, damit ER, wenn ER komme, leichter zu erkennen wäre. Diese prophetischen Worte haben sicher Johannes dem Täufer und auch später den Aposteln geholfen, Jesus als den Messias zu erkennen. Diese Worte wiederholte der heilige Petrus in seiner Pfingstpredigt, in der er klar bekannte, daß eben dieser Jesus der von Gott versprochene Messias ist, und niemand sonst. Wie viele Taten, Wunder und Zeichen des Herrn hatte er, Petrus, selbst miterlebt, die Jesus als Messias beglaubigten. Aber auch viele Israeliten hatten diese Zeichen erlebt. Und doch waren ihre HERZEN hart und verstockt geblieben. Sie hatten Jesus als Gotteslästerer bezeichnet und IHN schließlich zum Tod am Kreuz verurteilt.

Und wie ist es heute? - Obwohl Jesus schließlich durch Seine Auferstehung und Himmelfahrt Seine göttliche Herkunft und Vollmacht offenbarte, verfallen auch heute wie damals viele einem schrecklichen Irrtum. Sie halten Jesus für einen gewöhnlichen, wenn auch sehr begabten, vorbildlichen Menschen und leugnen Seine Gottheit. - Jesus warnt daher nicht nur damals die Juden, sondern auch heute alle Menschen: **"Wer sich vor den Menschen zu mir bekennt, zu dem werde auch ich mich vor meinem Vater im Himmel bekennen. Wer mich aber vor den Menschen verleugnet, den werde auch ich vor meinem Vater im Himmel verleugnen"** (Mt 10,32-33).

Wie sehr unser ewiges Heil von diesem Bekenntnis abhängt, beschreiben die prophetischen Worte des heiligen Petrus: "In den letzten Tagen wird es geschehen, so spricht Gott: Die Sonne wird sich in Finsternis verwandeln und der Mond in Blut, ehe der Tag des Herrn kommt, der große und herrliche Tag. Und es wird geschehen: JEDER, DER DEN NAMEN DES HERRN ANRUFT, WIRD GERETTET !" (Apg 2,17a/20-21). - Wie wichtig ist es also, diesen NAMEN des HERRN JESU ganz tief ins Gedächtnis und ins Herz einzuschreiben und oft mit LIEBE zu wiederholen, damit wir in den letzten, entscheidenden Stunden unseres Lebens nicht vergessen, Seinen Namen anzurufen, um gerettet zu werden!

• Wäre es nicht gut, das oben zitierte Wort Gottes (Apg 2,25-28) auf einen Zettel aufzuschreiben und irgendwo gut sichtbar aufzuhängen, um es so oft wie möglich vor Augen zu haben, tief zu meditieren und danach wirklich zu leben? - (Dabei geht es darum, daß wir nicht nur den Zettel, sondern vor allem den HERRN BESTÄNDIG VOR AUGEN HABEN und so in innerem Frieden und mit Freude im Herzen in Seiner Anwesenheit leben.)

• Welchen Vorsatz fasse ich im Licht des heutigen Wortes Gottes?

Tagesgebet: *siehe entsprechender Tag Seite 461*

26. Juni

Wort Gottes: Joh 19,33-35

"Als sie (Soldaten) zu Jesus kamen und sahen, daß er schon tot war, zerschlugen sie ihm die Beine nicht, sondern einer der Soldaten stieß mit der Lanze in seine Seite, und sogleich floß Blut und Wasser heraus. Und der, der es gesehen hat, hat es bezeugt, und sein Zeugnis ist wahr. Und er weiß, daß er Wahres berichtet, damit auch ihr glaubt."

V: Wort des lebendigen Gottes! - A: Dank sei Gott, dem Herrn!

Betrachtungshilfe:

In diesem Wort Gottes ist zwar keine Rede vom Herzen, wir wissen aber, daß der Soldat mit seiner Lanze nicht nur die Seite Jesu verletzen, sondern vor allem Sein HERZ durchbohren sollte, um den Tod Jesu mit Sicherheit feststellen zu können.

Das Sterben Jesu Christi am Kreuz war das Sterben eines wahren Menschen, der zugleich ein wahrer Gott ist. So starb zwar die menschliche Natur Jesu, aber nicht Seine göttliche Natur, die dem toten, ins Grab gelegten Körper Jesu später die Kraft gab, von den Toten aufzuerstehen. - Diese GLAUBENSWAHRHEIT wollte uns der heilige Johannes als Augenzeuge dieses Geschehnisses mit seinem Bericht vermitteln - und diesen Glauben vertieft der heilige Paulus wunderbar mit den folgenden Worten: **"Durch den GLAUBEN wohne CHRISTUS in eurem HERZEN. In der LIEBE verwurzelt und auf sie gegründet, sollt ihr zusammen mit allen Heiligen dazu fähig sein, die Länge und Breite, die Höhe und Tiefe zu ermessen und die LIEBE Christi zu verstehen, die alle Erkenntnis übersteigt. So werdet ihr mehr und mehr von der ganzen Fülle Gottes erfüllt"** (Eph 3,17-19).

Um wieviel schöner, friedlicher und herzlicher könnte das Leben der Menschen sein, wenn alle an die Frohe Botschaft unseres Herrn Jesus Christus und Seiner Apostel von ganzem Herzen glauben und mit ganzem Herzen danach leben würden! - **Aber ohne die Erneuerung der Herzen der Menschen, ohne Erneuerung des Familienlebens nach dem Vorbild der LIEBE des HERZENS JESU geht die Welt großen moralischen, sozialen, wirtschaftlichen und ökologischen Katastrophen entgegen. - Wenn Europa einer friedlichen und glücklichen Zukunft in EINHEIT entgegengehen will, muß es wirklich christlich werden und die Erziehung in allen Bereichen, ob Kirche, Schule oder Politik nach dem Vorbild der LIEBE des HERZENS JESU ausrichten, dann wird eine außerordentlich fruchtbare und segensreiche Wirkung von Europa auf die Welt ausgehen, die mit menschlichen Kräften nicht zu erreichen ist.**

- Wie sorge ich dafür, daß meine Familie bzw. Gebetsgruppe in Eintracht nach dem Herzen Jesu lebt und zu einer lebendigen Hauskirche wird, in der alle **e i n** HERZ und **e i n e** SEELE sind?
- Welchen Vorsatz fasse ich im Licht des heutigen Wortes Gottes?

Tagesgebet: *siehe entsprechender Tag Seite 461*

27. Juni

Wort Gottes: Lk 2,14-19

"Verherrlicht ist Gott in der Höhe, und auf Erden ist Friede bei den Menschen seiner Gnade. - Als die Engel sie verlassen hatten und in den Himmel zurückgekehrt waren, sagten die Hirten zueinander: Kommt, wir gehen nach Betlehem, um das Ereignis zu sehen, das uns der Herr verkünden ließ. So eilten sie hin und fanden Maria und Josef und das Kind, das in der Krippe lag. Als sie es sahen, erzählten sie, was ihnen über dieses Kind gesagt worden war. Und alle, die es hörten, staunten über die Worte der Hirten. MARIA ABER BEWAHRTE ALLES, WAS GESCHEHEN WAR, IN IHREM HERZEN UND DACHTE DARÜBER NACH."

V: Wort des lebendigen Gottes! - A: Dank sei Gott, dem Herrn!

Betrachtungshilfe:

Den Schlüssel zum Geheimnis des Lebens und Sieges Mariens finden wir im obigen Wort Gottes: **"Maria bewahrte alles, was geschehen war, in ihrem HERZEN und dachte darüber nach."** - Vielleicht begreifen wir jetzt besser, warum es so wichtig ist, daß wir bei unseren täglichen, gemeinsamen Gebeten in der Familie oder Gebetsgruppe das Wort Gottes betrachten, damit auch wir, wie Maria, das göttliche Wirken in unserem Herzen erleben, es in unseren Herzen bewahren und immer wieder in Ruhe darüber nachdenken. Dann werden auch wir Kraft finden, den Willen Gottes immer besser und freudiger zu erfüllen.

- Was tue ich dafür, damit das UNBEFLECKTE HERZ MARIENS bald triumphieren und dadurch zum größten Sieg der Wahrheit des Evangeliums Jesu Christi in der Welt beitragen kann?
- Welchen Vorsatz fasse ich im Licht des heutigen Wortes Gottes?

Tagesgebet: *siehe entsprechender Tag Seite 461*

28. Juni

Wort Gottes: Kol 3,12-17

"Ihr seid von Gott geliebt, seid seine auserwählten Heiligen. Darum bekleidet euch mit aufrichtigem Erbarmen, mit Güte, Demut, Milde, Geduld! - Ertragt euch gegenseitig und vergebt einander, wenn einer dem anderen etwas vorzuwerfen hat. Wie der Herr euch vergeben hat, so vergebt auch ihr! - Vor allem aber liebt einander, denn die Liebe ist das Band, das alles zusammenhält und vollkommen macht. IN EUREM HERZEN HERRSCHE DER FRIEDE CHRISTI; dazu seid ihr berufen als Glieder des einen Leibes. Seid dankbar! - Das WORT CHRISTI wohne mit seinem ganzen Reichtum bei euch. Belehrt und ermahnt einander in aller Weisheit! - SINGT GOTT IN EUREM HERZEN PSALMEN, HYMNEN UND LIEDER, wie sie der Geist eingibt, denn ihr seid in Gottes Gnade. Alles, was ihr in Worten und Werken tut, geschehe im Namen Jesu, des Herrn. Durch ihn dankt Gott, dem Vater."

V: Wort des lebendigen Gottes! - A: Dank sei Gott, dem Herrn!

Betrachtungshilfe:

"Ihr seid von Gott geliebt", was könnte uns größeren Trost, Frieden und Sicherheit in allen Schwierigkeiten des täglichen Lebens schenken als diese Wahrheit, an die uns heute der heilige Paulus erinnert. Aber gleichzeitig mahnt und erinnert uns die Liebe Gottes an unsere Auserwählung, die uns zu einem heiligen Leben verpflichtet, so wie es schon im Alten Testament heißt: **"Erweist euch als heilig, und seid heilig, weil ich heilig bin"** (Lev 11,44). - Den Weg dazu beschreibt der heilige Paulus mit einem Satz: **"In eurem HERZEN herrsche der FRIEDE CHRISTI !"** - Dieser Friede kehrt dann in unser Herz ein, wenn wir demütig, geduldig, gütig und barmherzig sind, einander aufrichtig vergeben und uns gegenseitig in Liebe ertragen. Wir sollen

223

dem Himmlischen Vater für alles dankbar sein, ganz besonders aber für den Reichtum Seines Wortes, das uns ganz klar den Weg zur Heiligkeit zeigt.

- Bin ich Gott von Herzen dankbar für Seine unendliche Liebe zu mir? - Danke ich IHM täglich für alles Gute, aber auch für alles Schwere, das ER zur Läuterung meines Herzens zuläßt? - Singe ich gerne und von ganzem Herzen mit meiner Familie zur Ehre Gottes?
- Welchen Vorsatz fasse ich im Licht des heutigen Wortes Gottes?

Tagesgebet: *siehe entsprechender Tag Seite 461*

29. Juni

Wort Gottes: 1 Petr 1,21-23

"Durch ihn (Jesus) seid ihr zum Glauben an Gott gekommen, der ihn von den Toten auferweckt und ihm die Herrlichkeit gegeben hat, so daß ihr an Gott glauben und auf ihn hoffen könnt. DER WAHRHEIT GEHORSAM, HABT IHR EUER HERZ REIN GEMACHT für eine aufrichtige Bruderliebe; darum hört nicht auf, einander von HERZEN zu lieben. Ihr seid neu geboren worden, nicht aus vergänglichem, sondern aus unvergänglichem Samen: Aus GOTTES WORT, das lebt und das bleibt."

V: Wort des lebendigen Gottes! - A: Dank sei Gott, dem Herrn!

Betrachtungshilfe:

Heute am Hochfest der beiden Apostelfürsten Petrus und Paulus erinnert uns der heilige Petrus an eine große Gnade, über die Jesus selbst zu Seinen Jüngern gesprochen hat: **"Ihr seid schon rein durch das WORT, das ich zu euch gesagt habe. Bleibt in mir, dann bleibe ich in euch"** (Joh 15,3). - Petrus wiederholt heute also nur mit anderen Worten, was er selbst von Seinem Herrn und Meister gelernt hat: **Der GEHORSAM zur WAHRHEIT des WORTES GOTTES bewirkt die REINHEIT des HERZENS,** die uns eines Tages die ewige Herrlichkeit und Anschauung Gottes schenken wird. - Wenn wir also einander herzlich, aufrichtig und brüderlich lieben, im festen Glauben und in der unerschütterlichen Hoffnung auf Gottes Liebe, dann erfüllen wir das Wort Gottes und leben so, mit **gereinigtem HERZEN,** als Neugeborene aus dem Wort Gottes, d.h. aus Jesus Christus selbst.

Der heilige Paulus dagegen ermahnt uns, daß wir nicht erst morgen, sondern noch HEUTE damit beginnen sollen, unser Herz zu reinigen, damit es durch die Sünde nicht im Unglauben und Bösen verhärtet: **"Gebt acht, Brüder, daß keiner von euch ein böses, ungläubiges HERZ hat,** daß keiner vom lebendigen Gott abfällt, sondern ermahnt einander jeden Tag, solange es noch heißt: **HEUTE,** damit niemand von euch durch den Betrug der S ü n d e   verhärtet wird" (Hebr 3,12-13).

- Höre ich gerne auf die Stimme des Heiligen Geistes, der durch die Belehrungen der Apostel ununterbrochen und unfehlbar auch heute, und vielleicht heute noch mehr als je zuvor, zu uns spricht?
- Welchen Vorsatz fasse ich im Licht des heutigen Wortes Gottes?

224

Tagesgebet:

Lasset uns beten: Allmächtiger Gott und Vater, am Hochfest der Apostel Petrus und Paulus haben wir uns in Freude versammelt. Hilf Deiner Kirche, in allem der Weisung Deiner Boten zu folgen, durch die sie den Glauben und das Leben in Christus empfangen hat. Darum bitten wir Dich, durch unseren Herrn Jesus Christus, der in der Einheit des Heiligen Geistes mit Dir lebt und herrscht in alle Ewigkeit. Amen. (vgl. Laudes vom Hochfest der heiligen Apostel Petrus und Paulus)

30. Juni

Wort Gottes: Apg 15,6-12a

"Die Apostel und die Ältesten traten zusammen, um die Frage zu prüfen. Als ein heftiger Streit entstand, erhob sich Petrus und sagte zu ihnen: Brüder, wie ihr wißt, hat Gott schon längst hier bei euch die Entscheidung getroffen, daß die Heiden durch meinen Mund das Wort des Evangeliums hören und zum Glauben gelangen sollen. Und GOTT, DER DIE HERZEN KENNT, bestätigte dies, indem er ihnen ebenso wie uns den Heiligen Geist gab. Er machte keinerlei Unterschied zwischen uns und ihnen; denn ER HAT IHRE HERZEN DURCH DEN GLAUBEN GEREINIGT. Warum stellt ihr also jetzt Gott auf die Probe und legt den Jüngern ein Joch auf den Nacken, das weder unsere Väter noch wir tragen konnten? Wir glauben im Gegenteil, durch die Gnade Jesu, des Herrn, gerettet zu werden, auf die gleiche Weise wie jene. Da schwieg die ganze Versammlung."

V: Wort des lebendigen Gottes! - A: Dank sei Gott, dem Herrn!

Betrachtungshilfe:

Diese Frage, die so viel Aufregung unter den Juden verursachte und zu großen Auseinandersetzungen führte, hieß: Sollen die bekehrten Heiden dem von Mose vorgeschriebenen Gesetz der Beschneidung folgen oder nicht? - Schließlich hat Petrus, dem von Jesus die Schlüsselgewalt in der Kirche und damit auch die unfehlbare Begleitung des Heiligen Geistes übertragen worden war, mit seinem ENTSCHEIDUNGSWORT den Streit beendet. Er erklärte, daß nicht die Beschneidung, sondern der GLAUBE die Herzen reinige und für den Empfang des Heiligen Geistes öffne. Gott selbst, der die Herzen kennt, bestätigt die Bekehrung des Menschen durch die Geistsendung.

Auch heute kommt es in der Christenheit immer wieder zu Streit und allen möglichen Auseinandersetzungen. Dabei geht es aber schließlich nur um menschliche Meinungen, die leider viele Gläubige verwirren und im Glauben verunsichern. - Wäre es nicht besser, die vom Streit erhitzten Köpfe abzukühlen und eine Pause zu machen, **um die unfehlbare Stimme des Heiligen Geistes durch den Petrus von heute zu hören?!** - So könnten wir eine feste Grundlage für die EINHEIT vorbereiten, die freilich nur Gott schaffen kann und nicht wir Menschen. - Was Gott aber dazu braucht, ist unser a l l e r Bekehrung zur Wahrheit des Wortes Gottes, das heißt unser gläubiges, demütiges und liebendes Herz, das dem Herzen Jesu ähnlich wird und dadurch wieder offen für den Empfang des Heiligen Geistes.

- Wie setze ich mich in meiner Familie, Pfarrgemeinde oder Gebetsgruppe dafür ein, daß die Herzen der Menschen sich zur Wahrheit des Wortes Gottes, zum Evangelium, bekehren, und alle entsprechend dem Willen des Himmlischen Vaters g e m e i n s a m zum Aufbau und zur baldigen Vollendung des Reiches Gottes beitragen?
- Welchen Vorsatz fasse ich im Licht des heutigen Wortes Gottes?

Tagesgebet: *siehe entsprechender Tag Seite 461*

Mit dem Abschluß des Monats Juni haben wir zwar die Betrachtungen über das H E R Z abgeschlossen, aber sicher nicht den Prozeß der ERNEUERUNG unserer HERZEN nach dem Vorbild der Liebe des HERZENS JESU. Die tägliche Betrachtung des Wortes Gottes wird uns helfen, diesen Prozeß fortzusetzen und so immer mehr zur Erneuerung und Heiligung unserer Herzen führen. - Mögen immer mehr Familien, Pfarrgemeinden, Gebetsgruppen und Gemeinschaften, vor allem aber jeder einzelne, durch das **gemeinsame Gebet und die Betrachtung des Wortes Gottes** die innere Ruhe und den Frieden des Herzens finden! - Gebe Gott, daß immer mehr Menschen aus dem Schatz der Gnade und Liebe des göttlichen Herzens Jesu unbegrenztes Glück und wahre Freude schöpfen und so zum Frieden in der Welt und zum ewigen Glück der Menschen beitragen!

Liebe Freunde!

Betet eifrig um zahlreiche, heilige **Priester und Ordensberufungen**, denn auch Ihr erwartet sie! So viele alte und kranke Leute, Jugendliche, Kinder und viele andere, warten auf den heiligen Dienst in der Liebe Christi!

Liebe Jugendliche! - Jungen und Mädchen!

Jesus ruft auch heute, vielleicht auch Dich: **"Komm und folge mir nach!"** (Lk 18,22) Die Heiligen Apostel haben sofort alles verlassen und sind Jesus nachgefolgt (vgl. Mt 4,18-22) - Wenn Du den Ruf des Herrn hörst, hast dann auch Du so viel Mut, Vertrauen und Liebe wie die Apostel, um zu Seinem Ruf "JA" zu sagen und IHM treu nachzufolgen wie sie?

● Sieht Du die Not in der Kirche? ● Liebst Du sie? ● Willst Du ihr helfen?

Dann komm! - Die Kirche braucht Dich dringend!

Wir bieten die Möglichkeit zu Einkehrtagen.

Komm! Sprich, bete und arbeite mit uns, - dann entscheide!

GEISTIGER UND MATERIELLER REICHTUM
bei der Erfüllung des Willens
des Himmlischen Vaters

VORWORT:

In diesem Monat betrachten wir das Thema "REICHTUM". In der Lehre des Zweiten Vatikanischen Konzils finden wir dazu u.a. folgende Aussage:

"Die Bischöfe mögen aufzeigen, wie sehr nach der Lehre der Kirche die menschliche Person zu achten ist, mit ihrer Freiheit und auch mit ihrem leiblichen Leben, ebenso die Familie, ihre Einheit und Festigkeit, sowie die Zeugung und Erziehung der Nachkommenschaft; die Arbeit und die Freizeit; die Künste und die technischen Erfindungen; die Armut und der Reichtum. Schließlich sollen sie die Grundsätze darlegen, nach denen die **überaus schwierigen Fragen über Besitz, Vermehrung und rechte Verteilung der materiellen Güter**, über Krieg und Frieden, sowie über das brüderliche Zusammenleben aller Völker zu lösen sind. (Dekret über die Hirtenaufgabe "Christus Dominus" I,12)

Wie oft passiert es, daß der Wert des Menschen nicht nach dem bemessen wird, **w i e** er ist, sondern nach dem, **w a s** er ist und **w i e v i e l** er besitzt. Schließlich gilt dann nicht mehr der Mensch als solcher, sondern Titel, Geld, Besitz usw. Versuchen wir also auch hier zur Ordnung Gottes zurückzukehren, indem wir die wahren Werte des Menschen wieder entdecken.

Der Heilige Geist schreibt durch den heiligen Apostel Johannes allen, die irdische Reichtümer verwalten, eine Lebensregel vor: **"Wenn jemand Vermögen hat und sein Herz vor dem Bruder verschließt, den er in Not sieht, wie kann die Gottesliebe in ihm bleiben? Meine Kinder, wir wollen nicht mit Wort und Zunge lieben, sondern in Tat und Wahrheit"** (1 Joh 3,17-18).

Das Thema "Reichtum" gehört, so wie sich auch das Zweite Vatikanische Konzil darüber äußert, zu den schwierigen Themen und wirft schwierige Fragen auf, besonders dort, wo sie die unkontrollierte Selbstliebe, das heißt den Egoismus des Menschen berühren.

Bei den Betrachtungen über den geistigen und materiellen Reichtum des Menschen sollen alle, die in den Himmel kommen wollen, wissen, daß sie sicher dorthin gelangen, wenn sie die ihnen anvertrauten Reichtümer **gerecht, entsprechend dem Willen des Himmlischen Vaters verwalten und die Gebote Gottes halten.** - Dabei soll aber niemand vergessen, daß es im Himmel keine Gleichheit und keine Demokratie gibt. Dort herrscht eine hierarchische Ordnung, die auf der Gerechtigkeit und Wahrheit, das heißt auf der Liebe beruht. Deswegen genießen dort nicht alle das gleiche Glück, obwohl alle im Himmel voller Glück sind. Sie erfreuen sich in dem Maß, wie sie sich im irdischen Leben durch die Ausübung verschiedener Tugenden darauf vorbereitet haben. Dazu gehört auch die freiwillige, bewußt gewählte und gelebte Armut. Deswegen sagte Jesus einmal zu einem reichen, jungen Mann:

"Wenn du das Leben (im Himmel) erlangen willst, halte die (Gottes) Gebote!" (Mt 19,17b), "Wenn du aber v o l l k o m m e n sein willst, geh, verkauf deinen Besitz und gib das Geld den Armen; so wirst du einen bleibenden Schatz im Himmel haben; dann komm und folge mir nach" (Mt 19,21).

Im ganzen geht es also darum, inwieweit Herz, Wille und Verstand des Menschen frei sind von der Abhängigkeit an irdische Dinge, inwieweit sie Gott und Seinem Willen untergeordnet sind und der Erfüllung Seiner ewigen Pläne zur Heiligung der ganzen Schöpfung dienen.

Der Mensch kann also über viel verfügen! - Wenn er alles zur Ehre Gottes, zur eigenen und anderer Menschen Heiligung, dem Willen Gottes entsprechend treu verwaltet, kann er heilig werden und von Gott später mit großen Dingen belohnt werden. - Jesus sagte einmal zu jemand, der viel bekommen und alles gut verwaltet hatte: "Sehr gut, du bist ein tüchtiger und treuer Diener. Du bist im Kleinen ein treuer Verwalter gewesen, ich will dir eine große Aufgabe übertragen. Komm, nimm teil an der Freude deines Herrn!" (Mt 25,21).

So wünsche ich allen, die dieses s c h w i e r i g e Thema betrachten, daß jedes Wort Gottes zur Quelle der Weisheit wird, "damit ihr prüfen und erkennen könnt, was der Wille Gottes ist: was ihm gefällt, was gut und vollkommen ist" (Röm 12,2b) und so die größtmögliche Freude im Himmel erreichen könnt. - Darum sollen wir jetzt lernen, die irdische Zeit richtig gegen die Ewigkeit, und die irdischen Güter richtig gegen die ewigen Schätze des Himmels, auszutauschen.

1. Juli

Wort Gottes:
Röm 11,33-36;12,1-2

"O TIEFE DES REICHTUMS, DER WEISHEIT UND DER ERKENNTNIS GOTTES! - Wie unergründlich sind seine Entscheidungen, wie unerforschlich seine Wege! Denn wer hat die Gedanken des Herrn erkannt? Oder wer ist sein Ratgeber gewesen? Wer hat ihm etwas gegeben, so daß Gott ihm etwas zurückgeben müßte? Denn aus ihm und durch ihn und auf ihn hin ist die ganze Schöpfung. Ihm sei Ehre in Ewigkeit! Amen. - Angesichts des Erbarmens Gottes ermahne ich euch, meine Brüder (Schwestern), euch selbst als lebendiges und heiliges Opfer darzubringen, das Gott gefällt; das ist für euch der wahre und angemessene Gottesdienst. Gleicht euch nicht dieser Welt an, sondern wandelt euch und erneuert euer Denken, damit ihr prüfen und erkennen könnt, was der Wille Gottes ist: was ihm gefällt, was gut und vollkommen ist."

V: Wort des lebendigen Gottes! - A: Dank sei Gott, dem Herrn!

Betrachtungshilfe:

Fast alle Menschen streben danach, reich zu werden, - großen REICHTUM zu besitzen! - Meistens ist ihnen dabei aber nicht bewußt, daß es verschiedene Arten von Reichtum gibt: den irdisch-materiellen und den geistig-himmlischen Reichtum. - Für Menschen, die Gerechtigkeit und Wahrheit lieben, das heißt der Ordnung Gottes folgen, ist klar, daß diese beiden Formen des Reichtums in Einklang miteinander stehen müssen und dann die besten Früchte bringen, wenn sie so genützt werden, wie es Gott, dem Schöpfer allen Reichtums, gefällt. - Dies wird immer dann der Fall sein, wenn der Geist die Materie gemäß der Ordnung Gottes beherrscht und lenkt. - Wo jedoch Materialismus und Konsumismus höher geschätzt werden als geistige Werte, dort muß man mit den schlimmsten Früchten rechnen. - Wie oft bestätigt uns heute der Alltag diese schmerzliche Wahrheit!

Der heilige Völkerapostel Paulus erinnert uns heute an den Willen Gottes, an das, was gut und vollkommen ist, d.h. an die Weisheit und Erkenntnis Gottes als Tiefe des geistigen Reichtums, wofür wir den ewigen Schöpfer loben und ehren sollen. - Das Leben Salomons ist eines der großen Beispiele in der Geschichte für das wahre Glück des Menschen. - Er suchte nicht in erster Linie irdischen Reichtum, sondern vor allem Gott und Seine Weisheit. Und so hat er alles erreicht. - Wir können dies alles kurz so zusammenfassen: Wer in seinem Leben nur das irdische Glück zum Ziel hat, kann es zwar in gewissem Maß erreichen, aber damit auch sehr leicht alles, ja sogar sich selbst, verlieren! - **Wer aber Gott sucht und die Liebe zu IHM, wer die Ehre Gottes zum Ziel seines Lebens macht, der wird Gott gewinnen und damit auch a l l e s, was Gott besitzt. Der wird schon jetzt und später für alle Ewigkeit mit Gott glücklich sein.**

- Welches Glück suche ich vor allem in meinem Leben: das materielle oder das geistige Glück?
- Welchen Vorsatz fasse ich im Licht des heutigen Wortes Gottes?

Tagesgebet: *siehe entsprechender Tag Seite 457*

2. Juli

Wort Gottes: Röm 10,9/11-15

"Wenn du mit deinem Mund bekennst: 'Jesus ist der Herr' und in deinem Herzen glaubst: 'Gott hat ihn von den Toten auferweckt', so wirst du gerettet werden. Denn die Schrift sagt: Wer an ihn glaubt, wird nicht zugrundegehen. Darin gibt es keinen Unterschied zwischen Juden und Griechen. Alle haben denselben Herrn; AUS SEINEM REICHTUM BESCHENKT ER ALLE, DIE IHN ANRUFEN. Denn jeder, der den Namen des Herrn anruft, wird gerettet werden. Wie sollen sie nun den anrufen, an den sie nicht glauben? Wie sollen sie an den glauben, von dem sie nichts gehört haben? Wie sollen sie hören, wenn niemand verkündigt? Wie soll aber jemand verkündigen, wenn er nicht gesandt ist? Darum heißt es in der Schrift: Wie sind die Freudenboten willkommen, die Gutes verkündigen!"

V: Wort des lebendigen Gottes! - A: Dank sei Gott, dem Herrn!

Betrachtungshilfe:

Dieses Wort Gottes weist uns auf das Fundament des geistigen REICHTUMS hin: - Auf Jesus Christus, den menschgewordenen Sohn Gottes! - Wer den Glauben an diese Wahrheit verliert, verliert damit leider auch den Zugang zu diesem Reichtum, über den Jesus der Herr ist. - Das Leben liefert uns täglich genug Beweise dafür, daß z.B. innere Ruhe und Gelassenheit, wahrer Seelenfriede, echte Liebe und Treue nicht mit Geld zu kaufen sind und kein materieller Reichtum diese inneren Werte ersetzen kann.

Heute hören wir, daß Gott mit Seinem Reichtum all jene beschenkt, die an Jesus Christus glauben und Seinen Namen anrufen, unabhängig davon, zu welcher Nation sie gehören. - Dies zeigt uns, wie wichtig auf dem Weg zum geistigen Reichtum der Glaube an Jesus Christus, unseren Herrn und Meister, ist.

- Bin ich fest davon überzeugt, daß Gott auch mich mit Seinem geistigen Reichtum beschenken wird, wenn ich mich im Namen Jesu an IHN wende?
- Welchen Vorsatz fasse ich im Licht des heutigen Wortes Gottes?

Tagesgebet:

Lasset uns beten: Allmächtiger, ewiger Gott und Vater, vom Heiligen Geist geführt, eilte Maria, die Deinen Sohn in ihrem Schoß trug, zu ihrer Verwandten Elisabet. Hilf auch uns, den Eingebungen Deines Geistes zu folgen, damit wir vereint mit Maria Deine Größe preisen. Darum bitten wir Dich, durch unseren Herrn Jesus Christus, der in der Einheit des Heiligen Geistes mit Dir lebt und herrscht in alle Ewigkeit. Amen. (vgl. Laudes vom Fest Mariä Heimsuchung)

3. Juli

Wort Gottes: Röm 2,1-6/11

"Du bist unentschuldbar - wer du auch bist, Mensch, wenn du richtest, denn worin du den anderen richtest, darin verurteilst du dich selber, da du, der Richtende, dasselbe tust. Wir wissen aber, daß Gottes Gericht über alle, die solche Dinge tun, der Wahrheit entspricht. Meinst du etwa, du könntest dem Gericht Gottes entrinnen, wenn du die richtest, die solche Dinge tun und dasselbe tust wie sie? VERACHTEST DU ETWA DEN REICHTUM SEINER GÜTE, GEDULD UND LANGMUT? Weißt du nicht, daß Gottes Güte dich zur Umkehr treibt? Weil du aber starrsinnig bist und dein Herz nicht umkehrt, sammelst du Zorn gegen dich für den 'Tag des Zornes', den Tag der Offenbarung von Gottes gerechtem Gericht. Er wird jedem vergelten, wie es seine Taten verdienen. Denn Gott richtet ohne Ansehen der Person."

V: Wort des lebendigen Gottes! - A: Dank sei Gott, dem Herrn!

Betrachtungshilfe:

Aus diesem Wort Gottes erfahren wir über den REICHTUM der Güte, Geduld und Langmut Gottes. Zu diesem Reichtum gelangen all diese Menschen, die ein zur Umkehr bereites Herz haben, d.h. diese, die die Ordnung Gottes zum Maßstab für die Gesetze der jeweiligen menschlichen Ordnung nehmen. - Weiter gibt uns dieses Wort Gottes eine klare Auslegung zu dem, worüber Jesus selbst sprach: **"Richtet nicht, damit ihr nicht gerichtet werdet! Denn wie ihr richtet, so werdet ihr gerichtet werden, und nach dem Maß, mit dem ihr meßt und zuteilt, wird euch zugeteilt werden"** (Mt 7,1-2) - und: **"Wie kannst du zu deinem Bruder sagen:**

Laß mich den Splitter aus deinem Auge herausziehen! - dabei steckt in deinem Auge ein Balken? Du Heuchler! Zieh zuerst den Balken aus deinem Auge, dann kannst du versuchen, den Splitter aus dem Auge deines Bruders herauszuziehen" (Mt 7,4-5).

- Sorge ich um diesen Reichtum, der dem Willen Gottes entspricht, meine Seele bereichert und mich Gefallen in den Augen Gottes finden läßt?
- Welchen Vorsatz fasse ich im Licht des heutigen Wortes Gottes?

Tagesgebet:

Lasset uns beten: Allmächtiger Gott und Vater, am Fest des heiligen Apostels Thomas bitten wir Dich: Höre auf seine Fürsprache und bewahre unseren Glauben in der Not des Zweifels; öffne unser Herz für das Wort Deines Sohnes, damit wir wie Thomas IHN bekennen als unseren Herrn und Gott und das Leben haben im Namen Jesu Christi, der in der Einheit des Heiligen Geistes mit Dir lebt und herrscht in alle Ewigkeit. Amen. (vgl. Laudes vom Fest des heiligen Apostels Thomas)

4. Juli

Wort Gottes: Lk 16,9-12

"Ich sage euch: Macht euch Freunde mit Hilfe des ungerechten Mammons, damit ihr in die ewigen Wohnungen aufgenommen werdet, wenn es (mit euch) zu Ende geht. - Wer in den kleinsten Dingen zuverlässig ist, der ist es auch in den großen, und wer bei den kleinsten Dingen Unrecht tut, der tut es auch bei den großen. WENN IHR IM UMGANG MIT DEM UNGERECHTEN REICHTUM NICHT ZUVERLÄSSIG GEWESEN SEID, WER WIRD EUCH DANN DAS WAHRE GUT ANVERTRAUEN? - Und wenn ihr im Umgang mit dem fremden Gut nicht zuverlässig gewesen seid, wer wird euch dann euer (wahres) Eigentum geben?"

V: Wort des lebendigen Gottes! - A: Dank sei Gott, dem Herrn!

Betrachtungshilfe:

Am Anfang dieses Wortes Gottes ermahnt uns Jesus, mit Hilfe des ungerechten Mammons um Aufnahme in die ewigen Wohnungen zu sorgen. - Es geht hier selbstverständlich um die ewigen Wohnungen im Himmel, die Jesus uns beim Vater vorbereitet, und über die ER bei anderer Gelegenheit spricht: **"Euer Herz lasse sich nicht verwirren. Glaubt an Gott und glaubt an mich! - Im Haus meines Vaters gibt es viele Wohnungen. Wenn es nicht so wäre, hätte ich euch dann gesagt: Ich gehe, um einen Platz für euch vorzubereiten? Wenn ich gegangen bin und einen Platz für euch vorbereitet habe, komme ich wieder und werde euch zu mir holen, damit auch ihr dort seid, wo ich bin"** (Joh 14,1-3).
Im heutigen Wort Gottes geht es um zwei Arten von REICHTUM, um diesen auf der Erde, den materiellen, und um diesen im Himmel, den geistigen. - Die gerechte Verwaltung des irdisch-materiellen Reichtums ist Voraussetzung für den Empfang des himmlischen Reichtums. - Das heutige Wort Gottes sagt uns indirekt, aber doch

ganz deutlich, daß der Mensch kein Besitzer auf der Erde ist, sondern nur Verwalter der Güter, die ihm Gott für kurze Zeit anvertraut hat. Und wir sollen dabei lernen, daß Gott selbst der alleinige und wahre Besitzer aller Güter ist.

Wie oft passiert es, daß der Wert des Menschen nicht nach dem bemessen wird, **wie er ist**, sondern nach dem, **was er ist** und **wieviel er besitzt**. - Das heißt schließlich, nicht der Mensch wird geschätzt, sondern seine Titel, sein Geld, sein Besitz usw.

Die Prinzipien des Evangeliums Jesu Christi führen uns zu einem neuen Licht, in dem wir den wahren Wert des Menschen und seines Lebens sehen und anders schätzen lernen. - Jesus belehrt uns, daß der wahre, dauernde Wert des Menschen in seinem tugendhaften Leben liegt, entsprechend dem Willen Gottes, des Himmlischen Vaters, unseres Schöpfers und Herrn.

- Denke ich öfters daran, daß ich mit dem Tod meines Leibes jeglichen irdischen Reichtum verliere und vor Gott Rechenschaft darüber ablegen muß, ob ich das von IHM anvertraute Gut entsprechend **Seinem** Willen verwaltet habe oder nach **meinem eigenen** Willen?
- Welchen Vorsatz fasse ich im Licht des heutigen Wortes Gottes?

Tagesgebet: *siehe entsprechender Tag Seite 457*

5. Juli

Wort Gottes: Lk 16,13-16a/18

"KEIN SKLAVE KANN ZWEI HERREN DIENEN; er wird entweder den einen hassen und den anderen lieben, oder er wird zu dem einen halten und den anderen verachten. IHR KÖNNT NICHT BEIDEN DIENEN, GOTT UND DEM MAMMON. - Das alles hörten auch die Pharisäer, die sehr am Geld hingen, und sie lachten über ihn (Jesus). Da sagte er zu ihnen: Ihr redet den Leuten ein, daß ihr gerecht seid; aber Gott kennt euer Herz. Denn was die Menschen für großartig halten, das ist in den Augen Gottes ein Greuel. Bis zu Johannes hatte man nur das Gesetz und die Propheten. Seitdem wird das Evangelium vom Reich Gottes verkündet. ... Wer seine Frau aus der Ehe entläßt und eine andere heiratet, begeht Ehebruch; auch wer eine Frau heiratet, die von ihrem Mann aus der Ehe entlassen worden ist, begeht Ehebruch."

V: Wort des lebendigen Gottes! - A: Dank sei Gott, dem Herrn!

Betrachtungshilfe:

In diesem Wort Gottes werden einige traurige Wahrheiten angesprochen, denen wir fast täglich begegnen: Menschen, die so sehr am Geld hängen und so sehr um irdischen REICHTUM sorgen, daß sie keine oder kaum mehr Zeit für Gott haben. Meistens verachten diese Menschen den geistigen Reichtum und lachen sogar über Jesus und das, was ER sagte, aber halten für großartig, was in den Augen Gottes ein Greuel ist.

Es soll uns nachdenklich machen, daß Jesus mit dem Problem des Geldes, d.h. dem irdischen Reichtum und Wohlstand direkt das Problem des Ehebruchs verbindet. - Es ist leider so, daß die Ehescheidungen meistens dort zu finden sind, wo Geld im Überfluß vorhanden ist und geistige Werte nicht zählen. Vergessen wir dabei nicht, was Jesus sagte: **"Was Gott verbunden hat, das darf der Mensch nicht trennen!"** (Mk 10,9). - Der Reichtum an sich ist nichts Schlechtes, aber man muß ihn entsprechend dem Willen Gottes verwalten, dann kann man auch bei Gott reich werden, - für die Ewigkeit!

* Sind für mich Geld und Reichtum lediglich Mittel, die ich zur Ehre Gottes, zur eigenen und vieler Menschen Heiligung einsetze, wodurch ich auch zur Einheit und zum Frieden unter den Menschen beitrage? - Oder hänge ich vielleicht noch sehr an Geld und Gut und verliere dadurch sehr viel in den Augen Gottes?
* Welchen Vorsatz fasse ich im Licht des heutigen Wortes Gottes?

Tagesgebet: *siehe entsprechender Tag Seite 457*

6. Juli

Wort Gottes: Lk 16,19-31

"Es war einmal ein REICHER MANN, der sich in Purpur und feines Leinen kleidete und Tag für Tag herrlich und in Freuden lebte. Vor der Tür des Reichen aber lag ein armer Mann namens Lazarus, dessen Leib voller Geschwüre war. Er hätte gern seinen Hunger mit dem gestillt, was vom Tisch des Reichen herunterfiel. Stattdessen kamen die Hunde und leckten an seinen Geschwüren. Als nun der Arme starb, wurde er von den Engeln in Abrahams Schoß getragen. Auch der Reiche starb und wurde begraben. In der Unterwelt, wo er qualvolle Schmerzen litt, blickte er auf und sah von weitem Abraham, und Lazarus in seinem Schoß. Da rief er: Vater Abraham, hab Erbarmen mit mir, und schick Lazarus zu mir; er soll wenigstens die Spitze seines Fingers ins Wasser tauchen und mir die Zunge kühlen, denn ich leide große Qual in diesem Feuer. Abraham erwiderte: MEIN KIND, DENK DARAN, DASS DU SCHON ZU LEBZEITEN DEINEN ANTEIL AM GUTEN ERHALTEN HAST, LAZARUS ABER NUR SCHLECHTES. JETZT WIRD ER DAFÜR GETRÖSTET, DU ABER MUSST LEIDEN. Außerdem ist zwischen uns und euch ein tiefer, unüberwindlicher Abgrund, so daß niemand von hier zu euch oder von dort zu uns kommen kann, selbst wenn er wollte. Da sagte der Reiche: Dann bitte ich dich, Vater, schick ihn in das Haus meines Vaters! Denn ich habe noch fünf Brüder. Er soll sie warnen, damit nicht auch sie an diesen Ort der Qual kommen. Abraham aber sagte: Sie haben Mose und die Propheten, auf die sollen sie hören. Er erwiderte: Nein, Vater Abraham, nur wenn einer von den Toten zu ihnen kommt, werden sie umkehren. Darauf sagte Abraham: Wenn sie auf Mose und die Propheten nicht hören, werden sie sich auch nicht überzeugen lassen, wenn einer von den Toten aufersteht."

V: Wort des lebendigen Gottes! - A: Dank sei Gott, dem Herrn!

Betrachtungshilfe:

Mit dieser Erzählung weist uns Jesus auf sehr entscheidende und wichtige Dinge hin:
- Auf unsere Verantwortung für das irdische und ewige Leben und zugleich auf die Gerechtigkeit Gottes.

Dieser reiche Mann war vielleicht sehr gut zu seiner eigenen Familie und zu seinen Freunden, aber leider hat er den ihm anvertrauten irdischen REICHTUM nicht treu, entsprechend dem Willen Gottes, verwaltet. Er hatte ein versteinertes und verschlossenes Herz für diese, die Not litten. Für sein Gutsein wurde er zwar reichlich auf der Erde belohnt, aber seine guten Taten reichten nicht aus, um den Himmel zu gewinnen!

Der arme Lazarus dagegen lebte sicher wie viele andere Menschen, nicht so heilig vor Gott und hat sich vielleicht da und dort auch schwer versündigt, wofür er Strafe verdiente. Aber dann bereute er, was er schlecht gemacht hatte, und bekehrte sich. Auch er mußte von Gott gerechterweise für schlechte Taten bestraft und für gute belohnt werden. Sein schlechtes Tun war aber nicht so schlecht, um von Gott in Ewigkeit bestraft zu werden. Deswegen wurde er mit irdischem Elend gezüchtigt, und für sein gutes Tun von Gott mit ewiger Freude belohnt.

Wie oft hören wir die Ausrede: Wenn jemand von den Toten zurückkäme und erzählen würde, was im Jenseits ist, dann würde ich glauben! - Hier können wir aber ruhig antworten: Wenn dieser Mensch nicht einmal auf Jesus hören will, würde er sich dann überzeugen lassen, wenn einer von den Toten zurückkäme und über das Jenseits, über den Himmel oder die Hölle, erzählen würde?

- Glaube ich an die Existenz des Himmels und der Hölle und daran, daß Gott jeden Menschen gerecht belohnt und bestraft? - Verwalte ich gerecht und treu die irdischen und geistigen Güter, die mir Gott überlassen hat?
- Welchen Vorsatz fasse ich im Licht des heutigen Wortes Gottes?

Tagesgebet: *siehe entsprechender Tag Seite 457*

7. Juli

Wort Gottes: Lk 14,12-14

"Wenn du mittags oder abends ein Essen gibst, so lade nicht deine Freunde oder deine Brüder, deine Verwandten oder reiche Nachbarn ein; sonst laden auch sie dich ein, und damit ist dir wieder alles vergolten. Nein, wenn du ein Essen gibst, dann lade Arme, Krüppel, Lahme und Blinde ein. DU WIRST SELIG SEIN, DENN SIE KÖNNEN ES DIR NICHT VERGELTEN; ES WIRD DIR VERGOLTEN WERDEN BEI DER AUFERSTEHUNG DER GERECH-TEN."

V: Wort des lebendigen Gottes! - A: Dank sei Gott, dem Herrn!

Betrachtungshilfe:

Dieses Wort Gottes bereitet vielen Menschen Schwierigkeiten. - Hier heißt es aber nicht, daß Jesus ausdrücklich verboten hat, Freunde, Brüder, Verwandte oder

Nachbarn zu einem Fest einzuladen. ER wollte damit nur betonen: Wenn wir unseren irdischen REICHTUM nur mit diesen teilen, von denen wir im Austausch eine gewisse Rückerstattung unserer Ausgaben erwarten können, so sind wir schließlich im Egoismus verschlossen. Dies reicht nicht aus, um den ewigen, himmlischen Lohn zu erhalten. - Wenn wir aber die uns von Gott zur Verwaltung anvertrauten irdischen Güter mit den Bedürftigen, die uns nichts erstatten können, gerecht teilen, so wie Gott es will, dann wird ER uns die Verwaltung großer Reichtümer im Himmel für die Ewigkeit übertragen.

- Oft steht vor uns die Frage: Lohnt es sich wirklich, um eines kurzen, vorübergehenden, vergänglichen Glückes willen das ewige unvorstellbare Glück des Himmels aufs Spiel zu setzen?
- Welchen Vorsatz fasse ich im Licht des heutigen Wortes Gottes?

Tagesgebet: *siehe entsprechender Tag Seite 458*

8. Juli

Wort Gottes: Lk 12,16-21

"Jesus erzählte ihnen (den Jüngern) folgendes Beispiel: Auf den Feldern eines reichen Mannes stand eine gute Ernte. Da überlegte er hin und her: Was soll ich tun? Ich weiß nicht, wo ich meine Ernte unterbringen soll. Schließlich sagte er: So will ich es machen: Ich werde meine Scheunen abreißen und größere bauen; dort werde ich mein ganzes Getreide und meine Vorräte unterbringen. Dann kann ich zu mir selber sagen: Nun hast du einen großen Vorrat, der für viele Jahre reicht. Ruh dich aus, iß und trink und freu dich des Lebens! - Da sprach Gott zu ihm: Du Narr! Noch in dieser Nacht wird man dein Leben von dir zurückfordern. WEM WIRD DANN ALL DAS GEHÖREN, WAS DU ANGEHÄUFT HAST? So geht es jedem, der nur für sich selbst Schätze sammelt, aber vor Gott nicht reich ist."

V: Wort des lebendigen Gottes! - A: Dank sei Gott, dem Herrn!

Betrachtungshilfe:

Wie oft begegnen wir im Leben ähnlichen Situationen, wo jemand in seinem egoistischen Denken nur um sein eigenes Wohlergehen besorgt ist, nur an REICHTUM und Vermögen denkt und viel Schönes für sich geplant hat und dann plötzlich tödlich verunglückt oder einen Herzinfarkt erleidet und so völlig unerwartet die Erde verlassen und im Jenseits sehr unvorbereitet vor Gott treten muß! - **"Was nützt es (dann) einem Menschen, wenn er die ganze Welt gewinnt, dabei aber sein Leben einbüßt? Um welchen Preis kann ein Mensch sein Leben zurückkaufen?"** (Mt 16,26). - Wenn wir aber in dieser irdischen Zeit so leben, wie es Gott gefällt und das, was ER uns anvertraut hat, entsprechend Seinem Willen gerecht verwalten und mit anderen teilen, dann brauchen wir keine Angst vor dem Tod zu haben, auch nicht vor dem plötzlichen Sterben. Denn so gehen wir einfach dem ewigen, sicheren Glück entgegen, das wir allein bei Gott finden.

- Bin ich klüger und weiser als dieser reiche Mann im heutigen Wort Gottes und bereite mich gut auf das Sterben vor?
- Welchen Vorsatz fasse ich im Licht des heutigen Wortes Gottes?

Tagesgebet: *siehe entsprechender Tag Seite 458*

9. Juli

Wort Gottes: Lk 12,13-15

"Einer aus der Volksmenge bat Jesus: Meister, sag meinem Bruder, er soll das Erbe mit mir teilen. Er erwiderte ihm: Mensch, wer hat mich zum Richter oder Schlichter bei euch gemacht? Da sagte er zu den Leuten: Gebt acht, hütet euch vor jeder Art von Habgier. Denn DER SINN DES LEBENS BESTEHT NICHT DARIN, DASS EIN MENSCH AUFGRUND SEINES GROSSEN VERMÖGENS IM ÜBERFLUSS LEBT."

V: Wort des lebendigen Gottes! - A: Dank sei Gott, dem Herrn!

Betrachtungshilfe:

Obwohl Jesus doch als Sohn Gottes dem Himmlischen Vater im Heiligen Geist gleich ist und daher auch höchster göttlicher Richter ist, lehnte ER es ab, für diesen Mann, der um seine Erbschaft besorgt war, als Richter aufzutreten. ER wollte damit betonen, daß Seine Mission auf der Erde nicht Irdisches im Sinn hat, sondern die Rettung der Seelen. Aber zugleich nützte ER diese Situation, um die Menschen vor jeder Art von Habgier zu warnen, weil diese ihnen den Zugang zum Himmel versperrt. Damit wollte Jesus noch einmal darauf hinweisen, daß irdischer Wohlstand, Überfluß und Vermögen nicht Sinn und Ziel des menschlichen Lebens sind. - Wie oft finden wir auch heute, wenn es um die gerechte Verteilung von Besitz und Vermögen geht, anstatt Liebe und Gerechtigkeit nur Habgier und Egoismus! - Und dies macht viele Menschen traurig, unglücklich und unzufrieden.

- Kämpfe ich ganz bewußt und entschieden, - um der ewigen Güter willen - gegen jede Art von Habgier und Egoismus in meinem Leben?
- Welchen Vorsatz fasse ich im Licht des heutigen Wortes Gottes?

Tagesgebet: *siehe entsprechender Tag Seite 458*

10. Juli

Wort Gottes: Lk 6,20-23

"Jesus richtete seine Augen auf seine Jünger und sagte: SELIG, IHR ARMEN, DENN EUCH GEHÖRT DAS REICH GOTTES. - Selig, die ihr jetzt hungert, denn ihr werdet satt werden. - Selig, die ihr jetzt weint, denn ihr werdet lachen. - Selig seid ihr, wenn euch die Menschen hassen und aus ihrer Gemeinschaft ausschließen, wenn sie euch beschimpfen und euch in Verruf bringen um des Menschensohnes willen. Freut euch und jauchzt an jenem Tag; euer Lohn im

Himmel wird groß sein. Denn ebenso haben es ihre Väter mit den Propheten gemacht."

V: Wort des lebendigen Gottes! - A: Dank sei Gott, dem Herrn!

Betrachtungshilfe:

Die Welt vergeht, Menschen kommen und gehen, leben und sterben, irdischer REICHTUM entsteht und vergeht, alles verändert sich, was aber unveränderlich bleibt, ist Gott, Seine Liebe und Sein ewiger Reichtum. - Man könnte also zu diesen Seligpreisungen, die allen Notleidenden Trost spenden, noch diese hinzufügen: **Selig sind all jene, die den ewigen Reichtum Gottes suchen, die Gott lieben, IHM gefallen und mit IHM leben.** Diese werden zwar von den Feinden Gottes gehaßt und verfolgt, aber um so mehr von Gott geliebt und mit ewigen Gütern gesegnet.

Eine wunderschöne Belehrung dazu finden wir schon im Alten Testament: **"Mein Sohn, wenn du dem Herrn dienen willst, dann mach dich auf Prüfung gefaßt! - Sei tapfer und stark, zur Zeit der Heimsuchung überstürze nichts! - Hänge am Herrn und weiche nicht ab, damit du am Ende erhöht wirst. Nimm alles an, was über dich kommen mag, halt aus in vielfacher Bedrängnis! Denn im Feuer wird das Gold geprüft, und jeder, der Gott gefällt, im Schmelzofen der Bedrängnis. Vertrau auf Gott, er wird dir helfen, hoffe auf ihn, er wird deine Wege ebnen"** (Sir 2,1-6).

Dies alles zeigt uns, wie verdreht die Ordnung dieser Welt ist. Und wer sich dieser verdrehten Ordnung anpaßt und auf sie seine Hoffnung setzt, wird oft große Enttäuschungen erleben. - Wer aber sein Vertrauen auf Gott setzt und IHM trotz aller Prüfungen treu bleibt, wird, auch wenn er jetzt mit Tränen säen muß, am Ende mit Jubel ernten (vgl. Ps 126,5). Im Schmelzofen der Bedrängnis geprüft, wird er Gott durch seinen inneren Reichtum gefallen und wertvolle Schätze sammeln für die Ewigkeit.

- Sehe ich in den Prüfungen und Leiden eine große Chance, mich bei Gott geistig zu bereichern? - Lasse ich mich trösten, stärken und lenken von der Wahrheit des offenbarten Wortes Gottes?

- Welchen Vorsatz fasse ich im Licht des heutigen Wortes Gottes?

Tagesgebet: *siehe entsprechender Tag Seite 458*

11. Juli

Wort Gottes: Lk 6,24-28/35b-36

"WEHE EUCH, DIE IHR REICH SEID; DENN IHR HABT KEINEN TROST MEHR ZU ERWARTEN. - Wehe euch, die ihr jetzt satt seid; denn ihr werdet hungern. Wehe euch, die ihr jetzt lacht; denn ihr werdet klagen und weinen. - Wehe euch, wenn euch alle Menschen loben; denn ebenso haben es ihre Väter mit den falschen Propheten gemacht. Euch, die ihr mir zuhört, sage ich: Liebt eure Feinde; tut Gutes denen, die euch hassen. Segnet die, die euch verfluchen; betet für die, die euch mißhandeln. Dann wird euer Lohn groß sein, und ihr

werdet Söhne des Höchsten sein; denn auch er ist gütig gegen die Undankbaren und Bösen. Seid barmherzig, wie es auch euer Vater ist!"

V: Wort des lebendigen Gottes! - A: Dank sei Gott, dem Herrn!

Betrachtungshilfe:

Heute ermahnt Jesus mit eindringlichen Worten all jene, die im REICHTUM und Überfluß leben und deshalb im Jenseits keinen Lohn und Trost mehr zu erwarten haben. - Wehe denen, die sich nur auf ihren irdischen Besitz verlassen und ihn egoistisch genießen! - Wehe denen, die mit ihrem Reichtum Lob und Ehre für sich selbst suchen, anstatt Gott die Ehre zu geben! - Es ist gut, sich dabei an ein anderes Wort Jesu zu erinnern: **"So soll euer Licht vor den Menschen leuchten, damit sie eure guten Werke sehen und euren Vater im Himmel preisen"** (Mt 5,16). - Dies ist gerecht, weil schließlich nicht wir das Gute tun, sondern allein Gott das Gute in uns und durch uns bewirkt. Und deswegen gebührt allein IHM Lob, Preis und Ehre!

Die Reichen können aber auch große Heilige werden, wenn sie die ihnen anvertrauten Güter entsprechend den Prinzipien des Evangeliums Jesu Christi verwalten!

In diesem Wort Gottes ermahnt uns Jesus auch, unsere Feinde zu lieben, damit wir Söhne des Himmlischen Vaters werden (vgl. Mt 5,45). - Das Gebot, die Feinde zu lieben, ist das Schwerste, was Gott von uns verlangt.

Das schönste Beispiel der Feindesliebe hat Jesus selbst uns gegeben, als ER sterbend am Kreuz für Seine Peiniger um Verzeihung bat: **"Vater, vergib ihnen, denn sie wissen nicht, was sie tun!"** (Lk 23,34). - Entscheidend ist dabei immer unsere innere Beziehung zu Gott, d.h. unsere Liebe zu Gott und unsere Liebe zu allen Menschen, ohne Ausnahme! - So werden wir die ewigen Reichtümer Gottes erreichen und in Seiner Freude leben, die kein Ende hat.

- Bin ich mir dessen gut bewußt, daß die Zeit vergeht, das Geld und andere Reichtümer der Welt ihren Wert verlieren, aber nie das Wort Gottes? - Weiß ich, was das bedeutet: **"Jesus Christus** (Wort Gottes) **ist derselbe, gestern, heute und in Ewigkeit. Laßt euch nicht durch mancherlei fremde Lehren irreführen!"** (Hebr 13,8-9) - ?

- Welchen Vorsatz fasse ich im Licht des heutigen Wortes Gottes?

Tagesgebet: *siehe entsprechender Tag Seite 458*

12. Juli

Wort Gottes: Lk 1,46-53

"Da sagte Maria: Meine Seele preist die Größe des Herrn, und mein Geist jubelt über Gott, meinen Retter. - Denn auf die Niedrigkeit seiner Magd hat er geschaut. Siehe, von nun an preisen mich selig alle Geschlechter. - Denn der Mächtige hat Großes an mir getan, und sein Name ist heilig. - Er erbarmt sich von Geschlecht zu Geschlecht über alle, die ihn fürchten. - Er vollbringt mit seinem Arm machtvolle Taten: Er zerstreut, die im Herzen voll Hochmut sind;

- er stürzt die Mächtigen vom Thron und erhöht die Niedrigen. - DIE
HUNGERNDEN BESCHENKT ER MIT SEINEN GABEN UND LÄSST DIE
REICHEN LEER AUSGEHEN."

V: Wort des lebendigen Gottes! - A: Dank sei Gott, dem Herrn!

Betrachtungshilfe:

Dieses Wort Gottes bestätigt uns die Wahrheit der Aussage Jesu Christi: "WOVON
DAS HERZ VOLL IST, DAVON SPRICHT DER MUND." (Mt 12,34). - Zugleich
offenbart uns dieses Wort Gottes ein Stück des großen, geistigen REICHTUMS DES
HERZENS MARIENS, die der Erzengel Gabriel bei der Verkündigung als voll der
Gnade bezeichnet hat. - Durch ihren Mund hat der Heilige Geist großen Trost den
Armen verheißen und die Reichen gewarnt, die nicht nach dem Willen Gottes leben.

Wenn all diese Menschen, die im Reichtum und Überfluß leben, ihre Güter in der
wahren Liebe Christi mit allen Bedürftigen gerecht teilen würden, wäre zumindest
eine große Ursache für viele Kriege, das heißt die ungerechte Verteilung der
irdischen Güter unter den Menschen beseitigt. Dann könnten die Menschen auch
leichter zur Einheit gelangen und so schon auf der Erde ein Stück himmlischen
Reichtums genießen.

• Denke ich daran, daß Gott mir all das, was ich als mein Eigentum betrachte, nur
   für diese kurze Zeit auf der Erde überlassen hat, damit ich alles entsprechend
   Seinem Willen gewissenhaft und gerecht verwalte und dadurch gut vorbereitet
   bin zur Verwaltung viel größerer Reichtümer im Himmel?

• Welchen Vorsatz fasse ich im Licht des heutigen Wortes Gottes?

Tagesgebet: *siehe entsprechender Tag Seite 458*

13. Juli

Wort Gottes: Mk 12,41-44

"Als Jesus einmal dem Opferkasten gegenübersaß, sah er zu, wie die Leute
Geld in den Kasten warfen. Viele Reiche kamen und gaben viel. Da kam auch
eine arme Witwe und warf zwei kleine Münzen hinein. Er rief seine Jünger zu
sich und sagte: Amen, ich sage euch: Diese arme Witwe hat mehr in den
Opferkasten hineingeworfen als alle anderen. Denn sie alle haben nur etwas
von ihrem Überfluß hergegeben; DIESE FRAU ABER, DIE KAUM DAS
NÖTIGSTE ZUM LEBEN HAT, SIE HAT ALLES GEGEBEN, WAS SIE
BESASS, IHREN GANZEN LEBENSUNTERHALT."

V: Wort des lebendigen Gottes! - A: Dank sei Gott, dem Herrn!

Betrachtungshilfe:

Mit dem Beispiel der armen Witwe will uns Jesus sagen, daß wir die Opferbereitschaft und das konkrete Opfer richtig wertschätzen sollen. - Auch heute gibt es
solche Menschen wie diese Witwe, die manchmal fast den letzten Pfennig für die
Notleidenden opfern, obwohl dies nicht sein müßte, wenn alle ihren REICHTUM
und ihr Vermögen gerecht mit den Bedürftigen teilen würden! - Auf der anderen

Seite appelliert Jesus an das Verantwortungsbewußtsein all dieser, die diese Opfer-
pfennige verwalten, damit sie diese nicht aus Habgier veruntreuen.

- Wie verhalte ich mich gegenüber fremdem Hab und Gut, mit dem ich an der
Arbeitsstelle oder sonstwo zu tun habe? - Verwalte ich es gewissenhaft, ehrlich
und getreu dem Willen Gottes? - Denke ich heute am **Fatimatag** daran, wieviel
ich durch Gebet, Opfer und Verzicht im Kampf gegen das Böse in der Welt
erreichen kann?
- Welchen Vorsatz fasse ich im Licht des heutigen Wortes Gottes?

Tagesgebet: *siehe entsprechender Tag Seite 459*

14. Juli

Wort Gottes: Mt 13,18-23

"Hört also, was das Gleichnis vom Sämann bedeutet. Immer wenn ein Mensch
das Wort vom Reich hört und es nicht versteht, kommt der Böse und nimmt
alles weg, was diesem Menschen ins Herz gesät wurde; hier ist der Samen auf
den Weg gefallen. Auf felsigen Boden ist der Samen bei dem gefallen, der das
Wort hört und sofort freudig aufnimmt, aber keine Wurzeln hat, sondern
unbeständig ist; sobald er um des Wortes willen bedrängt oder verfolgt wird,
kommt er zu Fall. In die Dornen ist der Samen bei dem gefallen, der das Wort
zwar hört, aber dann ersticken es die Sorgen dieser Welt und der
TRÜGERISCHE REICHTUM, und es bringt keine Frucht. Auf guten Boden ist
der Samen bei dem gesät, der das Wort hört und es auch versteht; er bringt
dann Frucht, hundertfach oder sechzigfach oder dreißigfach."

V: Wort des lebendigen Gottes! - A: Dank sei Gott, dem Herrn!

Betrachtungshilfe:

Mit diesem Wort Gottes will uns Jesus sagen, daß das offenbarte Wort Gottes, je
nachdem, mit welchem Maß des Glaubens es aufgenommen wird, verschieden große
Früchte bringt und deswegen auch unterschiedlich großen, geistigen REICHTUM in
den Herzen der Menschen bewirkt.

Hier spricht Jesus indirekt auch über den irdischen Reichtum, den ER als
t r ü g e r i s c h bezeichnet, weil er zugleich die große Gefahr mit sich bringt, die
Fruchtbarkeit des Wortes Gottes bei den Menschen zu ersticken. - "**Gut ist der
Reichtum, wenn keine Schuld an ihm klebt**" (Sir 13,24), so lautet eine im Alten
Testament geoffenbarte Weisheit. - Deshalb wollen wir noch einmal klarstellen, daß
der irdische Reichtum an sich nichts Schlechtes ist! - Entscheidend ist schließlich,
zu welchen Zwecken und Zielen wir ihn verwenden. - Wenn dieser Reichtum sich in
den Händen von Menschen befindet, die dafür geistig nicht vorbereitet sind und noch
dazu in zügelloser Freiheit leben, dann wird dies, ähnlich wie das "trojanische
Pferd", schlimmste Auswirkungen für diese Menschen haben. Dies erleben wir
überall dort, wo Menschen im Reichtum, ohne Glauben an Gott, leben, - wo anstatt
der Ordnung Gottes nur noch Habgier und eine rein menschliche, weltliche Ordnung
gilt.

- Habe ich die Auswirkungen dieses modernen trojanischen Pferdes, das heißt die schlimmen Folgen des unkontrollierten Genusses des Wohlstands schon bemerkt, - vielleicht bei mir selbst, in meiner Familie oder Umgebung und überall dort, wo die Prinzipien des Konsumismus und des Materialismus höher stehen als die Prinzipien des Evangeliums?
- Welchen Vorsatz fasse ich im Licht des heutigen Wortes Gottes?

Tagesgebet: *siehe entsprechender Tag Seite 459*

15. Juli

Wort Gottes: Mk 10,17-27

"Als sich Jesus wieder auf den Weg machte, lief ein Mann auf ihn zu, fiel vor ihm auf die Knie und fragte ihn: Guter Meister, was muß ich tun, um das ewige Leben zu gewinnen? Jesus antwortete: Warum nennst du mich gut? Niemand ist gut außer Gott, dem Einen. Du kennst doch die Gebote: Du sollst nicht töten, du sollst nicht die Ehe brechen, du sollst nicht stehlen, du sollst nicht falsch aussagen, du sollst keinen Raub begehen; ehre deinen Vater und deine Mutter! - Er erwiderte ihm: Meister, alle diese Gebote habe ich von Jugend an befolgt. Da sah ihn Jesus an und weil er ihn liebte, sagte er: Eines fehlt dir noch: GEH, VERKAUFE, WAS DU HAST, GIB DAS GELD DEN ARMEN, UND DU WIRST EINEN BLEIBENDEN SCHATZ IM HIMMEL HABEN; DANN KOMM UND FOLGE MIR NACH! - Der Mann aber war betrübt, als er das hörte, und ging traurig weg; denn er hatte ein großes Vermögen. Da sah Jesus seine Jünger an und sagte zu ihnen: WIE SCHWER IST ES FÜR MEN-SCHEN, DIE VIEL BESITZEN, IN DAS REICH GOTTES ZU KOMMEN! - Die Jünger waren über seine Worte bestürzt. Jesus aber sagte noch einmal zu ihnen: Meine Kinder, wie schwer ist es, in das Reich Gottes zu kommen! - EHER GEHT EIN KAMEL DURCH EIN NADELÖHR, ALS DAß EIN REICHER IN DAS REICH GOTTES GELANGT. Sie aber erschraken noch mehr und sagten zueinander: Wer kann dann noch gerettet werden? Jesus sah sie an und sagte: Für Menschen ist das unmöglich, aber nicht für Gott; denn für Gott ist alles möglich!"

V: Wort des lebendigen Gottes! - A: Dank sei Gott, dem Herrn!

Betrachtungshilfe:

Dieses Wort Gottes berührt einige wichtige Punkte, über die wir nachdenken sollten. - Zuerst die Tatsache, daß der junge Mann sich vor Jesus auf die Knie warf, als er mit IHM sprach! - Wer von uns würde dies heute tun? - Weiter, daß Jesus hier betont, daß **n i e m a n d** gut ist, nur Gott allein! - Jesus wollte uns damit indirekt sagen: Wenn Gott **a l l e i n** nur gut ist und wenn Jesus auch gut ist, dann ist ER selbst logischerweise GOTT ! - Wenn aber die Menschen sich gegenseitig als gut bezeichnen, dann heißt dies noch lange nicht, daß sie Götter sind oder sogar Gott gleich, sondern nur dies, daß etwas Göttliches in ihnen ist und sie sich auf diesem

Weg befinden, über den der heilige Johannes schreibt: "Jetzt sind wir Kinder Gottes. Aber was wir sein werden, ist noch nicht offenbar geworden. **Wir wissen, daß wir ihm ä h n l i c h sein werden.**" (1 Joh 3,2) Wir können also eines Tages Gott **ähnlich** werden, - aber **nie IHM gleich**! - Aber allein schon aus dem können wir ermessen, wie s e h r Gott die Menschen bereichern will!

Was die Bezeichung "NADELÖHR" betrifft, so handelt es sich hier nicht um das Öhr einer Nähnadel, sondern um ein sehr enges Tor in Jerusalem, durch das ein Kamel nur sehr schwer hindurch kommen konnte.

Die Aussage Jesu: **"Wie schwer ist es für Menschen, die viel besitzen, in das Reich Gottes zu kommen"**, sollte all diese, die davon betroffen sind, sehr nachdenklich stimmen, damit sie daraus richtige Schlüsse ziehen.

Tröstlich aber ist bei all dem, daß das, was für die Menschen schwierig, ja sogar unmöglich zu sein scheint, für Gott möglich ist. Deshalb ist der lebendige, gläubige, kindliche und liebevolle Kontakt des Menschen mit Gott so wichtig!

Das heutige Wort Gottes berührt aber auch noch ein anderes, sehr delikates Problem, nämlich die Frage der BERUFUNG des Menschen entsprechend den Plänen und der Einladung Gottes. Schließlich hängt die Zukunft der Kirche und der Welt ganz entscheidend davon ab, wie viele Menschen heute bereit sind, dieser Einladung Gottes zu folgen!

- Habe ich schon einmal darüber nachgedacht, zu welch großer geistiger Dekadenz die Abhängigkeit vom Wohlstand, Konsumismus und Materialismus geführt hat, - und welch großen Mangel an Priestern und Ordensleuten sie in der Kirche hervorgerufen hat?
- Welchen Vorsatz fasse ich im Licht des heutigen Wortes Gottes?

Tagesgebet: *siehe entsprechender Tag Seite 459*

16. Juli

Wort Gottes: Mt 27,57-60

"Gegen Abend kam ein REICHER MANN aus Arimathäa namens Josef; auch er war ein Jünger Jesu. Er ging zu Pilatus und bat um den Leichnam Jesu. Da befahl Pilatus, ihm den Leichnam zu überlassen. Josef nahm ihn und hüllte ihn in ein reines Leinentuch. Dann legte er ihn in ein neues Grab, das er für sich selbst in einen Felsen hatte hauen lassen. Er wälzte einen großen Stein vor den Eingang des Grabes und ging weg."

V: Wort des lebendigen Gottes! - A: Dank sei Gott, dem Herrn!

Betrachtungshilfe:

Gestern haben wir von Jesus gehört, daß es für Menschen, die viel besitzen, zwar sehr schwer ist, in das Reich Gottes zu kommen, aber doch nicht unmöglich, weil mit Gottes Hilfe alles möglich ist. - Das heutige Wort Gottes ist der beste Beweis dafür, daß auch die Reichen gerettet werden können, wenn sie die geistigen Werte im Leben höher schätzen als alle materiellen Güter und höher als jede Ehre und jedes

Ansehen. - Aus diesem Wort Gottes können wir die Überzeugung gewinnen, daß der reiche Josef aus Arimathäa sicher in das Reich Gottes gelangt ist. - Er klebte nicht egoistisch an "seinem" Grab, das er für sich selbst vorbereitet hatte, sondern verzichtete darauf, aus Liebe zu Jesus, der am Ende verachtet wie ein Verbrecher hingerichtet worden war. - Dies zeigt uns auch den Glauben Josefs von Arimathäa, seine Opferbereitschaft, seinen Mut, sich vor den Mächtigen und Vornehmen der damaligen Zeit, vor Pilatus, den Hohenpriestern und Ältesten zu Jesus zu bekennen.

Wenn also reiche Menschen in das Reich Gottes kommen wollen (vorausgesetzt, daß sie auf ehrliche Weise zu Reichtum gelangt sind, das heißt, daß Gott ihnen viel anvertraut hat!), dann müssen sie entsprechend der Lehre Jesu leben, nach der sich auch Josef von Arimathäa gerichtet hat.

- Bete ich gerne dafür, daß diese Menschen, die viel besitzen, ihre Herzen für die Not der anderen öffnen - oder schimpfe ich nur über sie, wie viele andere, und verurteile sie?
- Welchen Vorsatz fasse ich im Licht des heutigen Wortes Gottes?

Tagesgebet:

Lasset uns beten: Großer und heiliger Gott, Du hast den Berg Karmel schon im Alten Bund durch das Wirken der Propheten ausgezeichnet und ihn auch im Neuen Bund zu einer Stätte der Beschauung erwählt, zu einem Heiligtum der jungfräulichen Mutter Maria. Gib uns auf ihre Fürsprache die Freude, im Gebet Deine Nähe zu erfahren. Darum bitten wir Dich, durch unseren Herrn Jesus Christus, der in der Einheit des Heiligen Geistes mit Dir lebt und herrscht in alle Ewigkeit. Amen. (vgl. Laudes vom Gedenktag unserer Lieben Frau auf dem Berge Karmel)

17. Juli

Wort Gottes: Ez 28,2b-7

"Dein Herz war stolz, und du sagtest: Ich bin ein Gott, einen Wohnsitz für Götter bewohne ich mitten im Meer. Doch du bist nur ein Mensch und kein Gott, obwohl du im Herzen geglaubt hast, daß du wie Gott bist. Gewiß, du bist weiser als Daniel. Kein Geheimnis war dir zu dunkel. Durch deine Weisheit und Einsicht schufst du dir Reichtum. Mit Gold und Silber fülltest du deine Kammern. Durch deine gewaltige Weisheit, durch deinen Handel hast du deinen Reichtum vermehrt. DOCH DEIN HERZ WURDE STOLZ WEGEN ALL DEINES REICHTUMS. Darum, so spricht Gott, der Herr: Weil du im Herzen geglaubt hast, daß du wie Gott bist, darum schicke ich Fremde gegen dich, tyrannische Völker. Sie zücken das Schwert gegen all deine prächtige Weisheit, entweihen deinen strahlenden Glanz."

V: Wort des lebendigen Gottes! - A: Dank sei Gott, dem Herrn!

Betrachtungshilfe:

Diese prophetischen Worte des Ezechiel gelten nach wie vor und sind auch heute eine große Warnung für alle Menschen, die sich ihres irdischen REICHTUMS oder ihrer wissenschaftlichen Kenntnisse rühmen und brüsten, sich wie Götter benehmen und von den anderen Ehre und Lob erwarten, das doch allein Gott gebührt.

Vermögen und Reichtum sollen niemals **Z i e l** des Lebens sein, sondern nur **M i t t e l** auf dem Weg zum geistigen Reichtum des Menschen. - Mit Gold oder Geld kann man weder echten, dauernden Frieden noch innere Ruhe erkaufen. - Wenn wir aber das Geld zur Ehre Gottes einsetzen, zur Heiligung der Menschen, zum Apostolat, zur Evangelisierung der Welt, dann kann Geld auch glücklich machen und Frieden schenken.

- Bete ich gerne für die Reichen und Mächtigen der Welt, für die Wissenschaftler, für alle, die geistig blind sind und ihr Vertrauen anstatt auf Gott auf die vergänglichen Güter dieser Welt setzen?
- Welchen Vorsatz fasse ich im Licht des heutigen Wortes Gottes?

Tagesgebet: *siehe entsprechender Tag Seite 459*

18. Juli

Wort Gottes: 2 Kor 6,4-10

"In allem erweisen wir uns als Gottes Diener: Durch große Standhaftigkeit, in Bedrängnis, in Not, in Angst, unter Schlägen, in Gefängnissen, in Zeiten der Unruhe, unter der Last der Arbeit, in durchwachten Nächten, durch Fasten, durch lautere Gesinnung, durch Erkenntnis, durch Langmut, durch Güte, durch den Heiligen Geist, durch ungeheuchelte Liebe, durch das Wort der Wahrheit, in der Kraft Gottes, mit den Waffen der Gerechtigkeit in der Rechten und in der Linken, bei Ehrung und Schmähung, bei übler Nachrede und bei Lob. Wir gelten als Betrüger und sind doch wahrhaftig; wir werden verkannt und doch anerkannt; wir sind wie Sterbende, und seht: wir leben; wir werden gezüchtigt und doch nicht getötet; uns wird Leid zugefügt, und doch sind wir jederzeit fröhlich; WIR SIND ARM UND MACHEN DOCH VIELE REICH; WIR HABEN NICHTS UND HABEN DOCH ALLES."

V: Wort des lebendigen Gottes! - A: Dank sei Gott, dem Herrn!

Betrachtungshilfe:

Heute lebt der heilige Paulus im Reich Gottes in ewiger Glückseligkeit und Freude, die ihm niemals mehr genommen wird. - Wir träumen noch davon, eines Tages dort zu sein, wo er ist, und in dieser Freude zu leben, die er jetzt genießt. - Wer von uns aber ist bereit, einen solchen Weg zu gehen, wie er ihn gegangen ist? - Wer von uns erfaßt wirklich, so wie er, die Botschaft Jesu im Licht der Gnade des Heiligen Geistes und handelt dann auch gemäß den Worten Jesu: **"Wer sein Leben retten will, wird es verlieren; wer aber sein Leben um meinetwillen verliert, wird es gewinnen"** (Mt 16,25) und - **"Wer mein Jünger sein will, der verleugne sich selbst, nehme sein Kreuz auf sich und folge mir nach"** (Mt 16,24). - Der heilige Paulus folgte von Herzen diesem Aufruf Jesu und opferte für den Herrn sein Leben als Märtyrer. Er hat auf viele irdische Schönheiten und Reichtümer verzichtet, aber dadurch unendlich viele Schätze im Himmel gewonnen. Seine Worte und Taten beweisen, daß er es gut verstand, den irdischen Reichtum vom HIMMLISCHEN REICHTUM zu unterscheiden: **"Ihr seid mit Christus auferweckt; darum strebt nach dem, was im Himmel ist. Richtet euren Sinn auf das Himmlische und nicht auf das Irdische! Darum tötet, was irdisch an euch ist: die Unzucht, die Schamlosigkeit, die Leidenschaft, die bösen Begierden und die Habsucht, die ein Götzendienst ist. All das zieht den Zorn Gottes nach sich"** (Kol 3,1a-2/5-6).

- Habe ich schon gelernt, den Wert der irdischen Schätze vom Wert der himmlischen zu unterscheiden? - Welche bewerte ich höher?
- Welchen Vorsatz fasse ich im Licht des heutigen Wortes Gottes?

Tagesgebet: *siehe entsprechender Tag Seite 459*

19. Juli

Wort Gottes: Kol 3,12b-17

"Bekleidet euch mit aufrichtigem Erbarmen, mit Güte, Demut, Milde, Geduld! Ertragt euch gegenseitig, und vergebt einander, wenn einer dem anderen etwas vorzuwerfen hat. Wie der Herr euch vergeben hat, so vergebt auch ihr! Vor allem aber liebt einander, denn die Liebe ist das Band, das alles zusammenhält und vollkommen macht. In eurem Herzen herrsche der Friede Christi; dazu seid ihr berufen als Glieder des eines Leibes. SEID DANKBAR! - DAS WORT CHRISTI WOHNE MIT SEINEM GANZEN REICHTUM BEI EUCH! - Belehrt und ermahnt einander in aller Weisheit! Singt Gott in eurem Herzen Psalmen, Hymnen und Lieder, wie sie der Geist eingibt, denn ihr seid in Gottes Gnade. Alles, was ihr in Worten und Werken tut, geschehe im Namen Jesu, des Herrn. Durch ihn dankt Gott, dem Vater!"

V: Wort des lebendigen Gottes! - A: Dank sei Gott, dem Herrn!

Betrachtungshilfe:

Das heutige Wort Gottes beinhaltet ein klares und eindeutiges Lebensprogramm für die Christgläubigen aller Zeiten, für all jene, die zu den **großen Reichtümern des Himmels** gelangen wollen. Wer dabei das Beispiel Mariens, der Mutter Jesu, nachahmt, wird sicher zu großem, innerem Reichtum gelangen. Das Leben Mariens, ihre Worte und Werke entsprachen ganz und gar dem Willen Gottes. Die Worte ihres göttlichen Sohnes lebten in ihr und bereicherten ihr Leben im geistigen Sinn. Sie hat IHM stets aufmerksam zugehört, über Seine Worte nachgedacht und sie, - wie die Worte der Hirten, - in ihrem Herzen bewahrt. Sie dachte ständig darüber nach, wie sie Gott noch mehr gefallen und Seinen Willen immer besser erfüllen könnte.

- Höre ich während der Heiligen Messe aufmerksam die Worte der Heiligen Schrift und bewahre sie wie Maria in meinem Herzen? - Denke ich auch später darüber nach und versuche sie im Alltag zu erfüllen?
- Welchen Vorsatz fasse ich im Licht des heutigen Wortes Gottes?

Tagesgebet: *siehe entsprechender Tag Seite 460*

245

20. Juli

Wort Gottes: 2 Kor 8,1-5

"Brüder, wir wollen euch jetzt von der Gnade erzählen, die Gott den Gemeinden Mazedoniens erwiesen hat. WÄHREND SIE DURCH GROSSE NOT GEPRÜFT WURDEN, VERWANDELTE SICH IHRE ÜBERGROSSE FREUDE UND IHRE TIEFE ARMUT IN DEN REICHTUM IHRES SELBST-LOSEN GEBENS. Ich bezeuge, daß sie nach Kräften und sogar über ihre Kräfte spendeten, ganz von sich aus, indem sie sich geradezu aufdrängten und uns um die Gunst baten, zur Hilfeleistung für die Heiligen beitragen zu dürfen. Und über unsere Erwartung hinaus haben sie sich eingesetzt, zunächst für den Herrn, aber auch für uns, wie es Gottes Wille war."

V: Wort des lebendigen Gottes! - A: Dank sei Gott, dem Herrn!

Betrachtungshilfe:

Dieses Wort Gottes berichtet uns, wie die ersten Christen in Eintracht und Liebe lebten, hilfsbereit waren und einander selbstlos, frei von Egoismus, unterstützten. Dies beschreibt uns auch der heilige Lukas in der Apostelgeschichte: **"Die Gemeinde der Gläubigen war ein Herz und eine Seele. Keiner nannte etwas von dem, was er hatte, sein Eigentum, sondern sie hatten alles gemeinsam. Mit großer Kraft legten die Apostel Zeugnis ab von der Auferstehung Jesu, des Herrn, und reiche Gnade ruhte auf ihnen allen. Es gab auch keinen unter ihnen, der Not litt. Jedem wurde davon so viel zugeteilt, wie er nötig hatte"** (Apg 4,32-34a/35b).

Etwas ähnliches finden wir heute noch im Ordensleben, dort, wo die Prinzipien des Evangeliums wirklich noch gelebt werden. - Wie schön wäre es in der Welt, wenn die christlichen Familien wirklich nach den Prinzipien des Evangeliums leben und so zum Sauerteig für die ganze Menschheit würden?

- Verstehe ich es gut, daß die neue Evangelisation in der Kirche und in der Welt nichts anderes ist als die UMKEHR zu den alten, ewig geltenden Prinzipien des Evangeliums Jesu Christi?
- Welchen Vorsatz fasse ich im Licht des heutigen Wortes Gottes?

Tagesgebet: *siehe entsprechender Tag Seite 460*

21. Juli

Wort Gottes: 2 Kor 8,6-9

"Daraufhin ermutigten wir Titus, dieses Liebeswerk, das er früher bei euch begonnen hatte, nun auch zu vollenden. Wie ihr aber an allem reich seid, an Glauben, Rede und Erkenntnis, an jedem Eifer und an der Liebe, die wir in euch begründet haben, so sollt ihr euch auch an diesem Liebeswerk mit reichlichen Spenden beteiligen. Ich meine das nicht als strenge Weisung, aber ich gebe euch Gelegenheit, angesichts des Eifers anderer auch eure Liebe als echt zu erweisen. Denn ihr wißt, was Jesus Christus, unser Herr, in seiner Liebe getan hat: **ER, DER REICH WAR, WURDE EURETWEGEN ARM, UM EUCH DURCH SEINE ARMUT REICH ZU MACHEN."**

V: Wort des lebendigen Gottes! - A: Dank sei Gott, dem Herrn!

Betrachtungshilfe:

Dieses Wort Gottes berichtet uns über eine Spendensammlung der Korinther für Jerusalem. - Paulus appelliert hier an die Nächstenliebe und bittet angesichts der Not der anderen um einen klaren Beweis der Liebe: **"Es geht nicht darum, daß ihr in Not geratet, indem ihr anderen helft; es geht um einen AUSGLEICH. Im Augenblick soll euer Überfluß ihrem Mangel abhelfen"** (2 Kor 8,13-14a).

Hier geht es dem heiligen Paulus um die Verteilung der irdischen Güter, die Eigentum Gottes sind, und die nach dem Willen des Schöpfers unter allen Menschen g e r e c h t verteilt werden sollen. - Dies schließt nicht aus, daß es Menschen gibt, die irdische Mittel im Überfluß haben. Es geht aber dabei darum, daß diese ihren REICHTUM und Besitz g e r e c h t mit den anderen teilen, so daß n i e m a n d NOT leiden muß.

Die Not der Menschen in den armen Ländern Afrikas, Asiens, Lateinamerikas und in den früheren Ostblockländern ist eine große Herausforderung und Prüfung für die Welt, besonders aber für die Christen der Wohlstandsländer. - Der Friede in der Welt ist heute sehr bedroht und hängt davon ab, wie groß der innere Reichtum der Menschen ist, - vor allem aber, ob die Liebe Christi in uns Christen wohnt, und inwieweit wir Herz und Hände öffnen, um mit den Notleidenden w i r k l i c h das zu teilen, was wir als unser Eigentum bezeichnen.

• Bin ich gerne bereit, mit den Notleidenden gerecht und in Liebe das zu teilen, was Gott mir zur Verwaltung anvertraut hat? - Ist mir bewußt, daß nur ein Leben nach den Prinzipien des Evangeliums die Menschen vor Krieg und anderen schrecklichen Ereignissen bewahren kann?

• Welchen Vorsatz fasse ich im Licht des heutigen Wortes Gottes?

Tagesgebet: *siehe entsprechender Tag Seite 460*

22. Juli

Wort Gottes: 2 Kor 8,7/9

"Wie ihr aber an allem REICH SEID, AN GLAUBEN, REDE UND ERKENNTNIS, AN JEDEM EIFER UND AN DER LIEBE, die wir in euch begründet haben, so sollt ihr euch auch an diesem Liebeswerk mit reichlichen Spenden beteiligen. Ihr wißt, was Jesus Christus, unser Herr, in seiner Liebe getan hat: Er, der reich war, wurde euretwegen arm, um euch durch seine Armut reich zu machen."

V: Wort des lebendigen Gottes! - A: Dank sei Gott, dem Herrn!

Betrachtungshilfe:

Heute wiederholen wir einen Teil des Wortes Gottes, dessen Inhalt wir gestern schon betrachtet haben, und wollen dabei mehr über den GEISTIGEN REICHTUM nachdenken, - über den Reichtum im Glauben und im Reden über den Glauben, über den Reichtum der Erkenntnis, des Eifers und der Liebe - diesen inneren Reichtum, der aber schließlich konkret in den Werken der Liebe, in der Hilfe für die Notleidenden zum Ausdruck kommt. Das heißt die Größe unserer Liebeswerke ist immer ein Maßstab für die Größe unseres geistigen Reichtums. - Wenn zwischen dem inneren und dem äußeren Reichtum zumindest ein Gleichgewicht herrscht, - noch besser, wenn das Geistige höher geschätzt wird als das Irdische, dann wird sich der innere Reichtum des Menschen wunderbar entfalten und durch die Gnade Gottes zur Vollendung gelangen.

Dies sehen wir im Leben der Heiligen, über die wir manchmal ganz falsch denken: Die Heiligen sind nicht diese Menschen, die ständig beten und beten und sonst kaum etwas tun. Die Heiligen sind auch nicht diese, die nur arbeiten und vor Erschöpfung fast sterben, aber kaum Zeit für das Gebet finden. Die Heiligen sind auch nicht diese, die behaupten, daß sie keine Sünde haben, weil dies allein schon eine Lüge wäre.

Es gab bis jetzt auf der Erde, außer Maria, keinen Menschen, der nicht gesündigt hat. Im Alten Testament heißt es dazu: **"Siebenmal fällt der Gerechte und steht wieder auf"** (Spr 24,16a). Aus dieser symbolischen Zahl erfahren wir, daß auch diese, die sich wirklich um ein heiliges Leben bemühen, öfters fehlen. Aber entscheidend ist dabei, daß sie sich nicht damit abfinden, sondern immer wieder aufstehen, sich überwinden und anstrengen, um ans Ziel, zu Gott, zu gelangen. Und aus diesen Menschen macht Gott die Heiligen!

- Verstehe ich jetzt besser, warum Jesus auf Erden arm lebte? - Ahme ich gerne Sein Leben und das der Heiligen nach, um innerlich reich zu werden? - Fällt es mir jetzt leichter, den Worten Jesu zuzustimmen: **"Wer sein Leben retten will, wird es verlieren; wer aber sein Leben um meinetwillen verliert, wird es gewinnen"** (Mt 16,25) - ?
- Welchen Vorsatz fasse ich im Licht des heutigen Wortes Gottes?

Tagesgebet: *siehe entsprechender Tag Seite 460*

23. Juli

Wort Gottes: 2 Kor 9,6-11

"Denkt daran: Wer kärglich sät, wird auch kärglich ernten; WER REICHLICH SÄT, WIRD REICHLICH ERNTEN. Jeder gebe, wie er es sich in seinem Herzen vorgenommen hat, nicht verdrossen und nicht unter Zwang; denn GOTT LIEBT EINEN FRÖHLICHEN GEBER. In seiner Macht kann Gott alle Gaben über euch ausschütten, so daß euch allezeit in allem alles Nötige ausreichend zur Verfügung steht und ihr noch genug habt, um allen Gutes zu tun, wie es in der Schrift heißt: Reichlich gibt er den Armen; seine Gerechtigkeit hat Bestand für immer. Gott, der Samen gibt für die Aussaat und

Brot zur Nahrung, wird auch euch das Saatgut geben und die Saat aufgehen lassen; er wird die Früchte eurer Gerechtigkeit wachsen lassen. IN ALLEM WERDET IHR REICH GENUG SEIN, UM SELBSTLOS SCHENKEN ZU KÖNNEN; und wenn wir diese Gabe überbringen, wird sie Dank an Gott hervorrufen."

V: Wort des lebendigen Gottes! - A: Dank sei Gott, dem Herrn!

Betrachtungshilfe:

Dieses Wort Gottes erinnert uns erneut daran, daß es schließlich Gott, der Schöpfer ist, der uns alle irdischen Gaben und Güter zur Verfügung stellt, damit wir sie gerecht, nach Seinem Willen, mit diesen Menschen teilen, die in Not sind. Das heißt, wenn diese, die im REICHTUM und Überfluß leben, mit denen **g e r e c h t** teilen, die Not leiden, wird niemand zu viel und niemand zu wenig haben, sondern alle genug und reichlich.

Dann brauchen wir uns auch um die Zukunft keine Sorgen zu machen, wenn wir uns um eine gerechte Verteilung der Güter bemühen, wie Jesus selbst uns belehrt: **"Ihr Kleingläubigen! - Macht euch also keine Sorgen und fragt nicht: Was sollen wir essen? - Was sollen wir trinken? - Was sollen wir anziehen? - Denn um all das geht es den Heiden. Euer Himmlischer Vater weiß, daß ihr das alles braucht. Euch aber muß es z u e r s t um SEIN REICH und um SEINE GERECHTIG-KEIT gehen; dann wird euch alles andere dazu gegeben"** (Mt 6,30c-33).

Das soll nicht heißen, daß wir nichts tun sollen und warten, bis Nahrung und Kleidung wie das Manna in der Wüste vom Himmel fallen. Jesus wollte uns damit nur verdeutlichen, daß der geistige Reichtum den ersten Platz in unserem Leben einnehmen muß, dann wird uns nichts fehlen, was wir zum Leben **wirklich** brauchen. - Wenn jemand vier oder fünf schöne Kleider hat, dann hat er doch sicher mehr als genug. Wer aber die Versuchung hat, noch andere, nicht notwendige Kleider zu kaufen, kann sich leicht davon befreien, wenn er das Kreuz Jesu Christi gerne betrachtet und Gott für alles dankbar ist. So wird er zufrieden, ja sogar glücklich sein! - Wer aber mit allen Verrücktheiten der Welt und mit jedem Modeschrei mitmachen will und dazu nicht genug Mittel hat, der wird sich sicher immer unglücklich fühlen.

Wer nur Geld und irdischen Reichtum sucht, wird, auch wenn er es findet, nie glücklich in diesem Leben sein und ewig unglücklich im anderen Leben. - Wer aber in diesem Leben vor allem Gott sucht und IHN findet, der wird sogar unter dem Kreuz und in den Leiden sich sehr glücklich fühlen, - und in der Ewigkeit den unvorstellbar großen, grenzenlosen Reichtum Gottes genießen!

- Ist es möglich, ein heiliges, Gott wohlgefälliges Leben nach den Prinzipien des Evangeliums zu führen und sich gleichzeitig nach den heute oft so übertriebenen Prinzipien der Welt und der Mode zu richten?
- Welchen Vorsatz fasse ich im Licht des heutigen Wortes Gottes?

Tagesgebet: *siehe entsprechender Tag Seite 460*

24. Juli

Wort Gottes: Apg 3,1-8

"Petrus und Johannes gingen um die neunte Stunde zum Gebet in den Tempel hinauf. Da wurde ein Mann herbeigetragen, der von Geburt an gelähmt war. Man setzte ihn täglich an das Tor des Tempels, das man die Schöne Pforte nennt; dort sollte er bei denen, die in den Tempel gingen, um Almosen betteln. Als er nun Petrus und Johannes in den Tempel gehen sah, bat er sie um ein Almosen. Petrus und Johannes blickten ihn an, und Petrus sagte: Sieh uns an! - Da wandte er sich ihnen zu und erwartete, etwas von ihnen zu bekommen. Petrus aber sagte: SILBER UND GOLD BESITZE ICH NICHT. DOCH WAS ICH HABE, DAS GEBE ICH DIR: Im Namen Jesu Christi, des Nazoräers, geh umher! - Und er faßte ihn an der rechten Hand und richtete ihn auf. Sogleich kam Kraft in seine Füße und Gelenke; er sprang auf, konnte stehen und ging umher. Dann ging er mit ihnen in den Tempel, lief und sprang umher und lobte Gott."

V: Wort des lebendigen Gottes! - A: Dank sei Gott, dem Herrn!

Betrachtungshilfe:

Dieses Wort Gottes erinnert uns an den geistigen REICHTUM und an die Kraft der Kirche am Anfang, die Jesus als eine einzige gegründet hat, und dies verdeutlicht uns zugleich auch unsere heutige Armut und Schwäche. - Wir werden heute immer besser ausgebildet, unser Wissen über irdische Dinge wird immer größer, aber unser Wissen über himmlische Dinge wird immer geringer. - Wer von uns könnte heute sagen: Ich habe weder Silber noch Gold und Geld, aber im Namen Jesu sage ich dir, Kranker, sei geheilt?! - Oft vergessen wir heute überhaupt das, was so notwendig ist, nämlich **alles im Namen Jesu zu tun.**

Wir haben heute in der Kirche viele Gelehrte, Wissenschaftler, Professoren und Doktoren, denen es nicht an Gold, Silber und Geld mangelt. - Aber es mangelt heute so sehr an Heiligen, die alles im Namen Jesu tun, zur größten Ehre Gottes und zur eigenen und anderer Menschen Heiligung. - Stattdessen gibt es unter den Theologen sogar solche, die die geoffenbarten Wahrheiten Gottes in Frage stellen und bekämpfen, anstatt ihnen zu dienen.

Deswegen sind heute besonders die christlichen Familien aufgerufen, um zahlreiche, heiligmäßige Priester und Ordensberufungen zu beten, und denen, die dem Ruf des Herrn folgen, nicht nur geistig, mit dem Gebet, zu helfen, sondern auch materiell.

Die Samaritanische Bewegung Mariens-EINHEIT hat dazu den fruchtbarsten Weg gewählt: **DAS TÄGLICHE, GEMEINSAME GEBET MIT DER BETRACH-TUNG DES WORTES GOTTES IN DEN FAMILIEN.**

Ohne die Erneuerung des geistigen Lebens in der Familie, ohne Gebetsatmosphäre und ohne den lebendigen Kontakt der Familie mit Gott werden wir nichts Gutes erreichen. Weder Geld noch Gold, weder Wohlstand noch Überfluß, weder Gelehrte noch Doktoren und Professoren werden die Probleme der Welt - O H N E G O T T - bewältigen und die Menschen retten können.

Bei den heute so vielfältigen Nöten und Problemen in Kirche und Welt, - Glaubensabfall, Mangel an Priestern und Ordensleuten, Ehescheidungen, Abtreibung, Hunger, materielles und geistiges Elend, Krankheiten, Drogenabhängigkeit, Terrorismus usw. - kann weder die Kirche noch die Welt Abhilfe schaffen, weder Silber noch Gold, weder Konferenzen und Meetings, noch die besten Predigten, Ansprachen, Katechesen, Exerzitien, noch sonst irgendetwas, was wir uns als bestes und wirksamstes Mittel ausdenken könnten!

Abhilfe kann nur Gott schaffen, durch Familien, in denen wieder täglich gemeinsam gebetet wird, - d.h. durch wirklich christliche Familien, die leben und atmen in der geistigen Atmosphäre der Verbundenheit mit dem Himmlischen Vater, im Heiligen Geist und in der Anwesenheit des Göttlichen Samariters, JESUS CHRISTUS!

S.E. **Kardinal Luigi Dadaglio** zitierte in seinem Brief an uns (6.2.89) ein altes italienisches Sprichwort: **"Wenn jeder die Straße vor seinem Haus kehrt, wird die ganze Stadt sauber sein."**

Man muß also nicht lange suchen und überlegen, wie man die Welt wieder in Ordnung bringen kann, es genügt, sich dafür von Herzen einzusetzen, daß **j e d e Familie** nach den Prinzipien des Evangeliums bei sich selbst Ordnung macht und sich von der Gnade Gottes umwandeln läßt.

Und um wieviel schneller und besser würde dies gehen, wenn dazu noch möglichst viele Priester und Bischöfe mit ihrer ganzen Kraft dieses Apostolat unterstützen und fördern würden!

So wollen wir, die Brüder Samariter und die Schwestern Samariterinnen, a l l e Familien, die täglich mit uns diese Große Novene beten, ganz herzlich und demütig bitten, möglichst viele Familien in der eigenen Umgebung für das tägliche gemeinsame Gebet mit der Betrachtung des Wortes Gottes zu gewinnen und von der Fruchtbarkeit der Anbetung des Herrn in der Eucharistie zu überzeugen.

- Was habe ich bis jetzt konkret unternommen, um die Menschen Gott näher-zubringen, damit sie von der Anwesenheit Gottes innerlich bereichert, glücklich und ausgeglichen leben?

- Welchen Vorsatz fasse ich im Licht des heutigen Wortes Gottes?

Tagesgebet: *siehe entsprechender Tag Seite 460*

25. Juli

Wort Gottes: Jak 2,1-5

"Meine Brüder, haltet den Glauben an unseren Herrn Jesus Christus, den Herrn der Herrlichkeit, frei von jedem Ansehen der Person. Wenn in eure Versammlung ein Mann mit goldenen Ringen und prächtiger Kleidung kommt, und zugleich kommt ein Armer in schmutziger Kleidung, und ihr blickt auf den

Mann in der prächtigen Kleidung und sagt: Setz dich hier auf den guten Platz!, und zu dem Armen sagt ihr: Du kannst dort stehen!, oder: Setz dich zu meinen Füßen! - macht ihr dann nicht untereinander Unterschiede und fällt Urteile aufgrund verwerflicher Überlegungen? Hört, meine geliebten Brüder: HAT GOTT NICHT DIE ARMEN IN DER WELT AUSERWÄHLT, UM SIE DURCH DEN GLAUBEN REICH UND ZU ERBEN DES KÖNIGREICHS ZU MACHEN, das er denen verheißen hat, die ihn lieben?"

V: Wort des lebendigen Gottes! - A: Dank sei Gott, dem Herrn!

Betrachtungshilfe:

Heute erwartet man überall von den Menschen, daß sie bei ihren Kontakten höfliche Worte nützen, um niemanden zu kränken oder wehe zu tun. - Der heilige Jakobus wie auch die anderen Apostel halten sich nicht immer an diese Regel. Manchmal reden sie ganz hart und fast beleidigend. Sie handeln wie Ärzte, die ohne Betäubungsmittel eine schwere Operation durchführen müssen. - Der Patient schreit und weint zwar, aber er schimpft den Arzt nicht, weil er weiß, daß nur auf diese Weise seine Gesundheit oder sogar sein Leben gerettet werden kann. - Nichts anderes aber haben die Apostel beabsichtigt, wenn sie manchmal schwere Worte aussprachen, wie z.B. auch diese: "Ihr aber, ihr Reichen, weint nur und klagt über das Elend, das euch treffen wird. **Euer REICHTUM verfault**, und eure Kleider werden von Motten zerfressen. **Euer Gold und Silber verrostet**; ihr Rost wird als Zeuge gegen euch auftreten und euer Fleisch verzehren wie Feuer. Noch in den letzten Tagen sammelt ihr Schätze. Aber der Lohn der Arbeiter, die eure Felder abgemäht haben, der Lohn, den ihr ihnen vorenthalten habt, schreit zum Himmel" (Jak 5,1-4a). - In solchen Worten sollen wir also nichts Beleidigendes sehen, sondern vielmehr die Liebe Gottes, die uns retten will und die uns deshalb manchmal mit harten Worten zurechtweist, ermahnt und warnt.

Sicher ist es etwas anderes, wenn jemand uns ungerecht, mit harten Worten, beschimpft, die nichts mit der Sorge um unser geistiges oder leibliches Wohl zu tun haben. - Aber auch dann sollen wir nicht vergessen, was Jesus sagte: **"Selig seid ihr, wenn ihr um meinetwillen beschimpft und verfolgt und auf alle mögliche Weise verleumdet werdet. Freut euch und jubelt, euer Lohn im Himmel wird groß sein"** (Mt 5,11-12a).

- Wie reagiere ich, wenn ich manchmal sehr harte Worte aus dem Mund Jesu und Seiner Apostel hören muß? - Glaube ich daran, daß sie nur die Wahrheit aussprechen und nur das Beste für mich wollen?
- Welchen Vorsatz fasse ich im Licht des heutigen Wortes Gottes?

Tagesgebet:

Lasset uns beten: Allmächtiger, ewiger Gott und Vater, als erster der Apostel hat der heilige Jakobus das Zeugnis für Christus mit seinem Blut besiegelt. Sein Bekennermut stärke uns, seine Fürbitte erwirke Deiner Kirche Schutz und Sicherheit. Darum bitten wir Dich, durch unseren Herrn Jesus Christus, der in der Einheit des Heiligen Geistes mit Dir lebt und herrscht in alle Ewigkeit. Amen. (vgl. Laudes vom Fest des heiligen Apostels Jakobus)

26. Juli

Wort Gottes: 1 Tim 6,17-19

"Ermahne die, die in dieser Welt reich sind, nicht überheblich zu werden und ihre Hoffnung nicht auf den UNSICHEREN REICHTUM zu setzen, sondern auf Gott, der uns alles reichlich gibt, was wir brauchen. Sie sollen wohltätig sein, reich werden an guten Werken, freigebig sein und, was sie haben, mit anderen teilen. So sammeln sie sich einen Schatz als sichere Grundlage für die Zukunft, um das wahre Leben zu erlangen."

V: Wort des lebendigen Gottes! - A: Dank sei Gott, dem Herrn!

Betrachtungshilfe:

Dieses Wort Gottes ermahnt alle, denen Gott Vermögen und irdischen REICHTUM zur Verfügung gestellt hat, nicht **überheblich** zu werden. - Wir wissen doch genau, daß dies alles, so wie unser ganzes Leben, sehr vergänglich, unsicher und nur von kurzer Dauer ist.

Denken wir dabei daran, welch großen geistigen Reichtum und welch himmlische Schätze diese Menschen sammeln können, die krank sind und leiden, vorausgesetzt, daß sie ihre Leiden ruhig annehmen, geduldig tragen und großmütig aufopfern. - Meistens hat der Mensch keine Ahnung davon, zu welch großem, innerem Reichtum Leid und Schmerz führen können, wenn er sich dabei ganz mit Jesus˙ Christus verbindet und so zur Vereinigung mit Gott gelangt.

• Mit welcher Verantwortung verwalte ich all dies, was Gott mir anvertraut hat, nicht nur Hab und Gut, aber auch die Gnade der Gesundheit oder Krankheit, meine Begabungen, meine Arbeit und Freizeit, meine eigene Familie oder meine Zugehörigkeit zu einer Gemeinschaft?

• Welchen Vorsatz fasse ich im Licht des heutigen Wortes Gottes?

Tagesgebet: *siehe entsprechender Tag Seite 461*

27. Juli

Wort Gottes: 1 Tim 6,9-10

"WER REICH WERDEN WILL, GERÄT IN VERSUCHUNGEN und Schlingen, er verfällt vielen sinnlosen und schädlichen Begierden, die den Menschen ins Verderben und in den Untergang stürzen. Denn die Wurzel aller Übel ist die Habsucht. Nicht wenige, die ihr verfielen, sind vom Glauben abgeirrt und haben sich viele Qualen bereitet."

V: Wort des lebendigen Gottes! - A: Dank sei Gott, dem Herrn!

Betrachtungshilfe:

Aus diesem Wort Gottes erfahren wir, wie gefährlich es sein kann, nach irdischem REICHTUM zu streben. - Der heilige Paulus spricht darüber sehr deutlich, vor allem auch zu den Hirten der Kirche, die um die Reinheit der Verkündigung des Wortes Gottes sorgen sollen. Er stellt konkrete Forderungen und verlangt, daß diese erfüllt werden: "So sollst du (Timotheus) lehren, dazu sollst du ermahnen. Wer aber etwas anderes lehrt und sich nicht an die gesunden Worte Jesu Christi, unseres Herrn, und an die Lehre unseres Glaubens hält, der ist verblendet; er versteht nichts, sondern ist krank von lauter Auseinandersetzungen und Wortgefechten. Diese führen zu Neid, Streit, Verleumdungen, üblen Verdächtigungen und Gezänk unter den Menschen, deren Denken verdorben ist; diese Leute sind von der Wahrheit abgekommen und meinen, die Frömmigkeit sei ein Mittel, um irdischen Gewinn zu erzielen. **Die Frömmigkeit bringt in der Tat reichen Gewinn, wenn man nur genügsam ist. Denn wir haben nichts in die Welt mitgebracht und wir können auch nichts aus ihr mitnehmen**" (1 Tim 6,2b-7).

• Wie sieht die Erziehung der Kinder in meiner Familie, in den Familien meiner Verwandten und Freunde aus? - Nütze ich die belehrende Kraft des Wortes Gottes, wenn es darum geht, die Kinder zur Frömmigkeit und Genügsamkeit zu erziehen?

• Welchen Vorsatz fasse ich im Licht des heutigen Wortes Gottes?

Tagesgebet: *siehe entsprechender Tag Seite 461*

28. Juli

Wort Gottes: Kol 1,24-28

"Jetzt freue ich mich in den Leiden, die ich für euch ertrage. Für den Leib Christi, die Kirche, ergänze ich in meinem irdischen Leben das, was an den Leiden Christi noch fehlt. Ich diene der Kirche durch das Amt, das Gott mir übertragen hat, damit ich euch das Wort Gottes in seiner Fülle verkündige, jenes Geheimnis, das seit ewigen Zeiten und Generationen verborgen war. Jetzt wurde es seinen Heiligen offenbart; GOTT WOLLTE IHNEN ZEIGEN, WIE R E I C H UND HERRLICH DIESES GEHEIMNIS UNTER DEN VÖLKERN IST: Christus ist unter euch, er ist die Hoffnung auf Herrlichkeit. Ihn verkündigen wir; wir ermahnen jeden Menschen und belehren jeden mit aller Weisheit, um dadurch alle in der Gemeinschaft mit Christus vollkommen zu machen."

V: Wort des lebendigen Gottes! - A: Dank sei Gott, dem Herrn!

Betrachtungshilfe:

Dieses Wort Gottes zeigt uns erneut, welch großen Reichtum uns die Gemeinschaft mit Christus vermittelt, besonders wenn wir unsere Leiden mit Seinen Leiden vereinigen. Jesus Christus hat die Erlösungsmission in der Welt mit Seinen Leiden und mit der Verkündigung des Wortes Gottes begonnen. Den ersten und wichtigsten Abschnitt dieser Mission hat ER mit Seinem Tod besiegelt und dann durch Seine Auferstehung und Himmelfahrt den Weg in den Himmel geöffnet. Wir aber müssen fortsetzen, was Jesus in Seinem Mystischen Leib, der Kirche, begonnen hat. - Der heilige Paulus hat dies im Licht des Heiligen Geistes richtig erfaßt, deshalb konnte er sagen: **"Für den Leib Christi, die Kirche, ergänze ich in meinem irdischen Leben das, was an den Leiden Christi noch fehlt."**

Das entspricht dem, was er an anderer Stelle sagt: "**So bezeugt der Geist selber unserem Geist, daß wir Kinder Gottes sind. Sind wir aber Kinder, dann auch Erben; wir sind Erben Gottes und sind Miterben Christi, wenn wir mit ihm leiden, um mit ihm auch verherrlicht zu werden. Ich bin überzeugt, daß die Leiden der gegenwärtigen Zeit nichts bedeuten im Vergleich zu der Herrlichkeit, die an uns offenbar werden soll**" (Röm 8,16-18).

- Verstehe ich jetzt besser eine andere Aussage von ihm: "**Das Wort vom Kreuz ist denen, die verlorengehen Torheit; uns aber, die gerettet werden, ist es Gottes Kraft**" (1 Kor 1,18) - ?
- Welchen Vorsatz fasse ich im Licht des heutigen Wortes Gottes?

Tagesgebet: *siehe entsprechender Tag Seite 461*

29. Juli

Wort Gottes: Kol 2,1-9

"**Ihr sollt wissen, was für einen schweren Kampf ich für euch und für die Gläubigen in Laodizea zu bestehen habe, auch für alle anderen, die mich persönlich nie gesehen haben. Dadurch sollen sie getröstet werden; sie sollen in Liebe zusammenhalten, um die tiefe und reiche Einsicht zu erlangen und das göttliche Geheimnis zu erkennen, das Christus ist. IN IHM SIND ALLE SCHÄTZE DER WEISHEIT UND ERKENNTNIS VERBORGEN. Das sage ich, damit euch niemand durch Überredungskünste täuscht. Auch wenn ich fern von euch weile, bin ich im Geist bei euch. Mit Freude sehe ich, wie fest und geordnet euer Glaube an Christus ist. Ihr habt Christus Jesus als Herrn angenommen. Darum lebt auch in ihm! Bleibt in ihm verwurzelt und auf ihn gegründet, und haltet an dem Glauben fest, in dem ihr unterrichtet wurdet. Hört nicht auf zu danken! - Gebt acht, daß euch niemand mit seiner Philosophie und falschen Lehre verführt, die sich nur auf menschliche Überlieferung stützen und sich auf die Elementarmächte der Welt, nicht auf Christus berufen. Denn in ihm allein wohnt wirklich die ganze Fülle Gottes.**"

V: Wort des lebendigen Gottes! - A: Dank sei Gott, dem Herrn!

Betrachtungshilfe:

Heute erfahren wir, welche Freude den heiligen Paulus erfüllte, als er sah, daß die Gläubigen Jesus als ihren Herrn angenommen hatten und an IHM festhielten. Zugleich aber fordert er sie auf, mit aller Kraft dem Herrn treu zu bleiben, in IHM zu leben und sich von keiner menschlichen Philosophie und falschen Lehre verwirren zu lassen. - Diese Mahnung gilt auch für uns heute: Wenn wir in Christus fest verwurzelt sind, werden wir nicht falschen Lehren folgen. Nur ER allein kann uns die wahren und echten Schätze der Weisheit und Erkenntnis vermitteln. Und nur diese können uns wirklich reich und glücklich machen, jetzt und für die Ewigkeit.

Daß die Fülle der Weisheit nur in Jesus Christus zu finden ist, d.h. im Evangelium, erfahren wir tagtäglich, wenn wir das WORT GOTTES lesen und meditieren. - Und wenn alle Menschen diese Worte Gottes, die so kurz und einfach formuliert sind und in sich eine solche Kraft haben, befolgen würden, könnte es auf der Erde schon fast wie im Himmel sein, worum wir doch im Vaterunser so oft bitten.

Als Beispiel hier nur einige Prinzipien, die Jesus ganz einfach und schlicht formuliert hat:

"Alles, was ihr von anderen erwartet, das tut auch ihnen" (Mt 7,12a),

"Liebt einander! Wie ich euch geliebt habe" (Joh 13,34),

"An ihren Früchten werdet ihr sie erkennen. Jeder gute Baum bringt gute Früchte hervor, ein schlechter Baum aber schlechte. Ein guter Baum kann keine schlechten Früchte hervorbringen und ein schlechter Baum keine guten" (Mt 7,16a-18).

• Bin ich wirklich davon überzeugt, daß die Weisheit, die wir in der Vereinigung mit Gott erreichen können, mehr Wert hat als alle irdischen Schätze dieser Welt?

• Welchen Vorsatz fasse ich im Licht des heutigen Wortes Gottes?

Tagesgebet: *siehe entsprechender Tag Seite 461*

30. Juli

Wort Gottes:
Mt 4,1-4/8-11

"Jesus wurde vom Geist in die Wüste geführt; dort sollte er vom Teufel in Versuchung geführt werden. Als er vierzig Tag und vierzig Nächte gefastet hatte, bekam er Hunger. Da trat der Versucher an ihn heran und sagte: Wenn du Gottes Sohn bist, so befiehl, daß aus diesen Steinen Brot wird. Er aber antwortete: In der Schrift heißt es: Der Mensch lebt nicht nur vom Brot, sondern von jedem WORT, DAS AUS GOTTES MUND KOMMT. - Wieder nahm ihn der Teufel mit sich und führte ihn auf einen sehr hohen Berg; ER ZEIGTE IHM ALLE REICHE DER WELT MIT IHRER PRACHT UND SAGTE ZU IHM: DAS ALLES WILL ICH DIR GEBEN, WENN DU DICH VOR MIR NIEDERWIRFST UND MICH ANBETEST. Da sagte Jesus zu ihm: Weg mit dir, Satan! Denn in der Schrift steht: VOR DEM HERRN, DEINEM GOTT, SOLLST DU DICH NIEDERWERFEN UND IHM ALLEIN DIENEN. Darauf ließ der Teufel von ihm ab, und es kamen Engel und dienten ihm."

V: Wort des lebendigen Gottes! - A: Dank sei Gott, dem Herrn!

Betrachtungshilfe:

In diesem Wort Gottes wollen wir nur die erste und dritte Versuchung Jesu betrachten. In beiden Fällen geht es um den irdischen und himmlischen REICHTUM. - Jesus hat nicht nur diesen Versuchungen, sondern **allen** **Versuchungen** siegreich widerstanden. - In Seiner ersten Antwort weist ER darauf hin, wie wichtig das WORT GOTTES für unser geistiges Leben und für unseren geistigen Reichtum ist, d.h. für unser irdisches und himmlisches Glück. - Die dritte Versuchung Jesu und Seine Antwort, die er dem Satan gibt, zeigt uns klar und eindeutig, um was es dem Teufel in seinem Kampf geht und wie die Menschen sich

256

dabei verhalten sollen. - Es geht dem Satan schließlich um die Ehre, die <u>allein</u> Gott gebührt.

Hier finden wir auch eine Antwort auf die Frage, warum es den frommen, gerechten und gottesfürchtigen Menschen oft so schlecht in dieser Welt geht, und warum es denen, die sich vor dem Satan niederwerfen und ihn anbeten, oft so gut geht, so daß sie sogar im Überfluß leben. - Wenn wir aber wollen, daß uns die Engel dienen, müssen wir so handeln wie Jesus hier und in Seinem ganzen irdischen Leben gehandelt hat!

- Wie verhalte ich mich, wenn mich der Satan mit der Pracht und dem Reichtum der Welt lockt und in Versuchung führt?
- Welchen Vorsatz fasse ich im Licht des heutigen Wortes Gottes?

Tagesgebet: *siehe entsprechender Tag Seite 461*

31. Juli

Wort Gottes: 1 Thess 3,11-13

"Gott, unser Vater, und Jesus, unser Herr, mögen unsere Schritte zu euch lenken. Euch aber lasse der Herr wachsen und R E I C H WERDEN IN DER LIEBE zueinander und zu allen, wie auch wir euch lieben, damit euer Herz gefestigt wird und ihr ohne Tadel seid, geheiligt vor Gott, unserem Vater, wenn Jesus, unser Herr, mit allen seinen Heiligen kommt."

V: Wort des lebendigen Gottes! - A: Dank sei Gott, dem Herrn!

Betrachtungshilfe:

Mit diesen schönen Worten des heiligen Paulus wollen wir unsere Betrachtungen über den REICHTUM abschließen. - Der größte innere Reichtum ist schließlich ein heiliges Leben, zu dem wir nur durch die Vereinigung mit Jesus Christus und durch IHN im Heiligen Geist mit dem Himmlischen Vater gelangen können. Die Größe dieses geistigen Reichtums entspricht selbstverständlich dem, wie wir den Willen Gottes erfüllen. Deswegen ist es so wichtig, daß wir uns täglich mit allen Kräften darum bemühen, den Willen Gottes zu erkennen und zu erfüllen, und **dabei hilft uns das tägliche Gebet und die Meditation des WORTES GOTTES.**

Leider läßt sich der geistige Reichtum meistens nicht mit dem irdischen Reichtum vereinbaren. Dies zeigt sich, wenn wir versuchen, das Evangelium an unser Leben anzupassen, anstatt, wie es richtig ist, unser Leben an das Evangelium. - Deswegen stellt jede Art von Konformismus mit der Welt eine Gefahr für unseren geistigen Reichtum dar, über die auch der heilige Paulus einmal schrieb: **"Angesichts des Erbarmens Gottes ermahne ich euch, meine Brüder, euch selbst als lebendiges und heiliges Opfer darzubringen, das Gott gefällt; das ist für euch der wahre und angemessene Gottesdienst. Gleicht euch nicht dieser Welt an, sondern wandelt euch und erneuert euer Denken, damit ihr prüfen und erkennen könnt, was der Wille Gottes ist: was ihm gefällt, was gut und vollkommen ist"** (Röm 12,1-2).

- Sorge ich entsprechend dieser Ermahnung des heiligen Paulus - die nichts anderes ist als eine Belehrung Jesu Christi - daß ich mich nicht dieser Welt anpasse, sondern den Prinzipien des Evangeliums diene, um vor Gott reich zu werden?
- Welchen Vorsatz fasse ich im Licht des heutigen Wortes Gottes? -

Tagesgebet: *siehe entsprechender Tag Seite 461*

"Nachdem die Festtage zu Ende waren, machten sie sich auf den Heimweg. Der junge Jesus aber blieb in Jerusalem, ohne daß seine Eltern es merkten. Sie meinten, er sei irgendwo in der Pilgergruppe, und reisten eine Tagesstrecke weit; dann suchten sie ihn bei den Verwandten und Bekannten. Als sie ihn nicht fanden, kehrten sie nach Jerusalem zurück und suchten ihn dort. Nach drei Tagen fanden sie ihn im Tempel; er saß mitten unter den Lehrern, hörte ihnen zu und stellte Fragen. Alle, die ihn hörten, waren erstaunt über sein Verständnis und über seine Antworten." (Lk 2,43-47)

"Als seine Eltern ihn sahen, waren sie sehr betroffen, und seine Mutter sagte zu ihm: Kind, wie konntest du uns das antun? Dein Vater und ich haben dich voll Angst gesucht. Da sagte er zu ihnen: Warum habt ihr mich gesucht? Wußtet ihr nicht, daß ich in dem sein muß, was meinem Vater gehört? Doch sie verstanden nicht, was er damit sagen wollte. Dann kehrte er mit ihnen nach Nazaret zurück und war ihnen gehorsam. Seine Mutter bewahrte alles, was geschehen war, in ihrem Herzen." (Lk 2,48-51)

FREIHEIT UND VERANTWORTUNG
bei der Erfüllung des Willens
des Himmlischen Vaters

VORWORT:

In diesem Monat wollen wir das Thema FREIHEIT und VERANTWORTUNG betrachten und dabei vor allem über den Wert der geistigen Freiheit des Menschen nachdenken, aber auch über die Freiheit des Menschen im physisch-leiblichen Sinn.

Unter dem Begriff Freiheit verstehen wir selbstverständlich auch die BEFREIUNG des Menschen von allem Unheil und Bösen, von allem, was ihn seelisch und körperlich bedrückt, belastet und gefangenhält.

Mit dem Thema Freiheit ist zugleich auch das Problem der VERANTWORTUNG verbunden, die der Mensch nicht nur für sich selbst, für den Mitmenschen und für die Schöpfung trägt, sondern vor allem vor Gott, als dem Schöpfer des Menschen, als dem Urheber allen Seins.

Diese Betrachtungen sollen uns die Einsicht vermitteln, daß der Mensch keine unbegrenzte Freiheit hat, so daß er nicht machen kann, was er will und was ihm gefällt. - Der Mensch lebt in einer Gesellschaft, die allein schon durch gewisse Gesetze, Rechte und Pflichten die Freiheit jedes einzelnen einschränkt. - Vor allem aber müssen wir uns immer wieder klar machen, daß wir Geschöpfe Gottes sind und somit nicht Herren für uns selbst, sondern der Ordnung Gottes unterstellt, die unsere Freiheit zu unserem eigenen Wohl einschränkt.

Schließlich hat der Mensch also nur dort völlige FREIHEIT, wo er zwischen Gut und Böse wählen kann!

Das Zweite Ökumenische Vatikanische Konzil hat dazu sehr wesentliche und klare Aussagen gemacht, wie uns u.a. der folgende Abschnitt zeigt:

"In unserer Zeit stehen die Menschen unter vielfachem, äußerem Druck und geraten dabei in Gefahr, die eigene WAHLFREIHEIT zu verlieren. Auf der anderen Seite zeigen manche die Neigung, unter dem Vorwand der FREIHEIT jederlei Unterordnung abzulehnen und den schuldigen (gebührenden) **Gehorsam geringzuschätzen. Deshalb richtet das Vatikanische Konzil die Mahnung an alle, besonders aber an die, denen es obliegt, andere zu erziehen, daß sie danach streben, Menschen zu bilden, die der sittlichen Ordnung gemäß der gesetzlichen Autorität gehorchen und zugleich Liebhaber der echten Freiheit sind; Menschen, die die Dinge nach eigener Entscheidung im Licht der Wahrheit beurteilen, ihr Handeln verantwortungsbewußt ausrichten und bemüht sind, was immer wahr und gerecht ist, zu erstreben, wobei sie zu gemeinsamem Handeln sich gern mit anderen zusammenschließen.**

So muß denn die Religionsfreiheit auch dazu dienen und dahin geordnet werden, daß die Menschen bei der Erfüllung ihrer Pflichten im Leben der Gesellschaft mit Verantwortung handeln." (Erklärung über die Religionsfreiheit "Dignitatis humanae", Pt. 8)

Dieses Zitat vom Zweiten Vatikanum soll im Augenblick genügen. Es wäre aber wünschenswert und segensreich, wenn wir immer wieder neben den Texten des Evangeliums auch die Texte des Zweiten Vatikanischen Konzils aufmerksam lesen und meditieren würden. - Manchmal scheinen diese Texte zwar im ersten Augenblick sehr schwierig zu sein und können sogar zu großen Mißverständnissen führen, wenn wir sie nur mit dem Verstand und ohne das begleitende Gebet betrachten. - Auch mir ging es so: Wenn ich manche Texte vom Zweiten Vatikanum etwas unaufmerksam und oberflächlich gelesen habe, kam ich in Versuchung, sie nicht zu akzeptieren. - **Aber als ich dann die gleichen Texte wieder und wieder, sogar kniend, las und dabei zu Gott um Hilfe flehte, entdeckte ich dort plötzlich so wunderbare Dinge, die unmöglich von Menschenhand geschrieben sein konnten, sondern n u r vom Heiligen Geist!**

So wünsche ich allen, die diese manchmal nicht ganz einfachen Texte des Zweiten Vatikanums studieren, daß sie so wie ich viel Wunderbares dabei entdecken und sie mit Freude lesen. Dabei bitte ich aber alle, diese Texte im Gebet zu betrachten und vielleicht sogar auf den Knien um das Licht des Heiligen Geistes zu flehen.

Dazu noch eine große Bitte an alle Eltern und Erzieher, die zusammen mit Kindern diese Worte Gottes betrachten: - Seien Sie bitte für diese von Gott Geliebtesten gute und treue Übersetzer dessen, was in diesen Betrachtungen für Kinder oft schwer zu verstehen ist! - Gott wird Ihnen dies reichlich vergelten! - So können sie die erste und wichtigste Aufgabe der Katechese und der Evangelisation erfüllen und ein festes Fundament legen für einen gesunden Glauben, eine gesunde, christliche Liebe und Hoffnung auf das wahre Glück des Menschen auf der Erde und auf das ewige Glück im Himmel.

1. August

Wort Gottes: 1 Petr 2,11-17

"Liebe Brüder, da ihr Fremde und Gäste seid in dieser Welt, ermahne ich euch: Gebt den irdischen Begierden nicht nach, die gegen die Seele kämpfen. Führt unter den Heiden ein rechtschaffenes Leben, damit sie, die euch jetzt als Übeltäter verleumden, durch eure guten Taten zur Einsicht kommen und Gott preisen am Tag der Heimsuchung. - Unterwerft euch um des Herrn willen jeder menschlichen Ordnung: dem Kaiser, weil er über allen steht, den Statthaltern, weil sie von ihm entsandt sind, um die zu bestrafen, die Böses tun, und die auszuzeichnen, die Gutes tun. Denn es ist der Wille Gottes, daß ihr durch eure guten Taten die Unwissenheit unverständiger Menschen zum Schweigen bringt. HANDELT ALS FREIE, ABER NICHT ALS SOLCHE, DIE DIE FREIHEIT ALS DECKMANTEL FÜR DAS BÖSE NEHMEN, SONDERN WIE KNECHTE GOTTES. Erweist allen Menschen Ehre, liebt die Brüder, fürchtet Gott und ehrt den Kaiser!"

V: Wort des lebendigen Gottes! - A: Dank sei Gott, dem Herrn!

Betrachtungshilfe:

Der erste Stellvertreter Christi auf Erden, der erste Papst der Kirche, der heilige Petrus, belehrt uns heute, daß wir uns in der Welt, wo die irdischen Begierden herrschen, als Fremde und Gäste betrachten sollen. Dies stimmt überein mit dem, was der heilige Paulus sagt: **"Unsere Heimat ist im Himmel"** (Phil 3,20). - **"Darum strebt nach dem, was im Himmel ist, richtet euren Sinn auf das Himmlische und nicht auf das Irdische"** (Kol 3,1b-2b). - Weiter ermahnt uns der heilige Petrus, daß wir als Freie handeln sollen und nicht als solche, die die FREIHEIT als Deckmantel für das Böse nehmen; wir sollen als Christen durch ein rechtschaffenes Leben und durch gute Taten die Ungläubigen zur Einsicht führen und zeigen, daß wir gelernt haben, die Freiheit in christlicher Verantwortung zum Guten zu gebrauchen und nicht zum Bösen.

Was den Gehorsam der Christen gegenüber der menschlichen Ordnung und staatlichen Obrigkeit betrifft, so kann er auf keinen Fall der folgenden Anordnung Jesu Christi widersprechen: **"Gebt dem Kaiser, was dem Kaiser gehört, und Gott, was Gott gehört!"** (Mt 22,21b). - Wenn aber irgendeine staatliche Obrigkeit sich über Gott stellt und von uns etwas verlangt, was der Ordnung Gottes und unserem Gehorsam gegenüber Gott widerspricht, so müssen wir dem Kaiser widersagen. - Gott ist der Erste und ER steht über allem, nicht der Kaiser! Deswegen muß der Mensch zuerst Gott gehorchen und erst dann den Anordnungen irgendeiner staatlichen Gewalt.

• Bemühe ich mich ernsthaft darum, meine Freiheit im christlichen Sinn verantwortungsbewußt zu gebrauchen?

• Welchen Vorsatz fasse ich im Licht des heutigen Wortes Gottes?

Tagesgebet: *siehe entsprechender Tag Seite 457*

2. August

Wort Gottes: 2 Petr 2,4-7/9-10a/18-21

"Gott hat auch die Engel, die gesündigt haben, nicht verschont, sondern sie in die finsteren Höhlen der Unterwelt verstoßen und hält sie dort eingeschlossen bis zum Gericht. Er hat auch die frühere Welt nicht verschont, nur Noach, den Verkünder der Gerechtigkeit, hat er zusammen mit sieben anderen als achten bewahrt, als er die Flut über die Welt der Gottlosen brachte. Auch die Städte Sodom und Gomorra hat er eingeäschert und zum Untergang verurteilt als ein Beispiel für alle Gottlosen in späteren Zeiten. Den gerechten Lot aber, der unter dem ausschweifenden Leben der Gottesverächter litt, hat er gerettet; Der Herr kann die Frommen aus der Prüfung retten; bei den Ungerechten aber kann er warten, um sie am Tag des Gerichts zu bestrafen, besonders die, die sich von der schmutzigen Begierde ihres Körpers beherrschen lassen und die Macht des Herrn verachten. Sie führen geschwollene und nichtssagende Reden; sie lassen sich von ihren fleischlichen Begierden treiben und locken mit ihren Ausschweifungen die Menschen an, die sich eben erst von denen getrennt haben, die im Irrtum leben. FREIHEIT VERSPRECHEN SIE IHNEN UND

261

SIND DOCH SELBST SKLAVEN DES VERDERBENS; sie waren dem Schmutz der Welt entronnen, weil sie den Herrn und Retter Jesus Christus erkannt hatten; wenn sie sich aber von neuem davon fangen und überwältigen lassen, dann steht es mit ihnen am Ende schlimmer als vorher. Es wäre besser für sie, den Weg der Gerechtigkeit gar nicht erkannt zu haben, als ihn erkannt zu haben und sich danach wieder von dem heiligen Gebot abzuwenden."

V: Wort des lebendigen Gottes! - A: Dank sei Gott, dem Herrn!

Betrachtungshilfe:

Dieses Wort Gottes erinnert uns daran, daß Gott in der Vergangenheit weder Engel noch Menschen verschonte, wenn diese sich Seinem Willen widersetzten, - andererseits aber aus den schlimmsten Gefahren diese befreite, die IHM gehorchten.

Weiter erfahren wir, daß all diesen Menschen ein schlimmes Ende droht, die der Ordnung Gottes zuwiderhandeln, diese, die zwar über FREIHEIT und reden und sie den anderen versprechen, selbst aber von allen möglichen Abhängigkeiten versklavt sind. - Schlimm wird es auch all diesen ergehen, die zwar Jesus als den Herrn und Retter erkannt und zum wahren Glauben gefunden haben, dann aber wieder in den Schmutz der Welt zurückgefallen sind. Für diese wäre es besser, sie hätten nie die rechte Erkenntnis gehabt, denn diese wird sie vor Gott verurteilen. Diese Warnung gilt auch für all diese Christen heute, die gegenüber den Geboten Gottes gleichgültig geworden sind, die Richtlinien des Evangeliums mißachten, und so immer mehr vom rechten Weg abkommen.

- Was tue ich konkret dafür, damit diese Menschen, die vom Glauben an Christus abgefallen sind, zu Seinem Wort und zu Seiner Ordnung zurückfinden?
- Welchen Vorsatz fasse ich im Licht des heutigen Wortes Gottes?

Tagesgebet: *siehe entsprechender Tag Seite 457*

3. August

Wort Gottes: Gal 5,1-6

"ZUR FREIHEIT HAT UNS CHRISTUS BEFREIT. Bleibt daher fest und laßt euch nicht von neuem das Joch der Knechtschaft auflegen! - Hört, was ich, Paulus, euch sage: Wenn ihr euch beschneiden laßt, wird Christus euch nichts nützen. Ich versichere noch einmal jedem, der sich beschneiden läßt: Er ist verpflichtet, das ganze Gesetz zu halten. Wenn ihr also durch das Gesetz gerecht werden wollt, dann habt ihr mit Christus nichts mehr zu tun; ihr seid aus der Gnade herausgefallen. Wir aber erwarten die erhoffte Gerechtigkeit, kraft des Geistes und aufgrund des Glaubens. Denn in Christus Jesus kommt es nicht darauf an, beschnitten oder unbeschnitten zu sein, sondern darauf, den Glauben zu haben, der in der Liebe wirksam ist."

V: Wort des lebendigen Gottes! - A: Dank sei Gott, dem Herrn!

Betrachtungshilfe:

Der heilige Paulus ermahnt hier die ersten Christen, die aus dem Judentum zum Glauben an Christus gekommen waren, nicht in die Knechtschaft des alten Gesetzes zurückzufallen, aus dem Jesus sie befreit hatte. - Dies betrifft auch diese Juden, die heute noch nach dem alttestamentarischen Gesetz leben und Christus bis jetzt nicht als den verheißenen Messias anerkannt haben.

Jesus Christus hat die Juden von den alten Gesetzen befreit, damit alle, auch wir heute, diesen Glauben leben, der sich in den **Taten der Liebe** offenbart. - Der heilige Paulus will damit nicht sagen, daß alle Gesetze im Alten Testament falsch waren, sondern nur betonen, daß diese damals geltenden Gesetze ihre Aufgabe erfüllt haben. Sie haben die Menschen auf die Ankunft des Erlösers vorbereitet, aber mit Inkrafttreten des neuen Gesetzes Jesu Christi, **mit dem Gesetz der Liebe**, ihre Gültigkeit verloren. Das alttestamentarische Gesetz war nur eine Vorstufe auf dem Weg zur BEFREIUNG, die Gott den Menschen schon im Paradies versprochen hatte, und die sich mit der Wiederkunft Jesu Christi am Tag des Gerichts vollenden wird.

- Schätze ich diese Freiheit, die ich in Christus gewonnen habe? - Bin ich Gott dankbar dafür und nütze sie mit Verantwortung, zu meiner und anderer Menschen Heiligung?
- Welchen Vorsatz fasse ich im Licht des heutigen Wortes Gottes?

Tagesgebet: *siehe entsprechender Tag Seite 457*

4. August

Wort Gottes: Gal 5,13-17

"IHR SEID ZUR FREIHEIT BERUFEN, BRÜDER. NUR NEHMT DIE FREIHEIT NICHT ZUM VORWAND FÜR DAS FLEISCH, SONDERN DIENT EINANDER IN LIEBE! Denn das ganze Gesetz ist in dem einen Wort zusammengefaßt: Du sollst deinen Nächsten lieben wie dich selbst! - Wenn ihr einander beißt und verschlingt, dann gebt acht, daß ihr euch nicht gegenseitig umbringt. Darum sage ich: Laßt euch vom Geist leiten, dann werdet ihr das Begehren des Fleisches nicht erfüllen. Denn das Begehren des Fleisches richtet sich gegen den Geist, das Begehren des Geistes aber gegen das Fleisch; beide stehen sich als Feinde gegenüber, so daß ihr nicht imstande seid, das zu tun, was ihr wollt."

V: Wort des lebendigen Gottes! - A: Dank sei Gott, dem Herrn!

Betrachtungshilfe:

In diesem Wort Gottes erinnert uns der heilige Paulus daran, daß die Menschen zur FREIHEIT berufen sind und nicht zu irgendeiner Frechheit und Zügellosigkeit, die die Freiheit falsch auslegt und zum Vorwand für die bösen Werke des Fleisches nimmt. - Die folgenden Worte des heiligen Paulus werden uns sicher bei unserer Gewissenserforschung helfen, um leichter zu erkennen, ob wir die in Christus gewonnene Freiheit richtig und mit Verantwortung gebrauchen oder sie mißbrauchen: "**Die Werke des Fleisches sind deutlich erkennbar: Unzucht, Unsittlichkeit, ausschweifendes Leben, Götzendienst, Zauberei, Feindschaften, Streit, Eifersucht, Jähzorn, Eigennutz, Spaltungen, Parteiungen, Neid und Mißgunst, Trink- u. Eßgelage und ähnliches mehr. - Ich wiederhole, was ich euch schon früher gesagt habe: Wer so etwas tut, wird das Reich Gottes nicht erben. - Die Frucht des Geistes aber ist Liebe, Freude, Friede, Langmut, Freundlichkeit, Güte, Treue, Sanftmut und Selbstbeherrschung"** (Gal 5,19-23a).

- Mache ich mir und den anderen öfters bewußt, daß die sogenannte Befreiung von Gott und Seiner Ordnung den Menschen in die Knechtschaft der Sünde führt, für die ihn Gott einst zur Verantwortung ziehen wird?
- Welchen Vorsatz fasse ich im Licht des heutigen Wortes Gottes?

Tagesgebet: *siehe entsprechender Tag Seite 457*

5. August

Wort Gottes: 2 Tim 2,22-26

"**Flieh vor den Begierden der Jugend; strebe unermüdlich nach Gerechtigkeit, Glauben, Liebe und Frieden, zusammen mit all denen, die den Herrn aus reinem Herzen anrufen. Laß dich nicht auf törichte und unsinnige Auseinandersetzungen ein; du weißt, daß sie nur zu Streit führen. Ein Knecht des Herrn soll nicht streiten, sondern zu allen freundlich sein, ein geschickter und geduldiger Lehrer, der auch die mit Güte zurechtweist, die sich hartnäckig widersetzen. Vielleicht schenkt Gott ihnen dann die Umkehr, damit sie die Wahrheit erkennen, wieder zur Besinnung kommen und AUS DEM NETZ DES TEUFELS BEFREIT werden, der sie eingefangen und sich gefügig gemacht hat.**"

V: Wort des lebendigen Gottes! - A: Dank sei Gott, dem Herrn!

Betrachtungshilfe:

Wirklich in FREIHEIT lebt der Mensch erst dann, wenn er von dem befreit ist, was ihn unglücklich macht. - Wenn aber jemand denkt, daß die Befreiung von Gott und Seinen Geboten ihn wirklich glücklich macht, der täuscht sich selbst und ist wirklich blind und verwirrt! - Wenn der Mensch seine Hoffnung auf die Erfüllung der irdischen, leiblichen Begierden setzt, wird er früher oder später eine große Enttäuschung erleben. - Zum Beispiel auch die Katastrophe der so zahlreichen Ehescheidungen hat ihre Ursache darin, daß die Menschen ihre Hoffnung nicht auf Gott setzen, sondern auf den Menschen, auf Genuß, Wohlstand, Karriere usw.

Solange der Mensch Freiheit und Glück außerhalb von Gott sucht, wird er sicher früher oder später enttäuscht und unglücklich sein. Der einzige Garant und die einzige Quelle echter Freiheit und dauernden Glücks ist **GOTT** und an diese Quelle wird nur der gelangen, der durch die Treue zur Ordnung Gottes fest in Christus verankert ist. So kann auch die Ehe dem Menschen keine Sicherheit für ein echtes, dauerndes Glück geben, wenn nicht beide Eheleute in Christus und durch Christus in

Gott verankert sind und sich durch den Heiligen Geist von den Prinzipien des Evangeliums leiten lassen.

Über das oben erwähnte gefährliche Netz des Teufels, das sich besonders deutlich in den letzten Tagen zeigen wird, schreibt der heilige Paulus: "**In den letzten Tagen werden schwere Zeiten anbrechen. Die Menschen werden selbstsüchtig sein, habgierig, prahlerisch, überheblich, bösartig, ungehorsam gegen die Eltern, undankbar, ohne Ehrfurcht, lieblos, unversöhnlich, verleumderisch, unbeherrscht, rücksichtslos, roh, heimtückisch, verwegen, hochmütig, mehr dem Vergnügen als Gott zugewandt. Den Schein der Frömmigkeit werden sie wahren, doch die Kraft der Frömmigkeit werden sie verleugnen**" (2 Tim 3,1-5). Dann schließt er mit den Worten: "**Wende dich von diesen Menschen ab!**"

- Zu welchem Schluß kann man kommen, wenn man aufmerksam die heutige Zeit betrachtet und sie mit dieser Belehrung des heiligen Paulus vergleicht?
- Welchen Vorsatz fasse ich im Licht des heutigen Wortes Gottes?

Tagesgebet: *siehe entsprechender Tag Seite 457*

6. August

Wort Gottes: 1 Tim 2,8-12

"**Ich will, daß die Männer überall beim Gebet ihre Hände in Reinheit erheben, FREI VON ZORN UND STREIT. Auch sollen die Frauen sich anständig, bescheiden und zurückhaltend kleiden; nicht Haartracht, Gold, Perlen oder kostbare Kleider seien ihr Schmuck, sondern gute Werke; so gehört es sich für Frauen, die gottesfürchtig sein wollen. Eine Frau soll sich still und in aller Unterordnung belehren lassen. Daß eine Frau lehrt, erlaube ich nicht, auch nicht, daß sie über ihren Mann herrscht; sie soll sich still verhalten.**"

V: Wort des lebendigen Gottes! - A: Dank sei Gott, dem Herrn!

Betrachtungshilfe:

In diesem Wort Gottes wird deutlich, daß der heilige Paulus hier nicht direkt im Namen des Herrn spricht, sondern mehr von sich aus. Diesen klaren Unterschied müssen wir auch bei seinen Belehrungen über Ehelosigkeit und Heirat sehen: "**Was die Frage der Ehelosigkeit angeht, so habe ich kein Gebot vom Herrn. Ich gebe euch nur einen Rat, als einer, den der Herr durch sein Erbarmen vertrauenswürdig gemacht hat**" (vgl. 1 Kor 7,25-38). - So sollen wir auch die heutige Belehrung nur als einen guten Rat des heiligen Paulus verstehen, aber nicht als eine unveränderliche Lehre. Das bedeutet, daß jeder Papst eine andere Entscheidung darüber treffen kann, wenn er dies für angemessen und gerechtfertigt hält.

Dieses Wort Gottes erweckt den Eindruck, als ob der heilige Paulus sehr ungerecht gegenüber den Frauen wäre. Dies ist aber nicht wahr. Wir müssen dabei die damalige Lage der Frau berücksichtigen. Eine fast revolutionäre Änderung der Einstellung zur Frau hätte damals eher Widerstand, Unruhe und Verwirrung als Gutes bewirkt. - Paulus erweist sich somit als sehr kluger und umsichtiger Hirte, der mehr auf das Verständnis der Frau und ihre treue Gefolgschaft vertraute.

Dies wie auch die gesamte geistige Entwicklung der Menschen zeigt uns, wie Gott langsam, mit großer Geduld, die Menschen stufenweise zur geistigen Befreiung führte und dies bis heute tut. Deshalb sollten die Gläubigen heute auch bei solchen Entscheidungen des Papstes, die sie nicht sofort verstehen können, folgsam sein, wie damals diese ersten christlichen Frauen, und nicht stur an ihrer eigenen Überzeugung festhalten und so noch mehr zur Verwirrung, Unruhe und Spaltung in der Kirche beitragen. - Wer daran zweifelt, daß der Unfehlbare Heilige Geist für die Richtigkeit der Lehre und Glaubensentscheidungen des Papstes sorgt, sollte um so demütiger zum Heiligen Geist beten, dann kann er sicher sein, daß der Heilige Geist ihm Licht zur Erkenntnis der Wahrheit gibt, dieser Wahrheit, die bei Gott unveränderlich als Wahrheit bleibt.

Nach dem Erbsündefall begann Gott auf sehr organisierte Weise mit der BEFREIUNG der Menschen: - Zunächst durch das Gesetz des Mose. Dann veranlaßte Gott immer wieder kleine Ergänzungen und Änderungen durch die Propheten. Erst durch Jesus Christus hat Gott die Menschen von alten, unnützen Gesetzen ganz befreit und mit ihnen einen Neuen Bund geschlossen, in dem die LIEBE als höchstes Gebot gilt. - Warum hat Gott damit so lange gewartet? - Weil der Mensch nach dem Erbsündefall aufgrund seiner geistigen Entwicklung lange Zeit unfähig war, dieses Neue Gesetz anzunehmen und zu erfüllen.

Obwohl der heilige Paulus zu denen gehört, die sich vor allem für die BEFREIUNG des Menschen, durch die Liebe Jesu Christi, eingesetzt haben, erfahren wir im obigen Wort Gottes, daß er die damals noch geltende Denkweise nicht auf einmal ändern konnte. - **Jetzt würde er die Frauen sogar dazu ermutigen, die anderen zu lehren und in vielen Fällen würde er ihnen raten, ja sogar befehlen, ihre lieben Männer - wenn sie in ihrer Entwicklung im Glauben an Gott und in der Liebe zu Gott zurückbleiben - fest in die Hand zu nehmen.**

Was aber den äußeren Schmuck der Frauen betrifft, so sagt er ihnen ganz offen, daß ihre echte Schönheit nicht in Kleidern, Perlen, Gold und Haartracht besteht, sondern in guten Werken: **in Liebe, Freude, Frieden, Langmut, Freundlichkeit, Güte, Treue, Sanftmut und Selbstbeherrschung** (vgl. Gal 5,22-23). - Wenn eine Frau mit diesen Gaben des Heiligen Geistes geschmückt ist, kann sie sich auch um ihre äußere Schönheit sorgen, aber nicht übertrieben und aufreizend.

In diesem Wort Gottes belehrt der heilige Paulus auch die Männer dort, wo sie am meisten versagen. Sie sollen z.B. vor dem Beten sich innerlich bereinigen und von all dem befreien, was das Gebet stört.

• Lege ich mehr Wert auf meine äußere Schönheit oder auf die Schönheit meiner Seele und meines Geistes? - Bereite ich meine Seele gut auf das Gebet vor und mache mir immer wieder bewußt, daß das Beten ein Sprechen mit Gott ist?

• Welchen Vorsatz fasse ich im Licht des heutigen Wortes Gottes?

Tagesgebet:

Lasset uns beten: Allmächtiger Gott und Vater, bei der Verklärung Deines eingeborenen Sohnes hast Du durch das Zeugnis der Väter die Geheimnisse unseres Glaubens bekräftigt. Du hast uns gezeigt, was wir erhoffen dürfen, wenn unsere Annahme an Kindes Statt sich einmal vollendet. Hilf uns, auf das Wort Deines

Sohnes zu hören, damit wir Anteil erhalten an Seiner Herrlichkeit. Darum bitten wir Dich, durch unseren Herrn Jesus Christus, der in der Einheit des Heiligen Geistes mit Dir lebt und herrscht in alle Ewigkeit. Amen. (vgl. Laudes vom Fest Verklärung des Herrn)

7. August

Wort Gottes: Phlm 8-14

"Obwohl ich durch Christus volle Freiheit habe, dir zu befehlen, was du tun sollst, ziehe ich es um der Liebe willen vor, dich zu bitten. Ich, Paulus, ein alter Mann, der jetzt für Christus Jesus im Kerker liegt, ich bitte dich für mein Kind Onesimus, dem ich im Gefängnis zum Vater geworden bin. Früher konntest du ihn zu nichts gebrauchen, doch jetzt ist er dir und mir recht nützlich. Ich schicke ihn zu dir zurück, ihn, das bedeutet mein eigenes Herz. Ich würde ihn gern bei mir behalten, damit er mir an deiner Stelle dient, solange ich um des Evangeliums willen im Gefängnis bin. Aber ohne deine Zustimmung wollte ich nichts tun. DEINE GUTE TAT SOLL NICHT ERZWUNGEN, SONDERN FREIWILLIG SEIN."

V: Wort des lebendigen Gottes! - A: Dank sei Gott, dem Herrn!

Betrachtungshilfe:

Onesimus war Sklave des Philemon, der den christlichen Glauben angenommen hatte. Er war seinem Herrn entlaufen und zu Paulus ins Gefängnis gekommen. Der heilige Paulus schickte ihn zurück zu Philemon mit der Bitte, Onesimus zu verzeihen und ihn als christlichen Bruder wieder aufzunehmen. - Die große Bedeutung dieses kurzen Briefes des heiligen Paulus an Philemon liegt darin, daß wir erfahren, wie Paulus versuchte, das bedrückende Sklavenproblem in christlicher Liebe zu lösen.

Dieser Brief zeigt uns auch, wie der heilige Paulus die freie Entscheidung der anderen achtete, obwohl er als Vorgesetzter im Glauben dem Philemon hätte befehlen können, seinen Sklaven Onesimus als christlichen Bruder aufzunehmen und ihm seine Flucht zu verzeihen. - Auf diese Weise können wir vom heiligen Paulus lernen, daß wir die guten Taten nie erzwingen sollen, sondern in geduldiger Belehrung uns darum bemühen müssen, daß sie freiwillig erfolgen.

- Wie achte ich die Freiheit der anderen bei ihren Entscheidungen? - Unterscheide ich dabei z.B. zwischen unmündigen Kindern oder Kranken, die dazu nicht fähig oder imstande sind? - Mißbrauche ich als Vorgesetzter meine Freiheit dazu, vielleicht unbewußt, den mir Untergeordneten meinen eigenen Willen aufzuzwingen?

- Welchen Vorsatz fasse ich im Licht des heutigen Wortes Gottes?

Tagesgebet: *siehe entsprechender Tag Seite 458*

8. August

"Entweder: der Baum ist gut - dann sind auch seine Früchte gut. Oder: der Baum ist schlecht - dann sind auch seine Früchte schlecht. An den Früchten also erkennt man den Baum. - Ihr Schlangenbrut, wie könnt ihr Gutes reden, wenn ihr böse seid? Denn wovon das Herz voll ist, davon spricht der Mund. Ein guter Mensch bringt Gutes hervor, weil er Gutes in sich hat, und ein böser Mensch bringt Böses hervor, weil er Böses in sich hat. - Ich sage euch: Über jedes unnütze Wort, das die Menschen reden, werden sie am Tag des Gerichts Rechenschaft ablegen müssen; denn AUFGRUND DEINER WORTE WIRST DU FREIGESPROCHEN UND AUFGRUND DEINER WORTE WIRST DU VERURTEILT WERDEN."

V: Wort des lebendigen Gottes! - A: Dank sei Gott, dem Herrn!

Betrachtungshilfe:

Dieses Wort Gottes weist uns hin auf die große Bedeutung der FREIHEIT, für die jeder Mensch vor Gott Verantwortung trägt, so weit, daß er am Tag des Gerichts sogar für jedes unnütze Wort Rechenschaft vor IHM ablegen muß. - Mit harten Worten verurteilt Jesus heute die unehrliche Haltung und Verlogenheit der Pharisäer. Er wirft ihnen vor, daß ihr Herz voll ist vom Bösen. In ihrer geistigen Blindheit verdrehen sie die Wahrheit. Sie reden und handeln unehrlich, unwahrhaftig und lieblos. Sie sind in ihren Sünden verstrickt und gefangen und wollen sich davon nicht befreien lassen.

In diesem Zusammenhang ist es gut, sich an die Regel des Evangeliums Jesu zu erinnern, die uns belehrt und ermahnt: **"Warum siehst du den Splitter im Auge deines Bruders, aber den Balken in deinem eigenen Auge bemerkst du nicht? Wie kannst du zu deinem Bruder sagen: Bruder, laß mich den Splitter aus deinem Auge herausziehen!, während du den Balken in deinem eigenen Auge nicht siehst? Du Heuchler! Zieh zuerst den Balken aus deinem Auge; dann kannst du versuchen, den Splitter aus dem Auge deines Bruders herauszu-ziehen"** (Lk 6,41-42).

*   Denke ich daran, daß ich für jedes unnütze, unkontrollierte und unehrliche Wort vor Gott einmal Rechenschaft ablegen muß?
*   Welchen Vorsatz fasse ich im Licht des heutigen Wortes Gottes?

Tagesgebet: *siehe entsprechender Tag Seite 458*

9. August

"Was meinst du, Simon, von wem erheben die Könige dieser Welt Zölle und Steuern? Von ihren eigenen Söhnen oder von den anderen Leuten? Als Petrus antwortete: Von den anderen!, sagte Jesus zu ihm: ALSO SIND DIE SÖHNE

FREI. Damit wir aber bei niemand Anstoß erregen, geh an den See und wirf die Angel aus; den ersten Fisch, den du heraufholst, nimm, öffne ihm das Maul und du wirst ein Vierdrachmenstück finden. Das gib den Männern als Steuer für mich und für dich."

V: Wort des lebendigen Gottes! - A: Dank sei Gott, dem Herrn!

Betrachtungshilfe:

Dieses Wort Gottes macht uns noch einmal deutlich, was wir so oft im Monat Juli betrachtet haben, nämlich, daß die Reichtümer dieser Welt Eigentum Gottes sind und daher die Kinder Gottes von Zöllen und Steuern frei sein sollten. Da sich aber die Herrscher dieser Welt und andere Obrigkeiten in ihrer Verwaltung leider mehr nach dem eigenen Willen als nach dem Willen Gottes richten, ist in dieser Welt so vieles anders, als es nach den Plänen Gottes sein sollte. Jesus belehrt uns heute, daß wir die Entscheidungen der staatlichen Gewalt um des Friedens willen respektieren sollen, auch wenn diese manchmal ungerecht sind.

Schließlich beweist ER mit dem wunderbaren Fund des Vierdrachmenstücks die Glaubwürdigkeit Seiner Worte und bestätigt damit die FREIHEIT der Kinder Gottes, für die die göttliche Vorsehung sorgt, damit sie die von der Obrigkeit verlangten Steuern bezahlen können.

Wie viele schimpfen über alle möglichen Steuerlasten und treten sogar manchmal aus Liebe zum Geld aus der Kirche aus, damit sie die sogenannte Kirchensteuer nicht bezahlen müssen!

- Kann es überhaupt einen Grund geben, der den freiwilligen Austritt eines Gläubigen aus der Kirche vor Gott rechtfertigt? - Bin ich mir dessen bewußt, daß die Kirche der Mystische Leib Jesu Christi ist, und daß jede Trennung von ihr zugleich die Trennung von Christus und von Gott bedeutet?
- Welchen Vorsatz fasse ich im Licht des heutigen Wortes Gottes?

Tagesgebet: *siehe entsprechender Tag Seite 458*

10. August

Wort Gottes: Joh 10,14-18a

"Ich bin der gute Hirt; ich kenne die Meinen, und die Meinen kennen mich, wie mich der Vater kennt und ich den Vater kenne; und ich gebe mein Leben hin für die Schafe. Ich habe noch andere Schafe, die nicht aus diesem Stall sind; auch sie muß ich führen, und sie werden auf meine Stimme hören; dann wird es nur eine Herde geben und einen Hirten. Deshalb liebt mich der Vater, weil ich mein Leben hingebe, um es wieder zu nehmen. Niemand entreißt es mir, sondern ich gebe es aus FREIEM WILLEN hin."

V: Wort des lebendigen Gottes! - A: Dank sei Gott, dem Herrn!

Betrachtungshilfe:

In diesem Wort Gottes betont Jesus die Bedeutung des freien Willens des Menschen. Gott hat allen Menschen die FREIHEIT gegeben und will sie ihnen nicht entziehen. -

Dies ist mit ein Grund, warum es in der Welt soviel Leid gibt, weil es oft durch den freien Willen des Menschen ausgelöst wird. - Gott wollte nicht, daß wir leiden. - Auch die Leiden und das Kreuz Jesu Christi waren nicht von Gott beabsichtigt und gewollt. Der Satan verlangte dies und hat es vorbereitet. Gott wollte, daß Jesus uns dabei ein Beispiel gibt und uns zeigt, daß ER sich von den Leiden nicht überwältigen läßt, sie mit Würde trägt und dem Satan nicht huldigen wird (vgl. Mt 4,1-11). In diesem Wort Gottes bezeichnet Jesus sich als guten Hirten, der die Seinen kennt und den die Seinen kennen. - Als Sohn Gottes kennt ER am besten den Willen Seines Vaters und deshalb kann ER die IHM vom Vater anvertraute Herde richtig führen. Gemäß dem Willen Seines Vaters sorgt ER sich um die EINHEIT der Herde und gibt dafür freiwillig Sein Leben als Lösepreis für die Befreiung der Seinen. - Dabei stellt sich freilich die Frage, ob alle in der Herde auf die Stimme des Hirten hören und sich von IHM führen lassen!

• Bin ich mir bewußt, daß Gott mich besser kennt als ich mich selbst? - Überlasse ich mich deshalb gerne und bereitwillig Seiner Führung durch Jesus Christus, durch Sein WORT, das ich täglich meditiere?

• Welchen Vorsatz fasse ich im Licht des heutigen Wortes Gottes?

Tagesgebet: *siehe entsprechender Tag Seite 458*

11. August

Wort Gottes: Mk 7,31-37

"Jesus verließ das Gebiet von Tyrus wieder und kam über Sidon an den See von Galiläa, mitten in das Gebiet der Dekapolis. Da brachte man einen Taubstummen zu Jesus und bat ihn, er möge ihn berühren. Er nahm ihn beiseite, von der Menge weg, legte ihm die Finger in die Ohren und berührte dann die Zunge des Mannes mit Speichel; danach blickte er zum Himmel auf, seufzte und sagte zu dem Taubstummen: Effata!, das heißt: Öffne dich! - SOGLEICH ÖFFNETEN SICH SEINE OHREN, SEINE ZUNGE WURDE VON IHRER FESSEL BEFREIT, und er konnte richtig reden. Jesus verbot ihnen, jemand davon zu erzählen. Doch je mehr er es ihnen verbot, desto mehr machten sie es bekannt. Außer sich vor Staunen sagten sie: Er hat alles gut gemacht; er macht, daß die Tauben hören und die Stummen sprechen."

V: Wort des lebendigen Gottes! - A: Dank sei Gott, dem Herrn!

Betrachtungshilfe:

Dieses Wort Gottes macht uns deutlich, daß nicht nur die Seele des Menschen, sondern auch sein Leib und alle Sinne als Teil der Schöpfung unter der geistigen Gefangenschaft der Sünde leiden und auf BEFREIUNG warten. Diese Gefangenschaft, die ihre Wurzel in der Erbsünde hat, wird durch die eigenen Sünden des Menschen noch vergrößert. Darüber schreibt der heilige Paulus: "Auch die Schöpfung soll von der Sklaverei und Verlorenheit befreit werden zur Freiheit und Herrlichkeit der Kinder Gottes" (Röm 8,21). - (s. dazu die Betrachtung am

270

30.August!) - Jesus befreit den Taubstummen von seinen Leiden und weist zugleich hin auf Seine Göttliche Vollmacht als Herrscher über die ganze Schöpfung.

Viele geben Gott die Schuld für Krankheit, Leid und Tod, weil sie nicht wissen, daß die Ursache dafür in der Erbsünde liegt, die der Satan verursacht hat. Und von daher kommt auch alle Verblendung, Dummheit und jeder Ungehorsam des Menschen gegenüber Gott und schließlich alle Krankheiten, alle Leiden und der Tod.

• Gehöre auch ich zu denen, die Gott für alles Böse verantwortlich machen und beschuldigen, anstatt bei mir selbst die Verantwortung zu suchen und beim Satan, als dem Verursacher alles Bösen? - Bemühe ich mich ernsthaft darum, frei von schwerer Sünde zu sein?

• Welchen Vorsatz fasse ich im Licht des heutigen Wortes Gottes?

Tagesgebet: *siehe entsprechender Tag Seite 458*

12. August

Wort Gottes:
Lk 4,16-22a/28

"So kam Jesus auch nach Nazaret, wo er aufgewachsen war, und ging, wie gewohnt, am Sabbat in die Synagoge. Als er aufstand, um aus der Schrift vorzulesen, reichte man ihm das Buch des Propheten Jesaja. Er schlug das Buch auf und fand die Stelle, wo es heißt: Der Geist des Herrn ruht auf mir; denn der Herr hat mich gesalbt. Er hat mich gesandt, damit ich den Armen eine gute Nachricht bringe; damit ich den Gefangenen die Entlassung verkünde und den Blinden das Augenlicht; damit ich die Zerschlagenen in FREIHEIT setze und ein Gnadenjahr des Herrn ausrufe. Dann schloß er das Buch, gab es dem Synagogendiener und setzte sich. Die Augen aller in der Synagoge waren auf ihn gerichtet. Da begann er, ihnen darzulegen: Heute hat sich das Schriftwort, das ihr eben gehört habt, erfüllt. Seine Rede fand bei allen Beifall; Als die Leute in der Synagoge das hörten (ER sagte ihnen eine unbequeme Wahrheit), **gerieten sie alle in Wut."**

V: Wort des lebendigen Gottes! - A: Dank sei Gott, dem Herrn!

Betrachtungshilfe:

Dieses Wort Gottes will uns Jesus nicht als einen Gelehrten, mit menschlichem Wissen angefüllten, gewöhnlichen Menschen vorstellen, sondern als EINEN, der die Vollmacht hat, die Menschen von ihren Nöten zu befreien, als DEN, der von der Weisheit des Heiligen Geistes erfüllt ist. - Diese Schriftstelle zeigt uns aber auch, wie die Menschen reagieren: Solange Jesus über erfreuliche Dinge sprach, staunten die Zuhörer über IHN und nannten Seine Rede begnadet. Als ER aber dann über unbequeme Dinge sprach, ärgerten sie sich und wollten IHN sogar töten!

Auch wir kennen solche Situationen in unserem Leben, wo wir uns ärgern, weil jemand uns eine unbequeme Wahrheit sagt! - Dabei müssen wir aber wissen: Wenn der Arzt auf eine kranke Stelle drückt, so tut diese weh und wir schreien. - In ähnlicher Weise reagieren wir, wenn jemand mit der Wahrheit auf die Wunde unserer

Seele drückt. - Wenn aber jemand uns freundschaftlich auf den gesunden Rücken klopft, vielleicht sogar mit Kraft, dann reagieren wir mit Lachen.

* Wie reagiere ich, wenn jemand mir meine Fehler zeigt oder mir eine unangenehme Wahrheit sagt?
* Welchen Vorsatz fasse ich im Licht des heutigen Wortes Gottes?

Tagesgebet: *siehe entsprechender Tag Seite 458*

13. August

Wort Gottes: Lk 13,10-17

"Am Sabbat lehrte Jesus in einer Synagoge. Dort saß eine Frau, die seit achtzehn Jahren krank war, weil sie von einem Dämon geplagt wurde; ihr Rücken war verkrümmt, und sie konnte nicht mehr aufrecht gehen. Als Jesus sie sah, rief er sie zu sich und sagte: FRAU, DU BIST VON DEINEM LEIDEN ERLÖST. Und er legte ihr die Hände auf. Im gleichen Augenblick richtete sie sich auf und pries Gott. Der Synagogenvorsteher aber war empört darüber, daß Jesus am Sabbat heilte, und sagte zu den Leuten: Sechs Tage sind zum Arbeiten da. Kommt also an diesen Tagen und laßt euch heilen, nicht am Sabbat! - Der Herr erwiderte ihm: Ihr Heuchler! Bindet nicht jeder von euch am Sabbat seinen Ochsen oder Esel von der Krippe los und führt ihn zur Tränke? Diese Tochter Abrahams aber, die der Satan schon seit achtzehn Jahren gefesselt hielt, sollte am Sabbat nicht davon befreit werden dürfen? - Durch diese Worte wurden alle seine Gegner beschämt; das ganz Volk aber freute sich über all die großen Taten, die er vollbrachte."

V: Wort des lebendigen Gottes! - A: Dank sei Gott, dem Herrn!

Betrachtungshilfe:

Dieses Wort Gottes zeigt uns erneut, daß Jesus in die Welt gekommen ist, um uns zu befreien: nicht nur von der Macht der Sünde und von geistiger Blindheit, sondern auch von körperlichen Gebrechen und Leiden. - Im Leben und Wirken Jesu offenbart sich die ganze Liebe Gottes zu uns Menschen, die aber leider von vielen nicht erkannt und nicht mit gebührender Dankbarkeit angenommen wird. - Um wieviel mehr und besser hätte Jesus Seine Mission in der Welt erfüllen können, wenn z.B. die Schriftgelehrten, die Hohenpriester und Pharisäer IHN dabei unterstützt hätten, anstatt IHN böswillig daran zu hindern! - Wenn sie IHN schließlich nicht sogar zum Tod verurteilt und gekreuzigt hätten! - Aber wie oft wiederholt sich auch heute dieses traurige Schauspiel! - Bitten wir daher ganz besonders heute, am **Fatimatag**, die Gottesmutter um ihre mächtige Fürsprache und Hilfe, damit möglichst viele Menschen sich bekehren und von der Macht jeglicher Sünde, Begierde und Leidenschaft befreit werden, und so von der Macht des Satans!

- Bin ich den anderen Menschen gerne behilflich, wenn sie etwas Gutes unternehmen, besonders dann, wenn es um die Ehre Gottes geht, um die Heiligung der Menschen, um Wahrheit, Gerechtigkeit und Frieden?
- Welchen Vorsatz fasse ich im Licht des heutigen Wortes Gottes?

Tagesgebet: *siehe entsprechender Tag Seite 459*

14. August

Wort Gottes: Joh 8,31-36

"Jesus sagte zu den Juden, die an ihn glaubten: Wenn ihr in meinem Wort bleibt, seid ihr wirklich meine Jünger. Dann werdet ihr die Wahrheit erkennen, und DIE WAHRHEIT WIRD EUCH BEFREIEN. Sie erwiderten ihm: Wir sind Nachkommen Abrahams und sind noch nie Sklaven gewesen. Wie kannst du sagen: Ihr werdet frei werden? Jesus antwortete ihnen: Amen, amen, das sage ich euch: Wer die Sünde tut, ist Sklave der Sünde. Der Sklave aber bleibt nicht für immer im Haus; nur der Sohn bleibt für immer im Haus. WENN EUCH ALSO DER SOHN BEFREIT, DANN SEID IHR WIRKLICH FREI."

V: Wort des lebendigen Gottes! - A: Dank sei Gott, dem Herrn!

Betrachtungshilfe:

Aus diesem Wort Gottes erfahren wir, welch große Rolle die Wahrheit bei der Befreiung des Menschen spielt. Dabei geht es sicher nicht darum, was wir für wahr halten, sondern um diese Wahrheit, die von Gott kommt und uns zu Gott zurückführt und Macht hat, die Menschen zu befreien und zur Einheit und zum Frieden zu führen. - Diese Wahrheit ist Gott selbst, der uns durch Seinen Sohn Jesus Christus befreit hat. - Dieser Jesus lebt heute unter uns im SAKRAMENT und im WORT GOTTES! - Wer also das Wort Gottes aufnimmt und nach seiner Wahrheit lebt, wird frei von der Sünde, heiligt sich selbst und trägt bei zur Heiligung der gesamten Schöpfung. Und obwohl er noch auf der Erde lebt, geht er in Wirklichkeit schon dem Himmel entgegen. - Er wird zu einem wahren Jünger Jesu, bereit die Leiden ruhig zu tragen, die anderen zu lieben, Verfehlungen zu verzeihen, die Schwäche der anderen zu verstehen und zu ertragen; er wird den anderen helfen, ohne dabei persönliche Vorteile zu suchen. - Mit einem Wort: **Die Wahrheit wird uns befreien, weil sie Jesus heißt, der wahrer Mensch und wahrer Gott ist!** - Deshalb sagte Jesus: **"Wenn ihr in meinem Wort bleibt, seid ihr wirklich meine Jünger. Dann werdet ihr die Wahrheit erkennen, und die Wahrheit wird euch befreien"** (Joh 8,31-32).

- Was tue ich für mich und für die anderen, damit wir alle durch die Wahrheit des Evangeliums zur vollen Freiheit gelangen?
- Welchen Vorsatz fasse ich im Licht des heutigen Wortes Gottes?

Tagesgebet: *siehe entsprechender Tag Seite 459*

15. August

"Ich will damit sagen: Solange der Erbe unmündig ist, unterscheidet er sich in keiner Hinsicht von einem Sklaven, obwohl er Herr ist über alles; er steht unter Vormundschaft, und sein Erbe wird verwaltet bis zu der Zeit, die sein Vater festgesetzt hat. So waren auch wir, solange wir unmündig waren, Sklaven der Elementarmächte dieser Welt. Als aber die Zeit erfüllt war, sandte Gott seinen Sohn, geboren von einer Frau und dem Gesetz unterstellt, DAMIT ER DIE FREIKAUFE, DIE UNTER DEM GESETZ STEHEN, und damit wir die Sohnschaft erlangen. Weil ihr aber Söhne seid, sandte Gott den Geist seines Sohnes in unser Herz, den Geist, der ruft: Abba, Vater. Daher bist du nicht mehr Sklave, sondern Sohn; bist du aber Sohn, dann auch Erbe, Erbe durch Gott."

V: Wort des lebendigen Gottes! - A: Dank sei Gott, dem Herrn!

Betrachtungshilfe:

Heute feiern wir mit dem Tag der Aufnahme Mariens in den Himmel gleichzeitig auch den Höhepunkt ihres Sieges über das Böse. Maria hat sich in ihrem Leben von Anfang an ganz und gar für Gott und das Gute entschieden und ihre FREIHEIT ganz in den Dienst Gottes gestellt. **Sie hat ihre Freiheit so klug verwaltet, daß sie niemals zur Sklavin der Sünde wurde und so die größte Freiheit und Würde erreicht hat, die je ein Mensch erreichen konnte.** - So lenkt die Kirche heute unsere Gedanken vor allem zum Himmel, wo Maria jetzt als Königin des Weltalls an der unaussprechlichen Freude des Vaters und des Sohnes und des Heiligen Geistes für alle Ewigkeit teilhat. - Sie hat von allen Menschen das größte Erbe im Himmel empfangen, zu dem wir nur durch Jesus Christus Zugang haben. Darüber schreibt so schön der heilige Petrus: "Gepriesen sei der Gott und Vater unseres Herrn Jesus Christus: Er hat uns in seinem großen Erbarmen neu geboren, damit wir durch die Auferstehung Jesu Christi von den Toten eine lebendige Hoffnung haben und das **unzerstörbare, makellose und unvergängliche Erbe empfangen, das im Himmel für euch aufbewahrt ist.** - Gottes Macht behütet euch durch den Glauben, damit ihr das Heil erlangt, das am Ende der Zeit offenbart werden soll. Deshalb seid ihr voll Freude, obwohl ihr jetzt vielleicht kurze Zeit unter mancherlei Prüfungen leiden müßt. Dadurch soll sich euer Glaube bewähren, und es wird sich zeigen, daß er wertvoller ist als Gold, das im Feuer geprüft wurde und doch vergänglich ist" (1 Petr 1,3-7a).

Die gegenwärtige Zeit voller Wirren und Verwirrungen hat viele Schwierigkeiten und Probleme mit sich gebracht und auch die Frauen nicht davor verschont. - Leider hat die sog. "Emanzipation" der Frau nicht, wie erhofft, mehr Würde und Freiheit geschenkt, sondern in Wirklichkeit sie immer mehr ihrer Würde und Freiheit beraubt. - Die Frau kann und soll niemals dem Mann gleich werden, weil sie entsprechend dem Willen des Schöpfers eine eigene Würde hat, die kein Mann erreichen kann. Zum Beispiel ist die Mutterschaft der Frau etwas so Einmaliges, daß sie sich mit nichts anderem vergleichen läßt. Damit ist aber zugleich auch eine besondere Aufgabe und Verantwortung für die Frau verbunden, die alle denkbaren

Aufgaben der Männer übersteigt. - Welche Bedeutung hat z.B. die Würde eines Präsidenten oder Papstes angesichts der Aufgabe der Mutter, die ihre Kinder so erziehen soll, daß eben davon solche Präsidenten und Päpste heranwachsen, die als gute Hirten wirken. - Was hilft es der Welt und der Kirche, wenn Frauen in den Fabriken arbeiten oder sogar Raumschiffe bauen und lenken, und ihre Kinder von der Straße und vom Fernseher "erzogen" werden, und so zu herzlosen Menschen heranwachsen, die weder für das Leben auf der Erde noch für das ewige Leben vorbereitet sind.

Maria, die Mutter Jesu hat nichts Besonderes auf politischer, wissenschaftlicher oder wirtschaftlicher Ebene getan. Aber sie hat der Menschheit entsprechend dem Willen und den ewigen Plänen Gottes den Erlöser geschenkt. Und sie hat Jesus sicher schon von Kindheit an das Beten gelehrt, obwohl ER als Sohn Gottes dies nicht nötig gehabt hätte!

- Worin sehe ich die größte Würde und Aufgabe der Frau? - Ist mir bewußt, daß in der Familie vor allem die Mutter die Aufgabe der Erziehung ihrer Kinder hat und somit den größten und schönsten Anteil an der Formung des Menschen? - Kann eine Mutter ruhig, mit Verantwortung, irgendeiner Arbeit in der Fabrik, im Büro usw. nachgehen, in der Meinung, daß die Männer eine Mutter gut ersetzen können?
- Welchen Vorsatz fasse ich im Licht des heutigen Wortes Gottes?

Tagesgebet:

Lasset uns beten: Allmächtiger, ewiger Gott und Vater, Du hast die Allerseligste Jungfrau Maria, die uns Christus geboren hat, vor aller Sünde bewahrt und sie mit Leib und Seele zur Herrlichkeit des Himmels erhoben. Gib, daß wir auf dieses Zeichen der Hoffnung und des Trostes schauen und auf dem Weg bleiben, der hinführt zu Deiner Herrlichkeit. Darum bitten wir Dich, durch unseren Herrn Jesus Christus, der in der Einheit des Heiligen Geistes mit Dir lebt und herrscht in alle Ewigkeit. Amen. (vgl. Laudes vom Hochfest Mariä Aufnahme in den Himmel)

16. August

Wort Gottes: {#mk} Mk 15,6-15

"Jeweils zum Fest ließ Pilatus einen Gefangenen frei, den sie sich ausbitten durften. Damals saß gerade ein Mann namens Barabbas im Gefängnis, zusammen mit anderen Aufrührern, die bei einem Aufstand einen Mord begangen hatten. Die Volksmenge zog zu Pilatus hinauf und bat, ihnen die gleiche Gunst zu gewähren wie sonst. Pilatus fragte sie: Wollt ihr, daß ich den König der Juden freilasse? Er merkte nämlich, daß die Hohenpriester nur aus Neid Jesus an ihn ausgeliefert hatten. Die Hohenpriester aber wiegelten die Menge auf, lieber die Freilassung des Barabbas zu fordern. Pilatus wandte sich von neuem an sie und fragte: Was soll ich dann mit dem tun, den ihr den König der Juden nennt? Da schrien sie: Kreuzige ihn! - Pilatus entgegnete: Was hat er denn für ein Verbrechen begangen? Sie schrien noch lauter: Kreuzige ihn! -

Darauf ließ Pilatus, um die Menge zufriedenzustellen, Barabbas frei und gab den Befehl, Jesus zu geißeln und zu kreuzigen."

V: Wort des lebendigen Gottes! - A: Dank sei Gott, dem Herrn!

Betrachtungshilfe:

Dieses Wort Gottes zeigt uns, wie tief der Mensch ins geistige Verderben stürzen kann, wie in diesem Fall die Hohenpriester, die Ältesten und die Schriftgelehrten, die sich nicht an die Wahrheit und Gerechtigkeit hielten, sondern sich von Hochmut, Eifersucht, Ehrgeiz, Neid, Mißgunst, Machtstreben und ähnlichen Lastern verblenden und treiben ließen. Hier passierte Schlimmeres als je sonst: - Als der heidnische Machthaber Pilatus Jesus freilassen wollte, forderten die Führer des Volkes und die von ihnen aufgewiegelte Volksmenge die Freilassung des Verbrechers Barabbas und verlangten die Kreuzigung Jesu. - **Dabei wurde aber nicht irgendein unschuldiger Mensch hingerichtet, sondern der menschgewordene SOHN GOTTES!**

- Bin ich mir der Verantwortung bewußt, wenn ich meine Freiheit mißbrauche und über andere leichtfertig urteile oder sie gar verurteile, wovor Jesus selbst uns gewarnt hat: **"Richtet nicht, damit ihr nicht gerichtet werdet! Denn wie ihr richtet, so werdet ihr gerichtet werden, und nach dem Maß, mit dem ihr meßt und zuteilt, wird euch zugeteilt werden"** (Mt 7,1-2) - ?
- Welchen Vorsatz fasse ich im Licht des heutigen Wortes Gottes?

Tagesgebet: *siehe entsprechender Tag Seite 459*

17. August

Wort Gottes: Joh 19,6-12/16a

"Als die Hohenpriester und ihre Diener ihn (Jesus) sahen, schrien sie: Ans Kreuz mit ihm, ans Kreuz mit ihm! - Pilatus sagte zu ihnen: Nehmt ihr ihn und kreuzigt ihn! Denn ich finde keinen Grund, ihn zu verurteilen. Die Juden entgegneten ihm: Wir haben ein Gesetz, und nach diesem Gesetz muß er sterben, weil er sich als Sohn Gottes ausgegeben hat. Als Pilatus das hörte, wurde er noch ängstlicher. Er ging wieder in das Prätorium hinein und fragte Jesus: Woher stammst du? Jesus aber gab ihm keine Antwort. Da sagte Pilatus zu ihm: Du sprichst nicht mit mir? WEISST DU NICHT, DASS ICH MACHT HABE, DICH FREIZULASSEN, UND MACHT, DICH ZU KREUZIGEN? - Jesus antwortete: Du hättest keine Macht über mich, wenn es dir nicht von oben gegeben wäre; darum liegt größere Schuld bei dem, der mich dir ausgeliefert hat. Daraufhin wollte Pilatus ihn freilassen, aber die Juden schrien: Wenn du ihn freiläßt, bist du kein Freund des Kaisers; Jeder, der sich als König ausgibt, lehnt sich gegen den Kaiser auf. Da lieferte er ihnen Jesus aus, damit er gekreuzigt würde."

V: Wort des lebendigen Gottes! - A: Dank sei Gott, dem Herrn!

Dieses Wort Gottes ist ein deutlicher Beweis dafür, welch große Verantwortung mit der Macht verbunden ist und welch schwere Schuld ein Mensch auf sich laden kann, wenn er Macht und FREIHEIT mißbraucht, so weit, daß er sich damit sogar selbst ins ewige Verderben stürzen kann.

Gott will niemanden verdammen; ER will nicht den Tod des Sünders, sondern daß er auf seinem Weg umkehrt und am Leben bleibt (vgl. Ez 33,11). - Gott liebt jeden Menschen und will gerne jeden einzelnen retten. ER schenkt jedem genug Gnaden, die ihn auf den Weg der Rettung führen. ER läßt aber jedem Menschen die Freiheit diesen Weg zu wählen, der zur ewigen Befreiung führt, oder diesen, der zur ewigen Unfreiheit führt. Leider trifft der Mensch aber in seiner Freiheit oft falsche Entscheidungen, widersetzt sich der Hilfe Gottes, trennt sich von Gott und stürzt sich so selbst in den Abgrund, in die ewige Verdammnis, die nichts anderes ist als die ewige Trennung von Gott und Seinem Glück!

• Ist mir bewußt, daß die Freiheit der Entscheidung auch große Verantwortung mit sich bringt? - Bete ich dafür, daß ich bei der Erziehung der mir anvertrauten Menschen richtige, d.h. Gott wohlgefällige Entscheidungen treffe?

• Welchen Vorsatz fasse ich im Licht des heutigen Wortes Gottes?

Tagesgebet: *siehe entsprechender Tag Seite 459*

18. August

"Als Jesus auf Erden lebte, hat er mit lautem Schreien und unter Tränen Gebete und Bitten vor den gebracht, der ihn aus dem Tod retten konnte, und ER IST ERHÖRT UND AUS SEINER ANGST BEFREIT WORDEN. Obwohl er der Sohn war, hat er durch Leiden den Gehorsam gelernt; zur Vollendung gelangt, ist er für alle, die ihm gehorchen, der Urheber des ewigen Heils geworden und wurde von Gott angeredet als 'Hoherpriester nach der Ordnung Melchisedeks'."

V: Wort des lebendigen Gottes! - A: Dank sei Gott, dem Herrn!

Betrachtungshilfe:

Dieses Wort Gottes erbringt uns einen der schönsten Beweise dafür, daß jedes Gebet von Gott erhört wird, auch wenn der Mensch nicht immer und sofort das erhält, was er sich erwünscht und erhofft hat; Gott gibt zur rechten Zeit das, was für den Menschen das Beste ist. - **Als Jesus Seinen Vater bat, IHN vom Tod zu erretten, b e f r e i t e Gott Seinen Sohn zwar nicht vom Tod, wohl aber von der Angst vor dem Tod!**

Gott erhört unsere Gebete immer, allerdings gibt ER erst dann die Gnade, wenn die richtige Zeit dafür gekommen ist. Ein Beispiel dafür ist das Gebet von Zacharias und Elisabet. Dieses Ehepaar hatte viele Jahre vergeblich um ein Kind gebetet. Aber diese scheinbare Nichterhörung hat sie nie von der Liebe zu Gott getrennt. - Erst als

Zacharias und seine Frau schon im vorgerückten Alter waren, erfuhr Zacharias während des Gebets im Tempel vom Engel Gabriel: **"Dein Gebet ist erhört worden. Deine Frau Elisabet wird dir einen Sohn gebären"** (Lk 1,13). - Über dieses Kind, das der Vorläufer des Herrn wurde, sagte später Jesus selbst: **"Amen, das sage ich euch: Unter allen Menschen hat es keinen größeren gegeben als Johannes den Täufer; doch der Kleinste im Himmelreich ist größer als er"** (Mt 11,11).

- Wenn ich Gott um etwas bitte, vertraue ich dann ganz und gar auf Seine Göttliche Weisheit und Liebe oder erwarte ich ganz selbstverständlich, daß ER meinen Willen sofort erfüllt - und wenn dies nicht geschieht, ärgere ich mich und mache IHM sogar Vorwürfe?
- Welchen Vorsatz fasse ich im Licht des heutigen Wortes Gottes?

Tagesgebet: *siehe entsprechender Tag Seite 459*

19. August

Wort Gottes: Hebr 2,14-18

"Da nun die Kinder (Gottes) Menschen von Fleisch und Blut sind, hat auch er in gleicher Weise Fleisch und Blut angenommen, um durch seinen Tod den zu entmachten, der die Gewalt über den Tod hat, nämlich den Teufel, und UM DIE ZU BEFREIEN, DIE DURCH DIE FURCHT VOR DEM TOD IHR LEBEN LANG DER KNECHTSCHAFT VERFALLEN WAREN. Denn er nimmt sich keineswegs der Engel an, sondern der Nachkommen Abrahams nimmt er sich an. Darum mußte er in allem seinen Brüdern gleich sein, um ein barmherziger und treuer Hoherpriester vor Gott zu sein und die Sünden des Volkes zu sühnen. Denn da er selbst in Versuchung geführt wurde und gelitten hat, kann er denen helfen, die in Versuchung geführt werden."

V: Wort des lebendigen Gottes! - A: Dank sei Gott, dem Herrn!

Betrachtungshilfe:

In diesem Wort geht es um die BEFREIUNG des Menschen aus der Macht und Gewalt Satans, d.h. hier konkret um die Befreiung von der Angst vor dem Tod. In den Krallen Satans ist die Angst vor dem Tod oft eine schreckliche Waffe gegen die Menschen und ihr Glück. - Der Mensch hat vor allem dann große Angst vor dem Sterben, wenn er den Glauben an das Leben im Jenseits verloren hat, oder wenn er in seinem Leben so viel Schlimmes angerichtet hat, daß er dafür eine schwere Strafe, ja sogar die ewige Strafe verdient hat.

Deshalb ist es wichtig, oft zu den ermahnenden Belehrungen des Herrn zurückzukehren, die sich auf den Tag des Letzten Gerichts beziehen, an dem wir für alles zur Verantwortung gezogen werden: **"Dann wird er sich auch an die auf der linken Seite wenden und zu ihnen sagen: Weg von mir, ihr Verfluchten, in das ewige Feuer, das für den Teufel und seine Engel bestimmt ist! Denn ich war hungrig, und ihr habt mir nichts zu essen gegeben; ich war durstig, und ihr habt mir nichts zu trinken gegeben; ich war fremd und obdachlos, und ihr habt** mich nicht aufgenommen; ich war nackt, und ihr habt mir keine Kleidung gegeben; ich war krank und im Gefängnis, und ihr habt mich nicht besucht. Dann werden auch sie antworten: Herr, wann haben wir dich hungrig oder durstig oder obdachlos oder nackt oder krank oder im Gefängnis gesehen und haben dir nicht geholfen? Darauf wird er ihnen antworten: Amen, ich sage euch: Was ihr für einen dieser Geringsten nicht getan habt, das habt ihr auch mir nicht getan. Und sie werden weggehen und die ewige Strafe erhalten, die Gerechten aber das ewige Leben" (Mt 25,41-46).

- Mache ich mir immer wieder im Glauben bewußt, daß der Tod keine Macht über mich hat, weil Jesus durch Seinen Tod mich davon befreit und mir ewiges Leben verheißen hat, wenn ich Seinem Wort folge?
- Welchen Vorsatz fasse ich im Licht des heutigen Wortes Gottes?

Tagesgebet: *siehe entsprechender Tag Seite 460*

20. August

Wort Gottes: Hebr 13,1-9a

"Die Bruderliebe soll bleiben. Vergeßt die Gastfreundschaft nicht; denn durch sie haben einige, ohne es zu ahnen, Engel beherbergt. Denkt an die Gefangenen, als wäret ihr mitgefangen; denkt an die Mißhandelten, denn auch ihr lebt noch in eurem irdischen Leib. Die Ehe soll von allen in Ehren gehalten werden, und das Ehebett bleibe unbefleckt; denn Unzüchtige und Ehebrecher wird Gott richten. EUER LEBEN SEI FREI VON HABGIER; seid zufrieden mit dem, was ihr habt; denn Gott hat versprochen: Ich lasse dich nicht fallen und verlasse dich nicht. Darum dürfen wir zuversichtlich sagen: Der Herr ist mein Helfer, ich fürchte mich nicht. Was können Menschen mir antun? - Denkt an eure Vorsteher, die euch das Wort Gottes verkündet haben; schaut auf das Ende ihres Lebens und ahmt ihren Glauben nach! - Jesus Christus ist derselbe gestern, heute und in Ewigkeit. Laßt euch nicht durch mancherlei fremde Lehre irreführen."

V: Wort des lebendigen Gottes! - A: Dank sei Gott, dem Herrn!

Betrachtungshilfe:

In diesem Wort Gottes fordert uns Paulus auf, sich von der Habgier zu befreien; dabei geht es ihm nicht nur um die BEFREIUNG von diesem Laster, sondern darum, daß der Mensch sich überhaupt von Begierden, schlechten Haltungen, auch von bösen Menschen und allen möglichen Irrlehren und falschen Meinungen befreit, die ihn von Gott entfernen und ins Unglück und Verderben stürzen können. Erst wenn der Mensch frei ist von sich selbst, von Selbstsucht, Egoismus, Begierden und Leidenschaften, wird er frei für den anderen. - Erst wenn er sich selbst befreit hat, kann er andere befreien und ihnen helfen: den Gefangenen, Mißhandelten, Notleidenden, Hungrigen, Obdachlosen usw. Er wird frei von Angst und Menschenfurcht, weil er gelernt hat, nicht auf menschliche Worte zu vertrauen, sondern ganz und gar auf Gott und Sein Wort: "Ich lasse dich nicht fallen und verlasse dich nicht."

- Inwieweit halten mich meine Wünsche und Sehnsüchte nach irdischem Glück, schlechte Neigungen und Leidenschaften noch gefangen? - Lasse ich mich von Angst und Menschenfurcht bedrängen und einschüchtern? - Bete ich darum, daß Gott mich von Angst befreit und mir ein großes Gottvertrauen schenkt?
- Welchen Vorsatz fasse ich im Licht des heutigen Wortes Gottes?

Tagesgebet: *siehe entsprechender Tag Seite 460*

21. August

Wort Gottes: Jak 1,22-26

"Hört das Wort nicht nur an, sondern handelt danach; sonst betrügt ihr euch selbst. Wer das Wort nur hört, aber nicht danach handelt, ist wie ein Mensch, der sein eigenes Gesicht im Spiegel betrachtet: Er betrachtet sich, geht weg, und schon hat er vergessen, wie er aussah. Wer sich aber in DAS VOLLKOMMENE GESETZ DER FREIHEIT vertieft und an ihm festhält, wer es nicht nur hört, um es wieder zu vergessen, sondern danach handelt, der wird durch sein Tun selig sein. Wer meint, er diene Gott, aber seine Zunge nicht im Zaum hält, der betrügt sich selbst, und sein Gottesdienst ist wertlos."

V: Wort des lebendigen Gottes! - A: Dank sei Gott, dem Herrn!

Betrachtungshilfe:

Der heilige Jakobus fordert uns heute auf, das Wort Gottes nicht nur anzuhören, sondern auch danach zu handeln, das heißt es in die Tat umzusetzen. - Er will damit sagen: Es hilft uns nichts, das Wort Gottes Tag für Tag nur zu lesen, ohne daraus Konsequenzen für unser eigenes Leben zu ziehen. Wir werden uns nur selbst betrügen, in unseren Fehlern verharren, und nichts wird sich ändern. - Wer sich wirklich von seinen bösen Neigungen, von Selbstsucht, Eigenwille und falschen Bindungen befreien will, muß sich in das **vollkommene Gesetz der FREIHEIT** vertiefen, in das **neue Gesetz**, das Jesus uns verkündet hat durch Sein Wort und Sein Leben: **"Ein neues Gebot gebe ich euch: Liebt einander! Wie ich euch geliebt habe, so sollt auch ihr einander lieben. Daran werden alle erkennen, daß ihr meine Jünger seid: wenn ihr einander liebt"** (Joh 13,34-35).

Nur die christliche Liebe, in die Tat umgesetzt, kann uns schließlich befreien und zur Vollkommenheit führen, d.h. zur ewigen Seligkeit. - Vergessen wir dabei nicht, daß unsere menschliche Freiheit in Wirklichkeit sehr begrenzt ist, weil wir schließlich nur zwischen Gut und Böse wählen können. Dabei müssen wir richtig unterscheiden zwischen dem, was vor Gott gut und böse ist und dem, was der Mensch für gut oder böse hält. Wenn wir z.B. in den Leiden nur Böses sehen, dann verstehen wir die ganze Botschaft Jesu nicht, zu der auch die Botschaft vom Kreuz und Leiden gehört, durch das Jesus uns befreite und uns das Beispiel der vollkommensten Liebe gab.

- Verstehe ich jetzt besser, was es heißt, sich in das vollkommene Gesetz der Freiheit zu vertiefen?

- Welchen Vorsatz fasse ich im Licht des heutigen Wortes Gottes?

Tagesgebet: *siehe entsprechender Tag Seite 460*

22. August

Wort Gottes: Apg 4,23-31

"Nach ihrer FREILASSUNG gingen sie (Petrus und Johannes) zu den Ihren und berichteten alles, was die Hohenpriester und die Ältesten zu ihnen gesagt hatten. Als sie das hörten, erhoben sie einmütig ihre Stimme zu Gott und sprachen: Herr, du hast den Himmel, die Erde und das Meer geschaffen und alles, was dazugehört; du hast durch den Mund unseres Vaters David, deines Knechtes, durch den Heiligen Geist gesagt: Warum toben die Völker, warum machen die Nationen vergebliche Pläne? Die Könige der Erde stehen auf, und die Herrscher haben sich verbündet gegen den Herrn und seinen Gesalbten. Wahrhaftig, verbündet haben sich in dieser Stadt gegen deinen heiligen Knecht Jesus, den du gesalbt hast, Herodes und Pontius Pilatus mit den Heiden und den Stämmen Israels, um alles auszuführen, was deine Hand und dein Wille im voraus bestimmt haben. Doch jetzt, Herr, sieh auf ihre Drohungen und gib deinen Knechten die Kraft, mit allem FREIMUT dein Wort zu verkünden. Streck deine Hand aus, damit Heilungen und Zeichen und Wunder geschehen durch den Namen deines heiligen Knechtes Jesus. - Als sie gebetet hatten, bebte der Ort, an dem sie versammelt waren, und alle wurden mit dem Heiligen Geist erfüllt, und SIE VERKÜNDETEN FREIMÜTIG DAS WORT GOTTES."

V: Wort des lebendigen Gottes! - A: Dank sei Gott, dem Herrn!

Betrachtungshilfe:

Dieses Wort Gottes zeigt uns auf beeindruckende Weise, wie die Apostel nach ihrer Freilassung aus dem Gefängnis sofort wieder ihre Freiheit zur Ehre Gottes einsetzten. - Furchtlos bekennen sie sich zu Gottes Taten und zu Seiner Wahrheit und loben IHN für alles, was ER Gutes unter den Menschen bewirkt hat. - Gott antwortet darauf sehr spürbar mit einem Erdbeben und erfüllt die g e m e i n s a m Betenden mit dem Heiligen Geist, damit sie weiter kraftvoll und freimütig das Wort Gottes verkünden. **Dies beweist erneut, daß eine fruchtbare Katechese und Evangelisierung ihre Quelle im gemeinsamen Gebet, in der Wahrhaftigkeit vor Gott und in der rechten, inneren Haltung des Menschen zu Gott hat.**

An dieser Stelle lohnt es sich, an die Erklärung des Herrn zu denekn, die von vielen oft vergessen wird: **"Geht durch das enge Tor! Denn das Tor ist weit, das ins Verderben führt, und der Weg dahin ist breit, und viele gehen auf ihm. Aber das Tor, das zum Leben führt, ist eng, und der Weg dahin ist schmal, und nur wenige finden ihn"** (Mt 7,13-14).

- Nütze ich wirklich meine persönliche Freiheit dazu, für meinen Glauben vor den anderen mutig Zeugnis abzulegen? - Oder schäme ich mich, meine Überzeugung vor den anderen zu bekennen und schweige lieber, wenn es darum geht, für Gott und Seine Wahrheit einzutreten? - Gehe ich gerne den Weg der Bequemlichkeit, oder lieber diesen engen Weg, der zum Himmel führt?

- Welchen Vorsatz fasse ich im Licht des heutigen Wortes Gottes?

Tagesgebet:

Lasset uns beten: Gott und Vater, Du hast die Mutter Deines Sohnes auch uns zur Mutter gegeben. Wir ehren sie als unsere Königin und vertrauen auf ihre Fürsprache. Laß uns im himmlischen Reich an der Herrlichkeit Deiner Kinder teilhaben. Darum bitten wir Dich, durch unseren Herrn Jesus Christus, der in der Einheit des Heiligen Geistes mit Dir lebt und herrscht in alle Ewigkeit. Amen. (vgl. Laudes vom Gedenktag Maria Königin)

23. August

Wort Gottes: Apg 5,12/17-21a

"Durch die Hände der Apostel geschahen viele Zeichen und Wunder im Volk. Da erhoben sich voll Eifersucht der Hohepriester und alle, die auf seiner Seite standen, nämlich die Gruppe der Sadduzäer. Sie ließen die Apostel verhaften und in das öffentliche Gefängnis werfen. - EIN ENGEL DES HERRN ABER ÖFFNETE NACHTS DIE GEFÄNGNISTORE, FÜHRTE SIE HERAUS UND SAGTE: GEHT, TRETET IM TEMPEL AUF UND VERKÜNDET DEM VOLK ALLE WORTE DIESES LEBENS! - Sie gehorchten und gingen bei Tagesanbruch in den Tempel und lehrten."

V: Wort des lebendigen Gottes! - A: Dank sei Gott, dem Herrn!

Betrachtungshilfe:

Dieses Wort Gottes berichtet uns über die wunderbare BEFREIUNG der Apostel aus dem Gefängnis, die Gott selbst durch Seinen Engel bewirkt hatte. - Gott kann also dem Menschen sowohl die innere wie auch die äußere Freiheit schenken. - Gott kann schließlich A L L E S ! - Entscheidend ist aber oft dabei, w i e wir uns für die Sache Gottes entscheiden und im **Gehorsam** zu dem beitragen, was Gott mit uns vorhat! - Wir wissen, welch große Liebe die Apostel zu Gott, dem Herrn hatten! - Wir wissen, welch lebendigen und kindlichen Glauben sie hatten! - Wir wissen auch, daß sie ihre Hoffnung nicht auf irdische Vorteile und Reichtümer setzten, sondern allein auf die unaussprechlichen Schätze des Himmels, die der heilige Paulus so beschreibt: **"Was kein Auge gesehen und kein Ohr gehört hat, was keinem Menschen in den Sinn gekommen ist: das Große, das Gott denen bereitet hat, die IHN l i e b e n "** (1 Kor 2,9b).

- Bemühe ich mich in meinem Leben ernsthaft, verantwortungsbewußt und mit Ausdauer um all diese Tugenden, durch die ich bei Gott schneller und leichter die Gnade der vollen Freiheit erreichen kann?

- Welchen Vorsatz fasse ich im Licht des heutigen Wortes Gottes?

Tagesgebet: *siehe entsprechender Tag Seite 460*

24. August

Wort Gottes: Röm 6,4b-9

"Wie Christus durch die Herrlichkeit des Vaters von den Toten auferweckt wurde, so sollen auch wir als neue Menschen leben. Wenn wir nämlich ihm gleich geworden sind in seinem Tod, dann werden wir mit ihm auch in seiner Auferstehung vereinigt sein. Wir wissen doch: Unser alter Mensch wurde mitgekreuzigt, damit der von der Sünde beherrschte Leib vernichtet werde und wir nicht Sklaven der Sünde bleiben. DENN WER GESTORBEN IST, DER IST FREI GEWORDEN VON DER SÜNDE. Sind wir nun mit Christus gestorben, so glauben wir, daß wir auch mit ihm leben werden. Wir wissen, daß Christus, von den Toten auferweckt, nicht mehr stirbt; der Tod hat keine Macht mehr über ihn."

V: Wort des lebendigen Gottes! - A: Dank sei Gott, dem Herrn!

Betrachtungshilfe:

Dieses Wort Gottes vermittelt uns die Gewißheit, daß der Tod eine schmerzliche und auch eine befreiende Kraft in sich trägt. Der Tod befreit zunächst die Seele von ihrem verdorbenen Leib, dann aber auch den Leib von allen physischen Schmerzen. Der Tod kann jedoch nicht die Seele von ihren Schmerzen befreien, wenn sie, im Zustand des Getrenntseins von Gott, den Leib verläßt. - Wenn die Seele während ihres Zusammenlebens mit dem Leib total von Gott getrennt war, werden ihre Leiden im Jenseits für alle Ewigkeit **unheilbar** sein! - Dieser Zustand der Seele wird als "Hölle" bezeichnet. - Das "Fegefeuer", mit dem wir den Zustand der geretteten Seele im Jenseits bezeichnen, sagt uns, daß die Seele in ihrem irdischen Leben nicht ganz von Gott getrennt war und deshalb nicht verloren ist; das Maß der Leiden der Seele im Fegefeuer entspricht dann dem Ausmaß ihrer Trennung von Gott im irdischen Leben.

Und schließlich entscheidet auch das Maß unserer jetzigen, f r e i w i l l i g e n inneren Bindung an Gott, die in vollkommenster Weise nur in Jesus Christus möglich ist, und zwar durch die Erfüllung der Gebote Gottes, über das Maß der Glückseligkeit unserer Seele im Jenseits. Und diesen Zustand bezeichnen wir als "Himmel".

Nach dem Tag der Auferstehung und dem Letzten Gericht wird selbstverständlich auch unser Leib, zusammen mit der Seele, entweder ewig leiden oder ewiges Glück genießen.

- Denke ich angesichts des Letzten Gerichts oft und ernst an meinen Tod, das heißt an die Trennung meiner Seele vom Leib wie auch an meine Verantwortung vor Gott für Seele und Leib? - Kenne ich einen besseren und sichereren Weg zur Befreiung meiner Seele von der Last der Sünde, als den durch die Kraft des Heiligen Bußsakramentes, des Sakraments der Versöhnung mit Gott?

- Welchen Vorsatz fasse ich im Licht des heutigen Wortes Gottes?

Tagesgebet:

Lasset uns beten: Gott, unser Herr und Vater, der Apostel Bartholomäus hat mit aufrichtigem Herzen Deinem Sohn die Treue gehalten. Stärke auf seine Fürsprache auch unseren Glauben und mache Deine Kirche zum wirksamen Zeichen des Heiles für alle Völker. Darum bitten wir Dich, durch unseren Herrn Jesus Christus, der in der Einheit des Heiligen Geistes mit Dir lebt und herrscht in alle Ewigkeit. Amen. (vgl. Laudes vom Fest des heiligen Apostels Bartholomäus)

25. August

Wort Gottes: Röm 6,16-18

"Ihr wißt doch: Wenn ihr euch als Sklaven zum Gehorsam verpflichtet, dann seid ihr Sklaven dessen, dem ihr gehorchen müßt; ihr seid entweder Sklaven der Sünde, die zum Tod führt, oder des Gehorsams, der zur Gerechtigkeit führt. Gott aber sei Dank; denn ihr wart Sklaven der Sünde, seid jedoch von Herzen der Lehre gehorsam geworden, an die ihr übergeben wurdet. IHR WURDET AUS DER MACHT DER SÜNDE BEFREIT und seid zu Sklaven der Gerechtigkeit geworden."

V: Wort des lebendigen Gottes! - A: Dank sei Gott, dem Herrn!

Betrachtungshilfe:

In diesem Wort Gottes spricht der heilige Paulus über das Paradox der echten, christlichen Freiheit der Kinder Gottes, d.h. über diese Freiheit, durch die wir uns bewußt zu Sklaven der Ordnung Gottes machen, damit Gott der Hölle gegenüber ein begründetes Recht hat, uns aus der Sklaverei der Sünde und aus der Macht der Hölle zu befreien, denn sonst könnte die Hölle den Vorwurf erheben, daß Gott ungerecht handelt. - Selbstverständlich könnte Gott den Satan und die Hölle in einem einzigen Augenblick vernichten und so die Menschen von dieser Macht befreien. ER tut dies aber nicht, um zu zeigen, wie sehr ER gerecht ist, - auch der Hölle gegenüber. - **Wer sich aber Gott freiwillig anvertraut, den nimmt ER in Seinen Schutz, dem erweist ER Seine Barmherzigkeit, dem eilt ER zu Hilfe!** - Dieses Vertrauen auf Gott hat verschiedene Stufen, bis hin zur völligen Hingabe des Menschen an Gott - und diese Menschen können wir ganz ruhig, wie es der heilige Paulus tut, als Sklaven der Gerechtigkeit bezeichnen.

Und diese, die sich als Freie bezeichnen, aber ihre Freiheit meistens zur Befriedigung ihrer Begierden und Laster nützen, sind in Wirklichkeit arme, unglückliche Sklaven der Sünde, die den anderen nur ein Schauspiel des Glücks vorspielen.

Wie oft sind die Menschen heute wirklich unfrei, Sklaven des Fernsehers, des Fußballs und aller möglicher anderer Hobbys, ja oft sogar des eigenen Autos! - Wie viele Menschen sind heute hilflos dem Alkohol, dem Rauchen, den Drogen usw. verfallen!

* Nütze ich meine Freiheit und Verantwortung entsprechend dem Willen Gottes so, daß meine Seele schon jetzt auf der Erde echtes Glück, innere Ruhe und wahren Frieden findet und später auch für die Ewigkeit?

284

- Welchen Vorsatz fasse ich im Licht des heutigen Wortes Gottes?

Tagesgebet: *siehe entsprechender Tag Seite 461*

26. August

Wort Gottes: 1 Kor 6,12-13

"Alles ist mir erlaubt - aber nicht alles nützt mir. ALLES IST MIR ERLAUBT, ABER NICHTS SOLL MACHT HABEN ÜBER MICH. Die Speisen sind für den Bauch da und der Bauch für die Speisen; Gott wird beide vernichten. Der Leib ist aber nicht für die Unzucht da, sondern für den Herrn, und der Herr für den Leib."

V: Wort des lebendigen Gottes! - A: Dank sei Gott, dem Herrn!

Betrachtungshilfe:

In diesem Wort Gottes betont der heilige Paulus, daß mit dem freien Willen immer auch die Gefahr verbunden ist, in irgendeine Abhängigkeit zu geraten, die nichts Gutes für den Menschen bewirkt. - Wir sollen also nie vergessen, welch große Verantwortung die FREIHEIT mit sich bringt, und in unserem Gewissen vor Gott bei all unseren Entscheidungen immer die Konsequenzen für unsere Seele bedenken.

Der heilige Augustinus äußerte sich bei seinen Betrachtungen über die Freiheit einmal folgendermaßen: **"Liebe, und dann tu, was du willst!"** - Ist diese Aufforderung nicht gefährlich? - Nein! - Denn wer wirklich liebt, wird niemals freiwillig und bewußt etwas tun, was dem Willen dessen widerspricht, den er liebt und von dem er geliebt wird. - Wer also in christlicher Liebe, mit Verantwortung, handelt, wird vom Heiligen Geist so erleuchtet, gestärkt und geführt, daß er wirklich nichts tun wird, was sich gegen den Willen des Himmlischen Vaters oder gegen die Nächstenliebe richtet. - Erst wenn der Mensch sich irgendwie verwirren läßt, so daß er die echte Liebe verliert, kann er seiner Schwäche erliegen, die Freiheit als Vorwand für das Fleisch nehmen und falsch handeln.

- Bemühe ich mich täglich mit Verantwortung um diese echte, christliche Liebe, die mir erlaubt, alles zu tun? - Bin ich mir darüber klar, daß die echte Liebe der einzige Maßstab für die richtig genützte Freiheit ist und schließlich an ihren Früchten erkannt wird?
- Welchen Vorsatz fasse ich im Licht des heutigen Wortes Gottes?

Tagesgebet: *siehe entsprechender Tag Seite 461*

27. August

Wort Gottes: Gal 2,4-6

"Was die falschen Brüder betrifft, jene Eindringlinge, die sich eingeschlichen hatten, um die FREIHEIT, DIE WIR IN CHRISTUS JESUS HABEN, argwöhnisch zu beobachten und uns zu Sklaven zu machen, so haben wir uns keinen Augenblick unterworfen; wir haben ihnen nicht nachgegeben, damit

euch die Wahrheit des Evangeliums erhalten bleibe. Aber auch von denen, die Ansehen genießen - was sie früher waren, kümmert mich nicht, Gott schaut nicht auf die Person, auch von den 'Angesehenen' wurde mir nichts auferlegt."

V: Wort des lebendigen Gottes! - A: Dank sei Gott, dem Herrn!

Betrachtungshilfe:

Aus diesem Wort Gottes erfahren wir, daß der heilige Apostel Paulus seine FREIHEIT ganz und gar den Prinzipien des Evangeliums unterordnete. - Um der Wahrheit des Wortes Gottes willen mußte er große Schwierigkeiten hinnehmen, aber er ließ sich deshalb weder einschüchtern noch von irgend jemand unter Druck setzen. Dies beweist seine große innere Freiheit und Standhaftigkeit, die aber nur vom Heiligen Geist stammen konnte. Diese innere Freiheit kann auch jeder von uns erreichen, wenn er sich für die Wahrheit des Evangeliums mit gleicher Liebe und mit gleichem Freimut einsetzt wie der heilige Paulus.

- Bin ich mir dessen bewußt, daß die Freiheit eine unbeschreiblich große Kraft des Geistes darstellt, mit der der Mensch, ähnlich wie mit der Atomkraft, sehr viel Gutes, aber auch sehr viel Schlechtes bewirken kann?
- Welchen Vorsatz fasse ich im Licht des heutigen Wortes Gottes?

Tagesgebet: *siehe entsprechender Tag Seite 461*

28. August

Wort Gottes: Off 20,1-3/7-9

"Dann sah ich einen Engel vom Himmel herabsteigen; auf seiner Hand trug er den Schlüssel zum Abgrund und eine schwere Kette. Er überwältigte den Drachen, die alte Schlange - das ist der Teufel oder der Satan -, und er fesselte ihn für tausend Jahre. Er warf ihn in den Abgrund, verschloß diesen und drückte ein Siegel darauf, damit der Drache die Völker nicht mehr verführen konnte, bis die tausend Jahre vollendet sind. DANACH MUß ER FÜR KURZE ZEIT FREIGELASSEN WERDEN. Wenn die tausend Jahre vollendet sind, wird der Satan aus seinem Gefängnis freigelassen werden. Er wird ausziehen, um die Völker an den vier Ecken der Erde, den Gog und den Magog, zu verführen und sie zusammenzuholen für den Kampf; sie sind so zahlreich wie die Sandkörner am Meer. Sie schwärmten aus über die weite Erde und umzingelten das Lager der Heiligen und Gottes geliebte Stadt. Aber Feuer fiel vom Himmel und verzehrte sie."

V: Wort des lebendigen Gottes! - A: Dank sei Gott, dem Herrn!

Betrachtungshilfe:

Dieses Wort Gottes spricht über sehr geheimnisvolle Dinge und betont, daß der Satan in der Geschichte der Menschheit zwar immer eine gewisse Freiheit hatte, um die Menschen zum Bösen zu verführen, - deshalb gab es auch in allen Jahrhunderten Häresien, Spaltungen, Streit, Kriege und viele andere schlimme Dinge, - daß aber diese Macht des Satans nicht unbegrenzt anhält.

Aus den letzten Sätzen des Wortes Gottes erfahren wir, daß der Satan am Ende doch den Kampf um die Seelen der Menschen verlieren wird, wenn Gott mit Seiner Kraft vom Himmel her eingreift. Wenn wir heute sehen, wie viele gläubige Menschen verfolgt und oft grausam gequält werden, weil sie den Prinzipien der Wahrheit und Gerechtigkeit des Evangeliums folgen, dann sollen wir schon jetzt viel beten und aufopfern, damit Gott die Tage des Greuels abkürzt, weil es sonst unmöglich wäre, dies alles auszuhalten (vgl. Mt 24,21-22 und 2 Petr 3,8-16).

- Gehöre ich vielleicht auch zu diesen Gläubigen, die davon überzeugt sind, daß es keinen Satan und keine Hölle und daher auch keine Sünde gibt? - Oder gehöre ich zu denen, die die Belehrungen des Evangeliums über die Existenz und das Wirken des Satans, der Hölle und der Sünde sehr ernst nehmen?
- Welchen Vorsatz fasse ich im Licht des heutigen Wortes Gottes?

Tagesgebet: *siehe entsprechender Tag Seite 461*

29. August

Wort Gottes: Off 14,1-5

"Ich sah: Das Lamm stand auf dem Berg Zion, und bei ihm waren hundertvierundvierzigtausend; auf ihrer Stirn trugen sie seinen Namen und den Namen seines Vaters. Dann hörte ich eine Stimme vom Himmel her, die dem Rauschen von Wassermassen und dem Rollen eines gewaltigen Donners glich. Die Stimme, die ich hörte, war wie der Klang der Harfe, die ein Harfenspieler schlägt. Und sie sangen ein neues Lied vor dem Thron und vor den vier Lebewesen und vor den Ältesten. Aber niemand konnte das Lied singen lernen, außer den hundertvierundvierzigtausend, die freigekauft und von der Erde weggenommen worden sind. Sie sind es, die sich nicht mit Weibern befleckt haben; denn sie sind jungfräulich. Sie folgen dem Lamm, wohin es geht. SIE ALLEIN UNTER ALLEN MENSCHEN SIND FREIGEKAUFT ALS ERST-LINGSGABE FÜR GOTT UND DAS LAMM. DENN IN IHREM MUND FAND SICH KEINERLEI LÜGE. SIE SIND OHNE MAKEL."

V: Wort des lebendigen Gottes! - A: Dank sei Gott, dem Herrn!

Betrachtungshilfe:

Wir wissen, daß Gott einmal einen neuen Himmel und eine neue Erde schaffen wird, in denen die Gerechtigkeit wohnen wird (vgl. 2 Petr 3,13). Die Erde wird dann erneut Teil des gesamten Himmels sein. Dann werden viele von denen, die Gott mit dem Glück des Himmels beschenken wird, auch auf der Erde wohnen. Dazu werden jedoch nicht diese gehören, die z.B. während ihres Erdenlebens ihr Geld und ihre Macht verantwortungslos **nur** zu ihrem **eigenen** Wohlergehen verwendet haben, sondern diese, die den Willen des Himmlischen Vaters erfüllten, IHN mit allen Kräften und mit ganzer Seele liebten und auch ihre Mitmenschen wie sich selbst.

Als einmal ein junger Mann Jesus fragte: "**Was muß ich Gutes tun, um das ewige Leben** (den Himmel) **zu gewinnen?**" (Mt 19,16b), antwortete ihm Jesus: **Die Gebote Gottes halten.** - Die weitere Antwort Jesu hinsichtlich der Berufung zur Vollkommenheit zeigt uns aber, daß im Himmel keine Demokratie herrscht, sondern eine hierarchische Ordnung, in der Gott der Dreieinige selbstverständlich den ersten Platz einnimmt, dann folgt die Gottesmutter, dann der Reihe nach alle Engel und all diese, die in schweren Prüfungen auf der Erde unterschiedliche Stufen der Vollkommenheit erreicht haben; und schließlich all diese, die aufgrund ihrer schlichten Treue zu den Geboten Gottes in den Himmel gelangt sind.

Selbstverständlich ist diese hierarchische Ordnung im Himmel unvergleichlich besser als alle bestmöglichen denkbaren Herrschaftsformen auf der Erde, weil diese hierarchische Ordnung im Himmel auf den unzerstörbaren Prinzipien der Wahrheit und Gerechtigkeit, d.h. auf der Liebe beruht, so daß jeder sich in höchstmöglichem Maß glücklich fühlen und nichts anderes suchen wird, als den Willen des Allerhöchsten treu zu erfüllen.

Manchmal wird in den phantastischen Weltall-Abenteuer-Filmen (science fiction) eine kleine Idee dessen gezeigt, was einmal im Himmel für uns Wirklichkeit sein wird, nur wird dort alles viel vollkommener sein, als dies die Menschen in diesen Filmen zeigen können. - Sicher wird dieses Leben dann frei sein von Sünde, Gewalt, Haß, Krieg und anderen schrecklichen Dingen, die leider in diesen Filmen meist vorherrschen und dadurch einen sehr schlechten Einfluß auf die Erziehung der Kinder und Jugendlichen ausüben.

Was die Zahl 144.000 betrifft, so müssen wir wissen, daß die Zahl 144 aus der einfachen mathematischen Rechnung 12 x 12 kommt, was in der alttestamentarischen Sprache eine besondere Bedeutung hatte, weil die Zahl 12 eine heilige Zahl war und die 12 Stämme Israels bezeichnete. - Auch die Zahl 1000 hat symbolische Bedeutung und bringt zum Ausdruck, daß es sich um etwas Großes handelt, was mit üblichen Zahlvorstellungen nur schwer zu beschreiben ist. - Die Zahl 144.000 ist also nicht eine genaue Zahlenangabe für die Auserwählten im Himmel, sondern symbolisiert einfach eine unaussprechlich große Anzahl, die schließlich nur Gott bekannt ist.

- Nütze ich meine Freiheit mit großer Verantwortung, damit Gott eines Tages auch mich zu Seinen Auserwählten in den Himmel rufen kann, wo ich mit der Schar der Heiligen in vollkommener Liebe, im ewigen Frieden und in unaussprechlicher Freude leben werde?
- Welchen Vorsatz fasse ich im Licht des heutigen Wortes Gottes?

Tagesgebet: *siehe entsprechender Tag Seite 461*

30. August

Wort Gottes: Röm 8,18-23

"Ich bin überzeugt, daß die Leiden der gegenwärtigen Zeit nichts bedeuten im Vergleich zu der Herrlichkeit, die an uns offenbar werden soll. Denn die ganze Schöpfung wartet sehnsüchtig auf das Offenbarwerden der Söhne Gottes. Die Schöpfung ist der Vergänglichkeit unterworfen, nicht aus eigenem Willen,

sondern durch den, der sie unterworfen hat; aber zugleich gab er ihr Hoffnung: AUCH DIE SCHÖPFUNG SOLL VON DER SKLAVEREI UND VERLORENHEIT BEFREIT WERDEN ZUR FREIHEIT UND HERRLICHKEIT DER KINDER GOTTES. Denn wir wissen, daß die gesamte Schöpfung bis zum heutigen Tag seufzt und in Geburtswehen liegt. Aber auch wir, obwohl wir als Erstlingsgabe den Geist haben, seufzen in unserem Herzen und warten darauf, daß wir mit der Erlösung unseres Leibes als Söhne offenbar werden."

V: Wort des lebendigen Gottes! - A: Dank sei Gott, dem Herrn!

Betrachtungshilfe:

Dieses Wort Gottes zeigt uns deutlich, daß nicht nur der Mensch aus der Sklaverei und Verlorenheit befreit werden muß, sondern die **gesamte** Schöpfung Gottes. Diese BEFREIUNG kann aber niemals auf diese Weise erreicht werden, wie es gottlose Gelehrte, Wissenschaftler und Mächtige dieser Welt beabsichtigen, sondern nur und ausschließlich durch unsere Versöhnung und Wiedervereinigung mit Gott. Dazu brauchen wir aber viel Demut, Liebe zur Wahrheit, Gerechtigkeit und Reue vor Gott für all unsere Versagen, Sünden und Verfehlungen gegen IHN und Seine Ordnung. - Erst dann können wir und die ganze Schöpfung von Gott zur Freiheit und Herrlichkeit der Kinder Gottes befreit werden.

- Ist mir bewußt, daß ich durch jede Sünde immer mehr in Unfreiheit gerate und dadurch auch den anderen und der ganzen Schöpfung schade? - Bedenke ich dabei auch, daß ich durch jede gute Beichte und durch jede gute Tat zu meiner eigenen Befreiung beitragen kann?
- Welchen Vorsatz fasse ich im Licht des heutigen Wortes Gottes?

Tagesgebet: *siehe entsprechender Tag Seite 461*

31. August

Wort Gottes: Gal 1,3-5

"Gnade sei mit euch und Friede von Gott, unserem Vater, und dem Herrn Jesus Christus, der sich für unsere Sünden hingegeben hat, UM UNS AUS DER GEGENWÄRTIGEN BÖSEN WELT ZU BEFREIEN, nach dem Willen unseres Gottes und Vaters. Ihm sei Ehre in alle Ewigkeit. Amen."

V: Wort des lebendigen Gottes! - A: Dank sei Gott, dem Herrn!

Betrachtungshilfe:

Mit diesem schönen Gruß des heiligen Paulus wollen wir unsere Betrachtungen über FREIHEIT und VERANTWORTUNG in diesem Monat abschließen, sie gleichzeitig aber zum Anlaß nehmen, unsere persönlichen Betrachtungen über dieses Thema weiter fortzusetzen.

Das heutige Wort Gottes erinnert uns noch einmal an die Mission Jesu in dieser Welt: Unsere Befreiung aus der gegenwärtigen, bösen Welt. - Hier hat der heilige Paulus sicher nicht an die Welt der Tiere, Pflanzen, Berge, usw. gedacht, sondern mit einem Wort das zusammengefaßt, worüber der heilige Johannes warnend schreibt: "**Liebt nicht die Welt und was in der Welt ist!** - **Wer die Welt liebt, hat die Liebe zum Vater nicht.** Denn alles, was in der Welt ist, die Begierde des Fleisches, die Begierde der Augen und das Prahlen mit dem Besitz, ist nicht vom Vater, sondern von der Welt. Die Welt und die Begierde vergeht; wer aber den Willen Gottes tut, bleibt in Ewigkeit" (1 Joh 2,15-17).

- Was tue ich, um mich selbst und die anderen von dieser bösen Welt zu befreien, damit die Schöpfung Gottes möglichst bald von allem Schlechten und Bösen befreit wird und überall Liebe, Wahrheit, Gerechtigkeit, Freude und Friede unter den Menschen herrschen?
- Welchen Vorsatz fasse ich im Licht des heutigen Wortes Gottes? -

Tagesgebet: *siehe entsprechender Tag Seite 461*

"WENN IHR IN MEINEM WORT BLEIBT,
seid ihr wirklich meine Jünger. Dann werdet ihr die Wahrheit erkennen,
UND DIE WAHRHEIT WIRD EUCH BEFREIEN." (Joh 8,31-32)

"Alles kommt von Gott, der uns durch Christus mit sich versöhnt und uns den D I E N S T der VERSÖHNUNG aufgetragen hat. Ja, Gott war es, der in Christus die Welt mit sich versöhnt hat, indem er den Menschen ihre Verfehlungen nicht anrechnete und uns DAS WORT von der VERSÖHNUNG (zur Verkündigung) anvertraute. Wir sind also Gesandte an Christi Statt, und Gott ist es, der durch uns mahnt. Wir bitten an Christi Statt: Laßt euch mit Gott versöhnen!"
(2 Kor 5,18-20)

"Ob ihr also eßt oder trinkt oder etwas anderes tut: TUT ALLES ZUR VERHERRLICHUNG GOTTES!" (1 Kor 10,31)

"DAS IST MEIN GEBOT: LIEBT EINANDER, SO WIE ICH EUCH GELIEBT HABE." (Joh 15,12)

"ICH WERDE EINEN ENGEL SCHICKEN, DER DIR VORAUSGEHT. Er soll dich auf dem Weg schützen und dich an den Ort bringen, den ich bestimmt habe. ACHTE AUF IHN UND HÖR AUF SEINE STIMME! – Widersetze dich ihm nicht! - er würde es nicht ertragen!" (Ex 23,20)

DIE HEILIGEN ENGEL

bei der Erfüllung des Willens
des Himmlischen Vaters

VORWORT:

In diesem Monat befassen wir uns mit einem Thema, das für unser Leben sehr wichtig ist, - mit den HEILIGEN ENGELN.

Der Glaube an die Existenz und Wirkung der Heiligen Engel in unserem Leben ist heutzutage bei vielen Menschen fast gänzlich geschwunden oder oft zumindest sehr abgeschwächt. - Und doch, nach wie vor, ob die Menschen daran glauben oder nicht, die Engel existieren! - Sowohl im Neuen wie auch im Alten Testament finden wir sehr viele klare und eindeutige Texte, die uns die Wahrheit über die Existenz und Wirkung der Engel vermitteln.

Ihre Aufgabe ist es, Gott und Seinen Plänen im ganzen Weltall wie auch auf der Erde zu dienen, vor allem aber lieben sie IHN, singen IHM Lob und Dank und sind entsprechend dem Willen Gottes den Menschen auf dem Weg in den Himmel behilflich.

Auf kürzeste Weise kann man sagen, daß die Engel zu diesen guten Geistern des himmlischen Bereiches gehören, die dem Willen Gottes in allem treu geblieben sind.

Über die Wirkung und Aufgabe der Engel schreibt wunderschön der heilige Papst Gregor der Große: "Man muß wissen, daß das Wort 'Engel' eine Bezeichnung für dessen Aufgabe, nicht für dessen Natur ist. Die seligen Geister in der Heimat des Himmels sind immer Geister, aber sie können nicht immer 'Engel' genannt werden. Denn sie sind nur dann 'Engel', wenn durch sie eine Botschaft ergeht. Jene, die nur Geringeres zu verkünden haben, heißen 'Engel', die aber höchste Botschaft bringen: 'Erzengel'.

Daher kommt es, daß zu Maria nicht irgendein 'Engel', sondern ein 'Erzengel' geschickt wurde. Denn es ziemte sich, daß für diesen Dienst ein Engel höchsten Ranges kam, weil er die höchste aller Botschaften brachte.

Deswegen werden sie auch mit Eigennamen erwähnt, und der Name besagt, was der Engel zu wirken vermag. Denn in der Heiligen Stadt, in der die Gottesschau die Vollendung des Erkennens bewirkt, gibt es keine Eigennamen, weil ihre Träger auch ohne einen solchen erkannt werden können. Nur deswegen, weil diese zu uns kommen, um uns einen Dienst zu leisten, erhalten sie von uns, von ihrem Dienst her einen Namen. Michael heißt: 'WER IST WIE GOTT', Gabriel: 'KRAFT GOTTES', Rafael: 'ARZNEI GOTTES'. Sooft es sich um Wunderkraft handelt, hören wir, daß Michael gesandt wird, und wir erkennen aus dem Vorgang und aus dem Namen, daß niemand kann, was die Kraft Gottes vermag. Denn auch der alte Feind, der in seinem Stolz Gott gleich sein wollte und sagte: 'Ich ersteige den Himmel; dort oben, über die Sterne des Himmels, stelle ich meinen Thron auf; dem Allerhöchsten will ich gleich sein' (vgl. Jes 14,13-14), er wird am Ende der Welt seiner eigenen Kraft

überlassen, um der äußersten Strafe zu verfallen. Er wird nämlich mit dem Erzengel Michael streiten, wie Johannes sagt: 'Es entbrannte ein Kampf mit dem Erzengel Michael' (vgl. Off 12,7).
Zu Maria wird Gabriel gesandt, der 'Kraft Gottes' genannt wird. Er kam, um die Ankunft dessen zu melden, der in Demut erschien, um gegen die Mächte der Luft zu streiten. Er mußte durch die Kraft Gottes verkündigt werden, weil er als der Herr der Kräfte kam, der 'mächtig im Kampf' ist (vgl. Ps 24,8).
Rafael heißt: 'Arznei Gottes'. Er berührte wie ein Arzt die Augen des Tobit und wischte das Dunkel der Blindheit weg. So war es passend, daß er 'Arznei Gottes' genannt wird, weil er zum Heilen gesandt wurde." (Stundengebet, zweite Lesung zum Fest der Heiligen Erzengel Michael, Gabriel und Rafael, 29.September)
So wollen wir die folgenden Worte Gottes aufmerksam lesen und sie auch während des Tages öfters betrachten und dadurch in diesem Monat unseren Glauben an die Existenz und Wirkung der Engel und anderer Geister des Himmels erneuern und vertiefen.
Wenn wir während unseres Erdenlebens, in der Hoffnung und Vorbereitung auf den Himmel, gut mit den Engeln zusammenarbeiten und uns von ihnen führen lassen, dann wird uns vieles in diesem Leben leichter fallen als wir es uns jetzt vorstellen können. **Dann werden wir erfahren, welch große Hilfe die Engel für uns sind, aber nur dann, wenn wir wirklich auf ihre Stimme hören!**

1. September

Wort Gottes: Ex 23,20-22

"ICH WERDE EINEN ENGEL SCHICKEN, DER DIR VORAUSGEHT. Er soll dich auf dem Weg schützen und dich an den Ort bringen, den ich bestimmt habe. Achte auf ihn und hör auf seine Stimme! - WIDERSETZE DICH IHM NICHT! - ER WÜRDE ES NICHT ERTRAGEN, wenn ihr euch auflehnt, denn in ihm ist mein Name gegenwärtig. Wenn du auf seine Stimme hörst und alles tust, was ich sage, dann werde ich der Feind deiner Feinde sein und alle in die Enge treiben, die dich bedrängen."

V: Wort des lebendigen Gottes! - A: Dank sei Gott, dem Herrn!

Betrachtungshilfe:

Dieses Wort Gottes erbringt uns den besten Nachweis für die Existenz dieses Engels, den wir aufgrund seiner Aufgabe als SCHUTZENGEL bezeichnen. - Heute erfahren wir, wie wichtig es ist, auf seine Stimme zu hören, weil er für uns den Willen Gottes vertritt und zu uns im Namen Gottes spricht, um uns zu schützen und zu helfen, an diesen Ort zu gelangen, den Gott für uns bestimmt hat. Unter diesem Ort können wir sowohl das Endziel unseres Lebens, den Himmel, verstehen wie auch verschiedene Stationen unseres Lebens, verschiedene Teilziele, die wir entsprechend unserer Berufung erreichen sollen, damit in allem und durch alles der Wille Gottes geschieht und wir zur Erfüllung der ewigen Pläne Gottes beitragen und so zum ewigen Lohn gelangen.

Dieses Wort Gottes warnt uns eindringlich davor, sich dem Engel zu widersetzen und seine Stimme zu mißachten, da er dies nicht ertragen würde. - Vielfach ist eben diese Stimme die Antwort auf unsere Frage nach der Ursache vieler innerer Bedrängnisse, Qualen und Gewissensbisse. Oft ist es unser Schutzengel, der uns dadurch korrigieren und ans richtige Ziel bringen will, wofür wir uns bei ihm bedanken sollten, anstatt zu murren und zu schimpfen.

- Gehorche ich gerne der Stimme meines Schutzengels, der mir den Willen Gottes vermittelt? - Wie oft danke ich ihm für das, was er für mich tut? - Liebe ich ihn wirklich, obwohl ich ihn persönlich erst nach meinem Sterben von Angesicht zu Angesicht sehen werde?

- Welchen Vorsatz fasse ich im Licht des heutigen Wortes Gottes?

Tagesgebet: *siehe entsprechender Tag Seite 457*

2. September

Wort Gottes: Lk 1,10-17

"Während Zacharias nun zur festgelegten Zeit das Opfer darbrachte, stand das ganze Volk draußen und betete. Da erschien dem Zacharias ein ENGEL DES HERRN; er stand auf der rechten Seite des Rauchopferaltars. Als Zacharias ihn sah, erschrak er, und es befiel ihn Furcht. Der Engel aber sagte zu ihm: Fürchte dich nicht, Zacharias! Dein Gebet ist erhört worden. Deine Frau Elisabet wird dir einen Sohn gebären: dem sollst du den Namen Johannes geben. Große Freude wird dich erfüllen, und auch viele andere werden sich über seine Geburt freuen. Denn er wird groß sein vor dem Herrn. Wein und andere berauschende Getränke wird er nicht trinken und schon im Mutterleib wird er vom Heiligen Geist erfüllt sein. Viele Israeliten wird er zum Herrn, ihrem Gott, bekehren. Er wird mit dem Geist und mit der Kraft des Elija dem Herrn vorangehen, um das Herz der Väter wieder den Kindern zuzuwenden und die Ungehorsamen zur Gerechtigkeit zu führen und so das Volk für den Herrn bereit zu machen."

V: Wort des lebendigen Gottes! - A: Dank sei Gott, dem Herrn!

Betrachtungshilfe:

Dieses Wort Gottes weist uns hin auf die Allwissenheit Gottes, aus der die ENGEL ihr Wissen schöpfen und den Menschen im Auftrag Gottes Zukünftiges vorhersagen können. Das heißt aber nicht, daß Gott die Zukunft des Menschen schon vorher festgelegt hat, sondern daß Gott alles voraussehen kann, was der Mensch einmal tun wird. - Der Mensch ist von Gott dazu befähigt, das Gute vom Bösen zu unterscheiden und mit der von Gott geschenkten Freiheit dazu berufen, das Gute zu wählen und das Böse zu meiden. Dabei spielen die Heiligen Engel als Helfer Gottes eine sehr große Rolle im Leben der Menschen.

Der Engel erklärte dem Zacharias, was auch für uns heute große Bedeutung hat, nämlich daß alle unsere Gebete früher oder später von Gott erhört werden. Deswegen sollen wir, wenn wir Gott um etwas bitten, nie ungeduldig werden und immer auf Seine gerechten Entscheidungen vertrauen.

Heute erfahren wir auch, daß der Engel dem Zacharias nicht, wie z.B. dem Heiligen Josef, im Traum erscheint, sondern in Wirklichkeit, und zwar im Tempel, während des gemeinsamen Gebets des Volkes mit dem Hohenpriester.

- Habe ich schon einmal darüber nachgedacht, welch große Kraft vom **gemeinsamen** Gebet der Gläubigen ausgeht, weil dabei auch all ihre Schutzengel mitbeten, - welch großes Lob Gottes dabei in den Himmel emporsteigt, und welch großen Segen es auf die Erde herabruft? - Bin ich schon einmal auf die Idee gekommen, daß ich mit diesem Buch der Großen Novene, wenn ich es an andere weitergebe, ohne viel Mühe einen großen Beitrag leisten kann zum täglichen, gemeinsamen Gebet und zur Betrachtung des Wortes Gottes in den Familien?
- Welchen Vorsatz fasse ich im Licht des heutigen Wortes Gottes?

Tagesgebet: *siehe entsprechender Tag Seite 457*

3. September

Wort Gottes: Lk 1,18-20

"Zacharias sagte zu dem ENGEL: Woran soll ich erkennen, daß das wahr ist? Ich bin ein alter Mann, und auch meine Frau ist in vorgerücktem Alter. Der Engel erwiderte ihm: Ich bin GABRIEL, der vor Gott steht, und ich bin gesandt worden, um mit dir zu reden und dir diese frohe Botschaft zu bringen. Aber weil du meinen Worten nicht geglaubt hast, die in Erfüllung gehen, wenn die Zeit dafür da ist, sollst du stumm sein und nicht mehr reden können, bis zu dem Tag, an dem all das eintrifft."

V: Wort des lebendigen Gottes! - A: Dank sei Gott, dem Herrn!

Betrachtungshilfe:

Aus diesem Wort Gottes erfahren wir, daß der Engel, der von Gott zu Zacharias gesandt wurde, entsprechend seiner Aufgabe den Namen "Gabriel", das heißt "Kraft Gottes", trägt. Und weil er große Aufgaben zu erfüllen hat, wird er ERZENGEL genannt.

Weiter berichtet uns dieses Wort Gottes, daß der Engel, der zu uns im Namen Gottes spricht, auch bestrafen kann, wenn wir seiner Stimme nicht glauben und gehorchen. Das entspricht dem, was wir am 1.September im Wort Gottes gelesen haben.

Wenn also manchmal ganz plötzlich und unerwartet wunderbare Gedanken in mir aufsteigen, die mich zum Staunen bringen, so kann ich ruhig glauben, daß sie entweder direkt vom Heiligen Geist kommen, oder daß der Heilige Geist sie mir durch den Schutzengel vermitteln ließ. Dann aber soll ich dieser Stimme in meiner Seele gehorchen und dafür Gott danken und IHN loben. - Jesus selbst sagte einmal zu den Aposteln: **"Vor dem Ende aber muß allen Völkern das Evangelium verkündet werden. Und wenn man euch abführt und vor Gericht stellt, dann macht euch nicht im voraus Sorgen, was ihr sagen sollt; sondern was euch in jener Stunde** eingegeben wird, das sagt! Denn nicht ihr werdet dann reden, sondern der Heilige Geist" (Mk 13,10-11).

- Folge ich gerne den guten Stimmen meiner Seele, auch wenn sie manchmal Schweres und Unbequemes von mir verlangen? - Wird mir aber zugleich auch bewußt, daß die bösen Gedanken, die manchmal ganz plötzlich und unerwartet da sind, die Stimmen der bösen Geister sind?
- Welchen Vorsatz fasse ich im Licht des heutigen Wortes Gottes?

Tagesgebet: *siehe entsprechender Tag Seite 457*

4. September

Wort Gottes: Lk 1,26-32a

"Im sechsten Monat wurde der ENGEL GABRIEL von Gott in eine Stadt in Galiläa namens Nazaret zu einer Jungfrau gesandt. Sie war mit einem Mann namens Josef verlobt, der aus dem Haus David stammte. Der Name der Jungfrau war Maria. Der Engel trat bei ihr ein und sagte: Sei gegrüßt, du Begnadete, der Herr ist mit dir. Sie erschrak über die Anrede und überlegte, was dieser Gruß zu bedeuten habe. Da sagte der Engel zu ihr: Fürchte dich nicht, Maria; denn du hast bei Gott Gnade gefunden. Du wirst ein Kind empfangen, einen Sohn wirst du gebären: dem sollst du den Namen Jesus geben. Er wird groß sein und Sohn des Höchsten genannt werden."

V: Wort des lebendigen Gottes! - A: Dank sei Gott, dem Herrn!

Betrachtungshilfe:

Auch in diesem Wort Gottes begegnen wir dem Erzengel Gabriel, der "Kraft Gottes", der nicht nur Maria, sondern auch der ganzen Menschheit verkündete, daß die Verheißung Gottes nach dem Sündenfall im Paradies in Erfüllung geht. - Gott stellte den Glauben und das Vertrauen Marias auf eine sehr harte Probe. Aber Maria bestand diese schwere Prüfung wunderbar und öffnete mit ihrem JA-Wort dem Erlöser die Pforte zur Welt; und so konnte Jesus später durch Seinen Sieg über den Satan und die Sünde den Menschen die Pforte des Himmels öffnen, durch die jeder eintreten kann, der Seinem Wort glaubt und folgt. - Aus diesem wie auch aus anderen Worten Gottes erfahren wir, wie Gott die Menschen in der ganzen Heilsgeschichte durch Seine Engel begleitet, führt, belehrt, warnt und belohnt, aber auch bestraft, wenn dies notwendig ist (wie z.B. bei Zacharias), um sie an dieses Ziel zu bringen, zu dem ER sie berufen hat.

- Unterhalte ich mich gerne und oft mit meinem Schutzengel und frage ihn um Rat? - Wie groß ist meine Dankbarkeit gegenüber Maria, der Mutter des Herrn, für ihr JA-Wort, wodurch sich auch für mich der Himmel geöffnet hat?
- Welchen Vorsatz fasse ich im Licht des heutigen Wortes Gottes?

Tagesgebet: *siehe entsprechender Tag Seite 457*

5. September

Mt 1,18-21

Wort Gottes:

"Mit der Geburt Jesu Christi war es so: Maria, seine Mutter, war mit Josef verlobt; noch bevor sie zusammengekommen waren, zeigte sich, daß sie ein Kind erwartete - durch das Wirken des Heiligen Geistes. Josef, ihr Mann, der gerecht war und sie nicht bloßstellen wollte, beschloß, sich in aller Stille von ihr zu trennen. Während er noch darüber nachdachte, erschien ihm ein ENGEL DES HERRN im Traum und sagte: Josef, Sohn Davids, fürchte dich nicht, Maria als deine Frau zu dir zu nehmen; denn das Kind, das sie erwartet, ist vom Heiligen Geist. Sie wird einen Sohn gebären; ihm sollst du den Namen Jesus geben; denn er wird sein Volk von seinen Sünden erlösen."

V: Wort des lebendigen Gottes! - A: Dank sei Gott, dem Herrn!

Betrachtungshilfe:

Dieses Wort Gottes ist ein schönes Beispiel dafür, daß sich Gott oft der Heiligen ENGEL bedient, um die Menschen aus schwierigen und fast ausweglosen Situationen des Lebens zu befreien. - Dabei haben die Engel fast unbegrenzte Möglichkeiten. Sie können z.B. in Gestalt von Menschen auftreten oder so wie hier im Traum erscheinen. - Der Heilige Geist, durch dessen wunderbares, für uns Menschen unbegreifliches Wirken Maria den ewigen Sohn Gottes empfangen hat, bewahrte durch die Vermittlung des Engels die Verlobung von Maria und Josef vor der Auflösung. Wir können uns gut vorstellen, wie viele Leiden eine solche Trennung beiden gebracht hätte! - Dabei muß man bedenken, daß damals eine Verlobung fast einer Eheschließung gleichkam und nur aus schwerwiegenden Gründen aufgelöst werden konnte.

Dies erinnert uns auch an das, was Jesus gesagt hat: **"Was aber Gott verbunden hat, das darf der Mensch nicht trennen"** (Mt 19,6).

Auch heute könnten viele Ehen und Familien vor der Scheidung und Trennung bewahrt werden, wenn jeder auf die Stimme seines Schutzengels hören würde. Und keiner von uns kann behaupten, daß er die Stimme des Schutzengels niemals gehört hat, diese Stimme, die uns oft so deutlich zum Guten ermahnt und vor dem Bösen warnt.

- Versuche manchmal auch ich, wie ein guter Engel zu wirken, um eine Ehe oder Familie vor der Gefahr der Scheidung bzw. Zerstörung zu bewahren?

- Welchen Vorsatz fasse ich im Licht des heutigen Wortes Gottes?

Tagesgebet: *siehe entsprechender Tag Seite 457*

Liebe Familien und Freunde,

versuchen Sie bitte, die **GROSSE NOVENE** in Ihrer Umgebung bekannt zu machen. Auf diese Weise tragen auch Sie zur **Verkündigung des WORTES GOTTES** bei! Nützen Sie dieses Buch auch als sinnvolles, gnadenreiches Geschenk zum Weitergeben.

6. September

Wort Gottes: Mt 1,24-25

"Als Josef erwachte, tat er, was der ENGEL DES HERRN ihm befohlen hatte und nahm seine Frau zu sich. Er erkannte sie aber nicht, bis sie ihren Sohn gebar. Und er gab ihm den Namen Jesus."

V: Wort des lebendigen Gottes! - A: Dank sei Gott, dem Herrn!

Betrachtungshilfe:

Dieses Wort Gottes berichtet uns, daß der Heilige Josef genau nach den Anweisungen des ENGELS handelte, obwohl er den Engel nur im Traum gesehen hatte. - Daran können wir erkennen, wie sehr der Heilige Josef auf Gott vertraute und mit welch großem Gehorsam und Glauben er der Stimme des Engels folgte, die für ihn die Stimme Gottes war. Er tat, was der Engel des Herrn ihm befohlen hatte und nahm Maria als seine Frau zu sich. - Er handelte so, wie es das Alte Testament vorschrieb: **"Ich werde einen Engel schicken, der dir vorausgeht. Er soll dich auf dem Weg schützen und dich an den Ort bringen, den ich bestimmt habe. Achte auf ihn und hör auf seine Stimme! - Widersetze dich ihm nicht! - Er würde es nicht ertragen, wenn ihr euch auflehnt; denn in ihm ist mein Name gegenwärtig"** (Ex 23,20-21).

- Folge ich den Mahnungen und Warnungen meines Schutzengels? - Staune ich noch darüber, daß ich oft ratlos vor großen Problemen stehe, wenn ich nicht der Stimme meines Schutzengels folge?
- Welchen Vorsatz fasse ich im Licht des heutigen Wortes Gottes?

Tagesgebet: *siehe entsprechender Tag Seite 457*

7. September

Wort Gottes: Lk 2,8-14

"In jener Gegend lagerten Hirten auf freiem Feld und hielten Nachtwache bei ihrer Herde. Da trat der ENGEL DES HERRN zu ihnen, und der Glanz des Herrn umstrahlte sie. Sie fürchteten sich sehr, der Engel aber sagte zu ihnen: Fürchtet euch nicht, denn ich verkünde euch eine große Freude, die dem ganzen Volk zuteil werden soll: Heute ist euch in der Stadt Davids der Retter geboren; er ist der Messias, der Herr. Und das soll euch als Zeichen dienen: Ihr werdet ein Kind finden, das, in Windeln gewickelt, in einer Krippe liegt. Und plötzlich war bei dem Engel ein großes himmlisches Heer, das Gott lobte und sprach: Verherrlicht ist Gott in der Höhe, und auf Erden ist Friede bei den Menschen seiner Gnade."

V: Wort des lebendigen Gottes! - A: Dank sei Gott, dem Herrn!

Betrachtungshilfe:

Dieses Wort Gottes beschreibt uns, wie sehr das Erscheinen der ENGEL die Menschen in Angst und Schrecken versetzte, wie wir es auch bei Zacharias gesehen haben. - Dies ist eine Folge des Sündenfalls und der Erbsünde, durch die die menschliche Natur ihren ursprünglichen Zustand verloren hat und geschwächt ist. - So wie ein armer, in Lumpen gekleideter Mensch zittert beim Zusammentreffen mit reichen und mächtigen Personen, so ähnlich verhält sich die Seele des Sünders vor den Reichen und Mächtigen des Himmels, - den Engeln. Aber wie der Erzengel Gabriel den Zacharias beruhigte, so beruhigt auch der Engel die Hirten, weil er als Reicher und Mächtiger des Himmels die Menschen nicht in Angst und Schrecken versetzen, sondern eine frohe Botschaft vermitteln soll: Seine erste wunderbare Nachricht ist die, daß der Erlöser in Betlehem geboren ist, - und die zweite wunderbare Botschaft, daß GOTT den MENSCHEN d a n n den FRIEDEN auf der Erde SCHENKEN wird, wenn die MENSCHEN GOTT die GEBÜHRENDE EHRE geben. - Solange aber die Menschen untereinander nur um die **eigene** Ehre streiten und deswegen Kriege führen, kann Gott selbstverständlich der Welt keinen Frieden schenken.

Es wäre also höchste Zeit, endlich die Botschaft der Engel von Betlehem richtig zu erfüllen, damit Gott der Welt Seinen Frieden schenken kann!

• Suche ich in meinem Leben vor allem die Ehre Gottes, wodurch ich zum Frieden in der Welt beitragen kann? - Oder bin ich noch von Ehrsucht gefangen?

• Welchen Vorsatz fasse ich im Licht des heutigen Wortes Gottes?

Tagesgebet: *siehe entsprechender Tag Seite 458*

8. September

Wort Gottes: Lk 2,15-20

"ALS DIE ENGEL SIE VERLASSEN HATTEN UND IN DEN HIMMEL ZURÜCKGEKEHRT WAREN, sagten die Hirten zueinander: Kommt, wir gehen nach Betlehem, um das Ereignis zu sehen, das uns der Herr verkünden ließ. So eilten sie hin und fanden Maria und Josef und das Kind, das in der Krippe lag. Als sie es sahen, erzählten sie, was ihnen über dieses Kind gesagt worden war. Und alle, die es hörten, staunten über die Worte der Hirten. Maria aber bewahrte alles, was geschehen war, in ihrem Herzen und dachte darüber nach. Die Hirten kehrten zurück, rühmten Gott und priesen ihn für das, was sie gehört und gesehen hatten; denn alles war so gewesen, wie es ihnen gesagt worden war." - *V: Wort des lebendigen Gottes! - A: Dank sei Gott, dem Herrn!*

Betrachtungshilfe:

Dieses Wort Gottes macht uns deutlich, daß die eigentliche Wohnung der ENGEL im Himmel ist. Die Engel steigen nur dann zu den Menschen auf die Erde herab, wenn Gott sie in einem bestimmten Auftrag sendet, der kurze oder auch längere Zeit dauern kann, wie z.B. die Heiligen Schutzengel, die die Menschen von der Empfängnis bis zur Sterbestunde begleiten. Nach dem Tod führen sie die Seele entweder direkt in den Himmel, vorausgesetzt der Mensch hat ein heiligmäßiges Leben geführt, oder an den Ort der Reinigung, ins Fegefeuer, damit er gereinigt in den Himmel eintreten kann. - Wenn der Mensch aber in seinem irdischen Leben so von Gott getrennt gelebt hat, daß er auch nach seinem Sterben ewig getrennt von Gott leben muß, was wir als Hölle bezeichnen, dann verläßt ihn der Schutzengel für immer.

- Bin ich mir dessen bewußt, daß der Schutzengel mein treuester Freund, Begleiter und Helfer in meinem ganzen Leben ist, von meiner Empfängnis bis zu meiner Sterbestunde?
- Welchen Vorsatz fasse ich im Licht des heutigen Wortes Gottes?

Tagesgebet:

Lasset uns beten: Barmherziger Gott und Vater, öffne Deinen Gläubigen die Schätze der himmlischen Gnade. Die Geburt des Erlösers aus Maria war für uns der Anfang des Heiles; das Geburtsfest Seiner allzeit jungfräulichen Mutter festige und mehre den Frieden auf Erden. Darum bitten wir Dich, durch unseren Herrn Jesus Christus, der in der Einheit des Heiligen Geistes mit Dir lebt und herrscht in alle Ewigkeit. Amen. (vgl. Laudes vom Fest Mariä Geburt)

9. September

Wort Gottes: Lk 2,21-24

"Als acht Tage vorüber waren und das Kind beschnitten werden sollte, gab man ihm den Namen Jesus, den der ENGEL genannt hatte, noch ehe das Kind im Schoß seiner Mutter empfangen wurde. - Dann kam für sie der Tag, der vom Gesetz des Mose vorgeschriebenen Reinigung. Sie brachten das Kind nach Jerusalem hinauf, um es dem Herrn zu weihen, gemäß dem Gesetz des Herrn, in dem es heißt: Jede männliche Erstgeburt soll dem Herrn geweiht sein. Auch wollten sie ihr Opfer darbringen, wie es das Gesetz des Herrn vorschreibt: Ein paar Turteltauben oder zwei junge Tauben."

V: Wort des lebendigen Gottes! - A: Dank sei Gott, dem Herrn!

Betrachtungshilfe:

Dieses Wort Gottes beweist uns erneut, mit welchem Gehorsam Maria und Josef den Anordnungen Gottes folgten. - Die Stimme des ENGELS war für sie die Stimme Gottes, der sie ganz selbstverständlich gehorchten, - so wie sie auch ganz selbstverständlich die damals geltenden Gesetze des Mose als Gesetz des Herrn beachteten und befolgten. - Damit erfüllte sich auch, was Jesus später sagte: Denkt nicht, ich sei gekommen, um das Gesetz aufzuheben; - nicht um es aufzuheben bin ich gekommen, sondern um es zu erfüllen (vgl. Mt 5,17-19), - **"darum sage ich euch: wenn eure Gerechtigkeit nicht weit größer ist als die der Schriftgelehrten und Pharisäer, werdet ihr nicht in das Himmelreich kommen"** (Mt 5,20).

- Wie verhalte ich mich gegenüber den Gesetzen des Himmlischen Vaters, die uns Jesus im Heiligen Geist hinterlassen hat? - Wie verhalte ich mich gegenüber der Kirche, die Jesus als Lehrerin und Wächterin über diese Gesetze eingesetzt hat?
- Welchen Vorsatz fasse ich im Licht des heutigen Wortes Gottes?

Tagesgebet: *siehe entsprechender Tag Seite 458*

10. September

Wort Gottes: Mt 4,1-7

"Dann wurde Jesus vom Geist in die Wüste geführt; dort sollte er vom Teufel in Versuchung geführt werden. Als er vierzig Tage und vierzig Nächte gefastet hatte, bekam er Hunger. Da trat der Versucher an ihn heran und sagte: Wenn du Gottes Sohn bist, so befiehl, daß aus diesen Steinen Brot wird. Er aber antwortete: In der Schrift heißt es: Der Mensch lebt nicht nur von Brot, sondern von jedem Wort, das aus Gottes Mund kommt. Darauf nahm ihn der Teufel mit sich in die Heilige Stadt, stellte ihn oben auf den Tempel und sagte zu ihm: Wenn du Gottes Sohn bist, so stürz dich hinab; denn es heißt in der Schrift: SEINEN ENGELN BEFIEHLT ER, DICH AUF IHREN HÄNDEN ZU TRAGEN, DAMIT DEIN FUß NICHT AN EINEN STEIN STÖßT. Jesus antwortete ihm (dem Teufel): In der Schrift heißt es auch: Du sollst den Herrn, deinen Gott, nicht auf die Probe stellen."

V: Wort des lebendigen Gottes! - A: Dank sei Gott, dem Herrn!

Betrachtungshilfe:

In diesem Wort Gottes begegnen wir einer anderen Art von Geistwesen, nämlich dem Teufel. - Der Teufel oder Satan gehört zu den gefallenen Engeln, die seit der Erschaffung des Weltalls zusammen mit Gott in der Freude des Himmels lebten, bis zu dem Tag, an dem sie sich gegen Gott und Seinen Willen auflehnten. - "Da entbrannte im Himmel ein Kampf; Michael und seine Engel erhoben sich, um mit dem Drachen zu kämpfen. Der Drache und seine Engel kämpften, aber sie konnten sich nicht halten, und sie verloren ihren Platz im Himmel. Er wurde gestürzt, der große Drache, die alte Schlange, die Teufel oder Satan heißt und die ganze Welt verführt; der Drache wurde auf die Erde gestürzt, und mit ihm wurden seine Engel hinabgeworfen" (Offb 12,7-9).

Das heutige Wort Gottes berichtet uns über die ungeheuerliche Frechheit und Bosheit des Teufels, der es sogar wagte, den menschgewordenen, ewigen Sohn Gottes in Versuchung zu führen! - Jesus aber bestand siegreich alle Versuchungen und Prüfungen und blieb, - aus Liebe zu Gott und den Menschen - dem Willen Seines Vaters treu, bis hin zum Tod am Kreuz! - Am Kreuz, unter schrecklichen Qualen, krönte Jesus schließlich Seine Lehre über die Liebe und verschaffte ihr dadurch höchste GLAUBWÜRDIGKEIT und ewige Geltung, indem ER Seine Peiniger nicht beschimpfte und verfluchte, sondern ihnen verzieh, mit den Worten: **"Vater vergib ihnen, denn sie wissen nicht, was sie tun"** (Lk 23,24).

- Wie verhalte ich mich in den Versuchungen des Teufels? - Gebe ich schnell nach, oder wehre ich mich entschieden dagegen, unterstützt von der Kraft der Heiligen Engel? - Glaube ich daran, daß die Heiligen Engel mir bei den Versuchungen des Teufels wirksam beistehen, wenn ich auf sie höre?

- Welchen Vorsatz fasse ich im Licht des heutigen Wortes Gottes?

Tagesgebet: *siehe entsprechender Tag Seite 458*

11. September

"Wieder nahm ihn (Jesus) der Teufel mit sich und führte ihn auf einen sehr hohen Berg; er zeigte ihm alle Reiche der Welt mit ihrer Pracht und sagte zu ihm: Das alles will ich dir geben, wenn du dich vor mir niederwirfst und mich anbetest. Da sagte Jesus zu ihm: Weg mit dir, Satan! Denn in der Schrift steht: Vor dem Herrn, deinem Gott, sollst du dich niederwerfen und ihm allein dienen. Darauf ließ der Teufel von ihm ab, und ES KAMEN ENGEL UND DIENTEN IHM."

V: Wort des lebendigen Gottes! - A: Dank sei Gott, dem Herrn!

Betrachtungshilfe:

Auch diese Stelle soll uns die Augen öffnen für die abgrundtiefe Verdorbenheit, Boshaftigkeit und Hinterlist des Teufels, der es in seinem Hochmut sogar wagte, vom Sohn Gottes für sich Ehrerbietung und Anbetung zu verlangen, die doch nur GOTT allein gebührt! - In seiner ungeheuren Frechheit bot er Jesus sogar an, IHM alle Reichtümer der Welt mit ihrer Pracht zu geben, IHM, dem als Schöpfer allen Seins und Lebens alles seit Anfang an bis in Ewigkeit gehört! - Solche Frechheit kann man wirklich nur beim Teufel finden, aber in abgeschwächter Form auch bei den Menschen. Deshalb kann man sagen, daß jede Frechheit des Menschen auch den Stempel des Teufels trägt.

Weiter können wir diesem Wort Gottes auch entnehmen, daß in dieser irdischen Zeit alle Reiche der Welt mit ihrer Pracht schließlich doch der Macht des Teufel unterstellt sind, denn Jesus widerspricht hier keineswegs dem Machtanspruch des Teufels! - Sicher auch deswegen warnte uns Jesus an anderer Stelle: **"Ein Reicher wird nur schwer in das Himmelreich kommen"** (Mt 19,23b), weil **"Ihr könnt nicht beiden dienen, Gott und dem Mammon"** (Mt 6,24b).

- Wie oft sage ich wirklich in den Versuchungen wie Jesus: **"Weg mit dir, Satan!"**, damit er verschwindet und auch mir die ENGEL auf dem Weg in den Himmel dienen können?
- Welchen Vorsatz fasse ich im Licht des heutigen Wortes Gottes?

Tagesgebet: *siehe entsprechender Tag Seite 458*

12. September

Wort Gottes: Joh 1,45-51

"Philippus traf Natanael und sagte zu ihm: Wir haben den gefunden, über den Mose im Gesetz und auch die Propheten geschrieben haben: Jesus aus Nazaret, den Sohn Josefs. Da sagte Natanael zu ihm: Aus Nazaret? Kann von dort etwas Gutes kommen? Philippus antwortete: Komm und sieh! - Jesus sah Natanael auf sich zukommen und sagte über ihn: Da kommt ein echter Israelit, ein Mann ohne Falschheit. Natanael fragte ihn: Woher kennst du mich? Jesus antwortete ihm: Schon bevor dich Philippus rief, habe ich dich unter dem Feigenbaum gesehen. Natanael antwortete ihm: Rabbi, du bist der Sohn Gottes, du bist der König von Israel! - Jesus antwortete ihm: Du glaubst, weil ich dir sagte, daß ich dich unter dem Feigenbaum sah? Du wirst noch Größeres sehen. Und er sprach zu ihm: Amen, amen, ich sage euch: IHR WERDET DEN HIMMEL GEÖFFNET UND DIE ENGEL GOTTES AUF UND NIEDERSTEIGEN SEHEN ÜBER DEN MENSCHENSOHN."

V: Wort des lebendigen Gottes! - A: Dank sei Gott, dem Herrn!

Betrachtungshilfe:

Auch wenn das Neue Testament nichts darüber berichtet, was Jesus hier im letzten Satz dieser Schriftstelle angekündigt hat, so besagt dies nicht, daß es nicht wirklich geschehen ist! - Die Apostel haben beim Herrn viel mehr erlebt und gesehen, als alle Schriften des Neuen Testaments uns überliefern. Der Apostel Johannes schreibt: **"Dieser Jünger ist es, der all das bezeugt und der es aufgeschrieben hat; und wir wissen, daß sein Zeugnis wahr ist. Es gibt aber noch vieles andere, was Jesus getan hat. Wenn man alles aufschreiben wollte, so könnte, wie ich glaube, die ganze Welt die Bücher nicht fassen, die man schreiben müßte"** (Joh 21,24-25).

Über das Auf- und Niedersteigen der ENGEL haben wir mehrere Berichte in den Heiligen Schriften des Alten und Neuen Testaments. Zum Beispiel lesen wir im Johannesevangelium: **"Ein Engel des Herrn stieg von Zeit zu Zeit in den Teich (Betesda in Jerusalem) herab und brachte das Wasser in Bewegung"** (Joh 5,4a), wodurch die Kranken geheilt wurden.

Heutzutage gibt es diese wunderbaren, unmittelbaren Heilungen durch die Heiligen Engel nicht mehr so oft, weil diese Aufgabe mit der Zeit die Menschen mit ihren medizinischen Kenntnissen übernommen haben, wofür wir vor allem Gott Dank und Lob schulden, der die Menschen zu den Schätzen Seiner Weisheit zugelassen hat. - Aber die Heiligen Engel sind nach wie vor sehr tätig, auch heute, wenn auch unsere Augen nicht direkte Zeugen dessen sein können.

- Spreche ich zumindest am Anfang und am Ende des Tages mit Gott und meinem Schutzengel? - Ist es mir schon zur heilsamen Gewohnheit geworden, mit Gott und meinem Schutzengel einen lebendigen Kontakt, auch während des Tages, zu halten?

- Welchen Vorsatz fasse ich im Licht des heutigen Wortes Gottes?

Tagesgebet: *siehe entsprechender Tag Seite 458*

Liebe Freunde! Betet eifrig um zahlreiche, heilige **Priester und Ordensberufungen**, denn auch Ihr erwartet sie! So viele alte und kranke Leute, Jugendliche, Kinder und viele andere, warten auf den heiligen Dienst in der Liebe Christi!
Liebe Jugendliche! - Jungen und Mädchen! - Jesus ruft auch heute, vielleicht auch Dich: **"Komm und folge mir nach!"** (Lk 18,22) Die Heiligen Apostel haben sofort alles verlassen und sind Jesus nachgefolgt (vgl. Mt 4,18-22) - Wenn Du den Ruf des Herrn hörst, hast dann auch Du so viel Mut, Vertrauen und Liebe wie die Apostel, um zu Seinem Ruf **"JA"** zu sagen und IHM treu nachzufolgen wie sie?
Die Kirche braucht Dich dringend! Komm, sprich, bete, arbeite mit uns und entscheide!

13. September

Wort Gottes:

"In Jerusalem gibt es beim Schaftor einen Teich, zu dem fünf Säulenhallen gehören; dieser Teich heißt auf hebräisch Betesda. In diesen Hallen lag eine Menge von Kranken, Blinden, Lahmen und Abgezehrten, die auf die Bewegung des Wassers warteten. Ein ENGEL DES HERRN stieg nämlich von Zeit zu Zeit in den Teich herab und brachte das Wasser in Bewegung. Wer nun nach dem Aufwallen des Wassers als erster hinabstieg, wurde gesund. Er mochte eine Krankheit haben, welche er wollte. Dort lag ein Mann, der schon achtunddreißig Jahre krank war. Als Jesus ihn dort liegen sah und erkannte, daß er schon lange krank war, fragte er ihn: Willst du gesund werden? Der Kranke antwortete ihm: Herr, ich habe keinen Menschen, der mich, sobald das Wasser aufwallt, in den Teich trägt. Während ich mich hinschleppe, steigt schon ein anderer vor mir hinein. Da sagte Jesus zu ihm: Steh auf, nimm deine Bahre und geh! - Sofort wurde der Mann gesund, nahm seine Bahre und ging."

(vgl. Stuttgarter Kepplerbibel)

V: Wort des lebendigen Gottes! - A: Dank sei Gott, dem Herrn!

Betrachtungshilfe:

Aus diesem Wort Gottes erfahren wir, daß die Heiligen ENGEL ähnlich wie Jesus wirken. Sie steigen vom Himmel herab und helfen den Menschen mit der Kraft Gottes, die sie in sich tragen. - Auch Jesus heilte die Menschen mit der Kraft Gottes, die IHM als dem Sohn Gottes eigen war; in jedem Fall bleibt der Urheber aller Wunder immer und allein Gott, denn **"Er allein tut Wunder"** (Ps 72,18b; und vgl. Ps 77,15) - Jesus beweist mit dieser Heilung erneut, daß ER in sich göttliche Macht besitzt, also wahrer Mensch und zugleich wahrer Gott ist. - Die Engel aber sind keine Götter und Gott nicht gleich, sondern nur vollkommene Abbilder Gottes, denen die göttliche Macht zur Verfügung steht. An dieser göttlichen Macht hatten auch diese Engel Anteil, die später von Gott wegen ihres Ungehorsams gestürzt wurden und heute Teufel heißen.

- Denke ich heute am **Fatimatag** erneut daran, wieviel ich durch Gebet, Opfer und Verzicht im Kampf gegen das Böse in der Welt erreichen kann? - Ist mir bewußt, daß auch die Menschen als Abbilder Gottes in einem gewissen Maß Anteil an der Macht Gottes haben, durch die Gaben, die Gott ihnen geschenkt hat: Freiheit, Intelligenz, Unsterblichkeit und andere geistige Begabungen?

- Welchen Vorsatz fasse ich im Licht des heutigen Wortes Gottes?

Tagesgebet: *siehe entsprechender Tag Seite 459*

O lieber Gott, HEILIGER GEIST, Geist der Liebe, beschenke uns mit Deinen Gaben und Gnaden und gib uns genug Kraft, das Kreuz mit Freude zu tragen, so wie Du alle Menschen durch unseren Herrn Jesus Christus und die Heiligen der Kirche mit Wort und Beispiel belehrt hast. Amen.   (Bruder Gründer)

14. September

Wort Gottes: Mk 8,34-38

"Jesus rief die Volksmenge und seine Jünger zu sich und sagte: Wer mein Jünger sein will, der verleugne sich selbst, nehme sein Kreuz auf sich und folge mir nach. Denn wer sein Leben retten will, wird es verlieren; wer aber sein Leben um meinetwillen und um des Evangeliums willen verliert, wird es retten. Was nützt es einem Menschen, wenn er die ganze Welt gewinnt, dabei aber sein Leben einbüßt? Um welchen Preis könnte ein Mensch sein Leben zurückkaufen? Denn wer sich vor dieser treulosen und sündigen Generation meiner und meiner Worte schämt, dessen wird sich auch der Menschensohn schämen, wenn er mit den HEILIGEN ENGELN in der Hoheit seines Vaters kommt."

V: Wort des lebendigen Gottes! - A: Dank sei Gott, dem Herrn!

Betrachtungshilfe:

Heute feiern wir mit der Kirche das Fest der Kreuzerhöhung, also den Jahrestag der Auffindung des Kreuzes Jesu Christi durch die Kaiserin Helena am Anfang des 4.Jahrhunderts. Später wurde während eines Krieges das Heilige Kreuz von den Persern geraubt und im Jahr 628 durch Kaiser Heraklius wiedergewonnen und an seinen Platz in Jerusalem feierlich zurückgebracht.

Das heutige Wort Gottes zeigt uns Jesus als wahrhaftigen Lehrer, der niemals die Menschen betrügt. ER schmeichelt nicht den Ohren seiner Zuhörer, sondern macht deutlich, daß der Weg zur Errettung des Menschen leider ein Kreuzweg ist, voller Leiden, die die Hölle all denen bereitet, die nach den ewigen Wohnungen des Himmels streben, Gottes Ordnung einhalten, Gott vor allem lieben und IHM dienen.

Weiter erfahren wir von Jesus selbst, daß die Heiligen Engel IHN begleiten werden, wenn ER in der Hoheit Seines Vaters zum Tag des Letzten Gerichts wiederkommt und daß ER sich beim Letzten Gericht all derer schämen wird, die sich jetzt während ihres Erdenlebens Seiner schämen und es nicht wagen, sich offen zur Wahrheit Seiner Worte zu bekennen.

- Habe ich mich schon manchmal der Worte Jesu geschämt, wenn ich z.B. unter Menschen war, die an Jesus und Sein Evangelium nicht glaubten oder sogar darüber spotteten? - Oder habe ich doch so viel Liebe zur Wahrheit Gottes, daß ich mich immer mutig zu Jesus und Seinem Evangelium bekenne, unabhängig davon, was die anderen denken oder sagen?

- Welchen Vorsatz fasse ich im Licht des heutigen Wortes Gottes?

Tagesgebet:

Lasset uns beten: Allmächtiger Gott und Vater, Deinem Willen gehorsam hat Dein geliebter Sohn den Tod am Kreuz auf sich genommen, um alle Menschen zu erlösen. Gib, daß wir in der Torheit des Kreuzes Deine Macht und Weisheit erkennen und in Ewigkeit teilhaben an der Frucht der Erlösung. Darum bitten wir Dich, durch unseren Herrn Jesus Christus, der in der Einheit des Heiligen Geistes mit Dir lebt und herrscht in alle Ewigkeit. Amen. (vgl. Laudes vom Fest Kreuzerhöhung)

15. September

Wort Gottes: Mt 26,47a/49-54

"Während Jesus noch redete, kam Judas, einer der Zwölf, mit einer großen Schar von Männern, die mit Schwertern und Knüppeln bewaffnet waren; Sogleich ging er auf Jesus zu und sagte: Sei gegrüßt, Rabbi! Und er küßte ihn. Jesus erwiderte ihm: Freund, dazu bist du gekommen? - Da gingen sie auf Jesus zu, ergriffen ihn und nahmen ihn fest. Doch einer von den Begleitern Jesu zog sein Schwert, schlug auf den Diener des Hohenpriesters ein und hieb ihm ein Ohr ab. Da sagte Jesus zu ihm: Steck dein Schwert in die Scheide, denn alle, die zum Schwert greifen, werden durch das Schwert umkommen. Oder glaubst du nicht, mein Vater würde mir sogleich mehr als ZWÖLF LEGIONEN ENGEL schicken, wenn ich ihn darum bitte? Wie würde dann aber die Schrift erfüllt, nach der es so geschehen muß?"

V: Wort des lebendigen Gottes! - A: Dank sei Gott, dem Herrn!

Betrachtungshilfe:

Heute feiert die Kirche das Fest der Schmerzen Mariens. - Als Maria mit Josef in den Tempel nach Jerusalem kam, um dem vor acht Tagen geborenen Kind den Namen Jesus zu geben, so wie es der Engel verlangt hatte, sagte Simeon zu Maria: **"Dir selbst wird ein Schwert durch die Seele dringen "** (Lk 2,35b). - Maria konnte sich damals wahrscheinlich nur schwer vorstellen, was diese Prophezeiung bedeutet und wieviel Schmerz und Leid sie in ihrem Leben zu ertragen haben würde.

Das heutige Wort Gottes läßt uns nur erahnen, wieviel Maria wirklich in ihrem ganzen Leben, aus Liebe zum Himmlischen Vater, zu Seinem und zugleich auch ihrem Sohn, zum Heiligen Geist wie auch aus Liebe zu den Menschen gelitten und ausgehalten hat, vor allem aber in den Tagen und Stunden des Leidens und Sterbens ihres Sohnes!

Heute erfahren wir, daß Jesus sich bei Seiner Gefangennahme nicht wehrte und auch jede Hilfe seitens Seiner Begleiter ablehnte. Obwohl es IHM als dem Sohn Gottes ohne weiteres möglich gewesen wäre, sich zu verteidigen, ja sogar Seinen Vater zu bitten, damit ER die Engelscharen zu Seiner Befreiung schicke, tat Jesus es dennoch nicht, weil ER zum Leiden, zum Kreuz und zu Seinem Sterben im Gehorsam zu Seinem Vater JA gesagt hatte. - So hat Jesus den Menschen die Pforte des Himmels geöffnet, die seit dem Sündenfall verschlossen war. - Der Himmlische Vater wollte, daß Jesus alles **geduldig und in verzeihender L i e b e** erträgt! - Jesus wußte, daß nicht die Menschen IHN hassen, sondern der Satan, der die Blindheit und Verwirrung der Menschen nützte, um IHN zu quälen.

Diese Blindheit und innere Verwirrung begleitet den Menschen leider bis heute, und dies nützt der Satan immer wieder listig aus, um ihn gegen Gott aufzuhetzen. - Wie der Satan den Menschen verwirren kann, sehen wir auch bei Judas, der den Kuß, ein Zeichen der Liebe unter den Menschen, zum Zeichen des Verrats machte.

- Bin ich bereit aus Liebe zu Gott und zu den Menschen gewisse Opfer auf mich zu nehmen und geduldig die Schwierigkeiten und Leiden des Alltags zu ertragen? -

Oder erwarte ich von Gott und den Engeln sofort Erleichterung und Befreiung von allem Schweren?

- Welchen Vorsatz fasse ich im Licht des heutigen Wortes Gottes?

Tagesgebet:

Lasset uns beten: Allmächtiger Gott und Vater, Du hast der Mutter Jesu die Kraft verliehen, unter dem Kreuz zu stehen und das Leiden ihres Sohnes zu teilen. Hilf uns, täglich unser Kreuz anzunehmen, damit wir auch an der Auferstehung unseres Herrn Jesus Christus teilhaben, der in der Einheit des Heiligen Geistes mit Dir lebt und herrscht in alle Ewigkeit. Amen. (vgl. Laudes vom Gedächtnis der Schmerzen Mariens)

16. September

Wort Gottes: Mt 13,36b-43

"Seine Jünger kamen zu ihm und sagten: Erkläre uns das Gleichnis vom Unkraut auf dem Acker. Er antwortete: Der Mann, der den guten Samen sät, ist der Menschensohn; der Acker ist die Welt; der gute Samen, das sind die Söhne des Reiches; das Unkraut sind die Söhne des Bösen; der Feind, der es gesät hat, ist der Teufel; die Ernte ist das Ende der Welt; DIE ARBEITER BEI DIESER ERNTE SIND DIE ENGEL. Wie nun das Unkraut aufgesammelt und im Feuer verbrannt wird, so wird es auch am Ende der Welt sein: DER MENSCHENSOHN WIRD SEINE ENGEL AUSSENDEN, UND SIE WERDEN AUS SEINEM REICH ALLE ZUSAMMENHOLEN, DIE ANDERE VERFÜHRT UND GOTTES GESETZ ÜBERTRETEN HABEN, und werden sie in den Ofen werfen, in dem das Feuer brennt. Dort werden sie heulen und mit den Zähnen knirschen. Dann werden die Gerechten im Reich ihres Vaters wie die Sonne leuchten. Wer Ohren hat, der höre!"

V: Wort des lebendigen Gottes! - A: Dank sei Gott, dem Herrn!

Betrachtungshilfe:

Dieses Wort Gottes erinnert uns an den Kampf der **gefallenen Engel** gegen Gott und Seine **getreuen Engel**. Im Zentrum dieses Kampfes steht der Mensch mit der ganzen Schöpfung. Diesen Kampf wird schließlich Gott gewinnen, und mit Seiner Hilfe auch all diese Menschen, die sich zu Gott und Seiner Ordnung bekennen und bei IHM bis zum Ende treu ausharren. - Dieses Wort Gottes berichtet uns, daß die Engel am Ende der Welt, am Tag des Gerichts, eine besondere Aufgabe auf der Erde zu erfüllen haben: sie müssen die Bösen von den Guten trennen; sie werden die Guten in den Himmel begleiten und die Bösen in die Hölle werfen, in der das e w i g e Feuer brennt. Deshalb warnt Jesus erneut mit eindringlichen Worten all diese, die getrennt von Gott leben und Seine Ordnung mißachten: Wenn sie sich nicht bekehren, müssen sie in schrecklichen Feuersqualen unter Heulen und Zähneknirschen die Ewigkeit verbringen.

Diese Feuersqualen kann man vielleicht besser verstehen, wenn man sie mit einer unaussprechlichen und unstillbaren Sehnsucht vergleicht. - Dies erinnert an eine erschütternde Filmszene, wo ein Gefolterter mehrere Tage lang nichts zu trinken bekam und von schrecklichem Durst gequält noch zusätzlich litt, weil vor ihm ein Krug mit frischem Wasser stand, den er aber nicht erreichen konnte, weil er angekettet war.

- Wie bereite ich mich auf diesen Tag vor, an dem Gott mich richten wird? - Mache ich mir öfters bewußt, daß das Ende der Welt für mich persönlich diese Stunde ist, in der meine Seele meinen Leib und die Erde verläßt, um vor Gott zu treten und Sein Urteil über mein irdisches Leben zu hören? -
- Welchen Vorsatz fasse ich im Licht des heutigen Wortes Gottes?

Tagesgebet: *siehe entsprechender Tag Seite 459*

17. September

Wort Gottes: Mt 16,24-27

"Jesus sagte zu seinen Jüngern: Wer mein Jünger sein will, der verleugne sich selbst, nehme sein Kreuz auf sich und folge mir nach. Denn wer sein Leben retten will, wird es verlieren; wer aber sein Leben um meinetwillen verliert, wird es gewinnen. Was nützt es einem Menschen, wenn er die ganze Welt gewinnt, dabei aber sein Leben einbüßt? Um welchen Preis kann ein Mensch sein Leben zurückkaufen? - DER MENSCHENSOHN WIRD MIT SEINEN ENGELN IN DER HOHEIT SEINES VATERS KOMMEN UND JEDEM MENSCHEN VERGELTEN, WIE ES SEINE TATEN VERDIENEN."

V: Wort des lebendigen Gottes! - A: Dank sei Gott, dem Herrn!

Betrachtungshilfe:

Dieses Wort Gottes macht uns erneut deutlich, daß die Ordnung der Welt im Gegensatz zur Ordnung Gottes steht. Was z.B. für die Welt Verlust bedeutet, ist für diese, die an Gott und Sein Wort glauben, Gewinn und umgekehrt. - Darüber äußerte sich sehr schön der heilige Paulus: **"Für mich ist Christus das Leben und Sterben Gewinn.** Wenn ich aber weiterleben soll, bedeutet das für mich fruchtbare Arbeit. Was soll ich wählen? Ich weiß es nicht. Es zieht mich nach beiden Seiten: Ich sehne mich danach, aufzubrechen und bei Christus zu sein - um wieviel besser wäre das! - Aber euretwegen ist es notwendiger, daß ich am Leben bleibe. Im Vertrauen darauf weiß ich, daß ich bleiben und bei euch allen ausharren werde, um euch im Glauben zu fördern und zu erfreuen" (Phil 1,21-25). - Deswegen konnte er auch sagen: **"Ich aber will mich allein des Kreuzes Jesu Christi, unseres Herrn, rühmen, durch das mir die Welt gekreuzigt ist und ich der Welt"** (Gal 6,14).

Obwohl der heilige Paulus Jesus zu Seinen Lebzeiten auf der Erde weder gesehen noch gehört hatte, konnte er die Lehre Jesu durch die Vermittlung des Heiligen Geistes wunderbar verstehen und mit wenigen Worten zusammenfassen: **"Das Wort vom Kreuz ist denen, die verlorengehen, Torheit; uns aber, die gerettet werden, ist es Gottes Kraft"** (1 Kor 1,18). - Wer diesen Worten glaubt, kann ruhig und mit

Freude dem Tag entgegensehen, an dem Jesus in der Hoheit Seines Vaters kommen wird, um jedem Menschen zu vergelten, wie es seine Taten verdienen.

- Um wieviel ruhiger könnte ich diesen Tag erwarten, wenn ich gewissenhaft den Ratschlägen, Mahnungen und Warnungen meines Schutzengels folgen würde?
- Welchen Vorsatz fasse ich im Licht des heutigen Wortes Gottes?

Tagesgebet: *siehe entsprechender Tag Seite 459*

18. September

Wort Gottes:
Mt 18,1-7/10

"In jener Stunde kamen die Jünger zu Jesus und fragten: Wer ist im Himmelreich der Größte? Da rief er ein Kind herbei, stellte es in ihre Mitte und sagte: Amen, das sage ich euch: Wenn ihr nicht umkehrt und wie die Kinder werdet, könnt ihr nicht in das Himmelreich kommen. Wer so klein sein kann wie dieses Kind, der ist im Himmelreich der Größte. Und wer ein solches Kind um meinetwillen aufnimmt, der nimmt mich auf. Wer einen von diesen Kleinen, die an mich glauben, zum Bösen verführt, für den wäre es besser, wenn er mit einem Mühlstein um den Hals im tiefen Meer versenkt würde. Wehe der Welt mit ihrer Verführung! - Es muß zwar Verführung geben; doch wehe dem Menschen, der sie verschuldet! HÜTET EUCH DAVOR, EINEN VON DIESEN KLEINEN ZU VERACHTEN! - DENN ICH SAGE EUCH: IHRE ENGEL IM HIMMEL SEHEN STETS DAS ANGESICHT MEINES HIMMLISCHEN VATERS."

V: Wort des lebendigen Gottes! - A: Dank sei Gott, dem Herrn!

Betrachtungshilfe:

Heute hören wir, wie sehr Gott die Kinder liebt und in Schutz nimmt, so sehr, daß es für die SCHUTZENGEL der Kinder, auch wenn sie bei ihnen auf der Erde weilen, keine Entfernung von Gott gibt, **so daß sie stets Sein Angesicht schauen können.** Diese Fähigkeit werden auch die Menschen nach der Auferstehung haben, aber nur diese, die nach dem Letzten Gericht in den Himmel eingehen werden!

Wie wichtig in den Augen Gottes die Seelen der Kinder sind, zeigt uns die Feststellung Jesu, daß es für den, der eines von diesen Kleinen, die an IHN glauben, zum Bösen verführt, besser wäre, wenn er mit einem Mühlstein um den Hals im Meer versenkt würde! - Welch große Bedeutung haben diese Worte Jesu für all diese, die für Kinder verantwortlich sind und sie erziehen müssen! - Aber auch für all diese, die zur Verführung der Kinder und Jugendlichen beitragen, z.B. durch die Massenmedien: durch Bücher, Zeitungen, Rundfunk Filme, Videokassetten und Fernsehen! - Und wehe den Menschen, die für diese Verführung direkt Verantwortung tragen! - Wehe aber auch diesen Menschen, die nichts oder kaum etwas dagegen unternehmen, um diese Verführung der Kinder und Jugendlichen zu verhindern, sondern ängstlich und schweigend zuschauen und vorbeigehen!

- Wo sind heute die echten, guten Samariter, die diesen Kindern und Jugendlichen die Hand reichen, um sie aus der Macht des Sex, des Alkohols, der Drogen, des Terrorismus, des Okkultismus und anderer schlimmer Laster und Abhängigkeiten zu befreien und zur Freiheit der Kinder Gottes zu führen? - Bete ich für diese Kinder und Jugendlichen, die der Macht des Bösen schon verfallen sind, damit sie ihre Ohren wieder für die Stimme ihres Schutzengels öffnen und noch Kraft finden, ihm zu folgen und sich vom Bösen zu befreien?
- Welchen Vorsatz fasse ich im Licht des heutigen Wortes Gottes?

Tagesgebet: *siehe entsprechender Tag Seite 459*

19. September

Wort Gottes: Mt 25,31-34

"WENN DER MENSCHENSOHN IN SEINER HERRLICHKEIT KOMMT UND ALLE ENGEL MIT IHM, dann wird er sich auf den Thron seiner Herrlichkeit setzen. Und alle Völker werden vor ihm zusammengerufen werden, und er wird sie voneinander scheiden, wie der Hirt die Schafe von den Böcken scheidet. Er wird die Schafe zu seiner Rechten versammeln, die Böcke aber zur Linken. Dann wird der König denen auf der rechten Seite sagen: Kommt her, die ihr von meinem Vater gesegnet seid, nehmt das Reich in Besitz, das seit der Erschaffung der Welt für euch bestimmt ist."

V: Wort des lebendigen Gottes! - A: Dank sei Gott, dem Herrn!

Betrachtungshilfe:

Auch dieses Wort Gottes berichtet uns, daß die Ankunft des Herrn am Tag des Gerichts von den Engeln begleitet wird. - Aus der weiteren Beschreibung (Mt 25,35-40) erfahren wir, was wir im Wort Gottes am 17.September betrachtet haben, nämlich, **"der Menschensohn wird mit seinen Engeln in der Hoheit seines Vaters kommen und jedem Menschen vergelten, wie es seine Taten verdienen"** (Mt 16,27). Zu diesen guten Taten gehört: die Hungrigen sättigen, Durstigen zu trinken geben, Fremde und Obdachlose beherbergen, Nackte bekleiden, Kranke und Gefangene besuchen, ihnen helfen, sie trösten usw.

Dabei ist bemerkenswert, daß Jesus sich eben mit diesen Notleidenden identifiziert und sagt: **"Was ihr für einen dieser meiner geringsten Brüder getan habt, das habt ihr mir getan!** (Mt 25,40).

- Bedanke ich mich täglich mit inniger Liebe bei meinem Schutzengel und bei allen anderen, mir unbekannten Engeln und Geistern des Himmels dafür, daß sie mir stets helfen, den richtigen Weg zu gehen, den Weg des Evangeliums, der in den Himmel führt?
- Welchen Vorsatz fasse ich im Licht des heutigen Wortes Gottes?

Tagesgebet: *siehe entsprechender Tag Seite 460*

20. September

Wort Gottes: Mt 25,41-46

"Dann wird er (Jesus, der König) sich auch an die auf der linken Seite wenden und zu ihnen sagen: WEG VON MIR, IHR VERFLUCHTEN, IN DAS EWIGE FEUER, DAS FÜR DEN TEUFEL UND SEINE ENGEL BESTIMMT IST! - Denn ich war hungrig, und ihr habt mir nichts zu essen gegeben; ich war durstig, und ihr habt mir nichts zu Trinken gegeben; ich war fremd und obdachlos, und ihr habt mich nicht aufgenommen; ich war nackt, und ihr habt mir keine Kleidung gegeben; ich war krank und im Gefängnis, und ihr habt mich nicht besucht. Dann werden auch sie antworten: Herr, wann haben wir dich hungrig oder durstig oder obdachlos oder nackt oder krank oder im Gefängnis gesehen und haben dir nicht geholfen? - Darauf wird er ihnen antworten: Amen, ich sage euch: Was ihr für einen dieser Geringsten nicht getan habt, das habt ihr auch mir nicht getan. Und sie werden weggehen und die ewige Strafe erhalten, die Gerechten aber das ewige Leben."

V: Wort des lebendigen Gottes! - A: Dank sei Gott, dem Herrn!

Betrachtungshilfe:

Auch dieses Wort Gottes erinnert uns an das Letzte Gericht und beschreibt mit schrecklichen Worten das Schicksal derer, die ihr Leben nicht entsprechend dem Willen des Himmlischen Vaters verbracht haben. Diese werden verurteilt und als Verfluchte in das ewige Feuer geworfen, das für den Teufel und seine Engel bestimmt ist.

Dieses Wort Gottes weist uns darauf hin, daß das Wort "Engel" nicht nur die guten Engel bezeichnet, die im Himmel wohnen und dem Willen des Himmlischen Vaters gehorchen, - sondern auch diese Engel, die böse sind, und Anhänger des Teufels. Es sind diese, die sich dem Willen des Himmlischen Vaters widersetzt haben und seitdem an der Seite Satans stehen. - Zu diesen werden also einmal all diese Menschen hinzukommen, die sich jetzt im irdischen Leben gegen Gott und Seine Ordnung auflehnen und dem Teufel helfen bei der Verderbung der christlichen Sitten, der christlichen Moral und des christlichen Glaubens.

- Bete ich wirklich mit inniger Liebe zu all diesen guten Engeln, besonders aber zu meinem Schutzengel, der sich ständig bemüht, mich vor der ewigen Verderbnis zu bewahren? - Bemühe ich mich wirklich von ganzem Herzen darum, den Willen des Himmlischen Vaters richtig zu erfüllen, so wie wir gestern und heute im Wort Gottes gehört haben, um das Reich Gottes, das seit der Erschaffung der Welt für die Gerechten bestimmt ist, zu gewinnen?

- Welchen Vorsatz fasse ich im Licht des heutigen Wortes Gottes?

Tagesgebet: *siehe entsprechender Tag Seite 460*

21. September

"Jesus erzählte ihnen (den Pharisäern und Schriftgelehrten) ein Gleichnis und sagte: Wenn einer von euch hundert Schafe hat und eines davon verliert, läßt er dann nicht die neunundneunzig in der Steppe zurück und geht dem verlorenen nach, bis er es findet? Und wenn er es gefunden hat, nimmt er es voll Freude auf die Schultern, und wenn er nach Hause kommt, ruft er seine Freunde und Nachbarn zusammen und sagt zu ihnen: Freut euch mit mir; ich habe mein Schaf wiedergefunden, das verloren war. Ich sage euch: Ebenso wird auch im Himmel mehr Freude herrschen über einen einzigen Sünder, der umkehrt, als über neunundneunzig Gerechte, die es nicht nötig haben umzukehren. Ich sage euch: EBENSO HERRSCHT AUCH BEI DEN ENGELN GOTTES FREUDE ÜBER EINEN EINZIGEN SÜNDER, DER UMKEHRT."

V: Wort des lebendigen Gottes! - A: Dank sei Gott, dem Herrn!

Betrachtungshilfe:

Mit diesem Gleichnis will uns Jesus die unendlich große Liebe des Himmlischen Vaters veranschaulichen, der alle Menschen retten und aus der Macht der Sünde und der Hölle befreien will. Dabei erfahren wir auch, wie sehr sich die ENGEL im Himmel über die Umkehr jedes einzelnen Sünders freuen, weil sie ja als die Helfer Gottes am Erlösungswerk Jesu Christi unmittelbar mitwirken.

Dieses Gleichnis läßt uns ein wenig erahnen, wie sehr es dem Himmel um die Umkehr jedes einzelnen Sünders geht und wie sehr dem Himmlischen Vater das ewige Heil jedes einzelnen Menschen am Herzen liegt. - Manche Theologen behaupten sogar, daß Gott zu den Menschen eine so große Liebe hat, daß ER selbst dann Seinen Sohn in die Welt gesandt hätte, wenn nur ein einziger Mensch gesündigt hätte und deshalb verlorengegangen wäre, - und daß Jesus bereit gewesen wäre, sogar zur Rettung eines einzigen Sünders in die Welt zu kommen und für ihn so viel zu leiden, wie ER gelitten hat.

- Singe ich gerne und mit Freude Gott Lob und Preis als Dank für Seine Liebe zu mir und zu allen Menschen? - Freue ich mich darüber, wenn ich erfahre, daß jemand sich zu Gott und Seiner Ordnung bekehrt hat?
- Welchen Vorsatz fasse ich im Licht des heutigen Wortes Gottes?

Tagesgebet:

Lasset uns beten: Barmherziger Gott und Vater, Du hast Deinen Sohn gesandt, zu suchen und zu retten, was verloren war; in erbarmender Liebe hat ER den Zöllner Matthäus zum Apostel berufen. Hilf uns auf die Fürsprache dieses heiligen Evangelisten, mit ganzer Treue Christus nachzufolgen, wie er es getan hat. Darum bitten wir Dich, durch unseren Herrn Jesus Christus, der in der Einheit des Heiligen Geistes mit Dir lebt und herrscht in alle Ewigkeit. Amen. (vgl. Laudes vom Fest des heiligen Apostels Matthäus)

22. September

Wort Gottes: Lk 16,19-26

"Es war einmal ein reicher Mann, der sich in Purpur und feines Leinen kleidete und Tag für Tag herrlich und in Freuden lebte. Vor der Tür des Reichen aber lag ein armer Mann namens Lazarus, dessen Leib voller Geschwüre war. Er hätte gern seinen Hunger mit dem gestillt, was vom Tisch des Reichen herunterfiel. Stattdessen kamen die Hunde und leckten an seinen Geschwüren. ALS NUN DER ARME STARB, WURDE ER VON DEN ENGELN IN ABRAHAMS SCHOSS GETRAGEN. Auch der Reiche starb und wurde begraben. In der Unterwelt, wo er qualvolle Schmerzen litt, blickte er auf und sah von weitem Abraham, und Lazarus in seinem Schoß. Da rief er: Vater Abraham, hab Erbarmen mit mir, und schick Lazarus zu mir; er soll wenigstens die Spitze seines Fingers ins Wasser tauchen und mir die Zunge kühlen, denn ich leide große Qual in diesem Feuer. Abraham erwiderte: Mein Kind, denk daran, daß du schon zu Lebzeiten deinen Anteil am Guten erhalten hast, Lazarus aber nur Schlechtes. Jetzt wird er dafür getröstet, du aber mußt leiden. Außerdem ist zwischen uns und euch ein tiefer, unüberwindlicher Abgrund, so daß niemand von hier zu euch oder von dort zu uns kommen kann, selbst wenn er wollte."

V: Wort des lebendigen Gottes! - A: Dank sei Gott, dem Herrn!

Betrachtungshilfe:

Aus dieser Geschichte erfahren wir, daß die Engel die Seele der verstorbenen Menschen bis in den Himmel begleiten, selbstverständlich nur dann, wenn Gott sie in Seinem gerechten Urteil des Himmels für würdig befunden hat. - Auch dieses Wort Gottes will uns zur Bekehrung führen und warnt uns erneut vor der Unbarmherzigkeit und Grausamkeit der Hölle, vor der ewigen Verdammnis, wo es weder eine Erleichterung noch ein Entrinnen gibt.

Widerspricht die Existenz der ewigen Hölle nicht der Liebe Gottes? - NEIN! - Denn weder die Hölle noch die Leiden sind von Gott gewollt und geschaffen! - Die Hölle mit all ihrer Qual ist eine Folge der freien Entscheidung der gefallenen Engel, aber auch eine Folge der freien Entscheidung dieser Menschen, die sich während ihres Erdenlebens Gott, Seinem Willen und Seiner Ordnung hartnäckig widersetzt haben und sich so von Gott getrennt und damit selbst verdammt haben. - Je mehr sich die Seele im irdischen Leben von Gott getrennt hat, d.h. von der Liebe zu Gott, desto größer sind nachher die Leiden dieser Verdammten.

Wenn die gefallenen Engel oder die verdammten Menschen heute ihre Sünden bereuen und Gott demütig um Vergebung bitten würden, wäre Gott in Seiner großen Liebe und Barmherzigkeit sicher bereit, ihnen zu vergeben. Dies aber wird nie geschehen, weil die gefallenen Engel wie auch die verdammten Menschen in ihrem Widerstand gegen Gott so verhärtet sind, daß sie sich niemals zu ihrer Sünde bekennen und niemals Gott um Vergebung bitten würden.

- Wenn mir bewußt wird, daß ich gesündigt oder sonst irgendeinen Fehler begangen habe, bin ich dann bereit, mich dazu zu bekennen und Gott demütig um

Vergebung zu bitten, damit ich dadurch gerettet werden kann? - Versuche ich den Sterbenden zu helfen, indem ich sie zur Reue und zum Bekenntnis ihrer Sünden bewege, damit Gott ihnen alles vergeben möge und damit sie von den Heiligen Engeln in den Himmel getragen werden können, wenn auch manchmal erst nach einem schweren Fegefeuer?

• Welchen Vorsatz fasse ich im Licht des heutigen Wortes Gottes?

Tagesgebet: *siehe entsprechender Tag Seite 460*

23. September

Wort Gottes: Lk 20,27-36

"Von den Sadduzäern, die die Auferstehung leugnen, kamen einige zu Jesus und fragten ihn: Meister, Mose hat uns vorgeschrieben: Wenn ein Mann, der einen Bruder hat, stirbt und eine Frau hinterläßt, ohne Kinder zu haben, dann soll sein Bruder die Frau heiraten und seinem Bruder Nachkommen verschaffen. - Nun lebten einmal sieben Brüder. Der erste nahm sich eine Frau, starb aber kinderlos. Dann nahm sie der zweite, danach der dritte, und ebenso die anderen bis zum siebten; sie alle hinterließen keine Kinder, als sie starben. Schließlich starb auch die Frau. Wessen Frau wird sie nun bei der Auferstehung sein? Alle sieben haben sie doch zur Frau gehabt. Da sagte Jesus zu ihnen: Nur in dieser Welt heiraten die Menschen. Die aber, die Gott für würdig hält, an jener Welt und an der Auferstehung von den Toten teilzuhaben, werden dann nicht mehr heiraten. SIE KÖNNEN AUCH NICHT MEHR STERBEN, WEIL SIE DEN ENGELN GLEICH UND DURCH DIE AUFERSTEHUNG ZU SÖHNEN GOTTES GEWORDEN SIND."

V: Wort des lebendigen Gottes! - A: Dank sei Gott, dem Herrn!

Betrachtungshilfe:

Aus diesem Wort Gottes erfahren wir, daß das Leben im Himmel ganz anders ist als auf der Erde. Jesus erklärt uns, daß die Menschen im Himmel nicht mehr heiraten werden und daß die Seelen der Verstorbenen nach der Auferstehung von den Toten den ENGELN gleich sein werden, zwar nicht gleich in ihrer Würde, aber gleich in der Weise des Lebens.

Schließlich wissen wir über das Leben im Himmel und über das zukünftige Leben der Menschen nach ihrer Auferstehung von den Toten nicht sehr viel. - Warum? - Die Antwort dazu gibt uns Jesus selbst in seinem Gespräch mit Nikodemus: **"Wenn ich zu euch über irdische Dinge gesprochen habe und ihr nicht glaubt, wie werdet ihr glauben, wenn ich zu euch über himmlische Dinge spreche?"** (Joh 3,12). - Die beiden folgenden Aussagen des heiligen Paulus lassen uns ein wenig erahnen, wie wunderbar es im Himmel sein muß: **"Ich kenne jemand, einen Diener Christi, der vor vierzehn Jahren bis in den dritten Himmel entrückt wurde; ich weiß allerdings nicht, ob es mit dem Leib oder ohne den Leib geschah, nur Gott weiß es. Und ich weiß, daß dieser Mensch in das Paradies entrückt wurde; ob**

313

es mit dem Leib oder ohne den Leib geschah, weiß ich nicht, nur Gott weiß es. Er hörte unsagbare Worte, die ein Mensch nicht aussprechen kann" (2 Kor 12,2-4) - und: "Wir verkündigen was kein Auge gesehen und kein Ohr gehört hat, was keinem Menschen in den Sinn gekommen ist: das Große, das Gott denen bereitet hat (im Himmel), die ihn lieben" (1 Kor 2,9).

Einige wunderbare Geschehnisse aus dem Leben Jesu Christi können uns ebenfalls eine gewisse Ahnung vermitteln, wie wunderschön das Leben im Himmel sein muß: Jesus versetzt sich z.b. in einem Augenblick allein kraft Seines Willens von einem Ort zum anderen. - Jesus geht über das Wasser des Sees, als ob er kein Gewicht hätte. - ER kommt zu den Jüngern durch verschlossene Türen. - Er kann die Gedanken der Menschen besser lesen als wir die mit großen Buchstaben geschriebenen Worte in einem Buch. - Er konnte allein mit Seinem Willen die Kranken heilen und sogar die Toten zum Leben erwecken.

• Freue ich mich darauf, daß auch ich einmal an diesem wunderbaren Leben im Himmel teilhaben darf, das die Heiligen Engel schon jetzt genießen, wenn ich die Prüfungen der Treue und Liebe zu Gott und Seiner Ordnung trotz aller Niederlagen doch siegreich bestanden habe?

• Welchen Vorsatz fasse ich im Licht des heutigen Wortes Gottes?

Tagesgebet: *siehe entsprechender Tag Seite 460*

24. September

Wort Gottes: Lk 22,39-46

"Jesus verließ die Stadt und ging, wie er es gewohnt war, zum Ölberg; seine Jünger folgten ihm. Als er dort war, sagte er zu ihnen: Betet darum, daß ihr nicht in Versuchung geratet! - Dann entfernte er sich von ihnen ungefähr einen Steinwurf weit, kniete nieder und betete: Vater, wenn du willst, nimm diesen Kelch von mir! Aber nicht mein, sondern dein Wille soll geschehen. DA ERSCHIEN IHM EIN ENGEL VOM HIMMEL UND GAB IHM NEUE KRAFT. Und er betete in seiner Angst noch inständiger, und sein Schweiß war wie Blut, das auf die Erde tropfte. Nach dem Gebet stand er auf, ging zu den Jüngern zurück und fand sie schlafend; denn sie waren vor Kummer erschöpft. Da sagte er zu ihnen: Wie könnt ihr schlafen? Steht auf und betet, damit ihr nicht in Versuchung geratet."

V: Wort des lebendigen Gottes! - A: Dank sei Gott, dem Herrn!

Betrachtungshilfe:

In diesem Wort Gottes fordert Jesus zweimal Seine Jünger und somit auch uns auf, zu beten, um nicht in Versuchung zu geraten! - Weiter erfahren wir, daß Jesus sich vor Seinem Vater **niederkniete**, als ER betete. Dem können wir entnehmen, daß die Kniebeugung beim Gebet doch sehr wichtig sein muß. Weiter hören wir, welch schreckliche Angst Jesus vor Seinem Leiden und Sterben gelitten hat, so daß Sein Schweiß wie Blut auf die Erde tropfte, bis Sein Vater IHN, wie wir an anderer Stelle lesen können, aus Seiner Todesangst befreite: "Als Jesus auf Erden lebte, hat er mit lautem Schreien und unter Tränen Gebete und Bitten vor den gebracht, der ihn aus dem Tod retten konnte, und **er ist erhört und aus seiner Angst befreit worden.** Obwohl er der Sohn war, hat er durch Leiden den Gehorsam gelernt" (Hebr 5,7-8).

Der letzte Satz des hier zitierten Wortes Gottes aus dem Brief an die Hebräer entspricht dem, was wir im obigen Wort Gottes, vielleicht mit Staunen, gelesen haben: Obwohl Jesus der Sohn Gottes war, rief ER in Seiner Todesangst zum Vater um Hilfe, **und es erschien ein Engel vom Himmel und gab IHM neue Kraft.** - Hier müssen wir eine Sache gut verstehen, nämlich, daß Jesus Seine Leiden allein in Seiner menschlichen Natur trug und dabei die Kraft Seiner zweiten Natur, die des Sohnes Gottes, nicht nützte. - So hat ER auch als Mensch den Gehorsam zum Willen Seines Vaters unter Leiden gelernt, um so das Lösegeld zu bezahlen für die Befreiung der Menschen aus der Macht der Erbsünde, aller anderen Sünden und schließlich auch aus der Macht der Hölle.

"Einer ist Gott, einer auch Mittler zwischen Gott und den Menschen: der Mensch Christus Jesus, der sich als Lösegeld hingegeben hat für _alle_" (1 Tim 2,5-6a) - und Jesus selbst sagt: **"Der Menschensohn ist nicht gekommen, um sich bedienen zu lassen, sondern um zu dienen und sein Leben hinzugeben als Lösegeld für _viele_"** (Mk 10,45). - Diese beiden Aussagen erwähnen zwei Worte: "_viele_" und "_alle_", die selbstverständlich ganz verschiedenes bedeuten und doch ihrem Sinn nach im Kontext sich nicht widersprechen. - Jesus ist **"als Lösegeld für** _viele_", das heißt n u r für diese Menschen gestorben, die auf IHN hören und so gerettet werden. - Und Jesus ist auch **"als Lösegeld für _alle_"** gestorben, das heißt ER hat a l l e n Menschen den Zugang zum Himmel geöffnet, was aber noch nicht heißt, daß dadurch a l l e Menschen, wortwörtlich a l l e, automatisch gerettet sind. - Allen, die deswegen noch miteinander streiten, rate ich von Herzen, anstatt durch Streit und Spaltung dem Teufel zu dienen, mehr demütig zum Heiligen Geist zu beten und IHN um Sein Licht zu bitten, dann wird bald Klarheit einkehren und in der Liebe die Einheit wachsen!

- Wenn meine menschlichen Kräfte manchmal schon am Rand sind, bitte ich dann meinen Schutzengel oder die anderen Heiligen Engel um neue Kräfte?
- Welchen Vorsatz fasse ich im Licht des heutigen Wortes Gottes?

Tagesgebet: *siehe entsprechender Tag Seite 460*

25. September

Wort Gottes: Mk 13, 28-32

"Lernt etwas aus dem Vergleich mit dem Feigenbaum! Sobald seine Zweige saftig werden und Blätter treiben, wißt ihr, daß der Sommer nahe ist. Genauso sollt ihr erkennen, wenn ihr all das geschehen seht, daß das Ende vor der Tür steht. Amen, ich sage euch: Diese Generation wird nicht vergehen, bis das alles eintrifft. Himmel und Erde werden vergehen, aber meine Worte werden nicht vergehen. DOCH JENEN TAG UND JENE STUNDE KENNT NIEMAND,

AUCH NICHT DIE ENGEL IM HIMMEL, NICHT EINMAL DER SOHN, SONDERN NUR DER VATER."

V: Wort des lebendigen Gottes! - A: Dank sei Gott, dem Herrn!

Betrachtungshilfe:

Dieses Wort Gottes erinnert uns wiederum an das Ende der Welt. Jesus wirft den Menschen vor, daß sie sich in irdischen Dingen ziemlich gut auskennen, aber für die Zeichen der Endzeit blind sind. Weiter sagt Jesus hier ganz eindeutig und klar, daß niemand den Letzten Tag und die Letzte Stunde kennt, auch die ENGEL im Himmel nicht, ja daß dies sogar dem menschgewordenen Sohn Gottes verborgen ist. Den Letzten Tag und die Letzte Stunde der Welt kennt nur der Himmlische Vater. Deshalb sind alle Prophezeiungen darüber, die das Jahr, den Monat oder sogar einen genauen Tag vorhersagen, nichts anderes als Lug und Betrug der Hölle, die die Blindheit verwirrter Menschen ausnützt. - Wichtig und entscheidend ist, daß wir jederzeit, für jeden Tag und für jede Stunde, auf die persönliche Begegnung mit dem Herrn gut vorbereitet sind, d.h. auf die Stunde unseres Sterbens, unseres persönlichen Abschieds von der Erde.

- Bereite ich mich wirklich schon jetzt gut auf diese Stunde vor, die einmal ganz plötzlich und unerwartet kommen kann, in der ich vor dem Herrn Rechenschaft über mein irdisches Leben ablegen muß?
- Welchen Vorsatz fasse ich im Licht des heutigen Wortes Gottes?

Tagesgebet: *siehe entsprechender Tag Seite 461*

26. September

Wort Gottes: Mt 28,1-7a

"Nach dem Sabbat kamen in der Morgendämmerung des ersten Tages der Woche Maria aus Magdala und die andere Maria, um nach dem Grab zu sehen. Plötzlich entstand ein gewaltiges Erdbeben; denn EIN ENGEL DES HERRN KAM VOM HIMMEL HERAB, trat an das Grab, wälzte den Stein weg und setzte sich darauf. Seine Gestalt leuchtete wie ein Blitz und sein Gewand war weiß wie Schnee. Die Wächter begannen vor Angst zu zittern und fielen wie tot zu Boden. Der Engel aber sagte zu den Frauen: Fürchtet euch nicht! Ich weiß, ihr sucht Jesus, den Gekreuzigten. Er ist nicht hier; denn er ist auferstanden, wie er gesagt hat. Kommt her und seht euch die Stelle an, wo er lag! Dann geht schnell zu seinen Jüngern und sagt ihnen: Er ist von den Toten auferstanden!"

V: Wort des lebendigen Gottes! - A: Dank sei Gott, dem Herrn!

Betrachtungshilfe:

Dieses Wort Gottes beschreibt uns die ungewöhnlichen Ereignisse, die die Auferstehung des Herrn begleiteten und nicht nur die Wächter vor Schreck in

Ohnmacht fallen ließen, sondern auch den beiden Frauen Angst einjagten. Allein die Beschreibung des ENGELS, seine Gestalt, die wie ein Blitz leuchtete, sein Gewand, das weiß wie Schnee war, und sein Kommen, begleitet von einem gewaltigen Erdbeben, vermitteln uns eine kleine Vorstellung von der Kraft und Allmacht Gottes, die dabei zum Ausdruck kam. - Schließlich aber beruhigte der Engel die Frauen und verkündete ihnen die frohe Botschaft, daß Jesus auferstanden ist und forderte sie auf, diese Nachricht den anderen weiterzugeben.

- Will ich mich gerne in die Schar derer einreihen, die die Frohe Botschaft über die Auferstehung des Herrn an andere weitergeben, - diese Botschaft, die zuerst ein Engel vom Himmel verkündigt hat, und die alle in den Himmel führt, die daran glauben?
- Welchen Vorsatz fasse ich im Licht des heutigen Wortes Gottes?

Tagesgebet: *siehe entsprechender Tag Seite 461*

27. September

Wort Gottes: Apg 5,17-21a

"Da erhoben sich voll Eifersucht der Hohepriester und alle, die auf seiner Seite standen, nämlich die Gruppe der Sadduzäer. Sie ließen die Apostel verhaften und in das öffentliche Gefängnis werfen. EIN ENGEL DES HERRN ABER ÖFFNETE NACHTS DIE GEFÄNGNISTORE, führte sie heraus und sagte: Geht, tretet im Tempel auf und verkündet dem Volk alle Worte dieses Lebens! - Sie gehorchten und gingen bei Tagesanbruch in den Tempel und lehrten."

V: Wort des lebendigen Gottes! - A: Dank sei Gott, dem Herrn!

Betrachtungshilfe:

Dieses Wort Gottes zeigt uns, welch große Macht und Kraft Gott den ENGELN verliehen hat, so daß sie sogar ohne weiteres verschlossene Gefängnistore öffnen können. Auch heute helfen die Heiligen Engel gerne diesen Menschen, die für das Reich Gottes arbeiten, der Verkündigung des Evangeliums dienen und bereit sind, der Stimme der Engel zu gehorchen. - Und so geschehen auch heute viele Wundertaten, bei denen die Heiligen Engel mitwirken, und viele erstaunliche Geschehnisse im Leben der Heiligen sind bester Beweis dafür.

- Vielleicht könnte auch ich aus meinem Leben Beispiele erzählen, wo ich ganz deutlich und auf wunderbare Weise die Wirkung der Heiligen Engel bei mir selbst erlebt habe?
- Welchen Vorsatz fasse ich im Licht des heutigen Wortes Gottes?

Tagesgebet: *siehe entsprechender Tag Seite 461*

28. September

Wort Gottes: Apg 6,8-15

"Stephanus aber, voll Gnade und Kraft, tat Wunder und große Zeichen unter dem Volk. Doch einige von der sogenannten Synagoge der Libertiner und Cyrenäer und Alexandriner und Leute aus Zilizien und der Provinz Asien erhoben sich, um mit Stephanus zu streiten; aber sie konnten der Weisheit und dem Geist, mit dem er sprach, nicht widerstehen. Da stifteten sie Männer zu der Aussage an: Wir haben gehört, wie er gegen Mose und Gott lästerte. Sie hetzten das Volk, die Ältesten und die Schriftgelehrten auf, drangen auf ihn ein, packten ihn und schleppten ihn vor den Hohen Rat. Und sie brachten falsche Zeugen bei, die sagten: Dieser Mensch hört nicht auf, gegen diesen heiligen Ort und das Gesetz zu reden. Wir haben ihn nämlich sagen hören: Dieser Jesus, der Nazoräer, wird diesen Ort zerstören und die Bräuche ändern, die uns Mose überliefert hat. Und als alle, die im Hohen Rat saßen, auf ihn blickten, ERSCHIEN IHNEN SEIN GESICHT WIE DAS GESICHT EINES ENGELS."

Betrachtungshilfe:

Wir wissen, daß die ENGEL Abbilder Gottes sind, das heißt Gott ähnlich, aber IHM nicht gleich. Sie leuchten mit dem Licht, das sie aus Gott haben, weil sie mit Gott in Liebe, das heißt in der treuen Erfüllung Seines Willens ganz vereinigt sind. - Auch jeder Mensch, der wie Stephanus von der Gnade und Kraft Gottes erfüllt ist, trägt in sich das Licht Gottes und den Abglanz Seiner Herrlichkeit, wenn er in Liebe ganz mit Gott vereinigt ist, durch die treue Erfüllung Seines Willens. - In diesem Zustand werden die Menschen den Engeln ähnlich. Darüber berichtet uns heute der letzte Satz des Wortes Gottes.

Außerdem belehrt uns dieses Wort Gottes, daß die Menschen auch uralte Praktiken des Lobes Gottes nicht als unveränderlich ansehen können, wenn Gott sie irgendwann ändern will, wie z.B. in diesem Fall, in dem ER sogar das mehr als tausend Jahre geltende Gesetz des Mose durch Jesus geändert hat.

- Inwieweit akzeptiere ich die Änderungen in der Liturgie der Kirche in der Zeit nach dem Zweiten Vatikanischen Konzil? - Kann überhaupt etwas, das auch nur die geringste Verwirrung stiftet, aus dem Geiste Gottes stammen und uns in den Himmel und zur Einheit mit Gott und mit den Menschen führen?

- Welchen Vorsatz fasse ich im Licht des heutigen Wortes Gottes?

Tagesgebet: *siehe entsprechender Tag Seite 461*

Liebe Familien und Freunde, versuchen Sie bitte, die **GROSSE NOVENE** in Ihrer Umgebung bekannt zu machen. Auf diese Weise tragen auch Sie zur **Verkündigung des WORTES GOTTES** bei! Nützen Sie dieses Buch auch als sinnvolles, gnadenreiches Geschenk zum Weitergeben.

29. September

Wort Gottes:

"In jener Zeit tritt MICHAEL auf, der große Engelfürst, der für die Söhne deines Volkes eintritt. Dann kommt eine Zeit der Not, wie noch keine da war, seit es Völker gibt, bis zu jener Zeit. Doch dein Volk wird in jener Zeit gerettet, jeder, der im Buch verzeichnet ist." (Dan 12,1)

"Der Engel GABRIEL redete mit mir und sagte: Daniel, ich bin jetzt gesandt worden, um dir klare Einsicht zu geben. Schon zu Beginn deines Gebets erging ein Gotteswort, und ich bin gekommen, um es dir zu verkünden; denn du bist von Gott geliebt. Achte also auf das Wort und begreife die Vision!" (Dan 9,22-23)

Ich bin RAFAEL, einer von den sieben heiligen Engeln, die vor Gott stehen. Weil unser Gott es wollte, bin ich zu euch gekommen. Darum preist ihn in Ewigkeit! Jetzt dankt Gott! - Ich steige wieder auf zu dem, der mich gesandt hat. Doch ihr sollt Gott preisen und all seine Wundertaten erzählen. (vgl. Tob 12,15/18/20)

V: Wort des lebendigen Gottes! - A: Dank sei Gott, dem Herrn!

Betrachtungshilfe:

Dieses Wort Gottes besteht aus drei ganz bewußt zusammengestellten, verschiedenen Texten der Heiligen Schrift, um die Gestalten der drei Heiligen ERZENGEL, deren Fest wir heute feiern, besser kennenzulernen.

Der erste Text gibt uns Aufschluß über den ERZENGEL MICHAEL, den großen Engelfürsten, den Verteidiger des Volkes Gottes und heute auch der Kirche. Der zweite Text beschreibt uns den ERZENGEL GABRIEL, der den Menschen klare Einsicht vermittelt, sie belehrt und Nachrichten von Gott überbringt. Der dritte Text erläutert uns die Gestalt des ERZENGELS RAFAEL, der einer von den sieben vertrautesten Engeln Gottes ist. Er belehrt uns, daß wir Gott preisen und Seine Wundertaten erzählen sollen. - Diese drei Erzengel gelten aufgrund ihrer Treue und Liebe wie auch ihres Gehorsams zu Gott als besonders auserwählte Engel Gottes.

* Bin ich mir bewußt, daß auch ich zu den Auserwählten Gottes gehören kann, wenn ich Gott liebe, IHM treu diene und gehorche, wie diese drei großen Erzengel?

* Welchen Vorsatz fasse ich im Licht des heutigen Wortes Gottes?

Tagesgebet:

Lasset uns beten: Gott und Vater, Du ordnest alles mit Macht und Weisheit; Engel und Menschen teilst Du ihre Dienste zu. Gib, daß die Macht des Bösen nicht überhandnimmt, sondern sende Deine heiligen Engel, die im Himmel vor Dir stehen, in diese Welt, damit sie uns vor allem Unheil schützen. Darum bitten wir Dich, durch unseren Herrn Jesus Christus, der in der Einheit des Heiligen Geistes mit Dir lebt und herrscht in alle Ewigkeit. Amen. (vgl. Laudes vom Fest der Heiligen Erzengel Michael, Gabriel und Rafael)

30. September

Wort Gottes: Apg 7,51-53

"Ihr Halsstarrigen, ihr, die ihr euch mit Herz und Ohr immerzu dem Heiligen Geist widersetzt, eure Väter schon und nun auch ihr. Welchen der Propheten haben eure Väter nicht verfolgt? Sie haben die getötet, die die Ankunft des Gerechten geweissagt haben, dessen Verräter und Mörder ihr jetzt geworden seid, ihr, die ihr DURCH DIE ANORDNUNG VON ENGELN das Gesetz empfangen, es aber nicht gehalten habt."

V: Wort des lebendigen Gottes! - A: Dank sei Gott, dem Herrn!

Betrachtungshilfe:

Dieses Wort Gottes zeigt uns, mit welch harten Worten Stephanus zu seinen Mitbürgern sprechen mußte, um ihre Sturheit zu durchbrechen. Er hoffte, daß er sie mit seinen erschütternden Worten zur Umkehr und zur Erkenntnis der Wahrheit Gottes bewegen könnte. Diese Worte, die er sprach, kommen also nicht aus einem bösen Herzen, sondern allein aus der Liebe, die sich um das Heil der Menschen sorgt.

Aber, welchen Gesetzen und Anordnungen der ENGEL haben denn die Israeliten nicht gehorcht? - In ihrer Blindheit konnten sie den Ruf des Herrn zu einem heiligen Leben, zu einem Leben in der Liebe, nicht verstehen und deswegen auch den Messias, Jesus Christus, nicht erkennen. Sie haben IHN verraten, gekreuzigt und wie einen Verbrecher hingerichtet, was der heilige Stephanus in diesem Wort Gottes seinen Zuhörern, vor allem aber den Hohenpriestern und Schriftgelehrten, vorwirft.

- Habe ich wie der heilige Stephanus Mut, ein klares, wenn notwendig auch hartes Wort zu sagen, aber immer in Liebe, v.a. dann, wenn es um die Verteidigung der Wahrheit Gottes geht oder um die richtige Erziehung der Kinder und Jugendlichen in der Familie, Schule oder sonstwo?
- Welchen Vorsatz fasse ich im Licht des heutigen Wortes Gottes?

Tagesgebet: *siehe entsprechender Tag Seite 461*

Liebe Familien und Freunde,

versuchen Sie bitte, die **GROSSE NOVENE** in Ihrer Umgebung bekannt zu machen. Auf diese Weise tragen auch Sie zur **Verkündigung des WORTES GOTTES** bei! Nützen Sie dieses Buch auch als sinnvolles, gnadenreiches Geschenk zum Weitergeben.

O lieber heiliger Erzengel Michael!

Sei uns ein siegreicher Beschützer der Ordnung Gottes in unseren unsterblichen Seelen, die dafür bestimmt sind, ein lebendiger Tempel des HEILIGEN GEISTES zu sein, in dem ER wohnt und mit unaussprechlichem Seufzen zum Himmlischen Vater - ABBA - ruft, und dadurch uns in Jesus Christus in der unendlichen Liebe mit dem Himmlischen Vater vereinigt, damit wir Seinen Willen möglichst gut erfüllen, zur größten Verherrlichung Gottes, zur Ehre der Unbefleckten Jungfrau Maria, unserer mächtigsten Fürsprecherin vor ihrem Sohn Jesus und zu unserem und vieler Menschen Heil und ewiger Freude des Himmels! Amen!

(P.Andrzej Michalek)

DIE HEILIGEN ENGEL
bei der Erfüllung des Willens des Himmlischen Vaters

VORWORT:

Im Monat Oktober setzen wir unsere Betrachtungen über die ENGEL fort, diese seligen Geister, die Gott treu geblieben sind und deshalb ihre Wohnung im Himmelsbereich haben und für alle Ewigkeit diese Freuden genießen können, die nur bei Gott, dem Vater, dem Sohn und dem Heiligen Geist zu finden sind.

Es wäre gut, zu diesem Thema noch einmal das Vorwort vom September zu lesen, um sich über die Engel, ihre Aufgabe, Wirkung und Tätigkeit ein klareres Bild machen zu können.

Für die Brüder Samariter und Schwestern Samariterinnen habe ich ein Gebet zum heiligen Schutzengel verfaßt, das sie täglich bei ihren Morgengebeten beten. Ich empfehle allen von Herzen, dieses Gebet täglich morgens zu beten, um dadurch mit dem eigenen Schutzengel schon zu Beginn des Tages Kontakt aufzunehmen und so während des Tages seine Hilfe leichter erreichen zu können. - Es lautet:

"O mein heiliger SCHUTZENGEL, ich liebe dich und danke dir für jede Hilfe, die du mir gewährst, auch wenn mir dies oft nicht bewußt wird. Ich bitte dich, steh mir immer mit deiner Hilfe bei und schütze mich vor allen Angriffen der Hölle. Stärke mich im Kampf gegen den Satan und seine Versuchungen wie auch gegen alle Verlockungen der verdorbenen Welt, damit ich dank der Barmherzigkeit des Herrn den Siegeskranz von IHM am Tag des letzten Gerichts empfangen kann und bei IHM, bei Seinem und unserem Himmlischen Vater, in der Liebe des Heiligen Geistes, mit der himmlischen Mutter, der Unbefleckten Jungfrau Maria, mit dir und allen Engeln und Heiligen an der unvergänglichen Freude im Himmel teilnehmen darf. Amen."

Wunderbare Bemerkungen über die Heiligen Engel finden wir in einer Predigt des heiligen Bernhard von Clairvaux im Brevier zum Fest der Heiligen Schutzengel am 2. Oktober:

" **'Er befiehlt seinen Engeln, dich zu behüten auf all deinen Wegen'** (Ps 91,11). Sie sollen dem Herrn danken für seine Huld, für sein wunderbares Tun an den Menschen (vgl. Ps 107,8). Sie sollen ihn preisen und unter den Völkern verkünden, daß der Herr an ihnen Großes getan hat (vgl. Ps 126,2). Herr, was ist der Mensch, daß du auf ihn achtest? Oder warum richtest du deinen Sinn auf ihn? (vgl. Ijob 7,17) Du richtest deinen Sinn auf ihn, du sorgst dich um ihn, und du sorgst für ihn. Zuletzt schickst du ihm deinen Eingeborenen, gibst ihm den Heiligen Geist und versprichst ihm dein Angesicht. Damit aber keiner der Himmlischen von der Mühe und Sorge entbunden ist, schickst du unseretwegen die seligen Geister zum Dienst aus (vgl. Heb 1,14), bestimmst sie zu unserem Schutz und befiehlst ihnen, unsere Erzieher zu sein. **'Er befiehlt seinen Engeln, dich zu behüten auf all deinen Wegen.'** Welche Ehrfurcht muß dir dieses Wort einflößen, welche Hingabe in dir hervorbringen und welches Vertrauen muß es dir schenken. Ehrfurcht wegen ihrer

Anwesenheit, Hingabe wegen ihres Wohlwollens, Vertrauen wegen ihres Schutzes. Sie sind also da, sie sind bei dir, nicht nur mit dir, sondern auch für dich. **Sie sind da, um zu schützen, sie sind da, um zu helfen.** Aber wenn auch Gott sie aufgeboten hat, so dürfen doch wir gegen sie nicht undankbar sein. Denn aus großer Liebe gehorchen sie ihm, und sie kommen uns in dieser großen Not zu Hilfe.

Laßt uns also diesen großen Beschützern ergeben und dankbar sein, ihre Liebe erwidern und sie ehren, soviel wir vermögen, wie es unsere Pflicht gebietet. Unsere ganze Liebe und Verehrung soll jedoch dem gehören, von dem ihnen und uns alles kommt, auch daß wir verehren oder lieben können und Ehre und Liebe empfangen dürfen.

Liebe Brüder, in ihm also wollen wir seine Engel lieben, sie, die einst unsere Miterben sein werden, inzwischen aber vom Vater als unsere Sachwalter, Beschützer und Wegweiser für uns bestimmt sind. Denn schon jetzt sind wir Kinder Gottes (vgl. 1 Joh 3,2), wenn das auch noch nicht sichtbar ist, weil wir noch unmündige Kinder sind und unter der Vormundschaft stehen, nicht unterschieden von den Sklaven (vgl. Gal 4,1-2).

Im übrigen: Wenn wir auch noch Kinder sind und noch ein weiter Weg vor uns liegt - er ist nicht nur weit, sondern auch gefährlich, warum sollten wir uns fürchten, da wir doch so hohe Beschützer haben. Niemand kann sie besiegen und verführen - am wenigsten können sie selbst verführen - , die uns auf all unseren Wegen behüten. **Sie sind treu, klug und mächtig!** - Warum zittern wir? - Wir brauchen ihnen nur zu folgen, ihnen anzuhangen, und wir leben unter dem Schutz Gottes."

So wie wir also aus dieser Predigt des heiligen Bernhard von Clairvaux gehört haben, spielen die Heiligen Schutzengel in unserem Leben eine unbeschreiblich große Rolle. Deswegen ist es sinnvoll, sich **oft** an das Wort Gottes zu erinnern, das wir am 1.September betrachtet haben:

"ICH WERDE EINEN ENGEL SCHICKEN, DER DIR VORAUSGEHT. Er soll dich auf dem Weg schützen und dich an den Ort bringen, den ich bestimmt habe. ACHTE AUF IHN UND HÖR AUF SEINE STIMME ! - WIDERSETZE DICH IHM NICHT ! - ER WÜRDE ES NICHT ERTRAGEN, wenn ihr euch auflehnt, denn in ihm ist mein Name gegenwärtig. Wenn du auf seine Stimme hörst und alles tust, was ich sage, dann werde ich der Feind deiner Feinde sein und alle in die Enge treiben, die dich bedrängen" (Ex 23,20-22).

Die Heilige Schrift belehrt uns, daß der Satan sich sogar im Licht des Engels kleiden kann, um uns zunächst zu verwirren und dann zu verführen. Der heilige Paulus schreibt darüber: **"Kein Wunder, denn auch der Satan tarnt sich als Engel des Lichts"** (2 Kor 11,14). - Daher ist es so wichtig, zumindest den eigenen Schutzengel ständig um seine Hilfe zu bitten, damit er uns vor dem betrügerischen Einfluß der bösen Geister schützen möge. - Wer dies in Treue, Liebe und Dankbarkeit gegenüber Gott und dem Schutzengel übt, wird dies nicht bedauern, sondern immer mehr Anlaß zu dankbarer Liebe finden und dabei glücklich werden!

Das Ziel unserer Betrachtungen des Wortes Gottes ist nicht nur, **genauer und besser Bescheid zu wissen**, sondern auch, unseren **GLAUBEN** lebendiger und frucht**barer** zu machen. - Das heißt: unsere **LIEBE zu GOTT** ständig zu erneuern und zu vertiefen wie auch unsere tätige **NÄCHSTENLIEBE** zu vervollkommnen. Dies heißt auch: einen **LEBENDIGEN KONTAKT MIT ALLEN BEWOHNERN DES HIMMELS** zu pflegen und diesen Kontakt immer mehr zu vertiefen, damit wir dank der Hilfe der Engel: - in den Tugenden wachsen, - zur Heiligung des eigenen Lebens beitragen - und auch anderen dabei behilflich sein können, - um so schließlich die Freude des Himmels zu erreichen, sie ewig zu genießen und GOTT dafür in alle Ewigkeit dankbar Lob, Preis und Ehre zu singen!

Grundsätzlich ist zu den Betrachtungen zu bemerken, daß sie selbstverständlich keine ausführlichen und vollständigen Auslegungen zu den zitierten Worten Gottes darstellen, sondern lediglich als Hilfe, Anregung und Denkanstoß für weitere, persönliche Betrachtungen zu verstehen sind.

Jeder soll schließlich das Wort Gottes so betrachten und in sich vertiefen, wie es seinem Seelenzustand auf dem Weg zu einer immer größeren LIEBE zu GOTT förderlich ist. - Deswegen sollen wir bei allen Betrachtungen des Wortes Gottes immer wieder den HEILIGEN GEIST um SEIN LICHT anflehen und uns von IHM lenken lassen.

1. Oktober

Wort Gottes: Apg 1,4-12/14

"Beim gemeinsamen Mahl gebot er den Aposteln: Geht nicht weg von Jerusalem, sondern wartet auf die Verheißung des Vaters, die ihr von mir vernommen habt. Johannes hat mit Wasser getauft, ihr aber werdet schon in wenigen Tagen mit dem Heiligen Geist getauft. Als sie nun beisammen waren, fragten sie ihn: Herr, stellst du in dieser Zeit das Reich für Israel wieder her? Er sagte zu ihnen: Euch steht es nicht zu, Zeiten und Fristen zu erfahren, die der Vater in seiner Macht festgesetzt hat. Aber ihr werdet die Kraft des Heiligen Geistes empfangen, der auf euch herabkommen wird; und ihr werdet meine Zeugen sein in Jerusalem und in ganz Judäa und Samarien und bis an die Grenzen der Erde.

Als er das gesagt hatte, wurde er vor ihren Augen emporgehoben, und eine Wolke nahm ihn auf und entzog ihn ihren Blicken. WÄHREND SIE UNVERWANDT IHM NACH ZUM HIMMEL EMPORSCHAUTEN, STANDEN PLÖTZLICH ZWEI MÄNNER IN WEIßEN GEWÄNDERN BEI IHNEN UND SAGTEN: IHR MÄNNER VON GALILÄA, WAS STEHT IHR DA UND SCHAUT ZUM HIMMEL EMPOR? Dieser Jesus, der von euch ging und in den Himmel aufgenommen wurde, wird ebenso wiederkommen, wie ihr ihn habt zum Himmel hingehen sehen. - Dann kehrten sie vom Ölberg, der nur einen Sabbatweg von Jerusalem entfernt ist, nach Jerusalem zurück. Sie alle verharrten dort einmütig im Gebet, zusammen mit den Frauen und mit Maria, der Mutter Jesu, und mit seinen Brüdern."

V: Wort des lebendigen Gottes! - A: Dank sei Gott, dem Herrn!

Betrachtungshilfe:

Dieses Wort Gottes weist uns auf das hin, was letztendlich das Ziel unseres ganzen Erdenlebens ist: auf den HIMMEL, die ewige Wohnung all derer, die sich gegenüber Gott und Seiner Ordnung der Liebe, d.h. der Wahrheit und Gerechtigkeit, als treu erwiesen haben.

Jesus verheißt den Aposteln die Taufe mit dem Heiligen Geist, durch den sie die notwendige Kraft empfangen werden, die sie als Glaubenszeugen bei ihrer weiteren Arbeit für das Reich Gottes stärken wird. - Als ER dann vor ihren Augen emporgehoben wird und durch eine Wolke ihren Blicken schon entzogen ist, erscheinen plötzlich zwei Männer in weißen Gewändern, zwei ENGEL des Herrn. Diese machen den Aposteln klar, daß dies, was sie soeben erlebt haben, - die Himmelfahrt Jesu - kein Traum, sondern Wirklichkeit ist, und daß ER ebenso wiederkommen wird. - Sie ermahnen schließlich die Apostel, nicht mehr **untätig** zum Himmel emporzuschauen, sondern zu gehen, um diese Mission zu erfüllen, die Jesus ihnen anvertraut hatte: **"Geht hinaus in die ganze Welt, und verkündet das Evangelium allen Geschöpfen!"** (Mk 16,15) - **"Und lehrt sie alles halten, was ich euch aufgetragen habe!"** (Mt 28,20).

Bei all unserem Einsatz für das Reich Gottes sollten wir aber niemals den Himmel vergessen, worauf uns der heilige Paulus hinweist: **"Strebt nach dem, was im Himmel ist, wo Christus zur Rechten Gottes sitzt. Richtet euren Sinn auf das Himmlische und nicht auf das Irdische!"** (Kol 3,1b-2)

Schließlich erfahren wir heute erneut aus dem Wort Gottes, wie wichtig das **gemeinsame Gebet** ist, besonders, wenn wir erwarten, daß der Heilige Geist mit Seiner Kraft auf uns herabkommen soll. Wir brauchen diese Kraft doch täglich so notwendig im Kampf gegen alles Böse, das immer noch in uns lebt und durch uns wirken will, wie auch gegen alle Bosheit, der wir in der Welt begegnen.

* Wie oft denke ich an den Himmel, unsere ewige Wohnung, die ich durch die Erfüllung des Willens Gottes gewinnen oder durch schweres Versagen verlieren kann? - Suche ich neben meinem inneren, persönlichen Gebet auch gerne das **gemeinsame Gebet** mit anderen? - Versuche ich täglich mein Leben in Einklang zu bringen mit den oben zitierten Worten der Heiligen Engel und des heiligen Paulus, d.h. nicht untätig in den Himmel zu schauen, aber auch nicht so tätig auf der Erde zu sein, daß ich dabei den Himmel vergesse?

* Welchen Vorsatz fasse ich im Licht des heutigen Wortes Gottes?

Tagesgebet: *siehe entsprechender Tag Seite 457*

2. Oktober

Wort Gottes: Apg 10,1-8

"In Cäsarea lebte ein Mann namens Kornelius, Hauptmann in der sogenannten Italischen Kohorte; er lebte mit seinem ganzen Haus fromm und gottesfürchtig, gab dem Volk reichlich Almosen und betete beständig zu Gott. Er sah um die neunte Tagesstunde in einer Vision deutlich, wie ein ENGEL GOTTES bei ihm

eintrat und zu ihm sagte: Kornelius! - Kornelius blickte ihn an und fragte erschrocken: Was ist, Herr? Er sagte zu ihm; Deine Gebete und Almosen sind zu Gott gelangt, und er hat sich an sie erinnert. Schick jetzt einige Männer nach Joppe und laß einen gewissen Simon herbeiholen, der den Beinamen Petrus hat. Er ist zu Gast bei einem Gerber namens Simon, der ein Haus am Meer hat. Als der Engel, der mit ihm sprach, weggegangen war, rief Kornelius zwei seiner Haussklaven und einen frommen Soldaten aus seinem Gefolge. Er erzählte ihnen alles und schickte sie nach Joppe."

V: Wort des lebendigen Gottes! - A: Dank sei Gott, dem Herrn!

Betrachtungshilfe:

Am heutigen Tag, an dem wir das Fest der Heiligen Schutzengel feiern, erfahren wir aus dem Wort Gottes, wie die Engel entsprechend dem Willen und den Plänen Gottes bei der Hinführung der Heiden zum christlichen Glauben mithelfen und dienen.

Manche Engel sind uns, wie z.B. Gabriel, Rafael und Michael ihrem Namen nach bekannt. Die Namen der Schutzengel bleiben jedoch den Menschen verborgen. - Warum? - Dies wissen wir nicht, aber schließlich ist es so, weil es Gott so gefällt!

Wir wissen nicht, ob Kornelius in dieser Vision seinen eigenen Schutzengel sah oder einen anderen Engel vom Himmel, dem Gott eigens die Erfüllung dieser Aufgabe anvertraut hatte.

Als Petrus einmal nach Jerusalem zurückkam, berichtete er der Gemeinde: "Er (Kornelius) erzählte uns, wie er in seinem Haus den Engel stehen sah, der zu ihm sagte: Schick jemand nach Joppe und laß Simon, der Petrus genannt wird, holen. **Er wird dir Worte sagen, durch die du mit deinem ganzen Haus gerettet werden wirst.** - Während ich redete, kam der Heilige Geist auf sie herab, wie am Anfang auf uns. Da erinnerte ich mich an das Wort des Herrn: Johannes hat mit Wasser getauft, ihr aber werdet mit dem Heiligen Geist getauft werden. Wenn nun Gott ihnen, nachdem sie zum Glauben an Jesus Christus, den Herrn, gekommen sind, die gleiche Gabe verliehen hat wie uns: wer bin ich, daß ich Gott hindern könnte? - Als sie das hörten, beruhigten sie sich, priesen Gott und sagten: Gott hat also auch den Heiden die Umkehr zum Leben geschenkt" (Apg 11,13-18).

So haben wir hier den besten Beweis dafür, daß Gott sich bei der Bekehrung der Menschen anderer Menschen bedient, und daß bei der Vereinigung der Heiden mit den Juden - im Glauben an Jesus Christus - auch die Engel behilflich waren.

- Liebe ich meinen Schutzengel und spreche mit ihm bei jeder Gelegenheit, in meiner Not, aber auch, wenn es mir gut geht? - Bedanke ich mich bei meinem Schutzengel für alle mir bekannten und auch unbekannten Gnaden, die er für mich vor Gott erfleht und vermittelt? - Versuche ich, meinen Glauben an die Existenz und Wirkung der Schutzengel und der anderen Engel den anderen Menschen weiterzugeben, damit auch sie zu einem engeren Kontakt mit ihrem Schutzengel gelangen und so Hilfe und Erleichterung in vielen, schwierigen Situationen ihres Lebens finden?

- Welchen Vorsatz fasse ich im Licht des heutigen Wortes Gottes?

Tagesgebet:

Lasset uns beten: Gott und Vater, in Deiner Vorsehung sorgst Du für alles, was Du geschaffen hast. Sende uns Deine heiligen Engel zu Hilfe, daß sie uns behüten auf allen unseren Wegen, und gib uns in der Gemeinschaft mit ihnen Deine ewige Freude. Darum bitten wir Dich, durch unseren Herrn Jesus Christus, der in der Einheit des Heiligen Geistes mit Dir lebt und herrscht in alle Ewigkeit. Amen. (vgl. Laudes vom Gedenktag der Heiligen Schutzengel)

3. Oktober

Wort Gottes: Apg 12,5-13

"Petrus wurde im Gefängnis bewacht. Die Gemeinde aber betete inständig für ihn zu Gott. In der Nacht, ehe Herodes ihn vorführen lassen wollte, schlief Petrus, mit zwei Ketten gefesselt, zwischen zwei Soldaten; vor der Tür aber bewachten Posten den Kerker. PLÖTZLICH TRAT EIN ENGEL DES HERRN EIN, UND EIN HELLES LICHT STRAHLTE IN DEN RAUM. Er stieß Petrus in die Seite, weckte ihn und sagte: Schnell, steh auf! - Da fielen die Ketten von seinen Händen. Der Engel aber sagte zu ihm: Gürte dich, und zieh deine Sandalen an! - Er tat es. Und der Engel sagte zu ihm: Wirf deinen Mantel um und folge mir! - Dann ging er hinaus, und Petrus folgte ihm, ohne zu wissen, daß es Wirklichkeit war, was durch den Engel geschah; es kam ihm vor, als habe er eine Vision. Sie gingen an der ersten und an der zweiten Wache vorbei und kamen an das eiserne Tor, das in die Stadt führt; es öffnete sich ihnen von selbst. Sie traten hinaus und gingen eine Gasse weit; und auf einmal verließ ihn der Engel. - Da kam Petrus zu sich und sagte: Nun weiß ich wahrhaftig, daß der Herr seinen Engel gesandt und mich der Hand des Herodes entrissen hat und all dem, was das Volk der Juden erhofft hat. Als er sich darüber klar geworden war, ging er zum Haus der Maria, der Mutter des Johannes mit dem Beinamen Markus, wo nicht wenige versammelt waren und beteten."

V: Wort des lebendigen Gottes! - A: Dank sei Gott, dem Herrn!

Betrachtungshilfe:

Aus diesem Wort Gottes erfahren wir nicht, ob Petrus durch seinen Schutzengel, oder durch einen anderen, von Gott dazu eigens beauftragten Engel, befreit wurde. - Zuerst dachte Petrus, daß er träume, aber schon bald konnte er feststellen, daß seine Befreiung kein Traum, sondern Wirklichkeit war. - Die weiteren Zeilen der Apostelgeschichte berichten uns, daß die Magd des Hauses, die das Klopfen und die Stimme des Petrus gehört hatte, vor lauter Freude vergaß, das Tor zu öffnen. Stattdessen lief sie zu den Betenden und berichtete: "Petrus steht vor dem Tor! - Da sagten sie zu ihr: Du bist nicht bei Sinnen. Doch sie bestand darauf, es sei so. Da sagten sie: **Es ist sein Engel.** Petrus aber klopfte noch immer. Als sie öffneten und ihn sahen, staunten sie" (Apg 12,14b-16). - Zu dieser wunderbaren Befreiung paßt sehr schön, was wir im Alten Testament, im Psalm 34, Vers 8, nachlesen können: **"Der Engel des Herrn umschirmt alle, die ihn fürchten und ehren, und er befreit sie."**

So will auch das heutige Wort Gottes unseren Glauben an die Wirklichkeit und das Wirken der Engel unter uns erneuern und stärken und den Glauben bei denen wecken, die ihn noch nicht gefunden haben.

Die Schutzengel wie auch die anderen Engel des Himmels wirken im Namen Gottes auch heute unter uns, obwohl ihr Wirken heute nicht mehr so deutlich wird wie damals, in der Zeit vor Christus, oder am Anfang der Christenheit, als die Menschen diese sichtbaren Zeichen noch dringender zur Stärkung ihres Glaubens brauchten. - Aber auch in unserer Zeit erscheinen die Engel, wie z.B. 1917 in Fatima. Schade, daß viele Menschen nicht mehr daran glauben wollen und dadurch leider auch sehr viel verlieren.

Weiter ist bemerkenswert, was in der Heiligen Schrift nicht nur einmal erwähnt wird: Die Engel erscheinen und wirken gerne dort, wo die Menschen g e m e i n s a m beten. - Deshalb ist das **tägliche, gemeinsame Gebet mit der Betrachtung des Wortes Gottes so wichtig,** denn so ziehen die Heiligen Engel in unsere Mitte ein, um zusammen mit uns Gott zu lieben, zu dienen und IHM Lob, Preis und Dank zu singen.

- Glaube ich wirklich fest und ohne Zweifel daran, daß die Heiligen Engel existieren und auch heute unter uns wirken?
- Welchen Vorsatz fasse ich im Licht des heutigen Wortes Gottes?

Tagesgebet: *siehe entsprechender Tag Seite 457*

4. Oktober

Wort Gottes: Apg 12,21-23

"Am festgesetzten Tag nahm Herodes im Königsgewand auf der Tribüne Platz und hielt vor ihnen (Bewohner von Tyrus und Sidon) eine feierliche Ansprache. Das Volk aber schrie: Die Stimme eines Gottes, nicht eines Menschen! - Im selben Augenblick schlug ihn ein ENGEL DES HERRN, weil er nicht Gott die Ehre gegeben hatte. Und von Würmern zerfressen, starb er."

V: Wort des lebendigen Gottes! - A: Dank sei Gott, dem Herrn!

Betrachtungshilfe:

Dieses Wort Gottes liefert uns einen klaren Beweis dafür, daß die ENGEL in manchen Fällen, wie z.B. bei einer großen Gotteslästerung, die Menschen im Namen und Auftrag Gottes schwer bestrafen können.

Im oben beschriebenen Fall hatte zunächst das Volk gesündigt, weshalb man die Frage stellen könnte: Warum wurde Herodes und nicht das Volk bestraft? - Dazu ist zu sagen: Nicht das Volk, sondern Herodes wurde bestraft, weil das Volk zu diesem Irrglauben von seinen Führern, d.h. von Herodes und seinen Vorgängern verführt und bewußt in dieser falschen Haltung bestärkt worden war. - Herodes hätte diese Huldigung einfach ablehnen sollen und sagen: 'Ich bin kein Gott und diese Ehre, die ihr mir gebt, gebührt allein Gott und nicht mir. Diese Ehre sollen wir gemeinsam dem wahren Gott geben.' - Weil er dies nicht getan und die Gott gebührende Ehre für sich selbst beansprucht hat, wurde er vom Engel mit einer schweren, schmerzhaften Krankheit geschlagen, die schließlich zu seinem Tod führte. Das heißt aber n i c h t, daß die Engel dabei eigenmächtig entschieden haben! - Sie sind nur ausführende Kraft der Gesetze Gottes und vollstrecken das, was in der Natur konsequent, logisch geschehen muß, dort, wo die Menschen sich den Naturgesetzen widersetzen und sündigen.

Diese strafende Wirkung der Heiligen Engel könnte man auch als eine "schwarze Gnade" Gottes bezeichnen, weil sie nicht die ewige Bestrafung nach sich zieht, sondern eine sofortige, heilsame Strafe, die den Menschen zur Besinnung und Umkehr bringen soll.

• Sind nicht vielleicht auch viele, bisher unbekannte und plötzlich entstandene Krankheiten und Seuchen, wie z.B. "Aids", eine Strafe der Engel, die die verdrehten Verhältnisse unter den Menschen nicht mehr ertragen können? - (denn die Menschen sündigen nicht mehr nur aus menschlicher Schwäche, sondern widersetzen sich heute oft total der Ordnung Gottes)

• Welchen Vorsatz fasse ich im Licht des heutigen Wortes Gottes?

Tagesgebet: *siehe entsprechender Tag Seite 457*

5. Oktober

Wort Gottes: Apg 23,6-11

"Da Paulus wußte, daß der eine Teil zu den Sadduzäern, der andere zu den Pharisäern gehörte, rief er vor dem Hohen Rat aus: Brüder, ich bin Pharisäer und ein Sohn von Pharisäern; wegen der Hoffnung und wegen der Auferstehung der Toten stehe ich vor Gericht. Als Paulus das sagte, brach ein Streit zwischen den Pharisäern und den Sadduzäern aus, und die Versammlung spaltete sich. DIE SADDUZÄER BEHAUPTEN NÄMLICH, ES GEBE WEDER EINE AUFERSTEHUNG NOCH ENGEL, NOCH GEISTER, die Pharisäer dagegen bekennen sich zu all dem. Es erhob sich ein lautes Geschrei, und einige Schriftgelehrte aus dem Kreis der Pharisäer standen auf und verfochten ihre Ansicht. Sie sagten: Wir finden nichts Schlimmes an diesem Menschen. Vielleicht hat doch ein Geist oder ein Engel zu ihm gesprochen. Als der Streit heftiger wurde, befürchtete der Oberst, sie könnten Paulus zerreißen. Daher ließ er die Wachtruppe herabkommen, ihn mit Gewalt aus ihrer Mitte herausholen und in die Kaserne bringen. - In der folgenden Nacht aber trat der Herr zu Paulus und sagte: Hab Mut! - Denn so wie du in Jerusalem meine Sache bezeugt hast, sollst du auch in Rom Zeugnis ablegen."

V: Wort des lebendigen Gottes! - A: Dank sei Gott, dem Herrn!

Betrachtungshilfe:

Dieses Wort Gottes zeigt uns, daß der Unglaube und die Leugnung der Existenz der ENGEL wie auch der Auferstehung bei den einen so alt ist wie bei den anderen der Glaube daran. - Weiter erfahren wir, welch heftige Kämpfe zwischen Gläubigen und Ungläubigen entstehen können, wenn sie die Kontrolle über ihre Gefühle verlieren. Der Glaube ist eine Gnade, die jeder Mensch persönlich von Gott empfängt. Wer diese Gnade hat, sollte Gott dafür dankbar sein!, - und aus dieser Dankbarkeit heraus um die Gnade des Glaubens für die anderen beten, die diese Gnade noch nicht bekommen haben. - **Wir sollten aber wegen des Glaubens nie miteinander streiten!** - Jeder Streit, wenn auch in bester Absicht, zerstört schließlich nur den Frieden und die Liebe unter den Menschen. Wir sollten aber stets mutig vor allen Menschen Zeugnis für den wahren Glauben ablegen!

- Habe ich genug Mut, mich vor den Menschen zu meinem Glauben an die Existenz und Wirkung des Schutzengels und anderer himmlischer Geister zu bekennen? - Vermeide ich bewußt und entschieden jeden Streit über Glaubenswahrheiten? - Bete ich um die Gnade eines lebendigen und demütigen Glaubens für diese, die ihn noch nicht gefunden haben?
- Welchen Vorsatz fasse ich zum heutigen Wort Gottes?

Tagesgebet: *siehe entsprechender Tag Seite 457*

6. Oktober

Wort Gottes: Apg 27,21-26

"Da trat Paulus in ihre Mitte und sagte: Männer, man hätte auf mich hören und von Kreta nicht abfahren sollen, dann wäre uns dieses Unglück und der Schaden erspart geblieben. Doch jetzt ermahne ich euch: Verliert nicht den Mut! - Niemand von euch wird sein Leben verlieren, nur das Schiff wird untergehen. Denn IN DIESER NACHT IST EIN ENGEL DES GOTTES, DEM ICH GEHÖRE UND DEM ICH DIENE, ZU MIR GEKOMMEN UND HAT GESAGT: FÜRCHTE DICH NICHT, PAULUS! - Du mußt vor den Kaiser treten. Und Gott hat dir alle geschenkt, die mit dir fahren. Habt also Mut, Männer! - Denn ich vertraue auf Gott, daß es so kommen wird, wie mir gesagt worden ist. Wir müssen allerdings an einer Insel stranden."

V: Wort des lebendigen Gottes! - A: Dank sei Gott, dem Herrn!

Betrachtungshilfe:

Dieses Wort Gottes zeigt uns, mit welcher Sicherheit der heilige Paulus sprechen konnte, nachdem ein ENGEL gekommen war und ihm gesagt hatte, was weiter geschehen wird. - Der weitere Verlauf der Geschehnisse (vgl. Apg 27,27-44) bestätigt uns, daß tatsächlich alles so geschah, wie es der heilige Paulus den Männern auf dem Schiff vorhergesagt hatte. Dies beweist zugleich, daß der Engel des Herrn wirklich bei Paulus war und mit ihm gesprochen hatte. - Wie schön paßt dazu der folgende Psalm aus dem Alten Testament: **"Der Herr ist deine Zuflucht, du hast dir den**

Höchsten als Schutz erwählt. Dir begegnet kein Unheil, kein Unglück naht deinem Zelt. Denn er befiehlt seinen Engeln, dich zu behüten auf all deinen Wegen" (Ps 91,9-11).

Unser Leben würde oft ganz anders verlaufen, wenn wir mit den Engeln, vor allem aber mit unserem eigenen Schutzengel, einen lebendigen, liebevollen und demütigen Kontakt halten würden. - Wenn also jemand nicht an die Existenz der Engel glaubt, schadet er sich selbst. - **Der Unglaube schadet schließlich weder Gott noch dem Himmel, sondern vor allem dem, der nicht g l a u b t !**

- Bin ich mir dessen bewußt, wieviel Gutes der Mensch durch seinen **Glauben** beiträgt zur Heiligung seiner Umgebung und Gesellschaft, in der er lebt; - und wie viele Nachteile der **Unglaube** dem einzelnen Menschen und der ganzen Gesellschaft bringt?

- Welchen Vorsatz fasse ich im Licht des heutigen Wortes Gottes?

Tagesgebet: *siehe entsprechender Tag Seite 457*

7. Oktober

Wort Gottes: 1 Kor 13,1-8a

"WENN ICH IN DEN SPRACHEN DER MENSCHEN UND ENGEL REDETE, HÄTTE ABER DIE LIEBE NICHT, WÄRE ICH DRÖHNENDES ERZ ODER EINE LÄRMENDE PAUKE. Und wenn ich prophetisch reden könnte und alle Geheimnisse wüßte und alle Erkenntnis hätte; wenn ich alle Glaubenskraft besäße und Berge damit versetzen könnte, hätte aber die Liebe nicht, wäre ich nichts. Und wenn ich meine ganze Habe verschenkte, und wenn ich meinen Leib dem Feuer übergäbe, hätte aber die Liebe nicht, nützte es mir nichts. Die Liebe ist langmütig, die Liebe ist gütig. Sie ereifert sich nicht, sie prahlt nicht, sie bläht sich nicht auf. Sie handelt nicht ungehörig, sucht nicht ihren Vorteil, läßt sich nicht zum Zorn reizen, trägt das Böse nicht nach. Sie freut sich nicht über das Unrecht, sondern freut sich an der Wahrheit. Sie erträgt alles, glaubt alles, hofft alles, hält allem stand. Die Liebe hört niemals auf."

V: Wort des lebendigen Gottes! - A: Dank sei Gott, dem Herrn!

Betrachtungshilfe:

In diesem Wort Gottes erinnert uns der heilige Paulus daran, daß die Liebe das Wichtigste im Leben des Menschen ist und mehr bedeutet als alles irdische und auch geistige Hab und Gut. Die Liebe bedeutet für die Menschen sogar mehr als die Kenntnis der Sprache der Engel. - **Die Liebe hört niemals auf, weil Gott die Liebe ist.** Die Liebe im Herzen des Menschen bedeutet also das Leben Gottes im Menschen. - Weil Gott ewig ist, deswegen ist auch die Liebe, die von Gott stammt, unzerstörbar und hört niemals auf. - Deshalb konnte der heilige Paulus, in dem diese Liebe lebte, sagen: "**Was kann uns scheiden von der Liebe Christi? Bedrängnis oder Not oder Verfolgung, Hunger oder Kälte, Gefahr oder Schwert?** In der

331

Schrift steht: Um deinetwillen sind wir den ganzen Tag dem Tod ausgesetzt; wir werden behandelt wie Schafe, die man zum Schlachten bestimmt hat. Doch all das überwinden wir durch DEN, der uns geliebt hat. Denn ich bin gewiß: Weder Tod noch Leben, weder Engel noch Mächte, weder Gegenwärtiges noch Zukünftiges, weder Gewalten der Höhe oder Tiefe noch irgendeine andere Kreatur können uns scheiden von der Liebe Gottes, die in Christus Jesus ist, unserem Herrn" (Röm 8,35-39).

- Strebe ich danach, daß diese Liebe, die größer als die Engel ist, weil sie göttliches Leben in mir bewirkt, in mir wohnt und durch mich wirkt? - Kann ich schon mit dem heilige Paulus wiederholen: **"Ich bin mit Christus gekreuzigt worden; nicht mehr ich lebe, sondern Christus** (die menschgewordene Liebe Gottes) **lebt in mir"** (Gal 2,19b-20a) - ?
- Welchen Vorsatz fasse ich im Licht des heutigen Wortes Gottes?

Tagesgebet:

Lasset uns beten: Allmächtiger Gott und Vater, gieße Deine Gnade in unsere Herzen ein. Durch die Botschaft des Engels haben wir die Menschwerdung Christi, Deines Sohnes, erkannt. Höre auf die Fürsprache der Allerseligsten Jungfrau Maria und führe uns durch Sein Leiden und Kreuz zur Herrlichkeit der Auferstehung. Darum bitten wir Dich, durch unseren Herrn Jesus Christus, der in der Einheit des Heiligen Geistes mit Dir lebt und herrscht in alle Ewigkeit. Amen. (vgl. Laudes vom Gedenktag Unserer Lieben Frau vom Rosenkranz)

8. Oktober

Wort Gottes: 2 Kor 11,7-15

"Habe ich einen Fehler gemacht, als ich, um euch zu erhöhen, mich selbst erniedrigte und euch das Evangelium Gottes verkündete, ohne etwas dafür zu nehmen? Andere Gemeinden habe ich ausgeplündert und Geld von ihnen genommen, um euch dienen zu können. Aber als ich zu euch kam und in Schwierigkeiten geriet, bin ich niemand zur Last gefallen; was ich zu wenig hatte, ergänzten die Brüder, die aus Mazedonien kamen. Ich habe also darauf Wert gelegt, euch in keiner Weise zur Last zu fallen, und werde auch weiterhin darauf Wert legen. So gewiß die Wahrheit Christi in mir ist: Liebe ich euch etwa nicht? Gott weiß es. Was ich aber tue, werde ich auch in Zukunft tun: Ich werde denen die Gelegenheit nehmen, die nur die Gelegenheit suchen, sich Achtung zu verschaffen, um so dazustehen wie wir. Denn diese Leute sind Lügenapostel, unehrliche Arbeiter, sie tarnen sich freilich als Apostel Christi. Kein Wunder, denn AUCH DER SATAN TARNT SICH ALS ENGEL DES LICHTS. Es ist also nicht erstaunlich, wenn sich auch seine Handlanger als Diener der Gerechtigkeit tarnen. Ihr Ende wird ihren Taten entsprechen."

V: Wort des lebendigen Gottes! - A: Dank sei Gott, dem Herrn!

Dieses Wort Gottes weist hin auf die selbstlose Liebe des heiligen Apostels Paulus, aber auch darauf, daß es unter denen, die im Namen Gottes arbeiten, auch Lügner und unehrliche Arbeiter gibt, denen es nur um die eigene Ehre, um irdische Vorteile und Interessen geht. Am Ende dieses Wortes Gottes belehrt uns der heilige Paulus:

– daß die Engel Gottes Lichtwesen sind, weil sie Abglanz des Lichtes Gottes sind, des Lichtes der Wahrheit und Gerechtigkeit Gottes, des Lichtes der Güte, Barmherzigkeit und Liebe Gottes;

– daß der Satan, um die Menschen zu verwirren, zu täuschen und zu verführen, sich sogar im Licht eines Engels kleiden kann. - Und wer sich als Diener der Gerechtigkeit tarnt, wird zum Lügner und Betrüger und damit zum Diener Satans.

• Trage ich in mir das wahre Licht Gottes, wie die Engel vom Himmel, d.h. die Wahrheit, Gerechtigkeit, Güte, Barmherzigkeit und Liebe Gottes?

• Welchen Vorsatz fasse ich im Licht des heutigen Wortes Gottes?

Tagesgebet: *siehe entsprechender Tag Seite 458*

9. Oktober

Wort Gottes: 2 Kor 12,7-10

"Damit ich mich wegen der einzigartigen Offenbarungen nicht überhebe, wurde mir ein Stachel ins Fleisch gestoßen: EIN ENGEL DES SATANS, DER MICH MIT FÄUSTEN SCHLAGEN SOLL, DAMIT ICH MICH NICHT ÜBERHEBE. Dreimal habe ich den Herrn angefleht, daß dieser Bote Satans von mir ablasse. Er aber antwortete mir: MEINE GNADE GENÜGT DIR; DENN SIE ERWEIST IHRE KRAFT IN DER SCHWACHHEIT. Viel lieber also will ich mich meiner Schwachheit rühmen, damit die Kraft Christi auf mich herabkommt. Deswegen bejahe ich meine Ohnmacht, alle Mißhandlungen und Nöte, Verfolgungen und Ängste, die ich für Christus ertrage; denn wenn ich schwach bin, dann bin ich stark."

V: Wort des lebendigen Gottes! - A: Dank sei Gott, dem Herrn!

Betrachtungshilfe:

In diesem Wort Gottes beschreibt uns der heilige Paulus den eigentlichen Grund seines mystischen Lebens, das ihn dazu berechtigte, zu sagen: **"Ich bin mit Christus gekreuzigt worden; nicht mehr ich lebe, sondern Christus lebt in mir"** (Gal 2,19b-20a). - So zeigt uns das ganze Leben des heilige Paulus, daß nicht er wirkte, sondern Christus durch ihn und deswegen erwies sich sein Wirken unter den Völkern und Heiden als so fruchtbar.

Weiter berichtet uns dieses Wort Gottes über einen "Engel des Satans", der dem heiligen Paulus große Leiden zufügte. Dreimal flehte Paulus zum Herrn um Befreiung und bekam darauf zur Antwort, daß ihm die Gnade Gottes, die ihre Kraft in der Schwachheit erweist, genügen müsse. - Wir wissen nicht genau, was der heilige Paulus mit diesem Stachel im Fleisch meinte. Die meisten Auslegungen vermuten jedoch, daß es sich entweder um eine schwere Krankheit handeln mußte oder um innere Stigmen (Wundmale Christi), die für die Augen der Menschen nicht sichtbar waren. - Die Stigmen können als Boten Satans bezeichnet werden, weil Jesus die Wundmale in Wirklichkeit vom Satan bekam, durch Menschen, die ihm in ihrer Blindheit dienten. - Auch alle Krankheiten können wir als Engel oder Boten Satans bezeichnen, weil jede Krankheit ihren Ursprung in der Erbsünde hat, die der Satan verursacht hat.

Dabei begegnen wir erneut dem großen Geheimnis des Kreuzes und der Leiden, durch das Jesus den Satan besiegte, indem ER alles geduldig und in Liebe bis zum Tod am Kreuz ertrug. - Jesus ließ sich nicht vom teuflischen Haß gegen Seine Verfolger besiegen, sondern besiegte den Haß mit Seiner göttlichen Liebe, als ER Seinen Peinigern alles vergab und den Himmlischen Vater um Vergebung ihrer Sünden bat.

• Wie verhalte ich mich, wenn ich von einer Krankheit gequält werde oder von jemandem eine Ungerechtigkeit hinnehmen muß, d.h. wenn der Engel des Satans mich mit seinen Fäusten schlägt? - Siegt dann auch bei mir - so wie beim heiligen Paulus - die Liebe zu Christus?

• Welchen Vorsatz fasse ich im Licht des heutigen Wortes Gottes?

Tagesgebet: *siehe entsprechender Tag Seite 458*

10. Oktober

Wort Gottes: Gal 1,6-9

"Ich bin erstaunt, daß ihr euch so schnell von dem abwendet, der euch durch die Gnade Christi berufen hat, und daß ihr euch einem anderen Evangelium zuwendet. Doch es gibt kein anderes Evangelium, es gibt nur einige Leute, die euch verwirren und die das Evangelium Christi verfälschen wollen. WER EUCH ABER EIN ANDERES EVANGELIUM VERKÜNDIGT, ALS WIR EUCH VERKÜNDIGT HABEN, DER SEI VERFLUCHT, AUCH WENN WIR SELBST ES WÄREN ODER EIN ENGEL VOM HIMMEL. Was ich gesagt habe, das sage ich noch einmal: Wer euch ein anderes Evangelium verkündigt, als ihr angenommen habt, der sei verflucht."

V: Wort des lebendigen Gottes! - A: Dank sei Gott, dem Herrn!

Betrachtungshilfe:

Welch große Kraft der Wahrheit Gottes strahlt aus diesem Wort Gottes! - Der heilige Paulus fürchtete sich nicht, sogar den Engeln vom Himmel zu drohen, wenn sie es wagen würden, ein anderes Evangelium den Menschen zu verkünden als dieses, das er von Christus durch Offenbarungen empfangen hatte!

In welch großer Gefahr leben also heute diese Menschen, die es wagen, an diesem Evangelium etwas zu ändern, und die dadurch die anderen verwirren und in die Irre führen!

Weiter schreibt der heilige Paulus: "Geht es mir denn um die Zustimmung der Menschen, oder geht es mir um Gott? Suche ich etwa Menschen zu gefallen? Wollte ich noch den Menschen gefallen, dann wäre ich kein Knecht Christi. Ich erkläre euch, Brüder: **Das Evangelium, das ich verkündigt habe, stammt nicht von Menschen; ich habe es ja nicht von einem Menschen übernommen oder gelernt, sondern durch die Offenbarung Jesu Christi empfangen"** (Gal 1,10-12). - Schließlich gründet die feste und unerschütterliche Glaubensüberzeugung des heiligen Paulus darauf, daß **"Jesus Christus derselbe ist, gestern, heute und in Ewigkeit."** - Deswegen konnte er auch voll Überzeugung sagen: **"Laßt euch nicht durch mancherlei fremde Lehren irreführen"** (Hebr 13,8-9).

- Brauchten denn die Menschen damals, als Jesus zu ihnen sprach und ihnen den Willen Gottes darlegte und erklärte, Übersetzer und Deuter, um Seine Worte zu verstehen? - Kann jemand heute die Worte Jesu anders auslegen, als sie in der fast zweitausendjährigen Geschichte von so vielen Heiligen verstanden wurden, so wie sie auch Seine damaligen Zuhörer verstanden haben? - Ist es nicht besser, demütig um das Licht des Heiligen Geistes zu beten, um die Worte Gottes richtig zu verstehen und dabei der unfehlbaren Glaubens- und Sittenlehre der Kirche treu zu folgen, wie es bisher unzählige Gläubige getan haben, anstatt bei verwirrten, ehrsüchtigen Theologen immer neue Erklärungen und Auslegungen zu suchen, die vor allem den Ohren der Menschen und ihrer gefallenen Natur schmeicheln?
- Welchen Vorsatz fasse ich im Licht des heutigen Wortes Gottes?

Tagesgebet: *siehe entsprechender Tag Seite 458*

11. Oktober

Wort Gottes: 1 Thess 4,13-18

"Brüder, wir wollen euch über die Verstorbenen nicht in Unkenntnis lassen, damit ihr nicht trauert wie die anderen, die keine Hoffnung haben. Wenn Jesus - und das ist unser Glaube - gestorben und auferstanden ist, dann wird Gott durch Jesus auch die Verstorbenen zusammen mit ihm zur Herrlichkeit führen. Denn dies sagen wir euch nach einem Wort des Herrn: Wir, die Lebenden, die noch übrig sind, wenn der Herr kommt, werden den Verstorbenen nichts voraushaben. Denn der Herr selbst wird vom Himmel herabkommen, wenn der Befehl ergeht, DER ERZENGEL RUFT UND DIE POSAUNE GOTTES ERSCHALLT. Zuerst werden die in Christus Verstorbenen auferstehen; dann werden wir, die Lebenden, die noch übrig sind, zugleich mit ihnen auf den Wolken in die Luft entrückt, dem Herrn entgegen. Dann werden wir immer beim Herrn sein. Tröstet also einander mit diesen Worten!"

V: Wort des lebendigen Gottes! - A: Dank sei Gott, dem Herrn!

Betrachtungshilfe:

Dieses Wort Gottes vermittelt uns die dem heiligen Paulus geoffenbarte Wahrheit über die Auferstehung der Verstorbenen. Das Leben des Menschen endet also nicht, wie viele heute glauben, mit dem Sterben; der Tod ist mehr eine Wandlung, der Übergang in eine andere Welt. Infolge der Erbsünde muß die Seele den Leib zwar verlassen, aber ihr Leben hört niemals auf. Weil aber der Leib ohne Seele kein Leben hat, deswegen muß er nach seiner Trennung von der Seele absterben und zerfallen.

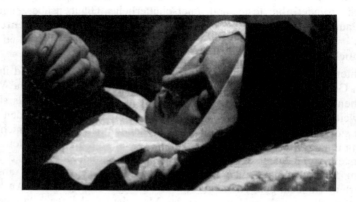

Eine große Ausnahme finden wir z.B. bei der heiligen Bernadette Soubirous aus Lourdes, deren Leichnam Gott vor der Verwesung bewahrt hat. Sie liegt in einem verschlossenen Glassarg in der Klosterkirche ihrer Ordensgemeinschaft in Nevers. Und was erstaunlich ist, sie sieht aus, als ob sie schlafend auf den Tag der Auferstehung warten würde.

Durch dieses Wunder will Gott unseren Glauben an die Auferstehung des menschlichen Leibes stärken. Denn wenn der Mensch nicht für die Auferstehung bestimmt wäre, hätte dieses Wunder wirklich keinen Sinn. Und wenn so etwas geschieht, wofür auch die Wissenschaftler keine Erklärung finden, so muß es einen großen Sinn haben, also schließlich die Stärkung unseres Glaubens an die Wahrheit der Auferstehung der Toten, die zu dieser Zeit in Erfüllung gehen wird, die Gott bestimmt hat und die nur IHM bekannt ist. - Dann wird der dazu eigens beauftragte Engel die Toten zum Leben rufen und die Posaune Gottes erschallen.

Wenn hier von einer Posaune Gottes die Rede ist, die eine solche Kraft hat, daß sie Tote auferwecken kann, dann sollen wir darüber nicht staunen, weil auch der Mensch heute schon über Möglichkeiten und technische Mittel verfügt, von denen er früher keine Ahnung hatte, und über deren Wirkung auch wir heute nur staunen können, wie z.B. über die Wirkung und den Einsatz von Röntgenstrahlen, Laserstrahlen, ultravioletten Strahlen, elektromagnetischen Kräften, Stromkraft usw.

Wenn aber der Mensch schon so mächtig geworden ist, dann KANN GOTT, DER DEN MENSCHEN GESCHAFFEN HAT, SICHER UNENDLICH VIEL MEHR! - Der Mensch hat bis jetzt wahrscheinlich noch kein Viertel von dem e n t d e c k t und erforscht, was Gott als Schöpfer des Alls geschaffen hat. - Dieser allmächtige

Gott hat den Menschen aus Seinem Schatz der Weisheit nur einiges enthüllt. Die Menschen freilich, anstatt Gott dafür zu danken und IHN zu loben, - so wie es gerecht und angemessen wäre - rühmen sich ihrer Entdeckungen und verlangen dafür auch noch für sich Lob und Ehre, die allein Gott gebühren, und verschweigen dabei, daß es doch Gott war, der all diese wunderbaren Dinge geschaffen hat. Dies ist eine große Ungerechtigkeit und Unehrlichkeit des Menschen gegenüber Gott!

Was konkret die Auferstehung der Toten betrifft, so haben die Menschen oft damit Schwierigkeiten. Sie können sich z.B. nicht vorstellen, wie der Körper eines Ertrunkenen am Tag der Auferstehung wiederhergestellt werden kann, wenn Wasser, Pflanzen und Tiere dazu geführt haben, daß nichts mehr vom Körper übriggeblieben ist.

Das folgende Beispiel will uns das Geheimnis der Auferstehung verständlicher machen: Wenn wir z.B. eine Handvoll Eisenstaub auf einer Wiese verstreuen, scheint es uns unmöglich, diese in einem einzigen Augenblick bis zum letzten Eisenstäubchen wieder einzusammeln. Und doch ist dies heute möglich, mit der Kraft eines starken Elektromagneten.

Wenn also der Mensch schon so "mächtig" ist, dann können wir doch annehmen und glauben, daß Gott, der Schöpfer des Menschen und des Weltalls, in Seiner Allmacht unendlich viel mehr vermag.

- Glaube ich fest an die Auferstehung der Toten am Tag des Letzten Gerichts, dessen Zeitpunkt sogar den Engeln im Himmel verborgen ist? - Suche ich die Freundschaft mit den Engeln, die mir auch an diesem Tag noch behilflich sein können?

- Welchen Vorsatz fasse ich im Licht des heutigen Wortes Gottes?

Tagesgebet: *siehe entsprechender Tag Seite 458*

12. Oktober

Wort Gottes: 2 Thess 1,1- 10

"Wir müssen Gott euretwegen immer danken, Brüder, wie es recht ist, denn euer Glaube wächst, und die gegenseitige Liebe nimmt bei euch allen zu. Wir können in den Gemeinden Gottes mit Stolz auf euch hinweisen, weil ihr im Glauben standhaft bleibt bei aller Verfolgung und Bedrängnis, die ihr zu ertragen habt. Dies ist ein Anzeichen des gerechten Gerichtes Gottes; ihr sollt ja des Reiches Gottes teilhaftig werden, für das ihr leidet. Denn es entspricht der Gerechtigkeit Gottes, denen mit Bedrängnis zu vergelten, die euch bedrängen, euch aber, den Bedrängten, zusammen mit uns Ruhe zu schenken, WENN JESUS, DER HERR, SICH VOM HIMMEL HER OFFENBART MIT SEINEN MÄCHTIGEN ENGELN IN LODERNDEM FEUER. Dann übt er Vergeltung an denen, die Gott nicht kennen und dem Evangelium Jesu, unseres Herrn, nicht gehorchen. Fern vom Angesicht des Herrn und von seiner Macht und Herrlichkeit müssen sie sein, mit ewigem Verderben werden sie bestraft, wenn er an jenem Tag kommt, um inmitten seiner Heiligen gefeiert und im

Kreis all derer bewundert zu werden, die den Glauben angenommen haben; auch bei euch hat ja unser Zeugnis Glauben gefunden."

V: Wort des lebendigen Gottes! - A: Dank sei Gott, dem Herrn!

Betrachtungshilfe:

Heute weist uns das Wort Gottes erneut auf den Tag der Ankunft des Herrn hin, an dem auch die Toten auferstehen werden. Dabei werden mächtige Engel des Himmels dem Herrn dienen und seine Befehle erfüllen. - Hier werden die Engel Gottes als "mächtig" bezeichnet und manche von ihnen sind sehr, sogar unaussprechlich mächtig. **Deswegen ist es klug, mit diesen mächtigen Wesen des Himmels engen Kontakt und freundschaftlichen Umgang zu pflegen.**

Der Tag des Endgerichts, der Tag der Auferstehung der Toten und der Tag der Wiederkunft des Herrn - bedeuten schließlich das gleiche, nämlich das Ende dieser verdorbenen Erde und dieser irdischen Zeit, die mit der Erbsünde begonnen hat. Danach wird Gott alles neu schaffen. - **"Dann erwarten wir, seiner** (Gottes) **Verheißung gemäß, einen neuen Himmel und eine neue Erde, in denen die Gerechtigkeit wohnt"** (2 Petr 3,13). - Aber - **"Wie heilig und fromm müßt ihr dann leben, den Tag Gottes erwarten und seine Ankunft beschleunigen!"** (2 Petr 3,11b-12a), so ermahnt uns der heilige Petrus, der erste Papst der einen, einzigen Kirche der ganzen Christenheit. Er fordert uns auf, uns gut auf diese endzeitlichen Ereignisse vorzubereiten. Dies entspricht dem, was der heilige Paulus im heutigen Wort Gottes lobend erwähnt: - Gegenseitige Liebe und Standhaftigkeit im Glauben, trotz aller Verfolgungen und Bedrängnisse.

Aus dem heutigen Wort Gottes erfahren wir auch ganz klar, wie Gott diese bestraft, die IHN nicht kennen wollen und dem Evangelium nicht gehorchen: **"Fern vom Angesicht des Herrn, fern von Seiner Macht und Herrlichkeit, leiden sie in unaussprechlicher Bedrängnis die Qualen ewigen Verderbens."**

Das Problem des ewigen Verderbens, d.h. der Hölle, wo die vom Himmel gestürzten Engel wohnen, bereitet vielen Leuten Schwierigkeiten: - Die Ewigkeit der Höllenqualen **scheint ihnen ein Widerspruch** zur Liebe und Güte Gottes zu sein. Aber wenn es diese Form der ewigen Bestrafung in der Hölle nicht gäbe, dann könnten andere Gott den Vorwurf machen, daß ER nicht gerecht ist und dann hätte auch das Opfer Jesu Christi und alle Opfer, Mühen, Anstrengungen und Leiden der Heiligen und guten Menschen wirklich keinen Sinn, wenn am Ende sowieso alle in den Himmel kämen.

Gott in Seiner Güte und Liebe gibt jedem Sünder die Chance, gerettet zu werden. ER verlangt aber dafür die Abkehr des Menschen von allem Bösen und die Rückkehr zu Seiner Ordnung. - Wer aber dies ablehnt, lehnt das ab, was Gott jedem schenken will. - Niemand kann Gott beschuldigen, daß er unter Dunkelheit, Kälte und Sauerstoffmangel leidet, wenn er sein Haus zuvor so dicht verschlossen hat, daß dort weder frische Luft noch Sonnenlicht eindringen können.

Gott ist die Liebe und unaussprechliche Freude. Die Engel können Gott von Angesicht zu Angesicht schauen, weil sie rein, d.h. frei von jeder Sünde sind und diese Liebe in sich tragen, mit der Gott sie seit ihrer Erschaffung beschenkt hat.

- Sorge ich ernsthaft dafür, vor Gott gerecht zu leben und mich mit Tugenden zu schmücken, damit ich in Seinen Augen Gefallen finde, wenn ER kommt, um alle zu richten? - Pflege ich diesen täglichen, freundschaftlichen Umgang mit meinem Schutzengel, **zumindest zum Beginn des Tages**, vor der Arbeit, vor einer Reise usw., **und dann schließlich am Ende des Tages**? - Überlasse ich mich bereitwillig und gehorsam seiner Führung und spreche ihm täglich meine Dankbarkeit und Liebe aus?
- Welchen Vorsatz fasse ich im Licht des heutigen Wortes Gottes?

Tagesgebet: *siehe entsprechender Tag Seite 458*

13. Oktober

Wort Gottes:
1 Tim 3,14-16

"Ich schreibe dir das alles, obwohl ich hoffe, schon bald zu dir zu kommen. Falls ich aber länger ausbleibe, sollst du wissen, wie man sich im Hauswesen Gottes verhalten muß, das heißt in der Kirche des lebendigen Gottes, die die Säule und das Fundament der Wahrheit ist. Wahrhaftig, das Geheimnis unseres Glaubens ist groß: Er wurde offenbart im Fleisch, gerechtfertigt durch den Geist, GESCHAUT VON DEN ENGELN, verkündet unter den Heiden, geglaubt in der Welt, aufgenommen in die Herrlichkeit."

V: Wort des lebendigen Gottes! - A: Dank sei Gott, dem Herrn!

Betrachtungshilfe:

In diesem Wort Gottes bezeichnet der heilige Paulus die Kirche als Säule und als Fundament der Wahrheit. Man kann aber auch sagen, daß die offenbarte Wahrheit Gottes die Säule und das Fundament der Kirche ist. - Das sind keine Widersprüche, sondern nur verschiedene Ausdrucksformen desselben Wesens Gottes. **Viele heilige Texte weisen uns darauf hin, daß Jesus Christus als der wahre Gott und wahre Mensch die WAHRHEIT und zugleich die KIRCHE ist.**

Jesus selbst sagte ganz klar: **"Ich bin der Weg und die WAHRHEIT und das Leben; niemand kommt zum Vater außer durch mich"** (Joh 14,6). - Der heilige Paulus erklärt uns dazu: **"Er** (Jesus) **ist das Haupt des Leibes, der Leib aber ist die Kirche"** (Kol 1,18a) und **"Jetzt freue ich mich in den Leiden, die ich für euch ertrage. Für den <u>Leib Christi, die Kirche</u>, ergänze ich in meinem irdischen Leben das, was an den Leiden Christi noch fehlt"** (Kol 1,24).

Weiter erklärt uns der heilige Paulus im heutigen Wort Gottes, daß Jesus, der uns in Seiner menschlichen Gestalt geoffenbart wurde, der aber Sohn Gottes von Ewigkeit her war und ist, als solcher nur von den Engeln geschaut werden konnte. Dies zeigt uns die großen Möglichkeiten der Engel Gottes, die alle menschlichen Kenntnisse und Fähigkeiten übersteigen. - Deshalb sollten sich auch die Wissenschaftler, besonders diese, denen es gelungen ist, etwas Bedeutendes aus den unendlichen Schätzen der Weisheit Gottes zu entdecken, nicht nur bei Gott für alle Hilfe bedanken, sondern auch bei den unbekannten Engeln vom Himmel wie auch beim eigenen Schutzengel.

- Bin ich mir dessen bewußt, daß ich mein Leben durch die Übung der Tugenden heiligen muß, um einst wie die Engel im Himmel Gott schauen zu können? - Habe ich jemals tiefer darüber nachgedacht, was uns die Engelserscheinungen von **Fatima** für unsere heutige Zeit sagen wollten?
- Welchen Vorsatz fasse ich im Licht des heutigen Wortes Gottes?

Tagesgebet: *siehe entsprechender Tag Seite 459*

14. Oktober

Wort Gottes: Ri 13,1-3/6a/8-14

"Die Israeliten taten wieder, was dem Herrn mißfiel. Damals gab sie der Herr vierzig Jahre lang in die Gewalt der Philister. Damals lebte in Zora ein Mann namens Manoach, aus der Sippe der Daniter; seine Frau war unfruchtbar und hatte keine Kinder. DER ENGEL DES HERRN ERSCHIEN DER FRAU und sagte zu ihr: Gewiß, du bist unfruchtbar und hast keine Kinder; aber du sollst schwanger werden und einen Sohn gebären. Die Frau ging und sagte zu ihrem Mann: EIN GOTTESMANN IST ZU MIR GEKOMMEN; ER SAH AUS, WIE DER ENGEL GOTTES AUSSIEHT, ÜBERAUS FURCHTERREGEND. Da betete Manoach zum Herrn und sagte: Bitte mein Herr, laß doch den Gottesmann, den du gesandt hast, noch einmal zu uns kommen und uns belehren, was wir mit dem Knaben machen sollen, der geboren werden soll. Und Gott erhörte die Bitte Manoachs. DER ENGEL GOTTES KAM NOCH EINMAL ZU DER FRAU, als sie gerade auf dem Feld war; ihr Mann Manoach war nicht bei ihr. Sie lief schnell zu ihrem Mann, um es ihm mitzuteilen; sie sagte zu ihm: Eben ist der Mann, der damals zu mir gekommen ist, wieder erschienen. Manoach stand auf und folgte seiner Frau. Als er zu dem Mann kam, fragte er ihn: Bist du der Mann, der mit meiner Frau geredet hat? Er antwortete: Ja, ich bin es. Da sagte Manoach, wenn sich nun dein Wort erfüllt, wie sollen wir es mit dem Knaben halten, was sollen wir mit ihm tun? Der Engel des Herrn antwortete Manoach: Die Frau soll sich vor all dem hüten, was ich ihr gesagt habe. Nichts, was vom Weinstock kommt, darf sie genießen; weder Wein noch Bier darf sie trinken und nichts Unreines essen. Alles, was ich ihr befohlen habe, muß sie beachten."

V: Wort des lebendigen Gottes! - A: Dank sei Gott, dem Herrn!

Betrachtungshilfe:

Dieses Wort Gottes weist uns hin auf die große Liebe des Herrn zu Seinem auserwählten Volk, die sich in Seiner Barmherzigkeit, Vergebung und Hilfe zeigte. Wir sehen, wie dabei die Heiligen ENGEL mitwirken, die Gott ständig im demütigen Dienst zur Verfügung stehen und so zur Erfüllung Seines heiligsten Willens und Seiner Pläne beitragen.

Weiter erfahren wir, daß die Heiligen Engel unter den Menschen meistens auf ungewöhnliche Weise wirken, - und daß Gott von Seinen Auserwählten, wenn ER sie auf eine besondere Mission vorbereitet, auch Ungewöhnliches verlangt. Wenn diese

Menschen dann gegenüber dem Willen Gottes treu und gehorsam sind, - auch wenn sie dabei vieles nicht verstehen können -, entstehen oft wirklich erstaunliche Werke. Dies zeigt uns z.B. das spätere Leben Simsons, den der Engel im Namen Gottes dem Manoach und seiner Frau vorhergesagt hatte.

• Kenne ich konkrete Fälle, wo auch in der heutigen Zeit die Heiligen Engel erscheinen, um die Menschen zu belehren und ihnen bei der Erfüllung des Willens Gottes zu helfen?

• Welchen Vorsatz fasse ich im Licht des heutigen Wortes Gottes?

Tagesgebet: *siehe entsprechender Tag Seite 459*

15. Oktober

Wort Gottes: Ri 13, 15-21/24

"Manoach sagte zum Engel des Herrn: Wir möchten dich gern einladen und dir ein Ziegenböckchen zubereiten. Aber der Engel des Herrn sagte zu Manoach: Auch wenn du mich einlädst, werde ich von deinem Mahl nichts essen. Wenn du aber ein Brandopfer herrichten willst, bring es dem Herrn dar! - Manoach wußte nämlich nicht, daß es der Engel des Herrn war. Deshalb fragte Manoach den Engel des Herrn: Wie ist dein Name? Wenn eintrifft, was du gesagt hast, möchten wir dir gern Ehre erweisen. DER ENGEL DES HERRN ERWIDERTE: WARUM FRAGST DU MICH NACH MEINEM NAMEN? ER IST WUNDERBAR! - Da nahm Manoach das Ziegenböckchen und brachte es zusammen mit einem Speiseopfer auf einem Felsblock dem Herrn dar, der Wunder tut. - Als die Flamme vom Altar zum Himmel aufstieg, stieg der Engel des Herrn in der Flamme des Altars mit empor. Als Manoach und seine Frau das sahen, warfen sie sich zu Boden auf ihr Gesicht. Von da an aber erschien der Engel des Herrn dem Manoach und seiner Frau nicht mehr. Da erkannte Manoach, daß es der Engel des Herrn gewesen war. Die Frau gebar einen Sohn und nannte ihn Simson; der Knabe wuchs heran, und der Herr segnete ihn."

V: Wort des lebendigen Gottes! - A: Dank sei Gott, dem Herrn!

Betrachtungshilfe:

Dieses Wort Gottes zeigt uns, daß die Engel nicht immer ihren Namen nennen wollen, der ihre Aufgabe bei der Erfüllung des Willens Gottes bezeichnet. (s. dazu die Erklärung des heiligen Papstes Gregor des Großen im Vorwort vom September). - Die Engel haben nur **selten** ihre Aufgabe in einer solchen Form beschrieben, daß dies einer Offenbarung ihres Namens gleichkam. So offenbart der Engel auch hier seinen Namen nur so weit, daß er ihn als "wunderbar" bezeichnet.

Dieses Wort Gottes zeigt uns auch,

– wie großartig Gott sich von Anfang an um die Menschen sorgte und welch außerordentliche Hilfe ER ihnen zuteil werden ließ, damit sie Seinen Willen unfehlbar erkennen und erfüllen können;

– daß Gott am Anfang den Menschen viel mehr als heute auf diese außergewöhnliche Weise entgegenkam, weil damals die Menschen viel mehr Hilfe brauchten. Heute stehen den Menschen viele **Entdeckungen** zur Verfügung in allen möglichen Bereichen der Wissenschaft, wie z.B. in der Medizin, Technik usw. - Dazu ist zu bemerken, daß es zwischen Wissenschaft und Glaube keinen Widerspruch gibt, wenn beide innerhalb der Gesetze der gesunden menschlichen Logik bleiben und, die Allmacht und Allwissenheit Gottes voraussetzen und respektieren.

Daß heute das Wirken der Heiligen Engel nicht mehr so sichtbar ist wie damals, soll uns aber nicht täuschen und unseren Glauben nicht beeinträchtigen! - **Die Heiligen Engel begleiten uns auch heute mit ihrer Hilfe, und wir sollen ihnen dafür stets dankbar sein.**

• Versuche ich im Alltag mein Wissen in Einklang mit dem Glauben zu bringen? - Bete ich für diese Menschen, die es umgekehrt machen und deshalb so oft irren?

• Welchen Vorsatz fasse ich im Licht des heutigen Wortes Gottes?

Tagesgebet: *siehe entsprechender Tag Seite 459*

16. Oktober

Wort Gottes: Gen 19,1-3

"DIE BEIDEN ENGEL KAMEN AM ABEND NACH SODOM. Lot saß im Stadttor von Sodom. Als er sie sah, erhob er sich, trat auf sie zu, warf sich mit dem Gesicht zur Erde nieder und sagte: Meine Herren, kehrt doch im Haus eures Knechtes ein, bleibt über Nacht und wascht euch die Füße! - Am Morgen könnt ihr euren Weg fortsetzen. Nein, sagten sie, wir wollen im Freien übernachten. Er redete ihnen aber so lange zu, bis sie mitgingen und bei ihm einkehrten. Er bereitete ihnen ein Mahl, ließ ungesäuerte Brote backen, und sie aßen."

V: Wort des lebendigen Gottes! - A: Dank sei Gott, dem Herrn!

Betrachtungshilfe:

Dieses Wort Gottes berichtet uns, daß diese himmlischen Boten des Herrn, die auf die Erde kamen, um den Willen Gottes zu vollziehen, sich ganz normal wie andere Menschen verhielten. - Bei Manoach wollten sie keine menschliche Speise annehmen, hier dagegen essen sie mit Lot und gehen schlafen wie alle anderen Menschen.

Wenn man all diese Dinge mit dem sogenannten gesunden Menschenverstand verstehen will, wird man eher verrückt werden als dies begreifen. Vergessen wir aber dabei nicht, daß die Dimensionen und Bedingungen des Lebens der Gäste vom Jenseits anders sind als diese auf der Erde und daß den Engeln viel mehr Möglichkeiten zur Verfügung stehen als uns Menschen, die wir nach dem Erbsündefall die Konsequenzen der Verderbung unserer menschlichen Natur tragen müssen.

Wir können z.B. die Wellen der Bilder und Töne, die uns umgeben, nicht mit unseren Sinnen wahrnehmen. Erst durch Fernsehen und Radio werden sie uns zugänglich und verständlich. - Die Engel dagegen brauchen keine technischen Geräte, um diese Wellen in Bilder und Töne umzusetzen, weil bei ihnen die Sinne von der Erbsünde unberührt blieben und daher auch nicht verdorben sind.

Weiter zeigt uns dieses Wort Gottes, mit welch großer Ehrfurcht Lot den Engeln des Herrn begegnete. - Weil Lot und seine Familie diese tiefe Ehrfurcht vor Gott und Seinen Engeln hatten, wurden sie aus der bevorstehenden Gefahr gerettet.

- Welche Ehrfurcht habe ich vor Gott und Seinen Engeln? - Bin ich bereit meine Knie vor Gott zu beugen: beim privaten Gebet oder in der Kirche, z.B. während der Heiligen Eucharistiefeier, besonders bei der Heiligen Wandlung, wenn der Herr vom Himmel herabsteigt, um Brot und Wein in Seinen Leib und in Sein Blut zu verwandeln?

- Welchen Vorsatz fasse ich im Licht des heutigen Wortes Gottes?

Tagesgebet: *siehe entsprechender Tag Seite 459*

17. Oktober

Wort Gottes: Gen 19,4-11

"Sie (die Engel mit Lot und seiner Familie) **waren noch nicht schlafen gegangen, da umstellten die Einwohner der Stadt das Haus, die Männer von Sodom, jung und alt, alles Volk von weit und breit. Sie riefen nach Lot und fragen ihn: Wo sind die Männer, die heute abend zu dir gekommen sind? Heraus mit ihnen, wir wollen mit ihnen verkehren. Da ging Lot zu ihnen hinaus vor die Tür, schloß sie hinter sich zu und sagte: Aber meine Brüder, begeht doch nicht ein solches Verbrechen! - Seht, ich habe zwei Töchter, die noch keinen Mann erkannt haben. Ich will sie euch herausbringen. Dann tut mit ihnen, was euch gefällt. Nur jenen Männern tut nichts an; denn deshalb sind sie ja unter den Schutz meines Daches getreten. Sie aber schrien! - Mach dich fort!, und sagten: Kommt da so ein einzelner Fremder daher und will sich als Richter aufspielen! - Nun wollen wir es mit dir noch schlimmer treiben als mit ihnen. Sie setzten dem Mann, nämlich Lot arg zu und waren schon dabei, die Türe aufzubrechen. Da streckten jene Männer (die Engel) die Hand aus, zogen Lot zu sich ins Haus und sperrten die Tür zu. Dann schlugen sie die Leute draußen vor dem Haus, groß und klein, mit Blindheit, so daß sie sich vergebens bemühten, den Eingang zu finden."**

V: Wort des lebendigen Gottes! - A: Dank sei Gott, dem Herrn!

Betrachtungshilfe:

Dieses Wort Gottes berichtet uns über die schlimme Situation in Sodom, die durch die Sünde der Homosexualität entstanden war. - Als Lot versuchte, die Männer von Sodom von ihrem Verbrechen abzuhalten, brachten sie ihn in solche Bedrängnis, daß die heiligen ENGEL eingreifen mußten und seine Bedränger mit Blindheit schlugen.

Es ist zu staunen, daß die Homosexuellen auch heute, wie damals in Sodom, mit Blindheit geschlagen sind und von den moralisch gesunden Menschen, wie damals von Lot, Dinge verlangen, die einfach unmöglich sind, anstatt sich belehren zu lassen, umzukehren und ihre Krankheit vom Arzt behandeln zu lassen.

Was aber noch mehr zu staunen ist, daß sich unter den Nicht-Homosexuellen bereits Stimmen erheben, die sogar für eine Liberalisierung dieser Sünde eintreten, die im heutigen Wort Gottes als <u>Verbrechen</u> bezeichnet wird. Solche total verdrehten Verhältnisse, die sich gegen jede göttliche und menschliche Ordnung richten, bringen immer schlimme Konsequenzen mit sich, wie z.b. heute auch die AIDS-Krankheit.

* Wie denke ich über die Homosexualität? - Sehe ich sie als schwere Krankheit und bete für diese, die davon betroffen sind?
* Welchen Vorsatz fasse ich im Licht des heutigen Wortes Gottes?

Tagesgebet: *siehe entsprechender Tag Seite 459*

18. Oktober

Wort Gottes:
Gen 19,12-17/23-26

"Die Männer (die Engel) sagten dann zu Lot: Hast du hier noch einen Schwiegersohn, Söhne, Töchter oder sonst jemand in der Stadt? Bring sie weg von diesem Ort! - Wir wollen nämlich diesen Ort vernichten; denn schwer ist die Klage, die über die Leute zum Herrn gedrungen ist. Der Herr hat uns geschickt, die Stadt zu vernichten. Da ging Lot hinaus, redete auf seine Schwiegersöhne ein, die seine Töchter heiraten wollten, und sagte: Macht euch auf, und verlaßt diesen Ort; denn der Herr will die Stadt vernichten. Aber seine Schwiegersöhne meinten, er mache nur Spaß. - Als die Morgenröte aufstieg, drängten die ENGEL Lot zur Eile: Auf, nimm deine Frau und deine beiden Töchter, die hier sind, damit du nicht wegen der Schuld der Stadt hinweggerafft wirst. Da er noch zögerte, faßten die Männer ihn, seine Frau und seine beiden Töchter an der Hand, weil der Herr mit ihm Mitleid hatte, führten ihn hinaus und ließen ihn erst draußen vor der Stadt los. Während er (Gott) sie hinaus ins Freie führte, sagte er: Bring dich in Sicherheit, es geht um dein Leben. Siehe dich nicht um und bleib in der ganzen Gegend nicht stehen! - Rette dich ins Gebirge, sonst wirst du auch weggerafft. Als die Sonne über dem Land aufgegangen und Lot in Zoar angekommen war, ließ der Herr auf Sodom und Gomorra Schwefel und Feuer regnen, vom Herrn, vom Himmel herab. Er vernichtete von Grund auf jene Stadt und die ganze Gegend, auch alle Einwohner der Städte und alles, was auf den Feldern wuchs. Als Lots Frau zurückblickte, wurde sie zu einer Salzsäule."

V: Wort des lebendigen Gottes! - A: Dank sei Gott, dem Herrn!

Betrachtungshilfe:

Dieses Wort Gottes zeigt uns wiederum die große Liebe und Sorge Gottes und Seiner Engel um diese Menschen, die nach Seiner Ordnung leben und bereit sind, sich retten zu lassen. - Das gleiche gilt auch für unsere heutige Zeit. Dabei dürfen wir aber nicht vergessen, daß der Herr von uns den Gehorsam verlangt gegenüber der Stimme der Engel, und heute besonders gegenüber der Stimme Seines einzigen, ewigen Sohnes, des menschgewordenen Jesus Christus. Wenn wir auf Seine Stimme und die belehrende, mahnende und warnende Stimme unseres Schutzengels nicht hören, erwarten auch uns Schrecklichkeiten, die wir uns heute kaum vorstellen können. Wie sehr der Herr von uns den Gehorsam verlangt, zeigt uns die Strafe, die die Frau von Lot durch ihren Ungehorsam erleiden mußte. Sie war schon auf dem Weg der Rettung, aber weil sie nicht gehorchte, wurde sie schwer bestraft: Sie hat das Leben verloren.

- Ist diese Geschichte mit Lot, seiner Frau, mit dem Problem der Homosexualität und der Vernichtung von Sodom und Gomorra nicht auch eine Warnung für die Menschen von heute, die ungehorsam sind gegenüber der Ordnung Gottes und schreckliche Verbrechen begehen?
- Welchen Vorsatz fasse ich im Licht des heutigen Wortes Gottes?

Tagesgebet:

Lasset uns beten: Herr, unser Gott und Vater, Du hast den Evangelisten Lukas auserwählt, in Wort und Schrift das Geheimnis Deiner Liebe zu den Armen zu verkünden. Gib, daß alle, die sich Christen nennen, ein Herz und eine Seele sind, und laß alle Völker der Erde das Heil schauen, das Du ihnen bereitet hast. Darum bitten wir Dich, durch unseren Herrn Jesus Christus, der in der Einheit des Heiligen Geistes mit Dir lebt und herrscht in alle Ewigkeit. Amen. (vgl. Laudes vom Fest des heiligen Apostels Lukas)

19. Oktober

Wort Gottes: Gen 28,12-17

"JAKOB HATTE EINEN TRAUM: ER SAH EINE TREPPE, DIE AUF DER ERDE STAND UND BIS ZUM HIMMEL REICHTE. AUF IHR STIEGEN ENGEL GOTTES AUF UND NIEDER. Und siehe, der Herr stand oben und sprach: Ich bin der Herr, der Gott deines Vaters Abrahams und der Gott Isaaks. Das Land, auf dem du liegst, will ich dir und deinen Nachkommen geben. Deine Nachkommen werden zahlreich sein wie der Staub auf der Erde. Du wirst dich unaufhaltsam ausbreiten nach Westen und Osten, nach Norden und Süden, und durch dich und deine Nachkommen werden alle Geschlechter der Erde Segen erlangen. Ich bin mit dir, ich behüte dich, wohin du auch gehst, und bringe dich zurück in dieses Land. Denn ich verlasse dich nicht, bis ich vollbringe, was ich dir versprochen habe. Jakob erwachte aus seinem Schlaf und sagte: Wirklich, der Herr ist an diesem Ort, und ich wußte es nicht. Furcht überkam ihn, und er sagte: Wie ehrfurchtgebietend ist doch dieser Ort! - Hier ist nichts anderes als das Haus Gottes und das Tor des Himmels."

V: Wort des lebendigen Gottes! - A: Dank sei Gott, dem Herrn!

Dieses Wort Gottes zeigt uns ein sehr ungewöhnliches Bild der Heiligen ENGEL: Sie steigen auf der Himmelsleiter auf und nieder. - Gewöhnlich versteht man unter dem Hinauf- und Herabsteigen der Engel die Hilfe der himmlischen Geister, die unsere Bitten vor Gott tragen und den Menschen die Gnade Gottes vom Himmel herabbringen. - An diese Wahrheit erinnert uns das Erste Hochgebet der Heiligen Messe: "Wir bitten dich, allmächtiger Gott, **DEIN HEILIGER ENGEL** trage diese Opfergabe auf Deinen himmlischen Altar vor Deine göttliche Herrlichkeit; und wenn wir durch unsere Teilnahme am Altar den Heiligen LEIB und das BLUT Deines Sohnes empfangen, erfülle uns mit aller Gnade und allem Segen des Himmels."
Der letzte Satz des heutigen Wortes Gottes bestätigt uns auf wunderbare Weise, daß Gott auch auf der Erde anwesend ist. - Wir wissen, daß Gott überall, auf der Erde und im ganzen Weltall auf verschiedene Weise anwesend ist, bei uns Menschen vor allem aber in der Heiligen Eucharistie. ER wohnt aber auch in den Herzen all derer, die sich ernsthaft um ein heiliges Leben bemühen.

- Versuche ich mit Hilfe der Heiligen Engel an die Anwesenheit Gottes zu denken und immer bewußter und intensiver in Seiner Anwesenheit zu leben?
- Welchen Vorsatz fasse ich im Licht des heutigen Wortes Gottes?

Tagesgebet: *siehe entsprechender Tag Seite 460*

20. Oktober

Wort Gottes: Dan 3,14-21/47-50

"Nebukadnezzar sagte zu ihnen: Ist es wahr, Schadrach, Meschach und Abed-Nego: Ihr verehrt meine Götter nicht und betet das goldene Standbild nicht an, das ich errichtet habe? Nun, wenn ihr bereit seid, sobald ihr den Klang der Hörner, Pfeifen und Zithern, der Harfen, Lauten und Sackpfeifen und aller anderen Instrumente hört, sofort niederzufallen und das Standbild anzubeten, das ich habe machen lassen, ist es gut; betet ihr es aber nicht an, dann werdet ihr noch zur selben Stunde in den glühenden Feuerofen geworfen. Welcher Gott kann euch dann aus meiner Gewalt erretten? Schadrach, Meschach und Abed-Nego erwiderten dem König Nebukadnezzar: Wir haben es nicht nötig, dir darauf zu antworten: Wenn überhaupt jemand, so kann nur unser Gott, den wir verehren, uns erretten; auch aus dem glühenden Feuerofen und aus deiner Hand, König, kann er uns retten. Tut er es aber nicht, so sollst du, König, wissen: Auch dann verehren wir deine Götter nicht und beten das goldene Standbild nicht an, das du errichtet hast. - Da wurde Nebukadnezzar wütend, sein Gesicht verzerrte sich vor Zorn über Schadrach, Meschach und Abed-Nego. Er ließ den Ofen siebenmal stärker heizen, als man ihn gewöhnlich heizte. Dann befahl er, einige der stärksten Männer aus seinem Heer sollten Schadrach, Meschach und Abed-Nego fesseln und in den glühenden Feuerofen werfen. Da wurden die Männer, wie sie waren - in ihren Mänteln, Röcken und

Mützen und den übrigen Kleidungsstücken - gefesselt und in den glühenden Feuerofen geworfen. So schlugen die Flammen bis zu 49 Ellen hoch aus dem Ofen heraus. Sie griffen um sich und verbrannten jeden Chaldäer, den sie im Umkreis des Ofens erfassen konnten. ABER DER ENGEL DES HERRN WAR ZUSAMMEN MIT ASARJA UND SEINEN GEFÄHRTEN IN DEN OFEN HINABGESTIEGEN. Er trieb die Flammen des Feuers aus dem Ofen hinaus und machte das Innere des Ofens so, als wehte ein taufrischer Wind. Das Feuer berührte sie gar nicht; es tat ihnen nichts zuleide und belästigte sie nicht."

V: Wort des lebendigen Gottes! - A: Dank sei Gott, dem Herrn!

Betrachtungshilfe:

Dieses Wort Gottes bringt uns ein klares Beispiel dafür, wie Gott die Menschen durch die Engel aus den größten Gefahren errettet, wenn sie sich im Glauben, im Vertrauen und in der Liebe zu IHM als treu erweisen. - Dies gilt auch heute, weil die Engel Gottes auch heute unter den Menschen leben und wirken. Selbstverständlich geschehen die außerordentlichen Wunder meistens nur dort, wo Gott wirklich Glauben, Vertrauen und Liebe vorfindet, so wie bei diesen Männern.

Erstaunlich ist bei dieser Geschichte, daß diese, die das Feuer auf Befehl des Nebukadnezzars vorbereitet hatten, von den herausschlagenden Flammen verbrannt wurden und so das Leben verloren haben.

Wie viele Feuerflammen bedrohen auch uns heute und verbrennen das Gute: die schrecklichen Flammen des Neides, der Eifersucht, des Ehrgeizes, der Habgier, der Machtsucht, des Egoismus, des Materialismus, des Hasses usw.! - **Allein die Flamme der Liebe Gottes kann uns von allem Bösen befreien, wenn sie in unseren Herzen brennt und stärker ist als die zerstörenden Flammen des Bösen.**

- Hätte ich wirklich einen berechtigten Grund, von Gott eine solch außerordentliche Gnade für mich zu erwarten, wie sie den drei jungen Männern zuteil wurde? - Habe ich so viel Liebe zu Gott in mir, um **allen**, ohne Ausnahme, a l l e s im Namen Gottes zu vergeben, damit Gott auch mir a l l e s vergibt und mich aus allen Gefahren des Lebens errettet?

- Welchen Vorsatz fasse ich im Licht des heutigen Wortes Gottes?

Tagesgebet: *siehe entsprechender Tag Seite 460*

21. Oktober

Wort Gottes: Hebr 13,1-9a/14-16

"Die Bruderliebe soll bleiben. VERGESST DIE GASTFREUNDSCHAFT NICHT; DENN DURCH SIE HABEN EINIGE, OHNE ES ZU AHNEN, ENGEL BEHERBERGT. Denkt an die Gefangenen, als wäret ihr mitgefangen; denkt an die Mißhandelten, denn auch ihr lebt noch in eurem irdischen Leib. Die Ehe soll von allen in Ehren gehalten werden, und das Ehebett bleibe unbefleckt; denn Unzüchtige und Ehebrecher wird Gott richten. Euer Leben sei frei von Habgier; seid zufrieden mit dem, was ihr habt; denn Gott hat versprochen: Ich lasse dich nicht fallen und verlasse dich nicht. Darum dürfen wir zuversichtlich sagen: Der Herr ist mein Helfer, ich fürchte mich nicht. Was können Menschen mir antun? Denkt an eure Vorsteher, die euch das Wort Gottes verkündet haben; schaut auf das Ende ihres Lebens, und ahmt ihren Glauben nach! - Jesus Christus ist derselbe gestern, heute und in Ewigkeit. Laßt euch nicht durch mancherlei fremde Lehren irreführen; Wir haben hier keine Stadt, die bestehen bleibt, sondern wir suchen die künftige. Durch ihn (Jesus) laßt uns Gott allezeit das Opfer des Lobes darbringen, nämlich die Frucht der Lippen, die seinen Namen preisen. Vergeßt nicht, Gutes zu tun und mit anderen zu teilen; denn an solchen Opfern hat Gott Gefallen."

V: Wort des lebendigen Gottes! - A: Dank sei Gott, dem Herrn!

Betrachtungshilfe:

Aus dem heutigen Wort Gottes erfahren wir etwas, was uns wirklich zum Staunen bringen kann: Die Menschen haben manchmal die ENGEL in menschlicher Gestalt beherbergt, ohne es zu ahnen! - Aus diesem Grund fordert uns der heilige Paulus zur beständigen Bruderliebe und Gastfreundschaft auf, so als ob jeder Mensch, den wir aufnehmen und beherbergen, ein Engel wäre. Vielleicht wird tatsächlich einmal ein Engel bei uns einkehren, ohne daß wir es ahnen. So werden wir große Gnaden gewinnen und weder bei den Menschen noch bei den Engeln verlieren.

Weiter betont der heilige Paulus, wie wichtig es ist, den Glauben und die guten Beispiele derer nachzuahmen, die dem Wort Gottes dienen und es verkünden. Zugleich unterstreicht er, daß **Jesus Christus derselbe ist, gestern, heute und in Ewigkeit.** Das heißt auch, daß die Lehre Jesu Christi u n v e r ä n d e r l i c h bleibt, gestern, heute und für alle Ewigkeit. Deswegen ermahnt er uns: **"Laßt euch nicht durch mancherlei fremde Lehren irreführen!"**

Zum Schluß betont Paulus, daß wir hier auf der Erde keine beständige Stadt haben, sondern die zukünftige Stadt, die himmlische, erwarten sollen und uns deshalb bemühen müssen, nach den Prinzipien des Evangeliums zu leben. Dazu gehört unser Opfer des Lobpreises Gottes, das die Engel ununterbrochen Gott darbringen, unsere guten Werke und unsere Bereitschaft, mit den anderen zu teilen.

- Habe ich schon einen festen Glauben an das Evangelium, der im Alltag durch meine Taten der Liebe zum Ausdruck kommt, oder schwanke ich bei jeder Gelegenheit wie ein Schilfrohr im Windhauch? - Versuche ich aus meinem Leben wirklich einen Lobpreis Gottes zu machen, wie die Engel, damit ich mich auch mit den Engeln im Himmel für ewig bei Gott freuen kann?

- Welchen Vorsatz fasse ich im Licht des heutigen Wortes Gottes?

Tagesgebet: *siehe entsprechender Tag Seite 460*

22. Oktober

Wort Gottes: 1 Petr 1,8-12

"Jesus habt ihr nicht gesehen, und dennoch liebt ihr ihn; ihr seht ihn auch jetzt nicht; aber ihr glaubt an ihn und jubelt in unsagbarer, von himmlischer Herrlichkeit verklärter Freude, da ihr das Ziel des Glaubens erreichen werdet: euer Heil. Nach diesem Heil haben die Propheten gesucht und geforscht, und sie haben über die Gnade geweissagt, die für euch bestimmt ist. Sie haben nachgeforscht, auf welche Zeit und welche Umstände der in ihnen wirkende Geist Christi hindeute, der die Leiden Christi und die darauf folgende Herrlichkeit im voraus bezeugte. Den Propheten wurde offenbart, daß sie damit nicht sich selbst, sondern euch dienten; und jetzt ist euch dies alles von denen verkündet worden, die euch in der Kraft des vom Himmel gesandten Heiligen Geistes das Evangelium gebracht haben. DAS ALLES ZU SEHEN IST SOGAR DAS VERLANGEN DER ENGEL. Deshalb umgürtet euch, und macht euch bereit! - Seid nüchtern, und setzt eure Hoffnung ganz auf die Gnade, die euch bei der Offenbarung Jesu Christi geschenkt wird."

V: Wort des lebendigen Gottes! - A: Dank sei Gott, dem Herrn!

Betrachtungshilfe:

Aus diesem Wort Gottes erfahren wir, daß auch die ENGEL keinen unbegrenzten Zugang zu den Geheimnissen Gottes haben. Die Engel wußten, daß der Himmlische Vater den Menschen nach ihrem Sündenfall den Erlöser versprochen hatte, sie kannten aber nicht die Details dieses göttlichen Heilsplanes. "**Das alles zu sehen ist sogar das Verlangen der Engel**", auch das, was im Evangelium in der Kraft des Heiligen Geistes als feste Prinzipien des Lebens verkündet wird, damit die Menschen durch den Gehorsam gegenüber diesen Prinzipien und dank der Gnade Gottes gerettet werden.

- Bin ich manchmal nicht zu neugierig und will alles wissen und verstehen, selbst das, was überhaupt nicht zu verstehen ist? - Bin ich gerne bereit, den Prinzipien des Evangeliums mit demütigem, kindlichem Glauben zu folgen, auch dann, wenn ich gar nichts verstehe?
- Welchen Vorsatz fasse ich im Licht des heutigen Wortes Gottes?

Tagesgebet: *siehe entsprechender Tag Seite 460*

23. Oktober

Wort Gottes: Hebr 1, 1-7

"Viele Male und auf vielerlei Weise hat Gott einst zu den Vätern gesprochen durch die Propheten; in dieser Endzeit aber hat er zu uns gesprochen durch den Sohn, den er zum Erben des Alls eingesetzt und durch den er auch die Welt geschaffen hat, er ist der Abglanz seiner Herrlichkeit und das Abbild seines Wesens; er trägt das All durch sein machtvolles Wort, hat die Reinigung von den Sünden bewirkt und sich dann zur Rechten der Majestät in der Höhe gesetzt; ER IST UM SO VIEL ERHABENER GEWORDEN ALS DIE ENGEL, WIE DER NAME, DEN ER GEERBT HAT, IHREN NAMEN ÜBERRAGT. Denn zu welchem Engel hat er jemals gesagt: Mein Sohn bist du, heute habe ich dich gezeugt, und weiter: Ich will für ihn Vater sein, und er wird für mich Sohn sein? Wenn er aber den Erstgeborenen wieder in die Welt einführt, sagt er: ALLE ENGEL GOTTES SOLLEN SICH VOR IHM NIEDERWERFEN. Und von den Engeln sagt er: Er macht seine Engel zu Winden und seine Diener zu Feuerflammen."

V: Wort des lebendigen Gottes! - A: Dank sei Gott, dem Herrn!

Betrachtungshilfe:

Dieses Wort Gottes stellt uns erneut die unendliche, unaussprechliche Liebe Gottes zu uns Menschen vor Augen. - Gott tat und wird weiter alles tun, um die Menschen zu retten. Dazu hat ER sogar Seinen eigenen, ewigen Sohn in die Welt gesandt. Durch Jesus Christus hat Gott uns Seinen Willen kundgetan und den Zugang zum Himmel geöffnet. Der Himmel steht also allen offen und jeder kann dorthin gelangen, unter dieser Bedingung, daß er an die Prinzipien des Evangeliums glaubt und sie im Alltag treu verwirklicht. - Das Wort Gottes spricht heute erneut über die Endzeit, die mit der Ankunft Jesu Christi begonnen hat. Dies ist nun schon fast 2000 Jahre her. Wie lange es noch bis zum Ende dieser Endzeit dauern wird, das wissen allerdings nicht einmal die Engel (vgl. Mk 13,28-32).

Jesus stand als Mensch **aufgrund Seiner menschlichen Natur unter den Engeln** (vgl. Hebr 2,7a), - aber zugleich, **aufgrund Seiner göttlichen Natur über den Engeln**, weil ER nicht nur wahrer Mensch, sondern auch wahrer Gott ist. - Auch Seine Mutter, die Unbefleckte Jungfrau Maria, steht über den Engeln, obwohl sie nur ein Geschöpf Gottes ist. Da sie jedoch die Mutter des Herrn ist, gebührt ihr diese Ehre.

Aus diesem Wort Gottes erfahren wir über die Würde Jesu als Mensch. In Seiner einzigen Person sind zwei Naturen vereinigt, die göttliche des ewigen Sohnes Gottes mit der menschlichen. Deswegen heißt es oben: **"Alle Engel Gottes sollen sich vor ihm niederwerfen"** - Und im Philipperbrief lesen wir: **"Er war Gott gleich, hielt aber nicht daran fest, wie Gott zu sein, sondern er entäußerte sich und wurde wie ein Sklave und den Menschen gleich. Sein Leben war das eines Menschen; er erniedrigte sich und war gehorsam bis zum Tod, bis zum Tod am Kreuz. Darum hat ihn Gott über alle erhöht und ihm den Namen verliehen, der größer ist als alle Namen, damit alle im Himmel, auf der Erde und unter der Erde ihre Knie beugen vor dem Namen Jesu und jeder Mund bekennt: 'Jesus Christus ist der Herr'** - zur Ehre Gottes des Vaters"** (Phil 2,6-11). - ER ist nach Seiner Auferstehung **"in den Himmel gegangen; dort ist er zur Rechten Gottes, und Engel, Gewalten und Mächte sind ihm unterworfen"** (1 Petr 3,22).

• Wenn sogar die Engel verpflichtet sind, sich vor Jesus niederzuwerfen, was sind dann das für Menschen, die es wagen, diese Pflicht nicht zu erfüllen, ja sogar andere davon abbringen wollen? - Wenn die Menschen aufhören, sich vor Gott niederzuwerfen und sich doch zugleich vor allen möglichen, modernen Götzen der Welt niederwerfen, kann dies der Menschheit den Segen Gottes bringen, oder ruft dies nicht vielmehr den Zorn Gottes herab?

- Welchen Vorsatz fasse ich im Licht des heutigen Wortes Gottes?

Tagesgebet: *siehe entsprechender Tag Seite 460*

24. Oktober

Wort Gottes:
Hebr 2,1-4

"Wir müssen um so aufmerksamer auf das achten, was wir gehört haben, damit wir nicht vom Weg abkommen. Denn wenn schon das durch E N G E L verkündete Wort rechtskräftig war und jede Übertretung und jeder Ungehorsam die gerechte Vergeltung fand, wie sollen dann wir entrinnen, wenn wir uns um ein so erhabenes Heil nicht kümmern, das zuerst durch den Herrn verkündet und uns von den Ohrenzeugen bestätigt wurde? Auch Gott selbst hat dies bezeugt durch Zeichen und Wunder, durch machtvolle Taten aller Art und Gaben des Heiligen Geistes, nach seinem Willen."

V: Wort des lebendigen Gottes! - A: Dank sei Gott, dem Herrn!

Betrachtungshilfe:

Dieses Wort Gottes nennt den Gehorsam als eines der wichtigsten Prinzipien des Evangeliums. Wenn schon der Ungehorsam gegenüber dem von den Engeln verkündeten Wort Gottes immer die gerechte Vergeltung fand, um wieviel mehr wird Gott dann von uns Verantwortung und Gehorsam gegenüber dem Wort Gottes verlangen, das uns von Seinem ewigen Sohn Jesus Christus verkündet wurde!

So ist also dieses Wort Gottes nicht nur eine Belehrung, sondern zugleich auch eine Mahnung, ja sogar Warnung für alle Menschen, die das Wort Gottes unseres Herrn und Meisters Jesus Christus nicht ernst nehmen oder gar mißachten.

Heutzutage treffen wir sogar unter den Theologen, die doch die Treue zur Ordnung Gottes lehren sollten, solche, die die Prinzipien des Evangeliums Jesu Christi in Frage stellen und deren göttliche Herkunft leugnen. Dadurch stiften sie viel Unruhe und Verwirrung unter den Gläubigen, was sicher die gerechte Vergeltung Gottes nach sich ziehen wird.

- Bin ich bei religiösen Gesprächen mit Andersgläubigen oder Ungläubigen aufmerksam und wachsam und bete zum Heiligen Geist und zu meinem Schutzengel, damit ich mich nicht verwirren lasse und nicht vom richtigen Weg abkomme?
- Welchen Vorsatz fasse ich im Licht des heutigen Wortes Gottes?

Tagesgebet: *siehe entsprechender Tag Seite 460*

O lieber Gott, HEILIGER GEIST, Geist der Liebe, beschenke uns mit Deinen Gaben und Gnaden und gib uns genug Kraft, das Kreuz mit Freude zu tragen, so wie Du alle Menschen durch unseren Herrn Jesus Christus und die Heiligen der Kirche mit Wort und Beispiel belehrt hast. Amen. (Bruder Gründer)

25. Oktober

Wort Gottes: Hebr 2,5-9

"NICHT ENGELN HAT ER DIE ZUKÜNFTIGE WELT UNTERWORFEN, VON DER WIR REDEN, VIELMEHR DEM SOHN, darum heißt es an einer Stelle ausdrücklich: Was ist der Mensch, daß du an ihn denkst, oder der Menschensohn, daß du dich seiner annimmst? DU HAST IHN NUR FÜR KURZE ZEIT UNTER DIE ENGEL ERNIEDRIGT. Du hast ihn mit Herrlichkeit und Ehre gekrönt, alles hast du ihm zu Füßen gelegt. Denn als er ihm alles zu Füßen legte, hat er nichts von der Unterwerfung ausgenommen. Jetzt sehen wir noch nicht alles ihm zu Füßen gelegt; aber den, der nur für kurze Zeit unter die Engel erniedrigt war, Jesus, ihn sehen wir um seines Todesleidens willen mit Herrlichkeit und Ehre gekrönt; es war nämlich Gottes gnädiger Wille, daß er für alle den Tod erlitt."

V: Wort des lebendigen Gottes! - A: Dank sei Gott, dem Herrn!

Betrachtungshilfe:

Dieses Wort Gottes zeigt uns, daß die Welt, auch wenn sie noch unter der Macht und dem Einfluß der bösen Geister steht, doch der Herrschaft Jesu Christi, der einst als Mensch sogar unter die Engel erniedrigt war, unterworfen ist. - Wer also den Prinzipien des Evangeliums Jesu Christi folgt, Seiner Macht der Liebe, Wahrheit und Gerechtigkeit, der hat sich schon erniedrigt und dem Willen Gottes unterworfen.

Wer sich aber der Macht Jesu nicht unterwerfen will, ist in großer Gefahr, von Gott verworfen zu werden. Dort im Himmel herrscht allein der Wille Gottes, der aber selbstverständlich nicht mit irgendeiner irdischen Herrschaft oder Tyrannei zu vergleichen ist. Dagegen wollen hier auf der Erde manchmal ganz dumme und begrenzte Menschen mit Kraft und Gewalt ihren eigenen Willen durchsetzen, ohne Rücksicht auf andere.

Die Hierarchie des Himmels, an deren Spitze der Eine Dreifaltige Gott steht, ist so aufgebaut, daß dort alle Bewohner des Himmels dem Willen Gottes folgen und dabei vollkommen glücklich sind.

Wie unklug, begrenzt und kurzsichtig sind also diese Menschen, die um des Geldes, um der Ehre und anderer vergänglicher Dinge willen sich anderen Menschen unterwerfen und deren Anordnungen folgen, - aber sich Gott und Seiner Ordnung der Liebe, Gerechtigkeit und Wahrheit, Gott, dem Allmächtigen, dem Schöpfer des Weltalls, nicht unterwerfen wollen!

- Ist mir klar geworden, daß nur diese in den Himmel kommen können, die die göttliche Ordnung des Himmels voll respektieren und sich schon jetzt auf der Erde gerne dem Willen Gottes unterordnen? - Mache ich mir in allen Leiden und Schwierigkeiten öfters bewußt, daß auch Jesus als Mensch unendlich viel leiden mußte und sogar unter die Engel erniedrigt war, aber dann auch von Seinem Vater erhöht und verherrlicht wurde?

- Welchen Vorsatz fasse ich im Licht des heutigen Wortes Gottes?

Tagesgebet: *siehe entsprechender Tag Seite 461*

26. Oktober

Wort Gottes: 2 Petr 2,4-10a

"GOTT HAT AUCH DIE ENGEL, DIE GESÜNDIGT HABEN, NICHT VER-
SCHONT, sondern sie in die finsteren Höhlen der Unterwelt verstoßen und hält
sie dort eingeschlossen bis zum Gericht. Er hat auch die frühere Welt nicht
verschont, nur Noach, den Verkünder der Gerechtigkeit, hat er zusammen mit
sieben anderen als achten bewahrt, als er die Flut über die Welt der Gottlosen
brachte. Auch die Städte Sodom und Gomorra hat er eingeäschert und zum
Untergang verurteilt, als ein Beispiel für alle Gottlosen in späteren Zeiten. Den
gerechten Lot aber, der unter dem ausschweifenden Leben der Gottesverächter
litt, hat er gerettet, denn dieser Gerechte, der mitten unter ihnen wohnte, mußte
Tag für Tag ihr gesetzwidriges Tun sehen und hören, und das quälte den gerechten Mann Tag für Tag. Der Herr kann die Frommen aus der Prüfung retten; bei
den Ungerechten aber kann er warten, um sie am Tag des Gerichts zu bestrafen,
besonders die, die sich von der schmutzigen Begierde ihres Körpers beherrschen
lassen und die Macht des Herrn verachten."

V: Wort des lebendigen Gottes! - A: Dank sei Gott, dem Herrn!

Betrachtungshilfe:

Dieses Wort Gottes belehrt uns über die Gerechtigkeit Gottes, die keine Rücksicht
auf die Person nimmt, auch nicht auf die ENGEL, wenn sie sich dem Willen des
Himmlischen Vaters widersetzen. - Heute finden wir auch eine Erklärung dafür,
warum es gottlosen und schlechten Menschen in der Welt oft so gut geht: **"Bei den
Ungerechten kann er warten, um sie am Tag des Gerichts zu bestrafen."** - Es ist
also klug und weise, nicht auf diesen Tag der göttlichen Gerechtigkeit zu warten,
sondern im Licht des Wortes Gottes schon jetzt alle Sünden und Versagen vor Gott
zu erkennen, so schnell wie möglich umzukehren und Gott reumütig und demütig um
Vergebung zu bitten.

Ganz falsch und sehr gefährlich ist es aber, wenn viele Menschen heutzutage denken,
daß sie, unabhängig davon, wie sie leben, sowieso in den Himmel kommen, weil
Gott doch die Liebe, die Güte und die Barmherzigkeit ist. Sie vergessen dabei, daß
Gott nach wie vor auch die **GERECHTIGKEIT** ist und wer diese Gerechtigkeit
Gottes mißachtet, kann auch nicht mit Seiner Liebe, Güte und Barmherzigkeit
rechnen.

**Wenn also Gott sogar die Engel so schwer für ihre Untreue bestraft hat, wird
ER dann diese Menschen verschonen, die sich nicht bekehren wollen?!** - Dies
sollte niemanden gleichgültig lassen!

- Bin ich mir dessen bewußt, daß die Gerechtigkeit Gottes von mir verlangt, daß
  auch ich meinen Schuldnern Barmherzigkeit erweise und ihnen vergebe, wenn

ich meinerseits von Gottes Barmherzigkeit die Vergebung meiner Sünden erwarte?

• Welchen Vorsatz fasse ich im Licht des heutigen Wortes Gottes?

Tagesgebet: *siehe entsprechender Tag Seite 461*

27. Oktober

Wort Gottes:
Ps 34,8-12

"DER ENGEL DES HERRN UMSCHIRMT ALLE, DIE IHN FÜRCHTEN UND EHREN, UND ER BEFREIT SIE. Kostet und seht, wie gütig der Herr ist; wohl dem, der zu ihm sich flüchtet! - Fürchtet den Herrn, ihr seine Heiligen; denn wer ihn fürchtet, leidet keinen Mangel. Reiche müssen darben und hungern; wer aber den Herrn sucht, braucht kein Gut zu entbehren. Kommt ihr Kinder, hört mir zu! - Ich will euch in der Furcht des Herrn unterweisen."

V: Wort des lebendigen Gottes! - A: Dank sei Gott, dem Herrn!

Betrachtungshilfe:

Dieses Wort Gottes belehrt uns, daß diese Menschen, die vor Gott Ehrfurcht haben, unter Seinem Schutz stehen, d.h. zugleich auch unter dem Schutz der ENGEL, die der Herr ihnen zu Hilfe schickt. Diesen Schutz und Beistand erfährt jeder einzelne von uns durch seinen Schutzengel, wenn er auf ihn hört. Wie tröstlich ist es also zu wissen, daß der Engel des Herrn alle umschirmt, die den Herrn und auch den Engel als Gesandten Gottes fürchten und ehren. **Er schenkt Befreiung und rettet aus Angst und Not, wenn man ihn liebt und ihm treu folgt.**

Noch ein Hinweis zum Verständnis der Heiligen Schriften. Wenn wir sie nicht verkehrt verstehen wollen, müssen wir dabei berücksichtigen, daß sie immer auch einen prophetischen Geist haben, der uns mehr auf das Himmlische als auf das Irdische hinweist. Deshalb müssen wir z.B. auch diesen Satz: **"Reiche müssen darben und hungern; wer aber den Herrn sucht, braucht kein Gut entbehren"** - in diesem prophetischen Sinn verstehen. Ein gutes Beispiel dafür ist die Geschichte mit dem reichen Mann und dem armen Lazarus.

• Wie oft danke ich Gott und meinem Schutzengel, besonders dann, wenn ich in einer gefährlichen Situation vor Schaden bewahrt blieb? - Danke ich Gott überhaupt, daß ER mir einen Schutzengel zur Seite gestellt hat? - Wie oft spreche ich mit meinem Schutzengel?

• Welchen Vorsatz fasse ich im Licht des heutigen Wortes Gottes?

Tagesgebet: *siehe entsprechender Tag Seite 461*

Liebe Familien und Freunde, versuchen Sie bitte, die **GROSSE NOVENE** in Ihrer Umgebung bekannt zu machen. Auf diese Weise tragen auch Sie zur **Verkündigung des WORTES GOTTES** bei! Nützen Sie dieses Buch auch als sinnvolles, gnadenreiches Geschenk zum Weitergeben.

28. Oktober

Wort Gottes: Ps 91,1-4/10-12

"Wer im Schutz des Höchsten wohnt und ruht im Schatten des Allmächtigen, der sagt zum Herrn: 'Du bist für mich Zuflucht und Burg, mein Gott, dem ich vertraue.' Er rettet mich aus der Schlinge des Jägers und aus allem Verderben. Er beschirmt dich mit seinen Flügeln, unter seinen Schwingen findest du Zuflucht, Schild und Schutz ist dir seine Treue. Dir begegnet kein Unheil, kein Unglück naht deinem Zelt. Denn ER BEFIEHLT SEINEN ENGELN, DICH ZU BEHÜTEN AUF ALL DEINEN WEGEN. SIE TRAGEN DICH AUF IHREN HÄNDEN, DAMIT DEIN FUSS NICHT AN EINEN STEIN STÖSST."

V: Wort des lebendigen Gottes! - A: Dank sei Gott, dem Herrn!

Betrachtungshilfe:

Hier hören wir, daß Gott bei denen, die IHN lieben und IHM treu sind, auf besondere Weise durch die Heiligen ENGEL wirkt: ER befiehlt Seinen Engeln, uns auf all unseren Wegen zu behüten. Sie sollen uns sogar auf ihren Händen tragen, wenn wir in Gefahr sind. - Die Lebensbeschreibungen großer Heiliger liefern uns die besten Beweise dafür. Sie wurden heilig, weil sie ganz und gar Gott gehörten, genau auf Seine Stimme achteten, IHN wirklich aus ganzem Herzen und ganzer Seele liebten und IHM bei der Erfüllung Seines Willens unermüdlich dienten. Sie suchten in ihrem Leben allein die Ehre Gottes und nicht die eigene Ehre, in dem brennenden Verlangen, sich selbst und möglichst viele andere zur Ehre Gottes zu heiligen.

- Hänge ich wirklich treu an Gott und suche in allem, was ich tue, den Kontakt und das Gespräch mit IHM und mit dem Engel des Herrn, damit ich in Not und Gefahr nicht allein und schutzlos bin?
- Welchen Vorsatz fasse ich im Licht des heutigen Wortes Gottes?

Tagesgebet:

Lasset uns beten: Allmächtiger Gott und Vater, durch die Botschaft der Apostel hast Du uns zur Erkenntnis Deines Namens geführt. Mehre auf die Fürsprache der Heiligen Apostel Simon und Judas die Zahl der Gläubigen und festige in der Kirche das Vertrauen auf Deine Hilfe. Darum bitten wir Dich, durch unseren Herrn Jesus Christus, der in der Einheit des Heiligen Geistes mit Dir lebt und herrscht in alle Ewigkeit. Amen. (vgl. Laudes vom Fest der heiligen Apostel Simon und Judas)

29. Oktober

Wort Gottes: 1 Chr 21,15a-17

"GOTT SANDTE EINEN ENGEL NACH JERUSALEM, UM ES INS VERDERBEN ZU STÜRZEN. Doch als er mit der Vernichtung begann, sah es der Herr, und das Unheil reute ihn. Er sagte zu dem Engel des Verderbens: Es ist jetzt genug, laß deine Hand sinken! Als David aufblickte, sah er den Engel des

Herrn zwischen Erde und Himmel stehen. Er hielt das gezückte Schwert in der Hand gegen Jerusalem gerichtet. Da fielen David und die Ältesten, die in Trauergewänder gehüllt waren, auf ihr Angesicht nieder und David rief zu Gott: Habe nicht ich befohlen, das Volk zu zählen? Ich bin es doch, der gesündigt und Böses getan hat. Aber diese, die Herde, was haben denn sie getan? Herr, mein Gott, erheb deine Hand zum Schlag gegen mich und gegen das Haus meines Vaters, nicht aber gegen dein Volk!"

V: Wort des lebendigen Gottes! - A: Dank sei Gott, dem Herrn!

Betrachtungshilfe:

Die weitere Erzählung berichtet uns, daß David alles g e n a u so tat, wie es ihm der Engel befohlen hatte: Er brachte dem Herrn zur Ehre das Brand- und Heilsopfer dar und handelte in großer Gerechtigkeit. **"Dieser (Gott) antwortete ihm durch Feuer, das vom Himmel auf den Altar des Brandopfers niederfiel. Dem Engel aber gebot der Herr, das Schwert in die Scheide zu stecken"** (1 Chr 21, 26b-27).

Dieses Wort Gottes belehrt uns, daß Gott auf die Stimme und Fürsprache Seiner Auserwählten hört, auch wenn sie sich vor IHM versündigt haben. Entscheidend ist für Gott, daß sie ihre Sünden und bösen Taten voll Reue bekennen, bereit sind zur Umkehr und weiter gerecht handeln.

Auch Priester und Bischöfe, die sich vor Gott versündigt haben, sollten diesem guten Beispiel Davids folgen, um ihrem Volk bei Gott die Gnade zu erflehen und gerechte Strafen Gottes von ihm abzuwenden. Darüber spricht auch der heilige Paulus: "Ein solcher Hoherpriester war für uns in der Tat notwendig: einer, der heilig ist, unschuldig, makellos, abgesondert von den Sündern und erhöht über die Himmel; einer, **der es nicht Tag für Tag nötig hat, wie die Hohenpriester zuerst für die eigenen Sünden Opfer darzubringen** und dann für die des Volkes; denn das hat er ein für allemal getan, als er sich selbst dargebracht hat" (Hebr 7,26-27).

- Bin ich bereit, diesem heiligen Beispiel Davids zu folgen? - Ermutige ich auch andere dazu, so zu handeln, in der Verantwortung für das geistige Wohl der Familien wie auch der ganzen Kirche der Christenheit?

- Welchen Vorsatz fasse ich im Licht des heutigen Wortes Gottes?

Tagesgebet: *siehe entsprechender Tag Seite 461*

30. Oktober

Wort Gottes: Ps 103,15-22

"Des Menschen Tage sind wie Gras, er blüht wie die Blume des Feldes. Fährt der Wind darüber, ist sie dahin; der Ort, wo sie stand, weiß von ihr nichts mehr. Doch die Huld des Herrn währt immer und ewig, für alle, die ihn fürchten und ehren; sein Heil erfahren noch Kinder und Enkel; alle, die seinen Bund bewahren, an seine Gebote denken und danach handeln. Der Herr hat seinen Thron errichtet im Himmel, seine königliche Macht beherrscht das All. - LOBT DEN HERRN, IHR SEINE ENGEL, IHR STARKEN HELDEN, DIE

SEINE BEFEHLE VOLLSTRECKEN, SEINEN WORTEN GEHORSAM! -
Lobt den Herrn, all seine Scharen, seine Diener, die seinen Willen vollziehen! -
Lobt den Herrn, all seine Werke, an jedem Ort seiner Herrschaft! - Lobe den
Herrn, meine Seele!"

V: Wort des lebendigen Gottes! - A: Dank sei Gott, dem Herrn!

Betrachtungshilfe:

Dieses Wort Gottes aus den Psalmen ist eine wunderbare Einladung zum Lobpreis
Gottes, der IHM gerechterweise gebührt. Wir sollen dem Herrn, zusammen mit allen
Engeln und Heiligen Gottes, ununterbrochen Lob, Preis und Ehre singen, nicht nur
mit Psalmen und Liedern, sondern vor allem auch durch unser frohes JA zum Willen
des Himmlischen Vaters.

Dieses Wort Gottes führt uns einerseits die Nichtigkeit des Menschen vor Augen und
andererseits die ewige Allmacht, Pracht und Herrlichkeit des Herrn. Aus ihr kann der
Mensch das ewige, frohe Leben schöpfen, wenn er ehrlich und von Herzen Gott Lob,
Dank und Ehre erweist für alles, was er von IHM empfängt; wenn er den Willen des
Himmlischen Vaters richtig zu erkennen sucht und sich mit allen Kräften darum
bemüht, ihn trotz aller Schwierigkeiten möglichst treu zu erfüllen.

• Wieviel Zeit nehme ich mir jeden Tag für den Lobpreis Gottes, für das Gebet,
   das heißt schließlich für meine Vorbereitung auf das ewige Leben im Himmel? -
   Bin ich schon so weit, daß ich eine gewisse Gebetsordnung während des Tages
   einhalte und ihr treu folge? - Mache ich mir öfters bewußt, was es heißt: Wie die
   Engel in der Anwesenheit Gottes zu leben, - was dem Menschen einen neuen
   Lebenssinn gibt und die Seele in einen unaussprechlich glücklichen Zustand
   versetzt?

• Welchen Vorsatz fasse ich im Licht des heutigen Wortes Gottes?

Tagesgebet: *siehe entsprechender Tag Seite 461*

31. Oktober

Wort Gottes: Offb 21,9-11a/14/22-23/27

"ES KAM EINER VON DEN SIEBEN ENGELN, DIE DIE SIEBEN
SCHALEN MIT DEN SIEBEN LETZTEN PLAGEN GETRAGEN HATTEN.
Er sagte zu mir: Komm, ich will dir die Braut zeigen, die Frau des Lammes. Da
entrückte er mich in der Verzückung auf einen großen, hohen Berg und zeigte
mir die heilige Stadt Jerusalem, wie sie von Gott her aus dem Himmel
herabkam, erfüllt von der Herrlichkeit Gottes. Die Mauer der Stadt hat zwölf
Grundsteine, auf ihnen stehen die zwölf Namen der zwölf Apostel des Lammes.
Einen Tempel sah ich nicht in der Stadt. Denn der Herr, ihr Gott, der
Herrscher über die ganze Schöpfung, ist ihr Tempel, er und das Lamm. Die
Stadt braucht weder Sonne noch Mond, die ihr leuchten. Denn die Herrlichkeit
Gottes erleuchtet sie, und ihre Leuchte ist das Lamm. Nichts Unreines wird

hineinkommen, keiner, der Greuel verübt und lügt. Nur die, die im Lebensbuch des Lammes eingetragen sind, werden eingelassen."

V: Wort des lebendigen Gottes! - A: Dank sei Gott, dem Herrn!

Betrachtungshilfe:

Ein ENGEL zeigt dem heiligen Johannes in einer Vision das neue Jerusalem, das heißt die Kirche, die auf den zwölf Aposteln des Lammes (Jesus Christus) aufgebaut ist. Dieses neue Jerusalem bezeichnet der Engel als Braut und Frau des Lammes, gemeint ist damit der Neue Bund der Liebe zwischen Gott und den Menschen. - Diesen Vergleich können wir so verstehen: Wie der Bräutigam und die Braut in der Ehe entsprechend dem Willen Gottes E I N S sind, **so ist auch Jesus Christus mit all Seinen Gläubigen in Seinem Mystischen Leib, der Kirche, E I N S.** Wenn man also über die Kirche spricht, muß man darunter Jesus Christus verstehen und wenn man den Namen Jesu Christi nennt, soll man nicht nur an die historische Person Jesu Christi denken, sondern zugleich an Seinen Mystischen Leib, die Kirche. Zu ihr gehören alle Christen, die im Namen des Vaters und des Sohnes und des Heiligen Geistes das Sakrament der Heiligen Taufe empfangen haben.

Oft hören wir von Gläubigen, daß "die Kirche schlecht ist", daß "die Kirche irrt", daß "die Kirche geldgierig ist" usw. - Diese Aussagen, wären, wenn jemand sie bewußt nützen würde, eine der schlimmsten Gotteslästerungen. **Denn die Kirche ist in Wirklichkeit Jesus Christus selbst, und die Gläubigen sind nur ihre Glieder.** - Deswegen muß jeder, der über die Schwächen und Fehler der Diakone, Priester, Bischöfe oder sogar der Päpste spricht, sehr aufpassen. Diese sind nur **Glieder der Kirche**, zwar mit verschiedenen Aufgaben und Verantwortlichkeiten, jedoch nicht **die Kirche.**

Die Kirche ist in Wirklichkeit Jesus Christus selbst als Haupt, zusammen mit allen getauften Gliedern Seines Mystischen Leibes. - So könnte man sagen, daß die Kirche der Christenheit nach wie vor eine einzige ist, die Jesus Christus auf das Fundament der Apostel gebaut hat!

Was aber in dieser Kirche der Christenheit geschah, ist schrecklich und ein Skandal vor der Welt: Obwohl sich alle als Christen bezeichnen, folgen nicht alle im gleichen Maß den Prinzipien des Evangeliums Jesu Christi. Dadurch kam es in der Vergangenheit bis in unsere Zeit herein immer wieder zu Spaltungen. So spricht man heute nicht mehr von einer einzigen Kirche der Christenheit, sondern von vielen größeren und kleineren Kirchen, die ein eigenes Glaubensbekenntnis haben, mehr oder weniger für sich leben und so den Herzenswunsch Jesu Christi verhindern: DAMIT A L L E EINS SIND (vgl. Joh 17,11).

Den Hinweis, daß es im neuen Jerusalem keinen Tempel gibt, können wir so erklären: Im irdischen Leben braucht der Mensch, um Gott näher zu kommen, unter anderem einen Tempel, eine aus Steinen oder Holz erbaute Kirche, als einen besonderen Ort, in den er sich von den Wirren der Welt zurückziehen und in der Stille des privaten Gebets oder im gemeinsamen Gebet die Nähe Gottes leichter finden kann.

Tempel sein sollen (vgl. 1 Kor 3,16-17). **Dann werden wir ununterbrochen in der Anwesenheit Gottes leben und mit größter Freude, ohne Hindernisse, Seinen Willen erfüllen und IHN so vollkommen wie die Engel im Himmel anbeten. Und anstatt des Lichtes der Sonne und des Mondes wird allen die Herrlichkeit Gottes leuchten.**

Das Buch der Offenbarung Gottes verkündet uns Wahrheiten, die nicht leicht zu verstehen sind. Deshalb sollten wir den Heiligen Geist um Erleuchtung bitten, und wenn auch danach noch vieles für uns unverständlich und dunkel bleibt, einfach sagen: **O lieber, heiliger Gott, jetzt erkenne ich meine Begrenztheit und Blindheit und mit großer Demut spreche ich Dir in meiner Seele Lob, Preis und Dankbarkeit aus für alles, was Du tust und wie Du es tust, auch wenn ich davon nicht viel verstehen kann. - Ich liebe Dich und will Dich ewig lieben! - Ich bete Dich in Deiner Weisheit, Allmacht und unbegreiflichen Liebe an und will zusammen mit den Engeln ewig in dieser Anbetung bleiben. Sei Du mein gerechter, aber auch gnädiger und barmherziger Herr und Gott, jetzt und für alle Ewigkeit. Amen.**

- Versuche ich mein irdisches Leben dem himmlischen anzupassen, das heißt ein Leben nach den Prinzipien des Evangeliums zu führen - und nicht umgekehrt, um so im Einklang mit dem Willen des Himmlischen Vaters zu leben? - Dann erfüllt sich das, was wir im Vaterunser beten: Geheiligt werde Dein Name, Dein Reich komme, Dein Wille geschehe, **w i e** im Himmel, **s o** auf Erden!

- Welchen Vorsatz fasse ich im Licht des heutigen Wortes Gottes?

Tagesgebet: *siehe entsprechender Tag Seite 461*

Liebe Familien und Freunde,

versuchen Sie bitte, die **GROSSE NOVENE** in Ihrer Umgebung bekannt zu machen. Auf diese Weise tragen auch Sie zur **Verkündigung des WORTES GOTTES** bei! Nützen Sie dieses Buch auch als sinnvolles, gnadenreiches Geschenk zum Weitergeben.

Mit den Betrachtungen vom Monat Dezember endet der 2. Band der Gesamtausgabe der GROSSEN NOVENE. - Wer den 3. Band wünscht, sollte ihn möglichst bald bei folgender Adresse bestellen:

Samaritanische Bewegung Mariens-EINHEIT
Frau Anni Hüger, D-89202 Neu-Ulm, Postfach 1272

November 1992 / 1995 / 1998

DER SATAN
bei der Erfüllung des Willens
des Himmlischen Vaters

VORWORT:

Nach unseren Betrachtungen über die Existenz und das Wirken der Heiligen Engel, dieser Geister, die Gott treu geblieben sind, wollen wir - als Fortsetzung dazu - in diesem Monat über die Existenz und das Wirken dieser Engel nachdenken, die sich zusammen mit Luzifer gegen Gott aufgelehnt haben und deshalb vom Himmel auf die Erde gestürzt wurden und jetzt als SATAN und seine ANHÄNGER, als GEFALLENE ENGEL oder BÖSE GEISTER bezeichnet werden.

Während die HEILIGEN ENGEL **u n u n t e r b r o c h e n** in der ANWESENHEIT GOTTES leben und aus diesem ständigen Kontakt mit Gott ihr Glück, ihre Liebe, Weisheit und Kraft schöpfen, - haben die gefallenen Engel dies alles verloren, weil sie sich aus diesem Leben in der Anwesenheit Gottes ganz bewußt und freiwillig ausgeschlossen haben.

Es ist klar, daß Satan und seine Anhänger niemals freiwillig zur Erfüllung des Willens und der Ordnung des Himmlischen Vaters beitragen würden, weil sie sich ja grundsätzlich dagegen widersetzt haben. Im Gegenteil, sie tun alles, damit der Wille Gottes nicht in Erfüllung gehe. Der Satan hat dabei aber nicht völlige Freiheit. In vielen Fällen muß er für das, was er tun möchte, von Gott die Zustimmung erhalten. Dies bedeutet aber dann noch nicht den Willen Gottes, sondern nur eine sogenannte **Zulassung Gottes.** Dies wird besonders deutlich im Fall Ijob.

Satan arbeitet also grundsätzlich und bewußt gegen den Willen des Himmlischen Vaters. Gott aber lenkt alles so, daß ER, besonders bei diesen Menschen, die IHN lieben, alles zum Guten führt (vgl. Röm 8,28).

Eine der größten, geistigen Gefahren für den Menschen besteht im Verlust des Glaubens an die Existenz und das Wirken Satans in der Welt, - ein gefährlicher und tragischer Irrtum für den Menschen! - Dies ist vergleichbar mit einem Menschen, der davon überzeugt ist, daß es in seiner Umgebung keine Diebe gibt. Er läßt die Wohnung offen und geht weg. Nach einigen Tagen kommt er zurück und stellt mit Entsetzen fest, daß ein Dieb da war und die Wohnung ausgeraubt hat. - Das gleiche geschieht im geistigen Bereich mit diesen Menschen, die nicht wachsam sind, weil sie nicht an die Existenz des Satans glauben.

Der Satan ist ein Geist mit großer Intelligenz, die er bei seinem Sturz vom Himmel leider nicht verloren hat. - Er ist ein Geist ohne Liebe und von abgrundtiefem Haß gegen Gott und Seine Treuen erfüllt, deswegen wird er auch als böser Geist bezeichnet. Er ist hinterlistig, verschlagen und heimtückisch und voll Stolz.

deshalb attackiert er auch besonders heftig die demütigen Menschen. **Er tut immer gerade das Gegenteil von dem, was dem Willen des Himmlischen Vaters entspricht.** Er arbeitet mit allen Raffinessen und ist sehr einfallsreich und erfinderisch, wenn es darum geht, bei den Menschen vor allem den Glauben, die Hoffnung auf den Himmel und die Liebe zu Gott und zum Nächsten zu zerstören.

Deswegen belehrt und ermahnt uns der erste Stellvertreter Christi, der erste Papst der ganzen Christenheit, der heilige Petrus: **"Begegnet einander in Demut! - Denn Gott tritt den Stolzen entgegen, den Demütigen aber schenkt er seine Gnade. Beugt euch also in Demut unter die mächtige Hand Gottes, damit er euch erhöht, wenn die Zeit gekommen ist. Werft alle eure Sorgen auf ihn, denn er kümmert sich um euch. Seid nüchtern und wachsam!** - **Euer Widersacher, der Teufel geht wie ein brüllender Löwe umher und sucht, wen er verschlingen kann. Leistet ihm Widerstand in der Kraft des Glaubens!** - **Wißt, daß eure Brüder in der ganzen Welt die gleichen Leiden ertragen müssen!"** (1 Petr 5,5b-9).

Die Welt war bis zur Ankunft Jesu Christi der Macht des Satans unterstellt, obwohl sie von Gott geschaffen und daher Sein Eigentum ist. Deshalb konnte sich der Satan mit ganzer Frechheit an Jesus wenden und sagen: **"All die Macht und Herrlichkeit dieser Reiche will ich dir geben; denn sie sind mir überlassen, und ich gebe sie, wem ich will, wenn du dich vor mir niederwirfst und mich anbetest, wird dir alles gehören"** (Lk 4,6-7). - Jesus bestritt zwar diese Rechte Satans nicht, aber erwiderte ihm ganz klar und eindeutig: **"Vor dem Herrn, deinem Gott, sollst du dich niederwerfen und ihm allein dienen"** (Lk 4,8).

Aus dieser Schriftstelle wird besonders deutlich, daß der Kampf des Teufels gegen Gott **ein Kampf um Ehre und Macht** ist. Diese Macht des Satans ist zwar durch die Liebe Jesu Christi, durch Sein Leiden und Sterben gebrochen, - er konnte mit seinem Haß die Liebe Gottes, des Herrn Jesus Christus, nicht besiegen - , aber der Teufel wirkt weiter in der Welt und sucht, wen er verschlingen kann; er kämpft gegen die Getreuen Gottes, die Gott lieben, ehren und lobpreisen, die Gott dienen und sich mühen, Seinen Willen zu erkennen und zu erfüllen. **Deshalb werden wir jetzt auch besser verstehen, warum gerade diese Menschen oft so große Schwierigkeiten im Leben haben.**

Dies betont auch das folgende Wort Gottes: **"Mein Sohn (meine Tochter), wenn du dem Herrn dienen willst, dann mach dich auf Prüfung gefaßt! - Sei tapfer und stark, zur Zeit der Heimsuchung überstürze nichts! - Hänge am Herrn und weich nicht ab, damit du am Ende erhöht wirst. Nimm alles an, was über dich kommen mag, halt aus in vielfacher Bedrängnis! - Denn im Feuer wird das Gold geprüft, und jeder, der Gott gefällt, im Schmelzofen der Bedrängnis. Vertrau auf Gott, er wird dir helfen, hoffe auf ihn, er wird deine Wege ebnen"** (Sir 2,1-6).

Wie wir weiter aus diesem Wort Gottes hören, wartet auf den Menschen aber auch die Ehre, jedoch nicht diese, die der Mensch sich selbst verschafft, - diese wird mit dem Tod des Menschen wie eine Flamme vom Wind ausgelöscht - , sondern diese

Ehre, die Gott dem Menschen geben wird, wenn er sich in den Prüfungen des Lebens bis zum Ende Gott gegenüber als treu erwiesen hat. - Dies bestätigt uns auch das folgende Wort Gottes: **"Wie könnt ihr zum Glauben kommen, wenn ihr eure Ehre voneinander empfangt, nicht aber die Ehre sucht, die von dem einen Gott kommt"** (Joh 5,44).

Mit der Menschwerdung Jesu Christi wurde zwar die Macht des Satans über die Welt gebrochen, aber noch nicht beendet. Der Kampf des Satans gegen Gott und Seine Ordnung geht weiter. - Früher, im Himmel, stand an der Spitze der Getreuen Gottes der Erzengel Michael. Heute steht an der Spitze der Getreuen Gottes auf der Erde der menschgewordene Sohn Gottes, Jesus Christus. - Die Waffen der Hölle in diesem Kampf sind jede Art von Lüge, Betrug, Ungerechtigkeit, Streit, Spaltung, Gewalt, Habsucht, Geiz, Neid und alle anderen Laster und Begierden, auf denen der Teufel wie auf einem kaputten Klavier alle möglichen Mißtöne spielt. - Auch in der modernen Musik spürt man den Einfluß des Satans. Es gibt heute kaum noch wirklich gute Komponisten wie früher z.B. Mozart, Beethoven, Schubert, Haydn und viele andere wirklich hochrangige Künstler. - Auch in der Malerei findet man kaum noch die klassischen Artisten, die die Werke Gottes in höchster Treue auf die Leinwand übertragen und die Menschen in Bewunderung versetzen. Picasso war z.B. einmal ein Künstler, aber dann hat ihm der Teufel durch den Hochmut die Sinne verdreht, so daß er anfing, verrückte Dinge zu malen. Das Schlimmste ist dabei, daß viele Leute diese Verrücktheiten mit dem Wort "Kunst" bezeichnen und nicht genug Mut haben, dieses Durcheinander und diese Unordnung abzulehnen.

Gott hat die Erde und das ganze Weltall mit mathematischer Präzision geschaffen, so vollkommen, daß z.B. eine Sonnenuhr, die vor 200 oder 300 Jahren an der Wand eines Gebäudes angebracht wurde, auch heute noch genauso die Zeit anzeigt wie damals vor Jahrhunderten. Das heißt, daß die Position der Himmelskörper, in unserem Fall der Erde zur Sonne, noch nach Jahrhunderten gleich ist, obwohl sie inzwischen Milliarden von Kilometern im Weltall zurückgelegt haben. - Das ganze Sternensystem ist nur ein Beispiel dafür, wie wunderbar die Ordnung Gottes alles steuert. - **Wir können also sagen, daß die Unordnung sicher nicht von Gott kommt und sicher auch nicht zu Gott führt.**

Manchmal hört man vom "Segen Gottes" sprechen, der den Wohlstandsländern alle möglichen materiellen Reichtümer schenkt. Wir sollten aber doch ernst überlegen, ob dieser "Segen Gottes" wirklich vom wahren Gott der Ordnung und der Liebe stammt, wenn wir die Früchte dieses "Segens" betrachten, die uns erschüttern: Haß, Streit, Gewalt, Terrorismus, Konsumismus, Ehescheidungen, Sexualismus, Okkultismus, Drogenabhängigkeit, Alkoholismus und viele andere Abhängigkeiten, Mißachtung von Wahrheit und Gerechtigkeit, ja sogar Mißachtung des Lebensrechts der anderen, was heute erschreckend deutlich wird in der Ermordung Millionen ungeborener Kinder. - Und Jesus sagt dazu: **"Hütet euch vor den falschen Propheten; sie kommen zu euch wie** (harmlose) **Schafe, in Wirklichkeit aber sind sie reißende Wölfe. An ihren Früchten werdet ihr sie erkennen. Erntet** man etwa von Dornen Trauben oder von Disteln Feigen? Jeder gute Baum bringt gute Früchte hervor, ein schlechter Baum aber schlechte" (Mt 7,15-17). Der w a h r e Segen Gottes sieht ganz anders aus! - Dort, wo dieser wahre Segen wirkt, bewirkt er beim Menschen v.a. Treue zur Ordnung Gottes, Lob und Ehre für Gott, die Reinheit des Herzens, Wahrhaftigkeit und Gerechtigkeit, eine gesunde Nächstenliebe und eine frohe Bereitschaft in der Nachfolge des leidenden und gekreuzigten Herrn Jesus Christus, der uns, wenn auch oft auf schweren Kreuzwegen, doch zur Auferstehung, zur Himmelfahrt und zum ewigen Leben führt.

Es herrscht ein Kampf zwischen Himmel und Hölle, der erst am Tag des Letzten Gerichts enden wird. Im Mittelpunkt dieses Kampfes steht der Mensch. Aber schließlich geht es darum, wer den Menschen gewinnen wird, d.h. auf welche Seite der Mensch sich bewußt und freiwillig stellen wird. Davon wird aber auch die ganze Ewigkeit des Menschen abhängen. - Wenn der Mensch sich auf die Seite Gottes stellt, wird er als Erbe das empfangen, was Gott besitzt, und Seine ewigen Freuden genießen. Wenn der Mensch sich dagegen bewußt und freiwillig auf die Seite Satans stellt, wird er selbstverständlich als Konsequenz auch das Schicksal des Satans für alle Ewigkeit teilen müssen.

Mögen also die folgenden Betrachtungen uns die Augen öffnen für die Wirklichkeit der bösen Geister und in uns den Glauben, die Hoffnung und die Liebe zu Gott und zu den guten Geistern erneuern und unseren Willen stärken, damit wir dem Satan mit ganzer Kraft widersagen können.

"Danach sah ich: eine große Schar aus allen Nationen und Stämmen, Völkern und Sprachen; niemand konnte sie zählen. Sie standen in weißen Gewändern vor dem Thron und vor dem Lamm und trugen Palmzweige in den Händen. Sie riefen mit lauter Stimme: DIE RETTUNG KOMMT VON UNSEREM GOTT, der auf dem Thron sitzt, und von dem Lamm. Und alle Engel standen rings um den Thron, um die Ältesten und die vier Lebewesen. Sie warfen sich vor dem Thron nieder, beteten Gott an und sprachen: Amen, Lob und Herrlichkeit, Weisheit und Dank, Ehre und Macht und Stärke unserem Gott in alle Ewigkeit. Amen." (Offb 7,9-12)

1. November

"Da entbrannte im Himmel ein Kampf; Michael und seine Engel erhoben sich, um mit dem Drachen zu kämpfen. Der Drache und seine Engel kämpften, aber sie konnten sich nicht halten, und sie verloren ihren Platz im Himmel. ER WURDE GESTÜRZT, DER GROßE DRACHE, DIE ALTE SCHLANGE, DIE TEUFEL ODER SATAN HEIßT UND DIE GANZE WELT VERFÜHRT; der Drache wurde auf die Erde gestürzt, und mit ihm wurden seine Engel hinabgeworfen."

V: Wort des lebendigen Gottes! - A: Dank sei Gott, dem Herrn!

Betrachtungshilfe:

Dieses Wort Gottes spricht ganz eindeutig und klar über die Entstehung und Existenz der BÖSEN GEISTER, die als Satan, Teufel, Drache, Schlange oder Dämonen bezeichnet werden. Früher gehörten sie zu den guten und treuen Engeln Gottes und durften das Glück des Himmels genießen. Dann aber erhoben sie sich gegen Gott und Seinen Willen und es kam zum Kampf. Die Gott treuen Engel, an der Spitze der Erzengel Michael, haben diesen Kampf gewonnen, und die revoltierenden Engel wurden vom Himmel auf die Erde gestürzt, die seit dieser Zeit den bösen Geistern unterstellt ist. Diese Herrschaft der bösen Geister wird aber nicht mehr lange andauern. Der Endsieg Gottes und Seiner treuen Engel wie auch dieser Menschen, die an der Seite Gottes stehen, ist nicht mehr so fern. Selig werden dann all jene sein, die sich den Scharen der Gott treuen Engel angeschlossen haben und der Ordnung Gottes bis zum Ende treu geblieben sind.

* Stehe ich fest auf der Seite Gottes und Seiner Ordnung, zusammen mit dem Erzengel Michael und seinen Engeln?

* Welchen Vorsatz fasse ich im Licht des heutigen Wortes Gottes?

Tagesgebet:

Lasset uns beten: Allmächtiger Gott und Vater, Du schenkst uns die Freude, am heutigen Hochfest die Verdienste aller Deiner Heiligen zu feiern. Erfülle auf die Bitten so vieler Fürsprecher unsere Hoffnung und schenke uns Dein Erbarmen. Darum bitten wir Dich, durch unseren Herrn Jesus Christus, der in der Einheit des Heiligen Geistes mit Dir lebt und herrscht in alle Ewigkeit. Amen. (vgl. Laudes vom Hochfest Allerheiligen)

Liebe Familien und Freunde,

versuchen Sie bitte, die **GROSSE NOVENE** in Ihrer Umgebung bekannt zu machen. Auf diese Weise tragen auch Sie zur **Verkündigung des WORTES GOTTES** bei! Nützen Sie dieses Buch auch als sinnvolles, gnadenreiches Geschenk zum Weitergeben.

2. November

Wort Gottes: 1 Joh 5,13-21

"Dies schreibe ich euch, damit ihr wißt, daß ihr das ewige Leben habt; denn ihr glaubt an den Namen des Sohnes Gottes. Wir haben ihm gegenüber die Zuversicht, daß er uns hört, wenn wir etwas erbitten, das seinem Willen entspricht. Wenn wir wissen, daß er uns bei allem hört, was wir erbitten, dann wissen wir auch, daß er unsere Bitten schon erfüllt hat. Wer sieht, daß sein Bruder eine Sünde begeht, die nicht zum Tod führt, soll (für ihn) bitten; und Gott wird ihm Leben geben, allen, deren Sünde nicht zum Tod führt. Denn es gibt Sünde, die zum Tod führt. Von ihr spreche ich nicht, wenn ich sage, daß er bitten soll. Jedes Unrecht ist Sünde; aber es gibt Sünde, die nicht zum Tod führt. Wir wissen: Wer von Gott stammt, sündigt nicht, sondern der von Gott Gezeugte bewahrt ihn, und der Böse tastet ihn nicht an. Wir wissen: WIR SIND AUS GOTT, ABER DIE GANZE WELT STEHT UNTER DER MACHT DES BÖSEN. Wir wissen aber: Der Sohn Gottes ist gekommen, und er hat uns Einsicht geschenkt, damit wir (Gott) den Wahren erkennen. Und wir sind in diesem Wahren, in seinem Sohn Jesus Christus. Er ist der wahre Gott und das ewige Leben. Meine Kinder, hütet euch vor den Götzen."

V: Wort des lebendigen Gottes! - A: Dank sei Gott, dem Herrn!

Betrachtungshilfe:

Das heutige Wort Gottes bestätigt uns das, was wir gestern gehört haben, nämlich daß die ganze Welt unter der Macht des BÖSEN steht. Wir sollen dabei aber nicht übersehen, daß Jesus Christus siegen wird und mit IHM all jene, die sich von IHM, von Seinem Wort, führen lassen. ER ist der wahre Gott und ER schenkt uns Einsicht, damit wir die Wahrheit erkennen, die zum ewigen Leben führt. Je stärker wir innerlich durch den Glauben und das Gebet mit IHM verbunden sind, um so sicherer und mächtiger werden wir im Kampf und im Sieg sein.

Dieses Wort Gottes macht uns auch deutlich, daß die S Ü N D E die mächtigste und stärkste Waffe des Satans ist, die unser ewiges Leben im Himmel gefährdet, und daß jedes Unrecht Sünde ist, wenn auch nicht jede Sünde eine Todsünde ist, die zum ewigen Tod führt. - Wir müssen also all diese Menschen warnen, die eine gefährliche Verwirrung anrichten, wenn sie behaupten, daß es keinen Teufel und keine Sünde gibt. - Und zum Schluß warnt uns der heilige Johannes sehr eindringlich vor den Götzen, das heißt vor all dem, was unsere Gedanken, unseren Willen und unser Herz von Gott ablenkt und zum Bösen verführt.

- Entspricht meine Überzeugung von der Existenz des Satans und der Sünde all dem, worüber uns das heutige Wort Gottes und viele andere Worte Gottes ständig belehren?

- Welchen Vorsatz fasse ich im Licht des heutigen Wortes Gottes?

Tagesgebet: *siehe entsprechender Tag Seite 457*

3. November

"Dann wurde Jesus vom Geist in die Wüste geführt; dort sollte er vom Teufel in Versuchung geführt werden. Als er vierzig Tage und vierzig Nächte gefastet hatte, bekam er Hunger. Da trat der Versucher an ihn heran und sagte: Wenn du Gottes Sohn bist, so befiehl, daß aus diesen Steinen Brot wird. Er aber antwortete: In der Schrift heißt es: Der Mensch lebt nicht nur von Brot, sondern von jedem Wort, das aus Gottes Mund kommt. Darauf nahm ihn der Teufel mit sich in die Heilige Stadt, stellte ihn oben auf den Tempel und sagte zu ihm: Wenn du Gottes Sohn bist, so stürz dich hinab; denn es heißt in der Schrift: Seinen Engeln befiehlt er, dich auf ihren Händen zu tragen, damit dein Fuß nicht an einen Stein stößt. Jesus antwortete ihm: In der Schrift heißt es auch: Du sollst den Herrn, deinen Gott, nicht auf die Probe stellen. Wieder nahm ihn der Teufel mit sich und führte ihn auf einen sehr hohen Berg; er zeigte ihm alle Reiche der Welt mit ihrer Pracht und sagte zu ihm: Das alles will ich dir geben, wenn du dich vor mir niederwirfst und mich anbetest. Da sagte Jesus zu ihm: WEG MIT DIR, SATAN! - DENN IN DER SCHRIFT STEHT: VOR DEM HERRN, DEINEM GOTT, SOLLST DU DICH NIE-DERWERFEN UND IHM ALLEIN DIENEN. Darauf ließ der Teufel von ihm ab, und es kamen Engel und dienten ihm."

Betrachtungshilfe:

Die oben beschriebenen Versuchungen Jesu bestätigen uns, daß die Existenz des TEUFELS eine Tatsache und kein Märchen ist. Hier erfahren wir, mit welcher List und Frechheit der Teufel vorgeht, vor der uns auch der heilige Petrus warnt: **"Seid nüchtern und wachsam! - Euer Widersacher, der Teufel, geht wie ein brüllender Löwe umher und sucht, wen er verschlingen kann. Leistet ihm Widerstand in der Kraft des Glaubens!"** (1 Petr 5,8-9a). - Wir müssen also zur Kenntnis nehmen, daß der Teufel ständig danach trachtet, den Menschen zu verführen. Er will ihn bei der Erkenntnis und der Erfüllung des Willens des Himmlischen Vaters stören und, wenn möglich, ganz davon abhalten.

Als der Teufel zu Jesus sagte: **"Das alles will ich dir geben, wenn du dich vor mir niederwirfst und mich anbetest"**, widersprach Jesus nicht. ER sagte zum Teufel nicht: Du lügst, du kannst mir nichts geben, weil dir nichts gehört, sondern ER bestätigte gewissermaßen durch Sein Schweigen, daß der Teufel tatsächlich Macht über die Erde hat. Aber er wies den Satan entschieden und ganz hart ab und machte ihm und damit auch allen Menschen klar: **"Weg mit dir, Satan! - Vor dem Herrn, deinem Gott, sollst du dich niederwerfen und ihm allein dienen."**

- Sind die heutigen Strömungen, die sich gegen die Anbetung Gottes richten und verhindern wollen, daß der Mensch sich vor Gott, seinem Herrn niederwirft, nicht eine neue satanische Versuchung, um den Menschen irrezuführen? - Sind

die Menschen heute oft nicht viel eher dazu bereit, sich vor dem Teufel niederzuwerfen, als vor Gott?

* Welchen Vorsatz fasse ich im Licht des heutigen Wortes Gottes?

Tagesgebet: *siehe entsprechender Tag Seite 457*

4. November

Wort Gottes: Mt 13,36-43

**"Jesus verließ die Menge und ging nach Hause. Und seine Jünger kamen zu
ihm und sagten: Erkläre uns das Gleichnis vom Unkraut auf dem Acker. Er
antwortete: Der Mann, der den guten Samen sät, ist der Menschensohn; der
Acker ist die Welt; der gute Samen, das sind die Söhne des Reiches; das
Unkraut sind die Söhne des Bösen; DER FEIND, DER ES GESÄT HAT, IST
DER TEUFEL; die Ernte ist das Ende der Welt; die Arbeiter bei dieser Ernte
sind die Engel. Wie nun das Unkraut aufgesammelt und im Feuer verbrannt
wird, so wird es auch am Ende der Welt sein: Der Menschensohn wird seine
Engel aussenden, und sie werden aus seinem Reich alle zusammenholen, die
andere verführt und Gottes Gesetz übertreten haben, und werden sie in den
Ofen werfen, in dem das Feuer brennt. Dort werden sie heulen und mit den
Zähnen knirschen. Dann werden die Gerechten im Reich ihres Vaters wie die
Sonne leuchten. Wer Ohren hat, der höre!"**

V: Wort des lebendigen Gottes! - A: Dank sei Gott, dem Herrn!

Betrachtungshilfe:

Hier finden wir eine Beschreibung dieses Kampfes, der im Himmel zwischen den
GUTEN GEISTERN und den BÖSEN GEISTERN begonnen hat und sich auf der
Erde bis zum Tag des Letzten Gerichts fortsetzen wird. Und dieser Kampf wird sich
kurz vorher sogar noch verschärfen. An der Spitze dieses Kampfes steht Jesus
Christus selbst, der menschgewordene Sohn Gottes, mit der Macht Seines Wortes,
des WORTES GOTTES. - Auf der anderen Seite steht der Feind Gottes und der
Menschen, der Satan. Seine Macht gründet sich auf die Sünde, v.a. auf die Sünde der
Lüge, des Betrugs, des Streites, der Ungerechtigkeit, des Hochmuts und Stolzes. -
Am Ende dieses Kampfes, der zugleich auch das Ende der Welt sein wird, werden
die Gott treuen Engel und Menschen, die "Söhne des Reiches", den letzten Sieg über
den Teufel und seine Entmachtung feiern.

* Bin ich mir darüber im klaren, daß sich der Mensch durch jede bewußte und
freiwillige Sünde gegen Gott und Seine Ordnung wendet und sich als Handlanger
des Teufels auf dessen Seite stellt?

* Welchen Vorsatz fasse ich im Licht des heutigen Wortes Gottes?

Tagesgebet: *siehe entsprechender Tag Seite 457*

5. November

"Die Zweiundsiebzig kehrten zurück und berichteten voll Freude: Herr, sogar die Dämonen gehorchen uns, wenn wir deinen Namen aussprechen. Da sagte er zu ihnen: ICH SAH DEN SATAN WIE EINEN BLITZ VOM HIMMEL FALLEN. Seht, ich habe euch die Vollmacht gegeben, auf Schlangen und Skorpione zu treten und die ganze Macht des Feindes zu überwinden. Nichts wird euch schaden können. Doch freut euch nicht darüber, daß euch die Geister gehorchen, sondern freut euch darüber, daß eure Namen im Himmel verzeichnet sind."

V: Wort des lebendigen Gottes! - A: Dank sei Gott, dem Herrn!

Betrachtungshilfe:

Dieses Wort Gottes zeigt uns, welch große Macht uns allein schon der NAME JESU im Kampf gegen den SATAN verleiht, wenn wir **i h n** mit überzeugtem Glauben, mit großer Ehrfurcht und Liebe aussprechen. - Sowohl das zweite Gebot Gottes wie auch das Vaterunser, das der Herr uns selbst gelehrt hat, fordert uns auf, den NAMEN GOTTES nicht zu verunehren. Und wie oft gebrauchen die Menschen ohne Notwendigkeit, ganz unüberlegt und leichtfertig, bei jeder Gelegenheit, den Namen Gottes, ja mißbrauchen ihn sogar als Schimpfwort und Fluch und sündigen dadurch schwer!

Jesus berichtet uns hier, daß ER den Satan wie einen Blitz vom Himmel fallen sah. Dies geschah beim Sturz des Satans vom Himmel und dies beweist uns auch, daß Jesus dabei war, damals nicht als Mensch Jesus, sondern als der ewige Sohn Gottes. - Somit ist diese Aussage Jesu ein weiterer Beweis dafür, daß Jesus wahrer Mensch und wahrer, ewiger Gott ist. - Zugleich können wir aber diese Aussage Jesu, in Verbindung mit dem Bericht der Apostel, auch als Vorhersage des letzten Sturzes Satans deuten, wenn auch wir wie die Apostel wirken.

Obwohl die Niederlage des Teufels sehr wichtig ist, geht es Jesus jedoch viel mehr um die Rettung des Menschen, darum, daß die Namen Seiner Getreuen im Himmel verzeichnet sind.

* Sorge ich in allem, was ich denke, rede und tue vor allem dafür, daß mein Name im Himmel, im Buch des Lebens, verzeichnet sein wird? - Denke ich dabei auch an meine Mitmenschen und sorge dafür, daß sie nicht durch die List Satans verlorengehen?

* Welchen Vorsatz fasse ich im Licht des heutigen Wortes Gottes?

Tagesgebet: *siehe entsprechender Tag Seite 457*

6. November

Wort Gottes: Joh 8,38-47

"Ich sage, was ich beim Vater gesehen habe, und ihr tut, was ihr von eurem Vater gehört habt. Sie antworteten ihm: Unser Vater ist Abraham. Jesus sagte zu ihnen: Wenn ihr Kinder Abrahams wärt, würdet ihr so handeln wie Abraham. Jetzt aber wollt ihr mich töten, einen Menschen, der euch die Wahrheit verkündet hat, die Wahrheit, die ich von Gott gehört habe. So hat Abraham nicht gehandelt. Ihr vollbringt die Werke eures Vaters. Sie entgegneten ihm: Wir stammen nicht aus einem Ehebruch, sondern wir haben nur den einen Vater: Gott. Jesus sagte zu ihnen: Wenn Gott euer Vater wäre, würdet ihr mich lieben; denn von Gott bin ich ausgegangen und gekommen. Ich bin nicht in meinem eigenen Namen gekommen, sondern er hat mich gesandt. Warum versteht ihr nicht, was ich sage? Weil ihr nicht imstande seid, mein Wort zu hören. IHR HABT DEN TEUFEL ZUM VATER, UND IHR WOLLT DAS TUN, WONACH ES EUREN VATER VERLANGT. ER WAR EIN MÖRDER VON ANFANG AN. UND ER STEHT NICHT IN DER WAHRHEIT; denn es ist keine Wahrheit in ihm. Wenn er lügt, sagt er das, was aus ihm selbst kommt; denn er ist ein Lügner und ist der Vater der Lüge. Mir aber glaubt ihr nicht, weil ich die Wahrheit sage. Wer von euch kann mir eine Sünde nachweisen? Wenn ich die Wahrheit sagte, warum glaubt ihr mir nicht? Wer aus Gott ist, hört die Worte Gottes; ihr hört sie deshalb nicht, weil ihr nicht aus Gott seid."

V: Wort des lebendigen Gottes! - A: Dank sei Gott, dem Herrn!

Betrachtungshilfe:

Hier weist uns Jesus ganz hart und mit erschreckender Deutlichkeit darauf hin, daß diese, die das Wort Gottes nicht hören und nicht befolgen, vom TEUFEL stammen und den Teufel zum Vater haben. - Cäsarius, Bischof von Arles sagt in einer Predigt: "Vor der Taufe waren wir alle Tempel des Teufels, nach der Taufe wurden wir Tempel Christi." (Lektionar zum Stundenbuch, I/8, S.281) Jesus spricht ganz klar darüber, daß der Teufel ein Mörder, ein Lügner, ja überhaupt der Vater der Lüge ist. Und ER sagt uns ebenso deutlich, daß ER selbst die Wahrheit, der Weg und das Leben ist (vgl. Joh 14,6). - Wer also lügt, auch mit einer Notlüge, dient in Wirklichkeit dem Teufel, aber niemals Gott.

Die letzte Aussage läßt uns ohne weiteres erkennen, ob wir von Gott stammen, ob wir auf dem Weg zu Gott sind und gerettet werden, oder ob wir dem Teufel angehören. Jesus sagt: **"WER AUS GOTT IST, HÖRT DIE WORTE GOTTES."** - Wenn der Mensch also wirklich die Wahrheit liebt und sie sucht, der findet sie in jedem Wort Gottes und wird dadurch vom Bösen befreit. Jesus erklärt dies noch deutlicher: **"Wenn ihr in meinem Wort bleibt, seid ihr wirklich meine Jünger. Dann werdet ihr die Wahrheit erkennen, und die Wahrheit wird euch befreien. Wenn euch also der Sohn** [das Wort Gottes] **befreit, dann seid ihr wirklich frei"** (Joh 8,31-32/36).

- Suche ich durch die Erfüllung des Wortes Gottes die Vereinigung mit Jesus Christus und durch IHN, im Heiligen Geist, die Versöhnung mit dem Himmlischen Vater?
- Welchen Vorsatz fasse ich im Licht des heutigen Wortes Gottes?

Tagesgebet: *siehe entsprechender Tag Seite 457*

7. November

Wort Gottes:

Mt 16,21-26a

"Von da an begann Jesus, seinen Jüngern zu erklären, er müsse nach Jerusalem gehen und von den Ältesten, den Hohenpriestern und den Schriftgelehrten vieles erleiden; er werde getötet werden, aber am dritten Tag werde er auferstehen. Da nahm ihn Petrus beiseite und machte ihm Vorwürfe; er sagte: Das soll Gott verhüten, Herr! Das darf nicht mir dir geschehen! - Jesus aber wandte sich um und sagte zu Petrus: WEG MIT DIR, SATAN, GEH MIR AUS DEN AUGEN! DU WILLST MICH ZU FALL BRINGEN; DENN DU HAST NICHT DAS IM SINN, WAS GOTT WILL, SONDERN WAS DIE MENSCHEN WOLLEN. Darauf sagte Jesus zu seinen Jüngern: Wer mein Jünger sein will, der verleugne sich selbst, nehme sein Kreuz auf sich und folge mir nach. Denn wer sein Leben retten will, wird es verlieren; wer aber sein Leben um meinetwillen verliert, wird es gewinnen. Was nützt es einem Menschen, wenn er die ganze Welt gewinnt, dabei aber sein Leben einbüßt?"

V: Wort des lebendigen Gottes! - A: Dank sei Gott, dem Herrn!

Betrachtungshilfe:

Wollte Petrus den Herrn Jesus wirklich zu Fall bringen? - Gewiß nicht! - Warum also sprach Jesus zu Petrus auf diese Weise? - Weil ER den SATAN neben Petrus stehen sah. Satan nützte die Blindheit des Petrus und flüsterte ihm das zu, wodurch er durch Petrus den Herrn zu Fall bringen wollte. Obwohl Jesus sich direkt an Petrus wandte und zu ihm sprach, sprach ER in Wirklichkeit direkt zum Satan, unter dessen Einfluß ER in diesem Augenblick Petrus stehen sah.

So wird aus diesem Wort Gottes klar ersichtlich, wie der Satan ständig versucht, beim Menschen etwas gegen den Willen Gottes zu erreichen. Er nützt dabei die menschliche Schwäche aus, die seit dem Erbsündefall den Menschen verblendet, so daß er nicht immer sofort und richtig den Willen des Himmlischen Vaters erkennen kann.

Gott will sicher nicht die Leiden des Menschen, aber sie sind auch heute oft notwendig, um den Satan und seine Macht zu bekämpfen. Deshalb sagte Jesus: "Wer mein Jünger sein will, der verleugne sich selbst, nehme sein Kreuz auf sich und folge mir nach. Denn wer sein Leben retten will, wird es verlieren; wer aber sein Leben um meinetwillen und um des Evangeliums willen verliert, wird es retten" (Mk 8,34b-35).

- Wie würde ich mich verhalten, wenn jemand mich darauf aufmerksam machen würde, daß ich gerade unter dem Einfluß des bösen Geistes stehe, wodurch ich Schlechtes bei anderen bewirken könnte? - Hätte ich dann genug Demut, meinen Fehler einzusehen, und mich fest in die Hand zu nehmen, damit der Teufel bei mir nicht das erreichen kann, was er mit mir geplant hat?
- Welchen Vorsatz fasse ich im Licht des heutigen Wortes Gottes?

Tagesgebet: *siehe entsprechender Tag Seite 458*

8. November

Wort Gottes: Lk 22,31-34

"Simon, Simon, DER SATAN HAT VERLANGT, DAß ER EUCH WIE WEIZEN SIEBEN DARF. Ich aber habe für dich gebetet, daß dein Glaube nicht erlischt. Und wenn du dich wieder bekehrt hast, dann stärke deine Brüder. Darauf sagte Petrus zu ihm: Herr, ich bin bereit, mit dir sogar ins Gefängnis und in den Tod zu gehen. Jesus erwiderte: Ich sage dir, Petrus, ehe heute der Hahn kräht, wirst du dreimal leugnen, mich zu kennen."

V: Wort des lebendigen Gottes! - A: Dank sei Gott, dem Herrn!

Betrachtungshilfe:

Erneut erleben wir hier den SATAN als den Feind des Menschen, der ständig danach trachtet, den Menschen zu verführen, ihn von der Erfüllung des Willens Gottes abzubringen und so von Gott zu trennen. - Weiter erfahren wir über die menschliche Schwachheit, die in jedem Menschen steckt, und meist nicht leicht zu erkennen und zu überwinden ist. - Auch Petrus ist sich seiner menschlichen Schwäche nicht bewußt und verspricht voller Überzeugung und Selbstsicherheit, für Jesus sogar in den Tod gehen zu wollen. - In diesem Augenblick konnte Petrus die prophetische Bemerkung Jesu nicht verstehen, die schon bald danach in Erfüllung gehen sollte. - Erst nachdem Petrus den Herrn tatsächlich dreimal verleugnet hatte, erkannte er seine Schwachheit. Er bereute sein Versagen mit bitteren Tränen, bekehrte sich und erfüllte später treu und tapfer, bis zu seinem eigenen Tod am Kreuz alles, was der Herr ihm aufgetragen hatte.

- Wie verhalte ich mich, wenn ich sehe, daß der Satan mich durch irgendeine Schwäche zur Sünde verleitet hat? - Bin ich dann verzweifelt, weil ich dachte, daß ich schon heilig bin und mir selbst so sicher war, daß ich niemals diese oder jene Sünde begehen könnte? - Oder beweine ich meinen Sündenfall, bekehre mich und versuche mehr auf den Herrn zu vertrauen, auf das Gebet und auf gute Werke der Liebe, als auf mich selbst?
- Welchen Vorsatz fasse ich im Licht des heutigen Wortes Gottes?

Tagesgebet: *siehe entsprechender Tag Seite 458*

9. November

"Viele seiner Jünger, die ihm zuhörten, sagten: Was er sagt, ist unerträglich. Wer kann das anhören? Jesus wußte von Anfang an, welche es waren, die nicht glaubten, und wer ihn verraten würde. Und er sagte: Deshalb habe ich zu euch gesagt: Niemand kann zu mir kommen, wenn es ihm nicht vom Vater gegeben ist. Daraufhin zogen sich viele Jünger zurück und wanderten nicht mehr mit ihm umher. Da fragte Jesus die Zwölf: Wollt auch ihr weggehen? Simon Petrus antwortete ihm: Herr, zu wem sollen wir gehen? Du hast Worte des ewigen Lebens. Wir sind zum Glauben gekommen und haben erkannt: Du bist der Heilige Gottes. Jesus erwiderte: HABE ICH NICHT EUCH, DIE ZWÖLF, ERWÄHLT? UND DOCH IST EINER VON EUCH EIN TEUFEL. Er sprach von Judas, dem Sohn des Simon Iskariot; denn dieser sollte ihn verraten: einer der Zwölf."

V: Wort des lebendigen Gottes! - A: Dank sei Gott, dem Herrn!

Betrachtungshilfe:

Als Jesus über das Geheimnis der Heiligen Eucharistie sprach und dabei ankündigte, daß ER Sein Fleisch zu essen und Sein Blut zu trinken geben werde, murrten viele von den Jüngern und hielten dies für unerträglich.

Die Heilige Eucharistie ist bis heute für viele Menschen eine schwere Prüfung des Glaubens. - Hier, wie bei vielen anderen übernatürlichen Dingen, geht es eben nicht darum, daß wir verstehen, sondern daß wir g l a u b e n .

Der Herr verlangt auch dort, wo es um den Kampf gegen den BÖSEN GEIST geht, allein den Glauben und nicht das Verstehen, weil es dabei um Dinge geht, die der Mensch mit seinem Verstand nicht erfassen kann.

Nach dem Erbsündefall ist der Verstand des Menschen und seine Fähigkeit des Erkennens so eingeschränkt, daß er Übernatürliches kaum oder nur schwer begreifen kann. Deswegen sagte Jesus zu Nikodemus: **"Wenn ich zu euch über irdische Dinge gesprochen habe und ihr nicht glaubt, wie werdet ihr glauben, wenn ich zu euch über himmlische Dinge spreche?"** (Joh 3,12).

Der heilige Petrus gab im Heiligen Geist die richtige Antwort dazu, als er sagte: **"Herr, zu wem sollen wir gehen? Du hast Worte des ewigen Lebens. Wir sind zum Glauben gekommen und haben erkannt. Du bist der Heilige Gottes"** (Joh 6,68-69).

Interessant ist, daß Jesus im heutigen Wort Gottes den Judas direkt als Teufel bezeichnet. Deshalb ist es nur schwer zu verstehen, daß manche Leute noch darüber diskutieren, ob Judas, der sein Leben durch Selbstmord beendet hat, verlorengegangen ist oder gerettet wurde.

Die heutigen Streitigkeiten um die Eucharistie und der gezielte Kampf gegen diese von Jesus offenbarte Wahrheit ist sicher der Kampf des Teufels gegen die Menschen, damit sie an diese Heilswahrheit nicht glauben und so auch keinen Anteil am ewigen Leben Gottes gewinnen und verlorengehen.

- Bemühe ich mich bewußt darum, meinen Glauben an die offenbarte Wahrheit Gottes zu stärken und so immer näher zu Gott zu gelangen, damit ich dadurch geheiligt und gerettet werde?
- Welchen Vorsatz fasse ich im Licht des heutigen Wortes Gottes?

Tagesgebet: *siehe entsprechender Tag Seite 458*

10. November

Wort Gottes: Lk 22,1-6

"Das Fest der Ungesäuerten Brote, das Pascha genannt wird, war nahe. Und die Hohenpriester und die Schriftgelehrten suchten nach einer Möglichkeit, Jesus (unauffällig) zu beseitigen; denn sie fürchteten sich vor dem Volk. DER SATAN ABER ERGRIFF BESITZ VON JUDAS, genannt Iskariot, der zu den Zwölf gehörte. Judas ging zu den Hohenpriestern und den Hauptleuten und beriet mit ihnen, wie er Jesus an sie ausliefern könnte. Da freuten sie sich und kamen mit ihm überein, ihm Geld dafür zu geben. Er sagte zu und suchte von da an nach einer Gelegenheit, ihn an sie auszuliefern, ohne daß das Volk es merkte."

V: Wort des lebendigen Gottes! - A: Dank sei Gott, dem Herrn!

Betrachtungshilfe:

Dieses Wort Gottes zeigt uns erneut, welche Gefahr vom Geld ausgeht, wenn es in den Händen von Menschen ist, die nicht den Willen Gottes suchen, sondern eigenen Interessen und Begierden folgen.

Hier erfahren wir, was im Leben des Judas Iskariot die wichtigste Rolle spielte, und wie der SATAN die Geldgier des Judas ausnützte. Für Judas zählte nicht die Liebe zu Gott und die Erfüllung Seines Willens, sondern Geld und irdischer Reichtum. - Judas hatte sich Jesus nicht aus religiösen Gründen angeschlossen, sondern aus machtpolitischen und wirtschaftlichen Gründen. Er dachte, daß Jesus politische Karriere machen und König in Israel werden würde, und er, Judas, dann eventuell Finanzminister.

- Nehme ich mir manchmal Zeit dazu, mein Leben zu überdenken? - Frage ich mich dabei auch, welche Rolle das Geld in meinem Leben spielt?
- Welchen Vorsatz fasse ich im Licht des heutigen Wortes Gottes?

Tagesgebet: *siehe entsprechender Tag Seite 458*

Mit den Betrachtungen vom Monat Dezember endet der 2. Band der Gesamtausgabe der GROSSEN NOVENE. - Wer den 3. Band wünscht, sollte ihn möglichst bald bei folgender Adresse bestellen:

Samaritanische Bewegung Mariens-EINHEIT
Frau Anni Hüger, D-89202 Neu-Ulm, Postfach 1272

11. November

"Amen, amen, das sage ich euch: Einer von euch wird mich verraten. Die Jünger blickten sich ratlos an, weil sie nicht wußten, wen er meinte. Einer von den Jüngern lag an der Seite Jesu; es war der, den Jesus liebte. Simon Petrus nickte ihm zu, er solle fragen, von wem Jesus spreche. Da lehnte sich dieser zurück an die Brust Jesu und fragte ihn: Herr, wer ist es? Jesus antwortete: Der ist es, dem ich den Bissen Brot, den ich eintauche, geben werde. Dann tauchte er das Brot ein, nahm es und gab es Judas, dem Sohn des Simon Iskariot. ALS JUDAS DEN BISSEN BROT GENOMMEN HATTE, FUHR DER SATAN IN IHN. Jesus sagte zu ihm: Was du tun willst, das tu bald! - Aber keiner der Anwesenden verstand, warum er ihm das sagte. Weil Judas die Kasse hatte, meinten einige, Jesus wolle ihm sagen: Kaufe, was wir zum Fest brauchen!, oder Jesus trage ihm auf, den Armen etwas zu geben. Als Judas den Bissen Brot genommen hatte, ging er sofort hinaus. Es war aber Nacht."

V: Wort des lebendigen Gottes! - A: Dank sei Gott, dem Herrn!

Betrachtungshilfe:

Dieses Wort Gottes offenbart uns etwas von der Allwissenheit Gottes. - Jesus kennt sogar die geheimsten Gedanken der Menschen!

Weiter beweist uns dieses Wort Gottes, daß sogar der Satan Gott bei der Erfüllung Seiner Erlösungspläne dienen muß. Der Satan will zwar Gott nicht dienen, aber Gott führt alles so bis zum Ende, daß sich schließlich zeigen wird, daß auch die Hölle indirekt der Erfüllung des ewigen Willens des Himmlischen Vaters dienen mußte, wenngleich der Teufel dafür keinen Lohn bekommen wird.

Aus diesem Grund wird auch der Fall der Erbsünde der ersten Menschen von der Kirche als "felix culpa" (glückliche Schuld) bezeichnet. - Das heißt nicht, daß Gott die Erbsünde wollte, aber als sie schließlich geschah, führte ER danach alles so, daß doch schließlich die Gnade über die Sünde siegte. Deswegen sagt der heilige Paulus: **"Gott, der die Herzen erforscht, weiß, was die Absicht des Geistes ist: er tritt so, wie Gott es will, für die Heiligen ein. Wir wissen, daß Gott bei denen, die ihn lieben, alles zum Guten führt, bei denen, die nach seinem ewigen Plan berufen sind"** (Röm 8,27-28). - Und weiter: **"Wo jedoch die Sünde mächtig wird, da ist die Gnade übergroß geworden. Denn wie die Sünde (Erbsünde) herrschte und zum Tod führte, so soll auch die Gnade herrschen und durch Gerechtigkeit zum ewigen Leben führen, durch Jesus Christus, unseren Herrn."** (Röm 5,20b-21) - Und weiter schreibt der heilige Paulus: **"Heißt das nun, daß wir an der Sünde festhalten sollen, damit die Gnade mächtiger werde? Keineswegs!** (Röm 6,1-2a).

Das Wort Gottes zeigt uns heute die totale Besessenheit eines Menschen. - Jesus hinderte Judas nicht am Verrat, und das ist der beste Beweis dafür, wie Gott die

Freiheit des Menschen respektiert und auf seine freie Entscheidung wartet. - Jeder entscheidet sich also freiwillig für Gott und gegen den Satan oder umgekehrt. Dann aber muß auch jeder mit den entsprechenden Konsequenzen rechnen!

- Wiederholt sich nicht auch heute oft der Fall des Judas unter uns, wenn Menschen bei Gott irdische, soziale und wirtschaftliche Vorteile suchen, ja sogar in Seinem Dienst Karriere und Geschäfte machen wollen und mehr das Irdische im Sinn haben als das Himmlische?

- Welchen Vorsatz fasse ich im Licht des heutigen Wortes Gottes?

Tagesgebet: *siehe entsprechender Tag Seite 458*

12. November

Wort Gottes: Apg 5,1-6

"Ein Mann namens Hananias aber und seine Frau Saphira verkauften zusammen ein Grundstück, und mit Einverständnis seiner Frau behielt er etwas von dem Erlös für sich. Er brachte nur einen Teil und legte ihn den Aposteln zu Füßen. Da sagte Petrus: Hananias, WARUM HAT DER SATAN DEIN HERZ ERFÜLLT, DAß DU DEN HEILIGEN GEIST BELÜGST und von dem Erlös des Grundstücks etwas für dich behältst? Hätte es nicht dein Eigentum bleiben können, und konntest du nicht auch nach dem Verkauf frei über den Erlös verfügen? Warum hast du in deinem Herzen beschlossen, so etwas zu tun? DU HAST NICHT MENSCHEN BELOGEN, SONDERN GOTT. Als Hananias diese Worte hörte, stürzte er zu Boden und starb. Und über alle, die es hörten, kam große Furcht. Die jungen Männer standen auf, hüllten ihn ein, trugen ihn hinaus und begruben ihn."

V: Wort des lebendigen Gottes! - A: Dank sei Gott, dem Herrn!

Betrachtungshilfe:

Aus der weiteren Erzählung dieser Geschichte wissen wir, daß auch die Frau des Hananias, Saphira, so wie Hananias, für diese Lüge, die ihnen der TEUFEL ins Herz gepflanzt hatte, mit dem sofortigen Tod bestraft wurde.

Der heilige Petrus, der höchste Vollzieher des Willens des Himmlischen Vaters auf der Erde, ist Kronzeuge dieses schrecklichen Geschehens. Gott zeigt uns in diesem Wort Gottes, wie schrecklich für IHN die Lüge ist, mit der sich der Mensch vor IHM wie mit einer Maske verkleidet, - als ob der Mensch Gott täuschen könnte!

- Wie denke ich persönlich über die Lüge? - Bin ich empört, wenn die anderen lügen, aber reserviere mir vielleicht das Vorrecht der Notlüge und denke, daß dies vor Gott kein Greuel ist?

- Welchen Vorsatz fasse ich im Licht des heutigen Wortes Gottes?

Tagesgebet: *siehe entsprechender Tag Seite 458*

13. November

"Am Sabbat lehrte Jesus in einer Synagoge. Dort saß eine Frau, die seit achtzehn Jahren krank war, weil sie von einem Dämon geplagt wurde; ihr Rücken war verkrümmt, und sie konnte nicht mehr aufrecht gehen. Als Jesus sie sah, rief er sie zu sich und sagte: Frau, du bist von deinem Leiden erlöst. Und er legte ihr die Hände auf. Im gleichen Augenblick richtete sie sich auf und pries Gott. Der Synagogenvorsteher aber war empört darüber, daß Jesus am Sabbat heilte, und sagte zu den Leuten: Sechs Tage sind zum Arbeiten da. Kommt also an diesen Tagen und laßt euch heilen, nicht am Sabbat! - Der Herr erwiderte ihm: Ihr Heuchler! Bindet nicht jeder von euch am Sabbat seinen Ochsen oder Esel von der Krippe los und führt ihn zur Tränke? Diese Tochter Abrahams aber, DIE DER SATAN SCHON SEIT ACHTZEHN JAHREN GEFESSELT HIELT, sollte am Sabbat nicht davon befreit werden dürfen? Durch diese Worte wurden alle seine Gegner beschämt; das ganze Volk aber freute sich über all die großen Taten, die er vollbrachte."

V: Wort des lebendigen Gottes! - A: Dank sei Gott, dem Herrn!

Betrachtungshilfe:

Dieses Wort Gottes macht uns deutlich, wie sehr der SATAN die Menschen verknechten und quälen kann. Er kann durch unsere Sünden Macht über uns gewinnen, nicht nur über unsere Seele, sondern auch über unseren Leib.

Jesus erweist sich hier erneut als der barmherzige und gütige Herr, der Mitleid hat mit den gequälten Menschen, und sie von der Macht des Satans befreit: ER heilt eine Frau, die der Satan schon seit 18 Jahren gefangenhielt.

So wie der Erzengel Michael im Himmel an der Spitze der Scharen der Gott treuen Engel stand, so steht jetzt Jesus an der Spitze all derer, die zur Ordnung Gottes zurückkehren und den Prinzipien des Evangeliums gehorchen wollen. - Jesus kritisiert hier den Synagogenvorsteher und nennt ihn einen Heuchler, weil er zwar streng auf die Einhaltung der Gesetze achtet, aber keine Rücksicht und Barmherzigkeit für die Not des anderen kennt, die uns das Gebot der Nächstenliebe als zweitwichtigstes Gebot Gottes vorschreibt.

- Inwieweit verwirkliche ich in meinem Leben diese beiden höchsten Gebote Gottes: Das Gebot der Gottesliebe und das Gebot der Nächstenliebe? - Mache ich mir heute am **Fatimatag** erneut bewußt, wie sehr uns die tägliche Betrachtung des Wort Gottes und das Rosenkranzgebet vor der Macht und dem Einfluß des bösen Geistes schützen kann?
- Welchen Vorsatz fasse ich im Licht des heutigen Wortes Gottes?

Tagesgebet: *siehe entsprechender Tag Seite 459*

14. November

Wort Gottes: Mk 1,23-28

"In ihrer Synagoge saß ein Mann, der von einem unreinen Geist besessen war. Der begann zu schreien: Was haben wir mit dir zu tun, Jesus von Nazaret? Bist du gekommen, um uns ins Verderben zu stürzen? Ich weiß, wer du bist: der Heilige Gottes. Da befahl ihm Jesus: Schweig und verlaß ihn! - Der unreine Geist zerrte den Mann hin und her und verließ ihn mit lautem Geschrei. Da erschraken alle, und einer fragte den andern: Was hat das zu bedeuten? Hier wird mit Vollmacht eine ganz neue Lehre verkündet. SOGAR DIE UNREINEN GEISTER GEHORCHEN SEINEM BEFEHL. Und sein Ruf verbreitete sich rasch im ganzen Gebiet von Galiläa."

V: Wort des lebendigen Gottes! - A: Dank sei Gott, dem Herrn!

Betrachtungshilfe:

Der Satan wußte nach der Versuchung Jesu, worüber wir am 3.November nachgedacht haben, ganz genau, daß Jesus der vom Himmlischen Vater verheißene Messias ist, - der Sohn Gottes von Ewigkeit her. Deshalb wußten auch die anderen Dämonen in der Hölle Bescheid, wer dieser Jesus von Nazaret wirklich ist.

Dieses Wort Gottes ist ein weiterer Beweis dafür, welch schreckliche Qualen all diese erleiden müssen, die der Macht der Hölle verfallen. - Jesus offenbart hier erneut Seine göttliche Macht und treibt die Dämonen aus, die IHM als GOTT selbstverständlich gehorchen müssen. Jesus tat dies nicht nur, um diesen armen Menschen die Gnade der Befreiung zu schenken, sondern auch für uns, damit auch wir durch den Glauben an IHN als Gott und Herrn der ganzen Schöpfung Zugang und Vertrauen zu Seiner befreienden Allmacht gewinnen.

- Bete ich um die Vermehrung meines Glaubens, damit ich die Schwierigkeiten, die die Hölle ständig bereithält, in der Kraft des Glaubens mit Hilfe der göttlichen Macht und Gnade leichter überwinde?
- Welchen Vorsatz fasse ich im Licht des heutigen Wortes Gottes?

Tagesgebet: *siehe entsprechender Tag Seite 459*

15. November

Wort Gottes: Mk 7,24-30

"Jesus brach auf und zog von dort in das Gebiet von Tyrus. Er ging in ein Haus, wollte aber, daß niemand davon erfuhr; doch es konnte nicht verborgen bleiben. Eine Frau, deren Tochter von einem unreinen Geist besessen war, hörte von ihm; sie kam sogleich herbei und fiel ihm zu Füßen. Die Frau, von Geburt Syrophönizierin, war eine Heidin. SIE BAT IHN, AUS IHRER TOCHTER DEN DÄMON AUSZUTREIBEN. Da sagte er zu ihr: Laßt zuerst die Kinder satt werden; denn es ist nicht recht, das Brot den Kindern wegzunehmen und den Hunden vorzuwerfen. Sie erwiderte ihm: Ja, du hast recht, Herr! Aber auch für die Hunde unter dem Tisch fällt etwas von dem Brot ab, das die Kinder essen. Er antwortete ihr: Weil du das gesagt hast, sage ich dir: Geh nach Hause, der Dämon hat deine Tochter verlassen. Und als sie nach Hause kam, fand sie das Kind auf dem Bett liegen und sah, daß der Dämon es verlassen hatte."

V: Wort des lebendigen Gottes! - A: Dank sei Gott, dem Herrn!

Betrachtungshilfe:

Dieses Wort Gottes zeigt uns, daß die befreiende Liebe und Allmacht Gottes allen Menschen offensteht, all denen, die an diese Liebe und Allmacht Gottes glauben. - Hier erfahren wir, daß Jesus sogar die Bitte einer Heidin erfüllte, weil sie einen solch demütigen Glauben hatte. Jesus heilte ihre Tochter sogar aus der Ferne und befreite sie vom Dämon.

* Besitze ich schon einen so demütigen Glauben wie diese Mutter, um dadurch die Gnade der inneren Befreiung beim Himmlischen Vater, im Namen Jesu, aus der Kraft des Heiligen Geistes, zu erlangen?
* Welchen Vorsatz fasse ich im Licht des heutigen Wortes Gottes?

Tagesgebet: *siehe entsprechender Tag Seite 459*

16. November

Wort Gottes: Apg 10,37-43

"Ihr wißt, was im ganzen Land der Juden geschehen ist, angefangen in Galiläa, nach der Taufe, die Johannes verkündet hat: wie Gott Jesus von Nazaret gesalbt hat mit dem Heiligen Geist und mit Kraft, WIE DIESER UMHERZOG, GUTES TAT UND ALLE HEILTE, DIE IN DER GEWALT DES TEUFELS WAREN; DENN GOTT WAR MIT IHM. Und wir sind Zeugen für alles, was er im Land der Juden und in Jerusalem getan hat. Ihn haben sie an den Pfahl gehängt und getötet. Gott aber hat ihn am dritten Tag auferweckt und hat ihn erscheinen lassen, zwar nicht dem ganzen Volk, wohl aber den von Gott vorherbestimmten Zeugen: uns, die wir mit ihm nach seiner Auferstehung von den Toten gegessen und getrunken haben. Und er hat uns geboten, dem Volk zu verkündigen und zu bezeugen: Das ist der von Gott eingesetzte Richter der Lebenden und der Toten. Von ihm bezeugen alle Propheten, daß jeder, der an ihn glaubt, durch seinen Namen die Vergebung der Sünden empfängt."

V: Wort des lebendigen Gottes! - A: Dank sei Gott, dem Herrn!

Betrachtungshilfe:

Der heilige Petrus gibt hier mit wenigen, aber sehr klaren Worten eine Zusammenfassung über das Wirken und die Mission Jesu auf Erden, die er als Augenzeuge miterlebt hatte: Jesus tat nur Gutes, ER heilte und befreite alle, die in der Gewalt des TEUFELS waren. Dies tat Jesus nicht als Mensch, aus eigener Kraft, sondern als

Sohn Gottes, entsprechend dem Willen des Himmlischen Vaters, in der Kraft des Heiligen Geistes.

Dieses Wort Gottes weist uns auch auf die geistige Befreiung des Menschen von seinen Sünden hin, die er durch die Vergebung der Sünden im Namen Jesu erlangt, wenn er an JESUS als Gott glaubt.

- Was halte ich von der Vergebung der Sünden durch die Macht des Bußsakramentes? - Sorge ich regelmäßig um die Befreiung meiner Seele von den Sünden, die oft die Ursache ungezählter, unerklärlicher Qualen der Seele und auch des Leibes sein können?
- Welchen Vorsatz fasse ich im Licht des heutigen Wortes Gottes?

Tagesgebet: *siehe entsprechender Tag Seite 459*

17. November

Wort Gottes: Apg 26,12-18

"So zog ich auch mit der Vollmacht und Erlaubnis der Hohenpriester nach Damaskus. Da sah ich unterwegs, König, mitten am Tag ein Licht, das mich und meine Begleiter vom Himmel her umstrahlte, heller als die Sonne. Wir alle stürzten zu Boden, und ich hörte eine Stimme auf hebräisch zu mir sagen: Saul, Saul, warum verfolgst du mich? Es wird dir schwerfallen, gegen den Stachel auszuschlagen. Ich antwortete: Wer bist du, Herr? Der Herr sagte: Ich bin Jesus, den du verfolgst. Steh auf, stell dich auf deine Füße! Denn ich bin dir erschienen, um dich zum Diener und Zeugen dessen zu erwählen, was du gesehen hast und was ich dir noch zeigen werde. Ich will dich vor dem Volk und den Heiden retten, zu denen ich dich sende, um ihnen die Augen zu öffnen. Denn SIE SOLLEN SICH VON DER FINSTERNIS ZUM LICHT UND VON DER MACHT DES SATANS ZU GOTT BEKEHREN und sollen durch den Glauben an mich die Vergebung der Sünden empfangen und mit den Geheiligten am Erbe teilhaben."

V: Wort des lebendigen Gottes! - A: Dank sei Gott, dem Herrn!

Betrachtungshilfe:

Dieses Wort Gottes berichtet uns über die Bekehrung des Saulus, aus dem der Herr den großen Völkerapostel, den heiligen Paulus, formte. - In der Geschichte der Menschen gab es viele Bekehrungen, solche, die plötzlich geschahen, wie bei Saulus, und auch solche, die langsam erfolgten, durch einen Prozeß des Nachdenkens und Umdenkens. - Aber schließlich ist dabei nicht entscheidend, ob dies beim einen langsamer, beim anderen vielleicht schneller vor sich ging oder ganz plötzlich geschah. **Entscheidend ist, daß die Bekehrung des Menschen überhaupt stattfindet; daß der Mensch, der in irgendeinen Irrtum geraten ist, sich von der Macht und Finsternis Satans befreit und wieder zum Licht Gottes findet,** das heißt sich zu Gott bekehrt und durch den Glauben an Jesus Christus die Gnade der Vergebung der Sünden empfängt.

- Bete ich für die Bekehrung dieser Menschen, die sich bewußt und freiwillig dem Willen des Himmlischen Vaters widersetzen? - Bete ich auch für mich selbst, damit Gott mir die Gnade der Bekehrung schenken möge, wenn ich mich irgendwo von den Prinzipien des Evangeliums entfernt habe?
- Welchen Vorsatz fasse ich im Licht des heutigen Wortes Gottes?

Tagesgebet: *siehe entsprechender Tag Seite 459*

18. November

Wort Gottes: 2 Kor 2,5-11

"Wenn aber einer Betrübnis verursacht hat, hat er nicht mich betrübt, sondern mehr oder weniger - um nicht zu übertreiben - euch alle. Die Strafe, die dem Schuldigen von der Mehrheit auferlegt wurde, soll genügen. Jetzt sollt ihr lieber verzeihen und trösten, damit der Mann nicht von allzu großer Traurigkeit überwältigt wird. Darum bitte ich euch, ihm gegenüber Liebe walten zu lassen. Gerade deswegen habe ich euch ja auch geschrieben, weil ich wissen wollte, ob ihr wirklich in allen Stücken gehorsam seid. Wem ihr aber verzeiht, dem verzeihe auch ich. Denn auch ich habe, wenn hier etwas zu verzeihen war, im Angesicht Christi um euretwillen verziehen, DAMIT WIR NICHT VOM SATAN ÜBERLISTET WERDEN; wir kennen seine Absichten nur zu gut."

V: Wort des lebendigen Gottes! - A: Dank sei Gott, dem Herrn!

Betrachtungshilfe:

Dieses Wort Gottes zeigt uns, daß bei der Bekehrung des Menschen, bei seiner Befreiung vom SATAN und dessen listigen Anschlägen, die Liebe, der Gehorsam, die Verzeihung und die Einheit untereinander eine sehr große Rolle spielen. Selbstverständlich gehören dazu auch die Demut, die Kraft des Glaubens und die Hoffnung auf den Himmel und nicht auf das Irdische. Das Irdische sollte niemals Ziel unseres Lebens sein, sondern nur ein Mittel, um das Himmlische besser und leichter erreichen zu können. Deswegen schreibt der heilige Paulus: **"Ihr seid mit Christus auferweckt, darum strebt nach dem, was im Himmel ist, wo Christus zur Rechten Gottes sitzt. Richtet euren Sinn auf das Himmlische und nicht auf das Irdische!"** (Kol 3,1-2).

- Wie sieht das bei mir aus? - Sind meine Sinne wirklich mehr auf das Himmlische gerichtet oder doch noch sehr auf das Irdische? - Denke ich mehr an den Himmel als an die Erde, oder versuche ich zumindest öfters während des Tages, trotz aller möglichen Beschäftigungen, an den Himmel als unsere ewige Heimat zu denken?
- Welchen Vorsatz fasse ich im Licht des heutigen Wortes Gottes?

Tagesgebet: *siehe entsprechender Tag Seite 459*

19. November

"Gewiß, die Wahrheit Christi ist in mir: diesen Ruhm wird mir im Gebiet von Achaia niemand nehmen. Warum? Liebe ich euch etwa nicht? Gott weiß es. Was ich aber tue, werde ich auch in Zukunft tun: Ich werde denen die Gelegenheit nehmen, die nur die Gelegenheit suchen, sich Achtung zu verschaffen, um so dazustehen wie wir. Denn diese Leute sind Lügenapostel, unehrliche Arbeiter; sie tarnen sich freilich als Apostel Christi. KEIN WUNDER, DENN AUCH DER SATAN TARNT SICH ALS ENGEL DES LICHTS. Es ist also nicht erstaunlich, wenn sich auch seine Handlanger als Diener der Gerechtigkeit tarnen. Ihr Ende wird ihren Taten entsprechen."

V: Wort des lebendigen Gottes! - A: Dank sei Gott, dem Herrn!

Betrachtungshilfe:

Hier zeigt uns der heilige Paulus, wie sehr er sich dessen bewußt war, daß die Wahrheit Christi in ihm lebt. An einer anderen Stelle wird dies noch deutlicher: **"Ich bin mit Christus gekreuzigt worden; nicht mehr ich lebe, sondern Christus lebt in mir"** (Gal 2,19b-20a). - Das heißt, der heilige Paulus hatte seinen eigenen Willen gekreuzigt und sich ganz und gar dem Willen des Himmlischen Vaters überlassen. Dadurch konnte er sich vom Satan befreien, und zwar so weit, daß Jesus Christus mit Seiner Wahrheit wirklich in ihm lebte. - Wie wichtig es ist, den eigenen Willen nach dem Willen des Himmlischen Vaters auszurichten, um von der Macht Satans befreit zu werden, zeigt uns das Beispiel unseres Herrn Jesus Christus, der sagte: **"Meine Speise ist es, den Willen dessen zu tun, der mich gesandt hat, und sein Werk zu Ende zu führen"** (Joh 4,34) und: **"Von mir selbst aus kann ich nichts tun; ich richte, wie ich es** (vom Vater) **höre, und mein Gericht ist gerecht, weil es mir nicht um meinen Willen geht, sondern um den Willen dessen, der mich gesandt hat"** (Joh 5,30).

Dieses Wort Gottes erinnert uns erneut daran, daß der Satan wie auch seine Anhänger sich als Engel des Himmels tarnen bzw. im Licht der Engel erscheinen können. - Wie wir schon wissen, sind die Engel Gottes vom Licht Gottes bekleidet, d.h. in Gerechtigkeit, Wahrheit und anderen Tugenden, die zusammen die Liebe sind. Der Satan hat dies alles verloren. Er weiß aber, daß der Mensch doch nach der Liebe, d.h. nach Gerechtigkeit, Wahrheit, Güte, Frieden usw. streben soll, deshalb versucht er diese Tugenden, die er verloren hat, vor den Menschen zu spielen, um sie irrezuführen. Daher betont der heilige Paulus: **"Es ist also nicht erstaunlich, wenn sich seine Handlanger als Diener der Gerechtigkeit tarnen, obwohl sie in Wirklichkeit Lügner und unehrliche Menschen sind, die meistens nur den eigenen Gewinn suchen und nicht das Wohl der anderen, die eigene Ehre und nicht zuerst die Ehre Gottes."**

- Wie reagiere ich, wenn ich etwas Gutes tue? - Erwarte ich dann von den anderen sofort einen Lobpreis? - Habe ich bei all meinem Tun dies im Sinn, was Jesus sagte: "So soll euer Licht vor den Menschen leuchten, damit sie eure guten Werke sehen und euren Vater im Himmel preisen" (Mt 5,16) - ?

- Welchen Vorsatz fasse ich im Licht des heutigen Wortes Gottes?

Tagesgebet: *siehe entsprechender Tag Seite 460*

20. November

Wort Gottes: Eph 4,25-32

"Legt deshalb die Lüge ab, und redet untereinander die Wahrheit; denn wir sind als Glieder miteinander verbunden. Laßt euch durch den Zorn nicht zur Sünde hinreißen! - DIE SONNE SOLL ÜBER EUREM ZORN NICHT UNTERGEHEN. GEBT DEM TEUFEL KEINEN RAUM! - Der Dieb soll nicht mehr stehlen, sondern arbeiten und sich mit seinen Händen etwas verdienen, damit er den Notleidenden davon geben kann. Über eure Lippen komme kein böses Wort, sondern nur ein gutes, das den, der es braucht, stärkt, und dem, der es hört, Nutzen bringt. BELEIDIGT NICHT DEN HEILIGEN GEIST GOTTES, DESSEN SIEGEL IHR TRAGT FÜR DEN TAG DER ERLÖSUNG. Jede Art von Bitterkeit, Wut, Zorn, Geschrei und Lästerung und alles Böse verbannt aus eurer Mitte! - Seid gütig zueinander, seid barmherzig, vergebt einander, weil auch Gott euch durch Christus vergeben hat."

V: Wort des lebendigen Gottes! - A: Dank sei Gott, dem Herrn!

Betrachtungshilfe:

Heute nennt uns der heilige Paulus einige geistige Mittel, die im Kampf gegen den Teufel, dem wir in unserem Leben keinen Raum geben sollen, sehr wichtig sind. Dazu gehören die Bekämpfung der Lüge durch unsere Treue zur Wahrheit, die Einheit untereinander, die Selbstbeherrschung, die uns vor Zornausbrüchen und anderen Sünden bewahrt. - Wie oft kann man sogar bei frommen Menschen lieblose und böse Worte hören! - Dabei ermahnt uns doch der heilige Paulus so eindringlich: **Über eure Lippen komme k e i n böses Wort!** - Und weiter: Beleidigt nicht den Heiligen Geist Gottes! Verbannt aus eurer Mitte alles Böse! - Übt Barmherzigkeit und vergebt einander, weil auch Gott euch dann vergibt. Eben darauf hat uns Jesus vor allem im Vaterunser hingewiesen, aber auch bei anderer Gelegenheit: **"Wenn ihr den Menschen ihre Verfehlungen vergebt, dann wird euer Himmlischer Vater auch euch vergeben. Wenn ihr aber den Menschen nicht vergebt, dann wird euer Vater eure Verfehlungen auch nicht vergeben"** (Mt 6,14-15).

- Ist mir bewußt, daß ich den anderen mit Worten der Liebe, der Güte und Weisheit, der Wahrheit und Besonnenheit viel mehr helfe als mit Zornausbrüchen?
- Welchen Vorsatz fasse ich im Licht des heutigen Wortes Gottes?

Tagesgebet: *siehe entsprechender Tag Seite 460*

382

21. November

Wort Gottes: 2 Tim 2,22-26

"Flieh vor den Begierden der Jugend; strebe unermüdlich nach Gerechtigkeit, Glauben, Liebe und Frieden, zusammen mit all denen, die den Herrn aus reinem Herzen anrufen. Laß dich nicht auf törichte und unsinnige Auseinandersetzungen ein; du weißt, daß sie nur zu Streit führen. Ein Knecht des Herrn soll nicht streiten, sondern zu allen freundlich sein, ein geschickter und geduldiger Lehrer, der auch die mit Güte zurechtweist, die sich hartnäckig widersetzen. Vielleicht schenkt Gott ihnen dann die Umkehr, DAMIT SIE DIE WAHRHEIT ERKENNEN, WIEDER ZUR BESINNUNG KOMMEN UND AUS DEM NETZ DES TEUFELS BEFREIT WERDEN, der sie eingefangen und sich gefügig gemacht hat."

V: Wort des lebendigen Gottes! - A: Dank sei Gott, dem Herrn!

Betrachtungshilfe:

In diesem Wort Gottes gibt uns der heilige Paulus sehr wichtige Hinweise und Belehrungen, wie wir uns aus dem Netz des TEUFELS befreien können, durch das der Mensch gefangen und verknechtet wird, so daß er sich niemals als frei bezeichnen kann, auch wenn er scheinbar frei vom Bösen handelt.

Man spricht da und dort über die Theologie der Befreiung. Es gibt aber nur eine einzige Theologie der Befreiung, nämlich diese, die sich treu nach den Prinzipien des Evangeliums richtet. **Die echte Theologie der Befreiung bemüht sich vor allem um die geistige Freiheit des Menschen, das heißt um seine Befreiung von der Sünde und von der Macht des Satans.** - Alle anderen Philosophien und Ideologien, die sich als Theologie der Befreiung ausgeben, haben mehr die politische, soziale und wirtschaftliche Befreiung des Menschen im Sinn. Deshalb kann man sie nicht als Theologie der Befreiung bezeichnen, sondern eben mehr als Philosophie oder Ideologie der Befreiung.

- Bemühe ich mich von Herzen, die Prinzipien des Evangeliums kennenzulernen, die wirklich den Menschen befreien und darin bestärken, den listigen Versuchungen des Teufels und den Verlockungen der Welt zu widersagen?

- Welchen Vorsatz fasse ich im Licht des heutigen Wortes Gottes?

Tagesgebet:

Lasset uns beten: Gütiger Gott und Vater, wir gedenken am heutigen Tag der Allerseligsten Jungfrau Maria, die Du mit der Fülle Deiner Gnaden beschenkt hast. Höre auf ihre Fürsprache und laß auch uns am Reichtum Deiner Gnade teilhaben, damit wir mit ganzer Hingabe und frohem Vertrauen vor Dir leben. Darum bitten wir Dich, durch unseren Herrn Jesus Christus, der in der Einheit des Heiligen Geistes mit Dir lebt und herrscht in alle Ewigkeit. Amen. (vgl. Laudes vom Gedenktag Mariä Opferung)

22. November

"Da nun die Kinder (Gottes) Menschen von Fleisch und Blut sind, hat auch er in gleicher Weise Fleisch und Blut angenommen, UM DURCH SEINEN TOD DEN ZU ENTMACHTEN, DER DIE GEWALT ÜBER DEN TOD HAT, NÄMLICH DEN TEUFEL, und um die zu befreien, die durch die Furcht vor dem Tod ihr Leben lang der Knechtschaft verfallen waren. Denn er nimmt sich keineswegs der Engel an, sondern der Nachkommen Abrahams nimmt er sich an. Darum mußte er in allem seinen Brüdern gleich sein, um ein barmherziger und treuer Hoherpriester vor Gott zu sein und die Sünden des Volkes zu sühnen. Denn da er selbst in Versuchung geführt wurde und gelitten hat, kann er denen helfen, die in Versuchung geführt werden."

V: Wort des lebendigen Gottes! - A: Dank sei Gott, dem Herrn!

Betrachtungshilfe:

In diesem Wort Gottes belehrt uns der Heilige Geist durch den Mund des Völkerapostels Paulus, daß Jesus Christus durch Seine Tugenden, durch Seine Leiden und Seinen Tod wie auch durch verschiedene Versuchungen, die ER durchlitten und siegreich bestanden hat, den Menschen von der Macht und Knechtschaft des Teufels befreit hat. So sollen auch wir lernen, mit anderen Augen auf den Tod, auf Leiden und Versuchungen aller Art zu schauen, wie z.B. auch der heilige Jakobus, der schreibt: **"Glücklich der Mann, der in den Versuchungen standhält. Denn wenn er sich bewährt, wird er den Kranz des Lebens erhalten, der denen verheißen ist, die Gott lieben. Keiner, der in Versuchung gerät, soll sagen: Ich werde von Gott in Versuchung geführt. Jeder wird von seiner eigenen Begierde, die ihn lockt und fängt, in Versuchung geführt"** (Jak 1,12-13a/14). - Und beim heiligen Petrus lesen wir: "Gottes Macht behütet euch durch den Glauben, damit ihr das Heil erlangt, das am Ende der Zeit offenbart werden soll. Deshalb seid ihr voll Freude, **obwohl ihr jetzt vielleicht kurze Zeit unter mancherlei Prüfungen leiden müßt.** Dadurch soll sich euer Glaube bewähren, und es wird sich zeigen, daß er wertvoller ist als Gold, das im Feuer geprüft wurde und doch vergänglich ist" (1 Petr 1,5-7a).

Schließlich können wir sagen, daß alle Werke, die wir aus Liebe zum gekreuzigten und auferstandenen Herrn Jesus Christus tun, erlösenden und befreienden Wert haben und den Teufel entmachten.

Wenn wir also irgendwelche geistigen oder physischen Leiden ertragen müssen und sie durch die Hände der Unbefleckten Jungfrau Maria dem Herrn Jesus aufopfern und uns in allen Leiden mit IHM in Liebe verbinden, dann nehmen wir teil an dem, was der heilige Paulus so wunderbar beschrieben hat: **"Jetzt freue ich mich in den Leiden, die ich für euch ertrage. Für den Leib Christi, die Kirche, ergänze ich in meinem irdischen Leben das, was an den Leiden Christi noch fehlt"** (Kol 1,24).

- Wodurch trage ich selbst zum geistigen Wachstum des Mystischen Leibes Jesu Christi, der Kirche, bei? - Wie ertrage ich meine Leiden und alle Arten von Versuchungen?
- Welchen Vorsatz fasse ich im Licht des heutigen Wortes Gottes?

Tagesgebet: *siehe entsprechender Tag Seite 460*

23. November

Wort Gottes: Jak 3,13-18

"Wer von euch ist weise und verständig? Er soll in weiser Bescheidenheit die Taten eines rechtschaffenen Lebens vorweisen. Wenn aber euer Herz voll ist von bitterer Eifersucht und von Ehrgeiz, dann prahlt nicht und verfälscht nicht die Wahrheit! - DAS IST NICHT DIE WEISHEIT, DIE VON OBEN KOMMT, SONDERN EINE IRDISCHE, EIGENNÜTZIGE, TEUFLISCHE WEISHEIT. Wo nämlich Eifersucht und Ehrgeiz herrschen, da gibt es Unordnung und böse Taten jeder Art. Doch die Weisheit von oben ist erstens heilig, sodann friedlich, freundlich, gehorsam, voll Erbarmen und reich an guten Früchten, sie ist unparteiisch, sie heuchelt nicht. Wo Frieden herrscht, wird (von Gott) für die Menschen, die Frieden stiften, die Saat der Gerechtigkeit ausgestreut."

V: Wort des lebendigen Gottes! - A: Dank sei Gott, dem Herrn!

Betrachtungshilfe:

In diesem Wort Gottes belehrt uns der heilige Jakobus, daß es auch eine teuflische Weisheit gibt, im Gegensatz zur himmlischen Weisheit, die von oben kommt. Die teuflische "Weisheit" hat nur eigennützige, egoistische Zwecke zum Ziel, sie sucht irdischen Vorteil und Gewinn und hat auf keinen Fall Himmlisches im Sinn. - **Dabei müssen wir gut das Wissen von der Weisheit unterscheiden, denn es kann jemand großes, menschliches Wissen haben, aber keine himmlische Weisheit.** - Und umgekehrt kann jemand sehr ungebildet und ohne großes, irdisches Wissen sein und doch sehr weise, wie wir es bei den Heiligen erleben, die oft aus dem einfachen Volk stammten und keine wissenschaftliche Ausbildung hatten, aber göttliche Weisheit besaßen, oder wie wir es auch bei heiligen Kindern erleben können, deren Weisheit oft sogar Professoren und Doktoren in Erstaunen versetzt.

- Bitte ich den Heiligen Geist um diese himmlische Weisheit, die von Gott kommt und mich zu Gott zurückführt?
- Welchen Vorsatz fasse ich im Licht des heutigen Wortes Gottes?

Tagesgebet: *siehe entsprechender Tag Seite 460*

24. November

Wort Gottes: Jak 4,1-10

"Woher kommen die Kriege bei euch, woher die Streitigkeiten? Doch nur vom Kampf der Leidenschaften in eurem Innern. Ihr begehrt und erhaltet doch nichts. Ihr mordet und seid eifersüchtig und könnt dennoch nichts erreichen. Ihr streitet und führt Krieg. Ihr erhaltet nichts, weil ihr nicht bittet. Ihr bittet und empfangt doch nichts, weil ihr in böser Absicht bittet, um es in eurer Leidenschaft zu verschwenden. Ihr Ehebrecher, wißt ihr nicht, daß Freundschaft mit der Welt Feindschaft mit Gott ist? WER ALSO EIN FREUND DER WELT SEIN WILL, DER WIRD ZUM FEIND GOTTES. Oder meint ihr, die Schrift sage ohne Grund: Eifersüchtig sehnt er sich nach dem Geist, den er in uns wohnen ließ. Doch er gibt noch größere Gnade; darum heißt es auch: Gott tritt den Stolzen entgegen, den Demütigen aber schenkt er seine Gnade. ORDNET EUCH ALSO GOTT UNTER, LEISTET DEM TEUFEL WIDERSTAND; DANN WIRD ER VOR EUCH FLIEHEN. SUCHT DIE NÄHE GOTTES; DANN WIRD ER SICH EUCH NÄHERN. Reinigt die Hände, ihr Sünder, läutert euer Herz, ihr Menschen mit zwei Seelen! Klagt und trauert und weint! Euer Lachen verwandle sich in Trauer, eure Freude in Betrübnis. Demütigt euch vor dem Herrn; dann wird er euch erhöhen."

V: Wort des lebendigen Gottes! - A: Dank sei Gott, dem Herrn!

Betrachtungshilfe:

In diesem Wort Gottes macht uns der heilige Jakobus klar, daß die Freundschaft mit der Welt zur Feindschaft mit Gott führt. - Wie wir dabei das Wort **"Welt"** verstehen sollen, erklärt uns der heilige Johannes: **"Liebt nicht die Welt und was in der Welt ist! - Wer die Welt liebt, hat die Liebe zum Vater nicht. Denn alles, was in der Welt ist, die Begierde des Fleisches, die Begierde der Augen und das Prahlen mit dem Besitz, ist nicht vom Vater, sondern von der Welt. Die Welt und ihre Begierde vergeht; wer aber den Willen Gottes tut, bleibt in Ewigkeit"** (1 Joh 2,15-17).

Zugleich zeigt uns der heilige Jakobus den Weg der Befreiung aus der Knechtschaft der Sünde und des Teufels: **"Ordnet euch also Gott unter, leistet dem Teufel Widerstand: dann wird er von euch fliehen."**

Die Welt würde ganz anders aussehen, wenn die Menschen, zumindest die Christgläubigen, dem Evangelium Jesu Christi und der Lehre Seiner heiligen Apostel <u>wirklich</u> folgen würden!

- Inwieweit ist mein Herz offen für die Prinzipien des Evangeliums und mein Wille bereit, ihnen wirklich im Alltag zu folgen? - Was tue ich dafür, damit das Wort Gottes unter den Menschen immer mehr und besser bekannt und verwirklicht wird?

- Welchen Vorsatz fasse ich im Licht des heutigen Wortes Gottes?

Tagesgebet: *siehe entsprechender Tag Seite 460*

25. November

Wort Gottes: 1 Petr 5,5-11

"Sodann, ihr Jüngeren: ordnet euch den Ältesten unter! - Alle aber begegnet einander in Demut! Denn Gott tritt den Stolzen entgegen, den Demütigen aber schenkt er seine Gnade. Beugt euch also in Demut unter die mächtige Hand Gottes, damit er euch erhöht, wenn die Zeit gekommen ist. Werft alle eure Sorge auf ihn, denn er kümmert sich um euch. Seid nüchtern und wachsam! - EUER WIDERSACHER, DER TEUFEL, GEHT WIE EIN BRÜLLENDER LÖWE UMHER UND SUCHT, WEN ER VERSCHLINGEN KANN. LEISTET IHM WIDERSTAND IN DER KRAFT DES GLAUBENS! - Wißt, daß eure Brüder in der ganzen Welt die gleichen Leiden ertragen müssen! - Der Gott aller Gnade aber, der euch in (der Gemeinschaft mit) Christus zu seiner ewigen Herrlichkeit berufen hat, wird euch, die ihr kurze Zeit leiden müßt, wiederaufrichten, stärken, kräftigen und auf festen Grund stellen. Sein ist die Macht in Ewigkeit. Amen."

V: Wort des lebendigen Gottes! - A: Dank sei Gott, dem Herrn!

Betrachtungshilfe:

In diesem Wort Gottes erinnert uns der heilige Petrus an die große Bedeutung der Demut und der Glaubenskraft bei der Befreiung von der Macht SATANS, der ständig versucht, uns durch unsere Schwächen zu Fall zu bringen.

Im Kampf gegen den Teufel sollen wir auch nicht darüber staunen, daß alle Brüder, das heißt alle Gläubigen in der Welt, die gleichen Leiden durch die Angriffe des Satans ertragen müssen. Zugleich aber tröstet uns der heilige Petrus damit, daß diese Leiden doch nur kurze Zeit dauern. - Denn auch wenn jemand ein ganzes Leben lang, vielleicht sogar siebzig, achtzig oder neunzig Jahre leiden müßte, so bedeutet diese Zeit doch kaum etwas im Vergleich zur Ewigkeit und Herrlichkeit, die uns im Himmel erwartet.

- Weiß ich, daß ich dem Teufel am besten dann Widerstand leisten kann, wenn ich nüchtern und wachsam bin, **täglich** die Kraft des Glaubens aus dem **Wort Gottes** schöpfe und mich bemühe, danach zu leben?
- Welchen Vorsatz fasse ich im Licht des heutigen Wortes Gottes?

Tagesgebet: *siehe entsprechender Tag Seite 461*

26. November

Wort Gottes: 1 Joh 3,7-10

"Meine Kinder, laßt euch von niemand in die Irre führen! - Wer die Gerechtigkeit tut, ist gerecht, wie Er gerecht ist. WER DIE SÜNDE TUT, STAMMT VOM TEUFEL; denn der Teufel sündigt von Anfang an. Der Sohn Gottes aber ist erschienen, um die Werke des Teufels zu zerstören. Jeder, der von Gott stammt, tut keine Sünde, weil Gottes Same in ihm bleibt. Er kann nicht sündigen, weil er von Gott stammt. Daran kann man die Kinder Gottes und die Kinder des Teufels erkennen: Jeder, der die Gerechtigkeit nicht tut und seinen Bruder nicht liebt, ist nicht aus Gott."

V: Wort des lebendigen Gottes! - A: Dank sei Gott, dem Herrn!

Betrachtungshilfe:

Dieses Wort Gottes wiederholt, was wir in diesem Monat schon öfters betrachtet haben, nämlich, daß Jesus Christus der Sohn Gottes erschienen ist, um die Werke des TEUFELS zu zerstören und uns von der Macht der Sünde und des Satans zu befreien.

Leider ist es eine traurige Wahrheit, die niemand leugnen kann, daß diese Menschen, die nicht nach dem Evangelium leben wollen, sich nicht als Kinder Gottes bezeichnen können. Dementsprechend können wir auch leicht erkennen, ob wir Kinder Gottes sind oder zu den Kindern des Teufels gehören. Wenn wir aber gemäß den Prinzipien des Evangeliums gerecht handeln und unsere Mitmenschen lieben, stammen wir aus Gott und Gott, der Herr Jesus Christus, wird sich zu uns am Tag des Gerichts bekennen und uns alle Sünden vergeben, die wir zwar in unserer Schwäche begangen, aber dann aufrichtig bereut und bekannt haben.

- Halte ich täglich oder sogar öfters am Tag Gewissenserforschung und prüfe, ob die vergangenen Stunden oder Tage meines Lebens Gott gehörten oder dem Teufel? - Oder habe ich Angst, mir diese Frage zu stellen und eine ehrliche Antwort zu geben?
- Welchen Vorsatz fasse ich im Licht des heutigen Wortes Gottes?

Tagesgebet: *siehe entsprechender Tag Seite 461*

27. November

Wort Gottes: Offb 12,1-6

"Dann erschien ein großes Zeichen am Himmel: eine Frau, mit der Sonne bekleidet; der Mond war unter ihren Füßen und ein Kranz von zwölf Sternen auf ihrem Haupt. Sie war schwanger und schrie vor Schmerz in ihren Geburtswehen. Ein anderes Zeichen erschien am Himmel: ein DRACHE, groß und feuerrot, mit sieben Köpfen und zehn Hörnern und mit sieben Diademen auf seinen Köpfen. Sein Schwanz fegte ein Drittel der Sterne vom Himmel und warf sie auf die Erde herab. Der Drache stand vor der Frau, die gebären sollte; er wollte ihr Kind verschlingen, sobald es geboren war. Und sie gebar ein Kind, einen Sohn, der über alle Völker mit eisernem Zepter herrschen wird. Und ihr Kind wurde zu Gott und zu seinem Thron entrückt. Die Frau aber floh in die Wüste, wo Gott ihr einen Zufluchtsort geschaffen hatte; dort wird man sie mit Nahrung versorgen, zwölfhundertsechzig Tage lang."

V: Wort des lebendigen Gottes! - A: Dank sei Gott, dem Herrn!

Betrachtungshilfe:

Dieses Wort Gottes deutet die Kirche als den Kampf des vom Himmel gefallenen SATANS gegen die Unbefleckte Jungfrau Maria, die Mutter unseres Herrn Jesus Christus. - Wir wissen, daß Maria diesen Kampf, den Eva verlor, gewonnen hat, und daß die Pforte des Paradieses, die seit Eva verschlossen war, durch Jesus Christus wieder geöffnet ist. Jeder kann diese Pforte durchschreiten und in die Herrlichkeit Gottes eingehen, wenn er sich so wie Maria dem Satan widersetzt, dem Willen Gottes JA sagt und bis zum Ende, trotz aller Schwierigkeiten der Hölle, standhaft bleibt.

• Welche Liebe und Dankbarkeit leben in meinem Herzen Maria gegenüber, für all das, was sie für die ganze Menschheit und damit auch für mich getan hat?

• Welchen Vorsatz fasse ich im Licht des heutigen Wortes Gottes?

Tagesgebet: *siehe entsprechender Tag Seite 461*

28. November

Wort Gottes: Offb 20,7-10

"Wenn die tausend Jahre vollendet sind, wird der Satan aus seinem Gefängnis freigelassen werden. Er wird ausziehen, um die Völker an den vier Ecken der Erde, den Gog und den Magog, zu verführen und sie zusammenzuholen für den Kampf; sie sind so zahlreich wie die Sandkörner am Meer. Sie schwärmten aus über die weite Erde und umzingelten das Lager der Heiligen und Gottes geliebte Stadt. Aber Feuer fiel vom Himmel und verzehrte sie. Und der Teufel, ihr Verführer, wurde in den See von brennendem Schwefel geworfen, wo auch das Tier und der falsche Prophet sind. Tag und Nacht werden sie gequält, in alle Ewigkeit."

V: Wort des lebendigen Gottes! - A: Dank sei Gott, dem Herrn!

Betrachtungshilfe:

Aus diesem Wort Gottes erfahren wir, daß der SATAN nach 1000 Jahren aus seinem Gefängnis freigelassen wird. - Im Laufe der Geschichte der Kirche kam es zu großen Spaltungen - zuerst durch die Orthodoxen, dann durch die Protestanten - tatsächlich aber erst dann, als das erste Jahrtausend der Christenheit schon vorbei war. - Der Satan soll sich aber nicht darüber freuen. Er wird den Endkampf sicher verlieren, und die Einheit der Christen wird, so wie es der Wille des ewigen Vaters ist, durch seine Getreuen vollendet werden. Diese werden gerettet werden, der Satan aber wird endgültig verlieren und zusammen mit seinen Anhängern in das ewige Feuer geworfen werden.

- Bete und opfere ich gerne dafür, daß möglichst viele Menschen von ihren Irrwegen umkehren und sich für das Leben nach den Prinzipien des Evangeliums Jesu Christi entscheiden?
- Welchen Vorsatz fasse ich im Licht des heutigen Wortes Gottes?

Tagesgebet: *siehe entsprechender Tag Seite 461*

29. November

Wort Gottes: Mt 25,41-46

"Dann wird er sich auch an die auf der linken Seite wenden und zu ihnen sagen: WEG VON MIR, IHR VERFLUCHTEN, IN DAS EWIGE FEUER, DAS FÜR DEN TEUFEL UND SEINE ENGEL BESTIMMT IST! - Denn ich war hungrig, und ihr habt mir nichts zu essen gegeben; ich war durstig, und ihr habt mir nichts zu trinken gegeben; ich war fremd und obdachlos, und ihr habt mich nicht aufgenommen; ich war nackt, und ihr habt mir keine Kleidung gegeben; ich war krank und im Gefängnis, und ihr habt mich nicht besucht. Dann werden auch sie antworten: Herr, wann haben wir dich hungrig oder durstig oder obdachlos oder nackt oder krank oder im Gefängnis gesehen und haben dir nicht geholfen? Darauf wird er ihnen antworten: Amen, ich sage euch: Was ihr für einen dieser Geringsten nicht getan habt, das habt ihr auch mir nicht getan. Und sie werden weggehen und die ewige Strafe erhalten, die Gerechten aber das ewige Leben."**

V: Wort des lebendigen Gottes! - A: Dank sei Gott, dem Herrn!

Betrachtungshilfe:

Dieses Wort Gottes erinnert uns an die Werke der Barmherzigkeit, die wir ausüben sollen, wenn wir nicht zu den Verfluchten gehören und dem ewigen Feuer, das für den TEUFEL und seine Engel bestimmt ist, entkommen wollen. - Im Katechismus der Heiligen Kirche finden wir eine Zusammenstellung dieser geistigen und leiblichen Werke der Barmherzigkeit:

Leibliche Werke der Barmherzigkeit:
1. Die Hungrigen speisen
2. Die Durstigen tränken
3. Die Nackten bekleiden
4. Die Fremden beherbergen
5. Die Gefangenen erlösen
6. Die Kranken besuchen
7. Die Toten begraben

Geistige Werke der Barmherzigkeit:
1. Die Zweifelnden beraten
2. Die Unwissenden belehren
3. Die Sünder zurechtweisen
4. Die Trauernden trösten
5. Erlittenes Unrecht verzeihen
6. Die Lästigen geduldig ertragen
7. Für die Lebenden und Verstorbenen zu Gott beten

- Sorge ich wirklich in meinem Leben darum, vor allem Gott zu lieben und dann den Nächsten, damit ich darauf hoffen kann, daß der Himmlische Vater noch mehr als bisher für mich sorgen wird, - aus Liebe zu mir?
- Welchen Vorsatz fasse ich im Licht des heutigen Wortes Gottes?

Tagesgebet: *siehe entsprechender Tag Seite 461*

30. November

Wort Gottes:
Eph 6,10-18

"Und schließlich: Werdet stark durch die Kraft und Macht des Herrn! - ZIEHT DIE RÜSTUNG GOTTES AN, DAMIT IHR DEN LISTIGEN ANSCHLÄGEN DES TEUFELS WIDERSTEHEN KÖNNT. Denn wir haben nicht gegen Menschen aus Fleisch und Blut zu kämpfen, sondern gegen die Fürsten und Gewalten, gegen die Beherrscher dieser finsteren Welt, gegen die bösen Geister des himmlischen Bereichs. Darum legt die Rüstung Gottes an, damit ihr am Tag des Unheils standhalten, alles vollbringen und den Kampf bestehen könnt. Seid also standhaft: Gürtet euch mit Wahrheit, zieht als Panzer die Gerechtigkeit an und als Schuhe die Bereitschaft, für das Evangelium vom Frieden zu kämpfen. Vor allem greift zum Schild des Glaubens! - Mit ihm könnt ihr alle feurigen Geschosse des Bösen auslöschen. Nehmt den Helm des Heils und das Schwert des Geistes, das ist das Wort Gottes. Hört nicht auf, zu beten und zu flehen! - Betet jederzeit im Geist; seid wachsam, harrt aus und bittet für alle Heiligen."

V: Wort des lebendigen Gottes! - A: Dank sei Gott, dem Herrn!

Betrachtungshilfe:

Dieses Wort Gottes gibt uns eine wunderschöne Zusammenfassung all dessen, was uns im Kampf gegen den TEUFEL helfen und uns zum Sieg führen kann. Dabei betont der heilige Paulus erneut die listige und heimtückische Wirkung des Teufels, der man nur schwer widerstehen kann, wenn man geistig nicht richtig dafür gerüstet ist.

Weiter macht uns der heilige Paulus klar, daß sich dieser Kampf nicht gegen irgendwelche Menschen richtet, sondern gegen die bösen Geister, die für unsere Sinnesorgane nicht wahrnehmbar sind. In diesem Kampf müssen wir vor allem auch den anderen Menschen helfen, wenn wir sehen, daß sie vom Teufel verknechtet sind. - Es soll also niemand, auch wenn er das Schlimmste getan hätte, Angst haben, daß er mit der Wahrheit des Evangeliums "attackiert" wird. Dadurch soll nicht der Mensch getroffen werden, sondern Satan, der ihn verknechtet hat, um so schließlich diesen Menschen aus der Macht Satans zu befreien.

- Habe ich Mut, über das Wirken des Satans unter den Menschen offen zu sprechen und diesen Menschen, die vom Teufel gefangen sind, mit der Wahrheit des Evangeliums die Augen zu öffnen und ihnen dadurch zu helfen?

- Welchen Vorsatz fasse ich im Licht des heutigen Wortes Gottes?

Tagesgebet:

Lasset uns beten: Allmächtiger Gott und Vater, Du hast Deiner Kirche den heiligen Apostel Andreas als Boten des Glaubens und als Hirten gegeben. Erhöre unser Gebet und gib, daß auch die Kirche unserer Tage die Macht seiner Fürsprache erfahre. Darum bitten wir Dich, durch unseren Herrn Jesus Christus, der in der Einheit des Heiligen Geistes mit Dir lebt und herrscht in alle Ewigkeit. Amen. (vgl. Laudes vom Fest des heiligen Apostels Andreas)

Heute, am Fest des heiligen Apostels Andreas, bitten wir Sie ganz herzlich um Ihr Gebet für unseren Hochwürdigsten P. General **Andrzej Michalek**, Gründer der Samaritanischen Bewegung Mariens-EINHEIT-FLUHM und Verfasser der Großen Novene, der heute seinen Namenstag feiert, damit er auf die Fürsprache der Unbefleckten Jungfrau Maria und seines Namenspatrons von Gott auch weiterhin mit vielen Gnadengaben beschenkt werde!

Ein herzliches ewiges Vergelt's Gott!

Brüder Samariter FLUHM, Schwestern Samariterinnen FLUHM und alle Mitarbeiter

---

Wenn Bruder Gründer über seine Betrachtungen zum Wort Gottes spricht, wiederholt er gerne diese Worte des Hl. Paulus: **"Als ich zu euch kam, Brüder, kam ich nicht, um glänzende Reden oder gelehrte Weisheit vorzutragen, sondern um euch das Zeugnis Gottes zu verkündigen. Denn ich hatte mich entschlossen, bei euch nichts zu wissen außer Jesus Christus, und zwar als den Gekreuzigten. Zudem kam ich in Schwäche und in Furcht, zitternd und bebend zu euch. Meine Botschaft und Verkündigung war nicht Überredung durch gewandte und kluge Worte, sondern war mit dem Erweis von Geist und Kraft verbunden, damit sich euer Glaube nicht auf Menschenweisheit stützte, sondern auf die Kraft Gottes."** (1 Kor 2,1-5)

STERBEN UND TOD
bei der Erfüllung des Willens
des Himmlischen Vaters

VORWORT:

Das Thema "Sterben und Tod" umfaßt sowohl das **irdische** wie auch das **ewige** Leben und den **irdischen** wie auch den **ewigen** Tod und gehört mit zu den schwierigsten Themen überhaupt, weil hier die Existenz des Menschen und seine Sehnsucht nach dem ewigen Leben, nach der Unsterblichkeit, berührt wird. - Obwohl der Monat Dezember in die Zeit des Advents fällt, die uns auf Weihnachten hinführt, wollen wir doch das Thema "Leben und Tod" betrachten, weil der Tod schließlich nicht das Ende des irdischen Lebens ist, sondern nur ein Übergang in ein anderes Leben im Jenseits. - **An Weihnachten feiern wir das Kommen eines neuen Lebens, die Geburt des Herrn Jesus, der in unsere Welt gekommen ist, um uns vom ewigen Tod zu erretten. Durch Sein Leben und Seinen Tod hat ER uns das Tor zum ewigen Leben aufgetan.**

Oft fragen die Menschen: Woher kommt es eigentlich, daß der Mensch sterben muß? - Eine klare Antwort darauf geben uns die folgenden Worte Gottes: **"Gott hat den Tod nicht gemacht und hat keine Freude am Untergang der Lebenden"** (Weish 1,13) und weiter: **"Gott hat den Menschen zur Unvergänglichkeit erschaffen und ihn zum Bild seines eigenen Wesens gemacht. Doch durch den Neid des Teufels kam der Tod in die Welt, und ihn erfahren alle, die ihm angehören"** (Weish 2,23-24).

Der Tod ist zweifellos eine Konsequenz der Existenz Satans und der Erbsünde, die alle Menschen betrifft. Deshalb müssen alle Menschen gleichermaßen sterben, ob reich oder arm, ob mächtig oder unbedeutend, ob gebildet oder ungebildet, ob berühmt oder unbekannt, ob jung oder alt. Beim Tod gibt es keine Mächtigen und keine Reichen, die sich durch ein Privileg davon befreien könnten.

Satan hat den Kampf gegen Gott im Himmel begonnen und setzt diesen Kampf gegen IHN und Seine Schöpfung auf der Erde fort. **Er ist der Feind des Lebens wie auch aller Lebenden und er möchte gerne die ganze Schöpfung Gottes zerstören.** Im Mittelpunkt dieses Kampfes steht der Mensch. - Was wir heute z.B. bei der Abtreibung oder bei der Zerstörung der Umwelt und Natur beobachten, entspricht sicher nicht dem Willen Gottes, sondern ist eine Frucht der List des Satans, der ständig die Blindheit, Dummheit und Genußsucht der Menschen ausnützt. Dabei passiert es oft, daß der Mensch sogar Gott selbst für Fehler, Mißstände und Unglück verantwortlich macht, die in Wirklichkeit Schuld des Teufels und der Sünde sind.

Wie raffiniert der Teufel dabei vorgeht, kann vielleicht besser die folgende Geschichte veranschaulichen:

Eine Frau, die im Schaufenster eines Juweliergeschäftes einen sehr teuren Brillantring sah, wollte diesen unbedingt haben. Sie hatte aber nicht genug Geld dafür und ihr Mann wollte ihr kein Geld dafür geben. Sie ging immer wieder zu diesem Geschäft, um diesen Ring anzuschauen. - Dies beobachtete ein Betrüger, der sich in der Nähe des Juweliergeschäftes aufhielt und gerne mit wertlosem Schmuck ein gutes

Geschäft machen wollte. - Eines Tages zeigte er ihr einen Ring und erzählte ihr, daß er in finanziellen Nöten sei und deshalb seinen wertvollen Brillantring verkaufen müsse. Der Frau gefiel dieser Ring und sie erkundigte sich nach dem Preis. Der Mann nannte einen Preis, der um die Hälfte niedriger war als der Ring im Schaufenster. Die Frau war überglücklich über dieses Angebot und kaufte mit den Ersparnissen, die sie bei sich hatte, den Ring. - Am Abend, als ihr Mann nach Hause kam, zeigte sie ihm den Ring und erzählte ihm freudestrahlend, wie sie durch eine günstige Gelegenheit ganz billig zu diesem wertvollen Ring gekommen war. - Der Mann traute der Sache nicht und ging mit ihr zu einem Juwelier, um den Wert des Ringes schätzen zu lassen. - Dieser stellte schließlich fest, daß der Ring weder aus echtem Gold war noch einen echten Brillanten enthielt, sondern nur ein meisterhaft bearbeitetes Glas, und daß der Ring schließlich wertlos ist. - Als die Frau das hörte, war sie fassungslos und brach in Tränen aus. Erst jetzt gingen ihr die Augen auf, weil ihr klar wurde, daß sie auf einen Betrüger hereingefallen war und dem Schein und Glanz geglaubt hatte.

Wie oft geschieht ähnliches auch bei uns: Wir suchen etwas Kostbares und Wertvolles, etwas Schönes, etwas, was uns Freude, Frieden, Glückseligkeit und innere Erfüllung schenkt, aber dafür müssen wir entsprechend den Prinzipien des Evangeliums einen ziemlich hohen Preis bezahlen. Dann meldet sich der Betrüger, der Satan, und schlägt uns eine billige Freude vor oder bietet uns billig den Frieden an und verlangt dafür viel weniger als Jesus von uns verlangt. Unsere Blindheit und Dummheit, unser Verlangen, schnell und billig die Freude zu erreichen, nützt der Teufel so aus, daß wir schließlich ihm glauben und nicht Gott, und nachher, wenn es schon zu spät ist, erfahren wir die Wahrheit und merken, daß wir betrogen wurden und alles nur Schein und Lüge war.

Dies geschah das erste Mal mit Adam und Eva im Paradies. Eva glaubte der Schlange, dem Satan, und nicht mehr Gott, und ließ sich verführen. Aber dann, als es schon passiert war, **"gingen beiden die Augen auf, und sie erkannten"** (Gen 3,7) die traurige Wahrheit, daß sie nicht nur nicht Gott gleich geworden waren, sondern auch die innere und äußere Schönheit, die sie bis dahin aus der Gnade Gottes besaßen, verloren hatten. - Sie sahen, daß sie nackt waren.

Wie oft passiert das gleiche auch in unserem Leben, daß wir dem "billigen Angebot" zustimmen, dem was leicht und ohne große Mühen zu erreichen ist. - Erst danach gehen uns die Augen auf, leider oft erst, wenn es schon zu spät ist. Dann sind wir unglücklich, enttäuscht und innerlich leer.

Wer dem Satan und seinen listigen Lügen glaubt, wird im Leben nie die echte Freude finden, sondern immer nur scheinbares Glück, Enttäuschung, Traurigkeit und am Ende den ewigen Tod! - Wer aber Gott und Seinem Wort glaubt, auch wenn dies manchmal nicht leicht fällt, ja manchmal sogar sehr viel kostet, wird innerlich glücklich sein und vor allem einmal das **unvergängliche, wahre Glück des Himmels erreichen. Diese Menschen werden auch keine Angst vor dem Sterben haben, weil sie sich auf die Begegnung mit Gott im Leben gut vorbereitet haben.**

Alles hängt also davon ab, für welche Seite wir uns jetzt in diesem Leben entscheiden: Wenn wir uns auf die Seite des Himmels und der **Prinzipien des Evangeliums** stellen, werden wir zu den Siegern gehören. - Wenn wir uns aber auf die andere Seite stellen, dort, wo der leichte und bequeme Weg angeboten wird, und auf diesem Weg bleiben bis zum Tod, dann sind wir für die Ewigkeit verloren. - Jesus sagt: **"Wer nicht für mich ist, der ist gegen mich"** (Mt 12,30a).

Man kann also sagen, je größer der Abstand des Menschen von Gott und Seiner Ordnung, desto größere Verwirrung, Unordnung und Verblendung herrscht in seiner Seele. Je mehr der Mensch diese verdorbene Welt liebt und mit ihr verwachsen ist, desto schwieriger und trauriger wird er sterben und sein Abschied von der Erde sein. - Je mehr der Mensch sich aber in der Treue zum Evangelium mit Jesus Christus verbindet und an das ewige Leben und an die ewige Heimat im Himmel glaubt, desto leichter, glücklicher und heiliger wird sein Sterben sein, weil es für ihn nur ein Hinübergehen in eine bessere Welt ist, der Heimgang zum Himmlischen Vater.

Entscheidend ist also, wie der Mensch sich in seinem Leben auf den Tag der Rechenschaft vor Gott vorbereitet, an dem er von Gott nicht nach eigenen, menschlichen und irdischen Gesetzen, Meinungen oder Glaubensüberzeugungen gerichtet wird, sondern **einzig und allein nach den Prinzipien des Evangeliums Jesu Christi, nach dem G e s e t z der L i e b e , das Jesus uns so oft beschrieben und selbst v o r g e l e b t hat.** - Mögen uns also die folgenden Betrachtungen eine Hilfe sein, damit wir uns jetzt in diesem irdischen Leben gut auf das ewige Leben im Himmel vorbereiten!

1. Dezember

Wort Gottes: Röm 5,12-15

"DURCH EINEN EINZIGEN MENSCHEN KAM DIE SÜNDE IN DIE WELT UND DURCH DIE SÜNDE DER TOD, UND AUF DIESE WEISE GE-LANGTE DER TOD ZU ALLEN MENSCHEN, WEIL ALLE SÜNDIGTEN. Sünde war schon vor dem Gesetz in der Welt, aber Sünde wird nicht angerechnet, wo es kein Gesetz gibt; dennoch herrschte der Tod von Adam bis Mose auch über die, welche nicht wie Adam durch Übertreten eines Gebots gesündigt hatten; Adam aber ist die Gestalt, die auf den Kommenden hinweist. Doch anders als mit der Übertretung verhält es sich mit der Gnade; sind durch die Übertretung des einen die vielen dem Tod anheimgefallen, so ist erst recht die Gnade Gottes und die Gabe, die durch die Gnade des einen Menschen Jesus Christus bewirkt worden ist, den vielen reichlich zuteil geworden."

V: Wort des lebendigen Gottes! - A: Dank sei Gott, dem Herrn!

Betrachtungshilfe:

Dieses Wort Gottes bestätigt uns die Wahrheit, daß der TOD seine Wurzel in der Sünde hat, die der Satan bei einem einzigen Menschen bewirkt hat. Schließlich stammt also der Tod vom Satan und nicht von Gott.

Diese Sünde, die wir Erbsünde nennen, brachte als unvermeidliche Folge mit sich, daß alle Menschen sterben müssen und dabei auch dem ewigen Tod verfallen können, wenn sie sich vorher nicht zu Gott bekehren.

Die einzige Möglichkeit der Rettung und Hilfe für den Menschen besteht also in Jesus Christus. Ohne IHN können wir weder im irdischen Leben noch für das ewige Leben etwas erreichen. Darüber schreibt der heilige Paulus: **"Denn wie die Sünde herrschte und zum Tod führte, so soll auch die Gnade herrschen und durch Gerechtigkeit zum ewigen Leben führen, durch Jesus Christus unseren Herrn"** (Röm 5,21).

- Verstehe ich jetzt besser das Wort Jesu: **"Getrennt von mir könnt ihr nichts vollbringen"** (Joh 15,5) - ?
- Welchen Vorsatz fasse ich im Licht des heutigen Wortes Gottes?

Tagesgebet: *siehe entsprechender Tag Seite 457*

2. Dezember

Wort Gottes:
Eph 2,1-9

"Ihr wart tot infolge eurer Verfehlungen und Sünden. Ihr wart einst darin gefangen, wie es der Art dieser Welt entspricht, unter der Herrschaft jenes Geistes, der im Bereich der Lüfte regiert und jetzt noch in den Ungehorsamen wirksam ist. Zu ihnen gehörten auch wir alle einmal, als wir noch von den Begierden unseres Fleisches beherrscht wurden. Wir folgten dem, was das Fleisch und der böse Sinn uns eingaben, und waren von Natur aus Kinder des Zorns wie die anderen. GOTT ABER, DER VOLL ERBARMEN IST, HAT UNS, DIE WIR INFOLGE UNSERER SÜNDEN TOT WAREN, IN SEINER GROßEN LIEBE, MIT DER ER UNS GELIEBT HAT, ZUSAMMEN MIT CHRISTUS WIEDER LEBENDIG GEMACHT. Aus Gnade seid ihr gerettet. Er hat uns mit Christus auferweckt und uns zusammen mit ihm einen Platz im Himmel gegeben. Dadurch, daß er in Christus Jesus gütig an uns handelte, wollte er den kommenden Zeiten den überfließenden Reichtum seiner Gnade zeigen. Denn aus Gnade seid ihr durch den Glauben gerettet, nicht aus eigener Kraft - Gott hat es geschenkt -, nicht aufgrund eurer Werke, damit keiner sich rühmen kann."

V: Wort des lebendigen Gottes! - A: Dank sei Gott, dem Herrn!

Betrachtungshilfe:

Dieses Wort Gottes macht uns deutlich, daß es hier nicht nur um den Tod des Leibes geht, sondern auch, und vielleicht noch mehr, um die Gefahr des **ewigen** **Todes** des Menschen. Im Buch der Offenbarung lesen wir dazu: "Fürchte dich nicht vor dem, was du noch erleiden mußt. Der Teufel wird einige von euch ins Gefängnis werfen, um euch auf die Probe zu stellen, und ihr werdet in Bedrängnis sein, zehn Tage lang. **Seid treu bis in den Tod; dann werde ich dir den Kranz des Lebens** geben. Wer Ohren hat, der höre Wer siegt, dem kann der z w e i t e Tod nichts anhaben" (Offb 2,10-11).

Aus diesem Wort Gottes erfahren wir auch, daß Gott für alle, die mit Jesus in der Liebe und Treue zu Seinem WORT e i n s sind, einen Platz im Himmel bereithält. Obwohl die guten Werke in unserem Leben sehr wichtig sind und wir ohne sie den Himmel nicht gewinnen können, so sind doch letztendlich für unsere ewige Seligkeit nicht unsere Werke entscheidend, sondern Gottes Gnade und unser Glaube. So kann also kein Mensch sich seiner Werke rühmen, vielmehr müssen wir Gott für die Gnade der Rettung dankbar sein.

- Bedanke ich mich bei Gott für mein irdisches Leben, das ich von IHM bekommen habe und für die Möglichkeit, das ewige Leben erreichen zu können? - Lobe und preise ich Gott dafür und folge gerne und treu allen Prinzipien des Evangeliums, die mir die rettende Gnade Gottes erschließen?
- Welchen Vorsatz fasse ich im Licht des heutigen Wortes Gottes?

Tagesgebet: *siehe entsprechender Tag Seite 457*

3. Dezember

Wort Gottes: Mt 10,16-22/24-25

"Seht, ich sende euch wie Schafe mitten unter die Wölfe; seid daher klug wie die Schlangen und arglos wie die Tauben! - Nehmt euch aber vor den Menschen in acht! - Denn sie werden euch vor die Gerichte bringen und in ihren Synagogen auspeitschen. Ihr werdet um meinetwillen vor Statthalter und Könige geführt, damit ihr vor ihnen und den Heiden Zeugnis ablegt. Wenn man euch vor Gericht stellt, macht euch keine Sorgen, wie und was ihr reden sollt; denn es wird euch in jener Stunde eingegeben, was ihr sagen sollt. Nicht ihr werdet dann reden, sondern der Geist eures Vaters wird durch euch reden. BRÜDER WERDEN EINANDER DEM TOD AUSLIEFERN UND VÄTER IHRE KINDER, UND DIE KINDER WERDEN SICH GEGEN IHRE ELTERN AUFLEHNEN UND SIE IN DEN TOD SCHICKEN. Und ihr werdet um meines Namens willen von allen gehaßt werden; wer aber bis zum Ende standhaft bleibt, der wird gerettet. Ein Jünger steht nicht über seinem Meister und ein Sklave nicht über seinem Herrn. Der Jünger muß sich damit begnügen, daß es ihm geht wie seinem Herrn. Wenn man schon den Herrn des Hauses Beelzebul nennt, dann erst recht seine Hausgenossen."

V: Wort des lebendigen Gottes! - A: Dank sei Gott, dem Herrn!

Betrachtungshilfe:

Hier spricht Jesus Prophezeiungen aus, die sich inzwischen schon oft in der Geschichte bewahrheitet haben. - Wie viele von den ersten Christen haben für ihren Glauben und ihre Liebe zu Jesus ihr irdisches Leben verloren, aber dadurch die Herrlichkeit des ewigen Lebens gewonnen! - Auch in unserer Zeit legen unzählige

Christen mit ihrem Blut Zeugnis für Christus und ihren Glauben ab, obwohl so viel über Toleranz und Menschenrechte gesprochen wird.

Und damit wir uns keine falschen Vorstellungen machen, sagt uns Jesus ganz klar, was jene auch in der Zukunft erwartet, die sich zu IHM bekennen: Wenn die damaligen Menschen Jesus selbst als Beelzebul bezeichnet, IHN abgelehnt und schließlich sogar gekreuzigt haben, wird es uns dann heute besser ergehen?

Weil aber auch der gewaltsame Tod des Menschen nicht dem Willen Gottes entspricht, ermahnt uns Jesus andererseits, klug zu sein und sich nicht unnötig und leichtfertig dem Tod auszuliefern. Denn wenn auch das Sterben seiner Frommen kostbar ist in den Augen Gottes (vgl. Ps 116,15), so bewirkt doch ein wirklich heiliges Leben **nach dem Willen Gottes** viel mehr Wohlgefallen bei Gott. Wir sollen daher niemals den Tod suchen, sondern alles, was täglich auf uns zukommt, geduldig und aus Liebe zu Gott ertragen, so wie es uns der Herr, Seine Mutter Maria und Seine Apostel vorgelebt haben.

- Bin ich klug genug, um alles zu vermeiden, was mich zum irdischen und noch mehr zum ewigen Tod führen kann? - Bin ich bereit, für meinen Glauben und meine Liebe zu Gott Zeugnis abzulegen?
- Welchen Vorsatz fasse ich im Licht des heutigen Wortes Gottes?

Tagesgebet: *siehe entsprechender Tag Seite 457*

4. Dezember

Wort Gottes:
Mt 10,26b-33

"Nichts ist verhüllt, was nicht enthüllt wird, und nichts ist verborgen, was nicht bekannt wird. Was ich euch im Dunkeln sage, davon redet am hellen Tag, und was man euch ins Ohr flüstert, das verkündet von den Dächern. FÜRCHTET EUCH NICHT VOR DENEN, DIE DEN LEIB TÖTEN, DIE SEELE ABER NICHT TÖTEN KÖNNEN, SONDERN FÜRCHTET EUCH VOR DEM, DER SEELE UND LEIB INS VERDERBEN DER HÖLLE STÜRZEN KANN. Verkauft man nicht zwei Spatzen für ein paar Pfennig? Und doch fällt keiner von ihnen zur Erde ohne den Willen eures Vaters. Bei euch aber sind sogar die Haare auf dem Kopf alle gezählt. Fürchtet euch also nicht! - Ihr seid mehr wert als viele Spatzen. Wer sich nun vor den Menschen zu mir bekennt, zu dem werde auch ich mich vor meinem Vater im Himmel bekennen. Wer mich aber vor den Menschen verleugnet, den werde auch ich vor meinem Vater im Himmel verleugnen."

V: Wort des lebendigen Gottes! - A: Dank sei Gott, dem Herrn!

Betrachtungshilfe:

In diesem Wort Gottes ermutigt uns Jesus, an IHN zu glauben und sich zu IHM zu bekennen, nicht nur im gewöhnlichen Alltag, sondern in allen Situationen des Lebens, besonders auch in schwierigen Zeiten. Jesus betont hier, welch großen Wert der Mensch dadurch in den Augen Gottes gewinnt, zugleich aber beruhigt ER uns, daß **ohne den Willen** des Himmlischen Vaters **nichts** geschieht. - Wir müssen dabei aber unterscheiden zwischen dem eindeutigen **Willen Gottes** und der sogenannten **Zulassung Gottes.** - Sicher ist alles, was gut ist, der Wille Gottes für den Menschen. Das Böse und Schlechte stammt vom Satan und wenn der Satan von Gott die Prüfung des Menschen fordert, wie z.B. im Fall Ijobs, dann **k a n n** Gott zustimmen und zulassen, ER **m u ß** aber nicht (vgl. Ijob 1,8-12).

Wir sollen also keine Angst haben, - ohne die Zulassung Gottes geschieht nichts! - Gott will nur unser Bestes, deshalb sollen wir uns auch nicht vor denen fürchten, die den Leib töten, denn, **"wer das Leben gewinnen will, wird es verlieren; wer aber das Leben um meinetwillen verliert, wird es gewinnen"** (Mt 10,39). - Dies haben vor allem die Märtyrer gut verstanden!

- Mache ich mir in schwierigen Situationen des Lebens bewußt, welch große Gefahr für mein ewiges Leben besteht, wenn ich mich schäme, mich vor den Menschen zum Herrn zu bekennen?

- Welchen Vorsatz fasse ich im Licht des heutigen Wortes Gottes?

Tagesgebet: *siehe entsprechender Tag Seite 457*

5. Dezember

Wort Gottes:
Mk 5,35-43

"Während Jesus noch redete, kamen Leute, die zum Haus des Synagogenvorstehers gehörten, und sagten (zu Jairus): **Deine Tochter ist gestorben. Warum bemühst du den Meister noch länger? Jesus, der diese Worte gehört hatte, sagte zu dem Synagogenvorsteher: Sei ohne Furcht; glaube nur! - Und er ließ keinen mitkommen außer Petrus, Jakobus und Johannes, den Bruder des Jakobus. Sie gingen zum Haus des Synagogenvorstehers. Als Jesus den Lärm bemerkte und hörte, wie die Leute laut weinten und jammerten, trat er ein und sagte zu ihnen: Warum schreit und weint ihr? DAS KIND IST NICHT GESTORBEN, ES SCHLÄFT NUR. Da lachten sie ihn aus. Er aber schickte alle hinaus und nahm außer seinen Begleitern nur die Eltern mit in den Raum, in dem das Kind lag. Er faßte das Kind an der Hand und sagte zu ihm: Talita kum!, das heißt übersetzt: Mädchen, ich sage dir, steh auf! - Sofort stand das Mädchen auf und ging umher. Es war zwölf Jahre alt. Die Leute gerieten außer sich vor Entsetzen. Doch er schärfte ihnen ein, niemand dürfe etwas davon erfahren; dann sagte er, man solle dem Mädchen etwas zu essen geben.**

V: Wort des lebendigen Gottes! - A: Dank sei Gott, dem Herrn!

Betrachtungshilfe:

In diesem Wort Gottes wird erneut die gewaltige Macht Gottes offenbar, die in Jesus Christus als dem Sohn Gottes gegenwärtig ist. Die Menschen, die diese göttliche Macht bei der Auferweckung dieses Mädchens so spürbar erleben, geraten in Entsetzen. - Aber wie klein denken auch wir heute oft von Gott und wie schwach ist auch bei uns oft noch der Glaube an Seine Macht über Leben und Tod!

Der Bericht des heiligen Markus erinnert uns an die traurige Wirklichkeit, daß manchmal auch Kinder ganz plötzlich vom Tod überrascht werden oder trotz aller Bemühungen der Ärzte sterben. Um so mehr sollten wir schon die kleinen Kinder darauf vorbereiten, daß auch sie einmal sterben müssen. Wir müssen ihnen aber erklären, daß der Tod nicht das Ende, sondern nur ein Übergang in das ewige Leben ist, und daß der Himmel für sie offen ist, wenn sie auf Erden Jesus lieben und Seinen Worten folgen.

• Glaube ich daran, daß Jesus **alles** vermag und daß ich IHM deshalb von Herzen vertrauen kann? - Spreche ich mit den Kindern und Jugendlichen über den Himmel und erinnere sie daran, daß sie immer gut vorbereitet sein müssen auf den Tod?

• Welchen Vorsatz fasse ich im Licht des heutigen Wortes Gottes?

Tagesgebet: *siehe entsprechender Tag Seite 457*

6. Dezember

Wort Gottes: Mt 26,36-46

"Darauf kam Jesus mit den Jüngern zu einem Grundstück, das man Getsemani nennt, und sagte zu ihnen: Setzt euch und wartet hier, während ich dort bete. Und er nahm Petrus und die beiden Söhne des Zebedäus mit sich. Da ergriff ihn Angst und Traurigkeit, und er sagte zu ihnen: MEINE SEELE IST ZU TODE BETRÜBT. Bleibt hier und wacht mit mir! - Und er ging ein Stück weiter, warf sich zu Boden und betete: Mein Vater, wenn es möglich ist, gehe dieser Kelch an mir vorüber. Aber nicht wie ich will, sondern wie du willst. Und er ging zu den Jüngern zurück und fand sie schlafend. Da sagte er zu Petrus: Konntet ihr nicht einmal eine Stunde mit mir wachen? Wacht und betet, damit ihr nicht in Versuchung geratet. Der Geist ist willig, aber das Fleisch ist schwach. Dann ging er zum zweitenmal weg und betete: Mein Vater, wenn dieser Kelch an mir nicht vorübergehen kann, ohne daß ich ihn trinke, geschehe dein Wille. Als er zurückkam, fand er sie wieder schlafend, denn die Augen waren ihnen zugefallen. Und er ging wieder von ihnen weg und betete zum drittenmal mit den gleichen Worten. Danach kehrte er zu den Jüngern zurück und sagte zu ihnen: Schlaft ihr immer noch und ruht euch aus? Die Stunde ist gekommen; jetzt wird der Menschensohn den Sündern ausgeliefert. Steht auf, wir wollen gehen! Seht, der Verräter, der mich ausliefert, ist da."

V: Wort des lebendigen Gottes! - A: Dank sei Gott, dem Herrn!

Betrachtungshilfe:

Dieses Wort Gottes zeigt uns, wie wunderbar Jesus sich geistig auf die Stunde Seines Sterbens vorbereitet hat. ER ging ganz bewußt Seinem TOD entgegen. Dabei ergriffen IHN Angst und Traurigkeit, die Seine Seele bis zu Tode betrübten. **"Er betete in seiner Angst noch inständiger, und sein Schweiß war wie Blut, das auf die Erde tropfte"** (Lk 22,44). - Dies zeigt uns, wie schrecklich Jesus leiden mußte. -

Seine geistigen Leiden waren weitaus größer als all Seine physischen Leiden. Im Geiste litt ER nicht nur wegen des Zustands der damaligen Menschheit, sondern ER sah auch die ganze zukünftige Menschheit und Christenheit. ER sah, daß die Menschen nicht die EINHEIT suchen, sondern Streit, Spaltung und Trennung. ER sah im Geist den ganzen Haß und alle Blindheit der Menschen, alle schrecklichen Ereignisse, alle Kriege und Verbrechen bis zum Tag des Letzten Gerichts. - Der Mensch findet keine richtigen Worte dafür, um das Ausmaß dieser Leiden zu beschreiben!

Jesus litt so furchtbar, daß er, obwohl er wußte, daß er diese Leiden tragen muß, Seinen Vater bat: **"Mein Vater, wenn es möglich ist, gehe dieser Kelch an mir vorüber! Aber nicht wie ich will, sondern wie du willst!"** - Diese Worte zeigen uns, daß für Jesus der WILLE Seines Vaters ganz und gar entscheidend war. <u>**Dies heißt aber nicht, daß der Himmlische Vater wollte, daß Jesus leidet**</u>. Gott wollte nur, daß Jesus die Menschen vom Joch der Sünde und des Satans befreit.

- Wie bereite ich mich auf meine Sterbestunde vor? - Bin ich bereit, auch den anderen zu helfen, sich auf ihre Sterbestunde vorzubereiten, durch das Gebet und den Empfang der Heiligen Sakramente?
- Welchen Vorsatz fasse ich im Licht des heutigen Wortes Gottes?

Tagesgebet: *siehe entsprechender Tag Seite 457*

7. Dezember

Wort Gottes: 2 Kor 7,8-10

"Daß ich euch mit meinem Brief traurig gemacht habe, tut mir nicht leid. Wenn es mir auch eine Weile leid tat - ich sehe ja, daß dieser Brief euch, wenn auch nur für kurze Zeit, traurig gemacht hat. Jetzt freue ich mich, nicht weil ihr traurig geworden seid, sondern weil die Traurigkeit euch zur Sinnesänderung geführt hat. Denn es war eine gottgewollte Traurigkeit; so ist euch durch uns kein Nachteil erwachsen. DIE GOTTGEWOLLTE TRAURIGKEIT VERURSACHT NÄMLICH SINNESÄNDERUNG ZUM HEIL, DIE NICHT BEREUT ZU WERDEN BRAUCHT; DIE WELTLICHE TRAURIGKEIT ABER FÜHRT ZUM TOD."

V: Wort des lebendigen Gottes! - A: Dank sei Gott, dem Herrn!

Betrachtungshilfe:

Das heutige Wort Gottes belehrt uns, daß es verschiedene Formen der Traurigkeit gibt, eine die von Gott gewollt ist und uns zur Besinnung, zur Reue und Umkehr bewegt und eine andere Traurigkeit, die zum Tod führt. Die gottgewollte Traurigkeit brauchen wir nicht zu bedauern, weil sie uns innerlich heilt und heiligt.

Die zweite Form der Traurigkeit ist ein seelischer Zustand des Menschen, der wie eine schwere Krankheit allmählich zum Tod führt. Von dieser Traurigkeit sollen wir uns befreien, aber nicht mit falschen Mitteln, sondern mit denen, die Gott uns dazu gegeben hat. Diese sind das Gebet, wenn notwendig auch Fasten und selbstverständlich der gläubige und würdige Empfang der Heiligen Sakramente der

Kirche. - Die Sünde, die immer nur eine vorübergehende Freude oder Zufriedenheit bewirken kann, ist dabei sicher keine Lösung, weil sie in der Konsequenz nur noch größere Traurigkeit bewirkt. - Schwere Sünden wie Neid, Eifersucht, Geiz,, Haß usw. können das Innere des Menschen so vergiften und zerfressen, daß diese Sünden, wenn keine Umkehr erfolgt, zum ewigen Tod führen.

• Was habe ich bis jetzt getan, wenn ich traurig war? - Bemühe ich mich den Grund meiner Traurigkeit zu erkennen, ob es eine von Gott gewollte Traurigkeit ist, die mir geistig helfen soll, oder ob sie vom Satan kommt, der mich zum ewigen Tod führen will? - Wenn ich traurigen Menschen begegne, laufe ich dann von ihnen weg, oder versuche ich ihnen in christlicher Liebe zu helfen?

• Welchen Vorsatz fasse ich im Licht des heutigen Wortes Gottes?

Tagesgebet: *siehe entsprechender Tag Seite 458*

8. Dezember

Wort Gottes: Joh 19,25-30

"Bei dem Kreuz Jesu standen seine Mutter und die Schwester seiner Mutter, Maria, die Frau des Klopas, und Maria von Magdala. Als Jesus seine Mutter sah und bei ihr den Jünger, den er liebte, sagte er zu seiner Mutter: Frau, siehe, dein Sohn! - Dann sagte er zu dem Jünger: Siehe, deine Mutter! - Und von jener Stunde an nahm sie der Jünger zu sich. Danach, als Jesus wußte, daß nun alles vollbracht war, sagte er, damit sich die Schrift erfüllte: Mich dürstet. Ein Gefäß mit Essig stand da. Sie steckten einen Schwamm mit Essig auf einen Ysopzweig und hielten ihn an seinen Mund. Als Jesus von dem Essig genommen hatte, sprach er: ES IST VOLLBRACHT! - UND ER NEIGTE DAS HAUPT UND GAB SEINEN GEIST AUF."

V: Wort des lebendigen Gottes! - A: Dank sei Gott, dem Herrn!

Betrachtungshilfe:

Dieses Wort Gottes berichtet uns etwas, was für ungläubige Menschen unbegreiflich ist: Jesus übergibt kurz vor seinem TOD zuerst Seinen geliebten Jünger Johannes Seiner Mutter Maria als Sohn und dann Seine Mutter Maria dem Johannes als Mutter. - Hier vollzieht sich ein wunderbarer, mystischer Liebestausch zwischen drei Personen, zwischen Jesus, Seiner Mutter Maria und Seinem Jünger Johannes.

Da Jesus als wahrer Mensch und wahrer Gott wirkt, vollendet sich in IHM als dem wahren Gott das Leben der Dreifaltigkeit und als wahrer Mensch will ER dieses wunderbare Leben der Liebe der Dreifaltigkeit Gottes auch auf die Menschen übertragen. Und so hat die Liebe Gottes in sich die Macht, diese, die nicht miteinander blutsverwandt sind, wunderbar zu vereinigen.

Hier hat sich etwas Großes abgespielt: Jesus übergab nicht nur Seine Mutter zur Betreuung dem Johannes, sondern auch Johannes und in ihm alle Menschen der Sorge und Liebe Seiner Mutter. **Hier weitet sich die Mutterschaft Mariens auf die ganze Kirche, ja sogar auf die ganze Menschheit aus!**

- Wenn ich mich schon als Kind Mariens fühle, versuche ich dann täglich Maria als meine Mutter zu lieben und zu ehren, so wie dies ihr Sohn Jesus und ihr Adoptivsohn Johannes mit Sicherheit getan haben? - Versuche ich auch andere Menschen für diese gerechte Liebe und Ehre gegenüber der Mutter Jesu zu gewinnen?
- Welchen Vorsatz fasse ich im Licht des heutigen Wortes Gottes?

Tagesgebet:

Lasset uns beten: Großer und heiliger Gott, im Hinblick auf den Erlösertod Christi hast Du die Allerseligste Jungfrau Maria schon im ersten Augenblick ihres Daseins vor jeder Sünde bewahrt, um Deinem Sohn eine würdige Wohnung zu bereiten. Höre auf ihre Fürsprache: Mache uns frei von Sünden und erhalte uns in Deiner Gnade, damit wir mit reinem Herzen zu Dir gelangen. Darum bitten wir Dich, durch unseren Herrn Jesus Christus, der in der Einheit des Heiligen Geistes mit Dir lebt und herrscht in alle Ewigkeit. Amen. (vgl. Laudes vom Hochfest der Unbefleckten Empfängnis Mariens)

9. Dezember

Wort Gottes: Mk 15,20b/25-27/33-37

"Dann führten sie Jesus hinaus, um ihn zu kreuzigen. Es war die dritte Stunde, als sie ihn kreuzigten. Und eine Aufschrift (auf einer Tafel) gab seine Schuld an: Der König der Juden. Zusammen mit ihm kreuzigten sie zwei Räuber, den einen rechts von ihm, den anderen links. Als die sechste Stunde kam, brach über das ganze Land eine Finsternis herein. Sie dauerte bis zur neunten Stunde. Und in der neunten Stunde rief Jesus mit lauter Stimme: Eloi, Eloi, lema sabachtani?, das heißt übersetzt: Mein Gott, mein Gott, warum hast du mich verlassen? Einige von denen, die dabeistanden und es hörten, sagten: Hört, er ruft nach Elija! - Einer lief hin, tauchte einen Schwamm in Essig, steckte ihn auf einen Stock und gab Jesus zu trinken. Dabei sagte er: Laßt uns doch sehen, ob Elija kommt und ihn herabnimmt. Jesus aber schrie laut auf. Dann hauchte er den Geist aus."

V: Wort des lebendigen Gottes! - A: Dank sei Gott, dem Herrn!

Betrachtungshilfe:

Dieses Wort Gottes beschreibt uns das ungewöhnliche Sterben eines Menschen, der wahrhaft Gottes Sohn war. - Jesus, der größte Wohltäter der Menschheit, mußte wie ein Verbrecher unter Verbrechern sterben!

Sein Sterben war begleitet von schrecklichen Qualen, nicht nur körperlichen, sondern vor allem auch seelischen, bis hin zur Gottverlassenheit. All diese Leiden ertrug ER in unaussprechlich großer Geduld und Selbstbeherrschung, aus Liebe zu Seinem Vater und zu allen Sündern.

Gleichzeitig erleben wir die Blindheit der Menschen, die Jesus verurteilt, gequält und schließlich gekreuzigt haben. Schuld daran waren vor allem diese, die von ihrer

Stellung her die Pflicht gehabt hätten, IHN als Sohn Gottes und Erlöser anzuerkennen und Seine Erlösungsmission nach Kräften zu unterstützen: Die Hohenpriester und Schriftgelehrten, die aber ähnlich wie Herodes, Kajaphas und Pontius Pilatus total vom Hochmut, Machtstreben und Ehrgeiz verblendet waren.

- Bin ich gerne bereit, zumindest durch das Gebet und die heiligen Sakramente den Sterbenden die letzten Tage oder Stunden ihres irdischen Lebens zu erleichtern?
- Welchen Vorsatz fasse ich im Licht des heutigen Wortes Gottes?

Tagesgebet: *siehe entsprechender Tag Seite 458*

10. Dezember

Wort Gottes: Lk 23,26-28/32-34a/39-43

"Als sie Jesus hinausführten, ergriffen sie einen Mann aus Zyrene namens Simon, der gerade vom Feld kam. Ihm luden sie das Kreuz auf, damit er es hinter Jesus hertrage. Es folgte eine große Menschenmenge, darunter auch Frauen, die um ihn klagten und weinten. Jesus wandte sich zu ihnen um und sagte: Ihr Frauen von Jerusalem, weint nicht über mich; weint über euch und eure Kinder! Zusammen mit Jesus wurden auch zwei Verbrecher zur Hinrichtung geführt. Sie kamen zur Schädelhöhe; dort kreuzigten sie ihn und die Verbrecher, den einen rechts von ihm, den anderen links. Jesus aber betete: Vater, vergib ihnen, denn sie wissen nicht, was sie tun. Einer der Verbrecher, die neben ihm hingen, verhöhnte ihn: Bist du denn nicht der Messias? Dann hilf dir selbst und auch uns! - Der andere aber wies ihn zurecht und sagte: Nicht einmal du fürchtest Gott? Dich hat doch das gleiche Urteil getroffen. Uns geschieht recht, wir erhalten den Lohn für unsere Taten: dieser aber hat nichts Unrechtes getan. Dann sagte er: JESUS, DENK AN MICH, WENN DU IN DEIN REICH KOMMST. Jesus antwortete ihm: AMEN, ICH SAGE DIR: HEUTE NOCH WIRST DU MIT MIR IM PARADIESE SEIN."

V: Wort des lebendigen Gottes! - A: Dank sei Gott, dem Herrn!

Betrachtungshilfe:

Das Lukasevangelium ergänzt heute mit manchen Einzelheiten den gestrigen Bericht des heiligen Markus über die Kreuzigung Jesu.

Jesus, der Unschuldige, Gerechte und Gütige, wird wie ein Verbrecher zur Hinrichtung geführt. Jesus geht ganz bewußt und freiwillig dem schrecklichen Tod entgegen, weil ER weiß, daß nur so, **mit Seiner göttlichen Liebe**, der Haß Satans überwunden und besiegt werden kann. ER sucht dabei aber kein Mitleid bei den Menschen, sondern fordert die Frauen auf, daß sie über sich selbst und ihre Kinder weinen sollen.

Die Hilfe, die Simon von Zyrene dem Herrn auf Geheiß der Soldaten leisten mußte, war keineswegs ein Zeichen von Erbarmen oder Mitleid der Soldaten, vielmehr befürchteten sie, daß Jesus unterwegs, noch vor der Kreuzigung, sterben könnte.

Die beiden Verbrecher verhalten sich sehr unterschiedlich: Der eine von ihnen verspottet Jesus, so wie die Schriftgelehrten, - der andere ist in seinem Innersten getroffen und gerührt vom Verhalten Jesu und erlebt die Gnade der Bekehrung. Er verteidigt Jesus und weist den anderen Verbrecher zurecht. - Er bekennt sich vor Jesus öffentlich zu seiner Schuld. Jesus belohnt seine Bekehrung und ehrliche Beichte mit Seinem großherzigen Versprechen: **"Amen, ich sage dir: heute noch wirst du mit mir im Paradiese sein."** - Dieses Versprechen beweist zugleich auch die Unsterblichkeit der Seele. Denn Jesus versprach dem guten Schächer, daß er nach seinem Sterben mit IHM im Paradies sein werde. Wenn also die Leichen nachher am Kreuz hingen, wer anders könnte dann ins Paradies eingegangen sein, wenn nicht die Seele?

- Versuche ich ein guter Simon von Zyrene für diese zu sein, die dem sicheren Tod entgegengehen? - Habe ich Mut wie der gute Schächer und bekenne mich auch vor den anderen zu meinen Versagen und Schwächen?
- Welchen Vorsatz fasse ich im Licht des heutigen Wortes Gottes?

Tagesgebet: *siehe entsprechender Tag Seite 458*

11. Dezember

Wort Gottes: Mt 27,3-5

"Als nun Judas, der ihn verraten hatte, sah, daß Jesus zum Tod verurteilt war, reute ihn seine Tat. Er brachte den Hohenpriestern und den Ältesten die dreißig Silberstücke zurück und sagte: Ich habe gesündigt, ich habe euch einen unschuldigen Menschen ausgeliefert. Sie antworteten: Was geht das uns an? Das ist deine Sache. Da warf er die Silberstücke in den Tempel; dann ging er weg und erhängte sich."

V: Wort des lebendigen Gottes! - A: Dank sei Gott, dem Herrn!

Betrachtungshilfe:

Dieses Wort Gottes zeigt uns eine ganz andere Art des Sterbens, - den Selbstmord eines Menschen. - Judas hatte die Möglichkeit, ein großer Heiliger zu werden. Er zählte zu den Auserwählten und Vertrautesten des Herrn. Ihm hatte der Herr die Geldkasse anvertraut, aber Judas liebte nicht den Herrn, sondern mehr das Geld und das, was er an der Seite Jesu für sich selbst gewinnen konnte. Als er sah, daß Jesus nicht im irdisch-politischen Sinn der erhoffte Befreier Israels ist, verkaufte er Jesus, um zumindest so noch von IHM zu profitieren. - Er rechnete dabei aber nicht mit dem Tod Jesu und als er erfahren hatte, daß Jesus zum Tod verurteilt worden war, reute es ihn und er gab das Geld zurück. - Seine Reue war aber keine echte Reue. Er hatte kein Vertrauen in die verzeihende Liebe Gottes, die ihn innerlich von seiner schweren Schuld und damit vom Satan befreit hätte, deshalb geriet er in Verzweiflung und erhängte sich.

Einen anderen Verrat am Herrn beging der heilige Petrus, als er behauptete, Jesus nicht zu kennen. Aber er bereute danach demütig seine Tat im Herzen vor Gott und bekehrte sich.

- Was tue ich für diese Menschen, die durch große Schwierigkeiten im Leben in Gefahr geraten, in ihrer Verzweiflung Selbstmord zu begehen?
- Welchen Vorsatz fasse ich im Licht des heutigen Wortes Gottes?

Tagesgebet: *siehe entsprechender Tag Seite 458*

12. Dezember

Wort Gottes:
Gen 4,2b-15a

"Abel wurde Schafhirt und Kain Ackerbauer. Nach einiger Zeit brachte Kain dem Herrn ein Opfer von den Früchten des Feldes dar; auch Abel brachte eines dar von den Erstlingen seiner Herde und von ihrem Fett. Der Herr schaute auf Abel und sein Opfer, aber auf Kain und sein Opfer schaute er nicht. Da überlief es Kain ganz heiß, und sein Blick senkte sich. Der Herr sprach zu Kain: Warum überläuft es dich heiß, und warum senkt sich dein Blick? Nicht wahr, wenn du recht tust, darfst du aufblicken; wenn du nicht recht tust, lauert an der Tür die Sünde als Dämon. Auf dich hat er es abgesehen, doch du werde Herr über ihn! - Hierauf sagte Kain zu seinem Bruder Abel: Gehen wir aufs Feld! - Als sie auf dem Feld waren, griff Kain seinen Bruder Abel an und erschlug ihn. Da sprach der Herr zu Kain: Wo ist dein Bruder Abel? Er entgegnete: Ich weiß es nicht. Bin ich der Hüter meines Bruders? Der Herr sprach: Was hast du getan? Das Blut deines Bruders schreit zu mir vom Ackerboden. So bist du verflucht, verbannt vom Ackerboden, der seinen Mund aufgesperrt hat, um aus deiner Hand das Blut deines Bruders aufzunehmen. Wenn du den Ackerboden bestellst, wird er dir keinen Ertrag mehr bringen. Rastlos und ruhelos wirst du auf der Erde sein. Kain antwortete dem Herrn: Zu groß ist meine Schuld, als daß ich sie tragen könnte. Du hast mich heute vom Ackerland verjagt, und ich muß mich vor deinem Angesicht verbergen; rastlos und ruhelos werde ich auf der Erde sein, und wer mich findet, wird mich erschlagen. Der Herr aber sprach zu ihm: Darum soll jeder, der Kain erschlägt, siebenfacher Rache verfallen. Darauf machte der Herr dem Kain ein Zeichen, damit ihn keiner erschlage, der ihn finde."

V: Wort des lebendigen Gottes! - A: Dank sei Gott, dem Herrn!

Betrachtungshilfe:

Die Geschichte mit Kain und Abel berichtet uns, was am Anfang der Menschheitsgeschichte passierte und was bis heute immer wieder passiert, nämlich daß ein Mensch aus Eifersucht oder Neid ermordet wird und plötzlich, völlig unerwartet, stirbt.

Kain wurde für seinen Mord an seinem Bruder von Gott schwer bestraft. Nach seiner Untat bereute er aber seine schwere Schuld und nahm demütig, wenn auch unter Stöhnen, die Strafe Gottes an. Und als Gott sah, daß Kain seine Schuld eingesehen hatte und seine böse Tat ehrlich bereute, milderte ER die Strafe.

Das heutige Wort Gottes will uns zugleich sagen, daß kein Mensch das Recht hat, einen anderen zu töten. Deshalb **"machte der Herr dem Kain ein Zeichen, damit ihn keiner erschlage, der ihn finde".** Nur Gott selbst hat das Recht, einen Menschen mit dem Tod zu bestrafen, weil ER der Schöpfer allen Lebens ist. Verbrecher sollten zwar von der Gesellschaft getrennt werden, aber doch eines natürlichen Todes sterben dürfen, damit sie bis dahin die Möglichkeit der Bekehrung haben.

- Ist mir bewußt, wie wichtig es ist, daß Kinder von klein auf dazu erzogen werden, die zehn Gebote Gottes zu beachten, u.a. auch dieses, du sollst nicht töten! - Ist mir auch bewußt, wie verantwortungslos Eltern handeln, wenn sie ihren Kindern Kriegsspielzeug (Panzer, Pistolen, Gewehre u.ä.) zum Spielen geben?
- Welchen Vorsatz fasse ich im Licht des heutigen Wortes Gottes?

Tagesgebet: *siehe entsprechender Tag Seite 458*

13. Dezember

Wort Gottes: Gen 5,1-5

"Das ist die Liste der Geschlechterfolge nach Adam: Am Tag, da Gott den Menschen erschuf, machte er ihn Gott ähnlich. Als Mann und Frau erschuf er sie, er segnete sie und nannte sie Mensch an dem Tag, da sie erschaffen wurden. Adam war 130 Jahre alt, da zeugte er einen Sohn, der ihm ähnlich war, wie sein Abbild, und nannte ihn Set. Nach der Geburt Sets lebte Adam noch 800 Jahre und zeugte Söhne und Töchter. Die gesamte Lebenszeit Adams betrug 930 Jahre, dann starb er."

V: Wort des lebendigen Gottes! - A: Dank sei Gott, dem Herrn!

Betrachtungshilfe:

Die ersten Menschen, die noch eine gesunde Umwelt hatten, lebten viel länger als wir Menschen heute. - Die gesamte Lebenszeit Adams betrug 930 Jahre. Eine genaue Angabe des Lebensalters von Adam ist uns aber nicht bekannt. Wissenschaftlich sind diese Altersangaben wahrscheinlich überhaupt nicht mehr nachprüfbar. Aber trotz möglicher Fehler kann man annehmen, daß er wie auch seine Nachkommen ein sehr hohes Lebensalter erreichte. - Allerdings gibt es auch keine Sicherheit, daß diese Altersangaben nur symbolisch zu verstehen sind.

Set lebte 912 Jahre und Enosch 905 Jahre. Kenan starb im Alter von 910 Jahren. Mahalael war bei seinem Sterben 895 Jahre alt. Jered starb mit 962 Jahren, Henoch lebte "nur" noch 365 Jahre. Das gesamte Lebensalter von Metuschelach war wieder länger und betrug 969 Jahre, Lamech, der Vater Noachs lebte insgesamt 777 Jahre.

Wenn jemand fragt, ob dies überhaupt möglich ist, daß die ersten Menschen so lange lebten, dann können wir als gläubige Menschen schließlich antworten, daß bei Gott alles möglich ist. Wenn wir bedenken, daß Gott die Menschen für ein ewiges Leben als Unsterbliche geschaffen hatte, dann ist auch nicht zu staunen, daß ER sie so lange auf der Erde leben ließ, um so mehr, da sie die Aufgabe hatten, die Erde zu bevölkern.

Wenn wir annehmen, daß die oben genannten Lebensalter nicht unserer Zeitrechnung entsprechen (Jahreslänge usw.), sondern nach Jahreszeiten berechnet waren, also alle Altersangaben durch vier zu teilen wären, dann könnten wir eine Erklärung dafür finden, daß jeder der erwähnten Männer seine Nachkommen erst nach 100 Jahren zeugte. Wenn diese 100 Jahre also 100 Jahreszeiten entsprächen, dann wären sie in Wirklichkeit 25 Jahre alt gewesen.

- Denke ich, daß heute ein Lebensalter von 200 oder 300 Jahren für uns ein Segen Gottes wäre? - Bin ich nicht der Meinung, daß der Tod in vielen Fällen, wo Gesundheit und Kräfte schwinden, mehr eine Erlösung und ein Segen Gottes ist als eine Strafe? - Mache ich mir heute am **Fatimatag** erneut bewußt, daß die Muttergottes mit ihrer Aufforderung zum Gebet und zur Sühne die Menschen vor allem vor dem ewigen Tod, der ewigen Verdammnis, bewahren will?

- Welchen Vorsatz fasse ich im Licht des heutigen Wortes Gottes?

Tagesgebet: *siehe entsprechender Tag Seite 459*

14. Dezember

Wort Gottes: Gen 25,7-11

"Das ist die Zahl der Lebensjahre Abrahams: 175 Jahre wurde er alt, dann verschied er. Er starb in hohem Alter, betagt und lebenssatt, und wurde mit seinen Vorfahren vereint. Seine Söhne Isaak und Ismael begruben ihn in der Höhle von Machpela bei Mamre, auf dem Grundstück des Hetiters Efron, des Sohnes Zohars, auf dem Grundstück, das Abraham von den Hetitern gekauft hatte. Dort sind Abraham und seine Frau Sara begraben. Nach dem Tod Abrahams segnete Gott seinen Sohn Isaak, und Isaak ließ sich beim Brunnen Lahai-Roi nieder."

V: Wort des lebendigen Gottes! - A: Dank sei Gott, dem Herrn!

Betrachtungshilfe:

Hier hören wir, daß Abraham nicht mehr so lange wie seine Vorfahren lebte. Er starb mit 175 Jahren. Ob diese Altersangabe schon unserer Zählung entspricht, wissen wir nicht.

Aber schließlich geht es nicht darum, **wie lange** Abraham und seine Vorfahren lebten, sondern vielmehr darum, **wie heilig** sie vor Gott lebten und **wieviel** sie dadurch für ihr ewiges Leben erreicht haben! - Abraham lebte vor Gott so, daß auch seine Nachkommen davon noch geistigen Gewinn zogen.

- Leben die heutigen Väter und Mütter noch so, daß sie dadurch den Segen Gottes nicht nur für sich selbst, sondern auch für ihre Kinder und Kindeskinder erwirken?

- Welchen Vorsatz fasse ich im Licht des heutigen Wortes Gottes?

Tagesgebet: *siehe entsprechender Tag Seite 459*

15. Dezember

Wort Gottes:

Gen 49,28-30/33

"Sie alle sind die zwölf Stämme Israels, und das war es, was ihr Vater zu ihnen sagte, als er sie segnete. Einen jeden bedachte er mit dem Segen, der ihm zukam. Er trug ihnen ferner auf und sagte zu ihnen: Ich werde mit meinen Vorfahren vereint. Begrabt mich bei meinen Vätern in der Höhle auf dem Grundstück des Hetiters Efron, in der Höhle auf dem Grundstück von Machpela bei Mamre in Kanaan. Jakob beendete den Auftrag an seine Söhne und zog seine Füße auf das Bett zurück. Dann verschied er und wurde mit seinen Vorfahren vereint."

V: Wort des lebendigen Gottes! - A: Dank sei Gott, dem Herrn!

Betrachtungshilfe:

Dieses Wort Gottes beschreibt uns, wie Jakob ganz ruhig und mit vollem Verstand von seiner Familie Abschied nimmt und stirbt. Er läßt alle zu sich rufen und gibt noch letzte Anweisungen. Dann segnet er seine zwölf Söhne: **"Einen jeden bedachte er mit dem Segen, der ihm zukam."**

Etwas, was heute bei uns selten geworden ist, war damals ganz selbstverständlich: Vater und Mutter lebten bis zu ihrem Lebensende im Kreis ihrer Familie, sie nahmen Abschied von ihren Angehörigen und starben auch zu Hause, im Kreis der Familie. Leider werden die Eltern heute oft wie unnütze alte "Geräte" im Altersheim oder Krankenhaus abgegeben, wo sie dann oft sehr einsam und allein, getrennt von der Familie, der sie doch ein Leben lang in Liebe gedient haben, sterben.

• Ist es mir ein Anliegen, daß der Mensch, der in die Mitte einer Familie hineingeboren wird, auch in Ruhe aus der Mitte der Familie scheiden darf, liebevoll umsorgt von seinen Angehörigen? - Gebe auch ich dem anderen diese Liebe, die ich für mich erwarte?

• Welchen Vorsatz fasse ich im Licht des heutigen Wortes Gottes?

Tagesgebet: *siehe entsprechender Tag Seite 459*

16. Dezember

Wort Gottes:

Gen 50,22-26

"Josef blieb in Ägypten, er und das Haus seines Vaters. Josef wurde 110 Jahre alt. Er sah noch Efraims Söhne und Enkel. Auch die Söhne Machirs, des Sohnes Manasses, kamen auf Josefs Knien zur Welt. Dann sprach Josef zu seinen Brüdern: Ich muß sterben. Gott wird sich euer annehmen, er wird euch aus diesem Land heraus und in jenes Land hinaufführen, das er Abraham, Isaak und Jakob mit einem Eid zugesichert hat. Josef ließ die Söhne Israels schwören: Wenn Gott sich euer annimmt, dann nehmt meine Gebeine von hier mit hinauf! - Josef starb im Alter von 110 Jahren. Man balsamierte ihn ein und legte ihn in Ägypten in einen Sarg."

V: Wort des lebendigen Gottes! - A: Dank sei Gott, dem Herrn!

Betrachtungshilfe:

Hier erfahren wir, daß auch Josef wie sein Vater Jakob ganz bewußt dem Tod entgegenging. Er sagte zu seinen Brüdern: **"Ich muß sterben! - Gott wird sich euer annehmen."** - Er wollte wie sein Vater Jakob bei seinen Vorfahren bestattet sein, darum bat er, seine Gebeine mitzunehmen und sie im Land seiner Väter zu begraben, wenn die Israeliten eines Tages in ihr Land zurückkehren.

Die hier beschriebene Einbalsamierung von Josef ist mehr dem Einfluß ägyptischer Kultur zuzuschreiben. Dahinter steckt der Wunsch des Menschen, nach dem Tode weiterzuleben, und auch ein gewisser Glaube an die Auferstehung der Toten. - Gott bewirkt manchmal solche Wunder, daß ER Verstorbene vor der Verwesung bewahrt, wie z.B. die heilige Bernadette, deren unverwester Leichnam in Nevers aufgebahrt ist. Dadurch will Gott unseren Glauben an die Auferstehung stärken und uns zeigen, daß der Tod des Leibes nicht das Ende des Lebens ist, sondern ein Hinübergehen in ein anderes Leben im Jenseits.

- Glaube ich an die Auferstehung der Toten und an das spätere, wunderbare Leben des von Gott verwandelten Menschen in der Ewigkeit? - Unterstütze und fördere ich diesen Glauben auch bei den anderen?
- Welchen Vorsatz fasse ich im Licht des heutigen Wortes Gottes?

Tagesgebet: *siehe entsprechender Tag Seite 459*

17. Dezember

Wort Gottes: Dtn 30,15-20

"Hiermit lege ich dir heute das Leben und das Glück, den Tod und das Unglück vor. Wenn du auf die Gebote des Herrn, deines Gottes, auf die ich dich heute verpflichte, hörst, indem du den Herrn, deinen Gott liebst, auf seinen Wegen gehst und auf seine Gebote, Gesetze und Rechtsvorschriften achtest, dann wirst du leben und zahlreich werden, und der Herr, dein Gott, wird dich in dem Land, in das du hineinziehst, um es in Besitz zu nehmen, segnen. Wenn du aber dein Herz abwendest und nicht hörst, wenn du dich verführen läßt, dich vor anderen Göttern niederwirfst und ihnen dienst - heute erkläre ich euch: Dann werdet ihr ausgetilgt werden; ihr werdet nicht lange in dem Land leben, in das du jetzt über den Jordan hinüberziehst, um hineinzuziehen und es in Besitz zu nehmen. Den Himmel und die Erde rufe ich heute als Zeugen gegen euch an. LEBEN UND TOD LEGE ICH DIR VOR, SEGEN UND FLUCH. WÄHLE ALSO DAS LEBEN, DAMIT DU LEBST, du und deine Nachkommen. Liebe den Herrn, deinen Gott, hör auf seine Stimme, und halte dich an ihm fest; denn er ist dein Leben. Er ist die Länge deines Lebens, das du in dem Land verbringen darfst, von dem du weißt: Der Herr hat deinen Vätern Abraham, Isaak und Jakob geschworen, es ihnen zu geben."

V: Wort des lebendigen Gottes! - A: Dank sei Gott, dem Herrn!

Betrachtungshilfe:

Dieses Wort Gottes faßt zusammen, was damals wie auch heute den Menschen zum Leben oder zum Tod führt. Der Mensch hat die Freiheit, sich für das eine oder das andere zu entscheiden: **Für das ewige Leben oder für den ewigen Tod.** - Aber auch Segen oder Fluch in diesem irdischen Leben hängen von seinem freien Willen ab. - Die Liebe und Treue zu Gott, der Gehorsam zu Seinem Willen und zu Seinen Geboten sind der sichere Weg, damit der Mensch dabei nicht in die Irre geht.

- Wie bereite ich mich auf meinen Tod vor, der früher oder später auch für mich kommen wird? - Bitte ich Gott immer wieder um die Gnade einer guten Sterbestunde, für mich und auch für die anderen?
- Welchen Vorsatz fasse ich im Licht des heutigen Wortes Gottes?

Tagesgebet: *siehe entsprechender Tag Seite 459*

18. Dezember

Wort Gottes: Dtn 31,14a/16b-19a/22

"Der Herr sagte zu Mose: Sieh, deine Zeit ist gekommen: Du wirst sterben. Dann wird dieses Volk sich erheben; man wird in seiner Mitte Unzucht treiben, indem man den fremden Göttern des Landes nachfolgt, in das es jetzt hineinzieht, es wird mich verlassen und den Bund brechen, den ich mit ihm geschlossen habe. An jenem Tag wird mein Zorn gegen sie entbrennen. Ich werde sie verlassen und mein Angesicht vor ihnen verbergen. Dann wird dieses Volk verzehrt werden. Not und Zwang jeder Art werden es treffen. An jenem Tag wird es sich fragen: Hat mich diese Not nicht deshalb getroffen, weil mein Gott nicht mehr in meiner Mitte ist? Aber ich werde an jenem Tag mein Angesicht nur noch mehr verbergen wegen all des Bösen, das dieses Volk getan hat; denn es hat sich anderen Göttern zugewandt. Doch jetzt schreib dieses Lied auf! Lehre es die Israeliten! Laß es sie auswendig lernen. An jenem Tag schrieb Mose dieses Lied auf und lehrte es die Israeliten."

V: Wort des lebendigen Gottes! - A: Dank sei Gott, dem Herrn!

Betrachtungshilfe:

Auch bei Mose sehen wir, daß der TOD für ihn nichts Erschreckendes hatte. - Nachdem Mose von Gott erfahren hatte, daß seine irdische Zeit vorbei ist, tat er, wie Gott ihm befohlen hatte und er bereitete sich und das israelitische Volk auf seinen Tod vor. Er mußte für die Israeliten ein Lied aufschreiben, das sie als Warnung Gottes auswendig lernen sollten. - In diesem Lied, das wir im Buch Deuteronomium (Kapitel 32) nachlesen können, kommt die sorgende Liebe Gottes zum Ausdruck, als ernste Warnung für die Menschen, die heute wie damals durch ihre Undankbarkeit und Blindheit Gottes gerechte Strafe heraufbeschwören.

- Suche ich die Treue zur Ordnung Gottes als gute Vorbereitung für meinen irdischen Tod, die mich zugleich von der Angst vor dem irdischen Tod befreit, aber noch mehr vor dem ewigen Tod?

- Welchen Vorsatz fasse ich im Licht des heutigen Wortes Gottes?

Tagesgebet: *siehe entsprechender Tag Seite 459*

19. Dezember

Wort Gottes:
1 Kön 2,1-4

"Als die Zeit herankam, da David sterben sollte, ermahnte er seinen Sohn Salomo: Ich gehe nun den Weg alles Irdischen. Sei also stark und mannhaft! Erfüll deine Pflicht gegen den Herrn, deinen Gott: Geh auf seinen Wegen und befolg alle Gebote, Befehle, Satzungen und Anordnungen, die im Gesetz des Mose niedergeschrieben sind. Dann wirst du Erfolg haben bei allem, was du tust, und in allem, was du unternimmst. Und der Herr wird sein Wort wahr machen, das er mir gegeben hat, als er sagte: Wenn deine Söhne auf ihren Weg achten und aufrichtig mit ganzem Herzen und ganzer Seele vor mir leben, wird es dir nie an Nachkommen auf dem Thron Israels fehlen."

V: Wort des lebendigen Gottes! - A: Dank sei Gott, dem Herrn!

Betrachtungshilfe:

Dieses Wort Gottes zeigt uns, wie diese Männer Gottes trotz ihrer eigenen Schwächen und Sünden doch von ganzem Herzen Gott liebten, mit Gott verbunden waren und in Seiner Anwesenheit lebten. Vor allem achteten sie sehr darauf, den Willen Gottes richtig zu erfüllen. - Sie gingen dem irdischen Tod ganz bewußt, gefaßt und ruhig entgegen, weil sie wirklich an das ewige Leben glaubten.

Vor seinem Sterben legte David seinem Sohn Salomo noch mit eindringlichen Worten die Liebe zu Gott und zu Seinen Geboten ans Herz. Aus den späteren Erzählungen wissen wir, daß Salomo immer den Segen Gottes hatte, solange er diesen Ermahnungen seines Vaters treu blieb.

- Wie heilsam wäre es, wenn auch heute unsere Väter und Mütter vor ihrem Sterben den Hinterbliebenen ein geistliches Wort und den Segen zum Abschied geben würden? - Aber in wie vielen Familien, auch in solchen, die noch als gläubig gelten, stehen beim Sterben vor allem materielle Probleme im Vordergrund?
- Welchen Vorsatz fasse ich im Licht des heutigen Wortes Gottes?

Tagesgebet: *siehe entsprechender Tag Seite 460*

20. Dezember

Wort Gottes:
Tob 4,3-11

"Tobit rief Tobias und sagte: Mein Sohn, wenn ich gestorben bin, begrab mich! Laß deine Mutter nicht im Stich, sondern halte sie in Ehren, solange sie lebt. Tu, was sie erfreut, und mach ihr keinen Kummer! Denk daran, mein Sohn, daß sie deinetwegen viele Beschwerden hatte, als sie dich in ihrem Schoß trug. Wenn sie gestorben ist, begrab sie an meiner Seite im selben Grab! Denk alle

Tage an den Herrn, unseren Gott, mein Sohn, und hüte dich davor, zu sündigen und seine Gebote zu übertreten. Handle gerecht, solange du lebst; geh nicht auf den Wegen des Unrechts! Denn wenn du dich an die Wahrheit hältst, wirst du bei allem, was du tust, erfolgreich sein. Allen, die gerecht handeln, hilf aus Barmherzigkeit mit dem, was du hast. Sei nicht kleinlich, wenn du Gutes tust. Wende deinen Blick niemals ab, wenn du einen Armen siehst, dann wird auch Gott seinen Blick nicht von dir abwenden. Hast du viel, so gib reichlich von dem, was du besitzt. Hast du wenig, dann zögere nicht, auch mit dem wenigen Gutes zu tun. Auf diese Weise wirst du dir einen kostbaren Schatz für die Zeit der Not ansammeln. Denn GUTES ZU TUN RETTET VOR DEM TOD UND BEWAHRT VOR DEM WEG IN DIE FINSTERNIS. Wer aus Barmherzigkeit hilft, der bringt dem Höchsten eine Gabe dar, die ihm gefällt."

V: Wort des lebendigen Gottes! - A: Dank sei Gott, dem Herrn!

Betrachtungshilfe:

Diese wunderbaren Abschiedsworte, die der fromme Tobit vor seinem TOD seinem Sohn Tobias mit auf den Lebensweg gab, können auch uns heute eine wertvolle Hilfe auf unserem Lebensweg sein.

Tobit ermahnt seinen Sohn u.a. auch, seine Mutter nicht im Stich zu lassen, ihr behilflich zu sein und ihr Ehre zu erweisen, solange sie lebt.

Diese und ähnliche Belehrungen sollten wir auch öfters unseren Kindern in der Familie erteilen, nicht nur vor dem Sterben, sondern auch sonst im Alltag, wenn sich dazu die Gelegenheit anbietet.

- Wie wichtig ist für mich das Gespräch mit den Kindern in der Familie, besonders belehrende und ermahnende Gespräche, für diese, die keine oder kaum eine Lebenserfahrung haben?
- Welchen Vorsatz fasse ich im Licht des heutigen Wortes Gottes?

Tagesgebet: *siehe entsprechender Tag Seite 460*

21. Dezember

Wort Gottes: 2 Makk 7,1-6

"Ein andermal geschah es, daß man sieben Brüder mit ihrer Mutter festnahm. Der König wollte sie zwingen, entgegen dem göttlichen Gesetz Schweinefleisch zu essen, und ließ sie darum mit Geißeln und Riemen peitschen. Einer von ihnen ergriff für die andern das Wort und sagte: Was willst du uns fragen und von uns wissen? Eher sterben wir, als daß wir die Gesetze unserer Väter übertreten. Da wurde der König zornig und befahl, Pfannen und Kessel heißzumachen. Kaum waren sie heiß geworden, ließ er ihrem Sprecher die Zunge abschneiden, ihm nach Skythenart die Kopfhaut abziehen und Nase, Ohren, Hände und Füße stückweise abhacken, Dabei mußten die anderen Brüder und die Mutter zuschauen. Den gräßlich Verstümmelten, der noch atmete, ließ er ans Feuer bringen und in der Pfanne braten. Während sich der Dunst aus der Pfanne nach allen Seiten verbreitete, sprachen sie und ihre Mutter einander Mut zu, in edler Haltung zu sterben. Sie sagten: Gott, der Herr schaut auf uns und gewiß hat er Erbarmen mit uns. Denn so hat es Mose klar gesagt in dem Lied, in dem er öffentlich das Volk anklagte: Und er wird mit seinen Dienern Erbarmen haben."

V: Wort des lebendigen Gottes! - A: Dank sei Gott, dem Herrn!

Betrachtungshilfe:

Dieser Bericht über das Martyrium der sieben Brüder und ihrer Mutter kann uns beschämen und erschüttern, wenn wir lesen, mit welcher Tapferkeit, mit welchem Mut und unerschütterlichem Glauben alle dem TOD entgegengingen. Auch die schrecklichsten Grausamkeiten und Qualen konnten sie nicht davon abhalten, Gott und Seiner Ordnung treu zu bleiben.

Welch göttliche Weisheit und welch großer Glaube an das ewige Leben und an Gottes Gerechtigkeit mußte in ihnen leben, daß sie dieses Martyrium auf sich nahmen! - Auch kein noch so verlockendes Angebot für ein schönes, irdisches Leben konnte sie dazu bewegen, Gott die Treue zu brechen! - Es wäre gut und wertvoll, die ganze Geschichte zu lesen, die wunderbare Belehrungen enthält und für uns in vielen Situationen unseres Lebens Wegweiser sein kann.

• Wie verhalte ich mich, wenn ich wegen meiner Glaubensüberzeugung abgelehnt, verspottet oder angefeindet werde?

• Welchen Vorsatz fasse ich im Licht des heutigen Wortes Gottes?

Tagesgebet: *siehe entsprechender Tag Seite 460*

22. Dezember

Wort Gottes: Dan 3,14-21

"Nebukadnezzar sagte zu ihnen: Ist es wahr, Schadrach, Meschach und Abed-Nego: Ihr verehrt meine Götter nicht und betet das goldene Standbild nicht an, das ich errichtet habe? Nun, wenn ihr bereit seid, sobald ihr den Klang der Hörner, Pfeifen und Zithern, der Harfen, Lauten und Sackpfeifen und aller anderen Instrumente hört, sofort niederzufallen und das Standbild anzubeten, das ich habe machen lassen, ist es gut; betet ihr es aber nicht an, dann werdet ihr noch zur selben Stunde in den glühenden Feuerofen geworfen. Welcher Gott kann euch dann aus meiner Gewalt erretten? Schadrach, Meschach und Abed-Nego erwiderten dem König Nebukadnezzar: Wir haben es nicht nötig, dir darauf zu antworten: Wenn überhaupt jemand, so kann nur unser Gott, den wir verehren, uns erretten; auch aus dem glühenden Feuerofen und aus deiner Hand, König, kann er uns retten. Tut er es aber nicht, so sollst du, König, wissen: Auch dann verehren wir deine Götter nicht und beten das goldene Standbild nicht an, das du errichtet hast. Da wurde Nebukadnezzar wütend; sein Gesicht verzerrte sich vor Zorn über Schadrach, Meschach und

Abed-Nego. Er ließ den Ofen siebenmal stärker heizen, als man ihn gewöhnlich heizte. Dann befahl er, einige der stärksten Männer aus seinem Heer sollten Schadrach, Meschach und Abed-Nego fesseln und in den glühenden Feuerofen werfen. Da wurden die Männer, wie sie waren - in ihren Mänteln, Röcken und Mützen und den übrigen Kleidungsstücken - gefesselt und in den glühenden Feuerofen geworfen."

V: Wort des lebendigen Gottes! - A: Dank sei Gott, dem Herrn!

Betrachtungshilfe:

Auch dieses Wort Gottes zeigt uns, daß es immer wieder Menschen gab, für die das im Namen Gottes und zu Seiner Ehre geschaffene Gesetz mehr galt als das eigene Leben, so daß sie selbst vor einem qualvollen Tod nicht zurückschreckten. - Das Gebet eines der drei jungen Männer zeigt uns, mit welchem Vertrauen sie inmitten der Flammen an die rettende Allmacht Gottes glaubten: "Wer dir vertraut, wird nicht beschämt. Wir folgen dir jetzt von ganzem Herzen, fürchten dich und suchen dein Angesicht. Überlaß uns nicht der Schande, sondern handle an uns nach deiner Milde, nach deinem überreichen Erbarmen! Errette uns, deinen wunderbaren Taten entsprechend, verschaff deinem Namen Ruhm, Herr! Doch alle, die deinen Dienern Böses tun, sollen beschämt werden. Sie sollen zuschanden werden und ihre Herrschaft verlieren. Ihre Stärke soll zerschlagen werden. Sie sollen erkennen, daß du allein der Herr und Gott bist, ruhmreich auf der ganzen Erde" (Dan 3,40b-45).

Die Geschichte berichtet uns schließlich, wie Gott diese IHM treuen Männer auf wunderbare Weise durch Seine Engel gerettet hat, wobei erstaunlicherweise diese ums Leben kamen, die das Feuer geschürt hatten. Als Nebukadnezzar dieses Wunder sah, bekehrte er sich zum wahren Gott. - Es ist empfehlenswert, den wunderbaren Lobgesang der drei jungen Männer zu Ende zu lesen und weiter zu betrachten (Dan 3,51-90).

- Habe ich wenigstens so viel Mut und Glaubensüberzeugung, daß ich vor anderen Zeugnis für die Wahrheit des Wortes Gottes und Seiner Gebote ablege?
- Welchen Vorsatz fasse ich im Licht des heutigen Wortes Gottes?

Tagesgebet: *siehe entsprechender Tag Seite 460*

23. Dezember

Wort Gottes: Hebr 2,14-18

"Da nun die Kinder (Gottes) Menschen von Fleisch und Blut sind, hat auch er in gleicher Weise Fleisch und Blut angenommen, um durch seinen Tod den zu entmachten, der die Gewalt über den Tod hat, nämlich den Teufel, und um die zu befreien, die durch die Furcht vor dem Tod ihr Leben lang der Knechtschaft verfallen waren. Denn er nimmt sich keineswegs der Engel an, sondern der Nachkommen Abrahams nimmt er sich an. Darum mußte er in allem seinen Brüdern gleich sein, um ein barmherziger und treuer Hoherpriester vor Gott zu sein und die Sünden des Volkes zu sühnen. Denn da er selbst in Versuchung geführt wurde und gelitten hat, kann er denen helfen, die in Versuchung geführt werden."

V: Wort des lebendigen Gottes! - A: Dank sei Gott, dem Herrn!

Betrachtungshilfe:

In diesem Wort geht es um die Befreiung des Menschen aus der Macht und Gewalt des Teufels, hier konkret um die Befreiung von der Angst vor dem Tod. In den Krallen des Teufels ist die Angst vor dem Tod oft eine schreckliche Waffe gegen die Menschen und ihr ewiges Glück. - Der Mensch hat vor allem dann große Angst vor dem Sterben, wenn er den Glauben an das Leben im Jenseits verloren hat oder wenn er in seinem Leben so viel Schlimmes angerichtet hat, daß er dafür eine schwere Strafe, ja sogar die ewige Strafe verdient hat.

- Mache ich mir immer wieder im Glauben bewußt, daß der Tod keine Macht über mich hat, weil Jesus durch Seinen Tod mich davon befreit und mir ewiges Leben verheißen hat, wenn ich Seinem Wort folge?
- Welchen Vorsatz fasse ich im Licht des heutigen Wortes Gottes?

Tagesgebet: *siehe entsprechender Tag Seite 460*

24. Dezember

Wort Gottes: Lk 2,4-20

"So zog auch Josef von der Stadt Nazaret in Galiläa hinauf nach Judäa in die Stadt Davids, die Betlehem heißt; denn er war aus dem Haus und Geschlecht Davids. Er wollte sich eintragen lassen mit Maria, seiner Verlobten, die ein Kind erwartete. Als sie dort waren, kam für Maria die Zeit ihrer Niederkunft, und sie gebar ihren Sohn, den Erstgeborenen. Sie wickelte ihn in Windeln und legte ihn in eine Krippe, weil in der Herberge kein Platz für sie war. In jener Gegend lagerten Hirten auf freiem Feld und hielten Nachtwache bei ihrer Herde. Da trat der Engel des Herrn zu ihnen, und der Glanz des Herrn umstrahlte sie. Sie fürchteten sich sehr, der Engel aber sagte zu ihnen: Fürchtet euch nicht, denn ich verkünde euch eine große Freude, die dem ganzen Volk zuteil werden soll: HEUTE IST EUCH IN DER STADT DAVIDS DER RETTER GEBOREN; ER IST DER MESSIAS, DER HERR. Und das soll euch als Zeichen dienen: Ihr werdet ein Kind finden, das, in Windeln gewickelt, in einer Krippe liegt. Und plötzlich war bei dem Engel ein großes himmlisches Heer, das Gott lobte und sprach: Verherrlicht ist Gott in der Höhe, und auf Erden ist Friede bei den Menschen seiner Gnade. Als die Engel sie verlassen hatten und in den Himmel zurückgekehrt waren, sagten die Hirten zueinander: Kommt, wir gehen nach Betlehem, um das Ereignis zu sehen, das uns der Herr verkünden ließ. So eilten sie hin und fanden Maria und Josef und das Kind, das in der Krippe lag. Als sie es sahen, erzählten sie, was ihnen über dieses Kind gesagt worden war. Und alle, die es hörten, staunten über die Worte der Hirten. Maria aber bewahrte alles, was geschehen war, in ihrem Herzen und dachte darüber nach. Die Hirten kehrten zurück, rühmten Gott und priesen ihn für das, was sie gehört und gesehen hatten; denn alles war so gewesen, wie es ihnen gesagt worden war."

V: Wort des lebendigen Gottes! - A: Dank sei Gott, dem Herrn!

Betrachtungshilfe:

Heute, am Heiligen Abend, an dem wir die Geburt des Herrn feiern, spricht das Wort Gottes nicht über den Tod, sondern über das Leben. - **Jesus Christus, der Retter der Welt, ist geboren als wahrer Gott und wahrer Mensch. Er kam in die Welt, um die Menschen vom ewigen Tod zu befreien. ER starb für uns, damit wir das ewige Leben haben.** - So wollen wir heute zusammen mit den Scharen der Himmlischen Heerscharen, zusammen mit den Hirten, mit Maria und Josef und allen Gläubigen einen Hochgesang auf Gott, den Herrn über Leben und Tod anstimmen. IHM gebührt Lob, Preis, Ehre und Dank für alles, was ER für uns getan hat.

- Welche Bedeutung hat die Geburt des Herrn für mich persönlich? - Singe ich mit der ganzen Kirche Dank und Preis dem Herrn des Lebens oder huldige ich noch den heidnischen Sitten und Gebräuchen: dem Gaumen, den Vergnügungen und leiblichen Genüssen? - Was tue ich dafür, damit das Weihnachtsfest nicht nur in meiner Familie, sondern auch in anderen Familien wieder im christlichen Sinn gefeiert wird?

- Welchen Vorsatz fasse ich im Licht des heutigen Wortes Gottes?

Tagesgebet:

Lasset uns beten: Gütiger Gott und Vater, Jahr für Jahr erwarten wir voll Freude das Fest unserer Erlösung. Gib, daß wir Deinen Sohn von ganzem Herzen als unseren Retter und Heiland aufnehmen, damit wir IHM voll Zuversicht entgegengehen können, wenn ER am Ende der Zeiten als Richter wiederkommt. ER, der in der Einheit des Heiligen Geistes mit Dir lebt und herrscht in alle Ewigkeit. Amen. (vgl. 1.Vesper vom Hochfest der Geburt des Herrn)

Liebe Familien und Freunde!

Jesus Christus, der Sohn des lebendigen Gottes, kommt auf unsere Erde und nimmt menschliche Gestalt an, um uns das Tor zum Himmel, zum ewigen Leben wieder aufzuschließen. - Zum Hochfest der Geburt des Herrn wünschen wir allen Teilnehmern der Großen Novene von ganzem Herzen die reiche Gnadenfülle des Göttlichen Kindes. Möge ES Ihnen und Ihrer Familie, auf die Fürsprache der Himmlischen Mutter Maria, auch im Neuen Jahr durch Sein Wort viel Kraft, Gesundheit und inneren Frieden und Freude schenken. Das wünschen Ihnen von Herzen der H. H. P. General Andrzej Michalek, Gründer der Samaritanischen Bewegung Mariens - EINHEIT, die 1.Vorsitzende der SBM in Deutschland, Frau Anni Hüger und alle Brüder Samariter und Schwestern Samariterinnen.

"Ehre sei Gott in der Höhe, und Friede auf Erden den Menschen seiner Gnade."

(Lk 2,14)

"Sie gingen in das Haus und sahen das Kind und Maria, seine Mutter; da fielen sie nieder und huldigten ihm. Dann holten sie ihre Schätze hervor und brachten ihm Gold, Weihrauch und Myrrhe als Gaben dar." (Mt 2,11)

25. Dezember

Wort Gottes: Lk 2,25-35

"In Jerusalem lebte damals ein Mann namens Simeon. Er war gerecht und fromm und wartete auf die Rettung Israels, und der Heilige Geist ruhte auf ihm. Vom Heiligen Geist war ihm offenbart worden, er werde den Tod nicht schauen, ehe er den Messias des Herrn gesehen habe. Jetzt wurde er vom Geist in den Tempel geführt; und als die Eltern Jesus hereinbrachten, um zu erfüllen, was nach dem Gesetz üblich war, nahm Simeon das Kind in seine Arme und pries Gott mit den Worten: NUN LÄßT DU, HERR, DEINEN KNECHT, WIE DU GESAGT HAST, IN FRIEDEN SCHEIDEN. DENN MEINE AUGEN HABEN DAS HEIL GESEHEN, DAS DU VOR ALLEN VÖLKERN BEREITET HAST, EIN LICHT, DAS DIE HEIDEN ERLEUCHTET, UND HERRLICHKEIT FÜR DEIN VOLK ISRAEL. Sein Vater und seine Mutter staunten über die Worte, die über Jesus gesagt wurden. Und Simeon segnete sie und sagte zu Maria, der Mutter Jesu: Dieser ist dazu bestimmt, daß in Israel viele durch ihn zu Fall kommen und viele aufgerichtet werden, und er wird ein Zeichen sein, dem widersprochen wird. Dadurch sollen die Gedanken vieler Menschen offenbar werden. Dir selbst aber wird ein Schwert durch die Seele dringen."

V: Wort des lebendigen Gottes! - A: Dank sei Gott, dem Herrn!

Betrachtungshilfe:

Das heutige Wort Gottes zeigt uns erneut, daß Gott Herr ist über Leben und Tod. - Der gerechte und fromme Simeon hatte im Heiligen Geist erfahren, daß er so lange nicht sterben werde, bis er den Messias gesehen habe. - Als die Zeit dafür gekommen war, und Maria und Josef mit dem Kind in den Tempel kamen, erkannte Simeon im Heiligen Geist dieses Kind als den verheißenen Messias und er pries den Herrn mit diesen wunderbaren Worten, die wir eben gelesen haben. Damit hatte sich für ihn die Zeit seines irdischen Lebens erfüllt. Jetzt wußte er, daß er in Frieden scheiden konnte.

Maria und Josef staunten über seine prophetischen Worte: **Marias Seele wird ein Schwert durchdringen, und Jesus wird ein Zeichen sein, dem viele widersprechen werden.** - Diese Prophezeiung gilt bis heute und geht weiter in Erfüllung, solange der Kampf Satans gegen Gott, gegen Jesus, gegen Sein Kreuzesopfer und gegen Seine Mutter anhält.

- Was werde ich heute, morgen und in den nächsten Tagen dem Kind in der Krippe sagen, vor allem aber dann, wenn ich Jesus beim Empfang der Heiligen Kommunion ins Herz und in die Seele aufnehme?
- Welchen Vorsatz fasse ich im Licht des heutigen Wortes Gottes?

Tagesgebet:

Lasset uns beten: Allmächtiger Gott und Vater, Du hast den Menschen in seiner Würde wunderbar erschaffen und noch wunderbarer wiederhergestellt. Laß uns teilhaben an der Gottheit Deines Sohnes, der unsere Menschennatur angenommen hat. ER, der in der Einheit des Heiligen Geistes mit Dir lebt und herrscht in alle Ewigkeit. Amen. (vgl. 2.Vesper vom Hochfest der Geburt des Herrn)

26. Dezember

Wort Gottes: Apg 7,51-60

(Stephanus sagte:) "Ihr Halsstarrigen, ihr, die ihr euch mit Herz und Ohr immerzu dem Heiligen Geist widersetzt, eure Väter schon und nun auch ihr. Welchen der Propheten haben eure Väter nicht verfolgt? Sie haben die getötet, die die Ankunft des Gerechten geweissagt haben, dessen Verräter und Mörder ihr jetzt geworden seid, ihr, die ihr durch die Anordnung von Engeln das Gesetz empfangen, es aber nicht gehalten habt. - Als sie (die Juden) das hörten, waren sie aufs äußerste über ihn empört und knirschten mit den Zähnen. Er aber, erfüllt vom Heiligen Geist, blickte zum Himmel empor, sah die Herrlichkeit Gottes und Jesus zur Rechten Gottes stehen und rief: Ich sehe den Himmel offen und den Menschensohn zur Rechten Gottes stehen. Da erhoben sie ein lautes Geschrei, hielten sich die Ohren zu, stürmten gemeinsam auf ihn los, trieben ihn zur Stadt hinaus und steinigten ihn. Die Zeugen legten ihre Kleider zu Füßen eines jungen Mannes nieder, der Saulus hieß. So steinigten sie Stephanus; er aber betete und rief: Herr Jesus, nimm meinen Geist auf! - Dann sank er in die Knie und schrie laut: HERR, RECHNE IHNEN DIESE SÜNDE NICHT AN! NACH DIESEN WORTEN STARB ER."

V: Wort des lebendigen Gottes! - A: Dank sei Gott, dem Herrn!

Betrachtungshilfe:

Dieses Wort Gottes beschreibt den ersten Märtyrertod für Jesus Christus. - Stephanus wußte, wofür er stirbt, - für die Wahrheit und Gerechtigkeit, d.h. für die Liebe, die Jesus so oft verkündet und schließlich mit Seinem eigenen Tod am Kreuz besiegelt hatte, wobei ER sogar noch für Seine Mörder um Verzeihung bat: **"Vater, vergib ihnen, denn sie wissen nicht, was sie tun!"** (Lk 23,34a) - Nichts anderes tat Stephanus in seiner Sterbestunde. Auch er vergab seinen Mördern, weil er wußte, daß allein die verzeihende Liebe die Kraft hat, andere Menschen vor dem ewigen Tod zu bewahren.

Das Leben für andere dahin zu geben, haben auch viele andere Heilige wunderbar verstanden, wie z.B. in unserer Zeit auch der heilige Maximilian Kolbe, der freiwillig in den Tod gegangen ist, um das irdische Leben eines anderen Menschen zu retten.

- Wenn ich schon nicht so viel Liebe zu Gott habe, um wie Stephanus zu sterben, habe ich dann wenigstens so viel Liebe, um **allen** zu vergeben, die mich gekränkt und beleidigt haben, oder mir vielleicht nur die Wahrheit gesagt haben, über die ich mich nachher geärgert habe?

- Welchen Vorsatz fasse ich im Licht des heutigen Wortes Gottes?

Tagesgebet:

Lasset uns beten: Allmächtiger Gott und Vater, wir ehren am heutigen Fest den ersten Märtyrer Deiner Kirche. Gib, daß auch wir unsere Feinde lieben und so das Beispiel des heiligen Stephanus nachahmen, der sterbend für seine Verfolger gebetet hat. Darum bitten wir Dich, durch unseren Herrn Jesus Christus, der in der Einheit des Heiligen Geistes mit Dir lebt und herrscht in alle Ewigkeit. Amen. (vgl. Laudes vom Fest des heiligen Stephanus)

27. Dezember

Wort Gottes: Apg 5,1-11

"Ein Mann namens Hananias aber und seine Frau Saphira verkauften zusammen ein Grundstück und mit Einverständnis seiner Frau behielt er etwas von dem Erlös für sich. Er brachte nur einen Teil und legte ihn den Aposteln zu Füßen. Da sagte Petrus: Hananias, warum hat der Satan dein Herz erfüllt, daß du den Heiligen Geist belügst und von dem Erlös des Grundstücks etwas für dich behältst? Hätte es nicht dein Eigentum bleiben können, und konntest du nicht auch nach dem Verkauf frei über den Erlös verfügen? Warum hast du in deinem Herzen beschlossen, so etwas zu tun? Du hast nicht Menschen belogen, sondern Gott. Als Hananias diese Worte hörte, stürzte er zu Boden und starb. Und über alle, die es hörten, kam große Furcht. Die jungen Männer standen auf, hüllten ihn ein, trugen ihn hinaus und begruben ihn. - Nach etwa drei Stunden kam seine Frau herein, ohne zu wissen, was geschehen war. Petrus fragte sie: Sag mir, habt ihr das Grundstück für soviel verkauft? Sie antwortete: Ja, für soviel. Da sagte Petrus zu ihr: Warum seid ihr übereingekommen, den Geist des Herrn auf die Probe zu stellen? Siehe, die Füße derer, die deinen Mann begraben haben, stehen vor der Tür; auch dich wird man hinaustragen. Im selben Augenblick brach sie vor seinen Füßen zusammen und starb. Die jungen Männer kamen herein, fanden sie tot, trugen sie hinaus und begruben sie neben ihrem Mann. Da kam große Furcht über die ganze Gemeinde und über alle, die davon hörten."

V: Wort des lebendigen Gottes! - A: Dank sei Gott, dem Herrn!

Betrachtungshilfe:

Dieses Wort Gottes berichtet über den plötzlichen und völlig unerwarteten TOD des Hananias und seiner Frau Saphira, womit Gott ihre Lüge und Unehrlichkeit bestrafte. - Der heilige Petrus betont hier, daß beide doch die Freiheit gehabt hätten, über den Erlös ihres Verkaufs nach ihrem Gutdünken zu verfügen. Aber weil sie bei den anderen als vollkommene Wohltäter gelten wollten und Ansehen suchten, nützten sie die Lüge und so versündigten sie sich mehr vor Gott als vor den Menschen. Deshalb traf sie diese harte und schreckliche Strafe als Warnung für die anderen.

- Bemühe ich mich um Ehrlichkeit und Lauterkeit bei all meinen Geschäften und Unternehmungen und meide Situationen, die mich in schmutzige Geschichten hineinziehen und zur Unehrlichkeit verführen könnten?
- Welchen Vorsatz fasse ich im Licht des heutigen Wortes Gottes?

Tagesgebet:

Lasset uns beten: Allmächtiger Gott und Vater, Du hast uns durch den Evangelisten Johannes einen Zugang eröffnet zum Geheimnis Deines ewigen Wortes. Laß uns mit erleuchtetem Verstand und liebendem Herzen erfassen, was er in gewaltiger Sprache verkündet hat. Darum bitten wir Dich, durch unseren Herrn Jesus Christus, der in der Einheit des Heiligen Geistes mit Dir lebt und herrscht in alle Ewigkeit. Amen. (vgl. Laudes vom Fest des heiligen Apostels Johannes)

28. Dezember

Wort Gottes: Mt 2,16-18

"Als Herodes merkte, daß ihn die Sterndeuter getäuscht hatten, wurde er sehr zornig, und ER LIEß IN BETLEHEM UND DER GANZEN UMGEBUNG ALLE KNABEN BIS ZUM ALTER VON ZWEI JAHREN TÖTEN, genau der Zeit entsprechend, die er von den Sterndeutern erfahren hatte. Damals erfüllte sich, was durch den Propheten Jeremia gesagt worden ist: Ein Geschrei war in Rama zu hören, lautes Weinen und Klagen: Rahel weinte um ihre Kinder und wollte sich nicht trösten lassen, denn sie waren dahin."

V: Wort des lebendigen Gottes! - A: Dank sei Gott, dem Herrn!

Betrachtungshilfe:

Heute erfahren wir erneut, wohin Macht- und Ehrsucht den Menschen führen können. - Herodes bekam Angst vor einem kleinen Kind, das gerade erst geboren worden war und vielleicht einmal in zwanzig oder dreißig Jahren an die Macht kommen könnte. Dies hat ihn zum Mord an den unschuldigen Kindern von Betlehem veranlaßt. - Dabei war diese Angst ganz unbegründet, denn Jesus suchte keine politische Macht. Später, als Pilatus fragte, ob Jesus der König der Juden sei, gab ER eine klare Antwort für alle Zeiten: **"Mein Königtum ist nicht von dieser Welt. Wenn es von dieser Welt wäre, würden meine Leute kämpfen, damit ich den Juden nicht ausgeliefert würde. Aber mein Königtum ist nicht von hier. ... Ich bin dazu geboren und dazu in die Welt gekommen, daß ich für die Wahrheit Zeugnis ablege. Jeder, der aus der Wahrheit ist, hört auf meine Stimme"** (Joh 18,36-37). - Jesus kam also nicht in die Welt, um Herodes die irdische Macht zu nehmen, sondern um diese irdische Macht und ihre Machthaber wie auch alle anderen Menschen zu vervollkommnen und zu heiligen.

- Handeln viele Menschen heute nicht ähnlich wie damals Herodes, wenn sie aus Egoismus, Genußsucht und Angst, etwas von ihrem Wohlstand zu verlieren, unschuldige Kinder vor ihrer Geburt ermorden?
- Welchen Vorsatz fasse ich im Licht des heutigen Wortes Gottes?

Tagesgebet:

Lasset uns beten: Vater im Himmel, nicht mit Worten haben die Unschuldigen Kinder Dich gepriesen, sie haben Dich verherrlicht durch ihr Sterben. Gib uns die Gnade, daß wir in Worten und Taten unseren Glauben an Dich bekennen. Darum bitten wir Dich, durch unseren Herrn Jesus Christus, der in der Einheit des Heiligen Geistes mit Dir lebt und herrscht in alle Ewigkeit. Amen. (vgl. Laudes vom Fest der Unschuldigen Kinder)

29. Dezember

Wort Gottes: 1 Joh 5,16-21

"Wer sieht, daß sein Bruder eine Sünde begeht, die nicht zum Tod führt, soll (für ihn) bitten; und Gott wird ihm Leben geben, allen, deren Sünde nicht zum Tod führt. Denn es gibt Sünde, die zum Tod führt. Von ihr spreche ich nicht, wenn ich sage, daß er bitten soll. Jedes Unrecht ist Sünde; aber es gibt Sünde, die nicht zum Tod führt. Wir wissen: Wer von Gott stammt, sündigt nicht, sondern der von Gott Gezeugte bewahrt ihn, und der Böse tastet ihn nicht an. Wir wissen: wir sind aus Gott, aber die ganze Welt steht unter der Macht des Bösen. Wir wissen aber: Der Sohn Gottes ist gekommen, und er hat uns Einsicht geschenkt, damit wir (Gott) den Wahren erkennen. Und wir sind in diesem Wahren, in seinem Sohn Jesus Christus. Er ist der wahre Gott und das ewige Leben. Meine Kinder, hütet euch vor den Götzen!"

V: Wort des lebendigen Gottes! - A: Dank sei Gott, dem Herrn!

Betrachtungshilfe:

Im heutigen Wort Gottes belehrt uns der heilige Johannes, daß es verschiedene Sünden gibt: Sünden, die zum Tod, d.h. zum ewigen Tod führen, die wir Todsünden nennen, - und Sünden, die nicht zum ewigen Tod führen. Letztere bezeichnen wir als läßliche Sünden, sie können leichter oder schwerer sein.

Zur **Todsünde**, die weder in diesem noch im zukünftigen Leben vergeben wird, sagte Jesus selbst: "Alle Vergehen und Lästerungen werden den Menschen vergeben werden, so viel sie auch lästern mögen; **wer aber den Heiligen Geist lästert, der findet in Ewigkeit keine Vergebung**" (Mk 3,28b-30a).

Eine Zusammenfassung über Sünden gegen den Heiligen Geist finden wir im Katechismus der Kirche:

1. Die Verzweiflung am Heil
2. Die vermessentliche Heilsgewißheit
3. Widerstand gegen die erkannte Wahrheit
4. Neid auf die Gnadengaben anderer
5. Verstocktheit in der Sünde
6. Unbußfertigkeit in der Stunde des Todes

- Bin ich mir bewußt, daß wir mit jeder Sünde Gott kränken und dem Satan Freude bereiten, daß aber die Todsünde uns von Gott trennt und in die Gefahr des ewigen Todes bringt? - Habe ich den Mut, auch andere darauf aufmerksam zu machen?
- Welchen Vorsatz fasse ich im Licht des heutigen Wortes Gottes?

Tagesgebet: *siehe entsprechender Tag Seite 461*

30. Dezember

Wort Gottes: 1 Joh 3,14b-20

"WER NICHT LIEBT, BLEIBT IM TOD. JEDER, DER SEINEN BRUDER HAßT, IST EIN MÖRDER, UND IHR WIßT: KEIN MÖRDER HAT EWIGES LEBEN, DAS IN IHM BLEIBT. Daran haben wir die Liebe erkannt, daß er sein Leben für uns hingegeben hat. So müssen auch wir für die Brüder das Leben hingeben. Wenn jemand Vermögen hat und sein Herz vor dem Bruder verschließt, den er in Not sieht, wie kann die Gottesliebe in ihm bleiben? Meine Kinder, wir wollen nicht mit Wort und Zunge lieben, sondern in Tat und Wahrheit. Daran werden wir erkennen, daß wir aus der Wahrheit sind, und werden unser Herz in seiner Gegenwart beruhigen. Denn wenn das Herz uns auch verurteilt - Gott ist größer als unser Herz, und er weiß alles."

V: Wort des lebendigen Gottes! - A: Dank sei Gott, dem Herrn!

Betrachtungshilfe:

Dieses Wort Gottes macht uns im höchsten Maß deutlich, daß dort, wo die Liebe Gottes wohnt, das Leben ist, und daß dort, wo der Haß unter den Menschen lebt, der Teufel und der Tod herrschen. - Die Liebe bringt das Leben, weil Gott die Liebe ist. Der heilige Johannes schreibt dazu: **"Gott ist die Liebe und wer in der Liebe bleibt, bleibt in Gott und Gott bleibt in ihm"** (1 Joh 4,16b).

Es ist bemerkenswert, daß der heilige Johannes bei seinen Betrachtungen über die Zusammenhänge zwischen Leben und Tod, Liebe und Haß das Problem des Besitzes und irdischen Vermögens berührt und uns folgendes zu überlegen gibt: **"Wenn jemand Vermögen hat und sein Herz vor dem Bruder verschließt, den er in Not sieht, wie kann die Liebe Gottes in ihm bleiben?"**

Wenn heute in der Welt über die Liebe gesprochen wird, dann geht es meistens mehr um das, was vor Gott die Sünde ist, anstatt um diese Liebe, über die uns das Evangelium Jesu Christi belehrt. - Wie schön wäre es in der Welt, unter den Menschen, wenn alle der Goldenen Regel Jesu Christi folgen würden: **"Alles, was ihr also von den anderen erwartet, das tut auch ihnen!"** (Mt 7,12a).

- Inwieweit lebt in mir die Liebe zu Gott, die Liebe zum Nächsten und die Sorge um mein ewiges Leben und das der anderen? - Meide ich jede Form der Lieblosigkeit, der Ablehnung und des Hasses, die meine Seele vergiften?
- Welchen Vorsatz fasse ich im Licht des heutigen Wortes Gottes?

Tagesgebet: *siehe entsprechender Tag Seite 461*

31. Dezember

Wort Gottes: Offb 20,11-15

"Dann sah ich einen großen weißen Thron und den, der auf ihm saß; vor seinem Anblick flohen Erde und Himmel, und es gab keinen Platz mehr für sie. ICH SAH DIE TOTEN VOR DEM THRON STEHEN, DIE GROSSEN UND DIE KLEINEN. Und Bücher wurden aufgeschlagen; auch das Buch des Lebens wurde aufgeschlagen. Die Toten wurden nach ihren Werken gerichtet, nach dem, was in den Büchern aufgeschrieben war. Und das Meer gab die Toten heraus, die in ihm waren; und der Tod und die Unterwelt gaben ihre Toten heraus, die in ihnen waren. Sie wurden gerichtet, jeder nach seinen Werken. Der Tod und die Unterwelt aber wurden in den Feuersee geworfen. Das ist der zweite Tod: der Feuersee. Wer nicht im Buch des Lebens verzeichnet war, wurde in den Feuersee geworfen."

V: Wort des lebendigen Gottes! - A: Dank sei Gott, dem Herrn!

Betrachtungshilfe:

Am Ende des Jahres hören wir im Wort Gottes, daß auch der TOD einmal ein Ende haben wird. Dies wird am Tag des letzten Gerichts sein, wenn der Herr alle Lebenden und Toten nach ihren Werken richten wird. - Diese, die sich jetzt in ihrem irdischen Leben darum bemühen, in Liebe und Treue dem Himmlischen Vater zu dienen, werden von den Engeln in das Buch des Lebens eingetragen und einst ein glückliches, frohes Leben in der Ewigkeit führen. - Diese aber, die heute die Prinzipien des Evangeliums mißachten und sich neue, eigene Gebote und Gesetze schaffen, werden den zweiten Tod erleben und für die Ewigkeit verdammt sein.

- Erforsche ich am Ende des Tages oder zumindest am Ende einer Woche aufrichtig mein Gewissen, um den wahren Zustand meiner Seele zu erkennen? - Bereue ich dann aufrichtig Sünden und Versagen und bitte Gott demütig um Vergebung? - Habe ich diese heilige Gewohnheit, am Ende des Jahres mich zum Gebet zurückzuziehen und eine aufrichtige Gewissenserforschung über das ganze vergangene Jahr zu halten, damit ich im neuen Jahr mehr Gefallen in den Augen Gottes finden und so mit dem Segen Gottes neu beginnen kann?

- Welchen Vorsatz fasse ich im Licht des heutigen Wortes Gottes?

Tagesgebet: *siehe entsprechender Tag Seite 461*

Liebe Familien und Freunde,
versuchen Sie bitte, die **GROSSE NOVENE** in Ihrer Umgebung bekannt zu machen. Auf diese Weise tragen auch Sie zur **Verkündigung des WORTES GOTTES** bei! Nützen Sie dieses Buch als sinnvolles, gnadenreiches Geschenk zum Weitergeben.

ZÖLIBAT - JA oder NEIN?

Zuerst müssen wir feststellen, daß das Amt des Bischofs oder Priesters nicht irgendein soziales, wirtschaftliches oder sonstiges weltliches Amt ist. - Das Amt des Bischofs wie auch des Priesters gehört zum Lehramt der Kirche. Seine Hauptaufgaben sind der Dienst an der treuen Verkündigung des Wortes Gottes (vgl. Mk 16,15 und Mt 28,20) und die Spendung der Sakramente der Kirche. - Bei der Einsetzung des Diakonatsamtes „riefen die Zwölf die ganze Schar der Jünger zusammen und erklärten: **Es ist nicht recht, daß wir das W O R T   G O T T E S vernachlässigen** und uns dem Dienst an den Tischen widmen. Brüder, wählt aus eurer Mitte sieben Männer von gutem Ruf und voll Geist und Weisheit; ihnen werden wir diese Aufgabe übertragen" (Apg 6,2-3). - So ist es also ganz unverständlich, wenn manchmal Priester in der Schule Mathematik, Geschichte, Geographie oder andere weltliche Fächer lehren, für die Katechese aber kaum oder überhaupt keine Zeit haben und diese Aufgabe den Laien überlassen, die oft dazu nicht genügend vorbereitet sind. - Schließlich kann man sagen:

DIE KIRCHE IST FÜR ALLE, - aber NICHT FÜR ALLES!

Die Bischöfe und die Priester sollten sich vor allem der **eigenen Heiligung und der Rettung und Heiligung anderer Menschen** widmen, und soziale, wissenschaftliche oder sonstige weltliche Dienste den Laien überlassen. - Der heilige Petrus schrieb als erster Papst der ganzen Christenheit den Bischöfen und Priestern ganz klar und eindeutig, was bis heute seine volle Gültigkeit behalten hat: „**Sorgt als Hirten für die euch anvertraute Herde Gottes, nicht aus Zwang, sondern freiwillig, wie Gott es will; auch nicht aus Gewinnsucht, sondern aus Neigung; seid nicht Beherrscher eurer Gemeinden, sondern Vorbilder für die Herde! Wenn dann der oberste Hirt erscheint, werdet ihr den nie verwelkenden Kranz der Herrlichkeit empfangen**" (1 Petr 5,2-4).

Daß der Bischof „nur einmal verheiratet" und „ein guter Familienvater sein soll und seine Kinder zum Gehorsam und allem Anstand erziehen" soll, worüber der heilige Paulus in seinem ersten Brief an Timotheus schreibt, heißt nicht, daß diese Empfehlung trotz später auftretender Änderungen und Schwierigkeiten von der Kirche nach wie vor unverändert beibehalten werden mußte. - Es handelte sich damals um eine Empfehlung des heiligen Paulus und wir dürfen nicht vergessen, daß damals die **Ehelosigkeit als Gnade Gottes** etwas sehr Neues war und die ersten Apostel meistens keine andere Wahl hatten, als Verheiratete zu Priestern und Bischöfen zu weihen. Wenn dann die Frau eines Bischofs oder Priesters gestorben war, erlaubte der heilige Paulus keine zweite Heirat. Deswegen schrieb er vor, daß diese **nur einmal** verheiratet sein sollen.

In einem Gespräch zwischen Jesus und Seinen Jüngern spricht Jesus über die Notwendigkeit, die Ordnung Gottes in der Ehe einzuhalten, d.h. über die Unauflösbarkeit dessen, was Gott gebunden hat. Die Jünger Jesu haben daraus den Schluß gezogen: **Wenn das die Stellung des Mannes in der Ehe ist, DANN IST ES NICHT GUT ZU HEIRATEN**, - worauf Jesus erwiderte: **Nicht alle können dieses Wort erfassen, sondern nur die, denen es gegeben ist.** (vgl. Mt 19,10-12) - Diese

Schriftstelle gilt als eine der biblischen Grundlagen, auf der die Kirche in späteren Zeiten weitere, entsprechende Beschlüsse gefaßt hat, die zur Festigung des Zölibats als Bedingung zur Zulassung zum Priester- und Bischofsamt führten.

Die Päpste und Bischöfe haben der Kirche mit der Einführung des Zölibats einen großen Dienst erwiesen, auch wenn es dabei aufgrund der menschlichen Schwächen zu Schwierigkeiten und gewissen Verlusten kam.

- Die Ehe ist ein Sakrament der Kirche, das von Gott zur Gründung einer heiligen Familie bestimmt ist.

- Die Priesterweihe ist ein Sakrament der Kirche, das die von Gott Berufenen vollständig in den Dienst der Verkündigung des Evangeliums Jesu Christi stellt.

- Beide Sakramente entspringen der Gnade Gottes und widersprechen sich nicht.

Das Ehe- und Familienleben kostet, wenn seine Aufgaben und Pflichten ernst genommen werden, so viel Kraft, Einsatz und Zeit, daß oft nur wenig oder gar keine Kraft und Zeit für die Erfüllung anderer, großer Aufgaben übrigbleibt. Dies können wir bei vielen Politikern, Wissenschaftlern und Geschäftsleuten beobachten, die oft, wenn sie sich ihren beruflichen Aufgaben vollständig widmen, ihre Aufgaben als Ehemann und Familienvater vernachlässigen. Entsprechende Probleme können wir auch bei den verheirateten Diakonen beobachten, die sich oft beklagen, daß es ihnen an Zeit und Kraft fehlt, um beiden Aufgaben vollkommen gerecht zu werden. - Auch das Amt des Priesters verlangt, wenn es richtig erfüllt wird, so viel Kraft, Einsatz und Zeit, daß oft kaum oder gar keine Zeit für die Erfüllung anderer, großer Aufgaben übrigbleibt.

So können wir schon jetzt nach diesen kurzen Überlegungen klar feststellen, daß sowohl der eine wie auch der andere Stand so viel Kraft und Zeit in Anspruch nehmen, daß es einem einzelnen Menschen einfach nicht möglich ist, die Aufgaben beider Stände richtig und gut zu erfüllen, selbst wenn er den besten Willen dazu hätte.

Bei diesen Betrachtungen über die Ehelosigkeit der Bischöfe und Priester sollten wir nicht vergessen, daß sich im Laufe der Kirchengeschichte die Bedingungen für den Dienst in der Kirche sehr gewandelt haben. Deshalb entschlossen sich die Päpste und Bischöfe dazu, nur diese zum Priester- und Bischofsamt zuzulassen, die eine gewisse Sicherheit geben, daß sie die damit verbundenen, schweren Aufgaben gut bewältigen können und bereit sind, ehelos zu leben. Die Päpste entschlossen sich also in späteren Jahrhunderten kraft der Schlüsselgewalt Petri dazu, den Rat des heiligen Paulus zur Ehelosigkeit als Bedingung zur Bischofs- und Priesterweihe zu machen: „Den Unverheirateten und den Witwen sage ich: **Es ist gut, wenn sie so bleiben wie ich.** Wenn sie aber nicht enthaltsam leben können, sollen sie heiraten. Es ist besser zu heiraten, als sich in Begierde zu verzehren. Den Verheirateten gebiete nicht ich, sondern der Herr: Die Frau soll sich vom Mann nicht trennen - wenn sie sich aber trennt, so bleibe sie unverheiratet oder versöhne sich wieder mit dem Mann -, und der Mann darf die Frau nicht verstoßen. ... Was die Frage der Ehelosigkeit angeht, so habe ich kein Gebot vom Herrn. Ich gebe euch nur einen Rat als einer, den der Herr durch sein Erbarmen vertrauenswürdig gemacht hat. Ich meine, es ist gut wegen der bevorstehenden Not, ja, es ist gut für den Menschen, so zu sein. Bist du an eine Frau gebunden, suche dich nicht zu lösen; bist du ohne Frau, dann suche keine. Heiratest du aber, so sündigst du nicht; und heiratet eine Jungfrau, sündigt auch sie nicht. **Freilich werden solche Leute irdischen Nöten nicht entgehen**; ich aber möchte sie euch ersparen. ... Ich wünschte aber, ihr wäret ohne Sorgen. - **Der <u>Unverheiratete</u> sorgt sich um die Sache des Herrn; er will dem Herrn gefallen. Der <u>Verheiratete</u> sorgt sich um die Dinge der Welt; er will seiner Frau gefallen. So ist er g e t e i l t !** - Die unverheiratete Frau aber und die Jungfrau sorgen sich um die Sache des Herrn, um heilig zu sein an Leib und Geist. Die Verheiratete sorgt sich um die Dinge der Welt; sie will ihrem Mann gefallen. **Das sage ich zu eurem Nutzen: <u>nicht um euch eine Fessel anzulegen</u>, vielmehr, damit ihr in rechter Weise und <u>ungestört</u> immer dem Herrn dienen könnt"** (1 Kor 7,8-11/25-28/32-35).

Es gab schließlich auch eine Reihe schlechter Erfahrungen mit verheirateten Bischöfen und Priestern in der Geschichte der Kirche, die die Päpste und Bischöfe zu dieser Entscheidung veranlaßten. Viele kamen nämlich zu diesem Amt, ohne sich vorher von der Habgier befreit zu haben, die seit der Erbsünde gewissermaßen in jedem Menschen lebt. So kam es zu unguten Vorfällen: z.B. ein Bischof oder ein Priester, der einige Kinder hatte, wollte für jedes Kind ein Haus bauen und es gut versorgen. Weil er aber dazu nicht genug Geld hatte, geschah es, daß er Gelder seiner Pfarrgemeinde veruntreute. - Diese und andere schlechte Erfahrungen trugen schließlich dazu bei, daß sich die Päpste und Bischöfe im Laufe der Zeit immer mehr dem Zölibat zuneigten und ihn schließlich für den Klerus vorschrieben.

Dies bedeutet keine Mißachtung oder ein Verbot des Ehestandes, sondern nur, daß die Kirche zum Bischofs- und Priesteramt nur diese Kandidaten zuläßt, die sich von Gott zum Leben in der Ehelosigkeit berufen fühlen. - Für diese Leute aber, die eine Familie gründen und zugleich im Dienst der Kirche amtlich tätig sein wollen, hat die Kirche im Zweiten Vatikanischen Konzil neue Möglichkeiten eingeräumt, wie z.B. das Diakonat.

Der Zölibat ist eine kostbare Perle, und wenn die Kirche jemals gezwungen wäre, auf diesen Schatz zu verzichten, würde sie sehr viel verlieren! - Dann müßte man alle Kräfte dafür einsetzen, um das <u>Ordensleben</u> in der Kirche noch stärker aufzubauen, weil dann schließlich nur die Ordensleute die entscheidende Stütze für die Päpste und Bischöfe bei der Verwirklichung und guten Erfüllung ihrer schweren, vor Gott verantwortungsvollen Aufgaben wären.

Die Evangelisierung der Welt und Neuevangelisierung der christlichen Völker, deren Glauben und christliche Tugenden so weit gesunken sind, daß man schon von Neuheidentum sprechen kann, wird so viel Opferbereitschaft, Einsatz und Zeit erfordern, daß die Erfüllung dieser schweren Aufgaben nur den Unverheirateten und ganz Gott Geweihten möglich sein wird.

Selbstverständlich sollen die Laien bei der Erfüllung dieser Aufgaben der Kirche tatkräftig mitwirken und als verantwortungsvolle Gläubige die Arbeit der Priester und Bischöfe unterstützen.

Die Gegner des Zölibats sollten nach all diesen Überlegungen auch noch ein anderes Problem sehen: - Welch großer Skandal wäre es, wenn neben vielen anderen Problemen verheiratete Priester und Bischöfe sich auch noch scheiden ließen! - Aufgrund der erschreckend gestiegenen Zahl von Ehescheidungen kann man annehmen, daß auch verheiratete Kleriker nicht von Ehescheidungen ausgenommen wären.

Die beste Lösung für die Kirche in diesen schwierigen Fragen besteht also nicht in der Abschaffung des Zölibats, sondern vielmehr in einer **richtigen, guten VORBEREITUNG der BERUFENEN** zu den viel Opferbereitschaft verlangenden Aufgaben, die Priester und Bischöfe besonders heute in der Welt zu erfüllen haben. - Diese Vorbereitung muß schon in der Familie bei den kleinen Kindern beginnen und später von der Kirche und Schule fortgesetzt, unterstützt und ergänzt werden. Deshalb ist das **Apostolat des TÄGLICHEN GEMEINSAMEN GEBETS MIT DER BETRACHTUNG DES WORTES GOTTES IN DER FAMILIE** so wichtig und sollte von allen gesunden Kräften der Kirche mit allen Mitteln und mit allem Nachdruck unterstützt und gefördert werden, **SOLANGE ES NOCH NICHT ZU SPÄT IST !**

Es ist nicht wahr, daß Gott heute keine neuen Kandidaten mehr zum Priester- und Ordensstand ruft. - Aber es ist wahr, daß diese Berufungen, die Gott in unseren Familien erweckt, leider allzu oft verkümmern oder ungesund heranwachsen und später nicht diese Früchte bringen, auf die Gott wartet, - vor allem dann, wenn sie zu Hause eine ungläubige und unchristliche Atmosphäre vorfinden, ein Leben ohne Gebet und ohne Liebe zu Gott. Eben darin liegt die Hauptursache für den Mangel an Priestern und Ordensleuten, für die Glaubenskrise und die gesamte Krise in der Kirche.

Aber schließlich dürfen wir angesichts der immer größer werdenden Ernte des Herrn und des immer bedrohlicher werdenden Mangels an Priestern und Ordensleuten nicht resignieren und sollten die letzte Entscheidung über diese Probleme dem Herrn anvertrauen und unsererseits von Herzen das erfüllen, wozu Jesus selbst uns aufgefordert hat: **„B I T T E T ALSO DEN HERRN DER ERNTE, Arbeiter für seine Ernte auszusenden"** (Lk 10,2).

Machen wir also ernst mit dem - **Täglichen, gemeinsamen Gebet und der Betrachtung des WORTES GOTTES in den Familien!**, - dann wird JESUS selbst die für uns scheinbar unüberwindlichen Probleme lösen:

Die Neuevangelisierung, der Mangel an Priestern und Ordensleuten und die Fortsetzung einer fruchtbaren Evangelisierung in der Welt.

So viel hängt also vom richtigen Verständnis jedes einzelnen ab, von jedem Laien, Diakon, Priester und Bischof, vor allem aber von jeder einzelnen Familie!

Liebe Freunde! Betet eifrig um zahlreiche, heilige **Priester und Ordensberufungen**, denn auch Ihr erwartet sie! So viele alte und kranke Leute, Jugendliche, Kinder und viele andere, warten auf den heiligen Dienst in der Liebe Christi! **Liebe Jugendliche! - Jungen und Mädchen!** - Jesus ruft auch heute, vielleicht auch Dich: **„Komm und folge mir nach!"** (Lk 18,22) Die Heiligen Apostel haben sofort alles verlassen und sind Jesus nachgefolgt (vgl. Mt 4,18-22) - Wenn Du den Ruf des Herrn hörst, hast dann auch Du so viel Mut, Vertrauen und Liebe wie die Apostel, um zu Seinem Ruf "JA" zu sagen und IHM treu nachzufolgen wie sie? **Die Kirche braucht Dich dringend!** Komm, sprich, bete, arbeite mit uns und entscheide!

DIE HEILIGE KOMMUNION
FÜR GESCHIEDENE WIEDERVERHEIRATETE

Oft wird heute die Frage gestellt: **"Warum dürfen Geschiedene, die mit einem neuen Lebensgefährten in einer außersakramentalen Bindung zusammenleben, nicht die Heilige Kommunion empfangen"?**

Den würdigen Empfang des Leibes und Blutes Jesu Christi in der Heiligen Kommunion verhindert die **SCHWERE SÜNDE**. - Zu diesen Sünden gehören der **UNGEHORSAM** gegenüber der Ordnung Gottes in einer schwerwiegenden Sache; - und die **UNTREUE** gegenüber dem Gott gegebenen Wort wie auch dem Wort, das wir einem Menschen vor Gott gegeben haben.

Die folgenden Worte Gottes begründen dies ganz klar:

- Habt ihr nicht gelesen, daß der Schöpfer die Menschen am Anfang als Mann und Frau geschaffen hat und daß er gesagt hat: Darum wird der Mann Vater und Mutter verlassen und sich an seine Frau binden, und die zwei werden ein Fleisch sein. **Sie sind also nicht mehr zwei, sondern e i n s. WAS ABER GOTT VERBUNDEN HAT, DAS DARF DER MENSCH NICHT TRENNEN** (Mt 19,4-6).

- **Euer JA sei ein JA, euer NEIN ein NEIN; alles andere stammt vom Bösen** (Mt 5,37).

- Herr, wer darf Gast sein in deinem Zelt, wer darf weilen auf deinem heiligen Berg? ... **DER SEIN VERSPRECHEN NICHT ÄNDERT, DAS ER SEINEM NÄCHSTEN GESCHWOREN HAT** (Ps 15,1/4b).

Die Antwort auf die oben gestellte Frage schließen wir mit dem klaren Wort des Paulus:

"Wer unwürdig von dem Brot ißt und aus dem Kelch des Herrn trinkt, m a c h t s i c h s c h u l d i g am Leib und am Blut des Herrn. Jeder soll sich selbst prüfen; erst dann soll er von dem Brot essen und aus dem Kelch trinken. Denn wer davon ißt und trinkt, ohne zu bedenken, daß es der Leib des Herrn ist, der zieht sich das Gericht zu, indem er ißt und trinkt." (1 Kor 11,27-29)

A l l d e n e n

die aus irgendeinem Grund

am WÜRDIGEN Empfang des LEIBES und BLUTES des HERRN verhindert sind

empfehlen wir die

HEILIGE KOMMUNION des WORTES GOTTES

JESUS selbst hat, bevor ER den Aposteln Seinen Leib und Sein Blut in den eucharistischen Gestalten zur Speise gab, SICH ihnen **zuerst** in SEINEM WORT, dem WORT GOTTES, gegeben und verlangte von allen dessen gläubige Aufnahme: **"Amen, amen, ich sage euch: Wer glaubt, hat das ewige Leben. Ich bin das Brot des Lebens."** (Joh 6,47-48)

430

Als Jesus ankündigte (vgl. Joh 6,32-71), daß ER Seinen Leib und Sein Blut zu speisen geben werde, "**sagten viele seiner Jünger, die ihm zuhörten: Was er sagt, ist unerträglich. Wer kann das anhören? ... Daraufhin zogen sich viele Jünger zurück und wanderten nicht mehr mit ihm umher. - Da fragte Jesus die Zwölf: Wollt auch ihr weggehen? - Simon Petrus antwortete ihm: Herr, zu wem sollen wir gehen? Du hast Worte des ewigen Lebens. WIR SIND ZUM GLAUBEN GEKOMMEN und haben erkannt: Du bist der Heilige Gottes.**" (Joh 6,60/66-69) - Jene also, die den WORTEN JESU nicht glaubten, gingen von IHM weg (und so ist es bis heute). - Erst später, beim letzten Abendmahl (vgl. Mt 26,27-28), offenbarte Jesus, daß es ihm nicht um die Speisung Seines irdischen, **menschlichen** Leibes und Blutes ging, sondern um die Speisung Seines wahren Leibes und Blutes unter den Gestalten des Brotes und Weines, was doch überhaupt nicht schwer und unerträglich ist. Als Jesus sagte, daß Er **Seinen Leib und Sein Blut zur Speise geben werde** (vgl. Joh 6,32-71), **wollte Er den GLAUBEN Seiner Zuhörer prüfen.**

Es muß also a l l e n klar sein: Wer vom Papst, als dem Verwalter der Schlüsselgewalt Petri verlangt, daß er dies als würdig erklärt, was Gott uns durch den heiligen Paulus als unwürdig geoffenbart hat, verlangt vom Papst den Verrat an der Wahrheit des Evangeliums! Dies wird aber niemals geschehen, weil Jesus für ihn betete, daß sein Glaube nicht erlischt: "**Simon, Simon, der Satan hat verlangt, daß er euch wie Weizen sieben darf. ICH ABER HABE FÜR DICH GEBETET, DAß DEIN GLAUBE NICHT ERLISCHT. Und wenn du dich wieder bekehrt hast, dann stärke deine Brüder.**" (Lk 22,31-32)
Wir wissen, daß Gott den Menschen die Freiheit der Wahl zwischen Gut und Böse gab, aber sie damit nicht von der Verantwortung befreite. - **Wer also im Widerspruch zur Ordnung Gottes lebt und dennoch den Leib und das Blut Jesu Christi empfängt, der handelt in eigener Verantwortung vor Gott.** - Selbst dem Judas, dem Verräter, hat Jesus den Empfang Seines Leibes und Blutes nicht verweigert, aber ihn doch als Teufel bezeichnet: "**Habe ich nicht euch, die Zwölf, erwählt? Und doch ist einer von euch ein Teufel. Er sprach von Judas, dem Sohn des Simon Iskariot.**" (Joh 6,70-71)

> **Wem also der würdige Empfang der eucharistischen Gestalten des Leibes und Blutes Jesu Christi nicht möglich ist, den lädt Jesus selbst zum gläubigen Empfang der HEILIGEN KOMMUNION SEINES WORTES ein, denn das WORT GOTTES ist wirklich JESUS selbst.**

Aus den folgenden Schriftstellen erfahren wir, daß die gläubige Aufnahme des WORTES GOTTES wirklich eine Heilige Kommunion mit Jesus Christus ist, und daß dazu alle Menschen eingeladen sind, auch die größten Sünder, die dadurch gerettet und geheiligt werden können:

"**Nicht die Gesunden brauchen den Arzt, sondern die Kranken.** Darum lernt, was es heißt: Barmherzigkeit will ich, nicht Opfer. Denn **ich bin gekommen, um die Sünder zu rufen, nicht die Gerechten.**" (Mt 9,12-13) - Das heißt, Jesus kam in die Welt, um die Sünder zu retten und nicht, um sie zu verdammen. **Wenn Jesus etwas verdammt, dann nur die Sünde, aber niemals den Sünder.** - Deswegen sagte ER zu einer Ehebrecherin: "**...Hat dich keiner verurteilt? Sie antwortete: Keiner, Herr. Da sagte Jesus zu ihr: AUCH ICH**

VERURTEILE DICH NICHT. Geh und sündige von jetzt an nicht mehr!" (Joh 8,10-11) - Erst wenn der Mensch sich durch die **Wirkung des WORTES GOTTES** in seinem Herzen von der Sünde befreit hat, erlangt er das Recht zum würdigen Empfang der Heiligen Kommunion des Leibes und Blutes Jesu.

- **Sein Name heißt das WORT GOTTES** (Offb 19,13b).
- **Im Anfang war das WORT, und das WORT war bei Gott, und das WORT war GOTT. ... Und das WORT ist Fleisch geworden ... alle aber, die ihn aufnahmen, gab er Macht, Kinder Gottes zu werden** (Joh 1,1/14a/12a).
- **Wenn ihr in MEINEM WORT bleibt, seid ihr wirklich meine Jünger** (Joh 8,31).
- **Wer aus Gott ist, hört die WORTE GOTTES** (Joh 8,47a).
- **Wenn jemand mich liebt, wird er an MEINEM WORT festhalten. Mein Vater wird ihn lieben und wir werden zu ihm kommen und bei ihm wohnen** (Joh 14,23).
- **Wenn jemand an MEINEM WORT festhält, wird er auf ewig den Tod nicht schauen** (Joh 8,51).
- **Ihr seid schon rein durch das WORT, das ich zu euch gesagt habe. Bleibt in mir, dann bleibe ich in euch** (Joh 15,3).
- **Wenn ihr in mir bleibt und wenn MEINE WORTE in euch bleiben, dann bittet um alles, was ihr wollt: Ihr werdet es erhalten** (Joh 15,7).
- **Ich stehe vor der Tür und klopfe an. Wer MEINE STIMME hört und die Tür öffnet, bei dem werde ich eintreten, und wir werden Mahl halten, ich mit ihm und er mit mir** (Offb 3,20).
- **Jeder, der darüber hinausgeht und nicht in der Lehre Christi bleibt, hat Gott nicht. Wer aber in der Lehre bleibt, hat den Vater und den Sohn** (2 Joh 9).
- **Eine Frau aus der Menge rief Jesus zu: Selig die Frau, deren Leib dich getragen und deren Brust dich genährt hat. Er aber erwiderte: Selig sind vielmehr die, die das WORT GOTTES hören und es befolgen** (Lk 11,27-28).
- **Eines Tages kamen seine Mutter und seine Brüder zu ihm; sie konnten aber wegen der vielen Leute nicht zu ihm gelangen. Da sagte man ihm: Deine Mutter und deine Brüder stehen draußen und möchten dich sehen. Er erwiderte: Meine Mutter und meine Brüder sind die, die das WORT GOTTES hören und danach handeln** (Lk 8,19-21).
- **Vater, ...heilige sie in der Wahrheit, DEIN WORT ist Wahrheit** (Joh 17,17).
- **Lebendig ist das WORT GOTTES, kraftvoll und schärfer als jedes zweischneidige Schwert; es dringt durch bis zur Scheidung von Seele und Geist, von Gelenk und Mark; es richtet über die Regungen und Gedanken des Herzens** (Hebr 4,12). Deshalb wirkt das Wort Gottes oft wie das Skalpell in der Hand des Chirurgen, der eine kranke Stelle operiert und ausschneiden muß, was verdorben ist, um so das Leben des Patienten zu retten. Dies tut manchmal weh, manchmal sogar sehr weh, aber führt zur Rettung!
- **Ihr seid meine FREUNDE, <u>wenn ihr tut,</u> was ich euch auftrage** (Joh 15,14).
- **Dies habe ich euch gesagt, damit MEINE Freude in euch ist, und damit eure Freude vollkommen wird** (Joh 15,11).

Der gläubige Empfang des Wortes Jesu, des WORTES GOTTES, setzt also voraus, daß man die Wahrheit des WORTES GOTTES im Leben **verwirklicht!** - Jesus sagt zum Beispiel: **"Alles, was ihr also von anderen erwartet, das tut auch ihnen!"** (Mt 7,12) Dies bedeutet, daß wir das, was wir von anderen verlangen, zuerst selbst tun müssen! - Die zwei weiteren Worte Gottes, die auf dem Weg zur gewünschten **KOMMUNION mit JESUS** und zu der von IHM so gewünschten **EINHEIT ALLER CHRISTEN** unbedingt erfüllt werden müssen, sind folgende: **"Liebt einander, so wie ich euch geliebt habe."** (Joh 15,12); - und: **"Liebt eure Feinde und betet für die, die euch verfolgen, damit ihr Söhne des Vaters im Himmel werdet."** (Mt 5,44-45a) - Dieses Gebot ist unerfüllbar für all diese, die es allein, mit eigenen, menschlichen Kräften, erfüllen wollen. Dies hat Jesus selbst betont, als ER sagte: **"Getrennt von mir könnt ihr nichts vollbringen."** (Joh 15,5b) - Wer aber nach dem Evangelium Jesu Christi lebt, erreicht die Einheit mit IHM und dadurch auch die Kraft, dieses Gebot zu erfüllen. - **Dort also, wo die Menschen wirklich mit Gott in opferbereiter Liebe verbunden sind, wird es zu keinen Ehescheidungen, Austritten aus Ordensgemeinschaften und Niederlegungen des Priesteramtes kommen.**

* Die **1. Stufe der Heiligen Kommunion**, d.h. die Vereinigung mit Gott in Jesus, besteht also in der gläubigen Aufnahme SEINES WORTES, des WORTES GOTTES. An dieser Kommunion können und sollen sogar die größten Sünder teilnehmen.

* Die **2. Stufe der Heiligen Kommunion**, d.h. die größte Vereinigung, die auf Erden mit Gott in Jesus möglich ist, besteht im gläubigen und würdigen Empfang des eucharistischen Leibes und Blutes Jesu. - Und diese Heilige Kommunion, so wie der heilige Paulus uns erklärt, ist als würdige Kommunion leider nicht für alle möglich.

* Die **3. Stufe der Heiligen Kommunion**, d.h. die völlige Vereinigung mit Gott, wird erst im Himmel möglich sein, aber nur für diese Menschen, die sich auf Erden als treue Diener der Ordnung Gottes erweisen.

Diese Ordnung hat uns Gott, der Himmlische Vater, als Seinen unveränderlichen Willen zuerst in den **ZEHN GEBOTEN** geoffenbart und dann später durch Seinen Ewigen, menschgewordenen Sohn Jesus Christus in den **PRINZIPIEN DES EVANGELIUMS** verdeutlicht.

Die Kommunion des WORTES GOTTES ist wirklich eine Heilige Kommunion mit Jesus, aber **nur für jene, die das WORT GOTTES gläubig aufnehmen** und entsprechend den Belehrungen und Forderungen Jesu **sich zur Ordnung Gottes bekehren.** Dies bestätigt uns Jesus selbst: **"Ihr seid meine FREUNDE, wenn ihr tut, was ich euch auftrage."** (Joh 15,14)

Es wäre selbstverständlich ganz falsch, wenn jemand zu diesem Schluß kommen würde, daß die **HEILIGE KOMMUNION DES WORTES GOTTES** die Gläubigen von der Notwendigkeit des Empfangs der **Heiligen Kommunion des Leibes und Blutes Jesu Christi** befreit, wenn sie nichts daran hindert. - Über die **Notwendigkeit** des Empfangs der Heiligen Kommunion des Leibes und Blutes Jesu Christi spricht Jesus selbst: **Amen, amen, das sage ich euch: Wenn ihr das Fleisch des Menschensohnes nicht eßt und sein Blut nicht trinkt,** habt ihr das Leben nicht in euch. Wer mein Fleisch ißt und mein Blut trinkt, hat das ewige Leben, und ich werde ihn auferwecken am Letzten Tag. Denn mein Fleisch ist wirklich eine Speise, und mein Blut ist wirklich ein Trank. Wer mein Fleisch ißt und mein Blut trinkt, der bleibt in mir, und ich bleibe in ihm (Joh 6,53-56).

*Damit die Zahl derer, die am würdigen Empfang des Leibes und Blutes Jesu Christi verhindert sind, sich nicht vermehrt, ist es notwendig, schon jetzt alle Kräfte dafür einzusetzen, um Kinder und Jugendliche so zu erziehen, daß sie im Einklang mit der Ordnung Gottes leben und richtig ihren Lebensweg wählen, entsprechend der Berufung, die jeder Mensch von Gott bekommt. - Wo man Kinder und Jugendliche zum **Egoismus** anstatt zur* ·**Opferbereitschaft** *erzieht; - wo man ständig Lust und Launen nachgibt und nur die Befriedigung und Sättigung der Begierden sucht, dort findet man diese unerwünschten Früchte:* **Ehescheidungen, Austritte aus dem Ordensleben, sogar nach den Ewigen Gelübden, Heirat der Priester** *usw.*

Man muß sich schon die sehr ernste Frage stellen und auf den Knien vor Gott im Gebet die Antwort suchen: - **Warum gibt es heute so viele Ehescheidungen, so viel Untreue gegenüber der Ordnung Gottes?** *- Sind daran nicht in großem Maß auch die Priester und Ordensleute schuld, die die Treue zu ihren Ewigen Gelübden und Versprechungen Gott gegenüber brechen? - Aber* **die schlechten Beispiele der anderen können keine Entschuldigung für diese sein,** *denen bewußt ist, daß Gott von jedem die TREUE zu dem verlangt, wozu sie sich vor IHM verpflichtet haben.*

Deswegen soll man Kinder und Jugendliche **zum Glauben an die Wahrheit des WORTES GOTTES erziehen** *und sie von dieser Wahrheit Gottes so überzeugen,· daß sie ihr Leben wirklich auf ein festes Fundament bauen, auf das Fundament der Liebe zu Gott und zum Nächsten, dann werden ihnen die Stürme und Fluten der Begierden und Versuchungen nicht schaden können. - Jesus selbst spricht darüber ganz klar:*

"Wer meine Worte hört und danach handelt, ist wie ein kluger Mann, der sein Haus auf Fels baute. Als nun ein Wolkenbruch kam und die Wassermassen heranfluteten, als die Stürme tobten und an dem Haus rüttelten, da stürzte es nicht ein; denn es war auf Fels gebaut. Wer aber meine Worte hört und nicht danach handelt, ist wie ein unvernünftiger Mann, der sein Haus auf Sand baute. Als nun ein Wolkenbruch kam und die Wassermassen heranfluteten, als die Stürme tobten und an dem Haus rüttelten, da stürzte es ein und wurde völlig zerstört." (Mt 7,24-27)

Selbstverständlich geht es dabei um die ganze Lehre Jesu Christi. Aber entscheidende Bedeutung haben die beiden folgenden Worte Gottes:

Habt ihr nicht gelesen, daß der Schöpfer die Menschen am Anfang als Mann und Frau geschaffen hat und daß er gesagt hat?: Darum wird der Mann Vater und Mutter verlassen und sich an seine Frau binden, und die zwei werden ein Fleisch sein. <u>Sie sind also nicht mehr zwei, sondern e i n s</u>. WAS ABER GOTT VERBUNDEN HAT, DAS DARF DER MENSCH NICHT TRENNEN (Mt 19,4-6); - und:

Euer JA sei ein JA, euer NEIN ein NEIN; <u>alles andere stammt vom Bösen</u> (Mt 5,37).

434

*Das heißt konkret, daß **unser JA zum Guten ein unveränderliches, klares JA bleiben muß**, unabhängig von Schwierigkeiten, die uns attackieren. **Maria, die Mutter Jesu, ist das beste Beispiel dafür, wie man trotz aller Schwierigkeiten dem gegebenen JA-Wort treu bleiben kann!** - **Unser NEIN zum Bösen soll ein klares NEIN sein** und dabei sollen wir bis zum Ende bleiben. - Wenn der Mensch aber wankt und schwankt und wegen irgendwelcher Schwierigkeiten später aus dem JA zum Guten ein NEIN macht oder aus dem NEIN zum Bösen ein JA, dann zeigt dies, daß er unter dem Einfluß des Bösen steht. Er muß sich zur Wahrheit des WORTES GOTTES bekehren, damit er von Gott gerettet werden kann.*

In dieser Großen Novene findet jeder große Hilfe, der im WORT GOTTES mit Jesus und durch IHN im Heiligen Geist mit dem Himmlischen Vater die Versöhnung und die Einheit sucht. - Darin liegt auch der ganze Sinn des **TÄGLICHEN, GEMEINSAMEN GEBETS mit der BETRACHTUNG des WORTES GOTTES in der FAMILIE.** - So können alle, die das WORT GOTTES betrachten und **danach handeln, täglich die Heilige Kommunion** geistig empfangen und so sich mit Jesus und in IHM in der Kraft des Heiligen Geistes mit dem Himmlischen Vater versöhnen und vereinigen, **ALLE, unabhängig davon, welcher Konfession oder Religionsgemeinschaft sie angehören, ALL** diese, die aus irgendeinem Grund am würdigen Empfang des Leibes und Blutes Jesu Christi unter den eucharistischen Gestalten des Brotes und Weines verhindert sind.

So zeigt sich also, wie wichtig im Rahmen der **Neuevangelisierung,** auf dem **Weg zur Einheit aller Christen** die **HEILIGE KOMMUNION** des **WORTES GOTTES** ist und deshalb auch das Apostolat des **TÄGLICHEN GEMEINSAMEN GEBETS mit der BETRACHTUNG des WORTES GOTTES in der FAMILIE** ist. - Jesus selbst sagte doch: **"Wo zwei oder drei in meinem Namen versammelt sind, da bin ich mitten unter ihnen."** (Mt 18,20) und **"Alles, was zwei von euch auf Erden g e m e i n s a m erbitten, werden sie von meinem Himmlischen Vater erhalten.** (Mt 18,19)

Liebe Familien und Freunde!

Bitte versuchen Sie, die **GROSSE NOVENE** in Ihrer Umgebung bekannt zu machen. Auf diese Weise tragen auch Sie bei zur **VERKÜNDIGUNG des WORTES GOTTES** !

Nützen Sie dieses Buch als sinnvolles, gnadenreiches Geschenk zum Weitergeben, z. B. zum Namenstag, Geburtstag, Hochzeit, Weihnachten, Ostern, Jubiläumstage usw.

Allen, die sich für die Verbreitung der Großen Novene von Herzen einsetzen, erteilt der Gründer mit allen Priestern der Brüder Samariter einen besonderen Segen in der Flamme der Liebe des Unbefleckten Herzens Mariens.

WUNDER, SOGAR GROSSE WUNDER, KÖNNEN AUCH HEUTE GESCHEHEN

Die folgenden WORTE GOTTES zeigen uns den Weg dazu:

* Der **HIMMLISCHE VATER** sagt: **"Das ist mein geliebter Sohn, AUF IHN SOLLT IHR HÖREN!"** (Mk 9,7b)
Diese Belehrung gab uns der Himmlische Vater beim **WUNDER DER VERKLÄRUNG** Jesu auf dem Berg Tabor. Wenn auch wir heute das Wunder einer **geistigen Verklärung** erleben wollen, **müssen wir unbedingt auf Jesus hören**, d.h. darauf, was ER uns sagt. - Jesus selbst erklärt uns aber, auf IHN zu hören heißt entsprechend handeln: **"Selig sind vielmehr die, die das WORT GOTTES hören und es befolgen."** (Lk 11,28) und: **"...meine Brüder sind die, die das WORT GOTTES hören und danach handeln."** (Lk 8,21)

* Die **GOTTESMUTTER** sagt: **"WAS ER EUCH SAGT, DAS TUT!"** (Joh 2,5)
Diese Belehrung gab uns Maria, die Mutter Jesu, in Kana zu Galiläa, beim **WUNDER DER WANDLUNG** des Wassers zu Wein. Wenn auch wir heute das Wunder einer **geistigen Wandlung** erleben wollen, **müssen wir unbedingt auf Jesus hören**, und wirklich treu, wie die Diener in Kana zu Galiläa, tun, was ER uns sagt. Hier sehen wir, daß Maria das gleiche sagt wie der Himmlische Vater, wenn auch mit anderen Worten. - Dies zeigt uns, wie sehr der Wille Mariens mit dem Willen Gottes übereinstimmt!

* **JESUS** selbst aber sagt und ermahnt uns: **"Was sagt ihr zu mir: Herr! Herr!, und tut nicht, was ich sage?!** (Lk 6,46) - ER erklärt uns, daß für Gott nicht schöne Worte zählen, sondern nur die Erfüllung Seines Willens: **"Nicht jeder, der zu mir sagt: Herr! Herr!, wird in das Himmelreich kommen, sondern nur, wer den Willen meines Vaters im Himmel erfüllt."** (Mt 7,21)
Dabei geht es um drei fundamentale Prinzipien des Herrn, die alle Probleme der Welt, jedes einzelnen wie auch aller Völker, lösen können:
"Liebt einander, so wie ich euch geliebt habe." (Joh 15,12), - **"Wie ich euch geliebt habe, so sollt auch ihr einander lieben."**
"Liebt eure Feinde und betet für die, die euch verfolgen, damit ihr Söhne des Vaters im Himmel werdet." (Mt 5,44-45a)
"Alles, was ihr also von anderen erwartet, das tut auch ihnen!" (Mt 7,12)

* Der **HEILIGE PETRUS**, der **erste Papst der ganzen Christenheit**, sagte: **"Meister, wir haben die ganze Nacht gearbeitet und n i c h t s gefangen, DOCH WENN DU ES SAGST, werde ich die Netze auswerfen."** (Lk 5,5) -

436

Dabei ist bemerkenswert, was Petrus als erfahrener Fischer, man könnte sagen, als Fachmann für den Fischfang, Jesus zur Antwort gab: **"Wir haben die ganze Nacht gearbeitet und n i c h t s gefangen."** - Damit wollte er Jesus sagen, daß es keinen Sinn mehr hat, noch einmal auf den See hinauszufahren. - Doch er reflektierte sofort, daß zu ihm nicht irgendein gewöhnlicher Mensch sprach, sondern Jesus selbst, der Meister und Herr, der allein Wunder wirkt, wenn man auf IHN hört und treu erfüllt, was ER sagt. - Deshalb fügte er sofort hinzu: **"...doch <u>wenn du es sagst</u>, werde ich die Netze auswerfen."** - Und was danach geschah, berichtet uns der heilige Lukas: **"<u>Das taten sie</u>, und sie fingen eine so große Menge Fische, daß ihre Netze zu reißen drohten."** (Lk 5,6)

Auch heute gibt es viele Menschen, die sich als Kenner und Spezialisten in verschiedenen weltlichen und kirchlichen Bereichen bezeichnen, die Tag und Nacht arbeiten und sich abmühen, aber dennoch trotz besten Willens nicht die gewünschten Früchte und Ergebnisse erzielen. - Warum? - Weil sie den Belehrungen und Prinzipien des Evangeliums Jesu Christi nicht genau folgen!

Zum Beispiel belehren uns die Engel bei der Geburt Jesu Christi ganz klar, daß **n u r   d a n n FRIEDE AUF ERDEN** sein wird, **wenn die Menschen GOTT die GEBÜHRENDE EHRE geben.** Aber die Menschen glauben nicht daran und handeln auch nicht danach, <u>deswegen sind all ihre Mühen um den Frieden vergeblich!</u>

Den Mangel an Priestern und Ordensleuten kann man nicht nur mit Konferenzen, Vorträgen und Büchern beseitigen, sondern v.a. durch die treue und eifrige Erfüllung dessen, was der Herr gesagt hat: **"Die Ernte ist groß, aber es gibt nur wenig Arbeiter. BITTET ALSO DEN HERRN DER ERNTE, Arbeiter für seine Ernte auszusenden."** (Lk 10,2) - Wie viele Bücher werden geschrieben, wie viele Konferenzen und Vorträge gehalten, wie viele menschliche Worte überfluten das Denken der Menschen und berühren doch nicht ihr Herz und bewegen doch nicht ihren Willen, dem Herrn zur Arbeit in Seinen Weinberg zu folgen! - Warum? - Weil eben das Entscheidende fehlt: **"BITTET DEN HERRN DER ERNTE."**, d.h. es mangelt am Gebet zum Herrn, am demütigen Gebet, an der flehentlichen Bitte zum Herrn, daß ER neue Priester- und Ordensberufungen erwecken und in Seinen Weinberg senden möge.

Wenn wir also auf die belehrenden Stimmen des Himmlischen Vaters und der Mutter Jesu, Maria, hören und dem Beispiel der Diener von Kana zu Galiläa und dem des heiligen Petrus folgen würden, d.h. wenn wir aufmerksam hören, gläubig aufnehmen und treu im Gehorsam erfüllen würden, was uns unser Meister, Herr und Gott, JESUS CHRISTUS, sagt, dann könnten wir uns bald guter Früchte erfreuen und alle, auch die schwierigsten Probleme in unseren Familien und in der Welt gut lösen.

WOHIN GEHT DIE WELT ?

Richtung FRIEDEN GOTTES ?   oder   **- UNHEIL und VERDERBEN ?**

WOZU TRAGE ICH BEI ?

Bei diesem Thema soll uns bewußt werden, daß **jedes Unheil und Verderben vom Teufel kommt, - aber niemals von GOTT.**
GOTT will den Menschen helfen und sie retten! - Aber das kann nur dann geschehen, wenn die Menschen auf IHN hören und tun, was ER sagt.
Warum sprechen die Heiligen Schriften so viel über Unheil und Verderben? - Weil Gott uns vor dem warnen und verschonen will, was die Hölle in ihrer Bosheit für die Menschen plant.
Gott sagt: **"Ich kenne meine Pläne, die ich für euch habe - Spruch des Herrn - Pläne des Heils und nicht des Unheils; denn ich will euch eine Zukunft und eine Hoffnung geben. Wenn ihr mich ruft, wenn ihr kommt und zu mir betet, so erhöre ich euch."** (Jer 29,11-12)
"Sollte Gott seinen Auserwählten, die TAG und NACHT zu ihm schreien, nicht zu ihrem Recht verhelfen, sondern zögern? Ich sage euch: Er wird ihnen unverzüglich ihr Recht verschaffen. - Wird jedoch der Menschensohn, WENN ER KOMMT, auf der Erde (noch) **GLAUBEN vorfinden?"** (Lk 18,7-8)
Wenn auch das Evangelium Jesu Christi und die Apostel viel über künftiges Unheil und Verderben sprechen, so wollen sie uns doch nur **Rettungswege** und **Heilmittel** aufzeigen, wie ein guter Arzt, der seinen Kranken Arznei verschreibt.
Jesus selbst spricht über die Schrecken, die Seine Wiederkunft begleiten werden: **"Es wird eine so große Not kommen, wie es noch nie eine gegeben hat, seit die Welt besteht, und wie es auch keine mehr geben wird. Und wenn jene Zeit nicht verkürzt würde, dann würde kein Mensch gerettet; DOCH UM DER AUSERWÄHLTEN WILLEN WIRD JENE ZEIT VERKÜRZT WERDEN."** (Mt 24,21-22)
Jesus warnt uns zugleich auch vor dem Auftreten falscher Propheten: **"Wenn dann jemand zu euch sagt: Seht, hier ist der Messias!, oder: Da ist er!, so glaubt es nicht! Denn es wird mancher falsche Messias und mancher falsche Prophet auftreten, und sie werden große Zeichen und Wunder tun, um, wenn möglich, auch die Auserwählten irrezuführen. ...** Lernt etwas aus dem Vergleich mit dem Feigenbaum! Sobald seine Zweige saftig werden und Blätter treiben, wißt ihr, daß der Sommer nahe ist. **Genauso sollt ihr erkennen, wenn ihr das alles seht, daß das Ende vor der Tür steht. ...** Doch jenen Tag und jene Stunde kennt niemand, auch nicht die Engel im Himmel, nicht einmal der Sohn, sondern nur der Vater. ... **Seid also wachsam!** Denn ihr wißt nicht, an welchem Tag euer Herr kommt. Bedenkt: Wenn der Herr des Hauses wüßte, zu welcher Stunde in der Nacht der Dieb kommt, würde er wach bleiben und nicht zulassen, daß man in sein Haus einbricht. **Darum haltet auch ihr euch bereit! Denn der Menschensohn kommt zu einer Stunde, in der ihr es nicht erwartet."** (Mt 24,23...-44)
Beim hl. Paulus lesen wir: "Über Zeit und Stunde, Brüder, brauche ich euch nicht zu schreiben. Ihr selbst wißt genau, daß der Tag des Herrn kommt wie ein Dieb in der Nacht. **Während die Menschen sagen: FRIEDE und SICHERHEIT, kommt plötzlich Verderben über sie** wie die Wehen über eine schwangere Frau, und **es gibt kein Entrinnen.** Ihr aber, Brüder, lebt nicht im Finstern, so daß euch der Tag nicht wie ein Dieb überraschen kann." (1 Thess 5,1-4)
Jetzt wollen wir aber auch ein tröstendes Wort Jesu hören, das all denen gilt, die den Himmlischen Vater vor allem lieben, IHM treu dienen und Tag und Nacht in Seiner Anwesenheit

leben, IHN loben und ehren und am ewigen Magnifikat Mariens, der Mutter Jesu, teilnehmen: **"Fürchte dich nicht, du kleine Herde! Denn euer Vater hat beschlossen, euch das Reich zu geben."** (Lk 12,32)

Wer aufmerksam die Geschehnisse in der Welt und unter den Menschen beobachtet und sie sorgfältig analysiert, wird ein **sehr gefährliches Phänomen** bemerken: Eine explosive Entwicklung der Wissenschaft und Technik mit zunehmender Computerisierung usw. und zugleich einen großen Schwund der geistigen Kultur der Menschen, die sich immer mehr verängstigt, verunsichert, ja sogar verloren fühlen. - **Ursache dafür ist die immer größere Entfernung der Menschen von Gott.**

Man kann sagen: **Je größer die Entfernung des Menschen von Gott ist, desto größer wird die Tragödie für die Menschheit! - Warum sind heute z.B. so viele Menschen verwirrt, ratlos, traurig, verbittert, depressiv, und verzweifelt?** - Wenn wir dies richtig prüfen, können wir feststellen, daß dies die Folge der Entfernung von Gott und Seiner Ordnung ist. Davon sind nicht nur **gottlose** Menschen betroffen, sondern **manchmal auch fromme Menschen, die eigene Wege gehen und den eigenen Willen nach eigenem Gutdünken und Gefallen durchsetzen wollen,** rücksichtslos dafür, was Gott gefällt und Seinem Willen entspricht.

Jesus selbst zeigt uns in jedem Seiner Worte den Weg zur Rettung und ruft uns zu sich, um uns zu helfen: **"Kommt alle zu mir, die ihr euch plagt und schwere Lasten zu tragen habt. ICH werde euch Ruhe verschaffen."** (Mt 11,28) - Aber leider glauben die Menschen heute oft mehr an Geld und Gold als an den wahren GOTT und SEIN WORT. - Dies kann N I E etwas Gutes bringen.

Der Satan will nicht nur die Einheit der Christenheit verhindern, sondern tut alles mögliche, um sie ganz zu zersplittern. **Sein weiteres Ziel ist es, die Ehen und Familien zu zerrütten und zu zerstören, die Fundament jeder Gesellschaft sind.** Lesen Sie deshalb noch einmal aufmerksam den **SOS-Aufruf** auf S. 14/14 und den **SOS-Vorschlag** ab S. 12.

Der Garant jeglicher Einheit, der Kirche, der Christenheit, der Familie, der Gesellschaft, und des Friedens Gottes in der Welt, ist gemäß der Entscheidung Jesu Christi allein PETRUS, dem Jesus die Entscheidungsgewalt über Erde und Himmel anvertraut hat, und die jeder seiner Nachfolger besitzt: **"Ich werde dir die Schlüssel des Himmelreichs geben; was du auf Erden binden wirst, das wird auch im Himmel gebunden sein, und was du auf Erden lösen wirst, das wird auch im Himmel gelöst sein."** (Mt 16,19)

Der Weg zur Rettung besteht also zuerst in der klaren Entdeckung der Wahrheit des Evangeliums Jesu Christi und der Wahrheit über uns selbst, wenn diese Wahrheit manchmal auch bitter ist und schwer zu ertragen. - Dann aber muß unbedingt und sofort eine entschlossene Rückkehr zu Gott und Seiner Ordnung erfolgen.

Dabei sollen wir nicht vergessen, daß dort, wo für die Menschen etwas unmöglich ist, **für Gott alles, was gut ist, auch möglich ist!** - Darüber erfahren wir aus der Antwort des Erzengels Gabriel, die er Maria gab: **"FÜR GOTT IST NICHTS UNMÖGLICH."** (Lk 1,37) - wie auch von Jesus selbst, der zu Petrus sagte: **"Für die Menschen ist das** (die Rettung) **unmöglich, FÜR GOTT ABER IST ALLES MÖGLICH. "** (Mt 19,26)

Was tue ich dafür, um den Glauben an Jesus und Seine Worte unter den Menschen zu vermehren und zu stärken, damit sie bei Seiner Wiederkunft gerettet werden können?

- Beobachte ich aufmerksam die Geschehnisse in der Welt, unter den Menschen und in der Natur, und versuche sie im Licht der Wahrheit des Evangeliums Jesu Christi und Seiner Apostel gut zu verstehen und richtige Schlüsse daraus zu ziehen?

Wie kann ich persönlich
zur Neu-Evangelisierung beitragen?

Seit Jesus den Aposteln mit den Worten: "Geht hinaus in die ganze Welt und verkündet das EVANGELIUM allen Geschöpfen!" (Mk 16,15) ... "lehrt sie alles halten, was ich euch aufgetragen habe!" (Mt 28,20) den Auftrag zur Evangelisierung der Welt gab, gilt dieser Auftrag für jeden Christen, nicht nur für die Priester, Ordensleute und Missionare.

Heute fragen viele Laien, die die Große Novene mitbeten, wie sie diesen Auftrag Jesu als Christen erfüllen können, wenn sie doch schon mit ihren Berufspflichten, mit der Familie, mit vielen anderen Aufgaben und täglichen Arbeiten oft nicht zurechtkommen.

Einen großen Beitrag zur Neu-Evangelisierung kann jeder einzelne leisten, der seine Gebete, seine Liebe zur Wahrheit, seine Ausübung der Gerechtigkeit und Barmherzigkeit oder das geduldige Ertragen seiner Leiden dafür aufopfert.

Die Leiden stammen nicht von Gott, und Gott braucht unsere Leiden nicht. Gott sogar hilft uns beim ruhigen Ertragen der Leiden und wartet nur auf unsere Liebe, Dankbarkeit, Geduld, Barmherzigkeit, Gerechtigkeit und Wahrhaftigkeit.

- Die Ursache aller Leiden liegt in der Erbsünde, das heißt der Verursacher aller Leiden ist der Satan, der die Menschen zur Sünde des Ungehorsams gegenüber Gott und Seiner Ordnung verführt hat.

Einen anderen wertvollen Beitrag zur Neu-Evangelisierung kann jeder ganz leicht leisten und dabei mit großer Freude den Frieden des Gewissens genießen, wenn er z. B. diese große Novene nicht nur selbst betet, sondern sie auch an seine Verwandten, Bekannten, Freunde, Kollegen, Mitarbeiter usw. empfiehlt und weitergibt.

Sehr viele Teilnehmer der Großen Novene machen dies schon mit großem Erfolg (s.Leserbriefe S.442). Sie nutzen jede Gelegenheit, um andere für die Große Novene zu gewinnen und geben sie gerne als sinnvolles Geschenk weiter bei Hochzeiten, Namenstagen, Geburtstagen, Jubiläen und anderen feierlichen Anlässen.

"Alles ist durch das Wort geworden, und ohne das Wort wurde nichts, was geworden ist. In ihm war das Leben, und das Leben war das Licht der Menschen. Und das Licht leuchtet in der Finsternis, und die Finsternis hat es nicht erfaßt." (Joh 1,3-5) "Er war nicht selbst das Licht, er sollte nur Zeugnis ablegen für das Licht. Das wahre Licht, das jeden Menschen erleuchtet, kam in die Welt. Er war in der Welt, und die Welt ist durch ihn geworden, aber die Welt erkannte ihn nicht. Er kam in sein Eigentum, aber die Seinen nahmen ihn nicht auf. Allen aber, die ihn aufnahmen, gab er Macht, Kinder Gottes zu werden, allen, die an seinen Namen glauben," (Joh 1,8-12)

DIE LIEBE, DIE RETTUNG UND FRIEDEN BRINGT

Die Art, Kraft und Wirkung dieser Liebe beschreibt Jesus genau! - (s.S. 195)

Schon sehr viele Menschen in Polen und anderen Ländern wissen, daß das FATIMAZENTRUM mit großer Hilfe guter Menschen - vor allem Marienverehrer - aus Deutschland, Österreich, Schweiz, Italien und anderen westlichen Ländern gebaut wurde. - Jetzt ist sogar schon der Rohbau des Magazins fast fertiggestellt (s.Fototeil). - Von hier aus werden alle Hilfsgüter, die wir aus dem Westen bekommen, an notleidende Menschen verteilt (mehr darüber s.S. 45 / 46, wie auch S. 195).

Im Herbst 97 zeigte uns die Vorsehung Gottes die Richtung unserer weiteren Arbeit durch eine größere Spende, die gerade für die Fundamente eines Behindertenhauses bestimmt war. – Diese sind schon fertig.

- Die, die uns weiter helfen, werden nicht um ihren Lohn kommen! (vgl. Mt 9,41)

Da wir in letzter Zeit sehen, wie die Zahl der armen Menschen in Polen wächst, wollen wir diesen gerne im NAMEN JESU helfen, besonders in Krakau. Am schwierigsten ist es für die Obdachlosen im Herbst, Winter und Frühling. Wir wollen diesen mindestens mit einer warmen Mahlzeit pro Tag helfen. Dazu brauchen wir in Krakau einen g r o ß e n E ß r a u m, den wir mieten oder bauen müssen. - **Helfen Sie uns bitte auch dabei!** - (Konten s.S. 463)

Allen, die uns bei der Erfüllung dieser Aufgaben der Nächstenliebe helfen, sagen wir von Herzen ein EWIGES VERGELT'S GOTT!

Mögen wir im Licht der Wahrheit des Wortes Gottes den Willen des Herrn richtig erkennen und treu erfüllen, damit jeder von uns am Ende von Jesus hören darf: **"Kommt her, die ihr von meinem Vater gesegnet seid, nehmt das Reich in Besitz, da seit der Erschaffung der Welt für euch bestimmt ist. Denn *ich war hungrig*, und ihr habt mir zu essen gegeben; *ich war durstig*, und ihr habt mir zu trinken gegeben; *ich war fremd und obdachlos*, und ihr habt mich aufgenommen; *ich war nackt*, und ihr habt mir Kleidung gegeben; *ich war krank*, und ihr habt mich besucht; *ich war im Gefängnis*, und ihr seid zu mir gekommen. ... *Was ihr für einen meiner geringsten Brüder getan habt, das habt ihr MIR getan.*"** (Mt 25,34-40)

Außerdem ist es notwendig, die folgenden Belehrungen zu beherzigen, damit wir wissen, was wir als Christen in der Welt, besonders heute, zu tun haben, um Einheit und dauernden Frieden zu erreichen:

"Wenn jemand Vermögen hat und sein Herz vor dem Bruder verschließt, den er in Not sieht, wie kann die Gottesliebe in ihm bleiben? Meine Kinder, wir wollen nicht mit Wort und Zunge lieben, sondern in Tat und Wahrheit." (1 Joh 3,17-18)

Dazu gibt der Apostel Jakobus zwar eine harte, aber rettende Belehrung: **"Meine Brüder, was nützt es, wenn einer sagt, er habe Glauben, aber es fehlen die Werke? Kann etwa der Glaube ihn retten? Wenn ein Bruder oder eine Schwester ohne Kleidung ist und ohne das tägliche Brot und einer von euch zu ihnen sagt: Geht in Frieden, wärmt und sättigt euch!, ihr gebt ihnen aber nicht, was sie zum Leben brauchen - was nützt das? So ist auch der Glaube für sich allein tot, wenn er nicht Werke vorzuweisen hat. Nun könnte einer sagen: Du hast Glauben, und ich kann Werke vorweisen; zeig mir deinen Glauben ohne die Werke, und ich zeige dir meinen Glauben aufgrund der Werke. Du glaubst: Es gibt nur den einen Gott. Damit hast du recht; das glauben auch die Dämonen, und sie zittern. Willst du also einsehen, du unvernünftiger Mensch, daß der Glaube ohne Werke nutzlos ist?"** (Jak 2,14-20)

Zuschriften zur Großen Novene

Wir bedanken uns ganz herzlich bei allen, die in ihren Briefen so wunderbar Zeugnis ablegen für den Wert der Großen Novene und die Wirkung des Wortes Gottes in ihrem Herzen bzw. in ihren Familien. – Diese Zeugnisse kommen laufend zu uns. Wegen der vielen Arbeit und aus Zeitmangel konnten wir sie in dieser Ausgabe nicht mehr rechtzeitig zusammenstellen. Deswegen drucken wir hier die gleichen Zuschriften wie in Band I. – Weitere schöne Zuschriften, die uns immer wieder Mut und Kraft geben, und für die wir deswegen auch sehr dankbar sind, werden wir in Band III abdrucken.

Univ.-Prof. Dr. REINHOLD ORTNER, Diplom Psychologe aus Bamberg schrieb zuerst an Frau Anni Hüger, "...leider komme ich erst heute dazu, für die mir freundlicherweise von Ihnen überlassenen Bände "Große Novene" eine Spende zu überweisen. Ich werde dies (zugleich mit der Bitte um Übersendung von vier weiteren Bänden an meine Adresse) heute erledigen. Inzwischen haben wir das Beten der Novene zunächst einmal im eigenen Familienkreis begonnen, und ich darf feststellen, daß davon unverkennbar Gottes Segen ausgeht. ..." **Dann schrieb Professor Ortner auch an unseren Bruder Gründer:** "Schon lange wollte ich Ihnen einmal schreiben und Ihnen ein herzliches Vergelt's Gott sagen für die "Große Novene". Inzwischen besitze ich alle drei Bände. Kennengelernt habe ich diese bei Frau A. Hüger In der Zwischenzeit bete ich zusammen mit Familienangehörigen regelmäßig Ihre Novene, ... Ihre Betrachtungshilfen sind hervorragend und von tiefem christlichem Geist geprägt. Ich glaube Ihnen sagen zu dürfen, daß Ihr Werk ein Segen für viele Menschen und ein wichtiger Baustein für die Neuevangelisierung unserer Welt ist. Gott möge Ihnen alles vergelten. Der Novene wünsche ich eine große Weiterverbreitung und sofern ich etwas dafür tun kann, werde ich dies auch tun."

Der Hochschulprofessor A.O Gesandter und Bevollmächtigter Minister, Dr.honoris causa Dr. Dr. ROBERT PRANTNER aus Österreich schrieb uns: "...habe den Band der 'Großen Novene' durch einen geistl. Kollegen meiner Philos.theol. Hochschule erhalten und bin sehr beeindruckt. Ich bitte vielmals mir (beilieg. Zahlschein erbeten) auch die Bände 1 und 3 zu übersenden. ..."

Edeltrud M., Rheinstetten/D: "An Weihnachten bekam ich die Große Novene von einem Bekannten geschenkt. Da ich dieselbe außerordentlich gut finde, möchte ich mit meiner Familie weiterbeten. Bitte senden Sie mir die weiteren Exemplare."

Sr. M. Othilde: "Es ist für mich ein Geschenk vom Himmel, daß ich sie kennenlernen durfte, die Samaritanische Bewegung Mariens. Die Große Novene betrachte ich täglich, sie führt mich näher zu Gott."

Anna Reindl, Goldegg/Ö: "Wir sind alle begeistert von der Großen Novene und freuen uns, daß wir mitbeten dürfen."

Dick, G.: "Ich freue mich jeden Tag auf die schöne Novene. Sie haben sich damit viele Arbeit gemacht. So wird einem die Heilige Schrift nähergebracht und man sieht wie viele Fehler und Sünden man begeht."

Franziska Sch., Uznach/CH: "Ich halte diese Große Novene für eine wunderbare Idee, gerade weil sie für die tägliche Betrachtung des Wortes Gottes eine große Hilfe ist."

P. Max B., Kreuzlingen/CH: "Ich danke Ihnen für die Zusendung der "Große Novene". Mit großer Freude und Dankbarkeit danke ich für diese Initiative. Unser Heiliger Vater hat gerade in Fatima wieder zur Erneuerung der Kirche in Europa aufgerufen und hat betont, daß eine echte Erneuerung nur aus Gebet und Liturgie hervorgehen wird. - Ich bin froh, wenn Sie mir noch 5 Ex. zum Auflegen in der Kapelle zusenden können. - Ich lege Ihnen auch eine Adressenliste bei und bitte Sie diesen Personen das Heft zuzusenden."

J. V. mit Familie aus Ö: "Ihre Meditationshilfen in der Großen Novene sind uns eine große Hilfe. Besonders in der jetzigen Situation. ... Familienprobleme!"

Marlene O., Velburg: "Zuerst möchte ich mich herzlich bei Ihnen allen für das schöne Heft Große Novene bedanken. Man spürt den Geist Gottes wirken in diesen Heften. Es zeugt von einer Klarheit im Glauben, da die zwei wichtigen Merkmale, Marienverehrung und Papsttreue, enthalten sind. In unserer verwirrten Zeit ist das sehr wichtig."

Theresia R., Frankfurt/D: "Wir danken Ihnen für die Große Novene, die wir täglich gemeinsam mit meinem Mann und meiner Mutter beten. Sie gefällt uns so sehr, daß wir sie auch für unsere zwei Töchter und ihre Familien erbitten."

Rudolf B., Wessling/D: "...Die Novene ist Spitze! Doktorarbeit von P. Andrzej. Der Herr wolle sie ihm lohnen!!!"

Christian Hocheder, Ainring / D: "...Seit ich die Große Novene habe, lese ich mit Freude täglich darin. ..."

Günther St., Cham/D: "Durch eine glückliche Weisung bekam ich Anfang November die Große Novene geschenkt. Seither bete ich täglich damit. - Ich möchte diese wunderbare Schrift gerne weiter beten und verbreiten und bitte Sie daher um die Zusendung von 10 Exemplaren ..."

Liliana R., Freising/D: "Ich habe die Große Novene bekommen und danke von Herzen! ... Es ist eine große Freude das Wort Gottes so gut und einfach erklärt zu lesen ... Es rüttelt die Seele auf! Ich habe aber leider die erste Reihe nicht und wäre sehr dankbar, wenn ich sie bekommen könnte. ...Die Große Novene ist für mich ein großes Geschenk des Himmels. ..."

Werner W., Dortmund/D:"Von d. Großen Novene geht ein besonderer Segen aus"

Marianne K., Hausen/D: "Die Große Novene ist herrlich. 1000 mal Vergelt's Gott! Freue mich täglich, was Gott mir zu sagen hat. - Alle sind wir uns einig: Wir möchten die Große Novene nicht mehr missen!"

Rosemarie A, Freiburg/D: "Es besteht großes Interesse für die Große Novene im Freiburger Gefängnis."

443

Maria von R., Üchtelhausen/D: "...Vor kurzem habe ich diese Große Novene einer 70jährigen Frau als Geschenk mitgebracht, sie war überglücklich. Sie sagte: das ist ihr schönstes Buch, was sie besitzt. Für mich war es eine Freude, dies zu hören. So möchte ich Ihnen diese Freude weitergeben."

Anna H., Graz/Ö: "...Bitte können Sie mir wieder Novenenbücher schicken, alle denen ich bisher eine geschenkt habe, sind glücklich und beten sie gerne, ich freue mich auch schon jeden Tag darauf. ..."

G.Beck, Wiener-Neustadt/Ö: "...Wie in diesen Büchern das Evangelium verkündet wird, so stelle ich mir es vor von den Bischöfen, Priestern. Zu Jesus Christus führend, lebendig und verständlich. ..."

Dr. Herbert V., Wachtberg: "In Marienfried, beim Gebets- und Sühnetag habe ich Ihr schönes Novenen-Buch erworben, in welchem ich jeden Tag bete und das ich nicht mehr missen möchte. So bitte ich auch um Übersendung der Ausgabe für IV/92 und zwar 5 Stück, da ich das Buch noch an gute Bekannte geben möchte. ..."

Hatz, Hannelore H., Ruhstorf/D: "Ich hoffe sehr, daß ich noch nicht zu spät daran bin die Bände der Gesamtausgabe zu bestellen. Die Mitglieder der Gebetsgruppe lesen mit Begeisterung die Novene 2000. Sie ist großartig, ein Geschenk Gottes in dieser schweren Zeit. Ich wünsche bitte 60 Bände der Gesamtausgabe."

Martin M., Ochsenhausen/D: "Das Betrachten des Wortes Gottes hat in der vergangenen Zeit einiges in unserer Familie geändert. Ich möchte daher noch zwei Dauerbestellungen im Auftrag zweier Familien bei Ihnen anfordern."

Albrecht, Rosemarie: "Die Große Novene sagt mir sehr zu, ich bete sie sehr gerne. Es ist für mich eine Oase jeden Tag neu."

Maria A., Meran/I: "...Die Große Novene ist einfach Spitze und hilft mir sehr!"

Rita L., Sonthofen/D: "Mit viel Freude und innerer Bereicherung lese ich die Betrachtungen der Großen Novene, jetzt seit Januar 1992 ."

Gretl Sch., Taxenbach: "Ein inniges Vergelt's Gott für Ihre lb. Sendung. Wir freuen uns jeden Tag auf die Lesung des Evangeliums. Es freut mich ganz besonders, daß ich die zwei Hefte einer tiefgläubigen Familie mit 7 Kindern schenken durfte."

Maria R., Üchtelhausen: "Fast von Anfang an lese und bete ich die von Ihnen verteilte Große Novene. Es tut gut, täglich Gottes Wort zu hören und zu leben. Wir sind eine Herz-Jesu-Familie und so möchte ich Sie bitten mir jedesmal weiter 10 Bücher der Großen Novene zuzuschicken."

Udo-Werner V., Nordhorn/D: "Als Bezieher der wunderbaren Großen Novene habe ich wieder neue Interessenten gewinnen können. Bitte senden Sie die Große Novene an folgende Andressen: ..."

Roswitha L., Moosburg: "Ein herzliches Vergelt's Gott dem Verfasser der Novene. Er hat sich große Mühe gemacht, das Wort Gottes den Menschen nahezubringen. Möge Gott ihn stets begleiten und ihm helfen, die richtigen Worte zur Erläuterung zu finden. ..."

Josef R., Aalen/D: "Herzlichen Dank für die Zusendung der Großen Novene. Ich finde die Gliederung in monatliche Themen sehr gut und die Betrachtungshilfen sind sehr aufschlußreich u. regen zu weiterer Meditation zur Vertiefung des Glaubens an.

Rosa K., Trauchgau-Halblech/D: "Wir danken Ihnen allen für die große Mühe, die Sie damit auf sich nehmen. Mein Mann und ich freuen uns täglich auf die abendliche Große Novene und singen anschließend den Liebesflammenrosenkranz."

Monika G., Eichenzell: "...Wir haben die Große Novene sehr lieb gewonnen. Auf die neue Auflage freue ich mich heute schon. Bitte merken Sie mich vor. ..."

Rosanna B.: "Ich freue mich mit Geduld auf die Gesamtausgabe in drei Bänden. Bitte senden Sie mir immer 3-fach. Es wird mir verhelfen zur Verbreitung und meine Aufgabe der Evangelisierung in meine Gemeinde besser und sicher zu realisieren."

Stefan T., Oberkirch/CH: "Dank für Ihr wunderbares Apostolat!!!"

Thomas Sch., Halstenbek/D: "Vielen Dank für die Anregungen zum Beten mit der ganzen Familie"

Cäcilie T., St. Martin / Bozen/ I: "Möchte mich ganz herzlich bedanken und ein ewiges "Vergelt's Gott" sagen, daß Sie mir regelmäßig die Große Novene schicken. Bin sehr glücklich darüber. Seit ich jeden Tag "Gottes Wort" betrachte, kann ich mit dem täglichen Alltag besser umgehen. Vergelt's Gott und bitte weiterhin um die Zusendung. Habe einer Verwandten davon erzählt, die möchte sich auch gerne anschließen. ...Die Große Novene ist ein Gnadengeschenk für unsere heutige Zeit.

Brigitte B., Neufahrn/D: "...Auch allen Verantwortlichen und Mitarbeitern der "Großen Novene" möchte ich danken. Diese Gebetshilfe ist mir ein großer Gewinn, da ich mit meinen drei kleinen Kindern wenig Zeit für ein langes Gebet finde. Ich freue mich schon jeden Tag auf diese Betrachtung. So gut ich kann, empfehle ich es weiter. ...Die Große Novene ist ein täglicher Schatz."

Albert, J., Bad Bocklet/D: "Ein ewiges Vergelt's Gott für die Zusendung der Großen Novene. Nun bin ich froh, daß ich alle Bände wieder beisammen habe. Ich bin dankbar, zur großen Familie der Beter der Großen Novene zu gehören. Wie werden Jesus und Maria sich über diese segensvolle Bewegung freuen. ..."

Monika M., Künzell: "Mir gefällt die Novene sehr gut. Sie gibt mir sehr viel und ich bin dankbar, daß ich sie lesen und beten darf."

Paula Z., Borken: "Senden Sie, wenn möglich, die Große Novene von 1991 zu. Sind eine 7-köpfige Familie und lieben diese Betrachtungen! - Wir sind von der Großen Novene sehr begeistert!..."

Zilli R., Geiersberg/Ö: "Ich ersuche Sie, daß Sie mir 17 Stück Große Novene 2. Band zur Vorbereitung auf das 3. Jahrtausend zuschicken. Es ist sehr gut, so daß wir es an unsere Lieben verschenken."

Elisabeth G., Bad Aibling/D: "Hiermit möchte ich 5 x 3 Bände der Großen Novene bestellen. - Spende habe ich überwiesen. Besten Dank. - Ich habe vor ca. 3 Wochen die Große Novene von Pater Alois erhalten. Ich finde sie sehr gut und möchte sie in meinem Bekanntenkreis weiterverbreiten.

Marianne L., Arnfels/Ö: "Bitte senden Sie mir alle drei Bände. Ich bin sehr glücklich, mein Leben und den Alltag damit zu vertiefen."

A. M., Karlsruhe/D: "Ein herzliches Vergelts Gott für die wunderschöne Novene. Möchte eine Große Novene für das Jahr 1996 bestellen."

Rosalia B., Marchegg/Ö: "Ich konnte von einer Freundin die Große Novene kennenlernen. Ich freue mich darüber, denn so wird es mir in der Familie gelingen, täglich aus der Bibel zu lesen. Bitte senden Sie mir 2 Bände"

Mathilde K., Innsbruck/Ö: "Habe kürzlich die Bekanntschaft mit der Großen Novene gemacht, ich finde es so wunderschön, so wertvoll. - Bitte senden sie mir 5 Bücher vom 3. Band!"

Christian St., Stainz/Ö: "Ich danke Ihnen für Ihre großartige Arbeit."

Robert Z., Perchtoldsdorf/Ö: "...Bitte senden Sie noch 5 Große Novene an obige Adresse. Diese sind wunderbar geeignet zur Glaubensvertiefung und als Anstoß zur Befassung mit der Bibel - eben zur Weitergabe."

Elisabeth H., Oberhof/CH: "Ich bin Bäuerin und habe wirklich nicht viel Zeit zum Lesen, dabei bin ich gesundheitlich etwas angeschlagen. Aber gerade das Wort Gottes gibt mir jeden Tag neue Kraft, Mut und Freude, um immer wieder ja zu sagen zum Willen Gottes und meine Pflichten in meiner Familie mit sechs erwachsenen Söhnen, Töchtern und Enkelkindern immer zu versuchen, treu zu erfüllen."

Liebe Freunde! - Mit der Auswahl der Leserbriefe hatten wir große Schwierigkeiten, weil es so viele wunderbare Aussagen zur Großen Novene gibt. Außer den Zuschriften der zwei sehr bekannten Professoren aus dem wissenschaftlichen Bereich, die am Anfang stehen, wurden die anderen Zuschriften in beliebiger Reihenfolge abgedruckt.

Liebe Freunde! Betet eifrig um zahlreiche, heilige **Priester und Ordensberufungen**, denn auch Ihr erwartet sie! So viele alte und kranke Leute, Jugendliche, Kinder und viele andere, warten auf den heiligen Dienst in der Liebe Christi!
Liebe Jugendliche! - Jungen und Mädchen! - Jesus ruft auch heute, vielleicht auch Dich: **"Komm und folge mir nach!"** (Lk 18,22) Die Heiligen Apostel haben sofort alles verlassen und sind Jesus nachgefolgt (vgl. Mt 4,18-22) - Wenn Du den Ruf des Herrn hörst, hast dann auch Du so viel Mut, Vertrauen und Liebe wie die Apostel, um zu Seinem Ruf **"JA"** zu sagen und IHM treu nachzufolgen wie sie? **Die Kirche braucht Dich dringend!** Komm, sprich, bete, arbeite mit uns und entscheide!

NACHWORT

In den ersten Jahrzehnten des Christentums lebten die ersten Gläubigen so, daß die Heiden sagen konnten: **"Seht, wie diese sich lieben!"** - Jetzt dagegen müssen wir oft leider ein anderes Urteil über das Leben der Christen von heute hören: "<u>Seht, wie diese sich streiten und hassen!</u>"

Wir alle wissen, wie dringend die Welt heute den Frieden braucht, aber nicht irgendeinen Frieden, sondern den **FRIEDEN GOTTES**! - Um aber diesen echten, dauernden Frieden zu erreichen, braucht die Welt vor allem den religiösen Frieden, in dem A L L E   g e m e i n s a m Gott loben, wenn auch manchmal auf verschiedene Weise, je nach den unterschiedlichen Mentalitäten der Völker und Rassen. - Aber trotz mancher Verschiedenheiten unter den Menschen sollten sich doch A L L E   g e m e i n s a m um die **EINHEIT** bemühen, ohne die der von Gott wie auch von den Menschen gewünschte **FRIEDE** unvorstellbar ist.

Wie schwer ist es aber, an die **EINHEIT** in der Welt zu denken, wenn die Mitglieder aller möglichen Religionen der Welt sich gegenseitig hassen und bekämpfen und dem wichtigsten Prinzip des Friedens und der Einheit unter den Menschen, dem Prinzip der **gegenseitigen, demütigen Liebe** nicht folgen wollen, worüber der Himmlische Vater im Heiligen Geist durch Jesus a l l e Menschen so klar und eindeutig belehrt hat: **"LIEBT EINANDER!"**(Joh 13,34), **"LIEBT EURE FEINDE!** und betet für die, die euch verfolgen, damit ihr Söhne eures Vaters im Himmel werdet"** (Mt 5,44-45a).

Daraus können wir leicht erkennen, daß **ohne die LIEBE die EINHEIT nicht möglich ist** und **ohne die EINHEIT auch nicht der FRIEDE. - Weil aber GOTT die LIEBE ist, deshalb ist auch der FRIEDE und die EINHEIT - OHNE GOTT unmöglich!**

<u>Dabei sollen wir n i e m a l s vergessen, daß auch ohne die **WAHRHEIT** und **GERECHTIGKEIT** die echte **LIEBE** unter den Menschen unvorstellbar, d.h. auch die **EINHEIT** und der **FRIEDE** unerreichbar sind!</u>

Wenn wir jedoch fest daran glauben, daß **GOTT** in **SEINEM WORT** lebt und wirkt, und wir entsprechend diesem **WORT GOTTES** gläubig und konsequent handeln, dann tragen wir sicher entscheidend dazu bei, daß **GOTT, der die LIEBE ist**, mit all Seinen Freuden unter uns wohnen wird und so die Welt zur **EINHEIT** führen und mit Seinem **FRIEDEN** beschenken wird! - Wenn wir aber heute dies nicht begreifen, dann können wir schon jetzt für die Welt das REQUIEM singen.

Wir wollen jetzt über einiges gemeinsam nachdenken, worunter viele von uns sehr leiden, und was den Christen aller Konfessionen vor den Augen der Welt Schande bringt und die baldige Vollendung der Erlösungsmission JESU CHRISTI verhindert:

- V O N   W E M sollen Atheisten und Andersgläubige, die wirklich oft Menschen des GUTEN WILLENS sind, die **LIEBE** lernen?, - wenn sie diese sogar bei den Christen kaum mehr finden können, d.h. bei denen, die J E S U S ihren Meister nennen und von IHM auf besondere Weise dazu verpflichtet worden sind!

- VON WEM soll die Menschheit die **EINHEIT** lernen?, - wenn die Christenheit nach wie vor unter vielfachen Spaltungen leidet, obwohl der klare WILLE DES HERRN JESUS ist: "DAMIT SIE EINS SIND" (Joh 17,11), - was ER später noch einmal bekräftigt: "ALLE SOLLEN EINS SEIN: Wie du, Vater, in mir bist, und ich in dir bin, sollen auch sie in uns sein, DAMIT DIE WELT GLAUBT, daß Du Mich gesandt hast" (Joh 17,21).

- VON WEM soll die Welt lernen, wie man den **FRIEDEN GOTTES** erlangt?, - wenn dieser FRIEDE unter den verschiedenen Konfessionen der Christen oft nur oberflächlich ist und so unsicher, daß ständig da und dort kleine oder größere Konfessionskriege ausbrechen, die doch nur dem Haß und dem Satan, aber niemals Gott und der Liebe dienen!

- VON WEM sollen die Menschen die notwendige **DEMUT** lernen?, - wenn diese heute unter allen Schichten der Christgläubigen kaum mehr zu finden ist, so weit, daß manchmal die Hirten des Volkes, Priester und sogar Bischöfe, den Gehorsam dem verweigern, den JESUS zum Ersten unter Gleichen (Bischöfen) bestimmt hat, dem ER die Schlüssel des Himmelreiches anvertraut und zum Felsen der Kirche ernannt hat!

- VON WEM sollen heute die ungläubigen Menschen **WAHRHEIT, GERECHTIGKEIT** und andere **christliche TUGENDEN** lernen, die gemeinsam der Einheit und dem Frieden dienen?, - wenn diese Tugenden von den Christen, unabhängig davon, welcher Konfession sie angehören, oft sehr oberflächlich betrachtet, vernachlässigt oder z.T. sogar außer Kraft gesetzt werden!

- VON WEM sollen glaubenslose Menschen die **HOFFNUNG AUF DEN HIMMEL** kennenlernen?, - wenn heutzutage so viele unter denen, die sich Christen nennen, fast ihre ganze Hoffnung auf das Irdische setzen, anstatt auf das Himmlische; viele, die Gott noch suchen, tun dies nicht aus reiner Liebe zu IHM, sondern oft nur deswegen, weil sie noch glauben, daß Gott ihnen helfen wird, den irdischen Reichtum zu vermehren, - irdische Genüsse und Freuden zu gewinnen, die irdische, rein menschliche Einheit und den politischen Frieden zu erlangen.

Heute reden viele über die EINHEIT und den FRIEDEN, und gehen in Wirklichkeit wie Blinde und Verwirrte den Weg neuer Streitigkeiten und Spaltungen. - Wie können aber die Spaltungen in der Welt überwunden werden, wenn wir sie selbst in der Christenheit nicht überwinden können! - Wenn es sowohl zwischen wie auch innerhalb der Konfessionen immer weniger geistige, liturgische und theologische Einheit gibt?

In letzter Zeit wurden wir z.B. Zeugen eines heftigen Angriffs gegen die **einheitliche Übersetzung der Heiligen Schriften**, wodurch die **Glaubwürdigkeit des WORTES GOTTES** leidet und die Verwirrung und Unsicherheit unter den Gläubigen wächst!

Eine immer größere Verwirrung und Unordnung herrscht auch in der **Heiligen Liturgie der Kirche**, die schon viele gute Gläubige durcheinandergebracht und von der Kirche entfernt hat. - Um nicht bei bloßen Worten zu bleiben, hier zwei Beispiele: **Das Fest "Maria Heimsuchung"**, - das uns nicht nur an die Begegnung

Mariens mit Elisabet erinnert, sondern vor allem auch an die erste Begegnung des Messias - im Heiligen Geist - mit Seinem Vorläufer, wird an verschiedenen Tagen gefeiert: in Deutschland am 2. Juli, in Italien und Polen am 31. Mai; **das Fest des heiligen Apostels Matthias** wird in Deutschland am 24. Februar gefeiert, in Polen und Italien am 14. Mai.

WEM und WOZU dient dies alles, wenn es doch in Wirklichkeit nur große Verwirrung unter den Gläubigen anrichtet? - Und wie kann man hier in der Großen Novene bei den Betrachtungen auf Feste eingehen, wenn diese in verschiedenen Ländern, ja sogar Diözesen, an verschiedenen Tagen gefeiert werden?!

Liebe gläubige Christen! - Laßt euch nicht durch die Streitigkeiten der Philosophen, Theologen und Liturgisten von eurem Glauben abbringen und **bleibt treu dem WORT GOTTES und dem täglichen, gemeinsamen Gebet in der Familie!** - " <u>Jesus Christus ist derselbe, gestern, heute und in Ewigkeit. Laßt euch nicht durch mancherlei fremde Lehren irreführen</u>" (Hebr 13,8-9a). - So ist auch die Lehre Jesu d i e s e l b e , gestern, heute und in Ewigkeit! - Wenn ihr treu und fest zum ewigen, **unveränderlichen Willen des Himmlischen Vaters** steht, den wir aus **"JEDEM WORT, DAS AUS DEM MUND GOTTES KOMMT"** (Mt 4,4) erkennen, und den Jesus uns im Heiligen Geist geoffenbart hat, dann seid ihr vorbereitet, wenn der Herr plötzlich und unerwartet zum Letzten Gericht kommt!

<u>Vor allem bleibt treu in der **LIEBE** zu Gott wie auch zueinander, liebt auch eure Feinde und vergebt einander alles, damit der Himmlische Vater auch euch alles vergeben kann!</u>

Nur so können wir dem Herrn, der in SEINEM WORT lebt und wirkt, den Weg bereiten, damit ER zu uns kommen, bei uns wohnen und wirken und die Menschheit mit der vom Vater gewünschten Einheit und mit Frieden beschenken kann. Dazu brauchen wir heute in besonderer Weise die Hilfe der Heiligen Engel!

Betet also und fleht gemeinsam zu den Heiligen Engeln, daß sie - so wie damals bei der Geburt Jesu Christi - mit den Scharen der himmlischen Geister auf die Erde kommen, mit uns Gott Lob und Ehre singen und uns helfen bei der Wiederherstellung der Ordnung Gottes und bei der Errettung der unsterblichen Seelen.

O Heilige Engel, Erzengel und alle anderen Geister des Himmels! - Kommt der Erde zu Hilfe, damit alle christlichen Familien in der Welt sich zu einer sprudelnden Heilquelle verwandeln und durch die Prinzipien des Evangeliums zum Sauerteig für alle Familien der ganzen Menschheit werden. Dann werden die Ungläubigen und Andersgläubigen auch heute - so wie damals die Heiden, die Zeugnis ablegten für das heilige Leben der ersten Christen - sagen können: "SEHT, WIE DIESE SICH LIEBEN! " - Amen.

Zu Beginn der 3. dreijährigen Reihe wollen wir zusammen Gott danken für alles, was ER uns bisher geschenkt hat. - Wir danken auch Ihnen, die Sie schon seit 1991 das **tägliche, gemeinsame Gebet und die Betrachtung des Wortes Gottes** pflegen, aber auch denen, die erst jetzt damit begonnen haben. Die Schwierigkeiten, die **GROSSE NOVENE** gemeinsam zu beten, sind oft vielfältig, aber in dem Maß, wie wir ihnen mit Entschiedenheit entgegentreten, können wir sie überwinden und auf die mächtigste Fürsprache der Himmlischen Mutter Maria viele Gnaden erlangen.

"Die Wahrheit wird euch befreien!" (Joh 8,32) - Und eben darum geht es: **sich von der Wahrheit befreien zu lassen, die unser Herr Jesus Christus ist**! - Durch das **Heilige Evangelium** spricht Er selber täglich zu uns und weiter **durch die unfehlbare Lehre des Heiligen Geistes, v. a. durch die Stimme des Papstes.**
Es ist oft schwer, besonders in Versuchungen, diese **befreiende Wahrheit** anzunehmen und ihr zu folgen. - Wer aber sein Vertrauen auf Gott setzt und IHM trotz allem treu bleibt, der wird, auch wenn er jetzt mit Tränen sät, am Ende mit Jubel ernten. Wer also das Wort Gottes aufnimmt und nach seiner Wahrheit lebt, wird frei von der Sünde, heiligt sich selbst und trägt bei zur Heiligung der gesamten Schöpfung. Und obwohl er noch auf der Erde lebt, geht er in Wirklichkeit schon dem Himmel entgegen.

Wissenschaft und Technik bestätigen die Glaubenswahrheiten
Die Wahrheit über das wunderbare Geheimnis der Eucharistie wurde vor ungefähr 2000 Jahren verkündet

Links: Compactdisc   **Rechts:** Hostie (Oblate)

Wie sehr sind sich beide ähnlich, und welch große, wunderbare <u>Kräfte</u> sind in ihnen <u>verborgen</u> !

Auf eine Compactdisc kann man mehr als eine Million Buchseiten schreiben! - **Ist das überhaupt möglich?** -Diese WAHRHEIT der Technik können nur Computerexperten gut verstehen, **alle anderen müssen daran glauben!** - Um diese WAHRHEIT zu überprüfen, muß man den Computer an das Stromnetz anschließen und ihn gut bedienen können.

Die **Hostie** wird wahrhaft zum **LEIB JESU,** wenn der **Priester** über sie die **Wandlungsworte JESU** spricht. - In diesem Augenblick, werden in diese Hostie **unfaßbare KRÄFTE GOTTES "eingeschrieben".**
Diese **WAHRHEIT** kann **nur** der erfahren, der die **Liebe zu Gott** und einen lebendigen <u>Glauben</u> an die **WAHRHEIT** des **WORTES GOTTES** hat.

Im Juli 1997 erschien das Gebetsbuch „WORT GOTTES - WILLE GOTTES" verfaßt von unserem Gründer P.General Andrzej Michalek Sam FLUHM.

Dieses GEBETSBUCH ist extra bearbeitet als eine Ergänzung zu den Betrachtungen des WORTES GOTTES in der Großen Novene (erhältlich, siehe Adresse S. 463).

ANGELUS FÜR PRIESTER UND ORDENSBERUFUNGEN

Der Engel des Herrn brachte Maria die Botschaft und sie empfing vom Heiligen Geist.

Gegrüßet seist Du, Maria, voll der Gnade, der Herr ist mit Dir. Du bist gebenedeit unter den Frauen und gebenedeit ist die Frucht Deines Leibes, Jesus. Heilige Maria, Mutter Gottes, bitte für uns Sünder, jetzt und in der Stunde unseres Todes. Amen.

Maria sprach: Siehe, ich bin die Magd des Herrn, mir geschehe nach Deinem Wort. - Gegrüßet seist Du, Maria ...

Und das Wort ist Fleisch geworden und hat unter uns gewohnt. - Gegrüßet seist Du, Maria ...

Bitte für uns, heilige Gottesmutter.
Auf daß wir würdig werden der Verheißungen Christi.

Lasset uns beten:
Allmächtiger Vater, gieße Deine Gnade in unsere Herzen ein. Durch die Botschaft des Engels haben wir die Menschwerdung Christi, Deines Sohnes, erkannt. Laß uns durch sein Leiden und Kreuz, auf die Fürsprache der Unbefleckten Jungfrau Maria, zur Herrlichkeit der Auferstehung gelangen. Darum bitten wir durch Jesus Christus, unseren Herrn. Amen.

In der OSTERZEIT anstelle des Angelus:

Freu Dich, Du Himmelskönigin, Halleluja!
Den Du zu tragen würdig warst, Halleluja!
Ist auferstanden, wie ER gesagt hat, Halleluja!
Bitt Gott für uns, Maria, Halleluja!

Freu Dich und frohlocke, Jungfrau Maria, Halleluja!
Denn der Herr ist wahrhaft auferstanden, Halleluja!

Lasset uns beten:
Allmächtiger Vater, durch die Auferstehung Deines Sohnes, unseres Herrn Jesus Christus, hast Du die Welt mit Jubel erfüllt. Laß uns durch Seine jungfräuliche Mutter Maria zur unvergänglichen Osterfreude gelangen. Darum bitten wir durch Jesus Christus, unseren Herrn. Amen.

Hymnus:
Maria, Blume des Feldes, Maria, unsere Mutter, ich bin bei Dir, denke an Dich, wache. (3x)

Ehre sei dem Vater und dem Sohn und dem Heiligen Geist, wie es war im Anfang, so auch jetzt und allezeit und in Ewigkeit. Amen.

(gesungen nach der Lourdes-Melodie)

Vater unser im Himmel, geheiligt werde Dein Name. Dein Reich komme. Dein Wille geschehe, wie im Himmel so auf Erden. Unser tägliches Brot gib uns heute. Und vergib uns unsere Schuld, wie auch wir vergeben unsern Schuldigern. Und führe uns nicht in Versuchung, sondern erlöse uns von dem Bösen. Amen.

O Himmlischer Vater, o Herr der Ernte, gib uns viele, heilige Priester- und Ordensberufungen.
Wir bitten Dich, erhöre uns, o Herr.

O mein Jesus, verzeih uns unsere Sünden, bewahre uns vor dem Feuer der Hölle, führe alle Seelen in den Himmel, hilf besonders jenen, die Deiner Barmherzigkeit am meisten bedürfen. Amen.

(Gebet von Fatima)

O Jesus[1], ich vertraue auf Dich!

(Sr.Faustina)

O Jesus, ich liebe Dich!
O Jesus, ich bete Dich an!
O Jesus, sei Du mein Herr, jetzt und in Ewigkeit! Amen.

(P.Gründer)

O lieber Gott, HEILIGER GEIST, Geist der Liebe, beschenke uns mit Deinen Gaben und Gnaden und gib uns genug Kraft, das Kreuz mit Freude zu tragen, so wie Du alle Menschen durch unseren Herrn Jesus Christus und die Heiligen der Kirche mit Wort und Beispiel belehrt hast. Amen.   (P. Gründer)

In der Osterzeit:
Gegrüßet seist Du, Maria ...

O Maria, ohne Erbsünde empfangen.
Bitte für uns, die wir unsere Zuflucht zu Dir nehmen.
O Maria, Blume des Feldes. Bitte für uns.
O Mutter des guten Rates. Bitte für uns.
O Königin der Apostel. Bitte für uns.
O Königin des Friedens. Bitte für uns.
O Mutter aller Völker und Nationen. Bitte für uns.

Mutter Gottes, überflute die ganze Menschheit mit dem Gnadenwirken Deiner Liebesflamme, jetzt und in der Stunde unseres Todes. Amen.

---

[1] "Jeder, der den Namen des Herrn anruft, wird gerettet." (Apg. 2,21)

ABENDSEGEN

Dieser Segen wird jeden Abend vom Gründer und Generaloberen der Samaritanischen Bewegung Mariens-EINHEIT, P. Andrzej Michalek, gespendet und von all diesen - nach dem Maß ihres Glaubens, ihrer Hoffnung und Liebe - empfangen, die sich bewußt dazu einschließen und sich mit dem heiligen .Kreuzzeichen bezeichnen. - Dieser Abendsegen kann auch von anderen Priestern gespendet werden, die zur SBM-EINHEIT gehören bzw. sich mit ihr verbunden fühlen.

Form A:

P   **Der Herr sei mit euch.**

A   Und mit deinem Geiste.

P   Euch und alle, die irgendwo auf diesen Abendsegen mit Vertrauen warten, - damit die Flamme der Liebe des Unbefleckten Herzens Mariens als Liebe zur Ordnung Gottes in allen am stärksten brennt und das Beste bewirkt, segne ich: **Im Namen des Vaters und des Sohnes und des Heiligen Geistes.**

A   **Amen.**

P   Möge euch und alle, die sich in diesen Abendsegen bewußt einschließen, die Unbefleckte Jungfrau Maria unter ihren mächtigsten Schutz nehmen und die Heiligen Engel begleiten und gegen alle Angriffe des Satans helfen und stärken, damit alle den Siegeskranz vom Herrn Jesus Christus in Ewigkeit mit Freude empfangen können.

A   Amen.

Form B:
Wenn kein Priester zur Spendung des Abendsegens anwesend ist oder wenn jemand bei der Spendung des Abendsegens nicht anwesend war, kann er sich mit folgenden Worten in diesen Segen einschließen:

V   Bewußt schließen wir uns in den Abendsegen des Bruder Gründers, des Generaloberen P. Andreas Michalek ein, wie auch aller Priester der Brüder Samariter und der Priester, die Mitglieder der Samaritanischen Bewegung Mariens-EINHEIT sind, im vollen Vertrauen, daß die Flamme der Liebe des Unbefleckten Herzens Mariens als Liebe zur Ordnung Gottes in uns am stärksten brennt und in uns und durch uns das Beste bewirkt! So segne uns:

A   **Gott, der Vater, der Sohn und der Heilige Geist. Amen.**

V   Möge uns die Unbefleckte Jungfrau Maria in ihren mächtigsten Schutz nehmen und die Heiligen Engel begleiten und bei allen Angriffen des Satans helfen und stärken, damit wir den Siegeskranz vom Herrn Jesus Christus in Ewigkeit mit Freude empfangen können.

A   Amen.

RETTUNGSROSENKRANZ
(Liebesflammenrosenkranz)
DER SAMARITANISCHEN BEWEGUNG MARIENS - EINHEIT

Der gesungene Rettungsrosenkranz ist bei uns auf Kassette erhältlich.

Im Namen des Vaters und des Sohnes und des Heiligen Geistes. Amen.
Am Kreuz: **Ich glaube ...**
An der großen Perle: **Vater unser im Himmel, ...** (1 x)
An den drei kleinen Perlen: **Gegrüßet seist Du, Maria, ...** (für den Glauben,
die Hoffnung und Liebe)

Jetzt folgen die fünf Gesätzchen des Rosenkranzes gesungen oder gesprochen:
Große Perle: Liebevolles und Unbeflecktes Herz Mariens, bitte für uns, die wir
unsere Zuflucht zu Dir nehmen.
Kleine Perlen: - **Mutter, rette uns** durch die Liebesflamme Deines Unbefleckten
Herzens - oder: Mutter führe uns, ihn, sie.., heile, bekehre, segne, heilige, helfe usw.(10 x)
Am Schluß des Rosenkranzes:
Ehre sei dem Vater und dem Sohn und dem Heiligen Geist, wie im Anfang, so auch
jetzt und alle Zeit und in Ewigkeit. Amen. (3 x)
Mutter Gottes, überflute die ganze Menschheit mit dem Gnadenwirken Deiner
Liebesflamme, jetzt und in der Stunde unseres Todes. Amen.

Lasset uns beten:
O Flamme der Liebe des Unbefleckten Herzens Mariens, o Barmherziger Jesus! Wir
vertrauen auf Dich, wir vertrauen grenzenlos, daß Du uns mit Deiner Gnade bessern
wirst, unser ganzes Leben, all unsere Meinungen, Gefühle, Wünsche, Worte und
Taten. Verbrenne alles, was uns von Dir trennt. O Liebesflamme Gottes,
o Barmherziger Jesus, gib, daß wir immer mit dem heiligen Paulus wiederholen
können: "Nicht mehr ich lebe, sondern Du, o Jesus, lebst in mir." (Gal 2,20) - O
Flamme der Liebe des Unbefleckten Herzens Mariens, o Barmherziger Jesus! Wir
lieben Dich, wir beten Dich an, sei Du unser Herr, jetzt und in Ewigkeit. Amen.
(P.Gründer)

Dieser "kurze" Rosenkranz ist besonders für das gemeinsame Gebet in den Familien gedacht,
wo es die Zeit oft nicht erlaubt, den normalen Rosenkranz zu beten.
*Der Rosenkranz, eine kostbare Perle der Kirche, sollte aber doch möglichst **täglich***
***gemeinsam** oder zumindest privat gebetet werden und so unsere Hände und Herzen vor Gott*
schmücken. Es wird sehr dringend empfohlen, jede Situation zu nützen, um den Rosenkranz
*sowie auch andere Gebete **gemeinsam** zu verrichten. Wo dies nicht möglich ist, sollte*
*wenigstens der Anfang und das erste Gesätzlein **gemeinsam** gebetet werden, entsprechend*
*den Worten Jesu Christi: **"Wo zwei oder drei in meinem Namen versammelt sind, da bin***
ich mitten unter ihnen."** (Mt 18.20) und:**"Alles, was zwei von euch auf Erden gemeinsam
***erbitten, werden sie von meinem Himmlischen Vater erhalten."** (Mt.18,19)*

LITANEI DER SAMARITANISCHEN BEWEGUNG
MARIENS - EINHEIT - FLUHM

- Allerheiligste Dreifaltigkeit Gottes,
  Vater, Sohn und Heiliger Geist. — Erbarme Dich unser.
- Herr Jesus Christus, wahrer Gott und wahrer Mensch. — Erbarme Dich unser.
- Mutter Jesu, Mutter der Kirche, Allerseligste und
  Unbefleckte Jungfrau Maria. — Bitte für uns.
- Heilige Erzengel Michael, Gabriel u. Rafael und
  alle anderen Engel und Geister des Himmels. — Bittet für uns.
- Alle heiligen Schutzengel. — Bittet für uns.
- Alle heiligen Patriarchen und Propheten. — Bittet für uns.
- Heiliger Johannes der Täufer. — Bitte für uns.
- Heiliger Josef. — Bitte für uns.
- Heiliger Petrus, Paulus, Andreas und alle anderen
  Apostel und Evangelisten. — Bittet für uns.
- Alle unsere heiligen Namenspatrone. — Bittet für uns.
- Alle Heiligen, deren Namen heute in der heiligen Liturgie
  der ganzen Christenheit mit Liebe erwähnt werden. — Bittet für uns.
- Alle Heiligen des Alten und Neuen Bundes. — Bittet für uns.
- Alle leidenden Seelen im Fegefeuer. — Bittet für uns.

Alle Seelen im Fegefeuer sind schon „Bürger" des Neuen Himmels, müssen aber noch ganz gereinigt werden, weil in den Himmel nichts Unreines kommen kann. – Die auf der Erde geduldig ertragenen Leiden sind auch ein Fegefeuer, welches viel leichter ist als das im Jenseits.

Als das **WUNDER DER VERKLÄRUNG** auf dem Berg Tabor geschah, zeigte der Himmlische Vater auf Jesus und sagte ganz klar: **"Das ist mein geliebter Sohn, an dem ich Gefallen gefunden habe; AUF IHN SOLLT IHR HÖREN."** (Mt 17,5)

Das **WUNDER DER WANDLUNG** in Kana zu Galiäa geschah, weil Maria die Mutter Jesu zu den Hochzeitsdienern sagte: **"WAS ER EUCH SAGT, DAS TUT!"** (Joh 2,5) und die Diener **gehorchten** den Worten Jesu und taten alles genau, was Er sagte.

Was der Glaube und der Gehorsam den Worten Jesu gegenüber bringt, zeigt uns der wunderbare Fischfang: **"Meister, wir haben die ganze Nacht gearbeitet und nichts gefangen. D o c h   w e n n   d u   e s   s a g s t, werde ich die Netze auswerfen. Das taten sie, und sie fingen eine so große Menge Fische, daß ihre Netze zu reißen drohten."** (Lk 5,5-6)

Der Erzengel Gabriel sagt: **"FÜR GOTT IST NICHTS UNMÖGLICH."** (Lk 1,37)

Jesus macht den Vorwurf: **"Was sagt ihr zu mir: Herr! Herr!, UND TUT NICHT, WAS ICH SAGE?"** (Lk 6,46)

"Dies habe ich euch gesagt, damit MEINE FREUDE in euch ist und damit e u r e   F r e u d e   v o l l k o m m e n   w i r d." (Joh 15,11)

Hinweis: Die Tagesgebete (Sonntags- u. Wochentagsgebete) stammen aus dem Stundengebet, Band III im Jahreskreis, ab S.3 und folgende.

TAGESGEBETE

1. Tag:

Lasset uns beten: Herr, unser Gott und Vater, wir haben uns im Namen Deines Sohnes versammelt und rufen zu Dir: Erhöre die Bitten Deines Volkes, mach uns hellhörig für unseren Auftrag in dieser Zeit und gib uns die Kraft, ihn zu erfüllen. Darum bitten wir Dich, durch unseren Herrn Jesus Christus, der in der Einheit des Heiligen Geistes mit Dir lebt und herrscht in alle Ewigkeit. Amen.

2. Tag:

Lasset uns beten: Allmächtiger Gott und Vater, Du gebietest über Himmel und Erde, Du hast Macht über die Herzen der Menschen. Darum kommen wir voll Vertrauen zu Dir; stärke alle, die sich um die Gerechtigkeit mühen, und schenke unserer Zeit Deinen Frieden. Darum bitten wir Dich, durch unseren Herrn Jesus Christus, der in der Einheit des Heiligen Geistes mit Dir lebt und herrscht in alle Ewigkeit. Amen.

3. Tag:

Lasset uns beten: Allmächtiger Vater, ewiger Gott, lenke unser Tun nach Deinem Willen und gib, daß wir im Namen Deines geliebten Sohnes reich werden an guten Werken. Darum bitten wir Dich, durch unseren Herrn Jesus Christus, der in der Einheit des Heiligen Geistes mit Dir lebt und herrscht in alle Ewigkeit. Amen.

4. Tag:

Lasset uns beten: Herr, unser Gott und Vater, Du hast uns erschaffen, damit wir Dich preisen. Gib, daß wir Dich mit ungeteiltem Herzen anbeten und die Menschen lieben, wie Du sie liebst. Darum bitten wir Dich, durch unseren Herrn Jesus Christus, der in der Einheit des Heiligen Geistes mit Dir lebt und herrscht in alle Ewigkeit. Amen.

5. Tag:

Lasset uns beten: Gott, unser Vater, wir sind Dein Eigentum und setzen unsere Hoffnung allein auf Deine Gnade. Bleibe uns nahe in jeder Not und Gefahr und schütze uns. Darum bitten wir Dich, durch unseren Herrn Jesus Christus, der in der Einheit des Heiligen Geistes mit Dir lebt und herrscht in alle Ewigkeit. Amen.

6. Tag:

Lasset uns beten: Gott und Vater, Du liebst Deine Geschöpfe und es ist Deine Freude, bei den Menschen zu wohnen. Gib uns ein neues und reines Herz, das bereit ist, Dich aufzunehmen. Darum bitten wir Dich, durch unseren Herrn Jesus Christus, der in der Einheit des Heiligen Geistes mit Dir lebt und herrscht in alle Ewigkeit. Amen.

7. Tag:

Lasset uns beten: Barmherziger Gott und Vater, Du hast durch Deinen Sohn zu uns gesprochen. Laß uns immer wieder über Dein Wort nachsinnen, damit wir reden und tun, was Dir gefällt. Darum bitten wir Dich, durch unseren Herrn Jesus Christus, der in der Einheit des Heiligen Geistes mit Dir lebt und herrscht in alle Ewigkeit. Amen.

8. Tag:

Lasset uns beten: Allmächtiger Gott und Vater, Deine Vorsehung bestimmt den Lauf der Dinge und das Schicksal der Menschen. Lenke die Welt in den Bahnen Deiner Ordnung, damit die Kirche in Frieden Deinen Auftrag erfüllen kann. Darum bitten wir Dich, durch unseren Herrn Jesus Christus, der in der Einheit des Heiligen Geistes mit Dir lebt und herrscht in alle Ewigkeit. Amen.

9. Tag:

Lasset uns beten: Gott, unser Vater, Deine Vorsehung geht niemals fehl. Halte von uns fern, was uns schadet, und gewähre uns alles, was zum Heile dient. Darum bitten wir Dich, durch unseren Herrn Jesus Christus, der in der Einheit des Heiligen Geistes mit Dir lebt und herrscht in alle Ewigkeit. Amen.

10. Tag:

Lasset uns beten: Gott, unser Vater, alles Gute kommt allein von Dir. Schenke uns Deinen Geist, damit wir erkennen, was recht ist, und es mit Deiner Hilfe auch tun. Darum bitten wir Dich, durch unseren Herrn Jesus Christus, der in der Einheit des Heiligen Geistes mit Dir lebt und herrscht in alle Ewigkeit. Amen.

11. Tag:

Lasset uns beten: Gott und Vater, Du unsere Hoffnung und unsere Kraft, ohne Dich vermögen wir nichts. Steh uns mit Deiner Gnade bei, damit wir denken, reden und tun, was Dir gefällt. Darum bitten wir Dich, durch unseren Herrn Jesus Christus, der in der Einheit des Heiligen Geistes mit Dir lebt und herrscht in alle Ewigkeit. Amen.

12. Tag:

Lasset uns beten: Heiliger Gott und Vater, gib, daß wir Deinen Namen allezeit fürchten und lieben. Denn Du entziehst keinem Deine väterliche Hand, der fest in Deiner Liebe verwurzelt ist. Darum bitten wir Dich, durch unseren Herrn Jesus Christus, der in der Einheit des Heiligen Geistes mit Dir lebt und herrscht in alle Ewigkeit. Amen.

13. Tag:

Lasset uns beten: Gott, unser Vater, Du hast uns in der Taufe zu Kindern des Lichtes gemacht. Laß nicht zu, daß die Finsternis des Irrtums über uns Macht gewinnt, sondern hilf uns, im Licht Deiner Wahrheit zu bleiben. Darum bitten wir Dich, durch unseren Herrn Jesus Christus, der in der Einheit des Heiligen Geistes mit Dir lebt und herrscht in alle Ewigkeit. Amen.

14. Tag:

Lasset uns beten: Barmherziger Gott und Vater, durch die Erniedrigung Deines Sohnes hast Du die gefallene Menschheit wieder aufgerichtet und aus der Knechtschaft der Sünde befreit. Erfülle uns mit Freude über die Erlösung und führe uns zur ewigen Seligkeit. Darum bitten wir Dich, durch unseren Herrn Jesus Christus, der in der Einheit des Heiligen Geistes mit Dir lebt und herrscht in alle Ewigkeit. Amen.

15. Tag:
Lasset uns beten: Gott und Vater, Du bist unser Ziel, Du zeigst den Irrenden das Licht der Wahrheit und führst sie auf den rechten Weg zurück. Gib allen, die sich Christen nennen, die Kraft, zu meiden, was diesem Namen widerspricht. Darum bitten wir Dich, durch unseren Herrn Jesus Christus, der in der Einheit des Heiligen Geistes mit Dir lebt und herrscht in alle Ewigkeit. Amen.

16. Tag:
Lasset uns beten: Herr, unser Gott und Vater, sieh gnädig auf alle, die Du in Deinen Dienst gerufen hast. Mach uns stark im Glauben, in der Hoffnung und in der Liebe, damit wir immer wachsam sind und auf dem Weg Deiner Gebote bleiben. Darum bitten wir Dich, durch unseren Herrn Jesus Christus, der in der Einheit des Heiligen Geistes mit Dir lebt und herrscht in alle Ewigkeit. Amen.

17. Tag:
Lasset uns beten: Gott und Vater, Du Beschützer aller, die auf Dich hoffen, ohne Dich ist nichts gesund und nichts heilig. Führe uns in Deinem Erbarmen den rechten Weg und hilf uns, die vergänglichen Güter so zu gebrauchen, daß wir die ewigen nicht verlieren. Darum bitten wir Dich, durch unseren Herrn Jesus Christus, der in der Einheit des Heiligen Geistes mit Dir lebt und herrscht in alle Ewigkeit. Amen.

18. Tag:
Lasset uns beten: Gott, unser Vater, steh Deinen Dienern bei und erweise allen, die zu Dir rufen, Tag für Tag Deine Liebe. Du bist unser Schöpfer und der Lenker unseres Lebens. Erneuere Deine Gnade in uns, damit wir Dir gefallen, und erhalte, was Du erneuert hast. Darum bitten wir Dich, durch unseren Herrn Jesus Christus, der in der Einheit des Heiligen Geistes mit Dir lebt und herrscht in alle Ewigkeit. Amen.

19. Tag:
Lasset uns beten: Allmächtiger Gott und Vater, wir dürfen Dich Vater nennen, denn Du hast uns an Kindes Statt angenommen und uns den Geist Deines Sohnes gesandt. Gib, daß wir in diesem Geist wachsen und einst das verheißene Erbe empfangen. Darum bitten wir Dich, durch unseren Herrn Jesus Christus, der in der Einheit des Heiligen Geistes mit Dir lebt und herrscht in alle Ewigkeit. Amen.

20. Tag:
Lasset uns beten: Barmherziger Gott und Vater, was kein Auge geschaut und kein Ohr gehört hat, das hast Du denen bereitet, die Dich lieben. Gib uns ein Herz, das Dich in allem und über alles liebt, damit wir den Reichtum Deiner Verheißungen erlangen, der alles übersteigt, was wir ersehnen. Darum bitten wir Dich, durch unseren Herrn Jesus Christus, der in der Einheit des Heiligen Geistes mit Dir lebt und herrscht in alle Ewigkeit. Amen.

21. Tag:
Lasset uns beten: Gott, unser Herr und Vater, Du verbindest alle, die an Dich glauben, zum gemeinsamen Streben. Gib, daß wir lieben, was Du befiehlst, und ersehnen, was Du uns verheißen hast, damit in der Unbeständigkeit dieses Lebens unsere Herzen dort verankert seien, wo die wahren Freuden sind. Darum bitten wir Dich, durch unseren Herrn Jesus Christus, der in der Einheit des Heiligen Geistes mit Dir lebt und herrscht in alle Ewigkeit. Amen.

22. Tag:

Lasset uns beten: Allmächtiger Gott und Vater, von Dir kommt alles Gute. Pflanze in unser Herz die Liebe zu Deinem Namen ein. Binde uns immer mehr an Dich, damit in uns wächst, was gut und heilig ist. Wache über uns und erhalte, was Du gewirkt hast. Darum bitten wir Dich, durch unseren Herrn Jesus Christus, der in der Einheit des Heiligen Geistes mit Dir lebt und herrscht in alle Ewigkeit. Amen.

23. Tag:

Lasset uns beten: Gütiger Gott und Vater, Du hast uns durch Deinen Sohn erlöst und als Deine geliebten Kinder angenommen. Sieh voll Güte auf alle, die an Christus glauben, und schenke ihnen die wahre Freiheit und das ewige Erbe. Darum bitten wir Dich, durch unseren Herrn Jesus Christus, der in der Einheit des Heiligen Geistes mit Dir lebt und herrscht in alle Ewigkeit. Amen.

24. Tag:

Lasset uns beten: Gott und Vater, Du Schöpfer und Lenker aller Dinge, sieh gnädig auf uns. Gib, daß wir Dir mit ganzem Herzen dienen und die Macht Deiner Liebe an uns erfahren. Darum bitten wir Dich, durch unseren Herrn Jesus Christus, der in der Einheit des Heiligen Geistes mit Dir lebt und herrscht in alle Ewigkeit. Amen.

25. Tag:

Lasset uns beten: Heiliger Gott und Vater, Du hast uns das Gebot der Liebe zu Dir und zu unserem Nächsten aufgetragen als die Erfüllung des ganzen Gesetzes. Gib uns die Kraft, dieses Gebot treu zu befolgen, damit wir das ewige Leben erlangen. Darum bitten wir Dich, durch unseren Herrn Jesus Christus, der in der Einheit des Heiligen Geistes mit Dir lebt und herrscht in alle Ewigkeit. Amen.

26. Tag:

Lasset uns beten: Großer Gott und Vater, Du offenbarst Deine Macht vor allem im Erbarmen und im Verschonen. Darum nimm uns in Gnaden auf, wenn uns auch Schuld belastet. Gib, daß wir unseren Lauf vollenden und zur Herrlichkeit des Himmels gelangen. Darum bitten wir Dich, durch unseren Herrn Jesus Christus, der in der Einheit des Heiligen Geistes mit Dir lebt und herrscht in alle Ewigkeit. Amen.

27. Tag:

Lasset uns beten: Allmächtiger Gott und Vater, Du gibst uns in Deiner Güte mehr, als wir verdienen, und Größeres, als wir erbitten. Nimm weg, was unser Gewissen belastet, und schenke uns jenen Frieden, den nur Deine Barmherzigkeit geben kann. Darum bitten wir Dich, durch unseren Herrn Jesus Christus, der in der Einheit des Heiligen Geistes mit Dir lebt und herrscht in alle Ewigkeit. Amen.

28. Tag:

Lasset uns beten: Herr, unser Gott und Vater, Deine Gnade komme uns zuvor und begleite uns, damit wir Dein Wort im Herzen bewahren und immer bereit sind, das Gute zu tun. Darum bitten wir Dich, durch unseren Herrn Jesus Christus, der in der Einheit des Heiligen Geistes mit Dir lebt und herrscht in alle Ewigkeit. Amen.

29. Tag:
Lasset uns beten: Allmächtiger Gott und Vater, Du bist unser Herr und Gebieter. Mach unseren Willen bereit, Deinen Weisungen zu folgen, und gib uns ein Herz, das Dir aufrichtig dient. Darum bitten wir Dich, durch unseren Herrn Jesus Christus, der in der Einheit des Heiligen Geistes mit Dir lebt und herrscht in alle Ewigkeit. Amen.

30. Tag:
Lasset uns beten: Allmächtiger, ewiger Gott und Vater, mehre in uns den Glauben, die Hoffnung und die Liebe. Gib uns die Gnade, zu lieben, was Du gebietest, damit wir erlangen, was Du verheißen hast. Darum bitten wir Dich, durch unseren Herrn Jesus Christus, der in der Einheit des Heiligen Geistes mit Dir lebt und herrscht in alle Ewigkeit. Amen.

31. Tag:
Lasset uns beten: Allmächtiger, barmherziger Gott und Vater, es ist Deine Gabe und Dein Werk, wenn das gläubige Volk Dir würdig und aufrichtig dient. Nimm alles von uns, was uns auf dem Weg zu Dir aufhält, damit wir ungehindert der Freude entgegeneilen, die Du uns verheißen hast. Darum bitten wir Dich, durch unseren Herrn Jesus Christus, der in der Einheit des Heiligen Geistes mit Dir lebt und herrscht in alle Ewigkeit. Amen.

"Kommt alle zu mir, die ihr euch plagt und schwere Lasten zu tragen habt. Ich werde euch Ruhe verschaffen." (Mt 11,28)

"Jesus rief die Kinder zu sich und sagte:
LASST DIE KINDER ZU MIR KOMMEN; HINDERT SIE NICHT DARAN!
Denn Menschen wie ihnen gehört das Reich Gottes." (Lk 18,16)

"Wer einen von diesen Kleinen, die an mich glauben, zum Bösen verführt,
für den wäre es besser,
wenn er mit einem Mühlstein um den Hals im tiefen Meer versenkt würde."
(Mt 18,6)

"ICH BIN DER GUTE HIRT.

Der GUTE HIRT
gibt sein Leben hin für die Schafe.

Der b e z a h l t e Knecht aber,
der n i c h t Hirt ist
und dem die Schafe nicht gehören,
läßt die Schafe im Stich und flieht,
wenn er den Wolf kommen sieht;
und der Wolf reißt sie
und jagt sie auseinander.
Er flieht,
weil er nur ein bezahlter Knecht ist
und ihm an den Schafen nichts liegt.

Ich bin der GUTE HIRT;
ich kenne die Meinen,
und die Meinen kennen mich,"
(Joh 10,11-14)

"Jesus Christus ist derselbe gestern, heute und in Ewigkeit." (Hebr 13,8)
Deswegen ist auch Seine Lehre d i e s e l b e , gestern heute und in Ewigkeit

"MEINE SCHAFE HÖREN AUF MEINE STIMME; ich kenne sie, und sie
folgen mir. Ich gebe ihnen ewiges Leben. Sie werden niemals zugrunde gehen,
und niemand wird sie meiner Hand entreißen." (Joh 10,27-28)

"Ich habe noch andere Schafe, die nicht aus diesem Stall sind;
auch sie muß ich führen, und sie werden auf meine Stimme hören;
DANN WIRD ES NUR EINE HERDE GEBEN UND EINEN HIRTEN."
(Joh 10,16)

Unsere Adressen und Konten:

Sekretariat der SBM-EINHEIT-FLUHM **Frau Anni Hüger** **Postfach 1272** **D – 89202 Neu-Ulm** **Tel. 0731 / 81986 und Fax 82870**	**Fundacja SRM - JEDNOŚĆ - PMNSM** **GRABIE 55** **PL - 32-002 Węgrzce Wielkie,** **Tel. +Fax: 0048 / 12 / 2782.188** **und Tel.: 0048 / 12 / 2812.218**

Allen, die aus dem deutschsprachigen Raum Italiens an die **Brüder Samariter FLUHM** oder **Schwestern Samariterinnen FLUHM** schreiben möchten, teilen wir mit, daß die früheren Adressen von Avenale di Cingoli in Italien nicht mehr gelten, weil die Brüder Samariter und die Schwestern Samariterinnen die Pfarrei aufgegeben haben, um sich ganz unserem Apostolat widmen zu können. - Alle wohnen jetzt im Faumazentrum in Grabie. Deshalb bitten wir, Korrespondenz an uns nur an die oben genannten Adressen zu schicken.
- Die unten genannten Konten bleiben jedoch unverändert.

Liebe Freunde und Helfer, nachdem wir die Pfarrei in Avenale aufgegeben haben, widmen wir uns nach wie vor ganz und gar der NEU-EVANGELISIERUNG, jetzt jedoch ohne irgendein Monatseinkommen, allein um Gottes Lohn, im vollen Vertrauen auf die Göttliche Vorsehung und auf die mächtigste Fürsprache Mariens, die wir immer wieder durch Spenden und andere Hilfe guter, lieber Menschen erfahren!

**"Wer euch auch nur einen Becher Wasser zu trinken gibt,
weil ihr zu Christus gehört,
amen, ich sage euch: er wird nicht um seinen Lohn kommen"** (Mk 9,41).

Deutschland:	**Samaritanische Bewegung Mariens - EINHEIT – FLUHM** **Sparkasse Neu-Ulm** **BLZ 730 500 00 - Konto-Nr. 430 301 762**
Österreich:	**Samaritanische Bewegung Mariens - EINHEIT - FLUHM** **Raiffeisenkasse 5110 St.Georgen** **BLZ 35 046 - Konto-Nr. 20 602** **Samaritanische Bewegung Mariens - EINHEIT - FLUHM** **Raiffeisenkasse 4553 Schlierbach** **BLZ 34606 - Konto-Nr. 00000010058**
Schweiz:	**Samaritanische Bewegung Mariens - EINHEIT - FLUHM** **Raiffeisen St. Margarethen - Konto-Nr. 90-893-3**
Italien:	**Fratelli Samaritani FACIM** **Macerata, Conto Correnti Postale: 13628623**

**"Ich sage euch: Was ihr für einen meiner geringsten Brüder getan habt,
das habt ihr MIR getan"** (Mt 25,40).

(Wichtige Erklärungen dazu finden Sie auf S. 45/46 u. 195, besonders auf S: 441) ɛ:1 SEI. 1993

ICZC NCZ626 VSA951 IB651
CITTADELVATICNAO 183/96 1 1438

SE REVMA MONS FRANCESCO TARCISIO CARBONI VESCOVO PIAZZA
STRAMBI 3
62100MACERATA , 293

OCCASIONE ORDINAZIONE PRESBITERALE ET PRIMA MESSA SOLENNE
DEI SEI
NOVELLI SACERDOTI DELLA COMUNITA DEI FRATELLI SAMARITANI
FACIM SUA
SANTITA' ESPRIME PATERNE FELICITAZIONI INVOCANDO LARGA
EFFUSIONE
FAVORI CELESTI PERCHE' NON MANCHINO LUCE ET ASSISTENZA
DIVINA
NELL'ANNUNCIARE CRISTO AT UOMINI DI OGGI CELEBRARLO NELLA
LITURGIA
ET TESTIMONIARLO NELLA FEDE E NELLA CARITA' ET MENTRE AUGURA

GENEROSA ET GIOIOSA CORRISPONDENZA ALLA DIVINA CHIAMATA
NONCHE'
FECONDO ET LUNGO SERVIZIO ECCLESIALE GLI IMPARTE DI CUORE
IMPLORATA
BENEDIZIONE APOSTOLICA CHE ESTENDE AI FAMILIARI CONGIUNTI
ET
PRESENTI TUTTI SACRO RITO
CARDINALE ANGELO SODANO SEGRETARIO DI STATO DI SUA SANTITA'

Übersetzung:

Vatikanstadt, 1.Sept.1993

Seine Exzellenz, Mons. Francesco Tarcisio Carboni - Bischof
Piazza Strambi 3, 62100 Macerata

Anläßlich der Priesterweihe und der ersten feierlichen Heiligen Messe der sechs Neupriester der Gemeinschaft der Brüder Samariter FLUHM drückt Seine Heiligkeit seine väterlichen Glückwünsche aus und ruft eine reichliche Ausgießung der Gnaden des Himmels herab, damit das Licht und der Beistand Gottes nicht fehlen mögen bei der Verkündigung CHRISTI an die Menschen von heute, in der Liturgie, in der wir IHN feiern, und um IHN im Glauben und in der Liebe zu bezeugen. Und während er die großzügige und freudige Erwiderung dem göttlichen Ruf und auch einen fruchtbaren und langen, kirchlichen Dienst wünscht, spendet er ihnen von Herzen den erflehten Apostolischen Segen und breitet ihn aus auf alle versammelten Familienangehörigen und auf alle Anwesenden bei dieser Heiligen Feier.

Kardinal Angelo Sodano, Staatssekretär Seiner Heiligkeit